Die Amazone

MeLiS

Medien – Literaturen – Sprachen in Anglistik/Amerikanistik, Germanistik und Romanistik

Herausgegeben von
Claudia Brinker-von der Heyde,
Daniel Göske, Peter Seibert und Franziska Sick

BAND 19

Jennifer Villarama

Die Amazone

Geschlecht und Herrschaft in deutschsprachigen Romanen,
Opernlibretti und Sprechdramen (1670 – 1766)

PETER LANG
EDITION

Bibliografische Information der Deutschen Nationalbibliothek
Die Deutsche Nationalbibliothek verzeichnet diese Publikation
in der Deutschen Nationalbibliografie; detaillierte bibliografische
Daten sind im Internet über http://dnb.d-nb.de abrufbar.

Zugl.: Kassel, Univ., Diss., 2013
Fachbereich 02 Geistes- und Kulturwissenschaften
Tag der Disputation: 09.10.2013
Erstgutachterin: Prof. Dr. Claudia Brinker-von der Heyde

Gedruckt mit Hilfe der Gerda-Weiler-Stiftung für feministische
Frauenforschung, D-53894 Mechernich, www.gerda-weiler-stiftung.de

Quellenvermerk Titelbild:
Müllers, Benedikt/ Zucchi, Lorenzo: Tempio di Diana con ara accesa
(Ausschnitt). In: Talestri, Regina Delle Amazzoni. Kupferstich,
Dresden 1763. Theaterwissenschaftliche Sammlung,
Universität zu Köln, Signatur G2014/226/2.

Bildgestaltung: Jochen Ebert

Gedruckt auf alterungsbeständigem,
säurefreiem Papier.

D 34
ISSN 1611-695X
ISBN 978-3-631-65192-6 (Print)
E-ISBN 978-3-653-04612-0 (E-Book)
DOI 10.3726/978-3-653-04612-0

© Peter Lang GmbH
Internationaler Verlag der Wissenschaften
Frankfurt am Main 2015
Alle Rechte vorbehalten.
Peter Lang Edition ist ein Imprint der Peter Lang GmbH.

Peter Lang – Frankfurt am Main · Bern · Bruxelles ·
New York · Oxford · Warszawa · Wien

Diese Publikation wurde begutachtet.

www.peterlang.com

Danksagung

Das vorliegende Buch ist die geringfügige Bearbeitung meiner 2013 an der Universität Kassel eingereichten und verteidigten Dissertation mit dem Titel *Die Amazone als femme forte. Zur Funktionalisierung eines Weiblichkeitsentwurfs in deutschsprachigen Romanen, Opernlibretti und Sprechdramen um 1700 bis 1766*. Sie ist im Rahmen eines Stipendiums im DFG-geförderten Graduiertenkolleg *Öffentlichkeiten und Geschlechterverhältnisse. Dimensionen von Erfahrung* der Universitäten Kassel und Frankfurt am Main entstanden. Für Diskussionsbereitschaft, interdisziplinären Austausch und freundschaftliche Kollegialität in dieser Zeit danke ich vor allem Dr. Annabelle Hornung, Dr. Isabelle Stauffer, Antje Harms, Katja Reimann, Dr. Angela Kolbe und Dr. Sabine Flick.

Meiner Betreuerin Prof. Dr. Claudia Brinker-von der Heyde möchte ich für ihren fachlichen Rat, ihre inhaltlichen Anregungen, intensive Gespräche und die damit verbundene Zeit, die sie allen Phasen meiner Arbeit gewidmet hat, danken. Ihre Offenheit und ihre verständnisvolle Art, die mit manch persönlichem Rat verbunden war, ist mir in der Endphase der Promotion und der Endphase der Manuskriptabgabe eine ganz besondere Unterstützung gewesen.

Meinem Zweitgutachter Prof. em. Dr. Helmut Scheuer möchte ich ebenso für zahlreiche fachliche Hinweise, ermutigende Gespräche sowie die Möglichkeit danken, vor seiner Emeritierung als seine wissenschaftliche Mitarbeiterin im Institut für Germanistik des Fachbereichs 02 der Universität Kassel mit dem Promotionsprojekt beginnen zu können.

Für wertvolle Hinweise, interessierte Fragen und konstruktive Kritik danke ich Prof. em. Dr. Heide Wunder, Prof. Dr. Helga Meise, Prof. Dr. Renate Dürr und Prof. Dr. Nikola Roßbach.

Den HerausgeberInnen der Reihe *MeLiS. Medien – Literaturen – Sprachen in Anglistik/Amerikanistik, Germanistik und Romanistik* des Peter Lang Verlags danke ich für die Aufnahme meiner Arbeit. Michael Rücker, meinem Lektor beim Peter Lang Verlag, danke ich für die Betreuung des Buchmanuskripts, sein freundliches Entgegenkommen und seine Geduld.

Für ein informatives Gespräch über die im Jahr 2000 in Dresden inszenierte Oper *L'Antiope* danke ich der Regisseurin Sandra Leupold. Babette Hesse, der Dramaturgin dieser Opern-Inszenierung, danke ich für ihre Hilfsbereitschaft und die Zusendung des von ihr verwendeten Librettos.

Allen MitarbeiterInnen der Bereichsbibliotheken 2 und 6 der Universität Kassel möchte ich für ihre unkomplizierte Hilfe in manch kompliziertem Fall und ihren freundlichen Service danken.

Viktoria Kaczmarek danke ich für ihre Hilfe, den muttersprachlichen Kontakt zum Schloss Nieborów in Polen herzustellen, um Bildrechte zu klären. Mikołaj Machowski vom Nationalmuseum in Warschau danke ich für seine

Hilfsbereitschaft, ein dringend von mir benötigtes Bild aufzuspüren und reproduzieren zu lassen.

Carolin Blefgen, Kerstin Stremmel, Dr. Gerald Köhler und allen anderen MitarbeiterInnen der Theaterwissenschaftlichen Sammlung der Universität zu Köln (Schloss Wahn) danke ich für die unermüdliche Suche nach dem Titelbild dieses Buches und die damit verbundenen Mühen. Siegfried Gergele vom Kunstmuseum Moritzburg in Halle (Saale) danke ich für den freundlichen Service und die umgehende Auskunft über drei Bilder von Tobias Stimmer, die ich in dieser Arbeit verwendet habe.

Der Gerda-Weiler-Stiftung danke ich herzlich für die bewilligten Fördergelder zur Drucklegung meiner Arbeit. Für einen großzügigen Druckkostenzuschuss möchte ich mich ebenso herzlich bei einer Person bedanken, die jedoch nicht genannt werden möchte.

Für freundschaftliche und mentale Unterstützung, Diskussions- und Lektürebereitschaft danke ich Dr. Anna Schnädelbach, PD Dr. Karen Nolte, Dr. Katja Faulstich-Christ, Dr. Wolfgang Fuhrmann, Dr. Anke Hertling und Dr. Patrick Pfannkuche. Prof. Dr. Rita Unfer Lukoschik danke ich für freundschaftlichen Rat, das Interesse an meiner Arbeit und die mentale Unterstützung über Ländergrenzen hinweg. Carmen Behre, Simone Hartmann, sowie Djina und Bernd Schreiber möchte ich für ihre Freundschaft, ihren Beistand und wohltuende Auszeiten fernab des Schreibtischs danken. Maja Nolte und Dario Vilusic danke ich für wunderbare Momente und Erkenntnisse.

Antje Koerner möchte ich für ihre freundschaftliche Unterstützung und die Hilfe beim Layout der Kurztitel und des Literaturverzeichnisses danken. Dr. Jochen Ebert danke ich für die Gestaltung des Buchcovers und das Layout von weiterem Bildmaterial in dieser Publikation. Gudrun Lakotta und Sabine Stange gebührt mein Dank für das Korrekturlesen. Fehler, die sich in der letzten Arbeitsphase eingeschlichen haben sollten, sind allein mir zuzuschreiben.

Meinen Eltern, Danilo und Carmela Imelda, danke ich von Herzen für die bedingungslose Unterstützung, meinen Weg zu gehen. Meinem Vater möchte ich zudem für all die materielle Hilfe danken, die ich selbst für die Drucklegung dieses Buches von ihm erhalten habe.

Die Promotion zu Ende zu führen, ist letztlich reine Nervensache. Dass ich die Nerven behalten habe, verdanke ich in erster Linie meinem Freund Gerrit Schäfer, der mich in allen Belangen und Phasen dieser Arbeit mit unendlicher Geduld unterstützt hat. Dazu gehörten die stetige Bereitschaft zur inhaltlichen Diskussion und die kritische Lektüre aller Kapitel. Auch mein Vater und meine Schwester Denise haben durch ihre Hilfe im Stillen ihren Teil zum Abschluss dieser Arbeit beigetragen. Ihnen und Gerrit ist daher dieses Buch gewidmet.

Kassel, im Februar 2015   Jennifer Villarama

Inhalt

1 Einleitung

1.1 Untersuchungsgegenstand, Fragestellung und Ziele

Im Jahr 1717 ließ Markgräfin Sophie von Brandenburg-Bayreuth (1684–1752) anlässlich des 39. Geburtstags ihres Ehemannes Georg Wilhelm (1678–1726) die deutschsprachige Oper *Talestris*[1] am Bayreuther Hof aufführen. In einer Szene bewundert die Figur des Orontes ein Porträt der Amazonenkönigin Talestris im Hause seines Gastgebers Arasbes. Dieser klärt den unwissenden Prinzen über das Volk der Kriegerinnen auf:

> „Ihr Regiment besteht aus lauter Weiber Bildern/
> Die sich von Jugend auf in Waffen ueben/
> Sind Feind dem Maennlichen Geschlechte/
> Beschuetzer= und Erhalterinen ihrer Rechte.
> Und halten nichts aufs Lieben.
> Sie fuehren schwere Kriege/
> Mit großem Glueck und Siege.
> Doch/ daß sie auch ihr Reich mit Nachdruck unterstuetzen;
> So lassen sie sich nur ein eintzigmahl des Jahrs im Streit/
> Mit denen Liebes Schuetzen.
> Und wann alsdann die Zeit
> Mit einer Tochter sie erfreut;
> So wird sie bey erreichten Jahren/
> Dem Kriegs=Heere einverleibt;
> Allein/ so bald sie nur erfahren/
> Daß sie ein Knaebelein empfangen/
> Sobald ist auch ihr eintziges Verlangen/
> Wie man diß Kind/ nach dems die Welt erblickt/
> So gleich in seinem Blut und erstem Bad erstickt. [...].“[2]

Diese Beschreibung der kriegerischen, männerfeindlichen, Knaben mordenden Frauen, welche sich nur einmal im Jahr ausschließlich zur Kinderzeugung mit dem männlichen Geschlecht einlassen, gehört zu den wesentlichen

---

1   Die Schreibweise dieses Namens variiert zwischen Talestris und Thalestris. Im Laufe dieser Studie wird zur Vereinheitlichung die Variante Talestris bevorzugt. Die Namensschreibweise Thalestris wird aber für diejenigen Quellen beibehalten, die sich – wie das 1766 erschienene Trauerspiel *Thalestris, Koeniginn der Amazonen* von Johann Christoph Gottsched – allein mit dieser Schreibvariante bewusst von ihrer literarischen Vorlage unterscheiden wollten.
2   Anonymus TAL 1717, I, 4, S. 4–5. Es wird die zeitübliche Schreibweise mit ihrer uneinheitlichen Interpunktion und Orthographie in den frühneuzeitlichen Quellen beibehalten. Die Umlaute a, o und u mit aufgesetztem e werden als ae, oe und ue wiedergegeben.

Mythologemen,[3] die mit den Amazonen aus antiken Überlieferungen in Verbindung gebracht werden. Dabei ist die durch Mythen[4] geprägte Vorstellung von den wehrhaften, als brutal,[5] keusch, sexuell anziehend, Männerkleidung tragend,[6] androgyn[7] und einbrüstig geltenden Frauen besonders auf Dichter und Historiographen wie Homer, Herodot, Diodorus, Justinus und Curtius Rufus zurückzuführen.[8]

Es ist offensichtlich: Amazonen stellen die männliche Herrschaft und „Macht der männlichen Ordnung",[9] die vermeintlich keiner Rechtfertigung bedarf,[10] dezidiert in Frage. Als Sinnbild für starke und unabhängige Frauen, die keinesfalls gedenken, sich den Männern unterzuordnen, diese sogar bekämpfen, repräsentieren[11] sie durch ihre im Kampf verteidigte Autarkie die ‚verkehrte Welt' par exellence – eine Vorstellung, die bis heute nichts von ihrer Faszination eingebüßt hat. Mit Darstellungen von Amazonen und ihren Kämpfen gegen Helden der griechischen Antike (Amazonomachien) werden in der Literatur und bildenden Kunst durch die Epochen hindurch Motive von Eros und Kampf miteinander verknüpft,[12] Transgressionen des weiblichen Geschlechts thematisiert,[13] die Geschlechterordnung unterschiedlicher Zeiträume verhandelt und zugleich Fragen nach Geschlechterrollen und -verhältnissen gestellt. Dabei fungiert die Figur der Amazone, deren Imagina-

---

3   Der in dieser Studie verwendete Begriff Mythologem lehnt sich an Katharina Keims Definition an. Ihr zufolge ist ein Mythologem die „Bezeichnung der kleinsten, semantisch und historisch invariablen, konstitutiven Einheit des Mythos." Keim 1998, S. 101, Anm. 1.

4   Ausführungen zum Mythos-Begriff siehe S. 15–16.

5   So merkt Josine H. Blok an: „On the whole, the history of the Amazons was a bloody one, characterized by disputes with the neighbouring Greeks." Blok 1995, S. 2.

6   Zur näheren Beschreibung der antiken Amazonen in griechischer Männertracht (kurzem Chiton) siehe Roscher 1884–1886, Sp. 271.

7   Amazonen werden in antiken Quellen u. a. als „maskuline Frauen" beschrieben. Ley 1996, Sp. 575. Zur Amazone als „androgyne Gestalt" siehe auch Moser 2008, S. 63.

8   Vgl. Kapitel 2.1.

9   Bourdieu 2005, S. 21.

10 Vgl. Bourdieu 2005, S. 21.

11 In dieser Untersuchung wird der Begriff der Repräsentation im Sinne von Vergegenwärtigung, Darstellung und Vorstellung verwendet. Vgl. dazu exemplarisch Oexle 1998, S. 34 und Bronfen 1995, S. 409.

12 Vgl. Wagner-Hasel 2002, S. 269.

13 Vgl. Wagner-Hasel 2002, S. 266. Wagner-Hasel merkt bereits in einem früheren Aufsatz an: „Wann immer Frauen die Grenzen ihres Geschlechts überschreiten, wird in der europäischen Tradition auf das Bild der Amazone Bezug genommen [...]." Wagner-Hasel 1988a, S. 13.

tion „zwischen Wunsch- und Schreckbild"[14] oszilliert, über die Jahrhunderte hinweg zum einen als Leit- und Idealbild, gar Präfiguration,[15] zum anderen jedoch auch als bedrohlicher, furchterregender Weiblichkeitsentwurf.[16] Dies verdeutlichen Dichter und Kunstwerke der Antike[17] sowie ihre inspirierende Wirkung auf die Kunst und Literatur des Mittelalters,[18] der Frühen Neuzeit (16.-18. Jahrhundert),[19] des 19. Jahrhunderts[20] bis zur Gegenwart.[21] Frühneuzeitliche Amazonen-Stilisierungen aus repräsentativen und machtpolitischen Gründen, aber auch popkulturelle Figuren wie Lara Croft, waffenkundige

---

14 Kroll 2001, S. 521.

15 Vgl. Brinker-von der Heyde 1997b, S. 411.

16 Vgl. Wagner-Hasel 1988b, S. 40 sowie Kroll 2004, S. 57.

17 Die früheste Darstellung der Amazonen befindet sich auf der Außenseite eines Tonschildes aus Tiryns um 700 v. Chr. Anne Ley macht darauf aufmerksam, dass sich auch bei später entstandenen Kunstgegenständen oder im Bilderrepertoire antiker Bauplastiken, wie dem Westgiebel des Apollon-Tempels aus dem 6. Jahrhundert v. Chr. in Eritrea oder einer Metope des Zeustempels um 460 v. Chr. in Olympia, nichts an der Darstellung der darauf abgebildeten Amazonen „als Kämpfende und Besiegte [...], in Gruppen oder allein, oftmals beritten, mit Pfeil und Bogen, Schwert und Pelta" geändert hat. Ley 1996, Sp. 575. Zum Amazonen-Motiv in der Kunst des Altertums siehe ebenso; Shapiro 1983; Hardwick 1990, S. 23–31; Bol 1998; Kästner/ Langner/ Rabe 2007; Krauskopf 2010.

18 Zu Amazonen in mittelalterlichen Handschriften und Illustrationen siehe beispielsweise Pollmann 1952, S. 23–84; Domanski 2004, S. 72–78 und Domanski 2009. Zu Amazonen in der mittelalterlichen Literatur siehe exemplarisch Heinrich von Veldeke ER 1992 und Rudolf von Ems AL 1928/29.

19 Zur bildenden Kunst vgl. dazu vor allem Neysters 1995 und Dixon 2002b. Auf Amazonen-Figuren in der frühneuzeitlichen Literatur wird an späterer Stelle genauer eingegangen.

20 Zum Einfluss der mythischen Kriegerinnen auf Romane und Dramen um 1800 vgl. Johann Wolfgang Goethes *Wilhelm Meisters Lehrjahre* (1795/96), Friedrich Schillers *Die Jungfrau von Orleans* (1801) und Heinrich von Kleists *Penthesilea* (1808). Neben diesen Werken, auf die an späterer Stelle näher eingegangen wird, sind im Laufe des 19. Jahrhunderts auch folgende Arbeiten im literarischen und musikalischen Bereich sowie in der bildenden Kunst entstanden, die sich auf den antiken Amazonen-Stoff beziehen: Franz von Holbeins Drama *Mirina, Koenigin der Amazonen* (1812), der zweibändige Roman *Die Amazone* (1868) von Franz Dingelstedt, Wilhelm Hosäus' Trauerspiel *Die Amazone* (1863), Cunz Klarwassers *Die Amazonen auf Lemnos. Ein ernsthaftes Singspiel in drey Handlungen* (1824), die Klavierpartitur *Amazonen-Quadrille* (1862) von Josef Strauss und Ludwig Burgers Lithographien *Das emancipierte Amazonen-Heer* (ca. 1850).

21 Vgl. beispielsweise Wolfgang Lichts Roman *Die Axt der Amazonen. Eine Penthesilea-Modifikation in Prosa* (2004) und Stephan Schütz' Drama *Die Amazonen* (1974) das, in der ehemaligen DDR entstanden, 1977 unter dem Titel *Antiope und Theseus* in Basel Premiere feiern konnte. Vgl. Franke-Penski/ Preußer 2010b, S. 11–12.

Heldin der *Tomb Raider*-Computerserie und -Filme oder *Xena*, Kriegerin und Titelfigur einer gleichnamigen US-amerikanischen Fernsehserie, sind als vormoderne und moderne Adaptionen der mythischen Amazonen unverkennbar.[22]

Das Interesse an den Kriegerinnen aus den antiken Mythen und ihre Vorbildfunktion für reale Frauen oder fiktive Figuren sind ungebrochen.[23] Ausstellungen wie *Amazonen. Geheimnisvolle Kriegerinnen*, die von September 2010 bis Februar 2011 im Historischen Museum der Pfalz in Speyer stattfand und die Amazonen-Thematik vom Altertum über das Mittelalter bis in die Gegenwart beleuchtete, oder *Griechen – Skythen – Amazonen* von Juni bis Oktober 2007 im Pergamonmuseum in Berlin,[24] Wiederaufführungen von Amazonen-Opern sowohl des 20. als auch des 17. und 18. Jahrhunderts wie *Penthesilea* 2011 in Frankfurt am Main, *Die Lybische Talestris* 2010 in Bad Lauchstädt, *L'Antiope* im Jahr 2000 in Dresden und *Talestri* 1998 in München und Neuburg an der Donau[25] sowie neuere Publikationen aus der Altertums- und Literaturwissenschaft[26] bestätigen nicht nur die anhaltende Popularität der mythischen Kriegerinnen, sondern ebenso das bleibende Forschungsinteresse an ihnen.

Auch diese Studie richtet ihren Fokus auf die Amazonen und nimmt sich eines noch unzureichend erforschten Gegenstandes der Germanistik an: der Rezeption von Amazonen-Mythen und der variantenreichen Produktion des Amazonen-Stoffs im deutschsprachigen Raum der Frühen Neuzeit. Diese „Ar-

---

22 Siehe dazu exemplarisch Franke-Penski 2010c.

23 Einen sehr speziellen Bezug zu den mythischen Kriegerinnen haben Brustkrebspatientinnen in einem 2011 entstandenen Bildband-Projekt *Amazonen* hergestellt, in dem sie nicht nur auf die überlieferte Tapferkeit und das Selbstbewusstsein, sondern dezidiert auf die zugesprochene Einbrüstigkeit der mythologischen Amazonen anspielen. Vgl. Barth 2011.

24 Zur Konzeption der Ausstellungen und zu ihren Exponaten siehe die Begleitkataloge: Kästner/ Langner/ Rabe 2007 sowie Historisches Museum der Pfalz, Speyer 2010.

25 Vgl. die moderne Amazonen-Oper *Penthesilea* des Librettisten und Komponisten Othmar Schoeck (1856–1957) sowie weitere frühneuzeitliche Opern: *Die Lybische Talestris*, deren Text auf Heinrich Anshelm von Zigler und Kliphausen (1663–1697) resp. Georg Christian Lehms (1684–1717) zurückgeht und deren Musik von Johann David Heinichen (1683–1729) stammt, *L'Antiope* des Librettisten Stefano Pallavicini (1672–1742) und der Komponisten Carlo Pallavicini (ca. 1630–1688) und Nicolaus Adam Strungk (ca. 1640–1700) sowie *Talestri(s)* der kurfürstlichen Librettistin und Komponistin Maria Antonia Walpurgis von Sachsen (1724–1780).

26 Siehe Fornasier 2007 sowie die folgenden (interdisziplinär ausgerichteten) Sammelbände: Campe 2008 und Franke-Penski/ Preußer 2010a.

beit am Mythos"[27] soll in Texten der höfischen Repräsentationskultur am Beispiel von höfisch-historischen Romanen, Opernlibretti[28] und Sprechdramen[29] des 17. und 18. Jahrhunderts untersucht werden, um Variationen und Beständigkeiten von Mythologemen und Handlungselementen zu verdeutlichen.

Den Begriff ‚Mythos' definitiv klären zu wollen, wäre eine über den Rahmen dieser Studie hinaus gehende Aufgabe. Zudem eine müßige, ist man sich in der Forschung schließlich darüber einig, keine eindeutige, konsensfähige und verbindliche Begriffsbestimmung darüber geben zu können, was unter *einem* ‚Mythos' zu verstehen ist.[30] Aus diesem Grunde scheint es sinnvoller zu sein, *mehrere* Mythos-Begriffe voneinander zu unterscheiden, wie es Aleida und Jan Assmann in ihrem Artikel *Mythos*[31] vorschlagen. Sie differenzieren sieben Mythos-Begriffe (M1-M7) voneinander: M1 als „polemischer Begriff" im Sinne einer „De-Mythisierung"; M2 im Sinne einer Ent-Mythologisierung; M3 als „funktionalistischer Begriff", der „Mythos als einen kulturellen Leistungswert [definiert]"; M4 im Sinne eines „Alltags-Mythos", der „mentalitätsspezifische Leitbilder [beschreibt], die kollektives Handeln und Erleben prägen", beispielsweise den Mythos vom ‚American Dream' oder jenen vom ‚Wiener Kaffeehaus'; M5 als „narrativer Begriff", der „eine integrale Erzählung mit den strukturierenden Konstituenten von Anfang, Mitte und Ende

---

27 Diesbezüglich erklärt Blumenberg: „Erst die Arbeit am Mythos – und sei es die seiner endgültigen Reduktion – macht die Arbeit des Mythos unverkennlich. Auch wenn ich für literarisch fassbare Zusammenhänge zwischen dem Mythos und seiner Rezeption unterscheide, will ich doch nicht der Annahme Raum lassen, es sei ‚Mythos' die primäre archaische Formation, im Verhältnis zu der alles Spätere ‚Rezeption' heißen darf. Auch die frühesten und erreichbaren Mythologeme sind schon Produkte der Arbeit am Mythos." Vgl. Blumenberg 1979, S. 133. Zum literarischen Mythos, der „immer schon in Rezeption übergangen verstanden" werden will, vgl. auch Blumenberg 1971, S. 28. Zur ständigen Aktualisierung, Umdeutung und Umschreibung von literarischen Mythen im Prozess der Rezeption siehe Assmann/Assmann 1998, S. 180.

28 Als Libretto wird vornehmlich die Textvorlage einer Oper, aber durchaus auch einer Operette, eines Oratoriums, einer Kantate oder eines Balletts angesehen. Im 17. und 18. Jahrhundert fungierte das Libretto wie das heutige Programmheft: Es enthielt das Personenverzeichnis (mit Besetzung) und eine Inhaltsangabe der jeweiligen Oper. Folglich konnte das Publikum bei Bedarf mitlesen. Albert Gier betont, dass das Libretto nicht nur als ‚Gebrauchsliteratur' zu verstehen ist, sondern als Text „grundsätzlich gleichen literarischen Rang beanspruchen [darf] wie ein Sprechstück." Gier 2000, S. 16.

29 Zu den Merkmalen von Sprechdramen und Libretti siehe Gier 2000, hier besonders S. 33; Krämer 2010, S. 28–33; Hillebrandt 2011, hier vor allem S. 267.

30 Zum Problem einer eindeutigen Definition des Mythos-Begriffs siehe exemplarisch Jamme 1991, S. 21; Völker-Rasor 1998, S. 14 und Schmitz-Emans 2004, S. 9.

31 Assmann/ Assmann 1998.

[bezeichnet]; M6 als „literarische Mythen", die sich vor allem „auf die europäische Mythentradition [Stoffe der antiken und mittelalterlichen Mythologien] und deren Bedeutung für die abendländische Schriftkultur [beziehen]" sowie M7 im Sinne von „Ideologien" und „Große[n] Erzählungen."[32]

In dieser literaturwissenschaftlichen Studie lehnen sich Verständnis und Verwendung des Mythos-Begriffs an die Erläuterungen von Aleida und Jan Assman zu literarischen Mythen (M6) an sowie an die angebotenen Begriffsbestimmungen von Hans Blumenberg, Claude Lévi-Strauss und Renate Kroll. So sind Mythen für Blumenberg „Geschichten von hochgradiger Beständigkeit ihres narrativen Kerns und ebenso ausgeprägter marginaler Variationsfähigkeit."[33] Für Lévi-Strauss haben Mythen als Erzählungen zudem etwas inhärent Ereignishaftes und sind darüber hinaus von einer Dauerstruktur geprägt: „Ein Mythos bezieht sich immer auf vergangene Ereignisse: ‚Vor der Erschaffung der Welt' oder ‚in ganz frühen Zeiten' oder jedenfalls ‚vor langer Zeit'. Aber der dem Mythos beigelegte innere Wert stammt daher, daß diese Ereignisse, die sich ja zu einem bestimmten Zeitpunkt abgespielt haben, gleichzeitig eine Dauerstruktur bilden. Diese bezieht sich gleichzeitig auf Vergangenheit, Gegenwart und Zukunft."[34] Demgemäß stellt der Mythos für Kroll als Erzählung „modellhaft ein Konzept bereit [...] für das Verhältnis des Menschen zur Welt, zu der Gesellschaft, in der er lebt." Mythen seien daher „Antworten auf historische Erfahrungen."[35]

Im Hinblick auf die produktive Rezeption von Amazonen-Mythen hat man sich in der Germanistik – wie an späterer Stelle näher gezeigt werden wird – bisher stärker auf den Amazonen-Stoff im Mittelalter und auf Amazonen-Figuren in der Literatur um 1800 (Goethe, Schiller, Kleist) konzentriert. Forschungsbeiträge über die mythischen Kriegerinnen-Figuren in frühneuzeitlichen Texten liegen zwar vor, doch wird das Thema in der Regel nur punktuell in Aufsätzen oder Kapiteln in wenigen Monographien aufgegriffen.[36]

---

32 Assmann/ Assmann 1998, S. 179–181 (Hervorh. J. V.).
33 Blumenberg 1979, S. 40.
34 Lévi-Strauss, 1967, S. 229.
35 Kroll 2004, S. 55.
36 Vgl. die Dissertation von Hans Klein, in der die frühneuzeitliche Bearbeitung des Amazonen-Stoffs nur partiell behandelt wird, da der Schwerpunkt auf literarischen Werken um 1800 und 1900 liegt; die Untersuchung Elisabeth Frenzels über die Amazonen-Oper *Die Lybische Talestris* (1696/1698) und ihre literarischen Adaptionen; Georg Herrenbrücks Kapitel über den Roman *Die Amazonische Smyrna* (1705) in seiner Dissertation über Joachim Meiers höfisch-historische Romane; Anne Fleigs Aufsatz über die Selbstinszenierung der sächsischen Kurfürstin Maria Antonia Walpurgis als Amazonenkönigin *Talestri* in der gleichnamigen Oper und das Trauerspiel *Thalestris, Koenigin der Amazonen* (1766) von Johann Christoph Gottsched; Katrin Kelpings Arbeit über barocke Frauenbilder in der

Obwohl diese die Darstellung der Amazone in der Oper, im Trauerspiel oder im Roman durchaus behandeln, werden gerade intertextuelle Bezüge zwischen musikdramatischen[37] und epischen Texten nicht näher untersucht. Eine Ausnahme ist Elisabeth Frenzels Aufsatz *H. A. von Zigler als Opernlibrettist. Die lybische Talestris – Stoff, Textgeschichte, literarische Varianten* aus dem Jahr 1968, in dem sie die Stoffgeschichte der frühneuzeitlichen Amazonen-Oper *Die Lybische Talestris*[38] und deren Bearbeitung im Sprechdrama und im Roman detailliert vor Augen führt.[39] Eine größer angelegte Einzelstudie mit der Gegenüberstellung von Romanen, Operntexten und Sprechdramen in Bezug auf ihre wechselseitigen Einflüsse, Äquivalenzen und Interferenzen, die nicht allein auf den Stoff *einer* mythologischen Amazonen-Figur fokussiert ist und zugleich den sozial- und kulturhistorischen Entstehungskontext der literarischen Werke in den Blick nimmt, steht allerdings noch aus. Dabei sollen die musikdramatischen Texte auch auf ihre Aufführungskontexte und AdressatInnen hin untersucht werden, die für die Analyse der Werke von wichtiger Bedeutung sind, denn Inszenierungen am Hof, wie etwa die Aufführung von Opern, waren casualgebunden[40] und dienten im höchsten Maße der *representatio maiestatis*,[41] der herrschaftlichen Demonstration von Größe und Macht.[42] Mit der Absicht, das Spektrum der bisherigen Untersuchungen über die literarische Bearbeitung des Amazonen-Motivs in der Germanistik zu erweitern, möchte die vorliegende Studie mit einer erstmals erfolgenden, umfassenden Analyse von bislang nur wenig berücksichtigten, nicht edierten Romanen, Opernlibretti und Sprechdramen aus der Zeit von 1670 bis 1766, in denen explizit auf antike Amazonen-Figuren und -Mythen rekurriert wird,

---

deutschen Literatur, in welcher sie die Figur der Amazone im Kapitel zur *Feldherrin und femme forte* behandelt; Bernhard Jahns Ausführungen über Zigler und Kliphausens *Die Lybische Talestris* und die Amazonen-Oper *Die Groß=Muethige Thalestris* von Christian Heinrich Postel in einem Kapitel seiner Habilitation; Gerhard Sauders Aufsatz zu Christian Felix Weißes *Amazonen-Liedern* aus dem Siebenjährigen Krieg; Helen Watanabe-O'Kellys Forschungsbeiträge über die Figur der Amazone in der Antikenrezeption der Renaissance und der höfischen Festkultur der Frühen Neuzeit sowie meine bisherigen Publikationen. Siehe Klein 1919; Frenzel 1968; Herrenbrück 1974; Fleig 1998; Kelping 2003; Jahn 2005; Sauder 2007; Villarama 2008; Villarama 2009; Watanabe-O'Kelly 2009; Watanabe-O'Kelly 2010.

37 Albert Gier ordnet das Libretto der musikdramatischen Gattung zu. Vgl. Gier 2000, S. 19.

38 So die Schreibweise von Zigler und Kliphausen.

39 Vgl. Frenzel 1968.

40 Vgl. Berns 1984, S. 302.

41 Vgl. Mücke 2005, S. 217–218.

42 Vgl. Berns 1984, S. 298. Siehe dazu ebenso Alewyn 1989, S. 16 und Habermas 1990, S. 64.

einen Beitrag dazu leisten, die Forschungslücke zwischen den Untersuchungen zur Amazonen-Darstellung im Mittelalter und des 19. Jahrhunderts bis zur Gegenwart zu schließen.

Dabei ist die Frage, aus welchen Gründen in der Frühen Neuzeit auf das antike Amazonen-Bild[43] zurückgegriffen wurde, von zentraler Bedeutung. Welche Mythologeme wurden aus den antiken Mythen selektiert und variiert, um die Figur der Amazone in der frühneuzeitlichen Literatur zu konzipieren? Welche mythologischen Amazonen-Figuren waren in der Frühen Neuzeit bekannt und sogar populärer als die heute noch präsente Amazonenkönigin Penthesilea? Neben der Gegenüberstellung von Romanen und (musik-)dramatischen Texten im Hinblick auf ihre intertextuellen Bezüge verfolgt diese Arbeit noch weitere Ziele:

a) Ein wesentliches Ziel der Untersuchung ist es herauszuarbeiten, in welcher Weise verschiedene und untereinander sehr heterogene Weiblichkeitsentwürfe, die vom Ideal der *„femme forte* (oder Amazone)"[44] bis hin zum misogynen Entwurf der *alten Vettel* reichen, aber auch Debatten innerhalb der *Querelle des Femmes*[45] wie jene über die Geschlechterordnung generell, die weibliche Regierungs(un)fähigkeit im Speziellen oder Berichte über die Entdeckung ferner Länder und Kulturen die Darstellung der Amazone in der deutschen Literatur des Barock bis in die Aufklärung hinein beeinflusst haben. Es soll die „Verbindung von werkimmanenten Positionen mit zeit-

---

43 Vgl. exemplarisch Taube 2013.

44 Kroll 1995, S. 55. Zur *femme forte* siehe ebenso grundlegend Maclean 1977 und Schlumbohm 1981.

45 Der Anfang der *Querelle des Femmes* wird zu Beginn des 15. Jahrhunderts verortet. Christine de Pizan (1365-ca.1430) löste den Literaturstreit um Jean de Meuns *Rosenroman* aus, den sie aufgrund der in ihm vertretenen misogynen Bilder und Äußerungen kritisierte. Mit dem *Livre de la Cité de Dames* (Buch von der Stadt der Frauen), das zwischen 1404–1405 entstand, antworte sie dem *Rosenroman* und trat seinen frauenfeindlichen Weiblichkeitsentwürfen mit Beispielen vorbildhafter Frauenfiguren aus Bibel, Historie und Mythologie entgegen. Zu den großen Frauen zählt de Pizan auch die Amazonenköniginnen Penthesilea, Lampheto (Lampedo) und Marpesia, denen sie ein Kapitel widmet. Vgl. de Pizan 1986. Die *Querelle des Femmes* bezeichnet somit den Streit der Geschlechter in Text und Bild, der in Europa bis in das 18. Jahrhundert auf theologischer, medizinischer, philosophischer und nicht zuletzt auch auf literarischer Ebene geführt wurde. Debattiert wurde über die (Un-)Gleichheit und „Natur" von Mann und Frau, die Geschlechterhierarchie und die gesellschaftlichen Rollen. Vgl. dazu exemplarisch Engel/ Wunder 2004, S. 9. Im Laufe der vorliegenden Untersuchung wird noch näher auf die *Querelle des Femmes*, die Rolle der Amazonen-Figur in diesem Geschlechterstreit und die dazu vorliegende Forschungsliteratur eingegangen werden.

genössischen Denkmodellen und Debatten"[46] aufgezeigt werden, wie dies beispielsweise Cornelia Plume in ihrer Arbeit zu Weiblichkeitsprojektionen in Romanen und Dramen Lohensteins oder Corinna Herr in ihrer Studie zur mythologischen Figur der Medea in Opern des 17. und 18. Jahrhunderts[47] als methodischen Ansatz ihrer Untersuchung gewählt haben.

b) Die Frage nach der Amazonen-Darstellung ist zudem an das Ziel geknüpft, unterschiedliche Funktionsmöglichkeiten im Sinne von multifunktionalen Zwecken[48] aufzuzeigen, denen die Figur der Amazone in Texten der frühneuzeitlichen Hofkultur dienen konnte. In Bezug auf die Funktionalisierung der Amazonen-Figur ist der Begriff der *Funktion* zunächst in seiner allgemeinen Bedeutung als Zweckbestimmheit bzw. Zweckgerichtetheit[49] gemeint. Im Hinblick auf den „postulierten Endzweck"[50], der mit der mythischen Kriegerinnen-Figur in den hier ausgewählten Romanen, Opernlibretti und Sprechdramen verfolgt wurde, wird jedoch auch ein spezifischer Aspekt des Begiffs *Funktion* in der Literaturwissenschaft mitberücksichtigt: die AutorInnen-Intention.[51] Vor dem Hintergrund, dass die zugesprochene Wirkungsabsicht eines Autors bzw. einer Autorin trotz der Berücksichtigung gesellschaftlich-kultureller Kontexte und werkimmanenter Aspekte nur spekulativ bleiben kann, wird hier unter *Intention* eine „auf der Basis gegebener Informationen als ‚nicht unmöglich' rekonstruierbare Absicht des Autors"[52] resp. der Autorin verstanden. Allerdings scheint es am Beispiel von Opernlibretti, die – wie die eingangs zitierte Oper *Talestris* – nicht selten Auftragsarbeiten waren, sinnvoll zu sein, in diesen Fällen weniger von einer subjektbezogenen AutorInnen-Intention, sondern allgemeiner von einer ‚Text-Intention' zu sprechen. Es ist zu bedenken, dass die zu casusgebundenen Feierlichkeiten am Hof (Geburtstage, Hochzeiten, Taufen, etc.) aufgeführten Opern als Huldigungsarbeiten für bestimmte DedikationsadressatInnen fungierten und eine Interpretation der LibrettistInnen-Intention immer auch in Bezug auf die Wirkungsaussage zu sehen ist, die dem bzw. der Auftraggebenden entgegenkam und ihn resp. sie zufrieden stellte.

Wenn es folglich darum geht, die Funktionalisierung der Amazonen-Figur in Texten der frühneuzeitlichen Hofkultur zu interpretieren, hat die da-

---

46 Plume 1996, S. 10.
47 Vgl. Herr 2000, S. 13.
48 Zur unterschiedlichen bzw. vielfältigen Funktionalisierung von Amazonen-Figuren im Mittelalter siehe Brinker-von der Heyde 1997b, S. 400 und Baumgärtner 2003, S. 66.
49 Nortmeyer 2004, S. 1156.
50 Voßkamp 1973, S. 3.
51 Vgl. Sommer 2000, S. 327.
52 Vgl. Winko 1999, S. 39–40.

ran anknüpfende Funktions- und Bedeutungszuweisung hypothetischen Charakter. Im Sinne Winfried Flucks wird der Funktions-Begriff somit heuristisch angewendet:

> „Man kann davon ausgehen, dass der literarische Interpretationsgegenstand überhaupt erst durch eine *Funktionshypothese* konstituiert wird, egal ob das bewusst oder unbewusst geschieht. Damit ist auch gesagt, dass der Begriff Funktion [...] vor allem als hermeneutische Kategorie interessiert: Er soll nicht eine ‚reale' historische Wirkung bezeichnen, sondern soll hier als Begriff für jene – expliziten oder impliziten, gewollten oder ungewollten – Vorannahmen über den literarischen Gegenstand gebraucht werden, durch die wir in der Interpretation einen Zusammenhang zwischen sprachlichen Zeichen stiften (und ihnen damit Bedeutung und Funktion zuweisen). Der Funktionsbegriff ist insofern heuristischer Art."[53]

c) Die Studie möchte mit dem ausgesuchten Quellenkorpus die Parallelen von Romanen und (musik-)dramatischen Texten exemplarisch bestätigen. Ein Ziel der vorliegenden Untersuchung ist es daher, die Gemeinsamkeiten nicht allein im Rekurs auf den Amazonen-Stoff und spezifische Amazonen-Figuren zu sehen, sondern auch im Hinblick auf Ähnlichkeiten in der Opern- und Romankritik sowie die gemeinsame didaktisch-belehrende Funktion herauszuarbeiten. Der horazischen Forderung „aut prodesse volunt aut delectare poetae [/] aut simul et iucunda et idonae dicere vitae"[54] gemäß, wurden daher nicht nur höfisch-historische Romane „als unterhaltsame Belehrung oder auch belehrende Unterhaltung für ein adliges Publikum, und dabei insbesondere die jungen Adligen"[55] verfasst. Auch das Opernlibretto als eine dramatische Gattung,[56] in dem „die Fehler und Laster der Menschen"[57] vor Augen geführt werden und die somit der „nuetzliche[n] Anweisung zur Tugend"[58] dient, zielt mit der „lehre von gueten sitten vnd ehrbaren wandel"[59] sowie der „harte[n] verweisung der laster vnd anmahnung zue tugend"[60] auf eine zugleich unterhaltende *und* moralisch-belehrende Wirkung.[61]

---

53 Fluck 2005, S. 32–33.
54 Horaz AP 1997, V. 333–334, S. 24. Siehe dazu auch die deutsche Übersetzung: „Entweder nützen oder erfreuen wollen die Dichter oder zugleich, was erfreut und was nützlich fürs Leben ist, sagen." Horaz AP 1997, S. 25.
55 Plume 1996, S. 67.
56 Vgl. Niefanger 2000, S. 164. Zum Libretto als „dramatische (musikdialogische) Gattung" siehe Gier 1999, S. 48 und Gier 2000.
57 Buchner 1966, S. 10.
58 Buchner 1966, S. 10.
59 Opitz [1624] BDP 1995, S. 30.
60 Opitz [1624] BDP 1995, S. 30.
61 Vgl. dazu Plachta 1998, S. 154.

d) Als letztes nimmt diese Arbeit mit der Berücksichtigung von Operntexten eine literarische Gattung verstärkt in den Blick, welcher in der Germanistik immer noch zu wenig Beachtung geschenkt wird. Gründe, weshalb sich GermanistInnen bislang nur wenig mit Libretti befasst haben, liegen nicht zuletzt an Einschätzungen wie die Gero von Wilperts, der das Libretto „gänzlich dem Gesang untergeordnet" sieht und es als „lit[erarisch] anspruchsloses Machwerk" bezeichnet, „das nur der Musik sein Bestehen und Fortleben verdankt."[62] Dieser vorurteilsbehaftete Ruf eilt dem Operntext als Gattung immer noch voraus, obwohl bereits 1933 von Willi Flemming eine grundlegend revidierende und anknüpfungswürdige Arbeit zur Oper erschienen ist.[63] Auch weitere einschlägige literatur- *und* musikwissenschaftliche Arbeiten widersprechen dezidiert den Vorbehalten, Libretti seien lediglich „literarische Ausnahmeerscheinungen, die in einem ‚Niemandsland' zwischen Sprech- und Musiktheater angesiedelt" sind und „allein der Musik als Vehikel"[64] dienen. Hier wird eindeutig hervorgehoben, dass Opernlibretti seit ihrer Blütezeit im 17. und 18. Jahrhundert „als vollwertige poetische Texte, nicht als bloßer Anlaß für Musik"[65] anzusehen sind, ja der Operntext als „eigenständige[s] literarische[s] Werk[...], das auch ohne Musik gelesen werden sollte"[66] sogar in manchen Fällen „als Sprechdrama realisiert worden ist."[67] Gleichwohl scheinen Opernlibretti gerade in der Literaturwissenschaft immer noch „als unbekannte literarische Größe"[68] zu gelten, da man erst in den letzten Jahren eine stärkere „textbezogene Beschäftigung mit dem Libretto"[69] feststellen kann, wie jüngst erschienene Arbeiten zeigen, die im Rahmen der Germanistik bzw. der German Studies entstanden sind.[70]

---

62 von Wilpert 1989a, S. 512.
63 Vgl. Flemming 1933.
64 Plachta 1998, S. 148.
65 Meid 2009, S. 493.
66 Wiesend 2006, S. 4.
67 Wiesend 2006, S. 4.
68 Just 1975, S. 203. Der gleiche Text erschien später nochmals (Just 1984). Dass Justs Plädoyer für das deutschsprachige Opernlibretto noch einmal unverändert erscheinen konnte, erlaubt im Hinblick auf die Forschungssituation in der deutschen Literaturwissenschaft die Schlussfolgerung, dass das Interesse an Operntexten in den Jahren zwischen 1975 und 1984 offenbar nicht zugenommen hatte.
69 Plachta 1998, S. 147.
70 Vgl. hierzu vor allem die folgenden Untersuchungen: Smart 1992; Haufe 1994; Jahn 1994; Guse 1997; Colvin 1999; Plachta 1998, Plachta 2002, Plachta 2003; Jahn 2005; Jahn 2010.

1.2 Untersuchungszeitraum

Neben den oben erläuterten Forschungsdesiderata seien noch weitere kultur-, literatur- und geschlechterhistorische Aspekte zum Untersuchungszeitraum genannt, die diese Studie motivieren. Am Anfang des hier gewählten Zeitraums steht Gautier de Costes Sieur de La Calprenèdes fünfbändiger Roman *Cassandre* (1642–1645) und dessen deutsche Übersetzung durch Christoph Kormart mit dem Titel *Statira oder Cassandra* (1685–1688). Der Zeitraum endet mit Johann Christoph Gottscheds Trauerspiel *Thalestris, Koeniginn der Amazonen* (1766), eine Bearbeitung des italienisch-deutschen Opernlibrettos *Talestri(s)* der sächsischen Kurfürstin Maria Antonia Walpurgis von Sachsen aus dem Jahr 1763.

Kulturhistorisch betrachtet ist dieser zeitliche Rahmen zwischen den 1640er-Jahren bis 1766 in eine Phase gebettet, die von der Verbreitung der Amazonen-Thematik in ganz Europa geprägt war, ihren Höhepunkt im 16. und 17. Jahrhundert erreichte und bis zu späten Ausläufern im 18. Jahrhundert beobachtet werden kann. Beispielhaft hierfür stehen Amazonen-Gemälde von Peter Paul Rubens (1577–1640) und Claude Deruet (1588–1660),[71] Porträts der ledigen Königinnen Elisabeth I. von England (1533–1603) und Christina von Schweden (1626–1689) als Amazonen[72] sowie die Bezeichnung Isabellas von Spanien (1566–1633) als ‚Königin der Bogenschützen‘ (‚la Reine du Grand Serment‘), die durch ihre Waffenfertigkeit unmittelbar mit den Amazonen in Verbindung gebracht wurde.[73] Als „Frau in Waffen"[74] wurde bereits die französische Nationalheldin Jeanne d'Arc (1412–1431) im 15. Jahrhundert mit den Kriegerinnen aus den antiken Mythen verknüpft.[75] So handelte Jeanne, die sich selbst als ‚la Pucelle‘ (die Jungfrau) bezeichnete und deren Zeitgenossen ihr deshalb besondere Kräfte zusprachen,[76] angeblich im göttlichen Auftrag, als sie im Hundertjährigen Krieg in männlicher Kleidung die französischen Truppen gegen die verfeindeten Engländer anführte, um schließlich den Sieg Frankreichs zu erringen. Historisch belegte Berichte über als Soldaten und Matrosen verkleidete Frauen (den ‚Amazonen‘ beim

---

71 Siehe dazu Rubens Gemälde *Die Amazonenschlacht* (um 1618) sowie Deruets Bilderzyklus *Die Amazone*. Deruet stellt dabei auf vier Gemälden *Aufbruch*, *Triumph*, *Duell* und *Rettung* der Amazonen dar. Vgl. Neysters 1995, S. 114–115 und Wiesner-Hanks 2002, S. 40.
72 Vgl. dazu das Kapitel 2.3.2.
73 Vgl. Dlugaicyk 2001, S. 539.
74 Für Helmut Kreuzer ist „die ‚Frau in Waffen‘, die Amazone." Kreuzer 1973, S. 364.
75 Vgl. Opitz 1996a, S. 121.
76 Vgl. Simon-Muscheid 1996, S. 32.

Militär und auf See),[77] rebellische und bewaffnete Frauen in süddeutschen Aufständen[78] und in der Französischen Revolution[79] sowie literarische Figuren in der deutschen, englischen, französischen und spanischen Literatur, die sich durch ihr kriegerisches und tapferes Handeln als ‚Amazonen' erweisen,[80] können als weitere Beispiele für den auffällig starken Rekurs auf die mythischen Kriegerinnen in der Frühen Neuzeit angeführt werden.

Hinsichtlich der hier ausgesuchten Texte verdeutlichen die genannten Beispiele die Möglichkeit, mit der Figur der Amazone das Ideenkonstrukt der ‚schwachen Frau' zu durchkreuzen. Der Reiz des Rückgriffs auf die Amazone als wehrhafte und eigenmächtig handelnde Frau liegt demnach darin, als Gegenmodell zur anthropologisch begründeten Vorstellung der ‚schwachen' Frau zu fungieren. Das in der Frühen Neuzeit tradierte, auf antike Naturlehren

---

77 Vgl. die anschauliche Untersuchung von Rudolf Dekker und Lotte van de Pol, in der sie von als Männer verkleideten Frauen in der Frühen Neuzeit berichten, die aus Liebe zum Vaterland als Soldat oder Matrose dienten und daher als ‚Amazone' bezeichnet wurden. So merkt der Politiker und Amateurgeograph Nicolaas Witsen (1641–1717) in einem Brief vom 18. September 1714 an: „Über die Amazonen habe ich […] schon früher gesprochen; aber wie viele Beispiele von Frauen könnte ich aufzählen, die auf unseren Schiffen Männerdienst getan haben und sich besonders tapfer hielten! […] Zu meiner Zeit geschah es im Heer, daß eine junge Frau, die zur Kavallerie gehörte, sich aufhängen ließ, nachdem sie beim Plündern erwischt worden war, ohne ihr wahres Geschlecht zu offenbaren. Dies berichtete mir der zuständige Feldwebel, der sie entkleidet hatte, nachdem sie gestorben war, und der den Vorfall bedauerte. Und sind diese denn nicht auch Amazonen?" Zitiert nach Dekker/ van de Pol 1990, S. 10. Weitere europäische Beispiele zu kriegerischen Frauen im Regiment oder bei der Flotte bietet Watanabe-O'Kelly 2001.

78 Vgl. Allweier 2001. In den hier untersuchten Chroniken werden beispielsweise aufständische Bürgerinnen beschrieben, die sich im „Freiburger Weiberkrieg" von 1757 „für eine Zeit in Amazonen und Kriegerinnen [verwandelt]" hätten und „von Kopf bis Fuß" mit „Axt, Spieß, Sichel, Säbel, Gewehr [und] Pistolen" bewaffnet gewesen seien. Allweier 2001, S. 192.

79 Vgl. dazu exemplarisch Grubitzsch 2010. Siehe dazu ebenso Schmidt-Linsenhoff 1989, S. 467–469.

80 In der deutschsprachigen Literatur des Barock wird die von Hans Jacob Christoffel von Grimmelshausen (1621–1676) entworfene „Ertzbetruegerin und Landstoertzerin Courasche" im Laufe des im Werk thematisierten Dreißigjährigen Krieges, in den sie durch ihre Verkleidung als Kammerdiener gerät, als Amazone betrachtet. In Anspielung auf die mythologische Amazonenkönigin Penthesilea wird Courasche als eine „andere ritterliche Penthasilea" bezeichnet. Vgl. Grimmelshausen [o. J.] TS 1992, S. 72. Siehe dazu auch Helga Kraft, die betont, dass „Grimmelshausen mit seiner Courasche eine Amazone" erfunden hat (Kraft 1993, S. 46). Für den englischen, französischen und spanischen Sprachraum siehe auch die Textbeispiele in McKendrick 1974, Maclean 1977 und Shepherd 1981.

(Galenos, Aristoteles) zurückgehende andronormative[81] Konzept, nach dem der ‚aktiv-starke' Mann als Maßstab des Menschen betrachtet wurde und die ‚passiv-schwache'[82], gar phlegmatische[83], im Gegensatz zum Mann folglich langsamer denkende und handelnde, schwermütige Frau, die als defizitäres Spiegelbild zum männlichen Geschlecht galt, konnte mit dem Entwurf der aktiven, körperlich und geistig ‚starken' Amazone durchbrochen werden. Das Textkorpus dieser Studie ist folglich in einer Zeit entstanden, in der die Geschlechtergrenzen noch nicht festgefügt, sondern durchlässiger waren. Der Frau wurden keine eigenen, individuellen Attribute zugesprochen; biologisch und physiologisch war sie „lediglich Derivat zum Manne"[84] und somit „ein durch Mangel an Männlichkeit definiertes Wesen."[85] Diese konstruierte, ausschließlich am Mann orientierte Anthropologie ist durch Stephen Greenblatt

---

81 Zu einer andronormativen Anthropologie, welche die menschliche Norm am Mannsein ausrichtet, das Geschlechterverhältnis hierarchisch betrachtet und die Inferiorität der Frau unter die Superiorität des Mannes als naturgegeben begründet vgl. Fietze 1991, S. 21.

82 Zur aristotelischen Zuschreibung von geschlechterspezifischen Attributen wie ‚männlich-aktiv' und ‚weiblich-passiv' hält beispielsweise Catherine Newmark fest: „Passivität und Weiblichkeit werden [...] seit Aristoteles zusammengedacht. [Er] beschreibt in seiner Naturlehre das Weibliche als ‚in seiner Natur schwächer und kälter' als das Männliche und ‚als eine natürliche Deformation' [...]. Das Weibliche ist für Aristoteles zudem ‚qua Weibliches leidend oder passiv', während ‚das Männliche qua Männliches aktiv' ist [...]." Newmark 2008b, S. 12.

83 In seiner Säftelehre, die der griechische Mediziner Galenos in der Abhandlung *Über die Natur des Menschen* beschreibt, differenziert er „Blut, Schleim, gelbe und schwarze Galle" als Grundsäfte des menschlichen Körpers. Diese werden jeweils einem menschlichen Temperament zugewiesen: „Blut/ Sanguiniker, Schleim/ Phlegmatiker, gelbe Galle/ Choleriker, schwarze Galle/ Melancholiker." (Plume 1996, S. 29). Dabei werden die Temperamente mit spezifischen Charaktereigenschaften verbunden. Den männlichen und weiblichen Körper vergleichend schreibt Galenos der Frau schließlich mehr Kälte und Feuchtigkeit zu, was bis in die Frühe Neuzeit hinein wiederum zu einer Verknüpfung zwischen Geschlecht und Temperamentenlehre führt, wie die Verbindung des phlegmatischen Temperaments mit dem weiblichen Geschlecht veranschaulicht. Cornelia Plume verweist bei der „Kopplung von phlegmatisch und weiblich" auf die „Verbindung zwischen den vier Grundelementen Luft, Erde, Feuer, Wasser und den Temperamenten, in der phlegmatisch Wasser, also Kälte und Feuchtigkeit, in Zusammenhang gebracht wurden." (Plume 1996, S. 29–30). Folglich habe sich „sowohl eine physiologische als auch eine psychisch-konstitutionelle" Inferiorität des „‚phlegmatischen' weiblichen Geschlechtes" ergeben. Plume 1996, S. 30.

84 Brinker-von der Heyde 1999, S. 54.

85 Schabert 1995, S. 169.

als „Konzept der teleologischen Männlichkeit"[86] oder als „Ein-Geschlecht-Modell"[87] (one sex model) durch Thomas Laqueur bekannt. Letzterer ist mit seinen Thesen und Quellenbelegen zur Dominanz des Ein-Geschlecht-Modells bis zum 18. Jahrhundert und mit seinen Begründungen für den Wandel hin zum Zwei-Geschlechter-Modell allerdings stark in die Kritik geraten.[88]

Dabei war es einer Frau aber durchaus möglich, die erstrebenswerte Männlichkeit und somit volle Menschlichkeit zu erreichen.[89] Dies wird zunächst am Idealtypus der *virago* erkennbar, der aus dem Mittelalter und der Renaissance bekannten „über allen ‚weiblichen' Frauen stehende[n] ‚Mann(Jung)Frau'."[90] Diesem Leitbild der heldenhaften Jungfrau (virgo), die ihre ‚weibliche' Schwäche überwunden hat, sich durch ‚männliche' Tapferkeit und Mut auszeichnet und durch ihre Tugend (virtus) ‚männlich' handelt,[91] konnten jedoch nur wenige Frauen der Frühen Neuzeit entsprechen. Selbstbewusstsein, Courage, Intelligenz, hohe Bildung, körperliche und geistige Stärke – diese nun mit der *virago* verbundenen Eigenschaften galten als männlich. Glaubhaft repräsentiert wurde die weibliche Ehrenbezeichnung daher lediglich von Regentinnen oder weiblichen Gelehrten wie der ‚jungfräulichen' und kriegsbereiten Königin Elisabeth I. von England (1533–1603) oder der Niederländerin Anna

---

86 Schabert 1995, S. 170. Ina Schabert verweist dabei auf Stephen Greenblatt, der die vormoderne Orientierung am männlichen Geschlecht als „eine Geschlechterkonzeption [beschreibt], die sich teleologisch am Mann ausrichtet und auf einem verifizierbaren Zeichen besteht, in dem sich diese Zweckrichtung der Natur bestätigt." Greenblatt 1990, S. 86.

87 Siehe Laqueur 1992. Mit Rückgriff auf die schon seit Galen betonte Auffassung, dass „Frauen im Grunde genommen Männer sind, bei denen ein Mangel an […] Perfektion zum Zurückbehalten von Strukturen im Inneren des Leibes geführt hat, die bei Männern äußerlich sind" (Laqueur 1992, S. 16), erläutert Laqueur das ‚Ein-Geschlecht-Modell' folgendermaßen: „In dieser Welt [des Ein-Geschlecht-Modells] stellt man sich die Vagina als inneren Penis, die Schamlippen als Vorhaut, den Uterus als Hodensack und die Eierstöcke als Hoden vor." Laqueur 1992, S. 17. Die Kategorie „Sex" (biologisches Geschlecht) sei im so genannten ‚Ein-Geschlecht-Modell' bis zum 18. Jahrhundert als eine „soziologische und keine ontologische" aufgefasst worden, denn „[e]in Mann oder eine Frau zu sein, hieß, einen sozialen Rang, einen Platz in der Gesellschaft zu haben und eine kulturelle Rolle wahrzunehmen, nicht jedoch die eine oder andere zweier organisch unvergleichlicher Ausprägungen des Sexus zu sein." Laqueur 1992, S. 20–21.

88 Kritik an Laqueurs Thesen sind aus der Medizingeschichte, der Mediävistik und der Frühneuzeit-Forschung erhoben worden. Siehe dazu prominent Stolberg 2003, besonders S. 285–298 sowie Park/ Nye 1991; Cadden 1993; Hotchkiss 1996 und Peters 1999.

89 Vgl. Schabert 1995, S. 170.

90 Opitz 1986, S. 60.

91 Vgl. dazu Brinker-von der Heyde 1997b, S. 409 und Haag 1999, S. 243.

Maria van Schurmann (1607–1678).[92] Auch der Weiblichkeitsentwurf der *femme forte* aus dem 17. Jahrhundert, eine Weiterführung der *virago* aus der italienischen Renaissance,[93] war nicht für jede Frau bestimmt. Denn das Ideal der „*femme forte* (oder Amazone)",[94] der starken, aktiven, kriegerischen und mutigen Frau, welches als Herrscherinnen-Typus im von Kriegen und Feldzügen gezeichneten Frankreich des Grand Siècle als Pendant zum männlichen Herrscher-Symbol des Heroen Herakles entstand,[95] wurde von Anhängern der weiblichen Regierungsfähigkeit entworfen, die mit der Propagierung der ‚starken Frau' den Gegnern der weiblichen Herrschaft entgegentreten wollten.[96] Aber auch der Typus der *femme forte*, der nicht allein die Amazone, sondern ebenso andere ‚starke Frauen' wie die mythologische Figur der Medea oder der Göttin Minerva (als römisches Pendant zur griechischen Göttin Pallas Athene), biblische Gestalten wie Judith und Salome oder historische Personen wie Königin Isabella von Kastilien (1451–1504) meint,[97] verdeutlicht einmal mehr, dass sich das weibliche Geschlecht „an den männlichen, d. h. [...] allgemeingültigen Werten [...] [zu] orientieren und [...] perfektionieren"[98] hatte.

Indem die *virago* wie auch die *femme forte* männliche Vollkommenheit markieren, sich die fließenden Geschlechtergrenzen in der ‚männerähnlichen' Amazonen-Figur manifestieren, konnte die Figur der Amazone – den Figuren Judith, Minerva und Diana gleich[99] – nicht nur für Frauen, sondern auch für Männer als Mittel der Repräsentation attraktiv werden. Neben den stilisierenden Amazonen-Porträts der englischen und schwedischen Regentinnen

---

92 Vgl. Schabert 1995, S. 170.
93 Vgl. Schlumbohm 1978, S. 78.
94 Kroll 1995, S. 55.
95 Vgl. dazu Schlumbohm 1981, S. 114; Kroll 1995, S. 54 und Baumgärtel 1997, S. 153.
96 Vgl. Schlumbohm 1981, S. 114.
97 Zu den *femmes fortes* siehe exemplarisch Baumgärtel 1995a und Herr 2000.
98 Kroll 1995, S. 55.
99 Ebenso wie die mythologischen Amazonen konnten auch die biblische Judith sowie die mythischen Göttinnen Minerva und Diana als Vorbild für Männer fungieren. So konnten sich Ludwig I. von Anjou (1339–1384), Kardinal Thomas Wolsey (ca. 1473–1530) oder Heinrich VIII. von England (1491–1547) als Besitzer von Judith-Tapisserien mit der biblischen Figur identifizieren und nutzten diese zu Repräsentationszwecken. Auch die Göttin der Weisheit und die Göttin der Jagd wurde von Männern zur Selbststilisierung verwendet, wie die Darstellung Wilhelms II. von Oranien (1626–1650) als Minerva und die Präsentation Johann Georgs III. von Sachsen (1647–1691) als Diana belegen. Vgl. Franke/Welzel 2001, S. 138 und Deppe 2006, S. 140. Zu Wilhelm II. von Oranien siehe Kiupel 2010, S. 174.

wird dies durch den Auftritt der Herzogin von Medina[100] bezeugt, welche
zum Karneval 1639 in Neapel mit dreiundzwanzig anderen Damen einen
Ball in Amazonenkleidern besuchte, sowie durch die Inszenierung Karls IX.
von Frankreich (1550–1574) und Heinrichs von Guise (1550–1588), die mit
Brüdern und Freunden 1572 anlässlich der Hochzeitsfeierlichkeiten für Heinrich von Navarra (1553–1610) und Margarete von Valois (1553–1615) am
Tag vor der Bartholomäusnacht als Amazonen auftraten.[101] Aus geschlechter-
historischer Perspektive handelt es sich bei der Amazone demnach um eine
Geschlechtergrenzen überschreitende Figur, mit der sich Männer und Frauen
identifizieren konnten. Als Sinnbild einer Herrscherin *und* Kriegerin in Personalunion war sie für die Repräsentation von Macht, Mut, militärischem
Können, Regierungs- und Handlungsfähigkeit für beide Geschlechter ideal:
für bewaffnete Bürgerinnen etwa als Leitbild im Befreiungskampf von Inhaf-
tierten oder im Kampf um das Waffenrecht;[102] für Damen des Hochadels –
und hier insbesondere für die Königinnen aus England und Schweden, denen
laut der *Lex Salica*[103] die Thronfolge verwehrt bleiben sollte, weshalb sie nur
durch eigene Hausgesetze den Thron besteigen konnten – als Mittel einer
selbstbewussten Demonstration weiblicher Herrschaft und somit Ebenbürtigkeit männlichen Regenten gegenüber. Adelige Männer, die insbesondere als
Erstgeborene durch die Primogenitur[104] resp. das männliche Erbrecht[105] von

---

100 Vgl. Holtmont 1925, S. 38. Obwohl Holtmont keinen namentlichen Hinweis
     gibt, wird es sich bei der von ihm angeführten Herzogin von Medina um Luisa
     von Guzmán (1613–1666) handeln, die Tochter Johann Manuels von Guzmán
     (Herzog von Medina Sidonia, 1579–1636) und die Ehefrau Herzog Johanns II.
     von Braganza (1604–1656), des späteren Königs Johann IV. von Portugal. Als
     dieser 1656 starb, übernahm Luisa als vormundschaftliche Regentin für den
     noch minderjährigen Sohn und Kronprinzen Alfons zunächst die Herrschaft.
     Vgl. Oliveira Marques 2001, S. 238–239.
101 Vgl. Knecht 2004, S. 26.
102 Vgl. Allweier 2001, S. 63–75 und S. 190–197 sowie Schmidt-Linsenhoff 1989,
     S. 467–468.
103 Zur Regentschaft von Frauen im Salischen Recht, das als Gesetzbuch [Lex
     Salica] zu Beginn des 6. Jahrhunderts unter dem fränkischen Merowingerkönig
     Chlodwig I. entstanden ist, heißt es im Zedler, dem wichtigsten deutschspra-
     chigen Universallexikon des 18. Jahrhunderts: „[…] *Lex Salica* […] heißen
     bey den alten Deutschen Schrifftstellern insgemein die Rechte und Verordnun-
     gen derer alten Francken, nach welchen insonderheit versehen war, daß keine
     Weibs=Personen der Koeniglichen oder Fuerstlichen Regierung faehig seyn soll-
     ten." Zedler 1742b, Sp. 21.
104 Zur Erbfolge des Erstgeborenen vgl. exemplarisch Stolleis 2001, S. 49.
105 So sieht das Salische Gesetz vor, „daß kein Stueck eines Salischen Guts weib-
     lichen Erben zufallen koenne, sondern, daß allezeit Manns=Personen in den
     vaeterlichen Erbguetern folgen sollen." Zedler 1742c, Sp. 939.

Geburt an als Nachfolger des Vaters vorgesehen waren und für diese Rolle entsprechend vorbereitet wurden, konnten sich in der bereits in den antiken Mythen als ‚männerähnlich' beschriebenen Amazone wiedererkennen: einer zwar weiblichen Herrscher-Figur, der aber männlich codierte, kriegerische Attribute zugeordnet waren.

Aus literaturhistorischer Sicht konzentriert sich die vorliegende Arbeit auf eine Zeitspanne, in der die Amazone als *virago* immer noch und ab dem Barock als imago[106] der *femme forte* auch in der deutschen Literatur überaus präsent war. ‚Starke Frauen' mit amazonischen Attributen sind etwa bei Daniel Caspar von Lohenstein (1635–1683) oder August Bohse (1661–1742), ebenso unter seinem Pseudonym ‚Talander' bekannt, zu finden. Als literarische Vorlagen seiner *femmes fortes* dienten Lohenstein die Figur der Ménalippe aus Sieur de La Calprenèdes Roman *Cleopâtre* (1646–1657) sowie die Gestalten Aximaire und Felixiane aus Madeleine de Scudérys (1607–1701) Roman *Ibrahim, ou l'Illustre Bassa* (1641).[107] Dabei werden die ‚starken Frauen' in Lohensteins posthum erschienenem *Arminius* (1689/90) aufgrund ihrer Tapferkeit als Amazonen bezeichnet oder bei Festumzügen als Amazonen stilisiert.[108] Dennoch sind Lohensteins ‚Amazonen' „a priori keine Kriegerinnen."[109] Cornelia Plume betont ausdrücklich, dass seine Heroinen „ihre Fähigkeiten nie aus Kampfeslust oder um ihre Tapferkeit an sich zu beweisen [einsetzen], sondern immer nur in Ausnahmesituationen."[110] Diese wichtigen Kriterien unterscheiden Lohensteins Heldinnen von den mythischen Kriegerinnen; er greift zudem nicht auf mythologische Amazonen-Gestalten zurück.

In Bohses Roman *Die Amazoninnen aus dem Kloster* (1698) kämpfen hingegen Frauen eines Klosters als eine „neue Compagnie Amazoninnen"[111] mit Pfeil und Bogen, Lanzen, Säbeln und „Heldenmuth[,] [der] nicht allein an das Maennliche Geschlechte gebunden/ sondern auch in einem weiblichen Hertze koenne gefunden werden"[112] gegen feindliche Mauretanier. Bohses Verknüpfung von den jungfräulichen und misogamen Kriegerinnen aus den antiken Mythen mit den ebenfalls keuschen und männerlosen Klosterfrauen liegt dabei auf der Hand. Allerdings ist in dem gesamten Roman lediglich in dieser kurzen Episode von Amazonen die Rede; kriegerische Frauen kommen weder vor noch nach dieser Episode noch einmal im Handlungsverlauf vor.

---

106 Vgl. dazu Bovenschen 1979.
107 Vgl. Plume 1996, S. 66–67.
108 Vgl. Plume 1996, S. 80.
109 Plume 1996, S. 81.
110 Plume 1996, S. 81.
111 Bohse AK 1698, S. 153.
112 Bohse AK 1698, S. 152.

Für Bohse schien das Wort ‚Amazoninnen' daher lediglich als werbewirksamer Blickfang (eyecatcher) fungiert zu haben. Insofern kann man Florian Gelzer nur zustimmen, der darauf hinweist, dass es Bohse bei der Titelwahl seines Romans primär „auf die reißerische Kombination von ‚Amazone' und ‚Kloster' angekommen"[113] sein musste. Da es sich auch bei Bohses *Amazoninnen* um keine aus den antiken Mythen entlehnten Figuren handelt, sich die vorliegende Studie jedoch aus methodischen Gründen auf diese konzentriert, werden weder Lohensteins *Arminius* noch Bohses Roman weiter berücksichtigt.

Die Wahl des Untersuchungszeitraums und der entsprechenden Quellen hat demnach einen unverkennbaren Grund: Es ist die Zeit, in der die *mythologische* Amazonen-Figur als *femme forte* durch La Calprenèdes französischen Roman *Cassandre* im deutschen Sprachraum eingeführt wird, durch Kormarts Übersetzung eine deutschsprachige Würdigung und tradierende Stütze erhält, ihre Rezeption bis um 1700 ihren Höhepunkt erlebt und schließlich in den 1760er-Jahren mit dem italienisch-deutschen Operntext der sächsischen Kurfürstin sowie Gottscheds deutschsprachigem Trauerspiel einen spätbarocken Rückgriff erfährt. Dabei findet der Weiblichkeitsentwurf der ‚starken Frau' in La Calprenèdes Figur der Amazonenkönigin Talestris ein sehr prominentes Beispiel. So wurde der Roman *Cassandre*, zu dessen wesentlichem Personal Talestris gehört, im deutschsprachigen Raum bis in das 18. Jahrhundert hinein rezipiert. Er stellt aufgrund seiner inspirierenden Wirkung auf andere Romane oder Opernlibretti eine wichtige Bezugsgröße in dieser Arbeit dar.[114] Allerdings ist es kein zentrales Anliegen der Studie, dezidiert an einer Rezeptionsgeschichte der *Cassandre* bzw. an einer Stoffgeschichte der Talestris-Figur[115] mitzuschreiben. Wie noch zu sehen sein wird, sind in der Frühen Neuzeit neben Talestris auch andere Amazonen aus den antiken Mythen bekannt, die ebenfalls in die Untersuchung miteinbezogen werden.

Allein die oben aufgeführten Textbeispiele verdeutlichen die starke Orientierung am französischen Roman, dessen Stoffe, Motive und Figuren zur Nachahmung anregten. Besonders die Werke La Calprenèdes und de Scu-

---

113   Gelzer 2005, S. 263.

114   Vgl. dazu den Roman *Æyquan* von Christian Wilhelm Hagdorn sowie die Besprechung in Kapitel 3.3 dieser Studie. Siehe dazu ebenso das Vorwort in Postel TKA 1690. Das italienische Libretto *Talestri* der Maria Antonia Walpurgis von Sachsen und die darin erkennbaren intertextuellen Rekurse auf La Calprenèdes *Cassandre* werden in Kapitel 4.4.4 näher unterucht.

115   Vgl. dazu exemplarisch Frenzel 2005b, S. 887–889.

dérys[116] wurden rezipiert und dabei zu vorbildhaften Exempla.[117] Der hier gewählte Untersuchungszeitraum bildet literaturhistorisch eine Zeit ab, in der die *imitatio*-Theorie als Lerntheorie immer noch von großer Bedeutung war.[118] Die literarische Übersetzung als eine besondere Form der Nachahmung[119] und Spielform der Intertextualität[120] diente dabei nicht allein zur Schulung des Stils oder der Übernahme von Bildungsidealen und Lebensführungskonzepten (Höflichkeit, Geselligkeit und Konversation), sondern verhalf der deutschen Sprache dazu, sich als Literatursprache zu festigen.[121] In diesem Kontext sind auch die Übersetzungen aus dem Französischen und Italienischen zu sehen, die die mythologische Amazone als *femme forte* übernommen und tradiert haben. Kormarts deutsche Übersetzung des französischen Romans *Cassandre*, Gottscheds Bearbeitung der italienisch-deutschen *Talestri(s)* der Kurfürstin Maria Antonia Walpurgis von Sachsen sowie weitere deutschsprachige Libretto-Übersetzungen aus dem Italienischen können somit als Beispiele für den Einsatz und die Festigung der deutschen Sprache als Literatur- und Standardsprache betrachtet werden.[122]

1.3 Forschungsstand

In Ergänzung zu den bereits in den vorangegangenen Abschnitten genannten Forschungsbeiträgen zur Amazonen-Thematik soll im Folgenden eine ausführlichere Darlegung der bisherigen Arbeiten aus den verschiedenen Wissenschaftsdisziplinen die Forschungslage in der Germanistik verdeutlichen.

Die variationsreichen Bearbeitungen des Amazonen-Motivs und somit vielfachen Rekurse auf die antiken Amazonen-Mythen in Kunst und Literatur haben zu vielfältigen Untersuchungen angeregt. So sind die in gynäkokratischen[123] Verhältnissen lebenden Amazonen beispielsweise auf ihre Funktion in

---

116 Zur Scudéry-Rezeption und den Werken der de Scudéry als „Gründungstexte der französischen galanten Epoche", die „prägend für den deutschsprachigen galanten Diskurs" gewesen sind vgl. Stauffer 2012, S. 251.
117 Vgl. van Ingen 2002, S. 71 und S. 74.
118 Vgl. Hess 1992, S. 10.
119 Vgl. Huber 1968, S. 4.
120 Vgl. von Koppenfels 1985, S. 138.
121 Vgl. dazu Hess 1992, S. 11 und S. 22 sowie van Ingen 2002, S. 76.
122 Zu Übersetzungen zur Unterstützung der deutschen Sprache als Standard- und Literatursprache im 17. Jahrhundert vgl. Hess 1992, S. 23.
123 Die Bezeichnung *Gynäkokratie* für Frauenherrschaft ist hier zunächst in diesem allgemeinen Sinne gemeint. Allerdings konzentriert sich der Begriff in dieser Untersuchung auf die Regentschaft von hochadeligen Frauen in der Frühen Neuzeit, deren (mögliche) Herrschaft – wie noch zu sehen sein wird – zu heftigen Debatten führte, bezeichnete doch der griechische Terminus *gynaikokratía*

den antiken Überlieferungen, die Konstruktion des bzw. der Fremden als Spiegel- und Feindbild (Alteritäts- und Exotismusdiskurs in der Antike und in der Frühen Neuzeit), ihre Rolle als (angebliche) Städtegründerinnen in Kleinasien oder auf archäologische Bodenfunde (Kriegerinnengräber in Sauromatien, die Verortung der Amazonen u. a. in der Ukraine) hin untersucht worden.[124] Aus der Mediävistik liegen einschlägige Untersuchungen zum mittelalterlichen Amazonen-Bild in der Literatur und Kartographie vor.[125] Musikwissenschaftliche Arbeiten zeigen, dass man sich im Hinblick auf die Frühe Neuzeit speziell mit der Figur der Amazone in der Oper befasst hat.[126] Studien zur Amazone als *femme forte* verdeutlichen, wie sich Damen und Herren des Hochadels aus repräsentativen und machtpolitischen Gründen sowie nichtadelige Frauen im Kontext bürgerlicher Aufstände an der mythischen Kriegerinnen-Figur orientierten und sich mit ihr identifizierten.[127] Auch die aktuelle Publikation *Die Märkische Amazone. Kurfürstin Dorothea von Brandenburg*[128] (2012) des Historikers Heinrich Jobst Graf von Wintzingerode lässt aufgrund des Buchtitels eine (Selbst-)Stilisierung der Kurfürstin als amazonische *femme forte* vermuten. Allerdings erklärt die „überfällige Ehrenrettung"[129] dieser „bedeutende[n] Herrscherinnengestalt unter den Hohenzollern"[130] nicht eindeutig, was die brandenburgische Kurfürstin als Amazone auszeichnet. Von einer expliziten Identifikation mit der mythischen Kriegerinnen-Figur ist jedenfalls keine Rede. Man muss sich die möglichen Andeutungen[131] selbst

---

bereits die Herrschaft von Frauen über das männliche Geschlecht als politische „Unordnung." Vgl. Wagner-Hasel 2000, S. 198; Puppel 2004b.
124 Vgl. insbesondere Wagner-Hasel 1986; Rolle 1986; Wagner-Hasel 1988b; Wenskus 2000; Wagner-Hasel 2002; Fornasier 2007; Frübis 2010.
125 Vgl. hierzu Brinker-von der Heyde 1997b. Siehe ferner Dostálová 1993; DiMarco 1996; Reinle 2000; Baumgärtner 2010.
126 Hier sind vor allem die Arbeiten von Christine Fischer zur Amazonen-Oper der Kurfürstin Maria Antonia Walpurgis von Sachsen hervorzuheben: Fischer 2000; Fischer 2007; Fischer 2010. Zu Amazonen in der Oper siehe auch Kiupel 2010, besonders S. 152–157 und S. 163–166.
127 Exemplarisch seien hier genannt: DeJean 1999 sowie Fischer 2007. Siehe dazu ebenso Schmidt-Linsenhoff 1989; Neysters 1995; Fleig 1998; Allweier 2001; Dixon 2002a; Watanabe-O'Kelly 2009; Grubitzsch 2010.
128 Dorothea von Holstein-Glücksburg (1636–1689) war die zweite Ehefrau des „Großen" Kurfürsten Friedrich Wilhelm von Brandenburg (1620–1688).
129 Wintzingerode 2012, S. 9.
130 Wintzingerode 2012, S. 9.
131 Ist es die Begleitung ihres Mannes auf Feldzügen (in denen Dorothea nicht selbst gekämpft zu haben scheint), ihr Vergleich mit Pallas Athene, der Schutzgöttin der Amazonen, oder ihre Bezeichnung als Diana, die als jungfräuliche Göttin der Jagd ebenfalls eng mit den Amazonen in Verbindung gebracht wird? Vgl. Wintzingerode 2012, S. 28, S. 37 und S. 38.

‚herauslesen', so dass – wie bereits bei Bohses *Amazoninnen*-Roman aus dem 17. Jahrhundert – der starke Eindruck entsteht, als sei die Amazone im Titel auch hier nur aus werbewirksamen Gründen gewählt worden.

Zum Forschungsstand über das Vorkommen und die Konzeption von Amazonen-Figuren in der frühneuzeitlichen Literatur des deutschen Sprachraums lassen sich insgesamt zahlreiche Lücken und das Fehlen einer breit angelegten Studie konstatieren. Neuere Publikationen verdeutlichen dies eindrücklich. So fehlt selbst im Begleitband der von September 2010 bis Februar 2011 stattgefundenen Amazonen-Ausstellung im Historischen Museum der Pfalz in Speyer, der mit interdisziplinären Wissenschaftsbeiträgen zu Amazonen-Darstellungen von der Antike bis zur Gegenwart aufwarten kann, von den mythischen Kriegerinnen in der deutschsprachigen Literatur der Frühen Neuzeit jede Spur. Im Hinblick auf das 17. und 18 Jahrhundert hat man hier ausschließlich Amazonen-Darstellungen in der französischen Kunst und Literatur sowie aus musikwissenschaftlicher Sicht die italienische Amazonen-Oper *Talestri* der Kurfürstin Maria Antonia Walpurgis von Sachsen berücksichtigt.[132] Auch in dem 2010 von Udo Franke-Penski und Heinz-Peter Preußler herausgegebenen Sammelband *Amazonen – Kriegerische Frauen* ist kein Beitrag über Amazonen in frühneuzeitlichen Texten aus dem deutschen Sprachraum zu finden. Neben den Ausführungen der Altertumswissenschaftlerin Beate Wagner-Hasel zu Amazonen in den antiken Mythen liegt der Schwerpunkt eindeutig auf modernen Bearbeitungen der Amazonen-Thematik.[133]

Bisherige Untersuchungen in der germanistischen Forschung zeigen, dass man sich hauptsächlich auf die Bearbeitung des Amazonen-Motivs im Mittelalter und um 1800 bis zur Gegenwart konzentriert hat.[134] Insbesondere Arbeiten zu Johann Wolfgang Goethes Roman *Wilhelm Meisters Lehrjahre* (1795/96), Friedrich Schillers Tragödie *Die Jungfrau von Orleans* (1801) und Heinrich von Kleists Trauerspiel *Penthesilea* (1808) berücksichtigen verschiedene Aspekte.[135] Dabei werden im *Wilhelm Meister* die knabenhafte

---

132 Vgl. Busse 2010; Kroll 2010; Fischer 2010.
133 Vgl. Franke-Penski 2010c und Runte 2010. Siehe dazu ebenso den Beitrag von Wagner-Hasel 2010 sowie die Aufsätze von Schütz, Lauterbach und Schulze-Reimpell über den Dramatiker Stefan Schütz und sein Amazonen-Drama der Gegenwart. Alle Texte in Franke-Penski/ Preußer 2010a.
134 Zum Mittelalter siehe besonders Brinker-von der Heyde 1997b. Zur Amazonen-Thematik in der Literatur um 1800 bis in die Gegenwart vgl. Williams-Duplantier 1992 und Gobert 1997.
135 Siehe beispielsweise die Beiträge in Kreuzer 1973 sowie Scheifele 1992; Scheifele 1999; Schindler 2001; Kollmann 2004; Stephan 2004; Stephan 2004b; Campe 2008; van Marwyck 2010; Runte 2010.

Mignon[136] als auch die männlich gekleidete Nathalie als „schöne Amazone"[137] sowie die „wahre Amazone"[138] Therese in Jägerkleidung mit den mythischen Kriegerinnen in Verbindung gebracht.[139] Als „eine der Prototypen der Amazone in der deutschsprachigen Literatur"[140] ist ferner Schillers Protagonistin Johanna aus seinem Drama *Die Jungfrau von Orleans* (1801) bekannt, mit der er auf die Nationalheldin Frankreichs, die historische Jeanne d'Arc, rekurriert. Penthesilea, die aus den Sagen um den trojanischen Krieg bekannte, vom griechischen Helden Achilles zu Fall gebrachte Amazonenkönigin, in die er sich beim Anblick ihres Todes verliebt, gilt jedoch als wirkmächtigste Amazonen-Figur in der Literatur.[141] Sie ist vor allem durch Kleists gleichnamiges Trauerspiel *Penthesilea* nicht nur GermanistInnen bis heute präsent geblieben. Ihr Bekanntheitsgrad geht dabei besonders auf entscheidende Veränderungen zurück, die Kleist an den antiken Überlieferungen vorgenommen hat. So nutzt er die Figur der Penthesilea, um sie als beängstigenden, irrationalen Weiblichkeitsentwurf darzustellen,[142] indem die Amazonenkönigin in seiner Tragödie über ihren geliebten Herausforderer Achilles siegt, ihn mit ihren Hunden zerfleischt und sich aus Reue über ihre Tat am Ende selbst tötet.[143]

Im Vergleich zur Romanistik und Anglistik, wo bereits Monographien und zahlreiche Aufsätze zur Figur der Amazone in der frühneuzeitlichen Literatur, aber auch Untersuchungen über die Bedeutung und Leistung von Schriftstellerinnen aus dem 17. und 18. Jahrhundert, die als ,Amazonen der Feder' bezeichnet wurden, vorliegen,[144] befinden sich Forschungsbeiträge zur Amazone in der deutschen Literatur des 16.-18. Jahrhunderts noch in ihren Anfängen. Auch wenn schreibende ,Amazonen' der deutschen Frühaufklärung untersucht

---

136 „Lange schwarze Haare waren in Locken und Zöpfen um den Kopf gekräuselt und gewunden. Er [Wilhelm] sah die Gestalt [Mignon] mit Verwunderung an, und konnte nicht mit sich einig werden, ob er sie für einen Knaben oder für ein Mädchen erklären sollte. Doch entschied er sich bald für das letzte." Goethe [1795/96] WML 1988, S. 90 (2. Buch, 4. Kapitel).

137 Goethe [1795/96] WML 1988, S. 224 (4. Buch, 6. Kapitel).

138 Goethe [1795/96] WML 1988, S. 441 (7. Buch, 4. Kapitel).

139 Vgl. dazu Frenzel 1999a, S. 25.

140 Martin 2004, S. 79.

141 Vgl. Jünke 2004, S. 198. Zu Heinrich von Kleists Drama *Penthesilea* als „maßgebliche und bis heute nicht überbotene Aneignung des P[enthesileia]-Mythos" siehe ebenso Greiner 2008.

142 Vgl. Villarama 2010, S. 78–79 und S. 81.

143 Vgl. von Kleist [1808] PENT 1987, V. 2669–2674, S. 241 und V. 3028–3035, S. 256.

144 Vgl. Schlumbohm 1978; Schabert 1994; Kroll 2001; Kroll 2004. Siehe dazu ferner McKendrick 1974; Maclean 1977; Shepherd 1981; DeJean 1989; McEntee 1989; DeJean 1991; DeJean 1999; Schwarz 2000; Bösch 2001; Verrier 2003; Bösch 2004.

worden sind,[145] gibt es – wie bereits in Kapitel 1.1. erläutert wurde – insgesamt nur wenige ForscherInnen in der Germanistik resp. den German Studies, die sich bislang mit den mythischen Kriegerinnen in deutschsprachigen Texten der Frühen Neuzeit befasst haben. Obwohl diese Beispiele[146] auf die Popularität des Amazonen-Themas in der vormodernen Literatur hinweisen, liegt eine Monographie über das Vorkommen und die Darstellung von Amazonen-Figuren in Opernlibretti, Sprechdramen und Romanen aus dem Barock bis in das 18. Jahrhundert bislang nicht vor. Die vorliegende Arbeit erschließt demnach das bisher nicht bearbeitete Forschungsfeld und ergänzt die bereits vorliegenden Untersuchungen zur Amazone in der mittelalterlichen Literatur bis zur Gegenwart.

1.4 Textkorpus

Die methodologische Entscheidung, sich auf mythologische Amazonen-Figuren in Romanen, Operntextbüchern und Sprechdramen zu konzentrieren, legt bestimmte Kriterien und Prämissen für die Zusammenstellung des Textkorpus nahe. Zu diesen zählen,

a) in die Textauswahl primär Werke einzubeziehen, die im Titel den Namen bekannter Amazonen aus den antiken Mythen (z. B. Talestris, Antiope, Myrina, Smyrna oder Penthesilea) beinhalten. Zudem wurden Werke berücksichtigt, von denen aus der Forschungsliteratur hervorgeht, dass tradierte Amazonen-Figuren in den jeweiligen Texten behandelt werden bzw. dort dezidiert auf antike Amazonen-Mythen zurückgegriffen wurde. Eine erste Orientierung boten diesbezüglich die literaturwissenschaftlichen Forschungsbeiträge von Elisabeth Frenzel und musikwissenschaftliche Arbeiten zur frühen deutschen Oper.[147]

b) sowohl die von Wilhelm Voßkamp betonte „gattungstheoretische [...] Parallelisierung"[148] von Romanen und (musik-)dramatischen Texten im Hinblick auf „dramen- und romantheoretische[...] Bestimmungen"[149] als auch die Parallelen zwischen Opern- und Romankritik[150] beispielhaft zu bestätigen sowie gemeinsame Themen, historische und mythologische Stoffe

---

145 Vgl. Goodman 1999.
146 Vgl. Anm. 36 der vorliegenden Studie.
147 Vgl. Brockpähler 1964; Frenzel 1968; Haufe 1994; Frenzel 1999a; Frenzel 2005b.
148 Voßkamp 1973, S. 145.
149 Voßkamp 1973, S. 170.
150 Vgl. Voßkamp 1973, S. 134.

oder einen identischen RezipientInnenkreis u. a. anhand der vorliegenden Quellenauswahl zu verdeutlichen.[151]

c) durch die Fokussierung auf höfisch-historische Romane, Opernlibretti und Sprechdramen auf Textbücher von Balletten zu verzichten, in denen Amazonen-Figuren vorkommen und die ebenso zur frühneuzeitlichen Hofkultur gehören. Zudem handelt es sich bei den Textpassagen zu den Amazonen-Auftritten meist nur um kurze Ballett-Szenen, die sich für eine nähere Textanalyse wenig anbieten. Für künftige Untersuchungen zu Amazonen im Ballett des 17. und 18. Jahrhunderts sei auf den Anhang (Kapitel 7.2) dieser Studie verwiesen. Dort sind in einer Übersicht recherchierte, aber hier nicht analysierte Werke mit Angaben zum Fundort, zum Aufführungskontext, zu DedikationsadressatInnen etc. aufgeführt.

d) Partituren ebenso nicht in das Textkorpus aufgenommen zu haben, da es sich bei der vorliegenden Arbeit explizit um eine literaturwissenschaftliche Studie handelt. Obwohl Opern aus Text *und* Musik bestehen, konzentriert sich die Untersuchung ausschließlich auf den dramatischen Text und somit auf das Libretto als Gegenstand der Literaturwissenschaft.

e) die Fokussierung auf einen einzigen Stoff zu verhindern. Zugunsten eines erweiterten Blickwinkels auf eine größere Zahl von Amazonen-Figuren und die variantenreiche Bearbeitung der verschiedenen Amazonen-Überlieferungen wurde beispielsweise darauf verzichtet, Christian Heinrich Postels (1658–1705) Opernlibretto *Die Groß=Muethige Thalestris* (1690) sowie den eingangs zitierten Bayreuther Operntext *Talestris* (1717) näher zu untersuchen.[152]

f) mit dem Textkorpus möglichst verschiedene Möglichkeiten der Funktionalisierung zu verdeutlichen, denen die Amazonen-Figur dienen konnte (z. B. Selbststilisierung, Homoerotik, Erotik, Manipulation, Spott).

g) durch die Texte zu verdeutlichen, inwiefern zeitgenössische Diskurse Einfluss auf die Darstellung der Amazone in der Frühen Neuzeit hatten. Beispielhaft wird dies am Exotismus-Diskurs durch die Entdeckung ferner Länder (China, Südamerika) oder am Diskurs über Herrschaft von Frauen innerhalb der *Querelle des Femmes* veranschaulicht.

---

151 Zu Parallelen zwischen Romanen, Operntexten und Sprechdramen, die im Einzelnen an späterer Stelle noch vorgestellt werden, siehe neben Voßkamp beispielsweise auch Just 1975, S. 206; Gier 2000, S. 38; Meid 2009, S. 490.

152 Für nähere Angaben zu diesen Werken siehe die Übersicht in Kapitel 7.2.

Aufgrund dieser Kriterien bilden die folgenden Quellen das Textkorpus dieser Arbeit:

1. der Faksimile-Druck der Ausgabe von 1657 des erstmals in Paris zwischen 1642–1645 erschienenen Romans *Cassandre* von Gautier de Coste Sieur de La Calprenède (ca. 1609–1663):
La Calprenède, Gautier de Coste, chevalier de: Cassandre. Première Partie-Cinquième Partie. Réimpression de l'édition de Paris, 1657. Genève: Slatkine Reprints 1978.[153]

2. die deutsche Übersetzung dieses französischen Romans von Christoph Kormart[154] [Christoff Kormart] (1644–1701) in fünf Bänden, die erstmals zwischen 1685–1688 in Leipzig erschienen ist:
DIE | ALLER=Durchlauchtigste Kaeyserin | STATIRA oder CASSANDRA, | Mit Persianisch = Griechisch = Scyth = und Amazonischen | Staats= und Liebes= | Geschichten/ | Welche sich | unter des Darius und Grossen | Alexanders bestrittenen Regierung | begeben/ | Nebenst vielen schoenen Kupffern | Aus dem Frantzoes= und Hollaendischen ins Teutsche uebersetzet | von | Christoff Kormarten / J. U. D. | Leipzig/ | In Verlegung Joh. Friedrich Gleditschens/ | druckts Christian Goetz/ M. DC. LXXXV. [Bd. II-III M. DC. LXXXVI, Bd. IV M. DC. LXXXVII, Bd. V M. DC. LXXXVII].[155]
(Exemplar Universitätsbibliothek Leipzig (Bibliotheca Albertina); Signatur Lit.germ.E.5275:1–5)
In Deutschland ist diese fünfbändige Übersetzung als vollständige Erstausgabe einzig in den Sondersammlungen der Universitätsbibliothek Leipzig einzusehen.

3. der Roman *Æyquan, oder der große Mogol* (1670) von Christian Wilhelm Hagdorn:
Æyquan, | oder der | Große Mogol. | Das ist/ | Chineische [sic!] und Indische | Stahts= Kriegs= und Liebes=geschichte. | In unterschiedliche Teile verfasset/ | Durch Christ. W. Hagdorn/ | Dero zu Denmarck/ Norwegen/ etc. Koen. Majest. | Obersten zu Roß. | Durchgehends mit viel schoenen Kupferstuecken verziert. | In Amsterdam/ Bey Jacob von Moers/ Buch= und Kunst=händlern/ | Anno 1670.[156]
(Exemplar Herzog August Bibliothek Wolfenbüttel; Signatur M: Lo 2470)

---

153 La Calprenède [1657] CAS 1978.
154 Die Namensschreibweise orientiert sich an Dünnhaupt 1991b, S. 2415. Zu weiteren bekannten Namensvarianten Christoph Kormarts siehe auch die Kataloginformationen der Herzog August Bibliothek Wolfenbüttel (HAB).
155 Kormart STAT [1685–1688].
156 Hagdorn ÆGM 1670.

4. der 1705 erschienene Roman *Die Amazonische Smyrna* von Joachim Meier
   (1661–1732) [Imperiali][157]:
   Die | Amazonische | SMYRNA | Worinnen | Unter Einfuehrung Trojanischer/ |
   Griechischer/ Amazonischer und | Asiatischer Geschichten/ | Die | Begeben-
   heiten jeziger Zeiten/ | und deren Veraenderungen und Kriegs=Laeuffte/ |
   auf eine sehr curioese Weise/ | in einem Annehmlichen Staats= und Liebes= |
   Roman | verwickkelt vorgestellt worden/ | Von | Imperiali. Franckfurt und
   Leipzig/ | Bey Michael Andreas Fuhrmann/ 1705.[158]
   (Mikrofiche-Ausgabe, Exemplar Universitätsbibliothek Kassel; Signatur
   25 Ger CB 0001, F. 18258–18259)
5. die deutsche Übersetzung des italienischen Opernlibrettos *L'Antiope*[159]
   (1689) von Stefano Pallavicini (1672–1742):
   ANTIOPE. | DRAMA zur MUSICA, | Vorzustellen | Auf dem THEATRO |
   Des Durchl. Churfuersten | zu Sachsen etc.| Im Jahr | 1689. | Durch | STE-
   PHANUM PALLAVICINI, | Sr. Churfuerstl. Durchl. Poëten. | DRESDEN |
   Mit Bergischer Witbe und Erben Schrifften.[160]
   (Exemplar Sächsische Landesbibliothek – Staats- und Universitätsbibliothek Dresden; Signatur MT4° 67 Rara)
6. das deutschsprachige Opernlibretto *Hercules* (1714) eines unbekannten
   Librettisten bzw. einer Librettistin[161] für den Bayreuther Hof:
   HERCVLES, | Wurde | An dem Hoechsterfreulichen | Hohen Geburts-
   Fest / Des | Durchlauchtigsten Fuersten und Herrn / HERRN | Georg
   Wilhelms / Marggrafens zu Brandenburg / in Preussen [...] | Auf gnae-
   digstes Anbefehlen | Der Durchlauchtigsten Fuerstin und Frauen / Frauen
   Sophien / Marggraefin zu Brandenburg / in Preussen [...] gebohrner

---

157 Zu weiteren bekannten Namensvarianten und Pseudonymen Joachim Meiers
    siehe die Kataloginformationen der Herzog August Bibliothek Wolfenbüttel
    (HAB).

158 Meier SMY 1705a.

159 Pallavicini AN 1689a: Diese deutschsprachige Übersetzung ist dem italienischen
    Librettotext L'ANTIOPE. | DRAMA PER MUSICA, | DA RAPPRENTARSI |
    NEL TEATRO | DEL | SERMO. ELLETOR. | DI SASSONIA, | L'ANNO |
    M. DC. LXXXIX. | DI | STEFANO PALLAVICINI, | POETA DELLA MEDESI-
    MA | ALTEZZA im selben Textbuch beigefügt. Da auf dem Titelblatt kein Ver-
    weis auf einen Übersetzer ins Deutsche vermerkt ist und kein(e) Übersetzer(in)
    ermittelt werden konnte, wird auch das deutschsprachige Libretto hier Stefano
    Pallavicini zugesprochen. Eine eindeutige Bestimmung muss künftigen Arbeiten
    zu dieser Oper vorbehalten bleiben.

160 Pallavicini AN 1689b.

161 Eine eindeutige Bestimmung des Librettisten oder der Librettistin dieses Text-
    buchs muss anderen Arbeiten überlassen bleiben. Die Datierung des Librettos
    auf das Jahr 1714 bezieht sich indessen auf die Angaben Johann Christoph
    Gottscheds. Siehe dazu Gottsched [1757–1765] NV 1970, S. 288.

Princeßin von Weissenfels [...] | In einer Musicalischen OPERA | Auf dem grossen Theatro zu Bayreuth | unterthaenigst aufgefuehrt. | Gedruckt daselbst / bey Johann Lobern / Hoch=Fuerstl. Brandenburgisch. | Hof= und Cantzley=Buchdruckern.[162]
(Exemplar Universitätsbibliothek Bayreuth; Signatur 47/LR 53500 B361)

7. der Operntext *Hercules unter denen Amazonen* (1693/1694) von Friedrich Christian Bressand (1670–1699), welcher in drei Fassungen vorliegt, die in dieser Arbeit vergleichend berücksichtigt werden:
HERCULES | unter denen Amazonen / | Singe=Spiel / | auf dem Schauplatze zu Braunschweig vorgstellet; | Dem | Hochgebohrnen Grafen und Herrn | Hn. Albrecht Anthon / | Grafen zu Schwartzburg und Hohnstein / | [...] | Und | Der Hochgebohrnen Graefin und Frauen / | Fr. Emilia Juliana / [...]| von | F. C. Bressand. | [...] In Verlegung Caspar Grubers / Buchhaendl. in Braunschw. | Wolfenbuettel / gedruckt durch Caspar Johann Bismarck. 1693.[163]
(Exemplar Herzog August Bibliothek Wolfenbüttel; http://diglib.hab.de/drucke/textb-380/start.htm)

HERCULES | Unter denen Amazonen / | Singe=Spiel / | Auf dem Schau=Platze zu Braunschweig vorgestellet. | Dem | Hochgebohrnen Grafen und Herrn / | Hn. Christian Wilhelm / | [...] Grafen zu Schwartzburg und Hohnstein [...] | Unterthaenigst zugeschrieben | Von | F. C. Bressand. | Gedruckt im 1694. Jahr.[164]
(Exemplar Herzog August Bibliothek Wolfenbüttel; http://diglib.hab.de/drucke/textb-sbd-6–6/start.htm)

HERCULES | Unter denen | Amazonen / | In einer | OPERA | vorgestellt / | Im Jahr 1694. | HAMBURG / | Gedruckt bey Conrad Neumann / | E. E. Rahts Buchdrucker.[165]
(Exemplar Staats- und Universitätsbibliothek Hamburg; Signatur MS 639/3)

8. das Opernlibretto *Die Lybische Talestris* (1696/1698) von Heinrich Anshelm von Zigler und Kliphausen[166] (1663–1696), die Bearbeitung dieses Textbuches durch Georg Christian Lehms[167] (1684–1717) für eine Leipziger Insze-

---

162 Anonymus HB [1714].
163 Bressand HUA 1693.
164 Bressand HUA 1694b.
165 Bressand HUA 1694a.
166 Die Schreibweise des Namens variiert wie folgt: He(i)nrich Ans(h)elm Zi(e)gler von Klip(p)hausen. Die Wahl der Namensschreibung orientiert sich hier an Dünnhaupt 1993, S. 4332.
167 Michael Maul hat in seiner Untersuchung über die Barockoper in Leipzig durch eine Fülle von Belegen Lehms als den anonymen Verfasser des Leipziger

nierung im Jahr 1709, Colombinis[168] Roman *Die Lybische Talestris* (1715) und das Sprechdrama *Triumph der beständigen Liebe* (1720) eines Anonymus resp. einer Anonyma:

Die | Lybische | TALESTRIS, | stellet sich | bey dem hoechst=erfreulichen | Geburts=Liechte | Des | Durchlauchtigsten Fuersten und Herrns / | Hn. Johann Adolphs | Herzogs zu Sachsen / Juelich / Cleve und Berg [...] | Unsers gnaedigsten Fuerstens und Herrns / den November des Jahres 1696. | in einem Singe=Spiele | Unterthaenigst | vor. | Weißenfels / | Gedruckt mit Bruehlischen Schrifften.[169]
(Exemplar Museum Schloss Neu-Augustusburg Weißenfels; ohne Signatur)

Die Lybische | TALESTRIS | stellete sich | bey | Freund=Vetterlicher Zusammenkunfft | Durchlaucht. | Haeupter / | aus Beyderseits | Hoch=Fuerstl. Saechs. | Haupt= und Stamm=Linie / | an einem frohen Fastnachts=FESTIN | auf | Schloß Neu=Augustus=Burg | 1698. | in einem Singe-Spiele | abermahls unterthaenigst | vor. | Weißenfels / gedruckt mit Bruehlischen Schrifften.[170]
(Exemplar Herzogin Anna Amalia Bibliothek Weimar; Signatur H 1: 130)

Die | Lybische | TALESTRIS | Wurde | Mit | Ihro Koenigl. Majest. In Pohlen | und | Churfl. Durchl. zu Sachsen [...] | Allergnaedigster Verwilligung | In | Der Michael=Messe 1709. | Auff den Leipziger Schau=Platze | vorgestellet | in einer | OPERA.[171]
(Exemplar Sächsische Landesbibliothek – Staats- und Universitätsbibliothek Dresden; Signatur Lit. Germ. rec. B197.m,35)

Die | Lybische | TALESTRIS, | In einer anmuthigen | Staats= und Helden= | Geschichte | Der galanten Welt zu wohl=er= | laubter Gemuehts=Vergnuegung | communiciert | von COLOMBINI. | COPENHAGEN / | In Verlegung Hieronymus Christian | Paulli / | Anno 1715.[172]
(Exemplar Bayerische Staatsbibliothek; http://daten.digitale-sammlungen.de/bsb00002378/image_1)

Triumph der bestaendigen Liebe | ueber | die widrigen Zufaelle des Verhaengnisses, | Wurde | Als | Der Durchlauchtigste Fuerst und Herr, | HERR | Friedrich Anthon / | Fuerst zu Schwartzburg, | Der Vier Grafen des Reichs, auch Graf zu Hohnstein [...] | Mit | Der Durchlauchtigsten Fuerstin und Frauen, | FRAUEN | Sophien Wilhelminen / | Gebohrner Hertzogin zu Sachsen, Juelich,

---

Librettos identifiziert, während die Musik auf den Komponisten Johann David Heinichen zurückgeht. Vgl. Maul 2009, S. 81 und S. 396–414.
168   Das Pseudonym Colombini ist bislang nicht aufgelöst worden.
169   Zigler LT 1696.
170   Zigler LT 1698.
171   Lehms LT 1709.
172   Colombini LT 1715.

Cleve und Berg [...] | Dero erwuenscht=getroffene Vermaehlung | vollzogen hatten, | Den Februarii darauf | In einem Schau=Spiele | von Fuerstlichen und Adelichen Personen vorgestellet zu Saalfeld 1720. | Daselbst gedruckt bey Gottfried Boehmern, Fuerstl. Saechs. Hof=Buchdr.[173]
(Exemplar Historische Bibliothek der Stadt Rudolstadt; Signatur MA X, Nr. 29 (4))

9. das Opernlibretto *Talestri, Regina delle Amazzoni* (1763) von Maria Antonia Walpurgis von Sachsen (1724–1780) in seiner italienischen und deutschen Fassung im selben Textbuch, sowie Johann Christoph Gottscheds (1700–1766) Bearbeitung dieser Operntexte in seinem Trauerspiel *Thalestris, Koeniginn der Amazonen* (1766):

TALESTRI | Regina | delle Amazzoni | Dramma per musica | Di | E. T. P. A.[174] | Dresda | Per la Regia Stamperia. | MDCCLXIII.[175]
(Exemplar Staatsbibliothek zu Berlin; Signatur Mus. Tm 190/1.)

TALESTRIS | Koenigin der Amazonen. | Ein Singespiel. | von | E. T. P. A. | Dreßden, | Gedruckt in der Koenigl. Hofbuchdruckerey. | 1763.[176]
(Exemplar Staatsbibliothek zu Berlin; Signatur Mus. Tm 190/1.)

Gottscheds Tragödie wird nach der Ausgabe von Joachim Birke zitiert: Thalestris, Königin der Amazonen. Ein Trauerspiel. In: Johann Christoph Gottsched. Ausgewählte Werke. Hg. v. Joachim Birke. Bd. 3. Sämtliche Dramenübertragungen. Berlin: de Gruyter 1970, S. 131–195.[177]

Bei allem Interesse, ein möglichst breites Spektrum von Texten vorzustellen, ist es kein Anliegen dieser Untersuchung, eine vollständige Sammlung aller deutschsprachigen Romane und (musik-)dramatischen Texte anzubieten, in denen mythologische Amazonen-Figuren vorkommen. Der exemplarischen Textauswahl entsprechend stellt das Korpus nur einen Ausschnitt der bislang bekannten Amazonen-Texte aus dem deutschen Sprachraum des 17. und 18. Jahrhunderts dar, die in verschiedenen Staats- und Universitätsbibliotheken oder Archiven zugänglich sind.[178] Da im Rahmen dieser Studie auch Anfragen an Archive, Museen oder Stadtbibliotheken getätigt wurden, ist es jedoch nicht auszuschließen, dass in den nächsten Jahren noch weitere Funde aus Privatarchiven und -sammlungen im In- und Ausland zu erwarten sind.

---

173 Anonymus TBL 1720.
174 Maria Antonia Walpurgis von Sachsen war Mitglied der römischen Accademia dell'Arcadia. Nach ihrem Beitritt erhielt sie das Pseudonym E. T. P. A. für Ermelinda Talea Pastorella Arcade [Arcada]. Vgl. Fischer 2007, S. 52.
175 E. T. P. A. TAL 1763a.
176 E. T. P. A. TAL 1763b.
177 Gottsched [1766] TKA 1970.
178 Vgl. hierzu auch die Übersicht (Kapitel 7.1) im Anhang dieser Untersuchung mit weiteren Angaben und Informationen zu den Werken.

1.5 Methodische und theoretische Überlegungen

Die vorliegende Studie versteht sich als ein Beitrag zur Germanistik, der kulturhistorisch und interdisziplinär angelegt ist. Er greift theoretische Ansätze der Gender Studies auf und berücksichtigt Forschungsarbeiten aus der Komparatistik, Romanistik, Anglistik, Geschichts-, Kunst-, Theater- und Musikwissenschaft sowie den Sozialwissenschaften. Aus diesem Grund wird auf verschiedene methodische und theoretische Ansätze zurückgegriffen. Dies betrifft vor allem die Methode der Textinterpretation, die Berücksichtigung von frühneuzeitlichen (Literatur-)Theorien zur Oper und zum Roman, zur Intertextualität (imitatio-Theorie, Übersetzung), zum Einsatz und zur Darstellung von Affekten sowie die Einbeziehung und Operationalisierung der Kategorie ‚Geschlecht' im Hinblick auf die Figur der Amazone.

1.5.1 Methode der Textinterpretation

Die Kontextualisierung der ausgewählten Texte, welche vor dem Hintergrund der frühneuzeitlichen Opern- und Romantheorien in Bezug auf die jeweiligen WidmungsadressatInnen, AuftraggeberInnen und VerfasserInnen als auch mit dem Hof als einem sozialen und kulturellen Ort in Verbindung gebracht und interpretiert werden, verdeutlicht die literaturhistorische und sozialgeschichtliche Perspektive auf das Quellenkorpus. Indem die Arbeit durch eine Gegenüberstellung von Operntexten und Romanen mit ihren unmittelbaren Adaptionen intertextuelle Bezüge nachweisen möchte, wird sie damit gleichzeitig den Kulturtransfer[179] der Texte zwischen verschiedenen Höfen oder anderen kulturellen Orten wie etwa der kommerziellen Hamburger Oper sowie die Funktion von ÜbersetzerInnen, LibrettistInnen, RomanautorInnen, aber auch hochadeligen Bräuten[180] als KulturvermittlerInnen nachzeichnen. Anknüpfungen an Konzepte der interdisziplinären Kulturtransfer-Forschung mit ihren geschlechterhistorischen Ansätzen, die am Beispiel der deutsch-französischen Beziehungen Mitte der 1980er-Jahre insbesondere von Michel Espagne und Michael Werner angeregt und entwickelt wurden,[181] sind ebenso unverkennbar.[182] Ein zentrales Ziel dieser Forschungsrichtung ist es, nicht nur die Rolle von VermittlerInnen und Instanzen im Prozess des Kulturtransfers herauszuarbeiten, sondern vor allem die Formen der Aneignung und der produktiven Rezeption von kulturellen Phänomenen (wie literarischen Texten,

---

179 Kulturtransfer meint „nicht nur den Transfer *von* Kultur", sondern „auch den Transfer *zwischen* ‚Kulturen'." Stedman/ Zimmermann 2007b, S. 10.

180 Zur Rolle von verheirateten Prinzessinnen als (musikalische) Kulturvermittlerinnen in der Frühen Neuzeit siehe Brandenberger 2007, S. 113 und Koldau 2008.

181 Siehe grundlegend Espagne/ Werner 1985 und Werner 2009.

182 Vgl. Stedman/ Zimmermann 2007a sowie Nolde/ Opitz-Belakhal 2008, S. 8–9.

Werken aus der bildenden Kunst etc. als Kulturgüter) zu rekonstruieren.[183] Im Zentrum der Kulturtransfer-Forschung steht demnach die Erforschung der Akkulturation als „Prozess des Aufnehmens und Anverwandelns"[184], die Eruierung der Art und Weise, in der die rezipierenden EmpfängerInnen „dem ‚fremden' Import Bruchstücke entnehmen, bearbeiten und derart mit der ‚eigenen' Kultur zusammenfügen, dass insgesamt etwas Neues [...] hergestellt wird."[185]

Gerade im Hinblick auf die ‚Arbeit am Mythos', der produktiven und kreativen Form von *„imitatio, variatio* und *aemulatio* [...] im Spannungsfeld von Anknüpfung und Abweichung, Wiederholung und Widerspruch"[186] wird die Kulturtransfer-Leistung durch literarische Adaptionen und Übersetzungen offensichtlich. Diese Formen von Intertextualität, dem „Bezug von Texten auf Texte"[187], müssen jedoch vor ihrem zeitgenössischen Hintergrund betrachtet werden, da Beziehungen zwischen Texten der Vormoderne unter besonderen Bedingungen zu sehen sind,[188] die erheblich vom poststrukturalistischen Verständnis abweichen. Um die Differenzen zwischen Kristevas Intertextualitäts-Theorien und der frühneuzeitlichen Form von Textbezügen zu verdeutlichen, werden diese im Folgenden erläutert.

1.5.2 Intertextualität

a)   Der Intertextualitäts-Begriff nach Julia Kristeva

Kein Text entsteht ohne eine beeinflussende Inspiration aus einem oder mehreren Prätexten.[189] Oder um Karlheinz Stierles Aussage zu zitieren, der diesen Umstand so einfach wie präzise beschreibt: „Jeder Text situiert sich in einem schon vorhandenen Universum der Texte, ob er dies beabsichtigt oder nicht. [...] Kein Text setzt am Punkt Null an."[190] Folglich ist die Bezugnahme von Texten auf ihre Vorgänger keine Erfindung des Poststrukturalismus, betrachtet man die Beschäftigung mit den Bezügen zwischen Texten bereits in der antiken Rhetorik und Poetik.[191]

---

183   Vgl. dazu exemplarisch Schmale 2003b sowie Mitterbauer 1999, S. 23–25.
184   Stedman/ Zimmermann 2007b, S. 12.
185   Eisenberg 2003, S. 399.
186   Frick 1998, S. 11.
187   Pfister 1985, S. 1.
188   Vgl. Müller 1994, S. 68.
189   „Jeder Text hat Vorgänger [Prätexte], auf die er referiert, und zwar in formal-struktureller und/ oder in inhaltlich-pragmatischer Hinsicht." Weise 1997, S. 39.
190   Stierle 1996, S. 349.
191   So merkt Pfister an: „Der Terminus ‚Intertextualität' ist jünger als die verschiedenen traditionellen Begriffe für den Bezug von Texten auf Texte, die er neu und pointiert zusammenfassend umschreibt. [...] Schon seit der Antike haben

Julia Kristevas Prägung des Intertextualitäts-Begriff geht auf ihren expliziten Rekurs auf Michail Bachtins Theorie der ‚Dialogizität' zurück. Dieser zufolge ist jede sprachliche Äußerung eng mit Dialog und Zitat verknüpft:

> „Each utterance is filled with echoes and reverberations of other utterances to which it is related by the speech communication. Every utterance must be regarded primarily as a response to preceding utterances of the given sphere (we understand the word ‚response' here in the broadest sense). Each utterance refutes, affirms, supplements, and relies on the others, presupposes them to be known, and somehow takes them into account. [...] The utterance is filled with dialogic overtones [...]."[192]

Außerdem führe

> „[j]edes Wort (jedes Zeichen) eines Textes [...] über seine Grenzen hinaus. [...] Jedes Verstehen ist das In-Beziehung-Setzen des jeweiligen Kontextes mit anderen Texten und die Umdeutung im neuen Kontext (in meinem, im gegenwärtigen, im künftigen)."[193]

Bei Kristeva kommt es jedoch zu einer Umakzentuierung des Bachtinschen Dialogizitäts-Konzeptes. Mit dem von ihr eingeführten Intertextualitäts-Begriff verweist sie auf die dialogische Beziehung von Texten resp. *aller* Texte untereinander. Denn

> „das Wort (der Text) ist eine Überschneidung von Wörtern (von Texten), in der sich zumindest ein anderes Wort (ein anderer Text) lesen läßt. Diese beiden Achsen, die Bachtin *Dialog* und *Ambivalenz* nennt, werden von ihm nicht immer klar voneinander unterschieden. Dieser Mangel an Strenge ist jedoch eher eine Entdeckung, die Bachtin als erster in die Literatur der Theorie einführt: jeder Text baut sich als Mosaik von Zitaten auf, jeder Text ist Absorption und Transformation eines neuen Textes. An die Stelle des Begriffs der Intersubjektivität tritt der Begriff der *Intertextualität*, und die poetische Sprache läßt sich zumindest als eine *doppelte* lesen."[194]

Demzufolge gibt es laut Kristeva keinen Dialog von Sprechern mehr, sondern ausschließlich Texte, die miteinander dialogisieren. Wie Manfred Pfister diesbezüglich zu bedenken gibt, ist Kristevas „Bild vom Text als einem Mosaik von Zitaten durchaus mit Bachtins Vorstellung der zitathaften fremden Wör-

---

sich Texte nicht nur in einer *imitatio vitae* unmittelbar auf die Wirklichkeit, sondern in einer *imitatio veterum* auch aufeinander bezogen, und die Rhetorik und die aus ihr gespeiste Poetik brachten solche Bezüge von Texten auf Texte mit zunehmender Detailliertheit, wenn auch ohne Sinn für den Gesamtzusammenhang, auf den Begriff." Pfister 1985, S. 1.
192 Bachtin 2006, S. 91–92.
193 Bachtin 1979, S. 352.
194 Kristeva 1972, S. 347–348.

ter im eigenen Text zu vereinbaren, doch geht die Generalisierung, daß dies für j e d e n literarischen Text gelte, gerade an dessen Differenzierung von monologischen und polylogischen Texten vorbei."[195]

Abgesehen von Kristevas abweichender Auffassung Bachtin gegenüber, zunächst nur „Prätexte als das gesamte literarische Textkorpus"[196] anzusehen, ist ihr Text-Begriff weitaus strittiger. So erweitert, vielmehr radikalisiert sie ihn, indem als Text nicht nur der literarische angesehen werden soll, sondern „jedes kulturelle System und jede kulturelle Struktur".[197] Demzufolge ist *alles* ein Text; Geschichte und Gesellschaft müssen *wie* oder *als* ein Text gelesen werden.[198]

Es ist hier nicht der Raum, die jahrzehntelange Debatte um den von Kristeva „total entgrenzte[n]"[199] Text-Begriff und der von ihr und anderen Mitgliedern der *Tel Quel-Gruppe* (Jacques Derrida, Roland Barthes u. a.) entwickelten Literatur- und Kulturkritik, in dem „die Einheit eines Textes [...] ebenso wie die Instanzen *Autor*, *Subjekt* und *Werk* zugunsten eines textübergreifenden allgemeinen Zusammenhanges, der als Intertext bezeichnet wird, aufgelöst"[200] werden, in aller Detailliertheit nachzuzeichnen. Verkürzt ließe sich jedoch festhalten, dass Literaturtheoretiker wie Gérard Genette, der direkte und indirekte Textbezüge in einem sehr ausdifferenzierten Intertextualitäts-Modell dargelegt hat,[201] oder Karlheinz Stierle in Opposition zum weit gefassten Text-Begriff Kristevas einen engeren vertreten, der sich ausschließlich auf literarische Texte bezieht. So gilt ihr Interesse „bewußten, intendierten und markierten Verweisen eines Textes auf andere Texte, die dann in systematischer Weise erfasst,

---

195 Pfister 1985, S. 6.
196 Pfister 1985, S. 7.
197 Pfister 1985, S. 7.
198 Vgl. Pfister 1985, S. 7.
199 Pfister 1985, S. 7.
200 Stiegler 1996, S. 327.
201 Vgl. Genette 1993. Genette teilt markierte und nicht-markierte Bezüge in fünf Gruppen ein: Die erste Gruppe nennt er *Intertextualität*, zu denen er Zitate oder Plagiate zählt (vgl. Genette 1993, S. 10). Unter die zweite Gruppe – der *Paratextualität* – fallen „Titel, Untertitel, [...] Nachworte, Hinweise an den Leser" etc. (Genette 1993, S. 11). Die dritte Gruppe bezeichnet er als *Metatextualität*, der er den kritischen Kommentar, aber auch die Literaturkritik zuordnet (Genette 1993, S. 13). *Hypertextutalität* nennt er die vierte Gruppe, wo sich Texte „überlagern." Hier geht man von einem Text „zweiten Grades" aus, sprich von einem Text, „der von einem anderen, früheren Text abgeleitet ist." (Genette 1993, S. 15). Zur fünften und letzten Gruppe, der *Architextualität*, gehören schließlich „alle Arten des Gattungsbezugs" (Genette 1993, S. 15) wie „einem paratextuellen Hinweis [...] in Form eines Titels wie *Gedichte*, *Essays* oder Titelhinweise wie *Roman*, *Erzählung*, *Gedichte* usw." Genette 1993, S. 13.

klassifiziert und analysiert werden sollen."[202] Demgemäß stiftet die Intertextualität für Stierle keinen „unendlichen Verweisungszusammenhang von Texten, in dem jeder textexterne Weltbezug notwendig verschwindet [...], sondern weist über die Texte hinaus auf einen Sachbezug, der sie verbindet und auf den die Interpretation zurückgreifen kann."[203] Literarische Werke sind Stierle zufolge daher „nicht unendlich bedeutungsoffen."[204] Diesem enger gefassten Text-Begriff schließt sich diese Studie an, da die Analyse von Texten hier vor dem Hintergrund literatur- und kulturgeschichtlicher Zusammenhänge vorgenommen wird, die beliebige Interpretationen einschränken.

b) Intertextualität in der Frühen Neuzeit: Spezifische Prämissen

Wer sich mit intertextuellen Beziehungen in frühneuzeitlichen Texten beschäftigt, wird mit erheblichen Differenzen zu den vorangegangenen Ausführungen zur Intertextualitäts-Theorie konfrontiert, gelten doch für die „ältere Literatur [...] grundsätzlich nicht die Bedingungen der Selbstreferentialität und des Innovationspostulats."[205] Intertextuelle Bezüge werden dadurch zwar nicht hinfällig, müssen aber im Hinblick auf andere poetologische Konzepte betrachtet werden. So ist die aus der humanistischen Poetik stammende normative Bestimmung der Bezüge zwischen Texten im Barock noch präsent.[206] Der noch unbekannte Originalitätsbegriff[207] wird dabei besonders in der *imitatio*-Theorie offensichtlich, die in der Poetik der deutschen Literatur des 17. Jahrhunderts bis zur zweiten Hälfte des 18. Jahrhunderts eine wesentliche Rolle spielt. Dabei gibt es drei graduelle Unterschiede:

1. die *interpretatio*, welche – Jan-Dirk Müller zufolge – sehr nah am Prätext orientiert ist und „‚das strengste, engste Abhängigkeitsverhältnis bezeichnet, in dem ein Autor auf seine Kreativität weitgehend verzichtet'."[208] Stärker bewertend schätzt Peter Hess die *interpretatio* sogar als „qualitativ mindere Nachahmung"[209] ein.

---

202 Stiegler 1996, S. 327.
203 Stiegler 1996, S. 331.
204 Stierle 1996, S. 356.
205 Müller 1994, S. 67.
206 Siehe dazu auch Braungart 1994, S. 310–311. Hier heißt es: Die klassische Rhetorik, wie sie auch im 17. Jahrhundert noch gelehrt wurde, verstand einen Text „– in Analogie zum Ergebnis der Arbeit eines Handwerkers – als Produkt eines in allen seinen Schritten genau beschreibbaren Herstellungsprozesses."
207 Vgl. Hess 1992, S. 20.
208 Müller 1994, S. 64.
209 Hess 1992, S. 11.

2. die *imitatio*, in der „der neue Text Elemente des alten Textes (virtutes, ‚Schönheiten') wiederholen"[210] soll und als „gleichwertige Nachahmung"[211] betrachtet werden kann.

3. die *aemulatio*, die den vorbildhaften Prätext qualitativ übertrifft.[212]

Demzufolge muss der Mustertext in allen drei Fällen der Nachahmung immer erkennbar bleiben und ist vor allem in Bezug auf *imitatio* und *aemulatio* evident. So kann nur in der Gegenüberstellung zum Prätext über deren Gelingen ein Urteil gefällt werden. Vergegenwärtigt man sich diese poetologischen Konzepte der Frühen Neuzeit, wird deutlich, welche erheblichen Unterschiede zu den poststrukturalistischen Intertextualitäts-Theorien bestehen. Jan-Dirk Müller hat diesbezüglich drei Differenzpunkte aufgeführt und zu bedenken gegeben: Der erste Unterschied betrifft die Normativität von frühneuzeitlichen Texten, denn

> „[i]mitatio wie *aemulatio* sind vor allem an der Vergleichbarkeit von neuem und altem Text unter dem Aspekt ihrer poetisch-rhetorischen Qualität interessiert. Der Vergleich setzt Unterscheidbarkeit voraus. Er funktioniert nur, wenn der neue Text vom alten klar abgehoben werden kann [...], andererseits aber ein gemeinsamer Bezugspunkt besteht. Unterscheidbarkeit schließt also Übereinstimmung in bezug auf eine Norm nicht aus. Diese normative Komponente fällt im Intertextualitätskonzept weg."[213]

Der zweite Differenzpunkt bezieht sich auf das Verhältnis zur Tradition:

> „Für die Frühe Neuzeit steht die Geltung der Tradition grundsätzlich nicht in Frage. [...] Die Tradition ist kollektiv gesicherter Besitz und Ausgangspunkt weiteren Fortschreitens. [...] [G]rundsätzlich sind alle Beziehungen auf fremde Texte, autoritative und nicht-autoritative, gleichgültig. [...]."[214]

Den dritten Unterschied sieht Müller in der frühneuzeitlichen „Zentrierung auf den artifex statt das Artefakt."[215] In der modernen Intertextualitäts-Debatte sei

> „dies genau umgekehrt. Auch dort, wo man nicht von der Dezentrierung poetischer Rede ausgeht und den Autor nurmehr als Schnittpunkt konkurrierender Diskurse, die sich in seiner Rede zur Geltung bringen, betrachtet, gilt das Augenmerk nicht dem Subjekt des Textes und seinen Intentionen, sondern den Beziehungen zwischen Texten, unter Einschluß dessen, was sich der Beherrschung

---

210 Müller 1994, S. 69.
211 Hess 1992, S. 11.
212 Vgl. Hess 1992, S. 11 und Müller 1994, S. 69.
213 Müller 1994, S. 70.
214 Müller 1994, S. 70–71.
215 Müller 1994, S. 72

durch den Autor entzieht, sich als verdrängte Tradition, als Problemüberhang [...] zur Geltung bringt."[216]

In welcher Weise der Autor bzw. die Autorin des Prätextes sowie der Mustertext selbst in Form von *interpretatio*, *imitatio* und *aemulatio* sowie der Bezug zur Tradition auch für frühneuzeitliche Übersetzungen ins Deutsche von Bedeutung sind, sollen die folgenden Ausführungen verdeutlichen.

c) Übersetzungen

Als „Spezialform der Nachahmung"[217] werden auch deutschsprachige Übersetzungen aus dem Französischen und Italienischen in dieser Arbeit berücksichtigt. Sie gelten als „höchst spezifische Art des Bezugs auf Fremdtexte",[218] ist – so Italo Michele Battafarano – das Übersetzen doch „die historisch erste und die qualitativ höchste Form der Interpretation"[219] von literarischen Texten. Anderen Formen von intertextuellen Bezügen entsprechend wird auch bei Übersetzungen zwischen *interpretatio*, *imitatio* und *aemulatio* differenziert. Als *interpretatio* gilt eine Wort-für-Wort-Übersetzung, als *imitatio* wird „eine selbständige, auf den Sinn achtende Wiedergabe eines Textes in einer anderen Sprache"[220] und als *aemulatio* die „höchste Form der Übersetzung"[221] angesehen, die mit der fremdsprachigen Vorlage „ästhetisch konkurriert[...]."[222]

Vom Barock bis in Gottscheds Zeit ist die nahe Verbindung zwischen der Übersetzungs-Theorie und der *imitatio*-Theorie als Theorie des Lernens offenkundig. So ist „ein zu übersetzender Text ein zu imitierendes Exemplum, und Schüler wie Übersetzer ahmen einen vorbildlichen Text nach, der im Falle des Übersetzens in einer verschiedenen Sprache geschrieben wurde."[223] Übersetzungen als Kopien des fremdsprachigen Vorbilds werden von Martin Opitz (1597–1639) demnach als „guete art der vbung"[224] empfohlen, um „das vermoegen auch dergleichen zue wege"[225] zu bringen, voran zu treiben. Justus Georg Schottelius (1612–1676) plädierte in seiner *Ausfuehrliche[n] Arbeit von der teutschen HaubtSprache* von 1663 im Sinne der Sprachgesellschaften allerdings dafür, die Pflege der ‚guten' deutschen Sprache („das reine,

---

216 Müller 1994.
217 Apel 1983, S. 41.
218 von Koppenfels 1985, S. 138.
219 Battafarano 1998, S. 15.
220 Battafarano 1998, S. 20.
221 Battafarano 1998, S. 20.
222 Battafarano 1998, S. 20.
223 Hess 1992, S. 14.
224 Opitz [1624] BDP 1995, S. 68.
225 Opitz [1624] BDP 1995, S. 68.

übliche ‚teutsche' Deutsch"[226]) zu wahren, so dass eine Übersetzung nichts „Undeutsches in die Sprache herein[holen]"[227] dürfe.

Die Übertragung eines Textes in die eigene Sprache sollte dem französischen Gelehrten Pierre Daniel Huet (1630–1721) gemäß, dessen ‚Poetik' des Übersetzens 1683 erschien,[228] ebenso als Stilübung dienen und als Möglichkeit, fremde Sprachen zu lernen.[229] Ein Übersetzer durfte Huet zufolge aber keine Veränderungen oder Verschönerungen des zu übersetzenden Textes vornehmen, sollte nichts hinzufügen oder streichen. Er hatte „strengste Wörtlichkeit in Wortwahl und Wortstellung zu bewahren"[230], durfte allerdings, wenn der „übliche Wortschatz nicht ausreicht[e], [...] obsolete Wörter aufsuchen oder sogar neue zu schaffen wagen."[231] Für Huet bestand das Ziel einer Übersetzung darin, „als getreues Abbild (Spiegelbild: speculum) [...] den Autor"[232] zu repräsentieren.

Georg Philipp Harsdörffer (1607–1658), Mitgründer des ‚Pegnesischen Blumenordens', vertrat dagegen eine andere Auffassung. Für ihn musste eine Übersetzung im Sinne des *aptum* (der Angemessenheit) zwar ‚zierlich' und im Sinne der *perspicuitas* auch ‚deutlich' (verständlich) sein.[233] Wie schon Horaz in der *Ars Poetica* die sinngemäße Übersetzung eines fremdsprachigen Textes betont,[234] proklamiert Harsdörffer indes die Superiorität der sinngemäßen Übersetzung über der wörtlichen. So sei es

> „einem uebersetzer frey/ den Inhalt eines andern Buchs in seine Sprache zu uebertragen/ und ihm selben nach gutduenken dienen machen/ wann er gleich allem und jedem so genau nicht nachgehet/ von den eigentlichen Wortverstand abtritt/ und nur den verlauff der sachen behaelt/ [...].“[235]

Harsdörffer zufolge ist eine sinngemäße Übertragung ins Deutsche, die inhaltlich und formal nicht mehr an den Prätext gebunden ist, demnach als ein eigenständiges Werk anzusehen. Die Absicht ist klar: Die modifizierte Adaption eines fremdsprachigen Textes wird zu einem deutschen Text, der dem Original vollrangig und gleichwertig gegenüber steht. Die Übersetzung

---

226 Senger 1971, S. 14.
227 Senger 1971, S. 14.
228 Dabei handelt es sich um die in Den Haag publizierte Schrift *De Interpretatione Libri Duo: Quorum prior est, De Optimo Genere Interpretandi: Alter De Claris Interpretibus* [...]. Vgl. Senger 1971, S. 18, Anm. 27.
229 Senger 1971, S. 19.
230 Senger 1971, S. 21.
231 Senger 1971, S. 21.
232 Senger 1971, S. 20.
233 Vgl. Hess 1992, S. 14.
234 Vgl. Horaz AP 1997, V. 133–134, S. 12 und S. 13.
235 Zitiert nach Hess 1992, S. 18.

wird zu einem neuen Original.[236] Dass diese Form des intertextuellen Bezugs durchaus zeittypisch ist, hat Volker Riedel hervorgehoben, lässt sich in der Literatur des 17. Jahrhunderts doch schließlich ein „Übergang von der Übersetzung und Bearbeitung zur originären Schöpfung verfolgen"[237].

Obwohl Johann Christoph Gottsched als Literaturtheoretiker vorgeworfen wird, keine ausgeformte Übersetzungs-Theorie formuliert zu haben,[238] kristallisieren sich aus seinen Überlegungen zur Übersetzung in der *Critischen Dichtkunst* (1729) oder in der *Ausführlichen Redekunst* (1736) wesentliche Grundsätze heraus, von denen einige später sogar passagenweise im *Zedler-Universallexikon*[239] wiederzufinden sind. Zu diesen zählen:

1. ‚Übersetzen‘ heißt für Gottsched generell „Stuecke [...] ins Deutsche zu bringen."[240]
2. Der Übersetzer bzw. die Übersetzerin ins Deutsche ist ein „Dollmetscher." So schreibt Gottsched:

> „Man gebe auf alles Acht, was wir [...] von einem guten Uebersetzer gefodert [sic!] haben. Man bemerke den Nachdruck des Grundtextes, und sehe, ob der Dollmetscher ihn auch im Deutschen erreicht hat."[241]

3. Der horazischen Forderung des ‚prodesse et delectare‘ als Aufgaben der Dichtung folgend, dient die Übersetzung sowohl dem Übersetzer / der Übersetzerin (gelten die Regeln schließlich auch für übersetzerisch tätige Frauen wie Gottscheds Ehefrau Luise Adelgunde[242]) als auch dem Lesepublikum zum Nutzen und Vergnügen.[243]
4. Der Übersetzer resp. die Übersetzerin soll nicht interpretieren, denn „[e]in Uebersetzer muesse kein Paraphrast oder Ausleger werden."[244]
5. Eine Übersetzung oder „Dollmetschung", wird diese nicht nach Gottscheds eigenen Regeln verfasst, beurteilt er in kritischer Weise. Demnach tadelt

---

236 Vgl. Hess 1992, S. 18–19.
237 Riedel 2000, S. 80.
238 Vgl. Huber 1968, S. 6.
239 Dies betrifft eindeutig die Passagen aus Gottscheds *Ausführlicher Redekunst* zur sinngemäßen Übersetzung und der Treue dem Original gegenüber. Einschlägige Textstellen werden an späterer Stelle noch zitiert. Zu diesem Zedlerschen Rekurs auf Gottsched, dessen Ausführungen zur Übersetzung jedoch nicht explizit als Zitate kenntlich gemacht wurden, siehe Zedler 1746a, Sp. 752–753.
240 Gottsched VCD 1973a, S. 443.
241 Gottsched AR 1975, S. 8.
242 Zu den Übersetzungen der Gottschedin aus dem Englischen und Französischen sowie ihre Kritik an den „engen Geschmacksgrenzen" ihres Mannes siehe beispielsweise Apel 1983, S. 71.
243 Vgl. Senger 1971, S. 51.
244 Gottsched VCD 1973a, S. 34.

er Johann Jakob Bodmers (1698–1783) 1732 erstmals erschienene Übersetzung von John Miltons (1608–1674) *Paradise Lost* (*Das verlorene Paradies*) in zwei Varianten:

> „Noch neulich hat man uns in der Schweiz eine neue *deutsche Uebersetzung* in ungebundener Rede davon geliefert; die aber von großer Haerte ist, und ihrem Grundtexte keine voellige Gnuege thut, außer das sie das ungeheure, raue und widrige des Originals *in seiner voelligen Groeße ausdrueckt.*"[245] (*Critische Dichtkunst* von 1742, dritte und vermehrte Auflage)

In der Ausgabe der *Critischen Dichtkunst* von 1751 (vierte und vermehrte Auflage) heißt es hingegen:

> „Vor einiger Zeit haben wir eine *zuecherische Dollmetschung* in ungebundener Rede davon bekommen, die sehr rauh und wilde klingt, und doch das Original *nicht ueberall ausdruecket.*"[246]

6. Gottsched zufolge müssen sich die Übersetzenden zwar am Original orientieren, jedoch keine sklavische Wort-für-Wort-Übersetzung vornehmen. Wichtiger sei, den Sinn der Vorlage zu verstehen und die Übersetzung mit bekannten Wörtern oder Redewendungen der eigenen (deutschen) Sprache anzupassen. So merkt Gottsched in seiner *Ausführlichen Redekunst* an:

> „Bemuehe man sich nicht so wohl alle Worte, als vielmehr den rechten Sinn, und die voellige Meynung eines jeden Satzes, den man uebersetzet, wohl auszudruecken. Denn obgleich die Woerter den Verstand bei sich fuehren, und ich die Gedanken des Scribenten daraus nehmen muß: so lassen sie sich doch in einer andern Sprache so genau nicht geben, daß man ihnen Fuß fuer Fuß folgen koennte. Daher druecke man denn [...] alles mit solchen Redensarten aus, die in seiner Sprache nicht fremde klingen, sondern derselben eigenthuemlich sind. [...]."[247]

7. Eine formale und inhaltliche Freiheit in der sinngemäßen Übersetzung, wie es Harsdörffer dem bzw. der Übersetzenden beispielsweise zugesteht, gibt es bei Gottsched allerdings nicht. Er plädiert dafür, das meiste aus dem Prätext beizubehalten, damit – ebenso wie bei Huet – mit der Treue[248] zum Original der Autor resp. die Autorin des originären Textes erkennbar bleibt:

---

245 Gottsched VCD 1973b, S. 291 (Hervorh. J. V.).
246 Gottsched VCD 1751, S. 484 (Hervorh. J. V.).
247 Gottsched AR 1975, S. 7.
248 „Treue" meint hier, dem Original so ähnlich wie möglich zu sein. Zur ÜbersetzerInnen-Treue als „Axiom aller Übersetzungstheorie" in der Aufklärung siehe Senger 1971, S. 53–54.

„Endlich behalte man [...] so viel als moeglich ist, alle Figuren, alle verbluemte Reden, auch die Abtheilung der Perioden[249], aus dem Originale bey. Denn weil diese sonderlich den Character des einen Scribenten, von der Schreibart des andern unterscheiden: so muß man, auch in der Uebersetzung noch, einem jeden Schriftsteller seine Art lassen, daran man ihn zu erkennen pflegt."[250]

Wenngleich Gottscheds Ausführungen zur Übersetzung manchem Forscher „wenig konturiert"[251] erscheinen, da er sich kaum mit übersetzungsspezifischen Problemen befasst habe,[252] ist weder sein Einfluss noch derjenige der Übersetzungs-Theorie Huets auf Georg Venzkys (1704–1757) Schrift *Das Bild eines geschickten Ubersetzers*[253] [sic!] (1734) zu übersehen. Dieser frühaufklärerische Aufsatz gilt als Beginn der „methodische[n] Beschäftigung mit dem Übersetzungsproblem in Deutschland",[254] wobei es Anneliese Senger zufolge zudem das Verdienst Venskys sei, „eine gewisse systematische Ordnung geschaffen, einen historischen Rückblick gegeben und die ersten Definitionen geliefert zu haben."[255] Demgemäß erläutert dieser zunächst die Bedeutung des Worts ‚übersetzen', das er als Synonym zu dolmetschen[256] beschreibt und das hier im allgemeinen, nicht wertenden Sinne als „aus einer Sprache in die andere uebersetzen"[257] zu verstehen ist. Denn „[z]u [...] Luthers Zeiten nannte man Uebersetzer gemeiniglich Dolmetscher, Uebersetzen Dolmetschen und die Uebersetzungen Dolmetschungen, welche Woerter auch noch nicht verwerflich sind, ob man gleich jene mehr gebrauchet."[258]

Übersetzungen, die Venzkys Zeitgenossen auch als „Versiones, Translationes, Metaphrases, [...] [und] Interpretationes"[259] bekannt sein konnten, dienten dem von Horaz und Gottsched proklamierten ‚prodesse et delectare'. So seien Übersetzungen

„Schriften, welche eine Sache oder gelehrte Arbeit in einer andern [...] bekanntern Sprache, als in welcher sie anfaenglich von ihrem Verfasser geschrieben

---

249 Folgt man einer Definition im *Grimmschen Wörterbuch* ist mit Periode ein „in sich geschlossener [R]edesatz" gemeint. Grimm/ Grimm 1984g, Sp. 1546.

250 Gottsched AR 1975, S. 7–8.

251 Friedmar Apel gibt diesbezüglich zu bedenken, dass sich Gottscheds übersetzungstheoretische Beiträge – insbesondere in Bezug auf seine Kritik an Johann Jakob Bodmers Übersetzung von John Miltons *Paradise Lost* – eher auf Fragen des Inhalts und des Geschmacks beziehen. Vgl. Apel 1983, S. 42.

252 Vgl. Apel 1983, S. 42.

253 Venzky GÜ 1734, S. 59–114.

254 Senger 1971, S. 47.

255 Senger 1971, S. 47.

256 „Uebersetzen ist so viel als dollmetschen [...]." Venzky GÜ 1734, Anm. (*), S. 63.

257 Siehe Zedler 1746b, Sp. 352.

258 Venzky GÜ 1734, S. 63–64.

259 Venzky GÜ 1734, S. 63.

worden, zu dem Ende erzaehlen, daß so wohl Unwissende, als auch in der Grundsprache einer Schrift Ungeuebte eben die Sachen in einer ihnen bekannteren Sprache mit groesserem Nutzen und Vergnuegen lesen koennen. Personen, die nuetzliche Schriften in andere Sprachen einkleiden, werden also Uebersetzer genennet."[260]

Leicht verständlich erläutert Venzky die nötige Differenzierung zwischen einer Übersetzung (dem „Nachbild") und seinem fremdsprachlichen Vorbild, dem Original:

> „Es ist aber eine Uebersetzung so wohl von einer Originalschrift, als auch von einer Erklaerung und Umschreibung unterschieden. Das Original oder Vorbild ist eine solche Schrift, die von ihrem Urheber ueber eine gewisse Sache zum erstenmal in einer beliebigen Sprache abgefasset wird. Eine geschickte Uebersetzung aber traegt als das Nachbild eben das, was im Vorbilde geschrieben war, in einer andern Sprache wieder vor, und folget dem Original auf dem Fusse nach, wo nicht voellig von Wort zu Wort, doch von Satz zu Satz [...]."[261]

Auch wenn Venzky sich in Anlehnung an Gottsched und Huet[262] am Maßstab der Übersetzer-Treue orientiert, die Übersetzung sowohl inhaltlich als auch formal eng an die fremdsprachliche Vorlage bindet, sieht er jedoch ähnlich wie Harsdörffer die Möglichkeit, eine Übersetzung als eine dem Original gleichwertigen Text diesem gegenüberzustellen. Denn

> „eine gluechliche Uebersetzung [kann] aller Stelle vertreten. Hat sie den Verstand einer urspruenglichen Schrift deutlich und vollstaendig ausgedruecket; So ist sie so gut, als das Original selbst."[263]

Mehr noch: Die Übersetzung kann sogar zu einer *aemulatio* werden, indem sie den Prätext übertrifft:

> „Hat man dabey [mit der Übersetzung] eine verdrueßliche, dunkele[264] oder verworrene Schreibart in eine angenehmere und deutlichere verwandelt; dunklere

---

260 Venzky GÜ 1734, S. 63.
261 Venzky GÜ 1734, S. 64.
262 Zur Orientierung Venzkys an Gottsched und Huet vgl. Senger 1971, S. 47 und S. 49.
263 Venzky GÜ 1734, S. 64.
264 Laut Johann Heinrich Gottlob von Justi (1717–1771) ist unter einer dunklen Schreibart beispielsweise das Schaffen von Neologismen zu verstehen. Sie entstehe, „wenn man die Woerter nicht in ihrer festgesetzten und gewoehnlichen Bedeutung gebrauchet: wenn man sich vieler Provinzialwoerter bedienet; wenn man neue und unbekannte Woerter schmiedet, oder denen bekannten Woertern einen neuen, besondern und geheimsnißvollen oder mystischen Verstand beyleget." Ferner sei das Kennzeichen einer dunklen Schreibart, seine Gedanken nicht in kohärenter Weise darlegen und erläutern zu können. Also folglich dann, „wenn die Gedanken uebel auseinander gesetzet werden, und daher nicht

Woerter durch deutlichere, nachdruecklichere und geschicktere verwechselt; So uebertrift sie das Original selbst, und kann so viel Nutzen schaffen, als eine weitlaeuffigere Umschreibung oder ausfuehrlichere Erklaerung [...]."[265]

Wie all diese komprimierten Ausführungen zu Übersetzungs-Theorien aus dem 17. Jahrhundert bis Mitte des 18. Jahrhunderts zeigen, sollten Übersetzungen (ob sinngemäß oder wortwörtlich, eng am Prätext orientiert oder mit stilistischen und inhaltlichen Freiräumen) zur Stilübung, zum Erlernen einer Fremdsprache, kurzum: dem Nutzen und Vergnügen der Übersetzenden und dem rezipierenden Lesepublikum dienen. Inwiefern diese Postulate auf die intertextuellen Bezüge im zu untersuchenden Textkorpus zutreffen, werden die kommenden Kapitel zeigen.

1.5.3 Affekte im Roman und in (musik-)dramatischen Texten der Frühen Neuzeit

Wer Operntexte, Tragödien und Romane des Barock bis in das 18. Jahrhundert hinein analysieren und interpretieren möchte, wird kaum auf die Berücksichtigung von zeitgenössischen Überlegungen zur Affektenlehre verzichten können. So sind Affekte, zu denen Aristoteles gemäß Liebe, Hass, Begierde, Freude, Trauer oder Zorn gehören,[266] als „jede menschliche Leidenschaft und Gemütserregung"[267] oder, um Justus Georg Schottelius zu zitieren, als „Hertzneigungen"[268] zu verstehen; die Erörterung über ihren seelischen resp. körperlichen Sitz war bereits Gegenstand antiker, mittelalterlicher und frühneuzeitlicher Lehren.[269] Ausführungen von Aristoteles (*Nikomachische Ethik*), die Passionslehre des Thomas von Aquin (ca. 1225–1274) in *Quaestiones disputatae de veritate* (1256–1259; *Questio 26 De passionibus animae*) und *Summa theologiae* (1266–1273; *Questiones 22–48*) sowie René Descartes *Les Passions de l'Ame* von 1649 (*Die Leidenschaften der Seele*) verdeutlichen dies beispielhaft.[270]

---

schliessende und mangelhafte Ausdruecke entstehen; so kann daraus gleichfalls nichts anders als Dunkelheit entstehen." Justi AGDS 1769, S. 124.

265 Venzky GÜ 1734, S. 64.
266 „Mit den Affekten meine ich [Aristoteles] Begierde, Zorn, Furcht, Mut, Neid, Freude, Liebe, Hass, Sehnsucht, Eifersucht, Mitleid, allgemein Gefühle, die von Lust und Unlust begleitet werden." Aristoteles NE 2006, S. 81.
267 Serauky 1949, Sp. 113.
268 Schottelius ETH 1980, S. 129. Hier heißt es: „Die Hertzneigungen (affectus) sind solche Bewegungen und Regungen des Hertzens / welche herruehren aus der empfindlichen Begierde [...]."
269 Vgl. Herr 2000, S. 96.
270 Vgl. dazu exemplarisch Zeller 2005, S. 692–693; Newmark 2008a, S. 70–71; Meid 2009, S. 62.

Vom 17. bis in das 18. Jahrhundert hinein galt die Affektenlehre als „eine Lehre vom Leben des Menschen",[271] wobei ein Hauptaugenmerk auf dem richtigen Umgang mit den Affekten lag. Hatte bereits Aristoteles in seiner *Rhetorik* auf die enge Verbindung zwischen Redekunst und Ethik im Hinblick auf den Einsatz und die Wirkung von Affekten hingewiesen, blieben diese Überlegungen auch in der Frühen Neuzeit von Bestand.[272] Ging es in der Rhetorik darum, die Zuhörer nicht nur inhaltlich, sondern auch emotional zu überzeugen, durch gemäßigte oder leidenschaftliche Erregung der Affekte für sich zu gewinnen, gar mitzureißen, befasste man sich in der Ethik „mit dem Wesen der Affekte, ihren Wirkungen und ihrer Kontrolle, um den Menschen"[273] zur Tugend anzuleiten.

Aristoteles' Auffassung, dass die menschlichen Affekte „[we]der Tugenden [...] noch Laster"[274] und daher weder gut noch böse, die übermäßigen Leidenschaften jedoch gefährlich und mittels der Vernunft zu mäßigen seien, kristallisierte sich als dominierende Tradition im 17. Jahrhundert heraus.[275] In diesem Sinne ist auch Descartes' Artikel 148 in *Leidenschaften der Seele* einzuordnen, wenn er die Kontrolle über die Affekte mit Hilfe „der Tugend [als] ein vollkommnes Heilmittel gegen die Leidenschaften"[276] beschreibt. Demnach verweist Descartes' Schrift, in der die Ethik als Lehre der Affektregulierung auf einer wissenschaftlichen Betrachtung des Körpers beruht, auf die „Möglichkeit, aus einer Affektenlehre Regeln für ethisches Verhalten zu gewinnen."[277]

Als anthropologische Seelen- und Tugendlehre[278] im Sinne einer „praktisch-konkreten Lebensanweisung"[279] konzipiert, zielt auch Schottelius' *Ethica. Sittenkunst oder Wollebenskunst* (1669), die er als Prinzenerzieher seinem zwölfjährigen Zögling August Friedrich von Braunschweig-Lüneburg (1657–1676) widmete, auf ein tugendhaftes Leben durch die Beherrschung der Affekte.[280] Im Mittelpunkt der *Ethica* steht daher die Mäßigung und Zähmung der Affekte durch die Vernunft,[281] wie Schottelius zu verstehen gibt:

---

271 Herr 2000, S. 97.
272 Vgl. Wiegmann 1987, S. 4 und Meid 2009, S. 62.
273 Meid 2009, S. 63.
274 Aristoteles NE 2006, S. 81.
275 Vgl. Zeller 2005, S. 693.
276 Descartes LS 1984, S. 231.
277 Hammacher 1984, S. XX.
278 Vgl. Berns 1980, S. 54.
279 van Gemert 1996, S. 78.
280 van Gemert 1996, S. 76.
281 Zu Schottelius Verständnis der Vernunft in dessen *Ethica* merkt Claus-Michael Ort an: „Nur die Vernunft, nicht das Herz, vermag Verstand und Willen sicher zu lenken." Ort 1999, S. 124.

„Darum ist eben hieran am allermeisten gelegen / wie diese bey allen Menschen sich hervorgegebene Hertzneigungen [Affekte] werden gezaehmet / mit der Vernunft befreundet / in ihrem vergoenten Mittelwege behalten / und an sich untadelhaft und tugendfaehig gemacht werden.“[282]

Starke Kritik an den Affekten wurde hingegen von Vertretern des Neustoizismus, „eine[r] auf praktische Lebensbewältigung ausgerichtete[n] Philosophie“,[283] geübt, die maßgeblich auf Justus Lipsius (1547–1606) zurückgeht. Sein Werk *Constantia libri duo* (1584) bot mit seiner ‚Krisenphilosophie‘ – entstand das Werk doch aus Erfahrungen religiöser Bürgerkriege im 16. Jahrhundert heraus – gerade im kriegserschütterten 17. Jahrhundert eine überkonfessionelle Orientierung christlichen Handelns an.[284] Lipsius plädierte für die „Unabhängigkeit von den eigenen Affekten“,[285] um ein moralisch richtiges Handeln zu ermöglichen. In der neustoizistischen Lehre steht daher die Tugend der *constantia* (Beständigkeit) im Mittelpunkt, die „die Autonomie des Menschen gegenüber der Affektwelt [sichert] und [...] Raum für vernünftiges, bewusst gesteuertes Handeln [schafft], das sich an christlichen Prinzipien orientiert.“[286] Affekte werden von Lipsius und seinen Anhängern demnach als „unvernünftige Bewegungen der Seele“[287] betrachtet, die es zu bekämpfen und auszumerzen gelte, um die „Ruhe des Gemüts“[288] zu erreichen.

Letztlich haben sowohl die aristotelische als auch die neustoizistische Richtung enormen Einfluss auf die Literatur der Frühen Neuzeit ausgeübt mit der Folge, dass das Spektrum des Affektverständnisses „[v]on der stoischen Apathielehre bis zur Warnung vor der affektaufwühlenden Wirkung [...], von der positiven Einübung der Tugend aufgrund vorbildlicher Exempel bis zur gezielten Abschreckung“[289] reicht.

Im Rekurs auf die aristotelische *Poetik* spielen Affekte gerade in der Tragödientheorie in zweierlei Weise eine wesentliche Rolle: zum einen als „Handlungsantrieb“,[290] geht es doch in der dargestellten Handlung im Wesentlichen um falsches oder richtiges Verhalten, zum anderen hinsichtlich der Wirkung, die die Tragödie auf das Publikum ausübt.[291] Analoge Überlegungen treffen ebenso auf die Romantheorie des Barock zu, die sich in Bezug auf den

282 Schottelius ETH 1980, S. 135.
283 Meid 2009, S. 58.
284 Vgl. Niefanger 2000, S. 41.
285 Niefanger 2000, S. 41.
286 Niefanger 2000, S. 41.
287 Meid 2009, S. 63.
288 Meid 2009, S. 63.
289 Wiegmann 1987, S. 8.
290 Zeller 2005, S. 693.
291 Vgl. Zeller 2005, S. 693.

Wirkungszweck und die Affektenlehre eng an der Tragödientheorie orientierte.[292] Die literarische Darstellung von Affekten erfüllt schließlich einen wichtigen Zweck, denn „[i]m poetischen Spiel lernen die Rezipienten die Affekte, Möglichkeiten ihrer Beherrschung und ihre vernichtende Macht kennen. Die Literatur kann insofern von Affekten reinigen, indem ihre ungünstigen Folgen vorgeführt und miterlebt werden (barocke Katharsis-Lehre)."[293] In diesem Sinne ist die „Nachahmung guter und die Verwerfung schlechter Passionen [...] Grundlage eigenen richtigen Handelns."[294]

Um jedoch die Beherrschung oder Überwindung von Affekten zu propagieren, mussten diese erst mit literarischen, dramatischen oder musikalischen Mitteln in Szene gesetzt werden. Demzufolge beschäftigten sich nicht allein Philosophen und Theologen mit der Lehre von den Affekten, sondern in Bezug auf den Einsatz, die Repräsentation und die Wirkung der Leidenschaften ebenso Librettisten als Verfasser von Operntexten, Musiker bzw. Musiktheoretiker und Theoretiker der Schauspielkunst.[295] Denn gibt es einen besseren Ort als die Bühne, wo Opern und Sprechdramen aufgeführt werden, um das Zusammenspiel von Text, Gesang, Musik und Schauspielkunst als Ausdruck miteinander verbundener Zeichensysteme zu verdeutlichen?[296]

Für den Hamburger Librettisten Barthold Feind (1678–1721) bestand die Unterhaltung und Rührung des Publikums eines Operndichters darin, „den Affectum natuerlich" darzustellen, so dass „der Leser oder Zuschauer bey der Durchlesung oder Praesentation geruehret wird: wenn ihm die Sache in der That wahr zu seyn vorkoemmt / und er entweder zum Zorn / Furcht / Hofnung / Mitleid oder Rache geleitet wird."[297] Darüber hinaus sollte ein Librettist die nötige Kenntnis von den Affekten haben, um sie mit Hilfe der SängerInnen überzeugend präsentieren zu können. Daher müsse „[d]er Poet [...] die Vertu eines jeden Subjecti wohl inne haben / und wissen, was er ihm fuer einen Carakter in der vorzustellenden Person beylegen koenne / ausserdem der Affect unmoeglich kann ausgedruckt werden."[298] Denn ein

---

292 Vgl. Wiegmann 1987, S. 9.

293 Niefanger 2000, S. 42.

294 Rotermund 1968, S. 248.

295 Vgl. Ort 1999, S. 135. Siehe ebenso Thieme 1984 und Fischer-Lichte 1993.

296 Auch im Sprechdrama des 17. Jahrhunderts war der Einsatz von Musik und Gesang zur Affekterregung üblich. Dies bedeutete jedoch keine „Veroperung" des Schauspiels, „die Verwendung von Instrumenten und Gesang" somit „keine Degeneration des Sprechtheaters", wie Irmgard Scheitler entschieden betont. Scheitler 2005, S. 848. Zum Zusammenspiel von akustischen Codes (Sprache und Musik) und visuellen Codes (Mimik, Gestik, Kostüm, Bühnenbild u. Ä.) in der Oper siehe auch Fischer 1982, S. 18 und Gier 2000, S. 34.

297 Feind [1708] 1989, S. 108.

298 Feind [1708] 1989, S. 86.

„Großmuehtiger, Verliebter, Verzweifelnder, Rasender, Mistraeuischer, Eyfersuechtiger [...] etc. muß nach seiner Gemuehts-Beschaffenheit seine Person praesentieren",[299] betont Feind in seiner Schrift *Deutsche Gedichte* von 1708. Dass sowohl „die Musik die Leidenschaften bald erregen, bald wieder stillen soll"[300] als auch ein „natuerliche[r] Gesang[...]"[301] die Erzeugung von Affekten bewirkt, proklamierte indes der Flötist Johann Joachim Quantz (1697–1773), dessen *Versuch einer Anweisung die Flöte traversière zu spielen* (1752) als bedeutsames Lehrwerk des 18. Jahrhunderts gilt.[302] Da „der Musiker, als Bindeglied zwischen Musik und Rezipienten"[303] die Aufgabe habe, „die auszudrückenden Affekte genau nach[zu]empfinde[n]",[304] müsse er – den Operndichtern gleich – das erforderliche Wissen von den Affekten vorweisen. Demgemäß fordert Quantz:

> „Der gute Vortrag muß endlich: ausdrueckend, und jeder vorkommenden Leidenschaft gemeeß sein. [...] Der Ausfuehrer eines Stueckes muß sich selbst in die Haupt= und Nebenleidenschaften, die er ausdruecken soll, zu versetzen suchen. Und weil in den meisten Stuecken immer eine Leidenschaft mit der andern abwechselt; so muß auch der Ausfuehrer jeden Gedanken zu beurtheilen wissen, was fuer eine Leidenschaft er in sich enthalte, und seinen Vortrag immer derselben gleichfoermig machen."[305]

In ähnlicher Weise formuliert es auch der Hamburger Musikdirektor und Hofkapellmeister Johann Mattheson (1681–1764) in seinem Werk *Der vollkommene Capellmeister* (1739), wenn er schreibt:

> „Wird er [der Komponist, der Musiker] aber auf eine edlere Art geruehret, und will auch andre mit der Harmonie ruehren, so muß er wahrhafftig alle Neigungen des Hertzens [Affekte], durch bloße ausgesuchte Klaenge und deren geschickte Zusammenfuegung, ohne Worte dergestalt auszudrucken wissen, daß der Zuhoerer daraus [...] den Trieb, den Sinn, die Meinung und den Nachdruck, mit allen dazu gehoerigen Ein= und Abschnitten voellig begreiffen und deutlich verstehen moege."[306]

---

299 Feind [1708] 1989, S. 86.
300 Quantz [1752] VAF 2004, S. 81.
301 Quantz [1752] VAF 2004, S. 81.
302 Vgl. Augsbach 2004, S. 395.
303 Herr 2000, S. 100.
304 Herr 2000, S. 100.
305 Quantz [1752] VAF 2004, S. 107.
306 Mattheson [1739] VK 1991, S. 207–208. In Ergänzung zu Mattheson und Quantz vgl. auch Thieme 1984, S. 10–11.

Die nötigen Voraussetzungen für die Darstellung der Affekte und deren Wirkung auf das Publikum fordert schließlich auch Franz Lang in seiner 1727 erschienenen Schrift *Dissertatio de actione scenica* (*Abhandlung über die Schauspielkunst*) ein. So sei „eine außerordentliche Erregung"[307] und „einzigartige Erschuetterung"[308] nicht allein mit dem „Affekt der Trauer"[309] zu erreichen. Dies gelte

> „fuer jede Darstellung, welcher Art auch immer, so daß ein umso staerkerer Affekt sich bei den Zuschauern einstellt, je staerker, lebhafter und eben packender die Schauspielkunst in der auf dem Theater redenden Person wirksam wird. Die Sinne sind naemlich das Tor der Seele durch das jetzt noch die Erscheinungen der Dinge ins Gemach der Affekte eintreten [...]."[310]

Hält man sich all die philosophischen, literatur-, musik- und schauspieltheoretischen Überlegungen über die Darstellung und die gewünschte Wirkung von Affekten vor Augen, ist eine Verbindung zwischen den männerfeindlichen Amazonen, ihren kriegerischen Aufeinandertreffen mit den männlichen Antagonisten in Operntexten, Sprechdramen und Romanen sowie die intendierte Affektentladung zur Unterhaltung des Lese- und Zuschauerpublikums schnell hergestellt. Allein für die leidenschaftliche Darstellung von (Männer-) Hass und Zorn sind Amazonen-Figuren ideal; sie fungieren jedoch ebenso zur Repräsentation der Affektregulierung. Die Fähigkeit zur Affektkontrolle, wie sie manch mythische Kriegerin in den hier berücksichtigten Texten vorweist, ist nicht zuletzt im Zusammenhang mit dem von Norbert Elias beschriebenen ‚Prozess der Zivilisation' zu sehen, der den richtigen Einsatz von Affekten, aber vor allem deren Kontrolle als wichtige Umgangsform am Hof hervorhebt.[311] Am Beispiel des absolutistischen Hofstaates Ludwigs XIV. von Frankreich (1638–1715) betont er daher: „Überlegung, Berechnung auf längere Sicht, Selbstbeherrschung, genaueste Regelung der eigenen Affekte, Kenntnis der Menschen und des gesamten Terrains werden zu unerläßlichen Voraussetzungen jedes sozialen Erfolges."[312]

Die Regulierung bzw. Kontrolle von Affekten ist in den hier untersuchten Texten, die das höfische Leben widerspiegeln, als taktische Verstellungskunst

---

307 Lang 1975, S. 200. Vgl. hierzu ebenso Fischer-Lichte 1993, S. 53 und S. 443–444.
308 Lang 1975, S. 200.
309 Lang 1975, S. 200.
310 Lang 1975, S. 200.
311 Vgl. Elias 2002, S. 181.
312 Elias 2003, S. 381.

(*simulatio*[313] bzw. *dissimulatio*[314]) zu betrachten, wie es in den Schriften *Il principe* (*Der Fürst*, 1532)[315] von Niccolò Machiavelli (1469–1527) und dem *Oráculo manual* (*Handorakel und Kunst der Weltklugheit*, 1647)[316] von Baltasar Gracián (1601–1658) zum Leben am Hof als kluges und taktisches Handeln geraten wird, um die eigenen Ziele zu erreichen.[317] Affekte wie Liebe zu simulieren und zweckorientiert zu nutzen – ein Gedanke, den Wilhelm Dilthey in seiner anthropologischen *Weltanschauung* (1913) trotz seines Rekurses auf Macchiavelli auffällig ausblendet[318] – sind demnach strategische

---

313 Die *simulatio* (Simulation) als „‚Stellung' oder ‚Stellen' bedeutet, daß etwas gezeigt wird, das ‚in Wahrheit' gar nicht vorhanden ist; etwas bloß Erfundenes tritt an die Stelle der Wahrheit und gibt sich [...] doch als solche aus." Geitner 1992, S. 25.

314 Die Dissimulation ist „als Affektkontrolle und Affektbeherrschung" im Kontext des frühneuzeitlichen Neustoizismus zu betrachten. „Die Bezähmung der Leidenschaft und Affekte führt dort zur Ausbildung einer Vernunft, welche soziale und staatliche Ordnung stiftet und erhält." Geitner 1992, S. 25–26.

315 Vgl. Machiavelli 1978, besonders S. 72. Obwohl dieses Werk in der gesamten Frühen Neuzeit stark umstritten war, *Il principe* sogar „zum Musterbuch aller Schlechtigkeit und Macchiavelli zum Gipfelpunkt aller Gewissenlosigkeit" stigmatisiert wurde, orientierten sich Herrscher und Herrscherinnen wie Karl V. (1500–1558), Philipp II. von Spanien (1527–1598), Caterina de' Medici (1519–1589) oder Ludwig XIV. (1638–1715), aber auch Staatsmänner wie Thomas Cromwell (1485–1540) oder Napoleon Bonaparte (1769–1821) am *Il Principe* als Staatskunst. Siehe dazu die von Zorn verfasste Einleitung: Zorn 1978, S. XV.

316 Gracián 1992, S. 121.

317 Zur „Konjunktur von Klugheitslehren, Verhaltenscodices und höfischer Etikette" im Hinblick auf simulierte Affekte und Täuschungsmanöver der Oberschicht des 17. Jahrhunderts siehe auch Ort 1999, S. 135.

318 Vgl. Dilthey 1969. In dieser Studie, die in der germanistischen Barockforschung stark rezipiert wurde, geht Dilthey bereits im ersten Kapitel über die *Auffassung und Analyse des Menschen im 15. und 16. Jahrhundert* ausführlich auf das Leben und Werk Macchiavellis ein (Dilthey 1969, S. 24–36); entsprechend thematisiert er dessen Schrift *Il Principe* (Dilthey 1969, S. 32–35) oder dessen *Discorsi* (Dilthey 1969, S. 34). An Diltheys (bewusster) Ausklammerung einer Simulierbarkeit von Affekten sowie an seiner undifferenzierten Sichtweise auf Descartes *Leidenschaften der Seele* wird in der Forschung beispielsweise von Reinhard Meyer-Kalkus starke Kritik geübt. Dieser schreibt: „[Diltheys] hegelianisierende Leitvorstellungen führen [...] zu signifikanten Verkürzungen und sogar zu Verzeichnungen. Symptomatisch ist schon, daß Dilthey die in den höfischen Klugheitslehren der Spanier ausgearbeitete Affektenlehre gänzlich außer acht läßt, ebenso die rhetorische Affektenlehre, wo Affekte unter dem Gesichtspunkt ihrer Verfügbarmachung thematisiert werden. Affekte als simulierbar und als Wahn zu denken, widerstrebt Diltheys lebensphilosophischer Psychologie. [...] Sein Interesse ist es, die Anthropologie aus einem neuen Lebensgefühl entspringen

Handlungsoptionen, die für die Analyse des Verhaltens der hier untersuchten Amazonen-Figuren einen wichtigen Hintergrund darstellen.

1.5.4 Amazonen und ‚Geschlecht'

Im Rahmen dieser Studie, die literarische Figuren als Entwürfe von Weiblichkeit und Männlichkeit und somit als Ausdruck von zugewiesenen Geschlechterrollen und Attributen versteht, ist mit dem Terminus ‚Geschlecht' die soziale und kulturelle Konstruktion von Geschlecht (*Gender*) gemeint. Das anatomische Geschlecht (*Sex*) ist hingegen kein Gegenstand dieser Untersuchung.

Angelehnt an Barbara Becker-Cantarino wird *Gender* für die literaturwissenschaftliche Analyse hier „als eine offene Größe, die soziale, kulturelle und psychologische Aspekte miteinschließt, die der biologisch vorgegebenen Geschlechtlichkeit zugeschrieben wird",[319] angesehen. In seiner Bedeutung wird *Gender* daher „als variabel, im historischen Prozess wandelbar betrachtet."[320] Im Hinblick auf ‚Geschlecht' als Analysekategorie sei mit der historischen Geschlechterforschung der Frühen Neuzeit jedoch auf wichtige Aspekte verwiesen: Heide Wunder betont beispielsweise, dass der Terminus ‚Geschlecht' in der Sprache des Mittelalters und der Frühen Neuzeit in der ‚modernen' Bedeutung nicht zu finden ist. Zudem sei der

> „Begriff ‚Geschlecht' im späten Mittelalter und bis ins 18. Jahrhundert hinein *gerade keine abstrakte soziale Strukturkategorie* [gewesen], sondern bezeichnete den generationenübergreifenden Verband von Lebenden, Vorfahren und Nachfahren, den Männer und Frauen gemeinsam bilden. Der Bezug der einzelnen Männer und Frauen auf diesen Verband bestimmte wesentlich ihre soziale Position, machte sie als einzelne identifizierbar und war erste Instanz ihrer Selbstdefinition."[321]

In der frühneuzeitlichen Ständegesellschaft besaß die Kategorie ‚Geschlecht' demnach „nicht die universelle Strukturierungskraft wie in der bürgerlichen Gesellschaft des 19. Jahrhunderts", da „die Wirksamkeit der Geschlechtszugehörigkeit [in der Frühen Neuzeit] nach Lebensalter, Zivilstand und sozialer Schicht gestuft [war]."[322] Wunder zufolge spielte die Standeszugehörigkeit

---

zu lassen. Verbindlichkeiten gegenüber der Tradition treten deshalb zurück. Daß diese Prämissen dann zu historischen Fehleinschätzungen führen, ließe sich exemplarisch an seiner Descartes-Darstellung aufzeigen." Meyer-Kalkus 1986, hier S. 37. Zur prägenden Rezeption der *Weltanschauung* Diltheys in der germanistischen Barockforschung siehe exemplarisch Rotermund 1968. Zu Diltheys Rekurs auf Macchiavelli siehe Scheuer 1982b, S. 158.

319 Becker-Cantarino 2010, S. 15.
320 Becker-Cantarino 2010, S. 15.
321 Wunder 1992b, S. 133 (Hervorh. J. V.).
322 Wunder 1992a, S. 264.

eine viel stärkere Rolle im Hinblick auf Geschlechterverhältnisse und weibliche Handlungsspielräume. So seien „die Vorstellungen von Geschlecht und Geschlechterbeziehungen in allen Ständen" von der christlichen Anthropologie beeinflusst und festgelegt worden, wobei „[v]on der Normierung der Geschlechterverhältnisse innerhalb eines Standes" wiederum „die Beziehungen zwischen Männern und Frauen verschiedener Stände"[323] unterschieden werden müssen. Denn während etwa „verheiratete adelige Frauen gegenüber ihrem Ehemann zum Gehorsam verpflichtet waren, besaßen sie als Grundherrinnen durchaus Anspruch auf den Gehorsam abhängiger Männer (z. B. Knechte und Diener) und Hausväter (Bauern)."[324] Die Geschlechtszugehörigkeit ist demnach keine absolute Kategorie, sondern verbindet und überkreuzt sich mit anderen sozialen und kulturellen Kategorien.[325] Oder um auf Andrea Griesebners theoretisches Konzept hinzuweisen: Geschlecht ist „als mehrfach relationale Kategorie"[326] zu betrachten. Diese Gesichtspunkte über ,Stand' und ,Geschlecht' sind gerade in Bezug auf die Amazone als Leitfigur hochadeliger Damen bedenkenswert; am Beispiel der sächsischen Kurfürstin Maria Antonia und Johann Christoph Gottscheds Trauerspiel *Thalestris* wird dies noch zu sehen sein.

Dass die Figur der Amazone mit der Kategorie ,Geschlecht' in mehrfacher Weise verbunden ist, ist bereits aus den vorangegangenen Ausführungen deutlich geworden: So stehen die kriegerischen Auseinandersetzungen zwischen Amazonen mit ihren männlichen ,Feinden' sinnbildlich für den Kampf der Geschlechter. Zudem erschüttert die autarke und Männer herausfordernde Amazone mit ihren männlich codierten Attributen (Waffen- und Kriegsfertigkeit, Fähigkeit zur Herrschaft) die Geschlechterordnung, da sie den Vorstellungen von der passiven und demütigen Frau widerspricht. Als Geschlechtergrenzen überschreitende Figur gilt die mythische Kriegerin mit ihren weiblich-männlichen Zuschreibungen – weiblicher Körper, männliche Eigenschaften – bereits seit der Antike als androgyn. Unter Androgynität wird hier aber keine „bestimmte Körperform oder [....] Körperlandschaft",[327] folglich nicht die Reduzierung auf das Aussehen (Frauen mit knabenhaften oder stark männlichen Gesichtszügen bzw. Männer mit weiblichen Körpermerkmalen) verstanden, sondern „die Möglichkeit, sich sowohl männlich als auch weiblich zu erleben und zu verhalten."[328]

---

323 Wunder 1996, S. 124.
324 Wunder 1996, S. 124.
325 Vgl. Nolde/ Opitz-Belakhal 2008, S. 9.
326 Griesebner 1999, S. 133–134.
327 Ammon 1984, S. 235.
328 Ammon 1984, S. 235–236.

Demnach kann die Amazone als ein Exempel[329] für Androgynie (‚Mannweib-lichkeit', eine Zusammensetzung aus dem griechischen *andros* für Mann und *gyne* für Frau),[330] als Figur der Geschlechterversöhnung,[331] der Integration und Transgression zugleich betrachtet werden;[332] sie ist jedoch keineswegs ein Hermaphrodit.[333] Vielmehr ist sie „eine Gedankenfigur, in der Weiblich-keit und Männlichkeit – die gemeinhin als zwei entgegengesetzte Merkmale menschlichen Seins gelten – in einer Person vorgestellt werden."[334] Allerdings ist Androgynie mehr als die Verschmelzung von vermeintlich gegensätzlichen Geschlechterattributen in nur einer Person, wie Ulla Bock hervorhebt, denn

> „Androgynie drückt nicht nur die Möglichkeit aus, dass das, was gemeinhin unter Weiblichkeit und Männlichkeit verstanden wird, in einer Person vereint existiert, sondern verweist auch auf den Prozess, infolge dessen unsere Vorstel-lungen (Bilder) von Weiblichkeit und Männlichkeit mehr und mehr an Kontur verlieren. Androgynie ist eine Metapher für personale Vielfalt."[335]

Der ästhetische Reiz, den die androgyne Amazone auf Literaten ausgeübt hat, ist gerade im Hinblick auf den geschlechtlichen Rollentausch, die erotische Pi-kanterie und das damit verbundene Verkleidungs-Motiv nachzuvollziehen.[336]

---

329 Neben der Amazone gelten beispielsweise auch Engel als androgyn. Vgl. Bock 1988, S. 122.

330 Vgl. Aurnhammer 1986, S. 2 und Bock 1988, S. 122.

331 Susanne Amrain zufolge symbolisiert der Androgyn „die Auflösung des Anta-gonismus von Männlichkeit und Weiblichkeit, das Ende des Kampfes, kurz, die Versöhnung der Geschlechter." Amrain 1985, S. 119.

332 Vgl. Bock 2004, S. 125.

333 Susanne Amrains Synonymisierung von ‚Hermaphrodit' und ‚Androgyn' (vgl. Amrain 1985, S. 120) wird hier entschieden widersprochen. Ein Blick in die medizinische Fachliteratur zeigt, dass Hermaphroditismus und Androgynie voneinander unterschieden werden müssen. Dem einschlägigen medizinischen Nachschlagewerk der Gegenwart zufolge, dem *Pschyrembel*, ist unter Her-maphroditismus (Hermaphrodit ist in der griechischen Mythologie der Sohn des Hermes und der Aphrodite) eine „Zwitterbildung", die „Bez[eichnung] für das Auftreten von Anomalien des gonadalen od[er] genitalen Geschlechts (Intersexualität) bei eindeutig männlichen oder weiblichem chromosomalem Geschlecht" zu verstehen (vgl. Pschyrembel 2010b, S. 849). Unter dem Stich-wort Androgynie wird eindeutig auf Androgynie als *veraltete* Fachbezeichnung für Hermaphroditismus hingewiesen. Der Artikel beschreibt Androgynie (unter Berücksichtigung des heutigen Fachwissens) daher als „auf beide Geschlechter anwendbare Bez[eichnung] für eine uneindeutig gemischte Ausprägung *von psy[chischen] Merkmalen*, die als typ[isch] männlich bzw. weiblich gelten." (Pschyrembel 2010a, S. 91; Hervorh. J. V.).

334 Bock/ Alfermann 1999, S. 12.

335 Bock 2004, S. 103.

336 Vgl. Aurnhammer 1986, S. 4 und Schabert 1997, S. 75.

Sehr anschaulich wird dies am Beispiel des *Cross-Dressing*, „dem Tragen von Kleidern, die gewöhnlich dem anderen Geschlecht zugeordnet werden."[337] Cross-Dressing oder *Transvestismus*,[338] diese Begriffe werden hier synonym verwendet, spielt auch in den hier zu analysierenden Texten eine wesentliche Rolle, wobei es sich dabei hauptsächlich um Männer als Amazonen handelt, die – der frühneuzeitlichen Kleiderordnung entsprechend – als Frauen keine Hosen als explizit männlich codiertes Kleidungsstück, sondern (lange) Kleider als weiblich zugeschriebene Bekleidung tragen.[339] Natürlich ist solch ein Cross-Dressing keine Erfindung frühneuzeitlicher Dichter, ist doch mindestens seit der Sage um den verkleideten Achilles, der in Frauenkleidung vor dem Kriegsdienst in Troja bewahrt werden sollte, der Kleidertausch ein bekanntes Motiv in Kunst und Literatur.[340]

Um Missverständnisse zu vermeiden: Die in der *Gender*- und *Queer*[341]-Forschung gebräuchlichen Termini Cross-Dressing (aus der US-amerikanischen Transvestiten- und Transsexuellenszene) und Transvestismus (1910 vom Sexualwissenschaftler Magnus Hirschfeld eingeführt) werden in dieser Arbeit weder ausschließlich auf eine Verbindung zwischen Homosexualität und Transvestismus / Cross-Dressing[342] noch in anachronistischer oder

---

337 Penkewitt/ Pusse 1999, S. 9. Die in der Forschung uneinheitliche Schreibweise von Cross-dressing, cross-dressing oder Crossdressing wird in dieser Arbeit zu Cross-Dressing vereinheitlicht.

338 Auch der Begriff Transvestismus wird als das „Tragen von Kleidung des anderen Geschlechts" beschrieben. Pschyrembel 2010c, S. 2098. Vgl. dazu auch Dekker/ van de Pol 1990.

339 Vgl. dazu Kapitel 2.3.1. Zur geschlechterspezifischen Kleidung, die zur Differenzierung der Geschlechter diente und den sozialen Rang in der frühneuzeitlichen Gesellschaft kennzeichnen sollte (Männer trugen Hosen, Hemden, Jacken und Hüte, Frauen dagegen Kleider, Mieder und als Gattinnen sogar Hauben, um sich von unverheirateten Frauen zu unterscheiden) vgl. Dekker/ van de Pol 1990, S. 75. Siehe dazu auch Matthews Grieco 1997, S. 72 und Münch 1998, S. 295–297.

340 Vgl. z. B. Domanski 2004.

341 Queer Studies ist eine aus den Gay und Lesbian Studies entstandene interdisziplinäre Forschungsrichtung mit kulturwissenschaftlicher Perspektive, die sich kritisch mit heterosexuellen Denkmustern auseinandersetzt und andere, gar marginalisierte sexuell und geschlechtlich konnotierte Themen wie Homosexualität, Bisexualität, Transsexualität usw. untersucht. Vgl. dazu exemplarisch Kraß 2003.

342 Obwohl Transvestismus medizinisch gesehen „von Transsexualität und Homosexualität zu unterscheiden" und „meist mit einer heterosexuellen Orientierung verbunden ist" (vgl. Pschyrembel 2010c, S. 2098), insistiert Marjorie Garber darauf, dass Transvestismus (bewusst oder unbewusst) immer an Homosexualität gebunden sei. Sie schreibt: „Die Geschichte des Transvestismus in der westlichen Kultur ist in der Tat mit der Geschichte der Homosexualität und der

pathologischer Weise verstanden und angewendet. Cross-Dressing bzw. Transvestismus bedeutet hier weder eine „im engeren Sinne mit sexueller Erregung verbundene [...] Form des Fetischismus [...]"[343], noch meint das gegengeschlechtliche (Ver-)Kleiden[344] *Drag,*[345] wie es etwa Judith Butler auf TransvestitInnen bezieht.[346] *Drag Queens* (Männer, die sich in sehr betonter und offenkundiger Weise als Frauen kleiden und schminken) und *Drag Kings* (Frauen, die sich – mit oder ohne Bart – als Männer stilisieren)[347] sind die männlichen Figuren in Frauenkleidung oder die Frauen in Männerkleidung in den hier zu untersuchenden Texten aus der Frühen Neuzeit nicht. Wenn es in diesen Fällen um Cross-Dressing / Transvestismus geht, dann im Sinne des *passing*, also einem möglichst ‚natürlichen‘, unauffälligen Erscheinen, einem ‚Durchgehen‘ in den Kleidern des anderen Geschlechts.[348]

Bei der Begriffsverwendung von Cross-Dressing orientiert sich diese Untersuchung an Valerie R. Hotchkiss' Studie zum weiblichen Cross-Dressing in der mittelalterlichen Literatur und Joseph Harris' Untersuchung zum Cross-Dressing in der französischen Literatur des 17. Jahrhunderts. Um diesen modernen Begriff auf vormoderne Texte anzuwenden, entscheiden sich beide, den Terminus auf das Wesentlichste, das gegengeschlechtliche Tragen von Kleidern, zu fokussieren. Demnach erläutert Harris: „I shall use the term

---

schwulen Identität verbunden. [...] Keine Analyse des ‚Cross-Dressing‘, die das Phänomen ernsthaft aus einem kulturellen, politischen oder gar ästhetischen Gesichtspunkt in Augenschein nehmen will, kann darauf verzichten, die grundlegende Rolle einer schwulen Identität einzubeziehen." Garber hebt zwar hervor, dass man Gefahr laufe, „wenn man das Cross-Dressing auf den Kontext einer schwulen oder lesbischen Identität beschränkt", doch betont sie gleichzeitig, dass „[d]ie kulturelle Faszination des Cross-Dressing [...] nicht immer *bewußt* mit Homosexualität verbunden [ist], obwohl Homosexualität, die selbst in vielerlei Zusammenhängen ein Tabu ist, sich als das Verdrängte auffassen ließe, das immer wiederkehrt." Garber 1993, S. 14. Von Garbers verengten Sicht auf die schier untrennbare Trias Homosexualität – Transvestismus – Cross-Dressing distanziert sich die vorliegende Arbeit, die das Tragen von Kleidung des anderen Geschlechts nicht zwangsläufig mit Homosexualität verknüpft sieht.

343 Pschyrembel 2010c, S. 2098.
344 Zu Verkleidungen als „[t]raditionelle Formen des Transvestierens" siehe Dekker/ van de Pol 1990, S. 18–20.
345 Die auf Auffälligkeit ausgerichtete (Ver-)Kleidungsform *Drag* stammt aus der US-amerikanischen Schwulen- und Lesbenkultur der Gegenwart. Vgl. dazu exemplarisch Halberstam 1998, besonders das Kapitel 7 *Drag Kings*, S. 231–266.
346 Vgl. Butler 1991, S. 201–203 und Butler 1995, S. 169–170.
347 Zu Inszenierungen als *Drag Kings* mit Bärten siehe beispielsweise die Porträts in Halberstam 1998, S. 247 (*Butch Realness. ‚Sean‘*), S. 251 (*Male Mimicry. ‚Diane Torr‘*) und S. 254 (*Denaturalized Masculinity. ‚Dred‘*).
348 Vgl. den Sammelband von Mounsey 2001.

‚cross-dressing' to denote the complete adaption of clothing conventionally seen as appropiate to the opposite sex."[349] Um die psychologisch und medizinisch konnotierten Begriffe Transvestit / Transvestismus neben dem Terminus Cross-Dressing ebenso berücksichtigen zu können, koppelt Hotchkiss jegliche sexuelle und anachronistische Konnotationen ab. Demnach schreibt sie:

> „The verb ‚transvest' has long existed in English, meaning to ‚clothe in other garments', particulary in the garments of the opposite sex in order to disguise oneself. It is in this sense of the word, without the connotations of sexual desire, in most instances, that I use ‚transvestite' and ‚transvestism' in this study although I also use the related terms ‚gender inversion', „cross-dressing' and ‚disguise'. "[350]

Neben Cross-Dressing und Transvestismus ist auch der *Maskerade*-Begriff von Bedeutung. Obwohl diese drei Termini in der Forschung gerne synonym verwendet werden,[351] wird dieser aus dem Bereich des Theaters stammende Terminus hier differenzierter betrachtet. Die Maske oder Maskerade als Mittel der Verhüllung bzw. Abdeckung von Körperteilen[352] ist tatsächlich eng mit Verkleidung oder gar Verstellung „im Spannungsfeld von Schein und Sein, Wahrheit und Lüge, Spiel und Wirklichkeit sowie Realität und Fiktion"[353] verbunden. So ist auch der Bezug zu höfischen Maskeraden, den Verkleidungsdivertissements in der Frühen Neuzeit, zu sehen, die zu verschiedenen Festanlässen am Hof veranstaltet wurden. Männer in Frauenkleidung, die etwa als Amazonen oder Göttinnen auftraten, erfreuten sich dabei großer Beliebtheit.[354] Aber: Maskerade muss nicht zwangsläufig Cross-Dressing bedeuten. Sie kann auch als Verjüngungsstrategie dienen, mit denen Männer und Frauen die eigenen Zeichen des Alters (graue Haare, Falten) verbergen, indem sie Veränderungen des Äußeren vornehmen.[355] Dass auch der Maskerade-Begriff das Changieren zwischen den Geschlechtsidentitäten impliziert und mit der Konstruktion von Männlichkeit und Weiblichkeit spielt,[356] wird nicht negiert. Als Konzept in den Kulturwissenschaften wird die Maskerade in der vorliegenden Studie ebenso als „Verkleidungen und Verhüllungen der Geschlechtsidentität"[357] und als „performative Hervorbringung einer sexuellen Ontologie [....], d.h. als reine Erscheinung, die

---

349 Harris 2005, S. 26.
350 Hotchkiss 1996, S. 4.
351 Vgl. Penkwitt/ Pusse 1999, S. 9.
352 Vgl. Kreuder 2005, S. 192.
353 Bettinger/ Funk 1995, S. 9.
354 Vgl. Schnitzer 1999, S. 190–194.
355 Vgl. Woodward 1991, S. 148.
356 Vgl. Lehnert 1997, S. 37.
357 Benthien 2003, S. 51.

sich selbst überzeugend als Sein darstellt",[358] verstanden. Auf das, *was* letztlich verhüllt bzw. vermaskiert wird – Geschlechtsmerkmale oder Alterszeichen beispielweise – sollte jedoch ein differenzierterer Blick geworfen werden.

Die Gender-Studies mit ihrem Fokus auf die Performativität von Geschlecht, also in welcher Weise Männlichkeit und Weiblichkeit durch performative Akte (z. B. (Ver-) Kleidung, Habitus oder Rede) konstituiert werden, greifen – neben der Maskerade – nicht aus Zufall auf weitere Theater-Begriffe wie *Performance* oder *Inszenierung* zurück. Als eine der bekanntesten Vertreterinnen des Theorems einer sozialen und diskursiven Konstruktion von Geschlecht hat Judith Butler hervorgehoben, dass „das, was als Geschlechteridentität [Gender] bezeichnet wird, eine performative Leistung ist, die durch gesellschaftliche Sanktionen und Tabus erzwungen wird."[359] In Anbindung an theatralische Diskurse würden „Akte, durch die die Geschlechterzugehörigkeit konstituiert wird, performativen Akten in theatralischen Kontexten [ähneln]",[360] wie Butler konstatiert. Ein Akt sei die Geschlechtsidentität insofern, da „[ä]hnlich wie andere rituelle gesellschaftliche Inszenierungen [...] auch das Drama der Geschlechtsidentität eine *wiederholte* Darbietung [erfordere]. Diese Wiederholung [sei] eine Re-Inszenierung und ein Wieder-Erleben eines bereits gesellschaftlich etablierten Bedeutungskomplexes."[361]

TransvestitInnen spricht Butler bei der Darstellung (Performance[362]) von *Gender* eine besondere Rolle zu, da sie die Performativität von Geschlecht par exellence vorführten. So zeige ihre Maskerade, dass Geschlecht durch Nachahmungen entsteht, denn „[a]ls Imitationen, die die Bedeutung des Originals verschieben, imitieren sie den Mythos der Ursprünglichkeit selbst."[363] TransvestitInnen bringen demnach „ausdrücklich den Unterschied zwischen Geschlecht und Geschlechterzugehörigkeit zum Ausdruck"[364] und können „zumindest implizit, die Unterscheidung zwischen Erscheinung und Realität in Frage stellen, die ein Gutteil der verbreiteten Auffassungen über die Geschlechteridentität strukturiert."[365]

Inwiefern diese Ausführungen auch auf das ausgewählte Textkorpus anzuwenden sind, werden die kommenden Kapitel der Arbeit zeigen.

---

358 Butler 1991, S. 79–80.
359 Butler 2002, S. 302.
360 Butler 2002, S. 304. Butler verweist darauf, dass sie sich neben der Phänomenologie argumentativ „auf theatralische, anthropologische und philosophische Diskurse" bezieht. Vgl. Butler 2002, S. 302.
361 Butler 1991, S. 206.
362 Im Englischen variiert die Bedeutung des Begriffs Performance zwischen Aufführung, Leistung, Darstellung oder Vorführung. Vgl. Umathum 2005, S. 231.
363 Butler 1991, S. 203.
364 Butler 2002, S. 314–315.
365 Butler 2002, S. 314–315.

1.6 Aufbau der Arbeit

Diese Studie ist (neben dem einleitenden und ausblickenden Teil) in drei Kapitel aufgeteilt: zunächst eines zur Rezeption der antiken Amazonen-Überlieferungen in der Frühen Neuzeit (Kapitel 2), dann zwei weitere zur Funktionalisierung von Amazonen-Figuren im Roman (Kapitel 3) sowie in Opernlibretti und Sprechdramen (Kapitel 4).

Kapitel 2 zeichnet die Überlieferung der Amazonen-Mythen vom Mittelalter bis in die Frühe Neuzeit hinein nach. Der erste Abschnitt (2.1) bietet einen Überblick über Amazonen-Mythen, zentrale Mythologeme und Amazonen-Figuren aus den antiken Überlieferungen, auf die sich die hier untersuchten Romane, Operntexte und Sprechdramen des 17. und 18. Jahrhunderts (in Variationen) beziehen. Frühneuzeitliche Rekurse auf die Amazonen sind jedoch weder von der Bearbeitung des Amazonen-Stoffes in der mittelalterlichen Literatur noch vom tradierten ‚Wissen' über die Kriegerinnen, das sich in der Verortung der Amazonen in Weltkarten oder in Nachschlagewerken des Mittelalters niederschlägt, abzukoppeln. Die Rezeption des Amazonen-Stoffs vom Mittelalter bis in die Renaissance hinein ist daher Gegenstand von Abschnitt 2.2. Anschließend wird in Abschnitt 2.3 der Weg der Amazonen-Figur in die Hofkultur der Frühen Neuzeit skizziert, wo sie als Mittel der (Selbst-) Inszenierung den Damen und Herren des Hochadels diente.

Die literarische Funktionalisierung der Amazone wird in Kapitel 3 zunächst am Beispiel von höfisch-historischen Romanen analysiert. Um die theoretischen Anforderungen an den Roman im 17. Jahrhundert zu verdeutlichen, wird den hier vorgestellten Werken ein Überblick über den zeitgenössischen Romandiskurs im Barock vorangestellt (3.1). Dieser bildet den Kontext der Romane *Cassandre* von Gautier de Costes Sieur de La Calprenède in seiner deutschen Übersetzung durch Christoph Kormart (3.2), *Æyquan* von Christian Wilhelm Hagdorn (3.3) und Joachim Meiers *Smyrna* (3.4).

Schwerpunkt des 4. Kapitels ist die Funktionalisierung der Amazonen-Figur in Opernlibretti und ihren Adaptionen. Auch hier werden Verbindungen mit den entsprechenden WidmungsempfängerInnen sowie bestimmten Diskursen der Frühen Neuzeit aufgezeigt, um die Interpretationsergebnisse im Zusammenhang ihrer Entstehungskontexte darlegen zu können. Einführende Kapitel zum Vorkommen von Amazonen in der Oper (4.1.), zur Situation der frühen deutschen Oper (4.1.1) sowie Erläuterungen zu Parallelen zwischen Opern und Romanen (4.1.2) dienen hier als Hintergrund für die daran anschließende Analyse von Singspiellibretti und ihren *imitationes*. Dabei handelt es sich zunächst um die Gegenüberstellung der Operntexte *Antiope* von Stefano Pallavicini und *Hercules* eines Anonymus oder einer Anonyma (4.2.1), die durch das Libretto *Hercules unter denen Amazonen* von Friedrich Christian Bressand (4.2.2) ergänzt wird. In allen drei Werken werden am Beispiel der

Protagonisten Hercules und Antiope der Kampf der Geschlechter und das Spannungsverhältnis von Liebe, Eifersucht und Gewalt in besonders affektreicher Weise dargestellt. Im Kapitel über die Oper *Die Lybische Talestris* von Heinrich Anshelm von Zigler und Kliphausen und ihren Adaptionen (4.3) steht das Thema ‚Alter und Geschlecht‘ im Mittelpunkt. Der Blick wird hier auf eine betagte Amazone gelenkt, die es gemäß den tradierten Vorstellungen von jungen, agilen Amazonen eigentlich gar nicht geben dürfte. Der letzte Abschnitt (4.4) widmet sich zum einen der Selbststilisierung Maria Antonias von Sachsen, die sich in der von ihr verfassten und komponierten Oper als Amazonenkönigin Talestri(s) inszenierte, und zum anderen Johann Christoph Gottscheds Trauerspiel *Thalestris*, das – als Herrscherinnenlob konzipiert – auf den kurfürstlichen Operntext rekurriert. Ein differenzierter Blick auf Gottscheds letztes Drama wird zeigen, dass diese als ‚Gelegenheitsarbeit‘ geltende Tragödie durchaus Akzente gesetzt hat, die seinen eigenen Interessen entgegenkamen.

2 Antike Amazonen-Mythen und ihre Rezeption in der Frühen Neuzeit

2.1 Zentrale Mythologeme und antike Amazonen-Figuren

Amazonen wurden im Altertum in der Stadt Themiskyra am Thermodon (im Norden Kleinasiens), in Lykien (Südwesten Kleinasiens), Thrakien (östliche Balkanhalbinsel) oder Libyen lokalisiert.[366] Ihre Verortung an den Rand der hellenistischen Welt verweist bereits auf die Funktion dieser von antiken Dichtern und Historiographen entworfenen Kriegerinnen-Figur: Die Amazone ist das Andere, das Exotische, das Ferne, die Fremde selbst, der Inbegriff der ‚verkehrten Welt'. Als „Spiegelbild des attischen Kriegers"[367] repräsentiert sie „die Verkehrung von Normalität"[368] und stellt „das Ausgegrenzte aus einer gegebenen Ordnung"[369] dar. Der Entwurf der Amazone diente den Griechen in ihrer „identitätsbildenden Tradition"[370] daher zur Selbstvergewisserung, zur Bestätigung des Eigenen.

Hierauf ist die Beschreibung der Männer herausfordernden, fremden Frauen zurückzuführen: In Homers *Ilias* gelten sie beispielsweise als männergleich (antiáneirai),[371] wobei dieser Begriff einerseits als „den Männern gleichwertig",[372] andererseits als „männerfeindlich"[373] aufgefasst werden kann.[374] So heißt es im „Dritten Gesang" (III 189):

> „Einstens kam ich [Priamos, der Fürst von Troja] sogar nach Phrygiens Rebengefilde, / Wo ich rossetummelnde Phryger erblickte, / Otreus' Volk und das Heer des götterähnlichen Mygdon, [...] / Jenes Tags, da mit männlicher Kraft Amazonen sich nahten."

Im „Sechsten Gesang" (VI 186) schreibt Homer schließlich vom Sieg des Bellerophon über die Kriegerinnen, denn dieser „erschlug [...] die männerähnliche Schar Amazonen."

---

366 Vgl. Roscher 1884–1896, Sp. 272–273.
367 Wagner-Hasel 2002, S. 255.
368 Wagner-Hasel 1986, S. 88.
369 Wagner-Hasel 1986, S. 88.
370 Wagner-Hasel 1986, S. 88.
371 Homer IL 2004, S. 923.
372 Vgl. Ley 1996, Sp. 575.
373 Vgl. Roscher 1884–1896, Sp. 269.
374 Allein an diesen verschiedenen Deutungsmöglichkeiten des Begriffs *antiáneirai* zeigen sich die uneinheitlichen Positionen zu den mythischen Kriegerinnen.

In Herodots *Geschichten und Geschichte* gelten die am Fluss Thermodon beheimateten Kriegerinnen eindeutig als „Männertöterinnen"[375] (androktónoi):

> „Als die Hellenen mit den Amazonen kämpften – die Skythen[376] nennen die Amazonen Oiorpata, das Wort bedeutet auf hellenisch ‚androktónoi', ‚Männertöter',
> denn ‚oior' nennen sie den Mann und töten ‚pata' – [...] siegten die Hellenen in
> der Schlacht am Thermodon und fuhren weg, und auf drei Schiffen führten sie alle
> Amazonen mit, die sie lebend hatten einfangen können; als sie aber auf hoher See
> waren, fielen die über die Männer her und warfen sie über Bord."[377]

Herodot zufolge ließen sich die Amazonen bis an das Land der Skythen treiben, wo sie mit diesen Kämpfe austrugen. Am Ende seien sie jedoch auf das
Ansinnen der skythischen Männer eingegangen, mit ihnen Kinder zu zeugen.
Demgemäß handelt es sich beim Amazonentum lediglich um ein Stadium vor
der Ehe, da die Amazonen gemeinsam mit den männlichen Skythen das Volk
der Sauromaten[378] gründeten, in dem jede junge Frau vor ihrer Hochzeit einen
männlichen Gegner töten musste.[379]

Auch Diodorus berichtet in seiner *Griechischen Weltgeschichte* von den
kriegerischen Amazonen, zu deren Gesetzen es gehöre, männlichen Neugeborenen „Schenkel und Arme zu verstümmeln, so dass sie für den Kriegsdienst
untauglich waren, weiblichen Kindern hingegen wurde dafür die rechte Brust

---

375 Wagner-Hasel 1986, S. 89.

376 Skythen ist der „Sammelname für die im Altertum am Schwarzen Meer, an
Don, Dnepr und Donau lebenden [...] Stämme, von denen einige in Südrussland
sesshaft wurden, andere nomadisierend bis nach Vorderasien vordrangen." Als
gefürchtetes Reitervolk boten sie 514 v. Chr. dem Vordringen der Perser sogar Einhalt. Unter der Namensbezeichnung Skythen verstand man später auch
„Stämme der Sarmaten [Sauromaten] und die meisten im Schwarzmeergebiet
lebenden Nomaden." Vgl. Zimmermann 1990, S. 547.

377 Herodot 1983, IV 110.

378 Siehe dazu Ditten 1990. Das von Diodorus als Sauromaten bezeichnete Volk
ist den Sarmaten gleichzusetzen. Beide Begriffe bezeichnen ein iranisches Nomadenvolk, das – ebenso wie die stamm-verwandten Skythen – für seine Reiter
und Bogenschützen bekannt war.

379 Vgl. Herodot 1983, IV 114–117. Hier heißt es: „Und seit der Zeit verfahren
die Frauen der Sauromaten nach ihrer alten Lebensweise und gehen zu Pferd
auf Jagd, mit ihren Männern oder ohne sie, und gehen mit in den Kampf und
tragen die gleichen Kleider wie die Männer. [...] Bei der Ehe gibt es folgenden
Brauch. Kein Mädchen darf heiraten, bevor es einen Feind getötet hat. Einige
von ihnen werden alte Frauen und sterben, ohne zu heiraten, da sie das Gesetz
nicht erfüllen können." Siehe dazu auch Wagner-Hasel 1986, S. 89–90.

weggebrannt, damit diese Erhöhung im Kampf keine Behinderung sei; von daher soll das ganze Volk seinen Namen (die Brustlosen) haben."[380]

Zu den bekanntesten Amazonen-Figuren der Antike, die bis in die Frühe Neuzeit hinein tradiert waren, zählen vor allem Penthesilea, Talestris, Antiope und Myrina. Die Überlieferungen zu ihnen sowie zu anderen Amazonen, die in dieser Studie noch eine Rolle spielen, werden zum leichteren Verständnis kurz zusammengefasst. Wie ambivalent die Darstellung dieser exotischen Fremden zwischen Ablehnung und Anziehung ist, zeigen die folgenden Ausführungen.

Penthesilea:

Penthesilea wird als Königin der Amazonen etwa in der verschollenen, in der Nachfolge der Homerischen *Ilias* entstandenen und Artkinos von Melis zugeschriebenen *Aithiopis* erwähnt, von der nur noch die Inhaltsangabe erhalten ist. Dieser zufolge heißt es im 1. Buch:

> „Während die Troianer mit den Trauerfeierlichkeiten für Hektor beschäftigt sind, rückt Penthesilea, die Königin der Amazonen, an. Diese Tochter des Kriegsgottes Ares, die von thrakischer Abstammung ist, hatte zuvor unwillentlich eine Blutsverwandte, die Amazonin Hippolyta, umgebracht und musste aus Schande darüber ihr Land verlassen. Da Priamos sie davon jedoch reinigen konnte, kämpft sie nun auf Seiten der Troianer. Bei der darauffolgenden Schlacht tötet sie viele Griechen, darunter auch Machaon; doch obwohl sie das Feld beherrscht, fällt sie Achilleus zum Opfer und wird dann von den Troianern begraben."[381]

Auch Diodorus berichtet vom „Verwandtenmord" der Penthesilea, die nach dem Tode Hektors auf der Seite der Trojaner kämpfte und „in der Schlacht durch Achill einen heldenhaften Tod [fand]."[382] Die Überlieferung, dass Achill sich beim Anblick der sterbenden Penthesilea in sie verliebt, findet sich hier nicht.[383]

---

380   Diodorus 1993a, II 45. Zu der Bennenung der Kriegerinnen als Amazonen, die „in einer falschen Etymologie auf die Bezeichnung *a-mazos* (‚ohne Brust')" zurückgeht, vgl. Moser 2008, S. 62.

381   Homer IL 2008, S. 521.

382   Diodorus 1993a, II 46,5. Zu weiteren Überlieferungen siehe Schwenn 1958.

383   Achilles Liebe zu der von ihm getöteten Amazonenkönigin ist – entgegen des Hinweises von Herbert Hunger – von Diodorus nicht thematisiert worden. Zu anderen antiken Autoren, die sich mit dieser tragischen Liebe befassen, siehe dennoch Hunger 1985c.

Talestris:

Im Unterschied zu vielen tradierten Mythen, in denen sich die Amazonen durch Kampf und Brutalität auszeichnen, erzählt die Episode zwischen Alexander dem Großen und der Amazonenkönigin Talestris von einer friedlichen Begegnung der Geschlechter. Diodorus zufolge soll die Amazonenkönigin Talestris mit 300 ihrer Mitstreiterinnen Alexander dem Großen in Hyrkanien entgegengekommen sein, um mit ihm ein Kind zu zeugen, das alle überragen soll. Alexander sei auf diesen Vorschlag eingegangen und habe mit der Amazonenkönigin zwei Wochen gemeinsam verbracht. Nach dieser Zeit habe er sie mit wertvollen Geschenken wieder in ihre Heimat entsandt.[384]

Die römischen Geschichtsschreiber Justinus und Quintus Curtius Rufus berichten in ihren Werken ebenso von der Begegnung zwischen Talestris und Alexander dem Großen. So hält Justinus in seiner *Weltgeschichte* fest, dass die Amazonenkönigin Talestris, „dreizehn Tage lang von [Alexander dem Großen] als Beischläferin angenommen wurde, damit sie Nachkommenschaft von ihm empfinge."[385] In der *Geschichte Alexanders* von Quintus Curtius Rufus heißt es sogar: „Die Frau [Talestris], die in ihrer Begierde heftiger war als der König [Alexander der Große], veranlasste ihn, einige Tage Halt zu machen, und nachdem 13 Tage auf Erfüllung ihres Wunsches verwendet worden waren, machte sie sich in ihr Reich auf, der König nach Parthyene."[386]

In all diesen Schilderungen wird explizit die sexuelle Begierde der Amazone in den Vordergrund gerückt, die den mächtigen Herrscher mit ihrer Eigeninitiative beeindruckt. Indem Talestris Alexander als den größten aller Männer davon überzeugt, mit ihr, der stärksten und mutigsten aller Frauen, ein Kind zu zeugen, führt dieser Amazonen-Mythos die Zusammenkunft zweier Ebenbürtiger vor Augen.[387]

Antiope, Hippolyte:

Eros und Kampf, die das Verhältnis zwischen Amazonen und ihren männlichen Gegnern prägen, finden sich beispielhaft in Diodorus' Schilderungen über den Gürtelraub der Amazonenkönigin Hippolyte wieder. Dieser Gürtelraub, der symbolisch für den Beischlaf[388] steht, gehört zu den zwölf Ta-

---

384 Vgl. Diodorus 1993a, XVII,77.
385 Pompeius Trogus 1972, S. 109–110.
386 Curtius Rufus 2007, S. 271.
387 Vgl. Blok 1995, S. 125 und S. 263. Zu weiteren Überlieferungen über Talestris siehe Breve 1960.
388 Beate Wagner-Hasel hebt hervor, dass der Gürtel die Geschlechtsreife einer Amazone symbolisiert. Der Status der Kriegerin sei mit dem Lebensabschnitt der *parthénos*, der jungen und ledigen Frau, verbunden. Symbolisch trage sie dafür einen Gürtel, den auch Artemis, die Schutzgöttin der Amazonen besitze. Sie wache als

ten des Helden Herkules, die ihm von Eurystheus, dem König von Mykene, auferlegt wurden. Um in den Besitz des Gürtels zu gelangen, sei Herkules mit seinem Gefolge zum Hauptsitz der Amazonen, der Stadt Themiskyra am Thermodon, gereist und habe die Kriegerinnen zum Kampf aufgefordert. Trotz ihres „Mannesmutes" seien die Amazonen geschlagen und vertrieben worden,[389] wobei Hippolyte durch Herkules gefangen genommen und ihres Gürtels beraubt worden sei. Aus der Position des Siegers und Bezwingers heraus habe der griechische Halbgott seinem Gefährten Theseus die gefangene Amazonenführerin Antiope[390] geschenkt und als Lösegeld zudem den Gürtel der Amazone Menalippe empfangen. Gemeinsam mit dem Volk der Skythen hätten die überlebenden Amazonen zwar Rache an den Griechen geübt, die jedoch abermals als Sieger aus dem Kampf hervorgegangen seien.[391]

Myrina, Smyrna:

Die Amazone Myrina gilt als Eroberin vieler Länder und als Namenspatronin von Städtegründungen in der Antike. Auch die Amazone Smyrna soll eine Stadt gegründet und diese nach sich benannt haben. Dies sind die wesentlichen Überlieferungen, die mit diesen beiden Kriegerinnen verbunden werden.[392]

Marpesia/Martesia, Lampedo, Oreithyia und Menalippe:

Justinus zufolge sollen die Amazonen zwei Königinnen gehabt haben: Martesia [Marpesia] und Lampeto [Lampedo]. „[D]iese teilten den Heerbann in zwei Teile und führten, durch ihre Macht schon in hohem Rufe stehend, abwechselnd Krieg in der Fremde, während die andere jeweils die Grenzen ihres eigenen Landes verteidigte."[393] Mit dieser Strategie hätten diese Amazonenköniginnen große Teile Europas und einige Staaten in Asien erobert.

„Gürtellöserin" über die Geschlechtsreife der jungen Frauen. Der Gürtel sei „Ausdruck der geschlechtlichen Potenz, welche die *parthénoi* mit der Geschlechtsreife erlangen und die sie zur Mutterschaft befähigt." Zudem stehe der Gürtel, „dessen Beschaffung Herakles [Herkules] als Beweis seines Mutes auferlegt ist, [...] im Zusammenhang mit dem Vollzug der Eheschließung. Ihn zu lösen [...] heißt im Griechischen, den Beischlaf zu vollziehen." Nach Wagner-Hasel hat Herakles dabei weniger den Vollzug der Ehe begehrt als „den Besitz der geschlechtlichen Potenz, über die die Amazone verfügt." Wagner-Hasel 1986, S. 90–92.

389   Vgl. Diodorus 1993b, IV,16.
390   Zu weiteren Angaben über die Gestalt der Antiope, die von Theseus in anderen Überlieferungen auch geraubt worden sein soll siehe [Wernicke] 1958, Sp. 2497–2498.
391   Diodorus 1993b, IV,16.
392   Vgl. Heubeck 1950. Siehe dazu auch Treidler 1965, Sp. 1095–1096.
393   Pompeius Trogus 1972, Zweites Buch, S. 107.

Bei Oreithyia [Orithia, Orithyia], Antiope, Hippolyte und Menalippe soll es sich hingegen um Töchter der Martesia gehandelt haben. Nach ihrem Tod seien Orithia und Antiope ihre Nachfolgerinnen geworden, deren Herrschaft Justinus ebenfalls mit Herkules in Verbindung bringt. Allerdings beschreibt Justinus nicht den Gürtelraub, sondern die Inbesitznahme der königlichen Waffen:

> „Damals hatten zwei Amazonenschwestern das Königtum [der Amazonen] inne, nämlich Antiope und Oreithyia; aber Oreithyia führte gerade in der Ferne Krieg. Als Herakles nun also am Amazonenstrand anlegte, da war nur eine geringe Anzahl von Amazonen bei Antiope, die selbst keinerlei Feindseligkeit befürchtete. [...] Daher wurden viele niedergehauen oder gefangengenommen, darunter zwei Schwestern der Antiope, nämlich Menalippe von Herakles, Hippolyte von Theseus. Theseus aber behielt die Gefangene als Kriegsbeute, nahm sie zur Gattin und zeugte mit ihr den Hippolytos, Herakles hingegen gab nach dem Sieg die gefangene Menalippe an ihre Schwester zurück und empfing als Preis dafür die Waffen der Königin."[394]

Zur ‚verkehrten Welt' der Amazonen gehörte demnach auch die rein weibliche Herrschaft, die von Generation zu Generation an die designierten Thronfolgerinnen weitergegeben wurden. Diese Konstruktion eines Matriarchats, wie es Johann Jakob Bachofen in seinem 1861 erschienenen *Mutterrecht*[395] als „Fundament[...] antiker Kulturen"[396] postuliert, hat es in der Antike jedoch, nach allem was bekannt ist, so nie gegeben.[397] Der Altertumswissenschaftler Pierre Vidal-Naquet betont, dass die Schilderungen der gynäkokratischen Verhältnisse im Amazonenstaat vielmehr ein Umkehrbild der antiken *polis* seien, dem „Männerverband",[398] der als „Bürgerverband"[399] nicht nur Sklaven, sondern auch Frauen ausschloss: „Ob es sich nun um Amazonen oder Lykier handelt, die griechische *polis* hat sich in den Darstellungen ihrer Historiker und Ethnographen durch die Umkehrung als Männerbund dargestellt. [...]

---

394 Pompeius Trogus 1972, Zweites Buch, S. 108.

395 Bachofen 1982. Der Terminus Mutterrecht wird im Sinne Bachofens noch als Synonym für Matriarchat oder *Gynäkokratie* verwendet. Bachofen hat diese Begriffe nebeneinander gebraucht, ohne sie genauer voneinander zu differenzieren. Vgl. Wesel 1980, S. 33.

396 Vgl. Wagner-Hasel 1991, S. 81. Allerdings muss betont werden, dass das „Amazonentum" als „höchste Ausartung des Weiberrechts" von Bachofen als Beispiel einer „bis zur Unnatürlichkeit gesteigerte[n] Gynäkokratie" hervorgehoben wird. Siehe Bachofen 1982, S. 63 und S. 106.

397 Wagner-Hasel 1991, S. 81. Vgl. dazu ebenso Brinker-von der Heyde 1996, S. 13.

398 Vgl. Vidal-Naquet 1992, S. 170.

399 Vidal-Naquet 1992, S. 170.

[D]er imaginäre Staat der Amazonen ist eine ganz bestimmte Umkehrung der griechischen *polis*."[400]

Aufschlüsse darüber, in welcher Weise die antiken Mythologeme über das kriegerische Volk der Amazonen sowie bestimmte Figuren ihren Weg in die mittelalterliche Literatur und von dort in Romane, Operntexte und Sprechdramen des 17. und 18. Jahrhunderts fanden, werden die nächsten Kapitel geben.

2.2 Amazonen-Figuren in der Literatur des Mittelalters und der Frühen Neuzeit

Antike Vorstellungen über das kriegerische Volk der Amazonen gelangten durch Gelehrte wie Isidor von Sevilla (ca. 560–636) in das Mittelalter. In seiner bedeutenden Enzyklopädie *Etymologiae* (um 623), die auch in der Frühen Neuzeit mehrfach publiziert wurde,[401] heißt es über sie:

> „Die Amazonen sind so benannt, weil sie [...] ohne Männer leben [...] oder weil sie auf der rechten Seite ihre Brust abgebrannt haben, damit sie beim Bogenschießen nicht behindert werden [...]. Sie entblößten nämlich die Brust, die sie verbrannt hatten. [...] Denn Amazon heißt gleichsam [...] ohne Brust."[402]

Der Amazonen-Stoff ist in der Frühen Neuzeit daher nicht allein durch den mittelalterlichen Roman *Der Trojanische Krieg* Konrads von Würzburg, die Troja-Dichtung *Liet von Troye* des Herbort von Fritslâr, den Roman *Alexander* des Rudolf von Ems oder den *Eneasroman* von Heinrich von Veldeke im deutschen Sprachraum bekannt gewesen. Dennoch trugen diese exemplarischen Werke wesentlich zur Tradierung und dem Bekanntheitsgrad von Amazonen-Figuren wie Penthesilea und Talestris bei. So ist die Überlieferung von der Begegnung zwischen der Amazonenkönigin „Tâlistrîâ" und Alexander dem Großen im *Alexander*-Roman[403] zu finden, während im *Troja*-Roman[404] und im *Liet von Troye*[405] die in antiken Mythen beschriebene Kampfbeteiligung von „Penthesileâ, der Amazônen künigîn"[406] im Trojanischen Krieg geschildert wird. Das Beispiel der amazonenhaften Camilla aus Veldekes *Eneas*-Roman zeigt indes, dass es sich bei ihr zwar um keine

400 Vidal-Naquet 1992, S. 173.
401 Vgl. Möller 2008.
402 Vgl. Isidor von Sevilla ENZ 2008, IX 2,64, S. 331.
403 Vgl. Rudolf von Ems AL 1928/29, V. 17771–17820, S. 613–615 und V. 18349–18472, S. 633–637.
404 Vgl. Konrad von Würzburg 1858, V. 185–609, S. 504–508.
405 Herbort von Fritslâr LVT 1837.
406 Konrad von Würzburg 1858, V. 186–187, S. 504.

Amazone im engeren Sinn handelt,[407] diese Volskerkönigin jedoch bereits in Vergils *Aeneis*, der Vorlage Veldekes, durch eine im Kampf entblößte Brust explizit mit den mythischen Kriegerinnen verbunden wurde.[408]

Entgegen der Überlieferungen, in denen Amazonen u. a. als Knaben verstümmelnde (oder tötende), Männer hassende Frauen gelten, wurden diese Mythologeme von den mittelalterlichen Autoren relativiert und den gesellschaftlichen Normen angepasst.[409] Am Beispiel der Camilla im *Eneas* des Heinrich von Veldeke und der Talestris (Tâlistrîâ) im *Alexander*-Roman des Rudolf von Ems hat Claudia Brinker-von der Heyde verdeutlicht, wie die aus den antiken Überlieferungen gefürchteten Amazonen zu edlen „vrouwen" und „vollkommene[n] Minnedamen"[410] konstruiert wurden. Dem höfischen Ideal entsprechend habe man die „schonisten juncvrouwen" als zierlich und liebenswert, „mit einem biegsamen Körper, sanften Rundungen und weißer Haut, mit rotem Mund und roten Wangen"[411] dargestellt. Als Amazonen handeln sie zwar „ausschließlich männlich", doch repräsentieren sie eine

---

407 Vgl. Brinker-von der Heyde 1997b, S. 400. Auch Ursula Schulze betont, dass Camilla „keine Amazone" sei. Allerdings habe Vergil sie als „römische literarische Replik der Amazonenkönigin [gekennzeichnet], die für Priamus gegen die Griechen eintrat." Für seine Figur der Camilla habe Vergil sowohl die Amazonenkönigin Penthesilea als auch Harpalyke, die „Tochter des thrakischen Königs Harpalykos", die „mit Stutenmilch aufgezogen und in männlichen Lebensformen ausgebildet [wurde]", als Vorlagen verwendet. Schulze 1995, S. 235.

408 Demzufolge heißt es in Vergils *Aeneis*: „Aber inmitten des Mords frohlockt und stürmt, Amazone, [l] Jauchzend ins Feld, barbrüstig, mit Pfeil und Bogen Camilla, [l] Streut mit der Rechten bald Speerhagel, wuchtet sogleich dann [l] Das zwoschneidige Beil in unermüdlichen Armen. [l] Golden umklirren die Schulter Gewehr und Köcher Dianens. […][l] Rings um sie her der Gesellinnen Schwarm, Larina, die Jungfrau, [l] Tulla zumal und Tarpeja, bewehrt mit ehernem Kriegsbeil, [l] Die sich zum eigenen Ruhm – Italiens Töchter – Camilla [l] Selber erkor, in Fried und Krieg dienstfertig und hilfreich: [l] Wie durch Thermódons Furt, des Thrakerstroms, Amazonen [l] Traben und ziehn im Schmuck buntfarbiger Waffen zu Felde, [l] Wenn um Hippoylta her, um Roß und Wagen der streitbarn [l] Penthesilea geschart, mit Lärm und jauchzendem Aufruhr, [l] Prangend im Halbmondschild, frohlockt der weibliche Heerzug." Vergil AEN 1952, XI 648–663, S. 249–250. Im Vergleich dazu eine aktuelle Übersetzung in Prosa: „[M]itten in das Gemetzel sprengt gleich einer Amazone Camilla, eine ihrer Brüste entblößt, zum Kampf, und behängt mit dem Köcher. […] Von ihrer Schulter schnellt summend ihr goldener Bogen die Pfeile Dianas. […] Um sie herum schwärmt ein auserwähltes Gefolge, die Jungfrauen Larina, Tulla und Tarpeia […]. Sie gleichen den Amazonen Thrakiens, wenn sie im Trab den Strom Thermodon überqueren und mit buntbemalten Waffen kämpfen […]." Vergil AEN 2007, XI 645–660, S. 344.

409 Vgl. Brinker-von der Heyde 1997b, S. 405.

410 Brinker-von der Heyde 1997b, S. 406.

411 Brinker-von der Heyde 1997b, S. 406.

„Einheit von weiblicher Schönheit und Tugend mit männlicher Kraft und Tapferkeit."[412]

Diese Androgynität werde in der von den mittelalterlichen Autoren beschriebenen Kleidung der Amazone transparent, die – wie im Fall der Camilla-Figur des Heinrich von Veldeke – mit Bändern im Haar wie ein Ritter „wehrhaft gegürtet" sei, eine kostbare Kampfrüstung trage und auf einem Streitross sitze.[413] Besonders auffällig sei in diesem Zusammenhang auch die Beschreibung der Talestris bei Rudolf von Ems:

> „Sît unser lîp die krefte hât
> daz wir in manlîcher getât
> ritter heizen unde wîp,
> sô sol erzeigen unser lîp
> mit bîschaft die wârheit.
> zesewenhalp ist unser kleit
> gar nâch manlîchen sitn
> an uns gemachet und gesnitn
> und gâht niht verre vür daz knie
> als di selbe sihest hie.
> sô ist ez gegen der linken hant
> vür wîplîchez kleit erkant."[414]

Brinker-von der Heyde weist darauf hin, dass Rudolf von Ems die Amazonenkönigin Talestris zwar in ihrer geschlechtlichen Ambivalenz beschreibt, da er die anthropologische Ansicht von der männlichen rechten und der weiblichen linken Körperseite in seiner Beschreibung hervorhebt, die Figur als Ganzes aber vollkommen der höfischen Idealvorstellung entspricht. Demgemäß verzichtet Rudolf von Ems darauf, den Exotismus der Amazone in den Vordergrund zu stellen, indem er nicht von einem nackten Oberkörper spricht, sondern lediglich von dem rechten Bein, das unbekleidet ist. Dennoch mindert dies nicht die erotische Konnotation, die mit der Vorstellung der Amazonen verbunden ist. Denn indem die Amazone nicht nur „anbetungswürdige Minnedame"[415] sei, sondern darüber hinaus noch das Gebaren eines „minnedienstwillige[n] Ritter[s]" annehme, zeige sich in ihrer Androgynität, dass sie „ein Mann [sei], was ihr Handeln [betreffe], gleichzeitig aber auch eine Frau sei, was „ihren Körper und ihre sinnlich-erotische Ausstrahlung [angehe]."[416] Im Unterschied zu der Weiblichkeitskonstruktion der antiken

---

412 Brinker-von der Heyde 1997b, S. 407.
413 Brinker-von der Heyde 1997b, S. 407.
414 Rudolf von Ems AL 1928/29, V. 18139–18150 sowie Brinker-von der Heyde 1997b, S. 407–408.
415 Brinker-von der Heyde 1997b, S. 408.
416 Brinker-von der Heyde 1997b, S. 408.

Dichter, die ihrerseits schon das Männliche der Amazonen betonten, dies jedoch meist negativ besetzten, sah man die „Einheit von ‚weiblich' und ‚männlich' in nur einem Körper" im Mittelalter „als ein mögliches Modell vorbildlich gelebter Weiblichkeit"[417] an.

Die Legitimierung der Amazonen-Figur für den christlichen Kontext findet sich dabei bereits in Isidor von Sevillas *Etymologiae,* in der die Kriegerin aus den antiken Mythen mit dem Weiblichkeitsideal der *virago* verbunden wird. Entsprechend hält Isidor über diese Heldin[418] fest:

> „*Virago* wird sie genannt, wie sie den Mann führt (*virum agere*), d.h. männliche Werke vollbringt und von männlicher Kraft (*masculini vigoris*) ist. Die Alten nennen tapfere Frauen so. Eine *virgo* aber wird nicht zu Recht *virago* genannt, wenn sie nicht die Aufgabe eines Mannes ausübt. Eine Frau wird, wenn sie Männliches vollbringt, zu Recht *virago* genannt, wie z.B. eine Amazone."[419]

Unter der *virago* wird demnach eine Frau verstanden, die als Mann handelt und ihre weibliche Schwäche überwindet. Somit entsagt sie ihrer weiblichen Leidenschaft (*femineam passionem*) und nimmt „*virtus*, Tugend, für sich in Anspruch."[420] Darüber hinaus ist sie „*virgo*, Jungfrau, hat also die weibliche Lebensform gewählt, die gemäß mittelalterlicher Auffassung die vor Gott verdienstvollste ist."[421]

Diesem Idealtypus entsprechend werden der jungfräulichen Camilla nach ihrem Tod sogar heiligenähnliche Züge verliehen,[422] während aus Talestris, die sich nicht aus Wollust, sondern allein aus Zeugungszwecken mit Alexander vereint und somit der kirchlichen Lehre folgt,[423] eine „mulier virilis [wird], die beide Rollen, die der liebenden, sinnlich-erotischen, höfischen Frau und gegen männliche Attacken sich zur Wehr setzenden christlichen Jungfrau, zu verbinden weiß."[424] Diesem weiblichen Leitideal entspricht Penthesilea bei Herbort von Fritzlar und Konrad von Würzburg hingegen nicht. Im Vergleich zu den vorbildhaften Kriegerinnen wie Talestris oder Camilla wird sie als überheblich und gefürchtet dargestellt. Penthesilea und ihre Mitstreiterinnen gelten als „laut und grimmig schreiende […], vom Teufel besessene

---

417 Brinker-von der Heyde 1997b, S. 409.
418 „Die *virgo* (Mädchen, junge Frau, Jungfrau) ist von ihrem blühenden Alter (*viridor aetas*) her benannt […]. Ansonsten kommt das Wort von ihrer Unverdorbenheit, gleichsam als *virago* (Heldin), weil sie keine weibliche Leidenschaft kennt." Isidor von Sevilla ENZ 2008, XI,21, S. 438.
419 Isidor von Sevilla ENZ 2008, XI,22, S. 438.
420 Brinker-von der Heyde 1997b, S. 409.
421 Brinker-von der Heyde 1997b, S. 409.
422 Vgl. Brinker-von der Heyde 1997b, S. 415.
423 Vgl. Brinker-von der Heyde 1997b, S. 420.
424 Brinker-von der Heyde 1997b, S. 421.

Mannweiber", [425] so dass diese Amazonenkönigin noch nicht einmal nach ihrem Tod „zur guten Amazone [wird]." [426] Im Gegenteil: Im *Troja*-Roman schleift Achilles die tote Penthesilea sogar an den Haaren vom Kampfesplatz fort; [427] von einer tragischen Liebe dieses Helden, der sich den antiken Mythen nach in die sterbende Amazone verliebt, ist hier keine Rede. Diese Königin der Amazonen erhält demnach auch kein ruhmvolles Begräbnis. Während dies bei Konrad von Würzburg mit einer „gerechte[n] Strafe für die weibliche Überheblichkeit" [428] begründet wird, führt Herbort von Fritzlar seinerseits „den Zorn des Überwinders als Grund" [429] an.

Neben den mythologischen Amazonen-Figuren Talestris und Penthesilea waren neben der amazonenhaften Camilla im deutschsprachigen Raum auch noch zwei andere Kriegerinnen bis in die Frühe Neuzeit als Amazonen bekannt: Marpesia und Lampeto. Von ihnen ist in dem etwa um 551 n. Chr. entstandenen und später viel zitierten Werk *De origine actibusque* des Gelehrten Jordanes die Rede, der ebenfalls von den wehrhaften Amazonen berichtet, von denen „[m]indestens ein Stamm [...] aus Goten, also Urahnen der Deutschen bestehen [soll]." [430] Jordanes Erzählungen zufolge habe ein Nachbarstamm versucht, die gotischen Frauen nach dem Tod ihres Königs Tanasius zu entführen. Die Frauen hätten sich jedoch erfolgreich wehren können und ihre Mitstreiterinnen Lampeto und Marpesia zu ihren Anführerinnen gewählt. [431] Während Lampeto „zum Schutz des Eigenen zurückgeblieben [sei], [...] [sei] Marpesia mit ihrem Frauenheer bis in den Kaukasus vorgedrungen." [432]

---

425 Brinker-von der Heyde 1997b, S. 421–422.

426 Brinker-von der Heyde 1997b, S. 422.

427 „Achilles der wîse man / kêrte in die wal hin wider dan, / dô er die küniginne vant / in strîte ligen. alzehant / sluoc er ze tôde si vür war. / umb sîne hant wand er ir hâr / und zôch si leitlichen pfat / nâch im dan ûz der walstat." Konrad von Würzburg 1858, V. 42513–42520, S. 508. Vgl. auch Brinker-von der Heyde 1997b, S. 422.

428 Brinker-von der Heyde 1997b, S. 422. Demnach heißt es im *Troja*-Roman: „sô en solte man niht als ein wîp / êren ir verworhten lîp. / man sollte sie besenken / in daz wazzer und ertrenken / an des wazzers hunde / und für daz geflügel dar / werfen." Konrad von Würzburg 1858, V. 42565–42570, S. 508.

429 Brinker-von der Heyde 1997b, S. 422. Entsprechend heißt es im *Liet der Troye*: „Er sprach ich bin ir so gram / Ich will daz pentesileam / Frezzen die hunde / Oder in einem fulen grunde / Werde gesenket als ein hunt / Daz geschach al da zv stunt / In ein wazzer man sie schoz / Daz da nahe bi floz." Herbort von Fritslâr LVT 1837, V.14975–14982, S. 171.

430 Watanabe-O'Kelly 2009, S. 129.

431 Vgl. Watanabe-O'Kelly 2009, S. 129.

432 Baumgärtner 2010, S. 198. Anders als Watanabe-O'Kelly gibt Baumgärtner allerdings Jordanes *Romana et Getica* (V. 44 u. VII – VIII, 49–57) als Quelle an.

Als bekannte Figuren im Mittelalter sind sie auch auf der berühmten, in der Lüneburger Heide entstandenen *Ebstorfer Weltkarte* (um 1300) zu finden. Wie dem Begleittext zu entnehmen ist, werden die beiden Amazonenköniginnen mit bekannten Attributen aus den antiken Mythen beschrieben und in Asien[433] verortet:

> „Hier [in den Weiten Asiens] ist die Region der Amazonen. Das sind Frauen, die wie Männer kämpfen. Sie haben einst zwei schöne, erfahrene und kultivierte Königinnen eingesetzt. Die eine hieß Marpesia, die andere Lampeta.[434] Männliche Nachkommen töten sie, weibliche dagegen hegen und pflegen sie sorgsam und erziehen sie auch zum Kriegführen. Ihre rechte Brust haben sie herausgebrannt, damit sie beim Bogenschießen nicht verletzt wird."[435]

Für die Rezeption der Amazonen-Thematik in der Renaissance hebt Helen Watanabe-O'Kelly besonders Giovanni Boccaccios (1313–1375) historisch-mythologisches Nachschlagewerk *De claris mulieribus* (*Die großen Frauen*, ca. 1361–1375), in der 1474 erschienenen deutschen Übersetzung von Heinrich Stainhöwel (1412-ca. 1482/83), und Cyriacus Spangenbergs (1528–1604) Folioband *AdelsSpiegel* aus dem Jahr 1591 hervor.[436] So werden in Boccaccios Frauenkatalog neben Marpesia und Lampeto (Kapitel XI) Marpesias Töchter Orithia[437] und Anthiobe (Antiope) in Kapitel XVIII und die Amazonenkönigin

---

433 Siehe Christine Reinle, die zu mittelalterlichen Amazonen-Berichten anmerkt: „Je nach Standpunkt des Verfassers wurden sie [die Amazonen] dabei gern im äußersten Norden Europas oder Asiens, etwa in Kolchis oder am Schwarzen, alternativ am Kaspischen Meer, mithin im Skythenland bzw. im Orient, lokalisiert." (Reinle 2000, S. 20.) Berichte über Amazonen-Inseln im Chinesischen Meer und dem Land Fusang, das im Pazifik verortet wird und zu Japan gehörig erscheint, seien nach Richard Hennig bereits im frühen Mittelalter verbreitet worden (vgl. Hennig 1940, S. 365). Zur Verortung der Amazonen auf der *Ebstorfer Weltkarte*, auf der Marpesia und Lampeta „an der Grenze zwischen Europa und Asien" abgebildet werden, schlussfolgert Sabine Schülting: „Im Kontext der Kosmo-Geographie des Mittelalters deutet diese Ver-Ortung das Gebiet als einen Landstrich, in dem die abendländische Ordnung verkehrt wird. […] [D]ie Amazonen [dienen] in der mittelalterlichen Weltkarte als eine Allegorie für den Umschlag des Christlichen in das Nicht-Christliche bzw. des Guten in das Böse […]." Schülting 1997, S. 54–55.

434 Auch diese Namensschreibweise variiert zwischen Lampeto und Lampeta.

435 Zitiert nach Baumgärtner 2010, S. 195. Neben den Ausführungen zu Marpesia und Lampeta (Lampeto) finden sich bei Baumgärtner noch weitere Beispiele für die Verortung von Amazonen auf mittelalterlichen Weltkarten.

436 Vgl. Watanabe-O'Kelly 2009, S. 129.

437 Siehe dazu insbesondere die im Mittelalter stark rezipierte *Weltgeschichte* des Justinus, dessen Ausführungen über die Herrschaft der Orithia mit Antiope und Penthesilea als Nachfolgerin der Orithia auch bei Boccaccio wiederzufinden sind. Vgl. Pompeius Trogus 1972, S. 108–109.

Penthesilea in Kapitel XXX vorgestellt,[438] während Spangenberg im letzten Buch über den „Weiber-Adel"[439] die gotische Herkunft der Amazonen betont, da diese „von deutschen Gothen jren ursprung und ankunfft"[440] hätten. Antiken und mittelalterlichen Amazonen-Darstellungen ähnlich, sind Spangenbergs Schilderungen ebenso von einem ambivalenten Amazonen-Bild geprägt. Demgemäß seien diese

> „sowohl bewundernswert als auch entsetzlich. Sie führen Krieg, um ihre toten Männer zu rächen und um die Schwachen zu schützen, aber sie trinken Blut aus den Schädeln ihrer Feinde. [...] Sie interessieren sich nicht für Männer, aber sie verlieben sich in Achilles oder Hektor. Sie sind Mannweiber, die ihre Männer zwingen, den Haushalt zu führen, und unnatürliche Mütter, und ihre einzige Brust symbolisiert diese unfraulichen Eigenschaften."[441]

Dieses Spannungsverhältnis zwischen Faszination und Entsetzen prägt schließlich auch die Repräsentation der Amazonen im höfischen Kontext. Entsprechend ambivalent ist ihre Darstellung und Funktionalisierung bei den Feierlichkeiten am frühneuzeitlichen Hof, wie das nächste Kapitel zeigen wird.

2.3 Die Amazonen-Figur als Mittel zur Herrschaftsinszenierung im höfischen Kontext

Amazonen wurden nicht nur in der Literatur, sondern auch in der höfischen Festkultur und hier zuerst in Turnieren dargestellt.[442] Diese fanden im Rahmen von Feierlichkeiten an protestantischen Höfen vor und nach dem Dreißigjährigen Krieg statt. Demgemäß wurde 1596 anlässlich der Taufe Elisabeths von Hessen-Kassel (1596–1625), Tochter des Landgrafen Moritz (1572–1632), ein Ringelrennen am Kasseler Hof inszeniert, das mit dem „Auffzug oder Inventio von dem Mannhafften Jasone und Perseo"[443] eingeleitet wurde. Als Sieger stilisiert präsentierten sich die beiden Helden mit den von ihnen überwundenen Frauengestalten. Folglich erschien Perseus[444] mit der todbringenden Medusa, deren Haupt er abgeschlagen hatte und die hier – entgegen der antiken Mythologie – als Amazonenkönigin fungiert,

---

438 Vgl. Boccaccio 1895.
439 Watanabe-O'Kelly 2009, S. 130.
440 Zitiert nach Watanabe-O'Kelly 2009, S. 131.
441 Watanabe-O'Kelly 2009, S. 131.
442 Vgl. Watanabe-O'Kelly 2009, S. 132.
443 Watanabe-O'Kelly 2009, S. 132.
444 Zu Perseus und seinem Sieg über die Gorgo Medusa, deren Anblick „jedermann in Stein verwandelt", siehe Hunger 1985d.

während der Argonaut Jason mit Medea[445] auftrat, die aus Rache und Eifersucht die beiden gemeinsamen Söhne umgebracht hatte. Die Botschaft war unmissverständlich: Amazonen, welche den Überlieferungen nach ebenso als Männer- und Knabenmörderinnen galten, wurden mit den beiden gleichfalls Furcht einflößenden, monströsen Frauenfiguren gleichgesetzt.[446]

Die höfische Repräsentationskultur im 17. Jahrhundert zeigt indes, dass in späteren Turnieren zu Taufen oder Hochzeiten dezidiert auf mythologische Amazonen-Figuren wie Penthesilea oder Myrina rekurriert wurde und diese neben der Darstellung von Tugenden, Regentinnen oder Göttinnen zu beliebten Herrscherverkleidungen zählten. Frauenrollen waren in den Aufzugsprogrammen allerdings keine Notlösung, sondern unentbehrlich und boten sich für den männlichen Teil der Hofgesellschaft (nicht nur zu Karneval) als gute Möglichkeit zur weiblichen Maskerade an.[447]

2.3.1 Amazonen in der höfischen Festkultur: Männer als Amazonen

Im Hinblick auf die der Amazone zugewiesene ,Männlichkeit' und die Bühnentradition im *deutschsprachigen* Raum, in der Männer oder Knaben bis ins 17. Jahrhundert hinein die Frauenrollen übernahmen,[448] ist es daher nicht verwunderlich, dass die inhärente Androgynität der mythischen Kriegerin zu Geschlechtergrenzen überschreitenden Inszenierungen eingeladen hat. Das sehr beliebte Cross-Dressing-Motiv in der Literatur wurde demnach „auch für den höfischen Bereich lizenziert."[449] So präsentierten sich adelige Männer zu verschiedenen Hoffeierlichkeiten als Amazonen, da Damen an deutschen Höfen die Teilnahme an Inventionsaufzügen[450] aus moralischen Gründen bis zum

---

445 Zum wirkmächtigen Medea-Mythos in Kunst und Literatur siehe Hunger 1985b.
446 Vgl. Watanabe-O'Kelly 2009, S. 132.
447 Vgl. Schnitzer 1997, S. 236. Schnitzer hebt dabei „die Freude am Geschlechtswechsel" und den bewussten Einsatz des „Genuswechsel[s] [...] als befreiendes Moment" hervor.
448 Vgl. Schnitzer 1997, S. 234. Weibliche Darsteller etablierten sich auf deutschen und englischen Bühnen erst im Laufe des 17. Jahrhunderts, während in Italien schon im 16. Jahrhundert Schauspielerinnen in der Commedia dell'Arte auftraten. Spanischen Schauspielerinnen wurden Ende des 16. Jahrhunderts und im frühen 17. Jahrhundert Auftrittsverbote erteilt, die aber nach kurzer Zeit wieder aufgehoben wurden. Dazu exemplarisch: Becker-Cantarino 1989, S. 304; Möhrmann 2000, S. 18–19. Siehe auch Nicholson 1997, S. 326. Zu Schauspielerinnen in Italien vgl. Hecker 2000, S. 33.
449 Schnitzer 1997, S. 235.
450 Schnitzer 1999, S. 190.

Ende des 17. Jahrhunderts untersagt war.[451] In Bezug auf die Schaustellerei als unehrlich und schamlos betrachteter Beruf, infolgedessen Schauspielerinnen auch mit Prostituierten gleichgestellt wurden, hätte die Beteiligung adeliger Frauen an den Aufzügen einen Würdeverlust bedeutet.[452] Die Darstellung als Amazone wurde demnach von Herren des Hochadels wie Benjamin von Buwinckhausen (1568–1635), Rudolf zu Anhalt (1576–1621), Magnus von Württemberg (1595–1622) oder Johann Georg II. von Sachsen (1613–1680) übernommen und zu ihren eigenen Zwecken genutzt.

Anlässlich der Hochzeit von Friedrich V. von der Pfalz (1596–1632) mit Elisabeth Stuart (1596–1662) trat beispielsweise Benjamin von Buwinckhausen bei einem Ringelrennen 1613 in Heidelberg als Penthesilea mit ihrem Gefolge auf. Als ‚Amazonenkönigin' protestierte er zwar gegen die zugewiesene Rolle der Frau als „blosse Zuseherin der Ritterspiel und Heroischen Thaten",[453] doch entpuppt sich diese Kritik als reine Koketterie. Eine „Umkehrung der Rollen" war hier nicht ernsthaft vorgesehen, sondern betonte „erst recht das passive Zusehen der Heidelberger Damen, während die Höflinge ihre Männlichkeit und kriegerische Geschicklichkeit auf dem Turnierplatz unter Beweis stellen [konnten]."[454]

Auch das Beispiel der Hochzeit von Georg Rudolf von Liegnitz und Brieg (1595–1653) und Sophie Elisabeth von Anhalt (1589–1622), die 1614 in Dessau stattfand und bei der Rudolf von Anhalt Zerbst (1576–1621) in Begleitung weiterer als Amazonen verkleideter Männer[455] in einem Ringelrennen als „streitbarin Heldin Myrinae"[456] auftrat, führt vor Augen, dass die mythischen Kriegerinnen letztlich nur als Spiegel der Turnierteilnehmer fungierten. Denn obwohl Fürst Rudolf als Myrina die „tapfferkeit und Kriegserfahrenheit"[457]

---

451 Vgl. Schnitzer 1999, S. 190 und Schnitzer 1997, S. 235. Allein an religiösen Inszenierungen durften sie „als Frömmigkeitsübung" (Schnitzer 1997, S. 235) teilhaben. Erst durch „die wachsende Bedeutung der höfischen Galanterie romanischer Provenienz, welche die Frau […] als ebenbürtige Partnerin verstand[,] […] konnten [sie] ohne Reputationsschädigung an Turnieraufzügen teilnehmen." Schnitzer 1997, S. 239. Zur „Galanterie als Verhaltensideal einer höfisch orientierten Elite" siehe Florack/ Singer 2012, S. 10.

452 Vgl. Schnitzer 1997, S. 234–235.

453 Zitiert nach Watanbe-O'Kelly 2009, S. 133.

454 Watanbe-O'Kelly 2009, S. 133.

455 Neben Fürst Rudolf von Anhalt Zerbst in der Rolle der Myrina traten auf: Hans Georg von Kroßigk als Penthesilea, Ludwig Lau als Menalippe, Hans Georg von Locha als Antiope, Hauptmann Joachim Christian Metzsch als Orithyia, Baltzer Friedrich Rab als Lampedo und Wilhelm von Redern als Marthesia. Vgl. Hübner AUR 1615, S. 34.

456 Vgl. Hübner AUR 1615, S. 24.

457 Hübner AUR 1615, S. 26.

der Amazonen hervorhebt, die „mit einem starcken Heer von 30000. zu Fuß
und etlich tausend zu Roß gantz Africam durchstreiffet", „Arabiam bezwungen [...], Syriam durchzogen" [...] [,] [d]ie Cilicier erschrecket und sie [sich]
vnterthaenig gemacht" und zudem noch „in Aeolide nicht weit vom Wasser
Caico eine gewaltige Stadt" erbaut hätte, die nach ihr, der Amazonenkönigin,
„Myrinam" genannt worden sei,[458] werden die Eigenschaften und Leistungen
der mythischen Kriegerinnen nur gelobt, weil sie hier „in Wirklichkeit Männer
[sind]",[459] wie Helen Watananbe-O'Kelly betont.

Als eines der anschaulichsten Beispiele für Männer als Amazonen gilt der
Auftritt des Herzogs Magnus von Württemberg (1595–1622), der in einem
1616 inszenierten Fußturnier anlässlich der Tauffeierlichkeiten seines Neffen
Friedrich (1615–1682) am Stuttgarter Hof die Rolle der Amazonenkönigin
Myrina übernommen hatte. Georg Rodolf Weckherlins (1584–1653) Bericht
über dieses Fest und der dazugehörige Kupferstich von Matthäus Merian[460]
(1593–1650) verdeutlichen dabei sowohl die repräsentative Funktion der
höfischen Inszenierungen als auch die aufwändige Amazonen-Kostümierung.

Abb. 1: Königin Myrina und die Amazonen (1616)

Den Kriegerinnen-Status der Amazonen heben dabei die voranschreitenden
„zween TrommelSchlaeger vnd Pfeiffer" hervor, die sich die *Amazones* [...] so

---

458   Vgl. Hübner AUR 1615, S. 29–30.
459   Watanabe-O'Kelly 2009, S, 134.
460   Zu den Stuttgarter Hoffesten vgl. van Hulsen/ Merian [1616] RFAR 1979,
      S. VIII.

wol / als andere Mannliche Ritter [hielten].["461] Dass die ersten sieben, in beinfreier, römischer Tracht[462] gekleideten Personen, von denen alle kurzes Haar, fünf sogar einen Schnurrbart als expliziten Verweis auf das männliche Geschlecht der Darsteller und damit zugleich „als Symbol der ‚Sexual-Insignien‘ des Mannes"[463] tragen, zwar zur „[a]mazonischen gespihlschaft"[464] gehören, aber keine Amazonen darstellen sollen, ist nicht zuletzt der Festbeschreibung zu entnehmen. Denn

> „auf sie [je zwei Trommelschläger und Pfeiffer mit „drey Patrin"[465]] trate die großmuethige Myrina allein. Ihr haubt war zwar bedecket mit einem glaentzenden helmlin / welches vnder einem hochschwimmenden roht vnd gelben federbusch herfuer leuchtete: aber ihre kraußflechte gelbe haare /fliegend vnder dem helmlin herauß auf ihre schultern vnd rucken / erlaubeten dem wind /dieselbige [...] hin und her zu erhoeben. [...] Nach ihr giengen noch ein vnd zwaintzig Amazonen / drey und drey neben einander. Sie waren alle mit ihrer Koenigin Farben geziert / namlich mit weissen ruestungen / fliegenden Haaren / roht und gelben federbueschen / schaevelinen / schilten / geflammeten vmschuerzlin / vnd gelb tafetin mit rohtem atlas belegten roecken / und weissen halb-stifeln."[466]

Amazonen, das wird durch die Abbildung und den beschreibenden Text deutlich, tragen zwar Helme und Brustpanzer wie ihre männlichen Begleiter, doch werden sie mit langen, wallenden Haaren und bodenlangen, betont weiblichen Frauenkleidern dargestellt.[467] Hosen, ein Symbol für männliche Macht und Potenz, die auch zur ersten Differenzierung zwischen Männern und Frauen dienen,[468] tragen sie nicht. Auch sind sie nicht in kurzen, griechischen Chitons gekleidet, wie man es auf Kunstwerken der Antike sieht.[469]

Dennoch gilt die als Städtegründerin bekannte Myrina[470] hier (und das nicht ohne Analogie zu ihrem männlichen Darsteller) als „auffrecht vnd

461   van Hulsen/ Merian [1616] RFAR 1979, S. 152.
462   Zu den Stuttgarter Hoffesten vgl. Weckherlin [1616] TZS 1979, S. 151.
463   Bock 2005, S. 99.
464   Weckherlin [1616] TZS 1979, S. 151.
465   Hiermit sind Beschützer (der Amazonenkönigin Myrina) gemeint. Vgl. Grimm/ Grimm 1984f, Sp. 1505.
466   Weckherlin [1616] TZS 1979, S. 151–153.
467   Siehe dazu auch Christa Schlumbohm, die die bildliche Darstellung der Amazone folgendermaßen beschreibt: „Ein Helm mit Federbusch, Lanze und Schild, ein Brustpanzer, zuweilen nur miederartig angedeutet, ansonsten ein wallendes Gewand, meist à la romaine genau wie Sandalen oder Schnürstiefel oder Helm." Schlumbohm 1978, S. 91.
468   Vgl. Wunder 1996, S. 127 und S. 130.
469   Vgl. Watanabe-O'Kelly 2009, S. 136. Siehe dazu auch die Abbildung Amazonen im Aufzug zum Turnier 1614 in Dresden in Schnitzer 1997, Abb. 7.
470   Vgl. dazu die Ausführungen zum Myrina-Mythos auf S. 73.

Mannhafft / wie ein rechter Soldat."[471] Ihr wird – im Gegensatz zu Penthesilea, die in den mittelalterlichen Textbeispielen als negative Amazonen-Figur vorgestellt wird – Ehre und Hochachtung für ihre militärischen Siege entgegengebracht:

> „Diese Myrina eine koenigin auß Lybien / vnd Regiererin der Amazonen / ist nicht lasterhaft / als die Penthesilea / welche ihre aigne Schwester[472] ermordet / sondern mit allen tugenden / vnd einem vnueberwuendlichen gemueth begabet / das sie auch (wie uns Diodorus warhaftiglich berichtet) mit dreissig taussent ihrer gespihlen zu fuß / vnd zway taussend zu pferd vil vnbeschreibliche sig erobert."[473]

Dass die Unheil verkündende Penthesilea, ihr Name bedeutet im Griechischen ‚die den Menschen Kummer bringt',[474] in höfischen Festen der Frühen Neuzeit jedoch immer wieder eine Rehabilitierung erfuhr, belegt nicht nur das Heidelberger Ringelrennen von 1613 mit Benjamin von Buwinckhausen als Penthesilea, sondern auch eine Altenburger Taufe von 1654. Hier trat Kurprinz Johann Georg II. von Sachsen (1613–1680) während der Tauffeierlichkeiten für seinen Neffen Christian von Sachsen-Altenburg (1654–1663) ebenso als Amazonenkönigin Penthesilea auf. Im Rahmen dieser Inszenierung rückt nicht der Vorwurf ihrer versehentlichen Tötung der Amazone Hippolyte in den Vordergrund, sondern ihre männergleiche Heldenhaftigkeit im Trojanischen Krieg. Ebenso wie die Amazonenkönigin Talestris, die im mittelalterlichen *Alexander*-Roman als weibliches Leitideal entworfen wird, erscheint Penthesilea nun als positive Identifikationsfigur. Demgemäß wird sie in der Festbeschreibung von Adam Olearius (1599–1671) mit lobenden Worten beschrieben:

> „Diese Koenigin ist beruehmt fuernehmlich wegen des Trojanischen Krieges/ worinnen sie wider die Griechen mit grosser Macht gestritten/ vnd so wol als ein Mann unter den tapffern Helden viel herrliche Wercke der Tugend von sich leuchten lassen [...]. Die fuernehmsten vnd beruehmtesten Koeniginnen und Heldinnen seind gewesen diese allhier auffgefuehrte *Penthesilea* vnd ihre nachfolgerin die *Thalistra*, welche den *Alexandrum Magn.* nachgezogen vnd bittlich vermocht/ daß Er/ als so ein streitbarer Held/ ihr/ umb ein streitbar Kind von ihm zu zeugen/ 13. Tage beygewohnet [...]."[475]

---

471 van Hulsen/ Merian [1616] RFAR 1979, S. 152.
472 Hier wird auf Penthesileas unbeabsichtigte Tötung der Amazone Hippolyte angespielt. Vgl. die Erläuterungen zum Penthesilea-Mythos auf S. 71.
473 Vgl. Weckherlin [1616] TZS 1979, S. 151.
474 „As for the name [Penthesileia] itself, it is pure Greek – ‚she who brings grief to the people' – like the other extant names of Amazons from the archaic period." Blok 1995, S. 217.
475 Olearius AUR 1658, S. Hʳ.

Die dazugehörige Abbildung von Johann Georg II. als Penthesilea zeigt dabei sehr eindrücklich, dass alle Amazonen-Darsteller wie beim Stuttgarter Amazonen-Aufzug von 1616 mit langen Haaren, knöchellangen Damenkleidern und Waffen ausgestattet wurden.

Abb. 2: Johann Georg II. von Sachsen als Amazonenkönigin Penthesilea (1654)

Gründe für die Legitimation der Penthesilea als eine der höfischen Gesellschaft würdige Amazone findet man in Bezug auf Johann Georg II. jedoch schon vor der Altenburger Taufe. So ließ er zu Ehren der Doppelhochzeit seiner Brüder Christian von Sachsen-Merseburg (1615–1691) und Moritz von Sachsen-Zeitz (1619–1681) mit den Schwestern Christiane (1634–1701) und Sophie Hedwig (1630–1652) von Schleswig-Holstein 1650 ein von David Schirmer (1623–1680) verfasstes Stück mit dem Titel *CARTEL [|]Des Ballets/ [|] Vom Paride und Helena/ etc.*[476] aufführen. Zu diesem Werk gehört die Schrift *Wie groß der jenigen Vermessenheit ist/ welche/ das iemals Amazonen gewesen*,[477] die auf die Inhaltsangabe des Balletts folgt und mit dem Pseudonym „PENTHESILEA, der Amazonen Koenigin"[478] unterschrieben ist. Ob sich dahinter ebenfalls Schirmer als Autor verbirgt, ist nicht bekannt und an dieser Stelle sekundär. Wichtig ist jedoch, dass ‚Penthesilea' ihre Worte direkt an den sächsischen

---

476 Schirmer CAR 1650.
477 [Schirmer] GVA 1650.
478 Vgl. [Schirmer] GVA 1650, n. p.

Kurprinzen Johann Georg II. richtet und ihn aus „[l]obwuerdiger Ehrsucht"[479] darum bittet, mit ihren Amazonen ebenso wie die „vornehme[n] Cavalliers" auftreten zu dürfen, die für ihr „verrichtetes Ballett/ ein treffliches Lob bey maenniglichen erlangt"[480] hätten. Der Kampf der Geschlechter soll hier also nicht mit Waffen, sondern über eine Konkurrenz in der „Danz=Kunst"[481] ausgetragen werden. Die Amazonen wollen nicht mehr allein für ihre kriegerischen Fähigkeiten, sondern auch für eine Kultiviertheit bekannt werden, die einem höfischen Verhalten entspricht. Da die Männer diesem längst zu entsprechen scheinen, erklärt ‚Penthesilea':

> „Wir […]/ die Amazonen/ haben bißhero alles Lob bloß nur uff Waffen gesetzt/ und dies die groesseste/ ja einige Ehre zu seyn vermeinet/ die durch Kaempffen und Streiten erworben wird. Alß aber ich nach neulicher Zeit nach reiffer Betrachtung endlich befunden/ das die Natur den Menschen nicht nur zum Ernst/ sondern zur Lust[482] und Anmuthigkeit auch erschaffen/ habe ich den gemeinen Irrtumb erkennet/ und war genommen/ das solcher gestalt uns die Maenner ueberlegen seyn wuerden (derer Lob sonsten zu uebersteigen wir uns allzeit bemuehet) im fall wir nicht so hoefflich[483]/ als streitbar erfunden wuerden."

Dieser amazonische Sinneswandel, sich nicht allein in kriegerischen Fähigkeiten, sondern zugleich in höfischem Benehmen zu üben, nimmt den sonst so gefürchteten Amazonen viel von ihrem Schrecken. Die Anpassung an höfische Gepflogenheiten verdeutlicht jedoch, dass es um männliche Maßstäbe geht, an denen sich die Amazonen als Frauen orientieren. In diesem Fall ist es die ‚Höflichkeit' der Männer, die ‚Penthesilea' zu einer anderen Lebensweise motiviert, um mit ihren Amazonen „zu solcher Vollkommenheit zu gelangen."[484]

---

479   Vgl. [Schirmer] GVA 1650, n. p.
480   Vgl. [Schirmer] GVA 1650, n. p.
481   Vgl. [Schirmer] GVA 1650, n. p.
482   Lust ist hier im doppeldeutigen Sinne zu verstehen: In Bezug auf die Hochzeit zunächst als sinnliche Begierde. Lust kann aber auch Freude, Vergnügen und Ergötzung im Allgemeinen sein. Vgl. Grimm/ Grimm 1984e.
483   „Hoeflichkeit […] hat ohne Zweifel von Hofe, Hof=Leben seine Benennung. Grosser Herren Hoefe sind ein Schau=Platz, wo ieder sein Glueck machen will. Dieses laesst sich nicht anders thun, als weñ [wenn] man des Fuerstens und derer Vornehmsten am Hofe Zuneigung gewinnen will. […] Angenehme Hoeflichkeit ist der vornehmste Theil der Geschicklichkeit kluger Welt=Leute. Sie bezaubert die Gemuether, und gewinnet das Wohlwollen aller Menschen […]." Vgl. Zedler 1739c, Sp. 353–354.
484   [Schirmer] GVA 1650, n. p.

2.3.2 Die Amazone als Leit- und Idealbild für hochadlige Damen

Adlige Frauen konnten sich in höfischen Turnieren zwar nicht als mythische Kriegerinnen präsentieren,[485] doch wurde die Amazonen-Figur in ihrer Funktion als Herrscherin durchaus für Huldigungen von Hocharistokratinnen und deren Selbstinszenierung in Anspruch genommen. Die Beliebtheit des Amazonen-Motivs als Mittel der Propagierung ist dabei im Kontext der *Querelle des Femmes*,[486] dem frühneuzeitlichen Streit der Geschlechter über die Inferiorität oder Superiorität der Frau, ihre gesellschaftliche und rechtliche Stellung sowie ihre intellektuellen und moralischen Fähigkeiten zu betrachten. Diskutiert wurde über die Geschlechterordnung generell, die Ehe im Besonderen und in dieser Hinsicht vor allem über die Herrschaft von Frauen. Bezogen auf den höfischen Kontext bezeichnete der Topos vom ‚Kampf um die Hose‘[487] die hitzig geführten Debatten über die weibliche Regierungs(un)fähigkeit.[488]

Als exponierte Beispiele für die Demonstration weiblicher Herrschaftsfähigkeit gelten die propagandistischen (Selbst-)Stilisierungen von Elisabeth I. von England (1533–1603) und Christina von Schweden (1626–1689), deren Präsentationen als Amazone ihre Stellung als regierungsfähige und den männ-

---

485 Wie in Anm. 451 beschrieben, konnten Frauen im Rahmen der höfischen Galanterie jedoch durchaus an Turnieren teilnehmen. Ein bekanntes Beispiel ist ein Damenringrennen, das als „galantes Spiel" (Schnitzer 1999, S. 119) anlässlich der bereits erwähnten Taufe Christians von Sachsen-Altenburg im Jahr 1654 stattfand. Magdalena Sibylla von Sachsen (1617–1668), die Mutter des Täuflings, führte das Ringrennen auf und gilt „als die erste Frau, die an einem Turnier teilgenommen hat." (Watanabe-O'Kelly 1990, S. 309.) Helen Watanabe-O'Kelly zufolge hat Magdalena Sibylla mit ihren Hofdamen aber keineswegs die „kämpferische Rolle" des Mannes übernehmen wollen. Vielmehr hätten die Frauen im Damenringrennen die Lanze ergriffen, „um ihre Männer zu preisen". (Watanabe-O'Kelly 1990, S. 309.) Verkleidet waren bei solchen Turnierformen nur die Männer, die als Kavaliere zusammen mit den Damen agierten. Die Frauen blieben hingegen „unkostümiert […], um einer möglichen Kompromittierung vorzubeugen." Schnitzer 1999, S. 119.

486 „In der Nominalkonstruktion *Querelle des Femmes/des Sexes* kann der Genitiv sowohl einen genitivus subjectivus (Streit der Frauen beziehungsweise der Geschlechter) als auch einen Genitivus objectivus (Streit um die Frauen beziehungsweise um die Geschlechter) meinen, und somit können Frauen sowohl Subjekte als auch Objekte der Debatte sein. […] Im Deutschen wird der Begriff meist übersetzt mit ‚Debatte um die Frauen‘, mit ‚Frauenstreit‘ oder ‚Geschlechterstreit‘." Bock/ Zimmermann 1997 S. 10.

487 Vgl. Metken 1996.

488 Zu den Debatten zwischen ‚Frauenfreunden‘ und ‚Frauenfeinden‘ vgl. exemplarisch Gössmann 1984; Opitz 1995; Fietze 1996. Speziell zum juristischen Diskurs über die weibliche Regentschaft siehe beispielsweise Puppel 2004b.

lichen Monarchen ebenbürtige Frauen bekräftigen sollte. Königinnen wie sie, die sich Zeit ihres Lebens als ‚jungfräuliche‘ und misogame[489] Herrscherinnen inszenierten, trugen dabei zur Entfaltung des amazonenhaften Weiblichkeitsideals bei,[490] wie Abb. 3–5 vor Augen führen.

Abb. 3: Elizabetha Angliae et Hiberniae Reginae &c (1625)

---

489 Von Christina von Schweden ist diesbezüglich eine sehr aussagekräftige Äußerung überliefert: „Zum Heiraten […] werde ich mich niemals entschließen, und ich würde die Krone der ganzen Welt nicht annehmen, wenn sie mir unter diesen Bedingungen angeboten würde […] mein Charakter ist ein tödlicher Feind dieses fürchterlichen Jochs, wozu ich nicht für die Herrschaft der ganzen Welt mich entschließen würde; da Gott mich frei erschaffen hat, so kann ich nie mich dazu verstehen, mir einen Herrn zu geben; und da ich geboren bin zu herrschen, wie könnte ich mich bequemen, zu gehorchen, und mir diese Sklaverei aufzulegen, die für mich eines der unerträglichsten Dinge wäre, die meine Einbildungskraft fassen kann." Zitiert nach Friese 1981, S. 477.
490 Vgl. Schlumbohm 1978, S. 79–80.

Dieser posthum angefertigte Kupferstich von 1625 (Abb. 3) zeigt die „Virgin Queen",[491] Elisabeth I. von England, als Amazone. Im Hintergrund wird die Spanische Armada besiegt. Ihr Pferd zertrampelt das Tier, das aus der Johannesoffenbarung stammt und den Katholizismus symbolisiert. Eine von Flammen eingerahmte Frau, die Allegorie der Wahrheit, erscheint am Eingang einer Höhle und reicht Elisabeth I. eine Lanze. In der rechten Hand hält sie ein Buch mit der Aufschrift „Truth", das die Wahrheit des Protestantismus versinnbildlicht.[492]

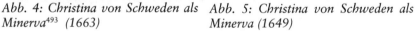

Abb. 4: Christina von Schweden als Minerva[493] (1663)

Abb. 5: Christina von Schweden als Minerva (1649)

---

491 Vgl. Valerius 2002.
492 Vgl. Dixon 2002a, S. 24.
493 Bettina Baumgärtel zufolge soll es sich hier nicht um Christina von Schweden als Minerva, sondern um Christina von Schweden als Amazone Bradamante handeln. Vgl. Baumgärtel 1997, S. 165. Bradamante ist jedoch keine Amazone im engeren Sinn. Sie ist eine weibliche Ritterfigur in Matteo Maria Boiardos (ca. 1440–1494) Epos *Orlando innamorato* (1483–95) und Ludovico Ariosts (1474–1533) Epos *Orlando furioso* (1516). Vgl. Frenzel 1999a, S. 17–18. Als Kriegerin konzipiert wird sie aber mit den Amazonen aus den antiken Mythen verknüpft.

Porträts von Christina von Schweden (Abb. 4 und 5) zeigen sie im Hinblick auf ihre „soldatisch männliche Lebensführung"[494] sowie ihr Mäzenatentum von Kunst und Wissenschaft als Minerva (Pallas Athene), die kluge, weise, wehrhafte, jungfräuliche Kriegs- und Friedensgöttin, die nicht nur die Schutzgöttin der Amazonen, sondern auch Göttin der Wissenschaften und Künste ist.[495]

Die Verknüpfung der schwedischen Königin mit den Amazonen und der Göttin Minerva wird besonders bei ihrer Krönung im Jahr 1650 deutlich. Zu diesem Anlass wurde die hoch gebildete und ‚männlich' erzogene Christina nicht nur als „halb Goettinne"[496] bezeichnet; ihr zu Ehren traten auch die Amazonenköniginnen „Antiope, Penthesilea und Thalestris [m]it etlichen Heldinnen ihres Geschlechts"[497] auf, um die Überlegenheit der Frauen über die Männer zu demonstrieren. Über 60[498] als Amazonen verkleidete Ritter sprachen Christina von Schweden daher bei einem Aufzug des dargebotenen „Ring=Rennen[s]"[499] (Ringelrennen) Ehre und Tugendhaftigkeit zu, wie ein Auszug aus der Festschrift veranschaulicht: „In Eurer Tugend besteht Ruhm und Stand unseres Geschlechts, [l] unserer Hoheit Recht, unserer Macht Preis und Ehre [l] wird erneuert und vergrößert, große Königin, durch Euch."[500] Indem sich die Huldigung der als Amazonen verkleideten Männer hier auf ihre Königin bezieht, bedeutet das ausgesprochene Lob in diesem Fall keine Demonstration männlicher Superiorität. Im Gegenteil: Nur Christina, der als Herrscherin Macht und Tugendhaftigkeit zugesprochen werden, vermag

---

494 Möbius 1982, S. 157. Zur Erziehung und Bildung der schwedischen Königin vgl. auch Friese 1981, S. 479.

495 Zum ambivalenten Minerva-Bild als Kriegs- und Friedensgöttin zugleich siehe Dlugaicyk 2001, S. 555. Zu Minerva/ Pallas Athene in den antiken Mythen und ihrer Darstellung in der bildenden Kunst siehe auch Hunger 1985a und Neysters 1995, S. 101–102.

496 „Du [Christina von Schweden] seyst beydes Weib und Mann: [l] Weiblich bistu von Geschlechte/ [l] Aber Maennlich von Gemueth/ [l] Deine Weißheit/ deine Gueth [l] Ist so groß/ daß man mit rechte [l] Dieses auch wohl sagen kan/ [l] Du seyst weder Weib noch Mann. [l] Denn du bist ein halb Goettinne/ [l] Du bist andern in der Welt [l] Alß ein Wunder vorgestelt/ [l] Daß ein Weib das Lob gewinne. [l] Daß sie aller Laster frey/ [l] Aller Tugend Wohnung sey." Auszug aus der Huldigung „CHRISTINA / Der Großmaechtigsten Koenigin in Schweden [...]." Anonymus CHR [1650], n. p.

497 Anonymus CHR [1650].

498 Der Auftrittsanordnung nach müssten es 66 Höflinge gewesen sein, die mit Pauken und Trompeten, zu Pferd und zu Fuß als Amazonen aufgetreten sind. Vgl. „Die Ordnung welche sie gemachet auff der Renn=Bahn zu erscheinen [...]." In: Anonymus CHR [1650], n. p.

499 Anonymus CHR [1650], n. p.

500 Zitiert nach Friese 1981, S. 476.

es, Ruhm und Ehre der Amazonen – und somit implizit ihrer männlichen Darsteller – zu steigern.

Diese wirkmächtige Amazonen-Stilisierung der schwedischen und englischen Königinnen ist mit derjenigen von adligen Damen im deutschen Sprachraum allerdings nicht zu vergleichen. Denn während die Würdigung Elisabeths I. von England und Christinas von Schweden als Amazonen aufgrund ihrer einflussreichen Stellung legitim erschien, gab es im Heiligen Römischen Reich Deutscher Nation des 16. und 17. Jahrhunderts keine vergleichbaren Aristokratinnen dieses Ranges.[501] Doch „[h]inter Imaginationen von Macht muss ein Minimum an realer Macht stehen, sonst wirkt die Imagination, auch als Metapher, blutleer."[502] Vor diesem Hintergrund sind die Repräsentationen der hochadeligen Damen im nord- und mitteldeutschen Raum zu betrachten, die im *ballet de cour* als herrschende Amazonen auftraten. An den Beispielen *Ballett des Tages* (1659) in Wolfenbüttel, *Ballett von dem beglueckten Rauten-Krantz* (1687) in Gotha und *Frauen-Zimmer- und Mohren-Ballett* im Jahr 1678 am Dresdener Hof erläutert Helen Watanabe-O'Kelly sehr eindrücklich, wie die Amazonen-Stilisierung der Fürstinnen und Hofdamen hier im Vergleich zu den mächtigen Regentinnen aus Schweden und England eher „substanzlos und schablonenhaft",[503] ja lediglich „dekorativ"[504] erscheint.

Machtlos sollte die Figur der Amazone aber keineswegs wirken. Ein Blick auf die französischen Verhältnisse im 17. Jahrhundert zeigt, dass dem desavouierenden Bild von der schwachen Frau allein durch die Regentschaft von Marie de Médicis (1575–1642) und ihrer Schwiegertochter Anna von Österreich (1601–1666) widersprochen wurde. Beide Königinnen regierten als vormundschaftliche Regentinnen ihrer noch minderjährigen Söhne: Marie für Ludwig XIII. (1601–1643) und Anne für Ludwig XIV. (1638–1715). Als willensstarke und herrschaftsfähige Vormünderinnen[505] entsprachen sie dem Bild der *femme forte*, das die ‚Frauenfreunde' und Propagandisten der weiblichen Regierungsfähigkeit als Gegenkonzeption zur misogynen Herabwürdigung der Frau entwarfen.[506] Dieser Typus der ‚starken Frau' sollte jedoch „keinesfalls die vermännlichte Frau, das Mannweib"[507] darstellen. Unter diesem Weiblichkeitsentwurf ist vielmehr die Vorstellung einer idealen Verbindung von zugewiesenen ‚weiblichen' und ‚männlichen' Attributen wie

---

501 Vgl. Watanabe-O'Kelly 2009, S. 138.
502 Watanabe-O'Kelly 2009, S. 138.
503 Watanabe-O'Kelly 2009, S. 139.
504 Watanabe-O'Kelly 2009, S. 139.
505 Zur vormundschaftlichen Regentin als „Vormünderin" siehe Wunder 1997, S. 50.
506 Vgl. Schlumbohm 1981, S. 114.
507 Schlumbohm 1981, S. 114.

douceur (Anmut, Freundlichkeit), *beauté* (Schönheit), *force* (Stärke) und *fierté* (Stolz) zu verstehen.[508]

In der bildenden Kunst des Barock spiegeln beispielsweise Peter Paul Rubens' Ölbildnis der Pucelle Jeanne d'Arc oder dessen Gemälde von Marie de Médicis als Kriegsgöttin Bellona, Gilbert de Sèves' (ca. 1615–1698) Stilisierung der Anna von Österreich als Minerva und das Bild der ,Grande Mademoiselle', Duchesse Anne Marie Louise d'Orléans (1627–1693), als Amazone die beliebte Thematik der *femme forte* wider.[509] Auch in der Literatur finden sich Parallelen, indem die ,starke Frau' in Bearbeitungen des Jeanne-d'Arc-Stoffes oder durch andere mutige und kriegerische Frauenfiguren in Romanen wie Honoré d' Urfés (1568–1625) *Astrée* (1607–1627), Sieur de La Calprenèdes *Cassandre* (1642–1645) und Madeleine de Scudérys *Clélie* (1654–60) in Erscheinung tritt.[510]

Dass das Bild der *femme forte* in der ersten Hälfte des 17. Jahrhunderts in Frankreich derart an Bedeutung gewann, ist nicht zuletzt „mit der Wiederbelebung und Glorifizierung [...] des männlichen Heldentums"[511] zu erklären. Als ,starke Frauen' fungierten die Amazone und deren Schutzgöttin Minerva als weibliche Pendants zur Figur des heldenhaften Hercules, der Männern des europäischen Hochadels – und somit auch den französischen Königen – ein tugendhaftes Vorbild war.[512] In ihrer Regierungszeit zeichneten sich Ludwig XIII. und Ludwig XIV. als Kriegsherren aus, die in ihrem von (Bürger-) Kriegen geprägten Staat nicht nur tugendhafte Heroen voller Tapferkeit, Tatkraft und Stärke, sondern ebenso ,starke', tapfere und wehrhafte Frauen benötigten. Die Weiblichkeitskonstruktion der *femme forte* diente daher als „Frauentypus, der töten kann oder zumindest dem Tod gegenüber positiv eingestellt ist – gegenüber dem eigenen Tod, aber auch gegenüber dem Tod des Mannes, Vaters, Bruders oder Sohnes, gewissermaßen als weibliche Teilhabe am Wohl des Vaterlandes."[513]

Aus diesem Grund wurde die amazonische *femme forte* als „aktive, autarke, mutige und kriegerische Frau" konzipiert und galt daher ebenso als eine „*femme-homme* [...], die einen männlichen Geist im weiblichen Körper besitzt."[514] Allerdings ist bei aller Beliebtheit und Propagierung der *femme forte* zu bedenken, dass nur wenige Hocharistokratinnen wie etwa die Königinnen Elisabeth I. von England, Christina von Schweden, Marie de Médicis,

---

508 Vgl. Schlumbohm 1981, S. 114.
509 Vgl. dazu Kroll 1995, S. 52; Neysters 1995, S. 112; Wiesner-Hanks 2002, S. 40; Dixon 2002b, S. 163; Watanabe-O'Kelly 2009, S. 137.
510 Vgl. Kroll 1995, S. 53.
511 Kroll 1995, S. 55.
512 Vgl. Baumgärtel 1997, S. 153. Siehe ebenso Schmale 2003a, S. 113 und S. 129.
513 Kroll 1995, S. 55.
514 Kroll 1995, S. 55.

Anna von Österreich oder die Nichte Ludwigs XIII., Anne Marie Louise d'Orléans, diesen mit Herrschertugenden und Führungsqualitäten verbundenen Amazonen-Typus tatsächlich verkörpern konnten.[515]

Doch in welcher Weise werden Amazonen als ‚starke Frauen' in Romanen und (musik-)dramatischen Texten wie Opernlibretti und Sprechdramen um 1700 bis 1766 im deutschen Sprachraum dargestellt? Welche Funktionalisierungsmöglichkeiten birgt die mythologische Kriegerin als Weiblichkeitsentwurf in sich?

Unter Berücksichtigung von verschiedenen theoretischen Ansätzen ist es im Folgenden das Ziel aufzuzeigen, inwiefern bei der Konzeption der Amazonen-Figuren Gemeinsamkeiten und Differenzen zu antiken Amazonen-Mythen und mittelalterlichen Darstellungsweisen vorliegen. So soll auch im Hinblick auf die oben beschriebene Instrumentalisierung der mythischen Kriegerin als repräsentative Figur in höfischen Inszenierungen an ausgewählten Romanen und Opernlibretti sowie ihren unmittelbaren Adaptionen exemplarisch aufgezeigt werden, welchen Zwecken die Figur der Amazone dienen konnte.

Das folgende Kapitel analysiert zunächst die Romane. Bei diesen handelt es sich um Christoph Kormarts *Statira*, die deutsche Übersetzung der *Cassandre* von Sieur de La Calprenède, und Christian Wilhelm Hagdorns Werk *Æyquan*, das weniger als eine weitere Übersetzung der *Cassandre*, denn als eigenständiger Originalroman im Rekurs auf La Calprenèdes höfisch-galanten Roman zu betrachten ist. Als letztes Beispiel wird Joachim Meiers Roman *Smyrna* vorgestellt.

---

515   Vgl. Kroll 1995, S. 55.

3 Amazonen im Roman

3.1 Zur „nuetzliche[n] lehre und liebe zur tugend":
Der Romandiskurs im 17. Jahrhundert

Da die Frage nach einer zielgerichteten Konzeption und Funktion der Amazonen-Figur nur Sinn ergibt, wenn man sie vor dem Hintergrund des Lesepublikums und vor allem des Zwecks betrachtet, welchen Romane aus Sicht der Zeitgenossen zu erfüllen hatten, soll anhand von ausgewählten romantheoretischen Überlegungen ein kurzer Einblick in den Romandiskurs des 17. Jahrhunderts gegeben werden, um die daran anschließenden Textbeispiele zu kontextualisieren.

Anders als um 1800 hatte der Roman im 17. Jahrhundert noch nicht das Ansehen als literarische Leitgattung einer Epoche. In Prosaform[516] verfasst, betrachtete man den Roman als regellos, zudem er sich – im Gegensatz zum Drama – auf keine lange Tradition berufen konnte. Obwohl schon in spätantiken Texten (etwa bei Achilleus Tatios, Longus von Lesbos und vor allem bei Heliodor) Reflexionen über den Roman zu finden sind,[517] fehlte eine „gattungspoetologische Legitimation in der klassisch-antiken Literaturtheorie."[518]

Dies hatte zur Folge, dass der Roman als Gattung – trotz des bekannten Romans *Aithiopica* von Heliodor, den schon Julius Caesar Scaliger in seinen *Poeticis libri septem* (1561) „als Muster epischer Dichtung"[519] bezeichnete – „[v]on der Spätantike bis zur Spätrenaissance [...] nicht mehr gepflegt [wurde], so dass Mustertexte geringer verbreitet waren."[520]

Gerade in Deutschland, wo man sich an den bedeutenden französischen und spanischen Romanen aus dem 16. und 17. Jahrhundert orientierte,[521] sind dezidiert poetologische Auseinandersetzungen zunächst nur spärlich zu finden oder fehlen gänzlich, wie an Martin Opitz' *Buch von der deutschen Poeterey*

---

516 Im Mittelalter und zu Beginn der Frühen Neuzeit wurden „höfische [...] Versromane als ‚romanz' bezeichnet, seit dem ausgehenden Mittelalter wird jedoch die Prosaform immer deutlicher als Bestimmungsmerkmal. Als Romane werden nun vor allem die Werke aufgefaßt, in denen die klassischen Versdichtungen in Prosa nacherzählt, umgeformt, aufgelöst werden." Steinecke/ Wahrenburg 1999, S. 13.

517 Vgl. Steinecke/ Wahrenburg 1999, S. 14.

518 Voßkamp 1973, S. 53.

519 Niefanger 2000, S. 179.

520 Niefanger 2000, S. 179.

521 Vgl. Steinecke/ Wahrenburg 1999, S. 15.

(1624) zu erkennen ist. Obwohl dieser als Roman-Übersetzer des *Argenis* (1626) von John Barclay und von Philip Sidneys *Arcadia* (1638) gilt und darüber hinaus die Übertragungen des *Amadis*-Romans ins Deutsche explizit lobte, findet sich in seiner für den Barock so wichtigen Poetik keine theoretische Auseinandersetzung mit dem Roman. Eine Zuordnung als eigenständige Gattung wird diesem im 17. Jahrhundert lediglich in Sigmund von Birkens 1679 erschienenen Werk *Teutsche Rede- bind- und Dicht-Kunst* zuteil.[522] Allerdings darf die seltene Berücksichtigung des Romans in den Poetiken nicht den Eindruck vermitteln, es habe im Barock keine romantheoretischen Diskurse gegeben. So finden sich Überlegungen ästhetischer, aber vor allem apologetischer Natur „in Vorreden und romanimmanenten Reflexionen",[523] in denen nicht nur die ungebundene Schreibart im Roman theoretisch gerechtfertigt, sondern auch über die Fiktion im Roman debattiert wird.[524]

Als „erste[...] eigenständige[...] Romanpoetik, in der Begriffs- und Gattungsgeschichte, Gegenstand und Schreibart des Genres untersucht und zu einem Regelwerk zusammengefaßt werden",[525] gilt die Abhandlung *Traité de l'origine des romans* (1670) Pierre Daniel Huets (1630–1721).[526] Diese Schrift, die Eberhard Werner Happel (1647–1690) in seiner „Liebes= und Helden=Geschichte" *Der Insulanische Mandorell* (1682) ins Deutsche übersetzte und integrierte, trug über „Poetiken des Barock und der Aufklärung" auch in Deutschland „wesentlich und nachhaltig zur Legitimation der Ro-

---

522 Vgl. Niefanger 2000, S. 179.

523 Voßkamp 1973, S. 53. Romantheoretische Überlegungen finden sich laut Niefanger nicht nur in „Vorworten" oder in „selbstreflexiven Passagen der Romane", sondern darüber hinaus auch „in fiktiven Gesprächen" und „Rezensionen." Siehe dazu Niefanger 2000, S. 179.

524 Zum reziproken Verhältnis zwischen der Emanzipationsentwicklung von Prosa und Fiktion im Roman vgl. Voßkamp 1973, S. 54. Hier heißt es: „Der (traditionelle) durch die klassische Literaturtheorie vorformulierte und sanktionierte Fiktionsbegriff liefert auch die Basis, von der aus der Roman als Erfindung seine theoretische Rechtfertigung erfährt. Das setzt allerdings ein Fiktionsbewußtsein voraus, das zu erreichen sich die Poetiken des 17. Jhs. in verschiedenen Stufen und Etappen erst bemühen; die Emanzipation der poetischen Fiktion als Fiktion nimmt gewissermaßen den Emanzipationsprozeß der Prosa- und damit der Romanfiktion innerhalb der Poetiken vorweg, bzw. bereitet diesem überhaupt erst den Weg."

525 Huet 1999, S. 76.

526 Auch wenn Huet allgemein als der erste Romantheoretiker gilt, sollte sein Verdienst in angemessenen Relationen betrachtet werden. So ist er zwar der „erste, der sich in einem eigenen Traktat im Zusammenhang zu diesem Thema äußert und eine Geschichte des Romans zu geben versucht", doch sind ähnliche

mangattung bei."[527] Denn wenn z. B. Albert Christian Rotth (1651–1701) in seiner 1688 erschienenen *Vollstaendige[n] Poesie* „Romaine" als „Liebes-Gedichte"[528] bezeichnet und den künftigen Autor (resp. die Autorin) als einen „sinnreiche[n] Kopff" dazu aufruft, „eine feine anmuthige und lobwuerdige Liebes=Geschichte" zu verfassen, die „etwas nuetzliches lehre und liebe zur Tugend erwecke[n]"[529] soll, oder Erdmann Neumeister (1671–1756) in seinem *Raisonnement über die Romanen* (1708) diese explizit als „Liebes-Historien"[530] charakterisiert, die „keinen andern Endzweck [...] intendire[n] / als denjenigen / [...] Klugheit und eine gute Conduite[531] daraus zu erlernen", dann ist weder der Einfluss Huets noch dessen Orientierung an Heliodors

---

Gedanken zur Technik des Romans vorher schon von Madeleine de Scudéry geäußert worden, wie Eberhard Lindhorst betont. (vgl. Lindhorst 1955, S. 66). Anschaulich wird dies in de Scudérys klassizistisch geprägten Ausführungen, in denen sie betont, „daß jede Kunst auf Regeln beruht, die für den Roman anhand des antiken Epos und Heliodors ‚Aithiopica' im Einklang mit den Forderungen nach Wahrscheinlichkeit (*vraisemblence)* und den Schicklichkeiten (*bienséances*) definiert werden: Beginn medias in res, die organische Verbindung von Haupthandlung und Nebenhandlungen, eine ‚vernünftige' Zeitstruktur (Dauer der Gegenwartshandlung nicht länger als ein Jahr, die zurückliegende Handlung soll in Vorgeschichten erzählt werden), Berücksichtigung des geschichtlichen und kulturellen Hintergrunds, vertiefte Charakterdarstellung und moralische Wirkungsabsicht." Meid 1974, S. 35. Wie Hans Hinterhäuser anmerkt, sind all diese Überlegungen de Scudérys von Huet nicht wesentlich erweitert worden. Vgl. Nachwort. In: Huet 1966a, S. 16.

527 Huet 1999, S. 76. Eine mit Huet in ihrer Bedeutsamkeit zu vergleichenden Romantheorie wird in Deutschland allerdings erst 1774 von Friedrich von Blanckenburg vorgelegt, dessen Überlegungen zum Roman von „philosophischen und literaturtheoretischen Entwicklungen des Aufklärungszeitalters sowie der neueren Romanpraxis" (Fielding, Sterne, Wieland) geprägt sind. Blanckenburg 1999, S. 180.

528 Rotth [1688] VDP 1988, S. 34. Die Seitenangaben orientieren sich an der laufenden Paginierung der hier vorliegenden Anthologie und nicht an der Seitenzählung des Originaltexts.

529 Rotth [1688] VDP 1988, S. 35.

530 Neumeister [1708] RÜR 1999, S. 96.

531 Neumeister [1708] RÜR 1999, S. 95. Anm. 3: „frz. Lebensführung, Benehmen."

Aithiopica als dem Prototyp des Romans auf die Überlegungen zum deutschen höfisch-historischen[532] und galanten[533] Roman zu übersehen.[534] Und so

532 Ältere Arbeiten bezeichnen diesen auch als heroisch-galanten Roman. Vgl. Niefanger 2000, S. 179.

533 Florian Gelzer beschreibt das ‚Galante‘ als *„ästhetisches Konzept"*, das „als *ästhetisch überformte Version der Klugheitslehre*, als *ästhetische Überblendung prudentistischer Verhaltensideale"* betrachtet werden könne. Gelzer 2007, S. 71. Galante Romane, also Romane, deren Handlung von der „Galanterie als Verhaltensmodell" (Florack/ Singer 2012) geprägt sind und „in der Regel ‚galant‘ im Titel" (Gelzer 2012) führen, zweigten sich am Ende des Barock von den höfisch-historischen Romanen ab, „die nicht nur den Personenstand und die Handlungsführung vereinfachten, sondern auch die mit den Liebesbeziehungen verbundenen Staatsaktionen zu Gunsten bloßer [...] Liebesintrigen aufgaben, aber die Wertvorstellungen und Verhaltensnormen der höfischen Gesellschaft weiterhin bestätigten." (Nusser 2002, S. 177.) Darüber hinaus wurden im galanten Roman „politische [...] Lebensklugheit und galante [...] Kommunikationsformen vermittelt, sowie „Verstellungstechniken und geschickte Steuerungsmechanismen von Affekten und ‚Passionen‘, deren sich die ‚galanten Cavalliere‘, ihre Helfer und Widersacher bedienen" konnten. Mit diesen Romanen als Vorbildern konnte das gehobene Bürgertum die „galant-höfische[...] ‚conduite‘" einüben, die um 1700 „als verbindlich für den gesamten Oberschichtenbereich gesehen wurde." Siehe dazu Breuer 1999, S. 590–591.

534 Vgl. Zedler 1742a. Zur Legitimierung der Gattung Roman und der damit verbundenen literatur-ästhetischen Vorstellungen im Zeitalter der Aufklärung siehe den Artikel *Romanen, Romainen, Romans* im wichtigsten deutschsprachigen Universallexikon des 18. Jahrhunderts, dem *Zedler*: Hier heißt es zu den Büchern, in denen „Helden= und Liebeserzählungen enthalten sind" (Zedler 1742a, Sp. 700): „Die Haupt=Eigenschafften eines guten Romans scheinen da hinaus zu lauffen, 1) daß die Schreibart rein, zierlich und scharffsinnig, auch eben so wenig gezwungen, als nachläßig sey; 2) daß deren Inhalt, nebst dessen Ausfuehrung, geschickt sey, eines klugen Lesers Verwunderung, und Vergnuegen zu wege zu bringen; und endlich 3) daß solcher demselben auch nutzen und erbauen koenne. Das erste von den [...] 3 Stuecken erfordert, daß sehr wichtige, rare und mit allerhand ungemeinen (doch nicht unwahrscheinlichen oder gar unmoeglichen) Zufaellen vergesellschafftete Begebenheiten vorgestellt werden. Zu dem andern traegt theils die kuenstliche Auswickelung der eingemischten Verwirrungen, theils aber eine angenehme und natuerliche Abbildung der in dem menschlichen Leben vorkommenden Affecten [...] bey. Das dritte wird sonderlich dadurch befoerdert, wenn [...] Schwachheiten und Laster auf solche Art vorgestellet werden, daß kein Verlangen darnach, sondern vielmehr ein Widerwillen und Abscheu davor, wie nicht weniger eine kluge Vorsichtigkeit dagegen entstehen muß, und wenn am andern Theil die Tugenden und tugendhaffte Personen nicht nur mit den Verdrueßlichkeiten [...], sondern auch mit den Belohnungen, so sie zu erwarten haben, dergestalt aufgefuehret werden, daß man zu der Großmuth, Standhafftigkeit und andern dergleichen ruehmlichen Neigungen sich unvermerckt gezogen finde." Zedler 1742a, Sp. 701.

heißt es in Happels Übersetzung der Huetschen Forderung nach Inhalt und gewünschter Intention des Romans:

„[...] was man aber heut zu Tag Romans heisset / sind auß Kunst gezierte und beschriebene Liebes-Geschichten in ungebundener Rede zu unterrichtung und Lust des Lesers. Ich [Huet] sage von Liebes Geschichten den dieselbe sind des vornehmste Stueck in den Romanen: Gezierte Sachen[535] / umb dieselbe zu unterscheiden von wahrhafften Geschichten. In ungebundener Rede / umb sich in diese Zeit und nach der Gewohnheit zurichten. Sie mussen mit Kunst / und nach gewissen Regeln geschrieben sein / sonst wurde es ein verwirretes Misch=Masch ohne Ordnung und annehmlichkeit sein."[536]

„Den vornehmsten Zweck der Romanen / oder welches zum wenigsten derselbe sein sollte / und welches ihnen die Leser allemahl vorstellen mussen / ist die Unterrichtung in einigen Dingen oder Wissenschafften / da man dan allemahl die Tugent ruehmen und das Laster straffen muß."[537]

Um dem Roman seine „ästhetische Eigenständigkeit zu verschaffen",[538] nimmt Huet neben der formalen schließlich eine inhaltliche Differenzierung dem Epos gegenüber vor. Denn während „die Gedichte [Epen] zum Fundament eine Kriegs oder Staatsverrichtung [haben]" und nur gelegentlich von „Liebes sachen" sprechen, würden Romane hauptsächlich „die Liebe zu ihrem vornehmsten Object" erklären und dabei „nur ohngefehr und zufaelliger weise von Estats und Kriegs=sachen [sprechen]."[539]

Gerade die Liebe zum Herzstück der Handlung zu postulieren, rief jedoch auch heftige Polemik gegen den Roman hervor. Besonders Geistliche begriffen „[d]ie Rezeption von ‚Liebesbegebenheiten'" vor allem „durch weibliche und jugendliche Leser [...] als direkte Affektsteuerung durch den Text [...], von dem unkontrolliert Handlungsimpulse ausgehen."[540] Zudem wurde das Problem der Fiktion stark kritisiert, wie die Quintessenz der *Mythoscopia Romantica oder Discours Von den so benanten Romans* des Schweizer Pfarrers Gotthard Heidegger (1666–1711) aus dem Jahr 1698 eindrücklich zeigt.

---

535 „Gezierte Sachen" im Sinne von „Erfindungen" als deutsche Übersetzung der französischen „fictions." Im Original schreibt Huet: „Ie dis des fictions, pour les distinguer des Histoires veritables." Siehe Huet 1966a, S. 5. Die durch Eberhard Werner Happel erfolgte Übertragung ins Deutsche wird künftig zitiert als Huet 1966b. Die Seitenangaben orientieren sich an der laufenden Paginierung des hier verwendeten Faksimiledrucks und nicht an der Seitenzählung der Originaltexte.

536 Huet 1966b, S. 104.

537 Huet 1966b, S. 104.

538 Voßkamp 1973, S. 74.

539 Huet 1966b, S. 106.

540 Steinecke/ Wahrenburg 1999, S. 19–20.

So sei und verbreite der ausgedachte Inhalt eines Romans schlichtweg die Unwahrheit, denn „wer Romans list / der list Luegen."[541]

Trotz der kritischen Stimmen innerhalb des Romandiskurses war die Etablierung des Romans im Barock nicht aufzuhalten. Gerade der hohe bzw. höfisch-historische Roman, auf den sich „[d]ie romantheoretischen Konzepte der Zeit [...] in der Regel"[542] bezogen, ist als weiterer „Ausdruck der repräsentativen Öffentlichkeit"[543] anzusehen und wurde von Mitgliedern der Hofgesellschaft rezipiert, die sich aus Adligen sowie bürgerlichen Gelehrten und Beamten zusammensetzte. Aus diesem Kreis, der mit dem Publikum von Opern und Theaterstücken an den Höfen identisch war, kamen berühmte Verfasser von Romanen wie etwa Herzog Anton Ulrich von Braunschweig-Wolfenbüttel (1633–1714).[544] Dabei ist das höfische Interesse an den hohen Romanen mit ihren Liebesgeschichten und Abenteuern nicht verwunderlich, trugen diese doch zur „Unterhaltung und zum Selbstverständnis der Hofgesellschaft und ihr verbundener Bürgerlicher bei – zumal in ihnen (ebenso wie auf dem Theater) die politischen Ordnungsprinzipien des Absolutismus weitergegeben wurden."[545] Demzufolge fand sich das ständische Personal der höfischen Gesellschaft in diesen Romanen wieder: Prinzen und Prinzessinnen oder Könige und Königinnen stehen als Liebespaare im Mittelpunkt, die mit oder ohne ihr Gefolge Entführungen, Überfälle, Erpressungen und Naturkatastrophen überstehen müssen, bis sie endlich wieder vereint sind.[546] Da die ProtagonistInnen regierenden Häusern angehören, es keine Trennung von privater und öffentlicher Sphäre gibt, ist das Liebesgeschehen immer mit Staatsaktionen verbunden.[547]

Dabei zeichnen sich die männlichen Helden innerhalb der Handlung durch Kraft und Mut aus, die weiblichen hingegen durch Schönheit und Tugend;[548] anhand der sich hier anschließenden Textbeispiele von La Calprenède bzw. Kormart, Hagdorn und Meier wird allerdings zu klären sein, ob sich die Beobachtung von Dirk Niefanger und Gerhard Spellerberg bestätigt, dass „die Frau [im höfisch-historischen Roman] nicht mehr als passive Hofdame wie in mittelalterlichen Epen, sondern als selbständige Figur [agiert]."[549]

---

541 Heidegger 1999, S. 90.
542 Niefanger 2000, S. 179.
543 Voßkamp 1973, S. 24.
544 Vgl. Nusser 2002, S. 174.
545 Nusser 2002, S. 175.
546 Vgl. Nusser 2002, S. 176.
547 Vgl. Nusser 2002, S. 176 und Meid 2009, S. 538.
548 Vgl. Nusser 2002, S. 176.
549 Niefanger 2000, S. 181. Siehe dazu auch Spellerberg, der betont, dass „[d]ie Frau [...] nicht, wie im Amadís und im mittelalterlichen Roman, der eher passive, dem heldisch-ritterliche sich auszeichnenden Adelskrieger als Preis zufallende

Dem Heliodorschen Schema und dem barocken ‚decorum' entsprechend, ist das Verhältnis des Paares „eine schickliche und sittliche Beziehung",[550] die oberste Tugend die unerschütterliche Treue.[551] Nur durch die Beständigkeit (constantia), dem Widerstehen von Verlockungen und ethisch richtigen Entschlüssen ist ein Ende der Handlung im neustoizistischen Sinne garantiert: „Die Tugend wird gerühmt, das Laster kritisiert."[552]

Die folgende Analyse hat zum Ziel, diesen „didaktischen Endzweck"[553] im berühmten Roman *Cassandre* von La Calprenède, aber vor allem in dessen Übersetzung ins Deutsche, näher zu beleuchten.

3.2 Homoerotik durch Cross-Dressing in Gautier de Costes Sieur de La Calprenèdes *Cassandre* (1642–1645)

3.2.1 La Calprenèdes Roman *Cassandre* als Inspirations- und Übersetzungsvorlage

Obwohl sich die vorliegende Arbeit auf deutschsprachige Werke konzentriert, ist es für das weitere Verständnis unumgänglich, sich zunächst mit dem Inhalt des französischen, in Paris zwischen 1642–1645 erschienenen Romans *Cassandre* von Gautier de Costes Sieur de La Calprenède (ca. 1609–1663)[554] zu befassen. Ist es doch dieses Werk, das späteren Romanautoren und OpernlibrettistInnen, die sich bis ins 18. Jahrhundert hinein mit dem (antiken) Amazonen-Stoff befassten,[555] wesentliche Elemente der Handlung

---

Teil [war], sondern gleichberechtigter Partner in einer das Sinnliche schicklich zähmenden Beziehung." Spellerberg 1985, S. 311.

550 Niefanger 2000, S. 181.

551 Hier ist auch ein Unterschied zum Volksbuch *Die schöne Magelone* (1535) zu beobachten. Denn während die Helden und Heldinnen im hohen Roman etlichen Prüfungen ausgesetzt sind, wird die Treue zwischen Peter und Magelone nicht ernsthaft auf die Probe gestellt. Vgl. Lindhorst 1955, S. 11. Zum Vergleich zwischen Volksbuch und Ludwig Tiecks Rezeption des Werks siehe Scheuer 1982a.

552 Niefanger 2000, S. 180.

553 Voßkamp 1973, S. 26.

554 La Calprenède war nicht nur Romanautor, sondern auch Dramatiker. Mit seinen Tragödien hatte er allerdings keine großen Erfolge, doch seine preziösen, pseudohistorischen Romane *Cassandre* sowie *Cléopâtre* (1647–1658, zwölf Bände) und *Faramond* (ab 1661, unvollständig gebliebenes Werk in sieben Bänden) übten einen bedeutenden Einfluss auf Dramen am Ende des 17. Jahrhunderts aus. Vgl. Köhler 1983, S. 38–39. Siehe dazu auch Hill 1911.

555 Neben in den später in dieser Studie thematisierten Romanen sind Amazonen-Figuren u. a. in den (deutschsprachigen) Singspiellibretti *Antiope* (1689) von Stefano Pallavicini, in Friedrich Christian Bressands *Hercules unter denen Amazonen* (1693), in *Die lybische Talestris* (1696) von Heinrich Anshelm von Zigler

und der Figurengestaltung lieferte. So konzipierte La Calprenède in seinem zehnbändigen Roman, der sich strukturell und thematisch stark an Heliodor orientierte,[556] neben Abenteuern und vielen Liebespaaren auch die Episode zwischen der Amazonenkönigin Talestris und dem Helden Orontes, Prinz der Massageten.[557] Einerseits griff La Calprenède hierbei auf antike Mythologeme zurück; hatte schon Herodot darauf verwiesen, dass sich das Volk der Amazonen mit dem der Skythen vereint haben sollte.[558] Andererseits arbeitete er Elemente des Talestris-Mythos für seine Zwecke um. Denn im Gegensatz zur tradierten Überlieferung verzichtet der Autor auf Talestris und Alexander den Großen als Liebespaar und verändert das von antiken Historiographen beschriebene Zusammentreffen der sexuell begierlichen Amazone und dem von ihr beeindruckten König im Sinne der ‚bienséance'.[559] Diesbezüglich knüpft La Calprenède eher an *Alexander*-Dramen an, die im 16. und 17. Jahrhundert erschienen waren und sich auf andere Liebesbeziehungen des makedonischen Heerführers konzentrierten.[560]

Folglich findet zwar in der *Cassandre* eine Begegnung zwischen Talestris und Alexander statt, doch konzentriert sich das Geschehen auf den Zusammenschluss verschiedener Fürsten und Helden, die gemeinsam Alexanders Witwe Statira retten wollen. Diese hält sich nach nach dessen Tod unter dem falschen Namen ‚Cassandre' verborgen, um sich vor Intrigen ihrer eifersüchtigen Rivalin Roxane zu schützen. Auch Talestris gehört zu diesem Befreiungsheer, wobei die „rückgreifende Erzählung ihres Lebens die Begegnung mit Alexander in völlig neuem Licht erscheinen lässt."[561] So liebt die Königin der Amazonen nicht ihn, sondern den Prinzen Orontes, der sich unerkannt in Frauenkleidern unter ihren Kriegerinnen befindet. Während Orontes die feindlichen Nachbarn der Amazonen abwehrt, versucht Alexander, von einer anderen Grenze aus das Amazonenreich zu erobern. Die Verwicklungen beginnen, als sich Talestris in das Lager der Griechen begibt, um den makedonischen Eroberer davon abzuhalten. Während ihre Mitstreiterinnen ihr zu einem

---

und Kliphausen und in *Talestri* (1763) der Kurfürstin Maria Antonia Walpurgis von Sachsen zu finden.

556 Vgl. Oeftering 1901, S. 72.

557 Bei den Massageten handelt es sich um ein skythisches Steppenvolk, das zwischen dem Kaspischen Meer und dem Aralsee verortet wird. Vgl. Böttger 1990, S. 357.

558 Zusammen sollen Amazonen und Skythen das Volk der Sauromaten [Sarmaten] gegründet haben. Vgl. Herodot 1983, IV, 114–117 sowie Anm. 376, S. 70.

559 Diese wesentliche Veränderung des Talestris-Mythos ist auf die (von Madeleine de Scudéry) geforderte *bienséance* (Schicklichkeit) im Roman zurückzuführen. Vgl. Becker 1919, S. 23.

560 Vgl. Frenzel 2005b, S. 887.

561 Frenzel 2005b, S. 887.

Verhältnis mit Alexander raten, lehnt Talestris diesen Vorschlag aus Liebe zu Orontes ab. Dieser vernimmt jedoch Gerüchte über die angebliche Beziehung und verlässt die Amazonen. Daraufhin beginnt Talestris, den in ihren Augen ‚Treulosen‘ zu suchen, bis sie ihm im Lager des Befreiungsheeres wieder begegnet. Nach einem aus Rache motivierten Kampf der Amazone gegen ihren Geliebten sowie weiteren Verwicklungen und Missverständnissen kommt es am Ende doch noch zu einem versöhnlichen Schluss: Talestris entsagt ihrem Thron, bekennt Orontes ihre Liebe und löst das Reich der Amazonen auf. [562]

Da aber nicht nur Talestris und Orontes, sondern auch andere Paare wie Orondates und Statira oder Parisatis und Lysimachus zahlreiche Prüfungen und Trennungen überstehen, endet der Roman mit einer Hochzeitsfeier aller Prinzen und Prinzessinnen. Wie in einem hohen Roman nach dem Muster der *Aithiopica* üblich, ist auch hier die Ehe das Ziel und der Lohn eines tugendhaften Verhaltens.

3.2.2 Zur „Gemueths=Ergoetzung“ und „Lust zur ehelichen Liebe“: Christoph Kormarts *Statira*. Die Übersetzung der *Cassandre* ins Deutsche

Die zwischen 1685 und 1688 erschienene deutsche Übersetzung[563] der *Cassandre* durch Christoph Kormart (1644–1701) mit dem Titel *DIE ALLER=Durchlauchtigste Kaeyserin STATIRA oder CASSANDRA*[564] ent-

---

562 Siehe ebenso Frenzel 2005b, S. 887–888.

563 Eine Übersetzung der *Cassandre* durch Sybilla Ursula von Schleswig-Holstein-Sonderburg (1629–1671) und ihren Bruder Anton Ulrich von Braunschweig-Wolfenbüttel aus dem Jahr 1656 soll laut Gerhard Spellerberg (Spellerberg 1985, S. 325) und Dirk Niefanger (Niefanger 2000, S. 187) ebenfalls existieren. Allerdings ist in beiden Arbeiten kein genauer Fundort angegeben. Obwohl Blake Lee Spahr in seiner Monographie *Anton Ulrich and Aramena. The Genesis and Development of a Baroque Novel* aus dem Jahr 1966 darauf hinweist, dass handschriftliche Übersetzungsmanuskripte Sybilla Ursulas wie La Calprenèdes *Cléopatre* in der Herzog August Bibliothek in Wolfenbüttel vorliegen (vgl. Spahr 1966, S. 41–42), ist ihre angebliche Übertragung der *Cassandre* dort nicht vorhanden. Als nächstmöglicher Fundort käme das Staatsarchiv Wolfenbüttel in Frage, wo weitere Bestände zu Sybilla Ursula und Anton Ulrich von Braunschweig-Wolfenbüttel unter der Signatur „1 Alt 24“ vorliegen. Doch selbst wenn es diese früher entstandene Übersetzung der *Cassandre* (noch) geben sollte, wird sie im Folgenden nicht als weitere Quelle berücksichtigt, da der Schwerpunkt nicht auf der vergleichenden Analyse aller deutschen *Cassandre*-Übersetzungen liegt. Zudem wurde diese deutschsprachige Version auch später nicht publiziert, so dass die Handschrift vermutlich nur einem kleinen RezipientInnenkreis (am Hof zu Braunschweig und Wolfenbüttel) zur Verfügung stand und keinen weiteren Einfluss auf andere Werke ausübte.

564 Kormart STAT [1685–1688].

spricht hinsichtlich der Ehe als zielführendem Moment dem Originaltext und betont diesen Aspekt sogar noch zusätzlich. Betrachtet man die in barocken Werken üblichen und daher auch in dieser deutschsprachigen Fassung[565] vorhandenen ‚Zuschrif(f)ten' (Widmungen), fällt auf, dass diese von Gérard Genette so bezeichneten ‚Paratexte'[566] den Stand der Ehe explizit hervorheben und loben.[567] Schon die Widmung im ersten Band, die allerdings nicht von Kormart selbst, sondern von seinem Verleger Johann Friedrich Gleditsch verfasst wurde,[568] verdeutlicht, welche Intentionen die Herausgabe des Romans verfolgt. Demnach richtet Gleditsch folgende Worte an seinen Freund Johann Kuntzsch, einen Handelsmann[569] und Junggesellen:

> „Derohalben gestehe ich hier frey oeffentlich / daß ich an ihm / als an meinem treuen werthesten Hertzens=Freunde / grosse Freude und rechte Vergnuegung habe / ja / ich sage mit David / seine treue Freundschafft und Liebe ist mir lieber

---

565 Sowohl das Original als auch die Kormartsche Übersetzung fassen jeweils fünf Buchbände bzw. fünf Teile. Der Unterschied liegt jedoch in der Aufteilung. Bei La Calprenède sieht man sich mit zehn Bänden konfrontiert, die jeweils in Bücher unterteilt sind. Teil 1 umfasst Bd. I (mit Buch 1–3) und Bd. II (mit Buch 4–6), Teil 2 enthält Bd. III (mit Buch 1–3) und Bd. IV (mit Buch 4–6), in Teil 3 sind Bd. V (mit Buch 1–3) und Bd. VI (mit Buch 4–6) vorhanden, Teil 4 verzeichnet Bd. VII (mit Buch 1–3) und Bd. VIII (mit Buch 4–6) und zum Schluss sind in Teil 5 Bd. IX (mit Buch 1–3) und Bd. X (mit Buch 4–6) zu finden. Vgl. dazu den Faksimiledruck der Ausgabe von 1657, aus dem nachfolgend zitiert wird: La Calprenède [1657] CAS 1978. Für seine Übersetzung ins Deutsche hat Kormart hingegen eine modifizierte Aufteilung des fünfbändigen Romans gewählt. Hier umfassen Teil 1–5 zwar immer noch insgesamt sechs Bücher, diese werden aber nicht mehr in diverse Bände unterteilt und enthalten – im Gegensatz zur Vorlage – mehr Kapitelüberschriften und zur Anschaulichkeit auch Kupferstiche. Im Hinblick auf den voluminösen Umfang der Handlung erscheint die Strukturierung geradezu übersichtlich und leserInnenfreundlich. Vgl. Kormart STAT [1685–1688], T. 1–5.

566 Paratexte wie „Vorworte, Nachworte, Hinweise an den Leser, Einleitungen usw." sind Texte, die den Haupttext in ergänzender und kommentierender Form begleiten. Vgl. Genette 1993, S. 11. Siehe dazu auch Genette 1989.

567 La Calprenèdes Roman endet zwar mit der Vermählung der Liebespaare, doch ist das Thema Ehe in seinen Widmungsepisteln nicht zu finden. Hier geht es eher um innerliterarische Aspekte seiner *Cassandre*, aber vor allem um die Huldigung seiner Zueignungsadressatin Caliste, deren Pseudonym nicht vom Autor aufgelöst wird. Vgl. *Epistre*. In: La Calprenède [1657] CAS 1978, Première Partie-Cinquième Partie.

568 Da Gleditsch eine eigene Zuschrift Kormarts erstem Übersetzungsband einfach untergeschoben hatte, verlangte dieser 3.000 Taler Entschädigung von seinem Verleger. Vgl. Johannes 1892, S. 7.

569 Freund (Amicus) wurden in der Frühen Neuzeit auch Korrespondenten von Kaufleuten genannt. Vgl. Zedler 1732d.

als Frauen=Liebe.[570] [...] Damit ich aber nur in etwas die schuldige Pflicht der Freundschafft moege abstatten / so habe ich solches durch freundschaftliche Dedication und Einreichung gegenwaertigen Buchs / so eine anmuthige / und uns Teutschen bißher gantz unbekandte[571] Geschicht von der Durchl. Kaeyserin / Cassandra, in sich haelt / thun wollen / mit freundlicher Bitte / er wolle solches willig und geneigt annehmen / und demselben die Ehre thun / es bey muessigen Stunden durchzulesen / und sein Gemueth dadurch zu ergetzen. Vielleicht geschicht es / daß / weil ein und andere zuechtige Liebes=Geschicht darinnen enthalten / sein Hertz / nebenst der Freundes=Liebe / auch mit einer keuschen ehelichen Liebes=Flamme werde angezuendet und zugleich auffgemuntert / sich mit einer Tugenhafften Ehe=Freundin[572] in Treue zu verbinden. Denn man hat wohl ehe erfahren / daß ledige Personen durch Lesung zuechtiger Liebes=Geschichte Lust zur ehelichen Liebe bekommen / und dessen Anmuthigkeit [...] [und] Liebligkeit in der That sich bemuehet."[573]

Die Lektüre des Romans sollte allerdings nicht allein bei unverheirateten Männern die „Lust zur ehelichen Liebe" wecken, sondern insbesondere bei jungen Damen im heiratsfähigen Alter. Zumindest ist dies den Dedikationen zweier Bände zu entnehmen, die Kormart als Protegé den ledigen Töchtern seiner adligen Gönner widmet.[574] So widmet er den dritten Teil der *Statira* dem

---

570 Hierbei handelt es sich um eine Referenz zum Klagelied Davids um seinen getöteten Schwager und Freund Jonathan: „Es tut mir leid um dich, mein Bruder, Jonathan, ich habe große Wonne und Freude an dir gehabt; deine Liebe ist mir wundersamer gewesen als Frauenliebe." Vgl. 2. Samuel 1:26. In: Die Bibel 1985, S. 321.

571 Gleditschs Bemerkung, dass der Roman *Cassandre* den „Teutschen bißher gantz unbekandt [...]" sei, ist jedoch etwas differenzierter zu betrachten. Bekannt war er anderen „Deutschen" sowohl in deutscher als auch in französischer Sprache schon, doch sicherlich nur in den elitären Kreisen des Hofes wie die (angebliche) deutsche Übertragung des Werks durch Sybilla Ursula von Braunschweig-Wolfenbüttel zeigt.

572 Augustinus (354–430) gilt als einer der ersten Theoretiker, der in seiner „Schrift zu Ehemann und Ehefrau" den Begriff der Freundschaft auf die Ehe übertrug. Vgl. dazu Puff 2001, S. 9. Wie ein Artikel im Zedler zeigt, wurde im 18. Jahrhundert noch unter dem Freundschaftsbegriff die „eheliche Freundschaft" subsumiert. Folglich heißt es dort: „Aber zu der natuerlichen Freundschafft gehoeret auch noch die Bluts=Freundschafft, welche nahe Anverwandten unter einander haben, wohin auch die eheliche Freundschafft koennte gerechnet werden." Zedler 1735c, Sp. 1838.

573 Gleditsch ZUS 1685, S. 4ʳ-5ᵛ.

574 Die Annahme, dass es sich bei den Vätern der Adressatinnen um Förderer Kormarts handelt, beruht insbesondere auf dessen Äußerung im Widmungstext des vierten Romanteils: „So hat ferner die Schuld der ewigen Pflicht und Danckbarkeit gegen dero hochschaetzbare Eltern und hohen Familie vor reiche mir erzeigte Gnade [und] Guete zu solcher Aufwartung veranlasset / die erste Gelegenheit

„Fraeulein"[575] Magdalene Sybille von Ahlefeld, der ältesten Tochter Benedicts von Ahlefeld. Der vierte Teil gilt gleich mehreren Widmungsempfängerinnen: 1. dem „Fraeulein" Sophia Christine von Burckersroda (der einzigen Tochter des „Pfennigmeisters" (Schatzmeisters) Johann Friedrich Freiherr von Burckersroda), 2. den „Fraeulein" Christiane Sophie, Louise Dorothee und Eberhardine von Huenicke (Töchter des Geheimrats Albrecht Friedrich von Huenicke) und 3. der „Jungfer"[576] Christiane Charlotte von Watzdorf(f), Tochter des Kammerjunkers Christian Wilhelm von Watzdorf(f).

In Analogie zur Romanhandlung, in der erst im fünften und letzten Teil die Hochzeitsfeierlichkeiten der wichtigsten Paare stattfinden, gilt die „Zuschrifft" dieses Bandes einer verheirateten Frau, der Gräfin Magdalene Sibylle von Taube, Freifrau von Miltitz, deren Vater und deren Ehemann ebenfalls zu den Förderern Kormarts gehörten.[577] Sie wird den beiden Protagonistinnen Statira und Parisatis, die am Ende des Romans heiraten werden, als „hochschaetzbare[...] vermaehlte[...] Gefaertin"[578] empfohlen; hatten die Schwestern im Verlauf der Handlung doch zunächst mit anderen „unverheyratheten Fraeulein [...] noch nicht den sichern Hafen [der Ehe als] ihrer Glueckseligkeit und vollkommenen Ruhe und Vergnuegung"[579] erreicht.

Die vom Übersetzer gewählte Form der Huldigung erweist sich als geschickter Schachzug, um am Ende mehrere Ziele zu verfolgen: Indem Kormart den weiblichen Familienmitgliedern seiner Gönner drei seiner Bände widmet, gelingt ihm ein respektvoller Dank und eine Huldigung seiner Wohltäter. Darüber hinaus kann er ein galantes Lob an das weibliche Geschlecht aussprechen, das in der Lage sei, die „Hoheit des Adels mit dem Glantze wahrer Tugend zu vermaehlen",[580] und zugleich Gemeinsamkeiten zwischen den Leserinnen und den Protagonistinnen des Romans konstruieren. Die Analogisierung von WidmungsempfängerInnen mit Figuren aus den ihnen zugeschriebenen Werken war zwar im Barock üblich, doch ist gerade Kor-

---

zu nehmen / solche einiger massen oeffentlich zu bekennen und abzustatten [...]." Vgl. Kormart: Zuschrifft [für Sophia Christine von Burckersroda u. a.]. In: Kormart STA4 1687b, S. 5ʳ-5ᵛ.

575 Zu dieser Anrede heißt es im Zedler: „Fraeulein, ist ein junges und annoch unvermaehltes Frauen=Zimmer, welches von adelichen Eltern geboren worden." Zedler 1735b.

576 Eine unverheiratete Tochter des Hauses wurde auch als Jungfer bezeichnet. Vgl. Grimm/ Grimm 1984c, Sp. 2381.

577 Vgl. Kormart, Christoph: Zuschrifft [für Magdalene Sybille von Taube]. In: Kormart STA5 1688b, S. 2ʳ-7ᵛ.

578 Kormart STA5 1688b, S. 3ᵛ.

579 Kormart STA5 1688b, S. 3ʳ.

580 Zuschrifft [für Magdalene Sybille von Ahlefeld]. In: Kormart STA3 1686b, S. 4ʳ.

marts explizite Einschränkung seiner Dedikationen an Adressatinnen[581] im Hinblick auf die im Roman sehr präsente Amazonenkönigin Talestris von besonderem Interesse.

So ist auffällig, dass der zweite Teil der *Statira*, in dem die Amazonen-Figur nicht nur in die Handlung eingeführt, sondern deren Geschichte in Zusammenhang mit der Liebe zu Orontes ausführlich geschildert wird, *keiner* Person gewidmet ist. Zudem ist festzustellen, dass weder Talestris noch eine andere im Roman behandelte Amazonen-Figur wie Hippolyte und Menalippe im „Nahmens=Zeiger" (Personenverzeichnis[582]) der deutschen Übersetzung aufgeführt ist. Im Gegensatz zu allen anderen Personen – wie Orontes oder Alexander dem Großen, der intriganten Roxane, aber auch Nebenfiguren wie dem „Leib=Artzt" Amyntas – klammert Kormart die Amazonen offenbar bewusst aus seinem Personenverzeichnis aus.

Diese Umstände werfen die Frage auf, ob sich die doch so mutigen und durchaus gelobten Kriegerinnen nicht für eine angemessene Parallelisierung mit dem weiblichen Lesepublikum eigneten. Zugespitzter formuliert: War die Figur der Amazone kein Vorbild für junge (adlige) Damen?

Im Vergleich zu höfischen Selbstinszenierungen, in denen die mythischen Kriegerinnen als repräsentative Figuren mit Vorbildfunktion dienten, soll dieser Frage nun anhand ausgewählter Textpassagen nachgegangen und weitere zentrale Aspekte der Darstellung sowie Funktionalisierungsmöglichkeiten der Amazone in Kormarts deutscher Übersetzung der *Cassandre* analysiert werden.

3.2.3 Von „praechtiger" Schönheit und „natuerliche[r] Grausamkeit": Talestris, Königin der Amazonen

Eine ‚starke Frau' bedarf auch eines starken Auftritts: Demzufolge wird die Amazonenkönigin Talestris gleich mit einem Kampf in die Handlung eingeführt. Aus einem Missverständnis heraus greift sie ohne Umschweife den ihr unbekannten Helden Lysimachus an, in der Annahme, er sei ein Freund

---

581   Mit der Entscheidung die überwiegenden Bände Frauen zu widmen, mag sich Kormart an La Calprenède orientiert haben. So sind alle Bände der *Cassandre* ausschließlich weiblichen Widmungsempfängern zugeeignet. Mit Ausnahme des dritten Teils, in dem der Autor die Widmungsepistel an seine Hauptfigur Cassandre (Statira) richtet, sind die restlichen Bände des Werks einer von La Calprenède verehrten und begehrten Adressatin, „Caliste", gewidmet. Vgl. dazu Anm. 567 und La Calprenède: *Epistre*. In: La Calprenède [1657] CAS 1978. Zur Zueignung an eine(n) Leser(in) als wahren Adressaten und zur Zueignung an den Helden oder die Heldin eines Werkes als „dessen wichtigstes Objekt" siehe auch Genette 1989, S. 131.

582   Ein Personenverzeichnis ist im französischen Original nicht vorhanden.

und Verteidiger ihres (geliebten) Orontes, von dem sie sich jedoch betrogen glaubt. Mit der den Amazonen zugeschriebenen Waffenfertigkeit und ihrem den Männern ebenbürtigen Mut fordert sie ihren Gegner heraus:

„Unterdessen es ihm [Lysimachus] gereuete [...] daß er sein Schwerdt fuer Verwunderung liesse niedersincken / und diese schoene Krieges=Heldin [Talestris] / welcher der Zorn und ihre Schamhafftigkeit ihre Wangen mit einer angenehmen Roethe ueberzoge / die ihre Schoenheit herrlicher vermehrete; ihn mit noch groesserer Grausamkeit als zuvor draeuete / und mit dem Schwerdte vor seinen Augen schwingend seinen Gegenstand begehrte / rieffe sie ihm mit dieser draeuenden Stimme zu: Fliehet nicht / und schaemet euch nicht / eure Waffen wider eine Frau zu brauchē [brauchen] / welche manchesmahl das Feld mit eures gleichen Blute gefaerbet. Ich bin nicht so schwach / daß ihr mich verschmaehen doerfft / und es ist an mir mehr Ehre / als ihr gedencket zu erjagen. Sie vergesellschaffte diese Worte mit wuetenden Schlaegen / und erzuernte sich auffs hefftigste / daß sie Lysimachus also verachten wolte. Sie gieng mit noch weniger Vorsicht auff ihn loß / und zwar mit grossen rasenden Ungeberden / wodurch er selbst befahrete / sie moechte ihren Tod ohngefehr in den Waffen finden / welche er wider sie nicht zu gebrauchen begehrete. [...]."[583]

Zornig, rasend und dabei noch stolz und schön – wie später zu sehen sein wird, ist diese Beschreibung der Talestris durchaus auf andere Amazonen-Figuren übertragbar, die in barocken Werken eine wesentliche Rolle spielen. Dabei verdeutlicht die Mischung aus ‚männlichen' Attributen wie Stärke, Aktivität und Mut in Kombination mit ‚weiblicher' Schönheit nicht nur den Konstruktionscharakter der Amazone als einer androgynen *femme forte* oder *femme heroïque*,[584] sondern lässt auch Parallelen zu antiken Amazonen-Mythen aufscheinen. In ähnlicher Weise werden die Kriegerinnen dort als brutal und männerfeindlich, durch ihre Tapferkeit und Streitbarkeit aber ebenso als sexuell anziehend beschrieben.[585]

In den Romanen und Opern des Barock ist die Amazonen-Figur als ‚starke Frau' zugleich eine *femme-homme*, indem sie „einen männlichen Geist im weiblichen Körper besitzt."[586] Ähnlich wie bei der Idealvorstellung der *virago*, die als Jungfrau der weiblichen Leidenschaft (femineam passionem) entsagt und virtus (Tugend) für sich beansprucht, wird hier eine Einheit von ‚Männlichkeit' und ‚Weiblichkeit' in *einem* Körper konstruiert.[587] So nutzt La Calprenède das Ideenkonstrukt von *douceur* (Anmut, Freundlichkeit),

---

583 Kormart STA2 1686, Drittes Buch, S. 313–314.
584 Vgl. Schlumbohm 1981, S. 114.
585 Siehe dazu Ley 1996, Sp. 576.
586 Kroll 1995, S. 55.
587 Vgl. Brinker-von der Heyde 1997b, S. 409.

beauté (Schönheit), *force* (Stärke) und *fierté* (Stolz)[588] – kulminiert in der *femme forte* – natürlich auch für seine Heldin Talestris, der er als Königin der Amazonen und somit als Mitglied des hochrangigen Personals des Romans eine der (französischen) Hofkultur entsprechende Erziehung zuschreibt. In Christoph Kormarts deutscher Übersetzung heißt es entsprechend:

> „Sie [Talestris' Mutter Minote] begehrte meine Lebens=art zur hoefflichen Sittsamkeit und Freundligkeit auffzuerziehen / und liesse unter die Kriegs=Unterweisung die Tugendbelobte Sitten=Lehre mischen / und zu der Leibes=Ubung die Ausziehrung des Gemuethes fuegen / um das auffwallende Gebluete / und ungeriegerte[589] Sinne / denen gemeiniglich die Frauens=Bilder unterworffen / durch so herrliche Verbesserung meines Lebens zu bezwingen. [...]."[590]

Kultiviert und mit dem Wissen um Affektregulierung („Ausziehrung des Gemuethes [...] um das auffwallende Gebluete [...] zu bezwingen") als einen Weg des richtigen Handelns und Auftretens ausgestattet, wird die aus dem Mythos eher ,barbarisch' und unschicklich anmutende Amazone von La Calprenède als eine den höfischen Anforderungen entsprechende Figur konzipiert. Diese Zivilisierung der Amazone im Barock ist jedoch nicht völlig neu, vergegenwärtigt man sich die Einbettung von Amazonen-Figuren in die Literatur der mittelalterlichen Hofkultur. Folglich wurden diese – und hier speziell Talestris – nicht erst durch La Calprenèdes *Cassandre* literatur- und hoffähig, wie Elisabeth Frenzel betont.[591]

---

588 Vgl. Schlumbohm 1981, S. 114.

589 Sich „gerieren" (vom lat. *gerere*) bedeutet u. a. „sich benehmen, aufführen." Grimm/ Grimm 1984b.

590 Kormart STA2 1686, Drittes Buch, S. 371. Dabei hat sich Kormart in seiner Übersetzung sehr stark an La Calprenèdes Text orientiert. Hier heißt es: „Ie [Talestris] fus eslevée avec de grands soins, & l'affection de la Reine ma mere [Minotée] lui faisant trouver en moy plus de beauté & de gentillesse que ie n'en avois veritablement, lui fit cultiver l'un & l'autre aves des precautions qui ne pauvent partir que d'une passi≈ [passion] comme la siéne; elle voulut qu'on me formast les moeurs à quelque douceur & à quelque civilité [Höflichkeit, Anstand]; & parmy les inspirations guerrieres qu'on me donoit elle fasoit mesler de la morale, & joindre aux exercises du corps quelques exercises de l'esprit capables de le purger de ces humeurs de sang qui prédominoient parmy des femmes." La Calprenède [1657] CAS 1978, Deuxième Partie, Livre Troisième, S. 382–383.

591 Frenzel 2005b, S. 887. Hier heißt es: „Das Verdienst, die Amazonenkönigin [Talestris] eigentlich literaturfähig gemacht zu haben, gebührt dem Sieur de LA CALPRENÈDE, der in seinem Erfolgsroman *Cassandre* [...] ihr Schicksal derartig umgestaltete, daß sie als Heldin im höfischen Sinne akzeptiert werden konnte."

Wie das eingangs gewählte Zitat verdeutlicht, ist aber die Amazonenkönigin trotz ihrer Erziehung nicht immer in der Lage, ihre Affekte zu mäßigen. Allein der Gedanke an den Helden Orontes, dem sie zwar in Liebe verbunden ist, der sie aber wegen seiner unbegründeten Eifersucht auf Alexander den Großen verlassen hat, erfüllt Talestris mit Schmerz und Rachegefühlen. Selbst Orondates, dessen Gefolge sich die Amazone im Laufe ihrer Fahrten anschließt, um mit anderen Fürsten und Kriegern seine Geliebte Statira zu retten, weiß um das Temperament seiner ihm in Freundschaft verbundenen Mitstreiterin. Er ergreift aus Vernunftgründen keine Partei für Orontes, gegen den die Amazone eine „laesterliche Schmaehung heraus[stieß] / die nur ihre hefftige Bewegung kunte hervor bringen. Orondates / weil er ihren Zorn wohl kante / wollte Anfangs nicht so bald Orontes entschuldigen / sondern suchte / ihren Grimm zu maeßigen / und versicherte sie in guter Hoffnung / daß endlich das Glueck einen guten Ausgang mit ihrer Sache wuerde gewinnen lassen."[592]

Somit ergibt sich hinsichtlich des Gefühlshaushalts der Amazone ein ambivalentes Bild. Zum einen wird sie als kultiviert dargestellt, zum anderen als punktuell jähzornig. Ihre Schönheit ist im Vergleich zu Orondates Schwester Berenice zwar nicht „gleich so suesse und anmuthig", dafür aber „desto hochmuethiger und desto praechtiger." Sie ist von einer „natuerlichen Grausamkeit", in der man gleichzeitig „etwas angenehmers / oder vielmehr anreitzenders schimmern sahe / daß es unmueglich ware / sich vor solcher Liebes=Anmuth und sonderbaren Macht zu beschirmen."[593] Kormart folgt La Calprenède und konstruiert eine Persönlichkeit mit durchaus gegensätzlichen Merkmalen, was ihre Rolle innerhalb der Romanhandlung stark prägt.

3.2.4 Zwischen Pflicht und Neigung: Liebe als Problem für Amazonen

Das Thema Liebe ist von zentraler Bedeutung in den verschiedenen Handlungssträngen des Romans und gerade für Talestris als Amazone besonders brisant und spannungsreich. Zwar stellen sich auch die Liebesbeziehungen zwischen den anderen Helden und Heldinnen durch die Verwicklungen als recht kompliziert dar, aber bei den Protagonistinnen ist dennoch davon auszugehen, dass sie prinzipiell lieben *dürfen*. Nur die Amazonen bilden dabei eine Ausnahme: Ihre männerfeindliche Sozialisation *verbietet* es ihnen. Demgemäß berichtet Talestris dem Skythenprinzen Orondates:

---

592 Kormart STA3 1686a, Fünftes Buch, S. 535.
593 Vgl. Kormart STA2 1686, Sechstes Buch, S. 852. Zu Prinzessin Berenice heißt es dort: „Und ob gleich ihr Angesicht mit ueberreicher Pracht der Schoenheit und hohen Ansehens ausgezieret / war sie dennoch damit so gestalt / daß sie mehr Liebe als Furcht erweckte."

„Die Koenigin [Minote] / meine Mutter / erzoge mich aber mit eben derselben Widerwertigkeit auf / allen Abscheu vor Mannes=Personen mir einzupflantzen / den sie mit grossem Haß wider diese Leute bezeigte / und ermahnte mich alle Tage / viel eher den Tod zu leiden / als einiger massen von unser Gewonheit abzuweichen / und mich mit dem jenigen Geschlechte zu unterwerffen / welches tyrannischer Weise sich aller ungebuehrlichen Botmaessigkeit ueber uns anmassete. [...]."[594]

Sofern die Kriegerinnen tatsächlich einmal mit Männern verkehren, geschieht dies lediglich zu Fortpflanzungszwecken und nicht aus Liebe, wie die Amazonenkönigin Prinz Lysimachus erläutert, dem sie ebenfalls freundlich gesonnen ist:

„Ich will [...] nur dieses gedencken / daß sie [die Amazonen] gantz keine Manns=Person unter sich leiden wollen / und mit ihren Benachbarten einen Vertrag auffgerichtet / durch gewisse Besuchung auff den Grentzen ihrer Laender zu bestimbter Zeit [...] ihr Geschlecht mit allem Vortheil zu unterhalten. Es machten diese Worte die Koenigin [Talestris] schamroth / sie erholete sich aber alsobald in ihrer Entfaerbung wieder / und / sich nichts mercken zu lassen / fuhr sie ferner fort: Die Kinder / so durch solche Besuchung gebohren wurden / wann sie von maennlichem Geschlechte waren / wurden getoedtet / oder in andere Laender geschicket: Die Toechter aber mit grosser Sorgfaeltigkeit und Fleisse aufferzogen. [...]."[595]

Indem Talestris von den amazonischen Gepflogenheiten der Reproduktion berichtet und auch die vorkommenden Knabenmorde nicht auslässt, wird deutlich, dass hier zwar stereotype Paradigmen abgehandelt werden, gleichzeitig aber auch das Bewusstsein für die ‚unzivilisierten' Traditionen angedeutet wird. Ein Indiz dafür findet sich in der Beschreibung der Amazonenkönigin, die aus Scham[596] darüber zunächst mit Erklärungsversuchen ringt: „[I]ch weiß [...] nicht / mit was fuer Worten ich ihm [Lysimachus] solches erklaere."[597]

Doch was geschieht, wenn sich eine Amazone, noch dazu die Anführerin und das Vorbild ihrer Mitstreiterinnen, in einen Mann verliebt? Wie kommt es überhaupt zu einer Liebesbegegnung zwischen einer männerfeindlich sozialisierten Kriegerin und einem Helden? La Calprenède wählt mit seiner Talestris-Figur jedenfalls einen Weg, der vom Vorurteil der amazonischen

---

594 Kormart STA2 1686, Drittes Buch, S. 372.
595 Kormart STA2 1686, Drittes Buch, S. 368–369.
596 Hierzu meint Norbert Elias: „Nicht weniger bezeichnend als die ‚Rationalisierung' des Verhaltens ist für den Prozeß der Zivilisation [...] etwa auch jene eigentümliche Modellierung des Triebhaushaltes, die wir als ‚Scham' und ‚Peinlichkeitsempfinden' zu bezeichnen pflegen." Elias 2003, S. 408.
597 Kormart STA2 1686, Drittes Buch, S. 369.

Promiskuität, gar des tierischen Sexualverhaltens,[598] weg- und zum höfischen Liebesideal hinführt. Diese „leidenschaftliche gegenseitige Gefühlsbindung eines einzelnen unverheirateten jungen Mannes und einer einzelnen unverheirateten jungen Frau, die ihre Erfüllung nur in der Heirat beider finden kann," beschreibt Norbert Elias als „das Verlangen dieses Mannes nach dieser Frau und keiner anderen und umgekehrt dieser Frau nach diesem Mann. Dieses Ideal der Liebesbindung setzt also ein hohes Maß der Individualisierung voraus. Es schließt jede noch so vorübergehende Liebesbeziehung eines der Partner zu einer dritten Person aus."[599]

Eine solch individualisierte Auffassung von Liebe spiegelt sich auch in der *Cassandre* und ihrer Übersetzung ins Deutsche wider. Folglich ist Talestris nur einer Figur bestimmt: Orontes, dem Prinz der Massageten. Dass die Amazonenkönigin durch das neu erfahrene Gefühl der Liebe in einen Loyalitätskonflikt mit den Amazonengesetzen gerät, ist nicht nur vorhersehbar, sondern gerade intendiert, weil daraus die Dynamik und Spannung dieses Teils der Handlung resultiert. Denn das von den antiken Autoren immer wieder stark betonte Mythologem der Männerfeindlichkeit scheint die Faszination aller Romanautoren oder OpernlibretistInnen des 17. und 18. Jahrhunderts auszumachen, die den Amazonen-Stoff nach La Calprenède bearbeitet haben. Ist es doch dieses Element, das zunächst auf den Geschlechterkampf per se hindeutet und im Hinblick auf die sowohl im Roman als auch – wie später noch zu sehen sein wird – in der Oper geforderte Liebesthematik speziell auf das amazonische Dilemma zwischen Pflicht und Neigung verweist.[600]

3.2.5 Orontes als Amazone: Cross-Dressing aus Liebe

Die Liebesproblematik zwischen einer Amazone und einem ebenbürtigen Helden wäre nur halb so spannend, hätte La Calprenède sich nicht dazu entschlossen, die den Amazonen zugesprochene Androgynie noch auf eine weitere Weise zu funktionalisieren. Denn als *femme-homme* ist die mythische Kriegerin nicht nur eine Weiblichkeitskonstruktion, die sich durch die Verbindung von einem (schönen) weiblichen Körper mit einem männlichen Geist auszeichnet, sondern sie bietet umgekehrt – als eine Geschlechtergrenzen

---

598 Otta Wenskus weist darauf hin, dass die mythologischen Amazonen in den Beschreibungen der griechischen Schriftsteller und Ethnographen als aggressive und grausame Barbarinnen dargestellt wurden. In dem Zusammenhang wurde ihnen auch ein parasitäres, gar tierisches Sexualverhalten unterstellt, weil sie den Geschlechtsverkehr nur zu einer festen Paarungszeit und lediglich zu Fortpflanzungszwecken ausübten. Vgl. Wenskus 2000, S. 64.

599 Elias 2002, S. 432.

600 Inwiefern auch andere Figuren der *Cassandre* von Kämpfen zwischen Pflicht und Neigung betroffen sind, erläutert Sophie Luise Becker. Vgl. Becker 1919, S. 69.

überschreitende Figur – auch dem männlichen Geschlecht die Möglichkeit, sich als Amazone zu verkleiden. Das schon aus höfischen Festlichkeiten bekannte Cross-Dressing von Männern als mythische Kriegerinnen findet sich demnach auch in der Literatur wieder, wobei diese männliche Maskerade im Kontext der *simulatio* als eine nicht per se negativ behaftete Verstellungskunst zu betrachten ist. [601]

So will sich der junge Prinz Orontes, der sich allein durch den Anblick ihres Porträts in Talestris verliebt hat, [602] in „Frauens=Kleidern"[603] unerkannt unter die Kriegerinnen begeben. Dieser Plan gelingt schließlich, als er Talestris' Mutter Minote in einem Kampf beisteht und rettet. Aus Dankbarkeit nimmt sie ihn als vermeintliche „Jungfrau" ‚Orithie‘[604] mit in das Amazonenreich:

> „Als die Koenigin [Minote] / [....] von einem Kriegs=Zuge wider ihre Feinde mit viller Pracht und Herrligkeit ihres Sieges wieder nach Hause gelangete / [....] stellete sie mir [Talestris] die tapfere Orithie vor / als eine Jungfrau von ungewoehnlicher Gestalt unter uns / streitbar in allem ihren Thun / und darbey mit einer ueber die massen vollkommenen Schoenheit begabet. [...]."[605]

Als ‚Amazone‘ ist Orontes sehr überzeugend, wird er doch von der beeindruckten Talestris, die sein (biologisches) Geschlecht nicht erkennt, abermals für seine Schönheit gelobt:

---

601 Zum „guten Gebrauch" der *simulatio* siehe Zedler 1746d, Sp. 2060.

602 Vgl. Kormart STA2 1686, Viertes Buch, S. 552–553. Das Verlieben von Helden beim Anblick eines Porträts wird von Christa Schlumbohm als *procédé banal* bezeichnet, das häufig in der Literatur zu finden ist. Vgl. Schlumbohm 1978, S. 82.

603 Kormart STA2 1686, Drittes Buch, S. 376. Eine genaue Beschreibung der „Frauens=Kleider" findet sich im Roman nicht wieder, jedoch beschreibt Talestris ihre Kleidung, die sie bei ihrem Besuch bei Alexander dem Großen getragen hat, folgendermaßen: „Ich war mit allen meinen Frauen auff unsere Art der Amazonen gekleidet / und hatte ueber meine Kleidung nur einen silbernen Pantzer an / der mit etlichen Edelgesteinen besetzet ware. Auff meinem Haupte fuehrete ich einen kleinen Helm / mit einem von unterschiedlichen Farben gebundenen Feder=Spiel gezieret / und zwar mit einem gueldenen Ring umfasset / welcher die Gestalt meiner Koeniglichen Crone vorstellete. Mein Ober=Kleid / war von silbernen Gewand / bis auf die Knie mit gueldenen Haeckgen auffgeschuertzet / und fest gebunden / und meine blosse Beine biß auff die Helffte mit gefesselten gueldenen Schurtze als meinen Pantzer voller gesetzter Edelgesteine ausgezieret. In einē [einen] Goldgestueckten Schleyer hatte ich mein Schwerd hangen [...] und fuehrete zwey Wurff=Pfeile in meiner rechten Hand. Die Kleider meiner Frauen waren wenig von meiner Art unterschieden [...]." Kormart STA2 1686, Viertes Buch, S. 598–599.

604 Auch mit diesem Namen verweist La Calprenède auf die Kenntnis der Amazonen-Mythen und ihrer Figuren wie Orithia.

605 Kormart STA2 1686, Drittes Buch, S. 374.

„[…] Sie [Orontes/Orithie] gieng aus der Kammer sich zu entwaffnen / und kam in kurtzer Zeit darauf wieder zu mir in den schoensten Frauens=Kleidern / in welchem sie mir [Talestris] so schoen und wohl geziehret erschiene / daß ich ihr den Preiß vor allen andern unsers Landes zuerkannte."[606]

Demgemäß scheint der androgyne Jüngling[607] Orontes in seiner Statur, seiner Stimmlage und in seinem gesamten Habitus den ästhetischen Vorstellungen der Amazonen zu entsprechen, da er unter den männerfeindlichen Kriegerinnen nicht auffällt. Führt man sich in diesem Zusammenhang die Allegorie der *virtù maschile* (männliche Tugend) aus der bildenden Kunst des 16. Jahrhunderts vor Augen, findet man die gleichen Parallelen zwischen jungen Männern und Amazonen.[608]

Dass das Spiel mit den Geschlechtergrenzen, „die ästhetische Veräußerlichung der Androgynie",[609] zwar auch in der Literatur der Renaissance z. B. bei Shakespeare zu finden ist, aber vor allem im höfischen Kontext zelebriert wird, verdeutlicht Achim Aurnhammer:

„Das Androgynie-Motiv, das ein höfisches Distinktionsmerkmal geworden ist, gelangt als italienischer Kulturexport an den französischen Hof. Dort wird Androgynie insbesondere von König Heinrich III. und seinen Mignons [Favoriten] ziemlich unverhüllt zur Schau gestellt. Die im Mignonwesen zeremoniell verankerte Homosexualität[610] und die Lust am raffinierten spielerischen Umgang mit den Geschlechtsrollen sind, da sie die Allgemeingültigkeit moralischer Vorschriften leugnen, ein provokantes höfisches Privileg. Wenn Heinrich III. bei einem Ball als Amazone auftritt, gibt er eine theatralische Darstellung seiner

---

606 Kormart STA2 1686, Drittes Buch S. 376.
607 Erst mit 20 Jahren zeigen sich bei Orontes die ersten Barthaare als signifikantes Kennzeichen seiner Männlichkeit. In dieser Zeit lebt er das zweite Jahr als Orithie verkleidet unter den Amazonen und kann nur durch „grossen Fleiß […] die aufwachsende Mañbarkeit seiner Haare in seinem Angesichte" verhindern. Vgl. Kormart STA2 1686, Viertes Buch, S. 592.
608 So berichtet Christa Schlumbohm von einer „Allegorie der *virtù maschile*", die „keine Frau, sondern eine Jünglingsgestalt zeigt – dem Amazonenbild zum Verwechseln ähnlich." Schlumbohm 1978, S. 92.
609 Aurnhammer 1994, S. 177.
610 Anders als bei Aurnhammer wird in dieser Untersuchung statt des Begriffs Homosexualität der Begriff Homoerotik für die Beschreibung gleichgeschlechtlichen Begehrens in der Frühen Neuzeit bevorzugt. Siehe dazu Valerie Traub, die in ihrer Studie zum lesbischen Begehren den Begriff der Homoerotik verwendet, um zwischen modernen Kategorisierungen wie homosexuell, lesbisch und schwul und den frühneuzeitlichen Debatten über Tribadismus und Sodomie zu unterscheiden: „Da der Begriff ‚homoerotisch' weder eine Kategorie des Subjekts noch des normativ Männlichen ist, bewahrt er sowohl die nötige Fremdheit als auch die historische Nähe zwischen frühneuzeitlichen und postmodernen Formen des Begehrens." Traub 2003, S. 310.

sexuellen Inversion durch einen doppelten Transvestitismus; denn er präsentiert sich nicht einfach als Frau, sondern als männliche Frau. Dieses selbstentlarvende Verhüllungsspiel setzt Zuschauer voraus, die über entsprechende kognitive Zuordnungsmöglichkeiten verfügen."[611]

Die gleiche intellektuelle Leistung ist auch dem Lesepublikum der *Cassandre* und ihrer deutschen Übersetzung zuzutrauen. Einerseits stoßen die RezipientInnen in beiden Fällen auf Textstellen, die man als homoerotisch deuten könnte. Andererseits weiß das Lesepublikum aber um ,Orithies' ,wahre' Identität. Somit konstruieren La Calprenède bzw. Kormart eine den heteronormativen Ansprüchen genügende Beziehung. In der *Cassandre* ist Orontes' Cross-Dressing als Amazone gerade *nicht* als Inszenierung „seiner sexuellen Inversion" (s. o.) anzusehen, sondern auf seine Liebe zu Talestris zurückzuführen und damit legitim.

Obwohl sich also La Calprenède trotz der Maskerade seines Helden an die in der frühneuzeitlichen Literatur gepriesene Liebe zwischen Mann und Frau hält,[612] kann er durch Orontes' Cross-Dressing dennoch mit dem Begehren einer ,Amazone' nach einer Amazone spielen. Wie in der bildenden Kunst kann er auf diese Weise das Thema der homoerotischen Liebe zwischen Frauen behandeln, ohne ein als Sodomie[613] angesehenes Verhalten zu befürworten. Da die heterosexuelle Liebe als Norm galt, wurde bei der Darstellung von weiblicher Homoerotik „die Liebe zwischen Mann und Frau einfach als Chiffre übernommen. Nicht die Phantasielosigkeit der Künstler, sondern das damalige Verständnis des Themas ist dafür verantwortlich. ,Donna con Donna' war Kopie, Ersatz, Imitat und damit eine Notlösung." [614]

Allerdings ist das ,Donna con Donna'-Motiv für La Calprenède in diesem Fall keine „Notlösung", sondern eine Möglichkeit, eine homoerotische Dimension in die Darstellung der Amazonen-Figur einzufügen. Aus diesem Grund gesteht Orontes, der als ,Orithie' verkleidet Talestris' Vertraute geworden ist, ihr nach einiger Zeit seine Liebe. Allerdings hat er sich an dieser

---

611 Aurnhammer 1994, S. 96.

612 Diesbezüglich merkt Patricia Crawford an: „For centuries, love has been a central theme in poetry and prose in the Western literary tradition. Passion, desire, adoration, longing [...] all these have been celebrated in prose and rhyme. The human love that was praised in sixteenth- and seventeenth-century [...] was that between men and women, heterosexual love. [...] Heterosexual love was defined as norm in early modern times." Crawford 1995, S. 47.

613 Unter ,Sodomie' wurde in der Frühen Neuzeit u. a. die „unnatuerliche Unzucht" (Sexualverkehr) von „Mann mit Mann" respektive „Weib mit Weib" verstanden. Siehe Zedler 1743b, Sp. 329.

614 Merkel 2004, S. 230.

Stelle noch nicht als Mann zu erkennen gegeben, so dass die Amazone von einem weiblichen Gegenüber ausgeht:[615]

„Ich [Orontes/Orithie] liebe sie [Talestris] / meine schoenste Princessin! Mit solcher feurigen Gewogenheit / die ihrer Hoheit wuerdig / und meine Zuneigung wird mit solcher Seelen=Beruehrung begleitet / die durch innerliche Traurigkeit die Ruhe meines Hertzens verstoehret / und alle Freude ueber andere Sachen vertreibet / umb allein ihrer Liebe sich zu vergnuegen. Ich sterbe wann ich von ihr geschieden / und wann ich mich bey ihr befinde / verzehre ich mich selbst in meinem Liebes=Feuer. Ich befinde / daß sie mich allzu viel liebet / und befinde doch / daß sie mich nicht gnug liebet / daß in aller dieser stetswaehrenden Bewegung meine Seele alle Ruhe verlohren."[616]

Auf das Liebeskenntnis der ‚Orithie' erwidert Talestris zunächst:

„Wertheste Orithie / [...] wann das jenige / so ihr mir ietzo betheuret / wahr ist / wuerde ich so schwermuethig / als ihr selbst / leben / indem ich euch mit Wahrheit bezeugen kann/ daß meine Liebe der eurigen gantz nicht weichet / [...] gleichwohl aber erwecket sie in meiner Seele gantz unterschiedliche Wuerckung / und ich habe das groeste Vergnuegen / euch zu lieben / und von euch geliebet zu werden / daß / wann eure Hertzens=Bekuemmernueß mich nicht so sehr betruebte / unsere Liebe mir die hoechste Freude verursachen solte. [...]."[617]

Noch deutlicher beteuert sie ihre Zuneigung, als sie fortfährt:

„Ich liebe euch [Orithie] warhafftig als mich selbst / und wann ihr euer gutes Glueck auff meine Freundschafft grund=befestiget / so lebet in solcher Versicherung / daß ihr lange Zeit glueckselig sein werdet / indem ich euch bezeuge bey der Goetter Majestaet / die uns hier anhoeren / daß sie die Liebe / so Talestris zu euch traeget / nicht ehe / als mit Verlust ihres Lebens endigen soll."[618]

---

615 Siehe dazu auch das Liebesduett zwischen der Amazonenkönigin Thalestris und der ‚Amazone' Orithyia (Prinz Orontes) mit „stark homoerotische[n] Züge[n]" (Jahn 2005, S. 331) in Christian Heinrich Postels Libretto *Die Groß=Muethige Thalestris*, das auf La Calprenèdes Roman *Cassandre* rekurriert.
616 Kormart STA2 1686, Drittes Buch, S. 397–398. Im Vergleich dazu die Passage im Original: „Ie vous aime, ma belle Princesse, avec des excez dignes de vous, & mon affection est accompagnée de ces trâsports [transports] & de ces inquietudes qui trouble le repos & enlevent la ioye. Ie meurs quand ie suis éloignée de vous, & ie me consomme quand ie suis auprés de vous; ie trouve que vous m'aimez trop; ie trouve que vous ne m'aimez pas assez: & mon ame dans ces troubles continuele a perdu toute sa tranquillité." La Calprenède [1657] CAS 1978, Deuxième Partie, Livre Troisième, S. 409.
617 Kormart STA2 1686, Drittes Buch, S. 398–399.
618 Kormart STA2 1686, Drittes Buch, S. 400. Beim Vergleich mit der entsprechenden Passage bei La Calprenède wird abermals deutlich, wie eng sich Kormart bei seiner Übersetzung an die französische Vorlage gehalten hat. So heißt es hier: „Ie vous aime veritablement comme moy-mesme; & si c'est en mon amitié

Bei der Analyse der oben genannten Passagen wird deutlich, wie problematisch eine eindeutige Abgrenzung von Freundschaft und Liebe ist. Auf sprachlicher Ebene zeigt sich dies in der schwierigen Differenzierung zwischen Liebescode[619] und Freundschaftscode.[620] So finden sich gerade bei Orontes die für den Barock typischen und Leidenschaft signalisierenden Liebesmetaphern („feurige[...] Gewogenheit", „Liebes=Feuer"), die eine homoerotische Spannung in diese Szene bringen, obgleich die LeserInnen sowie Orontes wissen, dass es sich um einen Dialog zwischen Mann und Frau handelt. Talestris weiß dies hingegen nicht. Sie spricht zwar auch von Liebe, verwendet solche sprachlichen Bilder aber nicht. Letztlich wahrt La Calprenède aber eine gewisse Offenheit und Doppeldeutigkeit in der Beziehung zwischen Talestris und dem verkleideten Orontes, aus denen diese Konstellation einen wesentlichen Teil ihres Reizes bezieht.

Aufgelöst wird Orontes' Maskerade schließlich, als er seine wahre Identität preisgibt, um Talestris nicht länger zu täuschen. Obwohl die Amazone nach dieser Offenbarung zunächst „unersaettliche Rache" und „einen toedtlichen Zorn"[621] verspürt, kann sie nicht umhin, ihm nach langem Ringen mit sich zu verzeihen. Talestris' Gnade und Eingeständnis ihrer Liebe zu Orontes geschieht allerdings nur, weil er in ihrer „Seele als die liebreitzende Orithie"[622] erschienen ist. Diese „Heldin / welche unter tausend Schlaegen und Wunden" sie in gemeinsamen Kämpfen vor dem Tod bewahrte, führt Talestris „zu einem Mitleiden [...] / welches nicht weit von der Zuneigung unterschieden / die man Liebe nennt."[623] Und so gibt sie freimütig zu:

> „Endlich / mein Printz! hatte ich ihn sonst als die Orithie geliebet / ich begunte ihn als den Orontes zu lieben/ indem ich mich nicht starck und maechtig gnug befunde / weder in Ansehen der Tugend / die ich mir vorgestellet / noch in unsern Gesetzen/ diesen Zwang meiner Schickung zu widerstehen."[624]

---

que vous establissez vostre bon-heur, vivez dans l'asseurance que vous serez long-temps heureuse, puisque ie vous proteste par la maisté des Dieux qui nous escoutent, que l'affectation que Talestris a pour vous ne finira qu'aue sa vie." La Calprenède [1657] CAS 1978, Deuxième Partie, Livre Troisième, S. 412.

619   Siehe dazu Niklas Luhmann, der die Liebe nicht als Gefühl, sondern als „Kommunikationscode, nach dessen Regeln man Gefühle ausdrücken, bilden, simulieren, anderen unterstellen [...] [und] leugnen [kann]", bezeichnet. Luhmann 1988, S. 23.

620   Zur Problematik bei der Unterscheidung dieser Codes vgl. Eickenrodt/ Rapisarda 1998, S. 10.

621   Kormart STA2 1686, Drittes Buch, S. 411.

622   Kormart STA2 1686, Drittes Buch, S. 422.

623   Kormart STA2 1686, Drittes Buch, S. 423.

624   Kormart STA2 1686, Drittes Buch, S. 423–424.

Somit findet sich am Ende eine Paarkonstellation, die den gesellschaftlichen Konventionen und denen des höfisch-historischen Romans entspricht. Gleichzeitig behält aber auch nach der Demaskierung des Orontes die Beziehung zwischen ihm und Talestris eine homoerotische Komponente, denn Talestris liebt ihn als Orontes nicht anders, als sie ihm als Orithie zugetan war:

> „Bisweilen bildete ich [Talestris] sie mir vor meine einig geliebte Orithie / zu einer andern Zeit aber betrachtete ich sie als den ungluecklichen Orontes / iedoch allezeit / als eine ueber alle massen lieb=werthe Person / die von mir auffs bruenstigste geliebet wurde."[625]

Letztlich sind demnach weniger das Geschlecht als persönliche Eigenschaften und Leistungen die Grundlage für Talestris' Liebe zu Orontes.

3.2.6 Die Läuterung der Amazone

Nur eine geläuterte Amazone ist eine gute Amazone.[626] Aus diesem Grund endet die Geschichte zwischen Talestris und Orontes natürlich nicht nach den gegenseitigen Liebesbekundungen, da sie, wie alle anderen Liebespaare in der *Cassandre* auch, erst sämtliche Fährnisse hinter sich bringen müssen, um am Ende der umfangreichen Handlung zu heiraten. Bevor die Amazonenkönigin und der Prinz der Massageten jedoch endgültig zueinander finden, muss vor allem Talestris ihr Leben grundlegend ändern. La Calprenède lässt sie dazu das Reich der Amazonen verlassen, um sich an Orontes, der sie aus unbegründeter Eifersucht auf Alexander den Großen der Untreue beschuldigt und verlassen hatte, zu rächen.

Wie ersichtlich wurde, zeichnet sich die Amazonenkönigin neben ihren Kampfkünsten vor allem durch ihr temperamentvolles Wesen aus. Der mythologischen Medea-Figur in Opern des 17. und 18. Jahrhunderts ähnlich, ist es Talestris' Zorn, der als Affekt immer wieder zum Tragen kommt. Nun gehört der Furor-Affekt zwar zu den männlichen Attributen einer *femme forte*,[627] doch wurde „[o]ffen zur Schau getragener Zorn [...] bei Frauen [...] immer als ‚monströs' [...] und ‚unweiblich' zurückgewiesen."[628]

Eine Läuterung der Amazone führt La Calprenède mit einer Wiederbegegnungsszene ein, in der Talestris Orontes zum Kampf auffordert. Da Orontes

---

625 Kormart STA2 1686, Drittes Buch, S. 433.
626 Im Falle der getöteten Penthesilea in Konrads von Würzburg mittelalterlichem *Troja*-Roman ist dies anders: „Nicht einmal im Tod wird hier die Amazone zur guten Amazone." Denn im Gegensatz zu anderen vorbildhaften Kriegerinnen wie Talestris wird sie als überheblich und gefürchtet dargestellt. Siehe dazu Brinker-von der Heyde 1997b, S. 422.
627 Vgl. Herr 2000, S. 94.
628 Herr 2000, S. 19.

sich weigert, sich in einen ebenbürtigen Kampf mit ihr zu begeben „und sich hinter seine Freunde vor ihrem [Talestris'] Zorn zu verbergen suchte",[629] führt seine Kampfesverweigerung zum Desaster. Rasend vor Wut bahnt sich die Amazone einen Weg zu ihm durch und tötet all diejenigen, die ihm zu Hilfe kommen:

> „Acrogates kam gleich zu seinem Unglueck vor sie zu stehen / aus dessen Leib diese wuetende Koenigin / welche durch ihre Unsinnigkeit gantz neue Kraeffte bekommen / zwey Stuecke machte / deren eines unter der Pferde Fuesse fiele / und das andere auf den Sattel sitzen bliebe. Cleon des Statanors Sohn verlohr durch selbiger Hand sein Leben / und des Antigoras Bruder / Lysander / muste gleichem Unfall des Todes unterworffen seyn."[630]

Auch wenn Orontes schließlich nicht zu einem weiteren Opfer der Amazonenkönigin wird, betont diese Szene, wie problematisch das erbarmungslose und rohe Verhalten der Kriegerin im Hinblick auf eine mögliche Vorbildfunktion ist. Und dennoch ist eine solch drastische Darstellung für La Calprenède das einzig adäquate Mittel, um die große Bedeutung der amazonischen Läuterung zu verdeutlichen.

Denn so unerbittlich sich Talestris in ihrem Zorn verhält, so groß ist auch ihr Mitleid mit Orontes, als sie von seiner Reue erfährt. Dieser möchte – nachdem er von einem makedonischen Prinzen die Wahrheit über Talestris' Treffen mit Alexander erfahren hat – aus Gram sterben. Die Amazone wird allerdings heimlich Zeugin seiner langen Selbstanklage und gibt sich unter „Thraenen" rufend zu erkennen:

> „Orontes soll nicht sterben / meine werthe Orithie soll nimmermehr des Todes seyn / Talestris verzeihet ihr ohne Sterben / und Talestris begehret ihren Tod nicht zu Auswischung ihrer Missethat."[631]

Sieht man davon ab, dass die Amazone hier Orontes' Maskerade als ‚Orithie' in den Vordergrund für ihren Großmut stellt, führt diese Szene zielgenau auf das versöhnliche Ende hin. Entsprechend ist auch die wundersame, weil unmittelbare Wandlung der ‚männlich-aktiven' *femme forte* in eine ‚passive' Hofdame. Prinzessinnen wie Berenice, Deidamie und Barsine, die als Schwestern oder Geliebte der Helden sich – im Gegensatz zu Talestris – nie an kriegerischen Aktionen beteiligten, sondern gemeinsam auf die Rückkehr der Truppen warteten, werden nun Talestris' Vorbilder, denn die Amazone

> „kunte [die Prinzessinnen] niemahls und nirgendwo verlassen / als bey denen sie ihr streitbares Gemuethe und Helden=Hertzhafftigkeit abzulegen / und eines

---

629 Kormart STA3 1686a, Fünftes Buch, S. 568.
630 Kormart STA3 1686a, Fünftes Buch, S. 569.
631 Kormart STA5 1688a, Zweites Buch, S. 218.

holden und freundlichen Hertzens=Anmuth zu erlernen wuendschte / die mit dem Weiblichen Geschlechte besser uebereinstimmete."[632]

In dieser Konsequenz muss die Amazonenkönigin sich von den männerfeindlichen Traditionen ihres Volkes distanzieren: Sie löst ihr Reich auf und erwartet von ihrem Gefolge, ihren Anordnungen Folge zu leisten. Und so „ermahnete sie [Talestris] ihre treue Unterthaninnen / ein edeles tugenhafftes Vornehmen zu beschliessen / ihre Ehre wiederuem zu erlangen / und mit Maeñern [Männern] durch rechtmaessige Gesetze hauß zu halten / die ueberall auff dieser Welt fuer die heilsamste / ehrlichste und vergnueglichste Mittel erkandt wuerden."[633]

Im Sinne der von Norbert Elias beschriebenen Verhöflichung der Krieger[634] führt die Läuterung der Amazone bei La Calprenède und Kormart letztlich zur Wiederherstellung der hegemonialen Geschlechterverhältnisse. Denn indem Talestris „ihren Krieges=Zierrath"[635] ablegt, die männerfeindliche Frauengemeinschaft auflöst und zudem noch die Ehe propagiert, werden aus den gefürchteten Amazonen zivilisierte und für das männlichen Geschlecht eher zu berechnende Damen. So gelingt es in galanter Weise, die Kritik[636] am Amazonentum durch eine geläuterte Amazone selbst zu vermitteln, ohne dass diese von den männlichen Helden forciert worden wäre.

3.2.7 Die Amazone – ein Vorbild für junge Damen?

Mit Sieur de La Calprenèdes *Cassandre* und ihrer Übertragung ins Deutsche durch Christoph Kormart, liegt – im Hinblick auf den Amazonen-Stoff in der frühneuzeitlichen Literatur – ein wichtiger Text des Barock vor. Kormarts Verdienst liegt insbesondere darin, dass er durch die Publikation des Romans in deutscher Sprache auf ein Publikum „[h]ohen [und] [n]iedrigen Standes"[637] abzielte, das den Roman weder im französischen Original noch

---

632 Kormart STA5 1688a, Drittes Buch, S. 268–269.

633 Kormart STA5 1688a, Sechstes Buch, S. 759–760.

634 Vgl. Elias 2003, S. 362–380.

635 Kormart STA5 1688a, Sechstes Buch, S. 764.

636 Eine explizite Kritik an den amazonischen Traditionen übt Talestris in Bezug auf die jährliche Zusammenkunft zwischen den Kriegerinnen und Männern, deren alleiniger Zweck darin besteht, Nachkommen für die Amazonen zu zeugen: „Ich [Talestris] offenbahrte ihr [Orithie] meinen Widerwillen / den ich an einem Theil unserer Gesetze haette / und vertraute ihr mein Vornehmen / womit ich beschlossen / ehe die Crone auff ein ander Geschlecht als das unsrige fallen zu lassen / als dieselbige einem Erben durch so ungebuehrliche Mittel zu geben / derer sich meine Vorfahrerinnen bedienet." Kormart STA2 1686, Drittes Buch, S. 384.

637 Kormart STA3 1686b, Zuschrifft, S. 6ᵛ.

in der niederländischen[638] Übersetzung[639] rezipieren konnte. Entsprechend heißt es in der Vorrede:

> „Es ist zwar dies Buch in Frantzoes= und Hollaendischer Sprache bißher nicht unbekandt gewesen / sondern von denen / die solche Sprache kundig / mit annehmlicher Gemueths=Erquickung vielfaeltig gelesen worden; dennoch hat man es in Teutscher Sprache noch nie gesehen. Damit es aber auch in dieser Sprache koenne gelesen werden / hat man solches wollen verdeutschen [...]."[640]

Erst durch die Publikation der Kormartschen Übersetzung konnten also RezipientInnen erreicht werden, die der französischen Sprache (des Hofes) nicht allumfassend mächtig waren. Somit konnten höfische Ideale, die in den hohen (und später auch in den galanten) Romanen präsentiert wurden, auch LeserInnen des gehobenen Bürgertums zugänglich gemacht werden, die am kulturellen Leben diverser Höfe zwar nicht (immer) teilhaben konnten, die höfische ‚conduite' jedoch als ideales und erstrebenswertes Verhalten ansahen.[641]

Des Weiteren ist festzustellen, dass sowohl durch das Original als auch durch Kormarts Übersetzung wichtige Elemente des auf die Antike zurückgehenden Amazonen-Stoffs in der zeitgenössischen deutschsprachigen Literatur etabliert wurden. Aus den antiken Mythen übernahm La Calprenède wesentliche Elemente wie die Stärke, die Brutalität und die durch das Amazonengesetz vorgegebene Männerfeindlichkeit, aber ebenso die Attraktivität der Kriegerinnen. Auch überlieferte Persönlichkeiten wurden in die Hand-

---

638 Als Übersetzer französischer und holländischer Dramen (vgl. Johannes: Christophorus Kormart) orientierte sich Kormart bei seiner Übertragung der *Cassandre* nicht nur am französischen Original, sondern auch an einer niederländischen Fassung. Vgl. Alexander 1990, S. 499. Dabei kann es sich meiner Einschätzung nach nur um die niederländische *Cassandre*-Übersetzung durch Felix van Sambix (1581–1662) handeln, dessen erster Teil 1654 im Doudez-Format bei Pieter van Hersberge in Rotterdam erschien. Ein Indiz dafür sind die von van Sambix gewählten Kapitelüberschriften und die Einteilung des Bandes in sechs Bücher. Angaben zu den weiteren Bänden sind trotz intensiver Recherchen nicht möglich. Von der gesamten Übersetzung scheint nur noch das Exemplar des ersten Teils zu existieren, das in der Landesbibliothek Oldenburg unter der Signatur SPR XV 2 70:1 einzusehen ist. Vgl. Sambix CAS 1654.

639 Es gab es auch Übersetzungen der *Cassandre* ins Italienische und Englische, was die beachtliche Rezeption des Romans in weiteren europäischen Ländern verdeutlicht. Vgl. Ronchi CASS 1651–1652. Eine englische Version mit dem Titel *The famous history of Cassandra* wurde 1703 in London publiziert und ist auf einen bzw. mehrere anonyme Übersetzer zurückzuführen, wie dem Titelblatt zu entnehmen ist („Written originally in French and newly tranilated [sic!] into English, by several hands [...]."). Vgl. La Calprenède FHC 1703.

640 Kormart STA1 1685a, S. 5^v.

641 Vgl. Breuer 1999, S. 591 und Nusser 2002, S. 221–222. Siehe ebenso Elias 1997, S. 99.

lung aufgenommen, wobei die Wahl der Amazonenkönigin Talestris als ein signifikantes Mythologem hervorsticht. Allerdings wich La Calprenède in wichtigen Punkten wie Talestris' Begegnung mit Alexander dem Großen von der antiken Überlieferung ab.

Neben den antiken Mythen beeinflussen auch die Konventionen des barocken Romans die Konzeption der Talestris-Figur. So wird sie mit allen Attributen einer *femme forte* wie ‚männlicher' Stärke und männlichem Mut in Verbindung mit ‚weiblicher' Schönheit ausgestattet. Dieser androgyne Idealtypus ist es, der sowohl Frauen als auch Männer des Hochadels im 17. Jahrhundert dazu animierte, sich als Amazonen zu inszenieren.

In der *Cassandre* sind jedoch auch Kritik an der mythischen Kriegerin als Vorbild zu finden. Folglich zeichnet sich Talestris zwar als eine den höfischen Idealen gemäß erzogene Amazone aus, doch verdeutlicht La Calprenède vor allem ihr ambivalentes Verhalten. Einerseits ist sie zwar trotz der den Amazonen zugesprochenen Männerfeindlichkeit durchaus in der Lage, ein freundschaftliches Verhältnis zu Helden wie Orondates und Lysimachus zu pflegen, doch fällt sie andererseits gerade durch ihren maßlosen Zorn und ihre (gelegentliche) Brutalität auf. Der Furor-Affekt als männlich konnotiertes Attribut ist der Amazone als *femme forte* freilich zu eigen, doch ist es genau diese Eigenschaft, die Talestris im Vergleich zu anderen Figuren als ‚unzivilisiert' und unbeherrscht erscheinen lässt. Mangelnde Affektkontrolle ist gerade im barocken Kontext negativ besetzt.

Für die Widmungsempfängerinnen der deutschen *Cassandre*-Übersetzung kann die von La Calprenède entwickelte und von Kormart übernommene Darstellung der Amazone kein wahres Vorbild sein. Denn obwohl sich die Amazonenkönigin am Ende ‚besinnt' und aus Liebe zu Orontes das Amazonenreich mit seinen ‚barbarischen' Traditionen zugunsten der Ehe aufgibt, kommt sie erst durch eine Läuterung dazu, ihr ‚unweibliches' Verhalten zu ändern. Dabei ist diese ‚Zähmung' der *femme forte* durchaus keine Erfindung La Calprenèdes resp. Kormarts, wird diese doch auch in anderen literarischen Werken des 17. Jahrhunderts „ihrer Harmlosigkeit überführt oder – meist im Namen der Liebe – in Norm, Schweigen und Passivität zurückgeführt."[642]

Adlige Töchter, um die es sich bei den Adressatinnen Kormarts handelt, sollten durch ihre Erziehung nicht nur „zur frommen Gattin und guten Mutter"[643] ausgebildet werden, sondern ihren zukünftigen Ehemännern vor allem in angemessener, sprich undominanter Weise, repräsentierend zur Seite stehen.[644] Diesem Weiblichkeitsentwurf entsprechen insbesondere die Protagonistinnen Statira und Parisates, die aufgrund ihres tugendhaft-weiblichen

---

642 Kroll 1995, S. 58.
643 Sonnet 1997, S. 125.
644 Vgl. Wunder 1992a, S. 212.

Verhaltens auch als Referenzfiguren in den Widmungstexten Kormarts hervorgehoben werden.

Resümierend lässt sich feststellen, dass La Calprenède und Kormart bei der Konstruktion des Handlungsstrangs um Talestris auf drei Elemente zurückgreifen, die direkt mit ihrem Amazonentum verbunden sind und bei weiblichen Figuren, die nicht zu den Kriegerinnen zählen, in dieser Weise nicht denkbar wären. Dabei handelt es sich

1. um den Konflikt zwischen ihrer Liebe und dem Amazonengesetz: Im Rekurs auf den schon in den antiken Mythen betonten Männerhass und die Ehefeindlichkeit der Amazonen führen die irritierenden Liebesgefühle zu einem Spannungsverhältnis zwischen Pflicht und Neigung sowie zum Konflikt der betroffenen Kriegerin mit den Gesetzen der Frauengemeinschaft.
2. um das Cross-Dressing aus Liebe: Um unerkannt unter den männerfeindlichen Amazonen weilen und Talestris näherkommen zu können, verkleidet sich Orontes als Kriegerin. Das schon aus höfischen Feierlichkeiten bekannte männliche Cross-Dressing als Amazone findet sich demnach auch in der Literatur wieder. Diese Maskerade der Geschlechtergrenzen überschreitenden Amazonen-Figur nutzt La Calprenède, um aus der Liebesproblematik, in die Talestris qua ihrer männerfeindlichen Sozialisation gerät, einen Konflikt für seine Romanhandlung zu gewinnen und ihr gleichzeitig die Dimension des Homoerotischen hinzuzufügen.
3. um die Läuterung der Amazone: Für den versöhnlichen Schluss des Romans ist es unumgänglich, Talestris eine Läuterung erfahren zu lassen. La Calprenède inszeniert dies mit besonderer Dramatik, indem er die Amazone zunächst in all ihrer Brutalität und Unbeherrschtheit zeigt. Er lässt sie eine Anzahl von Personen töten, bevor sie den Entschluss fasst, Orontes zu vergeben, der Männerfeindlichkeit abzuschwören und das Reich der Amazonen aufzugeben. Auch Kormart behält diese Beschreibung der Talestris bei.

Ziel des nächsten Abschnittes ist es aufzuzeigen, wie die von La Calprenède bzw. Kormart eingeführten Handlungsmuster und Funktionalisierungen der Amazonen-Figuren in den Romanen von Christian Wilhelm Hagdorn (*Æyquan*, 1670) und Joachim Meier (*Smyrna*, 1705) aufgegriffen und variiert werden.

3.3 Die exotische und erotische Amazone am Beispiel von Christian Wilhelm Hagdorns *Æyquan, oder der große Mogol* (1670)

3.3.1 Zwischen Übersetzung und Originalroman

Obwohl das Lesepublikum durch Christoph Kormarts *Cassandre*-Übersetzung La Calprenèdes handlungsreiches Werk ab 1685 auch in deutscher Sprache rezipieren konnte, blieb der französische Roman schon vor dieser Übertragung ins Deutsche nicht folgenlos. So wird der Rekurs auf die *Cassandre* in Christian Wilhelm Hagdorns[645] Roman-Fragment[646] *Æyquan, oder der Große Mogol* (1670) trotz des Fehlens eines expliziten Verweises mehr als deutlich. Paul Hultsch belegt dies in einer Gegenüberstellung von kurzen Textauszügen aus La Calprenèdes *Cassandre*, Kormarts *Statira* und Hagdorns *Æyquan*.[647] Wenngleich Hagdorn sehr um Variationen von Handlungselementen bemüht war, sind die Parallelen zum originären Text gerade im Hinblick auf die Konzeption der Figurenkonstellationen nicht zu leugnen: Angelehnt an La Calprenèdes Prinzen Orondates ist auch Hagdorns Titelheld in eine Prinzessin verliebt, die zunächst einen anderen Mann heiratet. Dabei handelt es sich um Saphotisphe (Statira/Cassandre),[648] die Ehefrau von König Amavanga (Alexander), die durch Intrigen ihrer Schwägerin Aledesig nicht ihren geliebten Æyquan geheiratet hat. Auch wenn Hagdorn Saphotisphe wie in der *Cassandre* eine Schwester, Pharesse von Tangut (Parisates), zur Seite stellt, die wiederum Usuange, den Fürsten von Mahu (Lysimachus), liebt, ist der

---

645 Nähere biographische Angaben zum Autor wie Geburts- und Todesjahr sind weder in der mir vorliegenden Forschungsliteratur noch in Bibliographien wie dem Verzeichnis der Drucke des 17. Jahrhunderts (VD 17) oder in den Katalogen der Herzog August Bibliothek Wolfenbüttel, in denen Informationen zu frühneuzeitlichen AutorInnen verzeichnet werden, zu finden. Aus dem Titelblatt des Romans geht jedoch hervor, dass es sich bei Hagdorn um einen Obersten des Königs von Dänemark und Norwegen gehandelt hat. Vgl. Hagdorn ÆGM 1670.

646 Hagdorns *Vorrede an den Leser* (Hagdorn VOR 1670) zufolge waren insgesamt 12 Teile geplant: „Ich hatte wohl verhoffet gehabt / daß die uebrigen sechs Theile / mit den vorigen sechsen / in Druck solten gebracht worden seyn; habe aber sinter zweyen Jahren hero / in welchen mich mein gnaedigster Koenig und Herr nach dem Spanischen Koenigl. Hof abgefertiget / wegen desselben habenden vielen Geschaeften/ es unmueglich abwarten koennen; Hoffe iedoch / daß / befohr das 1671 Jahr heran komt / der guenstige Leser / durch die uebrigen Theile / noch groeßer vergnuegungen zu leisten [...]." Trotz dieses mehrteilig geplanten Buchprojektes wurden nur die ersten drei Teile publiziert. Die Gründe für die Unvollständigkeit des Werks sind aufgrund der spärlichen Informationen zum Autor bislang nicht zu klären.

647 Vgl. Hultsch 1936, S. 45 und 47. Der Sinologe Horst von Tscharner meint ferner: „Hagdorn lehnte sich in seinem ‚Aeyquan‘ an die ‚Cassandre‘ des [...] La Calprenède an, ja übersetzte diese stellenweise, begnügte sich aber nicht damit, die Erzählung einfach aus Persien nach China, aus Alexanders Zeit in die Zeit der mandschurischen Eroberung zu verlegen, sondern verflocht sie auch mit den Gestalten und Ereignissen dieser neueren Geschichte Chinas sowie mit Gestalten [...] [und] Episoden der üblichen heroisch-galanten Erfindung." Tscharner 1939, S. 25–26.

648 Bei den Namen in Klammern handelt es sich um die entsprechenden Figuren in La Calprenèdes *Cassandre*.

Roman *Æyquan* keinesfalls als eine genuin sprachliche Übersetzung ins Deutsche zu betrachten, wie man den Angaben Gerhard Spellerbergs entnehmen könnte.[649] Vielmehr ist er durch die Orientierung an der *Cassandre*, bei einer gleichzeitigen Verlagerung des Schauplatzes von Persien nach China und Indien, eher „[z]wischen einem Originalroman und einer Übertragung"[650] zu kategorisieren. Für Hagdorns „freie Bearbeitung"[651] des La Calprenèdeschen Romans spricht zunächst die Wahl eines asiatischen Handlungsschauplatzes: Hagdorns *Æyquan* ist neben Eberhard Werner Happels *Der asiatische Onogambo* (1673) und Rudolfs Gassers *Aussforderung* (1686–88) der erste deutsche Roman, in dem Indien und China noch vor Heinrich Anshelm von Zigler und Kliphausens *Asiatischer Banise* (1689) oder Daniel Caspar von Lohensteins *Arminius* (1689/90) als Handlungsorte gewählt wurden.[652] Entscheidend sind ferner seine neuen Akzentuierungen im Amazonen-Plot, wie an späterer Stelle noch erläutert wird.

Den poetischen Prämissen der Frühen Neuzeit und den Kriterien der frühneuzeitlichen Nachahmungstheorie zufolge handelt es sich bei Hagdorns *Æyquan* demnach nicht um eine *interpretatio*, sondern eine *imitatio*. Der Orientierung am Mustertext verpflichtet referiert der in Asien spielende Roman zwar deutlich auf Merkmale der *Cassandre*, sollte aufgrund seiner nuancierten Veränderungen jedoch keinesfalls als eine unkreative und ‚minderwertige' *interpretatio* angesehen werden. So ist die Geschichte der Talestris und des Orontes zwar noch in den Episoden der Amazonenprinzessin Affelde und ihres Prinzen Carresse wiederzuerkennen oder bieten die Abenteuer und die Liebesgeschichte zwischen dem Titelhelden *Æyquan* und seiner angebeteten Saphotisphe – korrespondierend zu La Calprenèdes Orondates und Statira – ebenso die Rahmenhandlung, doch setzt Hagdorn in seinem Roman durchaus andere Akzente, wie die Ähnlichkeit von Zwillingen als Ausgangspunkt eines männlichen Cross-Dressings oder die völlige Neukonzipierung der Pentalisea-Figur als verwitwete Königin der Amazonen in Verbindung mit ihrer ungehorsamen Tochter verdeutlichen.

---

649 Vgl. Spellerberg 1985, S. 318.
650 Meid 1974, S. 16. Zu dieser Einschätzung siehe auch Breyl 2006, S. 59.
651 Hultsch 1936, S. 46.
652 Vgl. Hultsch 1936, S. 45 und Tscharner 1939, S. 25. Laut Tscharner sei Indien in der Barocklyrik durchaus als Ort des Geschehens zu finden, China in Gedichten des Barock hingegen nur schwer zu belegen und im barocken Drama vergeblich zu suchen. Erst um die Wende vom 17. zum 18. Jahrhundert habe die chinesische Thematik in französischen Singspielen Eingang gefunden. Einzig „der Schelmen- und Reiseroman [...] als auch der heroisch-galante Roman, konnte die Chinakunde, wie die ganze neue Weltkunde überhaupt, ‚dichterisch' verwerten." Tscharner 1939, S. 19.

Um Redundanzen hinsichtlich der Gemeinsamkeiten mit der *Cassandre* zu vermeiden, konzentrieren sich die folgenden Ausführungen daher auf die Veränderungen gegenüber der Vorlage. Dabei soll der Fokus auf Hagdorns sehr europäisch geprägte Sichtweise gelenkt werden, die in seinen Vorstellungen über das von ihm beschriebene China transparent wird und als eklatanteste Abweichung zu La Calprenèdes Roman zu sehen ist.

3.3.2 Mit europäischem Blick auf das Fremde: Hagdorns asiatische Amazonen

Als Roman, in dem die Eroberung Chinas durch die ‚Tartaren‘[653] thematisiert wird, bietet sich Christian Wilhelm Hagdorns *Æyquan* nicht nur dazu an, das europäische China-Bild im Barock, sondern insbesondere die Konstruktion des Fremden am Beispiel seiner asiatischen Amazonen aufzuzeigen.

Die Ansiedlung der Kriegerinnen in fernen Ländern ist keinesfalls neu, führt man sich mittelalterliche Darstellungen von Amazonen zwischen Europa und Asien (*Ebstorfer Weltkarte*) oder deren Verortung durch antike Autoren und Historiographen vor Augen. Als Barbarinnen, die dem Wortsinn nach lediglich der griechischen Sprache nicht mächtig waren,[654] galten diese weiblichen Fremden schon im Alteritätsdiskurs des Altertums als ‚das Andere‘. Folglich wurde das Kriegerinnenvolk in hellenistischer und römischer Zeit an den Grenzen der damals bekannten Welt lokalisiert: im Norden am Schwarzen Meer, im Süden in Libyen.[655]

Hagdorns Roman ist dabei in ähnlicher Weise wie die mittelalterlichen ‚Reisebeschreibungen‘ John Mandevilles[656] entstanden. Dieser hat die von ihm beschriebenen Länder keineswegs selbst bereist, weiß in seinem Werk aber dennoch von Amazonen jenseits von Chaldäa (einer Landschaft im heutigen Armenien und in Mesopotamien) zu berichten, die – den mythologischen Kriegerinnen der Antike gleich – nur eine Brust besitzen, keine Männer unter sich dulden und sich lediglich zu Fortpflanzungszwecken mit diesen einlassen.[657] Da Mandeville Europa nie verlassen hat, muss man sein Werk somit

---

653 In Europa wurde das Volk der Mandschuren aus dem nördlichen China als Tartaren bezeichnet. Vgl. Trakulhun 2008, S. 477.

654 Beate Wagner-Hasel weist darauf hin, dass der Barbaren-Begriff in der Antike nicht zwangsläufig negativ besetzt war. Barbaren „konnten sowohl Feinde als auch Gastfreunde und Bundesgenossen, ja sogar Ehepartner sein." Wagner-Hasel 2002, S. 268.

655 Vgl. Wagner-Hasel 2002, S. 256.

656 Mandevilles wahre Identität ist bis heute nicht geklärt. Vgl. Buggisch 2004, S. 12.

657 Vgl. Mandeville, John RRM 2004, S. 177–179.

als Arbeit eines Kompilatoren statt eines authentischen Reiseberichterstatters ansehen.

Auch Hagdorns Ausführungen über das chinesische Reich sind nicht auf seine eigenen Reiseerfahrungen zurückzuführen, sondern fußen – ebenso wie die später entstandenen ‚China-Romane' von Happel, Gasser und Lohenstein – „ausschließlich auf Missionarsberichte[n].“[658] Folglich merkt Hagdorn in seiner *Vorrede an den Leser* an, Informationen über China und Indien von einem Jesuiten erhalten zu haben, den er 1656 auf einer Schiffsreise von Spanien nach den Niederlanden kennengelernt habe. Allein aus den Berichten des Priesters und den von ihm genannten Schriften über die asiatischen Länder habe der Oberst in dänischen Diensten „so viel behalten / und aus seiner [des Jesuiten] Erzehlung auch gefasset / daß ich [Hagdorn] dieses mein Werk habe verfertigen koennen.“[659] Eine weitere jesuitische Quelle, die *Historische Beschreibung / Deß Tartarischen Kriegs in Sina [...]* von 1654, muss Hagdorn zudem rezipiert haben, verknüpft dessen Autor Martinus Martini doch eine chinesische Kriegerin mit der mythologischen Amazonenkönigin Penthesilea, die im *Æyquan* schließlich als „Pentalisea" wiederzufinden ist. So schreibt Martini, dessen chinesische ‚Amazone' Qin Liangyü,[660] die Königin von Suchuen, gewesen sein muss, in seinem Kapitel über „Mannliche Dapferkeit einer Koenigin auß den Gebuergen in Sina":

„Under andern vornehmen Obristen / welche dem [chinesischen] Kayser Volck zufuehrten / ware ein Weibspersohn / welche billich ein Amazon oder Penthesilea der Sineser mag / unnd solle genent unnd gepriesen werden. Dise kame auß einem fern entlegnen Landt / Suchuen, mit 3000 Soldaten / und hette nicht allein ein mannliches / unerschrockenes Herz; sondern auch neben den Mannskleydern / die sie angetragen / hat sie auch solche Titul / die mehr einem Mann / als Weib gebuehreten / an sich genommen: Ihr Mannliche Großmuetigkeit erzeigete sie in vilē scharpfen Treffen wider die Tartarn wie sie dann auch hernach wider andere deß Kaysers auffruehrische Underthonen [Untertanen] / mit manchen ritterlichen Thaten ihr Kuehnheit bewehret. Ihr kleines Soehnlein / so da Alters haben noch nicht in das Feldt taugte / hat sie anheimbs in ihrem Reich gelassen / unnd immittelst desselben Stell mannlich vertreten / wie dann in dem gantzen Kayserthumb Sina keine Voelcker an Starckmuetigkeit mit dieser Hoeldin [Heldin] Underthonen zu vergleichen [...]."[661]

---

658 Tan 2007, S. 29.
659 Hagdorn VOR 1670.
660 Vgl. Hsia 1998, S. 36.
661 Martini HBTK 1654, S. 29–30.

Martinis Beschreibung der chinesischen Kriegerin gleich ist auch Hagdorns tapfere Amazonenkönigin Pentalisea Königin des Reiches Suchuan,[662] die „dem Kaeiser Thienzar in eigener Persohn / mit etlichen tausenden wider die Tartarn zu huelfe kam / welches denen Chinesern nicht unwißend ist."[663] Anders als Qin Liangyü, die Martini zufolge Mutter eines Sohnes gewesen sein soll und entsprechend den antiken Mythen, in denen Amazonen nur Mädchen aufziehen und ihre männlichen Kinder töten, verkrüppeln oder ihren Vätern übergeben, ist die verwitwete Amazonenkönigin bei Hagdorn Mutter einer Tochter, der Prinzessin Affelde.

Wer im *Æyquan* jedoch nach einer rasenden, rachsüchtigen und von der Liebe als einer unbekannten Emotion verwirrten Amazone wie La Calprenèdes Talestris sucht, wird enttäuscht. Obwohl Hagdorns Pentalisea über einen Hof regiert, der „nur von Frauen und Jungfrauen besetzet ist",[664] wird der Titelheld nicht von den Kriegerinnen bekämpft, sondern voller Freude erwartet, da sie „die Ehre [Æyquans] Gegenwart geniessen"[665] wollen. Aus den in den antiken Mythen als männerfeindlich beschriebenen Amazonen entwirft Hagdorn folglich ein gemäßigtes Bild, da Pentalisea und ihre Kriegerinnen dem männlichen Geschlecht durchaus zugewandt sind, lassen sie sich doch ohne den Umweg einer Läuterung auf Ehen mit Männern ein. Entgegen der Mythen, in denen den Amazonen der Kontakt zum männlichen Geschlecht nur zur Fortpflanzung ohne jegliche Verbindlichkeit zugesprochen wird, kennen hier selbst die gemeinsamen Töchter ihren Vater.[666] Ob Hagdorn die Überlieferungen Herodots in diesem Zusammenhang kannte, in der das Amazonentum für die Kriegerinnen nur ein Stadium vor der Ehe bedeutete und sie aus diesen Gründen auch mit männlichen Skythen, einem wehrhaften Reitervolk,[667] den Stamm der Sauromaten[668] gründeten, lässt sich nicht eindeutig nachweisen. Auffallend ist allerdings, dass Hagdorns asiatische Amazonen aus einem Reich stammen, in dem Männer *und* Frauen gleichermaßen für den Kriegsdienst ausgebildet werden, um gegen die verfeindeten Tartaren zu kämpfen, denn

---

662 Suchuan ist auch als Suchuen, Sezuan, Sichuan oder Szechuan bekannt. Vgl. Tan 2007, S. 206.
663 Hagdorn ÆGM 1670, S. 128.
664 Hagdorn ÆGM 1670, S. 124.
665 Hagdorn ÆGM 1670, S. 124.
666 Vgl. Hagdorn ÆGM 1670, S. 488. So berichtet die Amazonenprinzessin Affelde dem Helden Æyquan, dass ihr Vater, König Atlas, von Tartaren getötet wurde und ihre Mutter Pentalisea die Regentschaft als „Erb=mutter" übernahm.
667 Vgl. Zimmermann 1990.
668 Vgl. Herodot 1983, IV, 114–117 sowie Ditten 1990.

„ein ieder [war] begierig zu kriegen / daß sich auch die Weibsbilder von jugend
auf zu allen Kriegsuebungen und erfahrenheiten der Waffen / frisch und bereit
erweiseten; ja sich keinesweges scheueten ihren Koeniginnen / die sich auch [...]
zu solchen ritterlichen uebungen gewoehnet / bis dahin zu folgen / und sich eben
so tapfer / als iemalen ein Kerl tuhn moechte / zu halten [...]."[669]

Indem Hagdorns Kriegerinnen trotz ihres eigenen Hofes in Frieden neben
den männlichen Bewohnern Suchuans existieren können, entwirft er – ebenso wie sein Vorbild La Calprenède – das Bild kriegerischer, aber durchaus
zivilisierter Amazonen. Wie schon in der französischen Vorlage die streitbare
Amazonenkönigin Talestris letztlich den höfischen Weiblichkeitsvorstellungen
entsprechen kann, zeichnet sich Hagdorns Pentalisea-Figur und seine Version
eines amazonischen Hofes gleichfalls durch eine stark europäisch geprägte
Hofkultur aus. Demzufolge erinnern die Ringelrennen, Ritterspiele und Tur-
niere, die Pentalisea zu Ehren ihres Gastes Æyquan stattfinden lässt,[670] eher
an frühneuzeitliche Feierlichkeiten an beispielsweise deutschen Höfen[671] als
an asiatisch anmutende Feste. Diese eurozentristische[672] Konstruktion des
Fremden ist nicht zuletzt an Hagdorns asiatischem Protagonisten zu erkennen,
den er mit höfisch-galanten Eigenschaften versieht, und der keine Ähnlichkeit
mehr mit den Heroen aufweist, die man aus chinesischen Geschichtsromanen
oder Dramen kennt.[673] „[A]uf Kosten chinesischer Wesensart",[674] aber in
Anlehnung an hohe Romane des Barock, entsprechen sowohl der edelmütige
Held als auch die ‚zivilisierten' Amazonen somit dem hochrangigen Personal,
das dem geforderten Inhalt im höfisch-historischen Roman gerecht werden
kann. Denn im *Æyquan* wird „Tugend und Tapferkeit / ehrliche Liebe und
vertrauliche Freundschaft / [...] gelobet; hingegen Laster und Zagheit / unehr-
bares Leben / und falsche Leichtfertigkeit euserst getadelt / wie eben desfals
aus andern Romanen, deren viel in Frantzoesischer und Spanischer Sprache
verfertiget / [...] zu ersehen ist."[675]

Sieht man von solchen romantheoretischen Gründen ab, findet man auch
in den von Hagdorn angegebenen jesuitischen Referenzen die Motive für die
‚Europäisierung' der Figuren. So galt China bereits im 16. Jahrhundert als
hochzivilisiertes und hochkultiviertes Land, wie man den Missionarsberichten

---

669 Hagdorn ÆGM 1670, Dritter Teil, S. 487–488.
670 Vgl. Hagdorn ÆGM 1670, Erster Teil, S. 131.
671 Vgl. Watanabe-O'Kelly 1992.
672 Vergegenwärtigt man sich die Konstruktion des Fremden im antiken Grie-
      chenland, wird allein am Beispiel der Amazonen-Darstellungen deutlich, dass
      eurozentristische Sichtweisen schon im Altertum und nicht erst seit den früh-
      neuzeitlichen Entdeckerreisen vorherrschten. Siehe Wagner-Hasel 2002, S. 253.
673 Vgl. Tscharner 1939, S. 32.
674 Tscharner 1939, S. 31.
675 Hagdorn VOR 1670, S. v^r-v^v.

Matteo Riccis und Alvarez Semedos entnehmen kann, die China für all seine Bodenschätze, übermäßigen Feld- und Baumfrüchte und seinen Wasserreichtum bewunderten oder staunend von den Millionenstädten wie Nanking informierten, die es in Europa so nicht gab.[676] Diese sinophile Phase, in der die chinesische Weisheit als Vorbild für Europa galt,[677] hielt trotz Ordensrivalitäten und Differenzen unter den Chinamissionaren bis Mitte des 18. Jahrhunderts an,[678] so dass Chinesen und Europäer im 17. Jahrhundert – außer in religiöser Hinsicht – im Wesentlichen als gleichwertig betrachtet wurden.[679] Dass trotz identifikatorischer Sichtweisen das Christentum dem Konfuzianismus gegenüber als überlegen galt, verdeutlicht auch Hagdorn, wenn er „die unverdriesliche Muehe und Arbeit der Herren Jesuiten" lobt, die „viele große Herren alda von ihrem Wahn[680] abgelocket / und zu den rechten Christlichen Glauben gebracht haben",[681] und auffälligerweise Cheng Zi-long, einen erfolgreich missionierten Piraten, der später als kaiserlicher Admiral gegen die ‚Tartaren' kämpfte,[682] als historisches Vorbild seines Titelhelden Æyquan wählt. Obwohl sich im Roman zwei asiatische Prinzessinnen taufen lassen und noch weitere Bekehrungsszenen zum Christentum geplant waren,[683] dominieren nicht explizit religiöse Fragen, wie es die Passagen aus Hagdorns *Vorrede* oder das dem Roman beigefügte *Privilegium* Kaiser Leopolds suggerieren mögen, in dem der Verleger Jacob

---

676 Vgl. Demel 1988, S. 136–137.

677 Vgl. Demel 1988, S. 138–146.

678 Erst in der Zeit zwischen 1750–1800 setzte – beispielsweise durch die Kritik am chinesischen Despoten – eine sinophobe Phase ein, die deutsche Philosophen wie Georg Wilhelm Friedrich Hegel (1770–1831) zu chinaverachtenden Äußerungen veranlasste. Im Kontext dieses sinophoben Diskurses merkt Hegel an: „Dieß ist der Charakter des chinesischen Volks nach allen Seiten hin. Das Ausgezeichnete desselben ist, daß Alles, was zum Geist gehört, freie Sittlichkeit, Moralität, Gemüth, innere Religion, Wissenschaft und eigentliche Religion entfernt ist." Zitiert nach Demel 1988, S. 130 (Anm. 7).

679 Darauf verweist Adrian Hsia: „In the 17th century, however, the Chinese people were perceived as essentially equivalent to Europeans. Nevertheless, Confucianism was not considered equal to Christianity. In some European languages, the term for Christian and human being were the same." Hsia 1998, S. 42.

680 Mit „Wahn" bezeichnet Hagdorn den in Geschichten beschriebenen Glauben in China und Indien, wo „viele wunderliche und seltzame Goetter / und noch laecherliche Gotteshaeuser / worinnen Wahrsager Geister / oder wie man sie fuer diesen genant / Oraceln [...] verhanden seynd." Hagdorn VOR 1670, S. v^v.

681 Hagdorn VOR 1670, S. v^v. Zur Christianisierung und Taufe der chinesischen Kaiserinnen samt eines Kronprinzen im Jahr 1653 siehe auch den *Brief aus Sina (Numeros 13.)* des Jesuiten Michaelis Boym in dem von Josepho Stöcklein herausgegebenen, mehrteiligen und so genannten *Welt-Bott*: Boym BAS 1726, S. 43.

682 Vgl. Hsia 1998, S. 42 (Anm. 4).

683 Vgl. Tscharner 1939, S. 34–35.

Moers sogar dazu verpflichtet wird, im *Æyquan* nichts gegen den Katholizismus oder „andere[...] gute[...] Sitten"[684] zu publizieren. Vielmehr geht es um eine europazentrierte Sicht eines Autors, dessen Imagination des Fremden von einem „Neben- und Ineinander der idealisierenden und begehrlichen Blicke"[685] geprägt ist und sich im Falle der Amazonen als eine sehr spezifische erweist. So wird die Weiblichkeitskonstruktion der mythologischen Kriegerinnen, die an sich schon das Resultat männlicher Phantasien antiker Dichter und Historiographen sind, von Hagdorn nun dazu verwendet, unter Rückgriff auf La Calprenèdes Amazonen-Handlung etwas Eigenes zu entwerfen. Dabei wird im Hinblick auf Hagdorns Darstellung der asiatischen Kriegerinnen als männerfreundlich und kultiviert zu sehen sein, inwiefern seine geschlechterspezifische und eurozentristische Perspektive dazu führt, einer Amazone zudem eine erotische Funktionalisierungsmöglichkeit zuzusprechen, die im französischen Prätext in dieser Weise nicht zu finden ist.

3.3.3 Exotisch und erotisch: Die Funktionalisierung der Amazone bei Hagdorn

Um es vorwegzunehmen: Wenngleich Hagdorn seine Amazonen-Handlung mit der Audienz des Titelhelden Æyquan bei der verwitweten Königin Pentalisea einführt, die den Gast mit dem „glantz ihrer Majestaetischen Herzligkeit" beeindruckt, ihn aber vor allem damit überrascht, trotz ihrer „neun und zwanzig Jahre [...] noch von solcher Schoenheit"[686] zu sein, steht nicht sie im Mittelpunkt des Amazonen-Plots, sondern ihre Tochter, Prinzessin Affelde.[687] Denn trotz der Pentalisea zugeschriebenen Schönheit und ihren Bemühungen, den von ihr bewunderten Helden um jeden Preis zu heiraten,[688] scheitert dieser Versuch durch die Flucht Æyquans, dem sich auch Affelde anschließt. Ursache dafür ist der Plan der Amazonenkönigin, ihre Tochter dem Kaiser von China als Braut anzubieten, wenn dieser Æyquan aus seinen Diensten entlässt.[689] Um der arrangierten Ehe zu entgehen, flieht die ungehorsame Tochter mit Prinz Carresse, der sich – analog zu La Calprenèdes Figur Orontes – als Frau verkleidet unter die Amazonen begeben hat, und tritt mit ihm dem Gefolge Æyquans bei.

---

684   Vgl. *Privilegium vom 23. April 1670*. In: Hagdorn ÆGM 1670, S. iiij^v.
685   Koebner/ Pickerodt 1987, S. 7.
686   Hagdorn ÆGM 1670, Erster Teil, S. 126.
687   Historische Vorlage dieser Figur soll laut Adrian Hsia die Kurtisane Liang Hongyü [Hongyu] gewesen sein, die im 12. Jahrhundert ihren Mann Han Shizong und seine Krieger als führende Heertrommlerin erfolgreich unterstützte. Da bei Hsia keine näheren Angaben zur Person zu finden sind, siehe Zang 2006.
688   Vgl. Hagdorn ÆGM 1670, Dritter Teil, S. 561.
689   Vgl. Hagdorn ÆGM 1670, S. 562.

Wie in der *Cassandre* entzündet sich durch das männliche Cross-Dressing hier ebenfalls der Konflikt zwischen amazonischer Pflicht und der eigenen Neigung. Hagdorns Wortwahl ist diesbezüglich fast identisch mit der La Caprenèdes, da er seiner Amazonenprinzessin Affelde – in Anlehnung an die Amazonenkönigin Talestris – genauso „Gedancken zur Rache" und „toedlichen Eyfer"[690] über die vorsätzliche Täuschung zuschreibt. Talestris ähnlich ist auch Affeldes Liebe aus Mitgefühl entstanden, wie sie offenbart:

> „[...] da uebernam mich ein solches Mitleiden / welches von demjenigen / so man Liebe nennet / fast nicht zu unterscheiden war. Alle die edlen Tugenden dieses Fuersten [Carresse] / und alle Beweisheiten der Liebe / die er gegen mich hatte blicken lassen / kam mir damahls so groß und herzlich vor / daß es unmueglich war / mich vor seiner Zuneigung mehr zu schuetzen. Endlich / so ich ihn / als die Philene geliebet hatte / so begunte ich ihn nun als den Carresse zu lieben [...]."[691]

Obwohl diese beiden Amazonen ähnlich konzipiert sind, unterscheiden sie sich hinsichtlich ihrer Temperamente. Aus der rachsüchtigen und gelegentlich brutalen Talestris-Figur La Calprenèdes entwirft Hagdorn zwar noch eine streitbare, jedoch zur besseren Affektkontrolle neigenden Amazone. Demgemäß fordert Affelde ihren Geliebten (trotz ihrer von einem Missverständnis her rührenden Kränkung) nicht zu einem Duell heraus, wie es in der *Cassandre* zu finden ist.

Diese Darstellung einer ungeläuterten und dennoch zivilisierten Kriegerin korrespondiert zum einen mit dem überwiegend positiven China-Bild des 17. Jahrhunderts, findet zum anderen aber auch schon Entsprechungen in Berichten von spanischen Konquistadoren aus dem Jahr 1541. So wollen diese bei ihrer Expedition unter Francisco de Orellana an einem Fluss Südamerikas, der damals noch als Marañon bekannt war, indianischen Amazonen begegnet sein, woraufhin der zweitgrößte Strom der Welt den Namen *Amazonas* erhielt.[692] Beate Wagner-Hasel betont, dass den südamerikanischen Kriegerinnen ähnliche Attribute, z. B. Promiskuität und Knabenmorde, zugeschrieben werden wie zuvor den mythologischen Amazonen. Dennoch würden die Indianerinnen in der Chronik des Expeditionsteilnehmers und Dominikanerpaters Gaspar de Carvajal nicht als „monströse Wesen"[693] beschrieben (zumal seine Kenntnisse ihrer Sitten lediglich auf Aussagen indianischer Gewährsmänner beruhten), sondern er lasse sie durch ihre Stärke und Mut als den Spaniern ebenbürtig erscheinen. Indem feine Wollgewänder und die Wohnweise der Amazonen in Steinhäusern explizit betont werden, hebe der Chronist sie „auf die Höhe der

---

690 Hagdorn ÆGM 1670, Dritter Teil, S. 503.
691 Hagdorn ÆGM 1670, S. 508.
692 Vgl. Schmitt 1984, S. 422.
693 Wagner-Hasel 2002, S. 251.

spanischen Kultur."[694] Eine in ihren Ambivalenzen fast konforme Darstellung dieser Kriegerinnen findet sich noch in der 1707 verfassten *Beschreibung Deß Fluß Maragnon und deren Missionen* im bereits erwähnten *Welt-Bott* des Jesuiten Josepho Stöcklein, in dem die „Kriegs=Weiber (Amazones)" zwar als „Heldinnen"[695] betitelt werden, deren ‚unweibliches' Verhalten jedoch auch Kritik hervorruft.[696] Im Hinblick auf diese zwiespältige Betrachtungsweise der Exotinnen stellt Wagner-Hasel daher fest:

> „Diese ambivalente, sowohl identifikatorische als auch kritische Sicht auf die südamerikanischen Amazonen ist nicht ungewöhnlich. Ihre Beschreibung fügt sich in den Diskurs über den Edlen Wilden, der den Prozess der europäischen Expansion begleitet. Mit den positiven Eigenschaften der europäischen Zivilisation ausgestattet, verkörpern die Bewohner der ‚unzivilisierten' Welt, die ‚Wilden', vor allem in den Schriften der Aufklärer ein in die Fremde verschobenes Idealbild des Europäers. Zum Teil aber haften ihnen jene monströsen Eigenschaften an, mittels derer den europäischen Rezipienten ein Zerrspiegel ihrer eigenen dekadenten Praktiken vorgehalten wird."[697]

Eine ambivalente, gar widersprüchliche Haltung hinsichtlich des Fremden wird auch in Hagdorns Roman erkennbar, wenn die Darstellungen der asiatischen Figuren aufgrund der angesehenen chinesischen Kultur der europäischen Mode des 17. Jahrhunderts angenähert werden, wie insbesondere an Æyquan (linke Figur) und Pentalisea (auf dem Thron) auf Abb. 6 zu erkennen ist. Dieselbe Amazonenkönigin, die den Titelhelden aus Liebe an ihren Hof binden möchte, verhängt jedoch auch die Todesstrafe über den Prinzen Carresse, als sie dessen Cross-Dressing als Fürstin „Philene" entdeckt.[698]

---

694 Wagner-Hasel 2002, S. 251.
695 Fritz BBFM 1726, S. 59.
696 Den Beschreibungen des Missionars Fritz zufolge, sollen die Amazonen Südamerikas (auffallend ähnlich wie in den antiken Mythen), den Mädchen zur besseren Handhabung beim Bogenschießen eine Brust abschneiden und nur einmal im Jahr mit ihren Männern zusammentreffen, die darüber hinaus noch als Diener der Kriegerinnen fungieren müssen. Diese – aus männlicher Perspektive betrachtete – Umkehrung der Geschlechterverhältnisse veranlasst den Jesuiten zu folgender kritischer Stellungnahme: „Man will sagen, daß so offt diese Heldinnen sich wuerdigen ihre Maenner heimzusuchen, der *arme Mann* sein Weib zu ernaehren, ihr zu kochen, aufzuwarten, und dieselbe als seine geliebte Frau in allen Sachen zu bedienen schuldig seye; da sie hingegen auf ihrem Henck=Bett [Hängematte], ohne sich im geringsten zu bemuehen, mueßig ist." Vgl. Fritz BBFM 1726, S. 59. (Hervorh. J. V.).
697 Wagner-Hasel 2002, S. 252.
698 So vertraut Carresse Æyquan an: „[N]achdem die Koenigin erfahren / daß ich eine Manns= persohn bin / hat sie mich toedten zu laßen in willens / aber meiner

135

*Abb. 6: Kupferstich in Christian Wilhelm Hagdorns
Roman „Æyquan" von 1670 (Ausschnitt)*

In diesem Paradoxon zwischen Männerfreundlichkeit und -feindlichkeit, ohne
in der Handlung eine Erklärung für diese Widersprüchlichkeit des chinesischen Amazonentums zu entwickeln, ist eine Schwäche des *Æyquan* zu sehen.
Jedoch die gesamte Amazonen-Episode als „eine ungeschickte Uebernahme
aus der Kassandra [*Cassandre*]"[699] zu beurteilen, scheint in Anbetracht der
von Hagdorn eingefügten Nuancierungen wiederum nicht angemessen zu
sein. So lenkt er die Aufmerksamkeit der von ihm als bewundernswert schönen und als Mutter- und Witwenfigur angelegten Amazonenkönigin fort auf

---

Princeßin zu mir gefaste Liebe / hat mich nicht verlassen wollen [...]." Hagdorn
ÆGM 1670, Erster Teil, S. 157.
699   Hultsch 1936, S. 49.

ihre Tochter hin, deren Jugend[700] eher mit der den Amazonen zugesprochenen Agilität und sexueller Anziehungskraft korrespondiert. Sehr deutlich wird dies an zwei Kupferstichen im Roman (Abb. 7 und 8), auf denen Affelde – im Gegensatz zu Pentalisea (Abb. 6) – mit entblößten Brüsten dargestellt wird.

Abb. 7: Kupferstich in Christian Wilhelm Hagdorns Roman „Æyquan" von 1670 (Ausschnitt)

Abb. 8: Kupferstich in Christian Wilhelm Hagdorns Roman „Æyquan" von 1670 (Ausschnitt)

Die Visualisierung der Amazonen mit unbedeckten Brüsten als Erkennungsmerkmal ist allerdings schon auf antike Amazonomachien (Kriegsdarstellungen, in denen Amazonen teilhaben) zurückzuführen,[701] wobei die Verknüpfung von Nacktheit und Weiblichkeit auch in den Entdeckerberichten über die ‚Neue Welt' zu finden ist. Sie prägen die europäische Vorstellung Amerikas, denn „[d]ie halbnackte, bewaffnete und kriegerische Frau wur-

---

700 Frühe Ehen waren im Adel der frühen Neuzeit nicht unüblich. Vgl. Wunder 1992a, S. 46. Somit entspricht Hagdorns Beschreibung der knapp Dreißigjährigen Pentalisea mit einer jugendlichen Tochter im heiratsfähigen Alter europäischen Verhältnissen, wie die Liebesgeschichte zwischen Affelde und dem Fürsten Carresse verdeutlichen, der „wegen mangel des Bahrtes" (Hagdorn ÆGM 1670, Dritter Teil, S. 552) ebenfalls als sehr junger Mann eingeschätzt werden muss.
701 Vgl. dazu exemplarisch Bol 1998, Tafel 146c.

de zur allegorischen Verkörperung des neuen Kontinents."[702] Sehr anschaulich wird dies in dem Stich *America* von Theodor Galles (nach Jan van der Straet) aus dem späten 16. Jahrhundert, auf welchem die Entdeckung des neuen Kontinents thematisiert wird (Abb. 9). Amerigo Vespucci begegnet hier einer unbekleideten Frau, deren Brüste sichtbar sind und deren Genitalien nur durch ein Bein verdeckt werden. Sabine Schülting verweist bei der Beschreibung des Bildes auf das „Verhältnis von kultureller Alterität und erotischer Attraktivität, von Reisen und Sexualität, von Fremdheitsentwürfen und Geschlechterkonstruktionen."[703]

Abb. 9: America (1588–1612)

Indem Hagdorn seine chinesische Amazonenprinzessin mit nackten Brüsten darstellt, ist auch sein Rekurs auf die Verbindung von Exotik und Erotik im Zusammenhang der frühneuzeitlichen Reisebeschreibungen nicht zu übersehen. Dies gilt für die Illustrationen wie für den Romantext gleichermaßen. So wird an mehreren Stellen Bezug auf die erste Begegnung Carresses und Affeldes in einer Schlacht genommen, in der die von einem Pferd gefallene Amazonenprinzessin von dem jungen Fürsten aus ihrer Ohnmacht gerettet

702 Gonzales Alfonso 1994, S. 447.
703 Schülting 1997, S. 13.

138

wird (Abb. 8). Carresse erläutert Affelde in einem Gespräch im Detail, wie er sich in dieser Kriegssituation in sie verliebt hat:

„Wie ihr [...] aber noch nicht [...] zu euch selbst kommen woltet / zweifelte ich abermahl an eurem Leben; wollte demnach zufuehlen / ob sich das Hertze im Leibe annoch bewegte; entbloeßten derohalben eure Brueste / und sahe sie bloß und lieblich fuer mir / welche die aller groeßten Berge / und haertesten Felsen wohl zur Liebe bewegen sollen: hatte aber die Hand darauf zu legen [...] das Hertze nicht / sondern fuegte mein Mund mit aller Ehrerbietung sanfte hinzu: allein wie euch ein Kuß nicht wieder beseelet machen [...] wiederholete ich solche desto ofter [...].“[704]

In einer späteren Szene fährt Carresse mit seinen Ausführungen fort und gesteht der Amazonenprinzessin, wie er sie nach ihrer Rettung nicht vergessen konnte. Schließlich habe er freudig dem Vorschlag seiner Zwillingsschwester Philene zugestimmt, ihre „Weibskleider“[705] zu tragen, um unbemerkt Affeldes Nähe aufsuchen zu können:

„Wahrhaftig / allerliebste Princeßin / [...] dieses [die Idee des Cross-Dressings] klang so lieblich in meinen Ohren / als sueße und angenehm es meinen Augen war / als ich eure schoene Brueste bloß fuer mir sahe.“[706]

Carresses Küsse „so wohl auf die Brueste / als auf den Mund [...]“[707] sind dabei als erotischer Verweis des menschlichen Äußeren[708] im Kontext der höfischen Erotik des 17. Jahrhunderts zu betrachten, deren „‚Entdeckung‘ [...] zum ‚Prozeß der Zivilisation‘ [gehört]“ und der „‚Triebverwandlung und -regulierung‘ [dient]“,[709] wie Dirk Niefanger in Anlehnung an Nobert Elias' umfangreiche Zivilisations-Studie betont. Dabei muss die Erotik im Umfeld des Hofes von der Wollust im ‚pornographischen‘ Sinne unterschieden werden, denn „als Inbegriff des Animalischen und Niedrigen [...] [zielte] [d]ie Wollust [...] ausschließlich auf Triebbefriedigung, während die Erotik zwar erregte, aber im Bereich der sinnlichen Verfeinerung und Vermittlung angesiedelt wurde.“[710]

Mit seiner – sowohl im Text beschriebenen als auch auf Kupferstichen illustrierten –Amazone mit entblößter Brust konnte Hagdorn aber „erotische Phantasien“[711] beim Lesepublikum auslösen. Führt man sich zudem die an La

---

704   Hagdorn ÆGM 1670, Dritter Teil, S. 549.
705   Hagdorn ÆGM 1670, Dritter Teil, S. 551.
706   Hagdorn ÆGM 1670, Dritter Teil, S. 552.
707   Hagdorn ÆGM 1670, Dritter Teil, S. 550.
708   Vgl. Niefanger 2000, S. 37.
709   Niefanger 2000, S. 36.
710   Niefanger 2000, S. 36–37.
711   Kanz 2006, Sp. 506. Kanz weist zudem darauf hin, dass das Erotische in früh-
       neuzeitlichen „Gattungen und Formaten [...] stets in mythologischer oder

Calprenède orientierten, vermeintlich homoerotischen Liebesszenen zwischen Affelde und dem als „Philene" verkleideten Carresse vor Augen, in denen von „tausend Kueßen",[712] Umarmungen und Wünschen, das Bett miteinander zu teilen,[713] gesprochen wird, mag Hagdorn sein Lesepublikum zwar ebenso zu erotischen Gedanken angeregt haben, doch gelang ihm nur mit der Konzeption der exotisch-erotischen Affelde-Figur eine eigene Akzentuierung, mit der er sich in seiner *imitatio* des Romans *Cassandre* von seinem Vorbild La Calprenède emanzipieren konnte.

3.3.4 Das Eigene trotz Nachahmung: Hagdorns Akzentverschiebungen im *Æyquan*

Ebenso wie Christoph Kormarts deutsche Übersetzung der *Cassandre* basiert auch Christian Wilhelm Hagdorns *Æyquan* aus dem Jahr 1670 auf dem Roman La Calprenèdes. Beide deutschsprachigen Werke weisen entsprechende intertextuelle Bezüge zum Prätext auf, die jedoch unter den poetischen Prämissen der frühneuzeitlichen *imitatio*-Theorie betrachtet werden müssen. Während Kormarts sprachliche Übertragung durch die sehr enge Orientierung am französischen Original den Regeln dieser Nachahmungs-Theorie zufolge zwischen einer *interpretatio* und *imitatio* einzustufen ist, handelt es sich bei Hagdorns Roman eher um eine *imitatio*, da sowohl Unterscheidungs-, aber auch Erkennungsmerkmale zum Vorlagentext deutlich werden. Ob der *Æyquan* als *aemulatio* und somit als Überbietung der von ihm nachgeahmten *Cassandre* anzusehen ist, scheint durch die Unvollständigkeit des Hagdornschen Werkes eine kaum zu beantwortende Frage zu sein.

Allerdings wird man dem *Æyquan* nicht gerecht, wenn man ihn als bloße „Nach-Schrift"[714] bewertet, da Hagdorns Veränderungen eher für eine Bearbeitung im Sinne eines Palimpsests sprechen, in dem in „einem Text die Spuren eines anderen gesucht werden [sollen], der durch den ersten ausgelöscht und als ausgelöschter zugleich bewahrt ist."[715] Folglich konstituiert sich der neu entstandene Text erst „durch das verwischte Muster eines anderen Textes […] hindurch."[716]

Der augenfälligste Unterschied zur *Cassandre* liegt dabei in der Verlagerung der Handlung von Persien nach China und Indien, wobei sich die folgende

---

allegorischer Gestalt auf[tritt]" (Kanz 2006, Sp. 508). Die in den antiken Mythen als sexuell attraktiv beschriebene Amazonen-Figur bot sich demzufolge sehr für erotische Darstellungsmöglichkeiten an.

712   Hagdorn ÆGM 1670, Dritter Teil, S. 492.
713   Vgl. Hagdorn ÆGM 1670, Dritter Teil, S. 494.
714   Müller 1994, S. 69.
715   Müller 1994, S. 65.
716   Müller 1994, S. 65.

Textanalyse hier auf den übernommenen Amazonen-Plot konzentriert. Insbesondere an dieser mythologischen Weiblichkeitskonstruktion wird deutlich, in welcher Weise Hagdorns eurozentristisch gefärbter Blick dazu führt, ein überaus ambivalentes Bild des Fremden zu zeichnen. So werden die asiatischen Figuren in ihrer Äußerlichkeit (Kleidung), ihren Tugenden, Namen[717] und in der Hofkultur zwar den gewohnten europäischen Vorstellungen angenähert. Dabei erweist sich die Darstellung der von Hagdorn eigens erfundenen männerliebenden, aber zugleich männerfeindlichen Amazonenkönigin Pentalisea als erklärungsbedürftiger Widerspruch und als Schwäche dieser Figurenkonzeption. Allerdings konzentriert sich Hagdorns Amazonen-Handlung auch nicht auf die Königin der Amazonen, sondern auf deren Tochter, Prinzessin Affelde. Denn nur an dieser jungen Kriegerin, deren Jugendlichkeit mit der den Amazonen zugesprochenen sexuellen Anziehungskraft und Agilität verbunden wird, ist es Hagdorn möglich, die Erotik der Amazonen-Figur hervorzuheben. Folglich stellt er – in einer seit der Antike mit den Kriegerinnen assoziierten Schlachtszene – eine Begegnung zwischen Affelde und dem Fürsten Carresse dar, in der der Held die ohnmächtige Amazone zu retten versucht. Dessen Maßnahmen zur ‚Wiederbelebung' erweisen sich jedoch als äußerst speziell, da er den oberen Teil ihrer Rüstung entfernt, um ihre Brüste zu entblößen und zu küssen. Auf diese Szene wird im Roman an verschiedenen Stellen detailliert Bezug genommen, so dass die erotisierende Absicht der als „schoen" und „lieblich" bezeichneten Brüste überdeutlich wird. Indem Hagdorn seiner Adaption der La Calprenèdeschen Amazonen-Handlung eine eigene Note verleiht, kann er die ebenfalls aus der *Cassandre* übernommenen homoerotischen Szenen sogar um weitere erotische Passagen erweitern, die als Kupferstiche zudem noch ihren visuellen Reiz erhalten. Diese neue Akzentuierung Hagdorns erweist sich als eine der bedeutsamsten Veränderungen dem französischen Prätext gegenüber, obwohl er durch die beschriebene Flucht Affeldes bereits einen amazonischen Mutter-Tochter-Konflikt thematisiert, der im nächsten zu untersuchenden Roman, Joachim Meiers *Die Amazonische Smyrna*, eine noch gewichtigere Rolle spielen wird.

---

717 Auffällig wird dies gerade an den Amazonen Pentalisea und Affelde, aber auch an weiteren weiblichen Figuren wie Saphotisphe, Pharesse, Aledesig und Philene, deren Namen nicht einmal ansatzweise chinesisch klingen, sondern vielmehr auf antike (griechische) Frauen verweisen.

3.4 Die Amazone als regierungs(un)fähige Herrscherin? Joachim Meiers *Die Amazonische Smyrna* (1705)

3.4.1 Der verschlüsselte Roman

Zugegeben: Ein erster Blick auf den Staats- und Liebesroman *Smyrna*[718] des Juristen und Göttinger Gymnasiallehrers Joachim Meier (1661–1732)[719] verspricht für die am barocken Amazonen-Thema interessierte Leserschaft zunächst nicht viel Neues. Wie in La Calprenèdes französischer *Cassandre* resp. Kormarts deutscher Version oder Hagdorns *Æyquan* finden sich auch in diesem 1.030 Seiten umfassenden Werk bekannte Handlungselemente wie das männliche Cross-Dressing als Amazone oder die Kritik an den männerfeindlichen und misogamen Amazonengesetzen wieder, die ganz offensichtlich zum essentiellen Bestandteil eines Plots gehören, in dem die mythischen Kriegerinnen eine wesentliche Rolle spielen. Auch wenn Meier, wie Hagdorn, darum bemüht ist, diese Aspekte zu variieren, wäre es wenig erkenntnisreich, sie abermals in den Mittelpunkt der kommenden Textanalyse zu stellen. Doch welche neuen Perspektiven bietet Meiers Roman im Hinblick auf seine literarische Bearbeitung des Amazonen-Stoffs?

Auffällig ist zunächst, dass Meier in seiner Rezeption der antiken Mythen die Amazonen-Thematik differenzierter behandelt als dies bei La Calprenède, Kormart oder Hagdorn der Fall ist. So stellt er in *Smyrna* zwei Gruppen von kriegerischen Frauen dar: zum einen die den antiken Mythen entnommenen Amazonen-Gestalten, zu denen Myrina, Smyrna und ihre Schwestern zählen,[720] zum anderen aber auch die argivischen Prinzessinnen Iphinoe, Lysippe und Iphianassa, die – in Anlehnung an die den Kriegerinnen zuge-

---

718 Joachim Meier veröffentlichte seinen Roman *Die Amazonische SMYRNA* unter dem Pseudonym Imperiali. Vgl. Meier SMY 1705a.

719 Siehe dazu Herrenbrück 1974 und den Artikel über Joachim Meier in Dünnhaupt 1991c. In seiner Zeit als Lehrer am Göttinger Gymnasium verfasste Meier, zu dessen literarischen Vorbildern Anton Ulrich von Braunschweig-Wolfenbüttel und Daniel Caspar von Lohenstein gehörten (vgl. dazu Herrenbrück 1974, S. 11), neben *Smyrna* (1705) noch weitere höfisch-historische Romane mit dem didaktischen Anliegen, diese „Romanform zur Belehrung über die klassischen Dichter und andere Wissengebiete zu nutzen" (Herrenbrück 1974, S. 23). Die Titel dieser Werke lauten: *Durchl. Römerin LESBIA* (1690), *ZARAIDE Oder die Gerechtfertigte Unschuldige* (1695), *Der Durchlauchtigsten Hebreerinnen JISKA REBEKKA RAHEL ASSENATH und SEERA Helden=Geschichte* (1697), *Die Durchläuchtigste Polnische VENDA* (1702).

720 Die Überlieferung von Myrina, Smyrna, Marpesia und Lampedo als bekannte Amazonen-Figuren findet sich bis in das 18. Jahrhundert hinein. Vgl. dazu Zedler 1732c, Sp. 1668. Folglich rekurrierte Meier bei der Konzeption der *Smyrna* explizit auf eine Gestalt aus antiken Mythen. Gerade Amazonen wie Myrina und Smyrna

sprochene Männerfeindlichkeit – aus enttäuschter Liebe gemeinsam gegen ihre vermeintlich untreuen Liebhaber kämpfen.[721] Selbstverständlich ist der Kampf zwischen Amazonen und Helden kein innovatives Handlungselement. Hinsichtlich der inhaltlichen Parallelen zur *Cassandre*, aber auch zum *Æyquan* wäre demnach der Hinweis auf die frühneuzeitliche *imitatio*-Theorie hier berechtigt. Trotz der starken intertextuellen Bezüge zu den bisher vorgestellten Romanen kann über einen oder mehrere Referenztexte nur spekuliert werden, fehlen doch bei Meier jegliche Verweise auf dezidierte Romanvorlagen. Eine Erklärung für die Behandlung des Amazonen-Themas findet sich allerdings in Meiers Vorrede zu *Smyrna*, in welcher der Lehrer und Verfechter einer klassischen Bildung, die „pädagogische Absicht [...], auch mythische Stoffe [...] dem Publikum am besten in der beliebten Romanform zu vermitteln",[722] verdeutlicht. So sei der Roman *Smyrna*

> „[e]rstlich] [...] mit dem Ende ersonnen / daß er eine Erklaerung der jenigen Zeiten sey / welcher noch denen Mythischen oder Fabelhafften gerechnet werden [...]. Also findet man allhie vielleicht nicht undeutliche Nachricht von Ursprung der Kriegerischen Amazonen / welche in der Welt so grossen Ruff gemacht / dabey aber nicht verhindern koennen / daß nicht verschiedene unter denen Gelehrten gezwifelt haben / ob sie jemals gewesen [...]."[723]

Des Weiteren ist es Meiers Ziel, dem Lesepublikum einen Schlüsselroman[724] zu bieten,[725] denn „ein anders Absehen dieses Romans" sei, „die Begebenheiten unser jezigen Welt [...] unter der Dekke der Geschichten alter Zeiten" darzustellen, „spiele [man] auf der Schaubuehne dieser Welt nur i⊥er [immer] einerley / jedoch mit abwechselten Personen."[726]

Mit diesem verschlüsselten Werk, in dem reale Personen und die Verschleierung von zeithistorischen Ereignissen, Liebesskandalen und gesellschaftlichen Konflikten vom Lesepublikum ‚entlarvt‘ werden sollen, folgt Meier einer aus Frankreich übernommenen Technik, die jedoch nicht erst im 17. Jahrhundert angewandt wurde, sondern bereits in der antiken Literatur zu finden ist.[727] Hinsichtlich der Tatsache, dass Meier die Kriegerin Smyrna zur Titelheldin

---

galten im Altertum als Namenspatroninnen von Städtegründungen. Siehe dazu Heubeck 1950, S. 274 und S. 278.
721 Vgl. Meier SMY 1705a, Buch I, IV und V.
722 Herrenbrück 1974, S. 30.
723 Meier VOR 1705b, n. p.
724 Unter verschlüsselter Literatur sind „jene Erzählungen oder Schauspiele gemeint [...], in denen Personen, Orte, Ereignisse der Wirklichkeit unter erdichteten Namen vorkommen." Schneider 1953a, S. VII.
725 Vgl. Herrenbrück 1974, S. 30.
726 Meier VOR 1705b, n. p.
727 Vgl. Schneider 1953b, S. V.

seines Romans erkoren hat, statt diesen nach dem Helden Bellerophontes zu benennen, dessen Abenteuer die eigentliche Haupthandlung des Werks tragen, stellt sich die Frage sowohl nach den Gründen für diese deutliche Hervorhebung des Amazonen-Themas als auch nach dessen Funktionalisierung. Dass Meier bei seinem Romantitel lediglich „der zeitgenössischen Mode [gefolgt ist], Frauennamen zu wählen",[728] wie Georg Herrenbrück diesen Umstand erklärt, mag für andere Werke vielleicht zutreffen, greift aber im Falle der amazonischen *Smyrna* zu kurz. Die Intention Meiers dürfte eher darin liegen, die frühneuzeitliche Amazonen-Thematik in einen ihrer wesentlichsten Kontexte zu betten: die hitzigen Debatten über die Regierungs(un)fähigkeit von Frauen.

Wie doppelbödig Meiers Verschlüsselungen hinsichtlich der Diskurse um weibliche Herrscherqualitäten seiner Zeit sind, zeigt sich schon am Titel seines Romans, in dem er nicht der Amazonenkönigin Myrina, sondern deren Tochter Smyrna die zentrale Rolle der Titelheldin zuweist. So wird dem Lesepublikum erst nach der gesamten Lektüre des Romans deutlich, dass nicht nur sein Bedürfnis nach den üblichen Staats- und Liebesgeschichten erwartungsgemäß befriedigt wurde, sondern dass es im Hinblick auf die Amazonenprinzessin und deren spannungsgeladenes Verhältnis zu ihrer Mutter auch mit dem literarischen Entwurf weiblicher Herrschaft und ihren möglichen, zukunftsweisenden Perspektiven am Beispiel eines amazonischen Generationenkonflikts konfrontiert wurde.

Sicherlich wäre bei La Calprenède oder Hagdorn schon Gelegenheit gewesen, die Diskurse über die zugesprochene weibliche Regierungs(un)fähigkeit anhand der Amazonenköniginnen Talestris und Pentalisea zu thematisieren. Meiers *Smyrna* bietet sich im Hinblick auf diese Thematik jedoch aus einer Reihe von Gründen als besserer Text zur Analyse an: Obwohl Hagdorn bereits Pentalisea als Regentin darstellt, die als Witwe und „Erb=mutter"[729] die Herrschaftsrechte über ihr Wittum ausübt,[730] indem sie über das Königreich Suchuan regiert, spielt diese fiktive Form weiblicher Herrschaft keine weitergehende Rolle im *Æyquan*. Dies mag dem Umstand geschuldet sein, dass es sich bei dem Werk um ein Fragment handelt. Aus diesem Grund wird auch die von Hagdorn konzipierte Problematik eines amazonischen Mutter-Tochter-Konflikts (Affeldes Flucht vor dem von Pentalisea für sie ausgesuchten Heiratskandidaten) nur tangiert, so dass über deren Folgen für das Amazonen-

---

728 Herrenbrück 1974, S. 137.
729 Hagdorn ÆGM 1670, Dritter Teil, S. 488.
730 Zum realhistorischen Erbrecht von verwitweten Fürstinnen siehe Puppel 2004a, S. 23–24.

reich aufgrund des unvollständigen Romans nur gemutmaßt werden kann.[731] Bei La Calprenèdes Talestris handelt es sich zwar ebenfalls um eine Königin der Amazonen, doch hält sich diese als Herrscherin kaum im eigenen Reich auf, um ihre Kriegerinnen anzuführen, da sie sich im Laufe der Handlung im Gefolge des Orondates befindet. Zu guter Letzt löst Talestris das Volk der Amazonen sogar auf, um sich von den männerverachtenden und misogamen Gesetzen ihrer Vorfahrinnen zu distanzieren, so dass die Beschreibung weiblicher Herrscherqualitäten eher sekundär erscheint, wenn diese nicht gar in der ‚amazonischen' Weise negiert werden.

In Meiers *Smyrna* spielt die Amazone in ihrer Funktion als Regentin hingegen eine wesentliche Rolle. So konzipiert Meier mit seiner Myrina-Figur eine mit König Pygmalion[732] von Cypern (Zypern) verheiratete Kriegerin als Ehefrau und Mutter,[733] die gemeinsam mit ihrem Mann über ein Königreich, aber zugleich *selbständig* über das Amazonenreich herrscht. Stärker als Hagdorn bettet Meier den Amazonen-Stoff folglich in eine ‚traditionelle' Vorstellung einer Familienkonstellation, wobei es sich hier um ein Ehepaar mit mehreren, weiblichen *und* männlichen[734] Kindern handelt. Im Zusammenhang der als männerfeindlich geltenden Kriegerinnen ist dies eine äußerst ungewöhnliche Darstellung amazonischer Familienverhältnisse, beschränken sich diese in allen anderen hier untersuchten Texten doch ausschließlich auf die soziale Gemeinschaft der Kriegerinnen. Väter oder Brüder kommen – den antiken Amazonenmythen entsprechend – nicht vor. In die geschilderte familiäre Situation platziert Meier jedoch den gleichen Konflikt zwischen Mutter und Tochter, den bereits Hagdorn für seinen Roman nutzt, um die mütterliche, im Falle der Amazonen sogar die staatliche, Autorität durch das ungehorsame

---

731 Affelde kehrt zwar nach einem Streit mit ihrem Geliebten Carresse zu ihrer verständnisvollen Mutter zurück, doch bleibt das weitere Geschehen unklar. Vgl. Hagdorn ÆGM 1670, Dritter Teil, S. 569–570.

732 Im Hinblick auf diese Figur verknüpft Joachim Meier Elemente der Amazonen-Mythen mit dem Pygmalion-Mythos. Nach Ovid erschuf sich der von Frauen enttäuschte König von Zypern, Pygmalion, eine weibliche Idealfigur aus Elfenbein, die er wie eine Geliebte verehrt. Venus, die Pygmalions Bitte erfüllen möchte, eine Gattin zu bekommen, die seiner Statue aus Elfenbein gleicht, verwandelt diese schließlich in ein menschliches Wesen. Vgl. Ovid M 1994, Zehntes Buch, V. 243–297, S. 527–528.

733 Als „Gattin und Mutter" konzipiert, müsste Myrina bei Meier eigentlich „[e]ine vollendete Frau" darstellen. Brinker-von der Heyde 1996, S. 279. Ob solch eine Vollendung auf die Amazonenkönigin zutrifft, werden die kommenden Ausführungen zeigen.

734 Dabei handelt es sich um die Figur des Hippolytus. Antiken Mythen zufolge gilt Hippolytus auch als Sohn des Theseus und der Amazone Hippolyta bzw. der Antiope. Für den Bekanntheitsgrad dieser Überlieferung bis in die Frühe Neuzeit hinein spricht folgender Artikel: Zedler 1739b.

töchterliche Verhalten zu konterkarieren. Durch die von ihm entworfene Familienkonstellation der Amazonen mit männlichen Verwandten und Bezugspersonen gelingt Meier dabei eine Dynamik, die den bisherigen Konzeptionen eines Amazonen-Plots eine neue, nämlich *vaterorientierte* Dimension verleiht und im Hinblick auf das Herrscherbild des absolutistischen Zeitalters zu betrachten ist.[735] Für *Smyrna* ist dieser (landes-)väterliche Aspekt allein schon deshalb nicht von der Hand zu weisen, da sowohl Joachim Meiers Mäzen Herzog Ernst August von Braunschweig und Lüneburg[736] (1629–1698), der 1692 Kurfürst von Hannover wurde, als auch dessen Verbündeter Landgraf Karl von Hessen-Kassel (1654–1730), dem der Roman von Meiers Verleger Michael Andreas Fuhrmann gewidmet wurde,[737] über persönliche Erfahrungen mit der Herrschaft von Frauen verfügten. So regierten sowohl Ernst Augusts Mutter Anna Eleonore von Hessen-Darmstadt (1601–1659) als auch Karls Mutter Hedwig Sophie von Hessen-Kassel (1623–1683) als vormundschaftliche Regentinnen ihrer minderjährigen Söhne, was sich im Falle des hessischen Monarchen als ‚Tradition‘ erwies, da bereits seine Großmutter Amelie Elisabeth (1602–1651) als Vormünderin seines Vaters Wilhelm IV. (1629–1663) die Regierungsgeschäfte geführt hatte.[738]

Wie diese Ausführungen zu Meiers Roman und zu der Erfahrung von männlichen Monarchen mit weiblicher Herrschaft andeuten, soll der Blick auf die Figur der Amazone in ihrer Funktion als Herrscherin und Mutter die vorangegangenen Kapitel zu exotischen und (homo-)erotischen Funktionalisierungsmöglichkeiten der mythischen Kriegerin ergänzen. Der im Folgenden skizzierte frühneuzeitliche Diskurs zur weiblichen Regierungs(un)fähigkeit ist

---

735 Vgl. Skalweit 1957. Zur Vorstellung des „väterlichen Fürsten", die im Deutschland der Aufklärung propagiert, in England und Frankreich jedoch zeitgleich abgelehnt wurde, siehe Opitz 1996b, S. 347.

736 Vgl. Herrenbrück 1974, S. 19.

737 So erwähnt der Verleger die Gnade und den Schutz von Ausländern unter Landgraf Karl sowie den Sieg bei Hochstädt, den Karls Sohn Friedrich als Generallieutnant an der Seite der Niederländer im Spanischen Erbfolgekrieg 1704 errungen hat. Vgl. Fuhrmann ZUS 1705, n .p.

738 Zur vormundschaftlichen Regierung als Herrschaftsform siehe Puppel 2004a, S. 236–238. Landgräfin Hedwig Sophie von Hessen-Kassel, die von ihrem Mann Wilhelm IV. (1629–1663) testamentarisch zur Regentin bestimmt wurde, regierte anfangs für ihren minderjährigen Sohn Wilhelm VII. (1651–1670), „der kurz vor Antritt der eigenen Regierung starb" (Puppel 2004a, S. 238). Daraufhin führte sie für ihren zweitgeborenen Sohn Karl die vormundschaftliche Regentschaft bis zu seinem 23. Lebensjahr weiter (vgl. Puppel 2004a, S. 238). Zu Amelie Elisabeth von Hessen-Kassel und ihrer vormundschaftlichen Regentschaft für den minderjährigen Erbprinzen Wilhem IV. siehe Puppel 2004b, S. 157–159.

als Kontext zu sehen, der sich gerade im Hinblick auf den Schluss der *Smyrna* als sehr aufschlussreich erweisen wird.

3.4.2 Frauen auf den Thron? Frühneuzeitliche Debatten über die Gynäkokratie

In der frühneuzeitlichen *Querelle des Femmes*, dem Geschlechterstreit über die Fähigkeiten und Tugenden der Frau, war die Frage nach der Inferiorität oder Superiorität des weiblichen Geschlechts heiß umstritten. Insbesondere am beliebten Motiv des ,Hosenkampfes' wurde das Ringen um Macht und Vorherrschaft von Mann und Frau in Text und Bild verdeutlicht,[739] wobei sich ,Herrschaft' nicht nur auf Frauen und Männer im ,Adelsstand' bezieht, sondern auch „in den bürgerlichen und bäuerlichen Haushalten als lokale Autorität der Hausväter und Hausmütter angesiedelt"[740] ist. So besagten weibliche Herrschaftsansprüche aus androzentristischer Perspektive die Verkehrung der Geschlechterordnung schlechthin, denn

> „Weiber=Regiment [...] heist wenn ein herrschsichtiges und hochmuethiges Eheweib sich nicht allein ueber ihr Haus=Gesinde, sondern auch ueber ihren Mann selbst, eben so viel, wo nicht noch mehrerer Gewalt anmassen will, als doch sonst umgekehrt eigentlich diesem ueber jenem gebuehrte. [...] Allein man wird auch sehen, daß [...] der unvernuenfftigen Herrsch= und Zank=Sucht mancher stolzen Weiber keineswegs das Wort geredet, oder gar behauptet werde, daß die Maenner sich ihres in der ehelichen Gesellschaft ihnen zukommenden Rechtes der Ober=Direction begeben, denen *boesen Weibern*[741] aber, wie man zu reden pfleget, die Hosen ueberlassen sollen. Denn dieses scheinet wider die Ordnung Gottes zu streiten [...]."[742]

Frauen, als ,Evastöchter' schöpfungsgeschichtlich als zweitrangig und daher schwach, durch den Sündenfall zudem als Untergebene Adams angesehen, wurde allein aus dieser theologischen Sicht die Souveränität in öffentlichen Ämtern abgesprochen.[743]

---

739 Vgl. Metken 1996. Nikola Roßbach zufolge steht der ,Kampf um die Hosen' für „das Begehren beider Geschlechter nach Herrschaft und Potenz, aber auch das weibliche Begehren nach Sexualität." Roßbach 2009, S. 65.

740 Wunder 1997, S. 34.

741 Ulrike Gaebel und Erika Kartschoke zufolge gelten Frauen in Texten der Vormoderne als *böse*, wenn sie „ordnungsstörend und normverletzend" agieren, „Geschlechternormen überschreiten" und dies „in der Perspektive des jeweiligen Mediums oder Genres als Anmaßung von Macht verurteilt" wird. Gaebel/Kartschoke 2001, S. 9.

742 Zedler 1747, Sp. 106–107.

743 Vgl. Wunder 1997, S. 32. Zur Unterordnung der Frau siehe folgende Bibeltextstellen: a) *Der erste Brief des Paulus an Timotheus.* Hier heißt es u.a.: „Eine

Demgemäß ist starke Kritik an einer „weibliche[n] Beteiligung an der Staatsgewalt"[744] in Schriften wie etwa Jean Bodins (ca. 1529–1696) *Sechs Bücher über den Staat* (*Six livres de la République*, 1576) zu finden. Ähnlich wie sein späterer Mitstreiter Henning Arniseus (ca. 1575–1636)[745] stützte der erklärte Gegner der Frauenherrschaft seine naturrechtlichen[746] Argumente auf die aristotelische Philosophie des Gegensatzdenkens, das auf der Basis der männlichen Überlegenheit beruht.[747] Bodin zufolge sollte „die Monarchie" daher

> „streng auf der männlichen Thronfolge aufbauen, weil die Gynäkokratie im klaren Widerspruch steht zu den Gesetzen der Natur, die dem männlichen Geschlecht und nicht etwa der Frau die Gaben der Stärke, der Klugheit, des Kämpfens und des Befehlens verliehen hat."[748]

Um „das Gesetz Gottes" einzuhalten, mahnt Bodin ferner an, dass „das Weib dem Mann Untertan sein [solle] und zwar nicht bloß was das Regieren von Königreichen und Kaiserreichen anbelangt, sondern auch in jeder einzelnen Familie."[749] Die eheliche, sprich gesellschaftliche Ordnung solle mit der Frauen-

---

Frau lerne in der Stille mit aller Unterordnung. Einer Frau gestatte ich nicht, daß sie lehre, auch nicht, daß sie über den Mann Herr sei, sondern sie sei still. Denn Adam wurde zuerst gemacht, danach Eva. Und Adam wurde nicht verführt, die Frau aber hat sich zur Übertretung verführen lassen." 1. Tim 2, 11–14. In: Die Bibel 1985, S. 248. b) *Der Brief des Paulus an Titus.* Dort schreibt Paulus über das Zusammenleben in der Gemeinde: „Du aber rede, wie sich's ziemt nach der heilsamen Lehre. Den alten Männern sage, daß sie nüchtern seien, ehrbar, besonnen, gesund im Glauben, in der Liebe und in der Geduld; desgleichen die alten Frauen, daß sie sich verhalten, wie es sich für Heilige ziemt, nicht verleumderisch, nicht dem Trunk ergeben. Sie sollen aber Gutes lehren und die jungen Frauen anhalten, daß sie ihre Männer lieben, ihre Kinder lieben, besonnen seien, keusch, häuslich, gütig und sich ihren Männern unterordnen, damit nicht das Wort Gottes verlästert werde." Tit 2, 1–5. In: Die Bibel 1985, S. 255.

744 Opitz 2001, S. 507.

745 Zu dessen Werken *De iure connubiorum* (1606) und *De republica, Seu relectionis politicae libri duo* (1636) vgl. Plume 1996, S. 39.

746 Stephan Buchholz zufolge hat man u. a. von Henning Arniseus ausgehend eine „Naturbetrachtung betrieben, die auf eine naturrechtliche Begründung der männlichen Superiorität und weiblichen Inferiorität hinauslief: Frauen sind schwächer an Geist und Körper, sie sind unfähig zu klaren Urteilen und gezielten Handlungen. Die natürliche Welt zeigt, daß das Männliche dem Weiblichen überlegen ist. Naturrechtlich haben die Männer über die Frauen zu herrschen." Buchholz 1997, S. 12.

747 Zur Philosophie des Aristoteles als „erste Grundsäule andronormativen Denkens" siehe Plume 1996, S. 22–24.

748 Bodin 1986, VI. Buch, 5. Kapitel, S. 449.

749 Bodin 1986, VI. Buch, 5. Kapitel, S. 449.

herrschaft nicht gefährdet werden,[750] sei es doch „eine politische Regel, daß, was im öffentlichen Leben für gut befunden und hingenommen wird, immer auch im privaten Bereich nachgeahmt zu werden pflegt."[751] Nicht zuletzt begründet Bodin seine Intervention gegen die weibliche Regentschaft damit, dass

> „[d]as Gesetz der Frau überdies alle typischerweise dem Manne zukommenden Ämter [versagt], z. B. in Rechtsprechung, Anwaltschaft und anderen Bereichen. Der Grund hierfür ist nicht allein in ihrem Mangel an Klugheit zu suchen, [...], der Grund liegt vielmehr darin, daß sich nach Mannesart zu verhalten dem weiblichen Geschlecht mit seiner Schamhaftigkeit und Bescheidenheit zuwiderläuft."[752]

Absagen an weibliche Herrscherfähigkeiten, die ebenfalls mit theologischen und naturrechtlichen Argumenten durchsetzt sind, finden sich auch im juristischen Schrifttum der Frühen Neuzeit wieder.[753] So lehnt Johann Jacob Ansorg in seiner Dissertation *De Gynaecocratia* von 1663 die Übernahme eines öffentlichen Amtes durch Frauen ab und begründet dies mit den gängigen und bereits aufgeführten Argumenten der Genesis. Darüber hinaus sei die Frau „[a]ufgrund ihrer Körperschwäche, ihrer mangelnden Standhaftigkeit und fehlenden Klugheit sowie ihres lasterhaften Wesens [...] nicht zur Herrschaft fähig: ‚Nullo modo ad Successionem Regni admittenda est mulier'."[754]

Obwohl das Prinzip „maior dignitas est in sexu virili"[755] („Dem männlichen Geschlecht gebührt der Vorrang"[756]) zahlreiche Anhänger hatte, gab es durchaus auch Befürworter der weiblichen Superiorität. Ein häufig angeführtes Beispiel ist Henricus Cornelius Agrippa von Nettesheim (1486–1535), dessen Werk *Declamatio de nobilitate et praecellentia Foeminei sexus* 1529 (*Vom Adel vnd Fuertreffen Weibliches geschlechts*, 1540[757]) als „Frauenpreis"[758] erschien und ihn innerhalb der *Querelle des Femmes* als ‚Frauenfreund' positionierte. Agrippa kritisiert schon in den ersten Worten, die er an die Widmungsadressatin seines Buches, Gräfin Regina von Mörsperg und Beffort (1519–1550), richtet, misogyne Denkweisen seiner Zeitgenos-

---

750 Vgl. Opitz 2001, S. 508.
751 Bodin 1986, VI. Buch, 5. Kapitel, S. 450.
752 Bodin 1986, VI. Buch, 5. Kapitel, S. 449.
753 Zu juristischen Argumentationen zur Inferiorität der Frau siehe vor allem die rechtshistorische Arbeit von Koch 1991, S. 179–190.
754 Puppel 2004b, S. 154.
755 Koch 1991.
756 Die Übersetzung ins Deutsche folgt Opitz 2001, Anm. 13, S. 510.
757 Zitiert wird aus der von Jörg Jungmayr edierten und kommentierten, in deutschsprachiger Übersetzung überlieferten Schrift: Agrippa von Nettesheim [1529/1540] DNFS 1988, S. 53–95.
758 Brinker-von der Heyde 1997a, S. 31–48.

sen, hielten diese „vnweisen" es schließlich „fuer ein Religion [...] / daß das weibsbild / darumb daz es daz schwaecher gefaeß ist / in allem / gegen dem Mann / muesse verloren haben."[759] Diese frauenfeindliche Ansicht habe ihn dazu veranlasst, „diß Buechlin zubeschreiben [...] / damit er [Agrippa] solchen Eseln anzeigt / wie auch bei den gelertsten / das weiblich geschlecht / so viel menschliche Natur antrifft / Edler vnd fuertrefflicher dann die grob arth der maenner gehalten wird."[760]

Um die weibliche Überlegenheit zu betonen, hebt Agrippa – neben schöpfungs- und heilsgeschichtlichen Argumenten – die Regierungsfähigkeit von realhistorischen oder mythologischen Herrscherinnen wie den Amazonen hervor,[761] die mit den als *Neuf Preuses*[762] bezeichneten neun Heldinnen aus griechisch-römischen Mythen bis ins 16. Jahrhundert hinein als vorbildhafte *viragines* galten und „die höchste Form des Weiblichen"[763] darstellten:

> „Es hat auch den weibern / weder witz noch vernunfft die groesten koenigreich zu regiern nie gemangelt / das bezeugen Amalußunta die koenigin der Ostrogothen / welch[e] [...] jrem son Atalarico / oder Adelreich als ein muter das Jtaliaenisch reich tapffer vnd treulich vf [...] hielt [...]. Jtem Delbora die allerfuersichtigst /

---

759 Agrippa von Nettesheim [1529/1540] DNFS 1988, S. 54.

760 Agrippa von Nettesheim [1529/1540] DNFS 1988, S. 54.

761 Bereits in Werken wie Giovanni Boccaccios historisch-mythologischem Nachschlagewerk *De claris mulieribus* und Christine de Pizans (1365 – ca. 1430) *Das Buch von der Stadt der Frauen* (*Le Livre de la Cité des Dames*, ca. 1405) mit biblischen, historischen und mythologischen Frauenfiguren sind Amazonenköniginnen als Exempel weiblicher Herrschaft par exellence zu finden. So hebt Boccaccio in seinem Frauenkatalog den Mut der Penthesilea und ihren Kriegerinnen hervor (vgl. Boccaccio 1995, S. 95), während de Pizan – von *De claris mulieribus* inspiriert – auch den Amazonen Lampheto (Lampedo), Marpesia, Oreithyia (Orythia), Manalipe (Menalippe) und Hippolyte einige Kapitel ihres Werkes widmet (vgl. de Pizan 1986, S. 72–73 und S. 75–83). Mit diesem zu Beginn des 15. Jahrhunderts entstandenen Buch wollte die Autorin ihren Zeitgenossinnen Mut zusprechen (vgl. Zimmermann 1986, S. 17) und sie dazu animieren, Kritik an der von Männern konstruierten weiblichen Unterlegenheit zu üben, um „eine eigene, das heißt: nicht-fremdbestimmte Vorstellung von sich selbst, von der Bedeutung des weiblichen Geschlechts zu entwickeln." Zimmermann 1986, S. 17.

762 Zu den *Neuf Preuses* [Neun Heldinnen] gehören die Amazonenköniginnen und Anführerinnen Sinope, Hippolyte, Menalippe, Lampeto und Penthesilea, die Argiverin Deiple (die an der Eroberung Thebens beteiligt war), Semiramis (Königin von Babylon, die zahlreiche Länder eroberte), Tomyris (Königin der Skythen, die den Eroberer Cyrus mit seinem Heer bezwang) und Teuta (Königin der Illyrer, die gegen die Römer kämpfte und in Keuschheit lebte). Vgl. Sedlacek 1997, S. 11.

763 Franke/ Welzel 2001, S. 138.

vnd ein weib Labidoth / hat als man im buch der Richter lißt / nach dem Aioth etwa lang vnd bei xl. Jaren vber Jsrael regiert [...]. Man lißt auch in der Histori der Koenig das Athalia die Koenigin regiert / vnd sieben jar zu Hierusalem gerichtet hat. [...] Die weiber haben auch vnder jhnen gehabt / welche die aller schoensten stett erbawen / die hoechsten Monarchien vnd keiserthumb der welt angericht haben / Als Semiramis die da Babylon erbawen vnd regiert / Dido die Carthaginem vnnd jhren gewalt auffgericht. Die Amazones so im streitten gueltig / anheims ein groß reich versehen. Du findst auch / das vnder den weibern / in schlachten vnd streiten weiber gewesen sein / die da herrliche thaten gestifft haben / Als Thomiris die koenigin der Massageter / die den Monarchen Cyrum erlegt hat. Jtem Camilla der Volscier koenigin / welche den Rutulis widder Eneam zu huelff kam [...] geschweig [...] der Amazoner [...] vnd Persier weiber."[764]

Zählt Agrippas Frauenlob im 16. Jahrhundert – wohl nicht zuletzt im Zusammenhang mit seiner Anstellung am Hof Margaretes von Österreich (1480–1530)[765] – noch zu den wenigen Stimmen, die gegen frauenfeindliche Klischees und die damit verbundene Vorstellung von der Frau als dem schwachen Geschlecht intervenieren, finden sich bis in das 18. Jahrhundert hinein vermehrt Traktate, die Frauen nicht nur die Befähigung, sondern zuweilen auch die bessere Eignung zur Regentschaft zusprachen.[766] Pauline Puppel hat anhand juristischer Arbeiten dargelegt, dass die Professoren Peter Müller und Georg Heinrich Ayrer entgegen der vehementen Kritik ihres Kollegen Johann Jacob Ansorg genügend Argumente *für* die weibliche Regentschaft anführen konnten. Dabei rekurrierte Müller in seinem Traktat *De Gynaecocratia in regionibus Imperii Germanici* (1685) nicht auf das Naturrecht, sondern orientierte sich „am positiven Reichsrecht, dem Lehenrecht und dem dynastischen Herkommen",[767] um etwa am Beispiel der verwitweten Fürstin als vormundschaftlicher Regentin, aber insbesondere an der ledigen Fürstäbtissin, die sowohl geistliche als auch weltliche Herrschaft ausübte, die *gynaecocratia politica* zu legitimieren.

Wie Müller bezog sich Ayrer in seiner Arbeit *Gynaecocratia tutelari viduarum illustrium* (1746) ebenfalls auf die vormundschaftlichen Regierungsmöglichkeiten von hochadeligen Witwen. Dabei unterschied er zwischen „dem Vicariat während der Abwesenheit des Fürsten" als *gynaecocratia politica generatim* und „der vormundschaftlichen Regentschaft als spezifischer Unterform",[768] wobei er diese *gynaecocratia tutelari speciatim* auf das Natur- und Völkerrecht, das römische und deutsche Recht stützte.

---

764 Agrippa von Nettesheim [1529] DNFS 1988, S. 87–88.
765 Vgl. Brinker-von der Heyde 1997a, S. 32.
766 Zu den einzelnen Texten siehe Schlumbohm 1981, S. 116–117.
767 Puppel 2004b, S. 154.
768 Puppel 2004b, S. 156.

Doch auch Theologen sprachen sich für die Herrschaft von Frauen aus. Der Jesuit Pierre Le Moyne (1602–1672) führte beispielsweise in seinem Anna von Österreich gewidmeten Exempelkatalog *La Galerie des Femmes Fortes* (1647) anhand zwanzig berühmter Frauengestalten[769] die regierungsfähige Ebenbürtigkeit, die heroische Tugend, den Großmut und die kriegerische Stärke des weiblichen Geschlechts vor Augen.[770] Gerade das Beispiel Annas von Österreich als vormundschaftlicher[771] Regentin für ihren minderjährigen Sohn Ludwig XIV. veranschaulicht, dass diese Art pro-feministischer Texte der höfischen Propaganda zuzuschreiben sind, entstanden sie schließlich „im Umfeld der Königinnen, Regentinnen und Statthalterinnen"[772] und sollten deren Position als regierende Frau stärken.

Das Herrschaftsspektrum adeliger Frauen beschränkte sich dabei nicht auf die vormundschaftliche Regierung, sondern konnte darüber hinaus auch die „Leitung des herrschaftlichen Haushalts über die Verwaltung des Wittums oder einer Grund- und Gerichtsherrschaft bis zur Teilhabe als regierende Fürstin"[773] bedeuten. Allerdings waren „[d]iese Herrschaftsfunktionen [...] rechtlich jeweils unterschiedlich legitimiert",[774] wie Heide Wunder differenziert darlegt:

> „So gehörte die Haushaltsführung zu den Aufgaben der adeligen Ehefrau, und das Wittum war in der Eheberedung (Ehevertrag) geregelt. Die Ermächtigung von Frauen zur Herrschaft in einer Grund- und Gerichtsherrschaft oder gar zur Regentschaft in einem Land erfolgte jedoch nicht auf der Rechtsgrundlage des Erbrechts. Vielmehr wurden Töchter durch Hausgesetze und beim Hochadel zunehmend durch die Primogenitur (Erstgeburtsregelung) von der ‚Sukzession' (Nachfolge in der Herrschaft) ausgeschlossen. Die Rechtsform des ‚Weiberlehns' eröffnete Töchtern nur dann die Möglichkeit des Erbens, wenn keine Söhne vorhanden waren. Doch selbst als ‚Erbtöchter' waren sie nicht zur Herrschaft in eigener Person berechtigt, sondern mussten diese dem Ehemann oder Sohn überlassen."[775]

Folglich konnte Maria Theresia (1717–1780) zwar durch das besondere Erbgesetz der Pragmatischen Sanktion von 1713 als Erbtochter über Österreich

---

769 Hierbei handelt es sich um Arria, Artemisia, Camma, Cloelia, Debora, Isabella von Kastilien, Jaël, Jeanne d'Arc, Judith, eine französische Judith, Lukretia, Maria Stuart, Mariamne, Monime, Panthea, Paulina, Portia, Salome, Zenobia und eine Edeldame. Vgl. Baumgärtel 1995a, S. 170–174.
770 Vgl. Baumgärtel 1995a, S. 173–174.
771 Zur vormundschaftlichen Regentschaft von Frauen siehe neben Wunder 1997 auch Puppel 2004a und Puppel 2004b.
772 Puppel 2004b, S. 153.
773 Wunder 1997, S. 45–46.
774 Wunder 1997, S. 46.
775 Wunder 1997, S. 46.

regieren, allerdings war es ihr nur als „Gefährtin im Königtum",[776] sprich Gattin ihres zum Kaiser gewählten Ehemanns möglich, Kaiserin des Heiligen Römischen Reiches zu werden. Demgemäß inszenierte sie sich mit ihren sechzehn Kindern als „ideale Ehefrau und Mutter",[777] um ihre Regentschaftsfähigkeit zu demonstrieren.

Fürstliche Frauen, die ledig waren, konnten jedoch ebenfalls Monarchin eines Landes werden; am Beispiel der Christina von Schweden wurde dies bereits belegt. Der ebenfalls unverheirateten Elisabeth I. von England war es – wie ihren verheirateten Vorgängerinnen Maria I. von England (1516–1558) und Lady Jane Grey (1537–1554) – hingegen nur möglich, durch das von englischen Staatstheoretikern bekräftigte „Subsidiaritätsprinzip und den darin enthaltenen Grundsatz, daß ausnahmsweise eine Tochter dann an die Stelle eines Fürsten treten könne, wenn es keinen legitimen männlichen Erben gab",[778] die Regentschaft anzutreten. Weibliche Herrschaft war angesichts der politischen Lage opportun, wollte man doch lieber einen vermeintlich „schwachen, aber legitimen Souverän [...] als eine unendliche Serie von Thronfolgekonflikten unter den Fürsten des Landes oder gar eine Eroberung durch Dritte."[779] Regentschaft von Frauen konnte für die Erbfolgeregelung[780] und den damit verbundenen dynastischen Machterhalt[781] demnach eine wichtige Rolle spielen, denn

„Töchter gewannen an Bedeutung für den Erhalt von Herrschaft, wenn keine männlichen Erben vorhanden waren (‚Weiberlehen‘); Witwen [...] erlangten über das Amt der Vormünderin die Regentschaft, weil auf diese Weise die Herrschaftsnachfolge der unmündigen Söhne am besten gegen konkurrierende Ansprüche abgesichert schien."[782]

Trotz der rechtlichen Einschränkungen waren weibliche Thronfolger in der Frühen Neuzeit daher nicht selten, wie Pauline Puppel hervorhebt: „Die Regelmäßigkeit, mit der Fürstinnen in der Frühen Neuzeit die Regentschaft innehatten, weist darauf hin, dass die dynastischen Fürstenstaaten das Instrument nutzten, und Regentinnen alles andere als eine Ausnahme waren."[783] Deshalb wurde in der Regel bereits bei der Erziehung von adeligen Töchtern

---

776 Dilcher 1997, S. 65.
777 Bock 2005, S. 51.
778 Opitz 2001, S. 512.
779 Opitz 2001, S. 511.
780 Zur Thronfolgeregelung als Verfassungsproblem, „das in erster Linie die Dynastie und die inneren Verhältnisse des Staates betraf", siehe Kunisch 1982, S. 49.
781 Vgl. Opitz 2001, S. 516.
782 Wunder 1997, S. 50.
783 Puppel 2004a, S. 17.

darauf geachtet, sie auf ihre späteren Herrschaftsaufgaben vorzubereiten.[784] Hierauf verweist etwa Veit Ludwig von Seckendorffs *Teutscher=Fuersten-Staat*[785] (1656), in dem sich dieser nicht nur für die Erziehung adeliger Jungen, sondern explizit auch für die der Mädchen ausspricht.[786] Folglich betont Seckendorff:

> „In denen insgemein nothwendigen stuecken des lesens, schreibens und rechnens denn es ist ein grosser uebelstand, wenn hierinnen vornehme leute gar ungeuebt seyn. Diese vorhergehende 4. stuecke achtet man billig fuer unentbehrlich und hoechst=nothwendig, folgende aber dienen den jungen herren zu besserm grund dessen, was sie in ihrem regenten stande einsten lernen sollen, denen fuerstlichen Princeßinnen aber, zu erweckung ihres verstandes, und sonderbarer wohlanstaendigkeit und nutzbarkeit, sonderlich, weil sichs zutragen kan, daß eine fuerstl. und graeffliche weibl. Person, wie anderswo gedacht, in vormundschafft ihrer kinder zu einer landes=regierung gelangen kann, oder auch gewissen aemtern und herrschafften, die ihnen zum leib=geding eingeraeumet werden, vorstehen muß. Dahero koennen in der jugend in teutscher sprache, wo nicht eine Princeßin, aus sonderbarer beliebung der fuerstl. Eltern, oder ihrer selbst, zur lateinischen lust haette, folgende stuecke auch gelehret werden."[787]

Obwohl Artikel wie *Landesherr, Landesherrschaft* und *Landeshoheit* im einschlägigen *Handwörterbuch zur deutschen Rechtsgeschichte*[788] nähere Ausführungen zur Regentschaft von Frauen vermissen lassen,[789] belegen beispielsweise die bayerische Kurfürstin Theresia Kunigunde (1676–1730), die ostfriesische Fürstin Christine Charlotte (1645–1699), Gräfin Elise von Solms-Laubach (1733–1829) oder Prinzessin Johanna Charlotte von Anhalt-Dessau (1682–1750), dass verheiratete Frauen zum einen als Statthalterinnen ihrer Ehemänner die Regierungsgeschäfte führten,[790] zum anderen aber auch als Witwen regierende Vormünderinnen ihrer minderjährigen Söhne

---

784 Vgl. Wolff 1997, S. 277–278.
785 Zitiert wird nach der folgenden Faksimile-Ausgabe: Seckendorff [1737] DF 1972.
786 So schreibt Seckendorff: „Alle fuerstliche, und dergleichen kinder insgemein, herren und fraeulein, werden mit nutz und nothwendigkeit unterwiesen [...]." Seckendorff [1737] DF 1972, § 28, S. 172. Die Erziehung von Prinzen und Prinzessinnen hat Claudia Kollbach am Beispiel der Höfe Hessen-Darmstadt und Baden-Durlach anschaulich dargelegt. Kollbach 2009.
787 Seckendorff [1737] DF 1972, § 28.4, S. 173.
788 Vgl. Merzbacher 1978. Siehe dazu ebenso Sellert 1978.
789 Zu grundlegenden rechtshistorischen Untersuchungen mit einer fehlenden geschlechterhistorischen Perspektive siehe Puppel 2004a, S. 24, Anm. 67.
790 Theresia Kunigunde vertrat ihren abwesenden Gatten, der wegen des Spanischen Erbfolgekriegs das Land verließ. Vgl. Wunder 1997, S. 47.

sein konnten oder als Äbtissinnen einem selbst geführten und verwalteten Konvent vorstanden.[791]

In welcher Weise gynäkokratische Herrschaftsverhältnisse im Zusammenhang mit einem amazonischen Generationskonflikt im hier zu analysierenden Roman *Smyrna* zum Tragen kommen, sollen die nun folgenden Betrachtungen zur weiblichen Regentschaft im Amazonenstaat klären.

3.4.3 Myrina, Königin der Amazonen: ‚Weiberherrschaft' und Amazonen-Ehe

Da die Figur der Amazone zu Stilisierungen von (designierten) Regentinnen und Regenten animierte, stellt sich im Hinblick auf die Debatten um die weibliche Regierungs(un)fähigkeit die Frage, in welcher Weise Joachim Meier die Amazonenkönigin Myrina als Herrscherin konzipierte, zumal dieser 1685 eine juristische Arbeit über die Rechte der Kurfürsten (*De Jure Electorum*) verfasst hatte[792] und daher mit (staats-)rechtlichen Argumenten vertraut gewesen sein muss. Vergegenwärtigt man sich diesbezüglich wieder, dass Meier Ernst August von Braunschweig und Lüneburg, dem späteren Kurfürsten von Hannover, diente, dessen Mutter nicht nur vormundschaftlich über ihn und seine Brüder regierte, sondern dessen Ehefrau Sophie von der Pfalz[793] (1630–1714) nach seinem Tod 1698 „weiterhin als eine Art *First Lady* in den Hof ihres geschiedenen Sohnes [Georg Ludwig] eingebunden war",[794] ist die Thematisierung weiblicher Herrschaft gerade wegen Meiers Kenntnissen über die höfischen Verhältnisse in Braunschweig-Lüneburg und Hannover nicht auszuschließen. Betrachten wir vor diesem Hintergrund nun Meiers Amazonen-Entwürfe in der *Smyrna*.

Als Gelehrter, der anhand von Mythen zur Bildung seines Lesepublikums im Sinne des *prodesse et delectare* beitragen wollte,[795] führt Joachim Meier die Amazonen-Thematik anhand zweier Kriegerinnen-Entwürfe vor Augen. Bei seiner Konzeption der wehrhaften Frauen bezieht er sich dabei deutlich auf das große Konflikt-, aber auch Nachahmungspotential, das diese Män-

---

791 Vgl. Wunder 1997, S. 40–48.

792 Vgl. Dünnhaupt 1991c, S. 2709–2710.

793 Die Kurfürstin wurde durch den *Act of Settlement* im Jahre 1701 als „einzige [...] protestantische [...] Nachfahrin der Stuartkönige" zur designierten Königin von England gewählt. Allerdings starb sie noch vor Königin Anne von England (1665–1714), deren Thronfolgerin sie hätte werden können. Dafür wurde Sophies ältester Sohn, Georg Ludwig (1660–1727), zu König Georg I. von Großbritannien und Irland. Vgl. van den Heuvel 2000, S. 90–91.

794 van den Heuvel 2000, S. 88.

795 Hierzu heißt es im Zedler-Lexikon über Meiers *Smyrna*: „darinnen die Historie mythica erklaeret wird." Zedler 1739e, Sp. 291.

ner herausfordernden *femmes fortes* bieten. Meier nimmt das mythologische Kriegerinnenvolk als Vorbild für die argivischen Schwestern Iphinoe, Iphianassa und Lysippe, die aus enttäuschter Liebe „ein Regiment wie der Amazoninnen"[796] gründen, um mit gleich gesinnten Frauen die ehemaligen Geliebten zu bekämpfen. Als „ergrimmete Furien"[797] erscheinen diese ‚Amazonen-Imitate' ihren Gegnern, die hinter dem weiblichen Furor pathologischen Wahn vermuten, dem man allerdings mit Besonnenheit und Medizin Abhilfe verschaffen könne, denn

> „[d]ie Verstaendigsten hielten einmuetig darvor / daß nicht allein der Abscheu vor den Ehestand / noch die Begierde ein Reich wie der Amazonen aufzurichten / sondern eine gewisse Krankheit / welche man eine Art der Raserey nennen koennte / die Argivischen Prinzessinnen und Weiber zu ein solch ungeartetes Unterfangen verleytet. Solchergestalt machte man den Schluß / daß man diesen verwirreten Haufen nicht sowohl durch Gewalt als klugen Rath und heilsame Mittel wieder zurecht bringen und genesen machen mueste."[798]

Das Amazonentum als Geistesstörung, wie es eine anonyme Schriftstellerin in ihrem 1700 erschienenen Roman *La nouvelle Talestris* thematisiert,[799] unterstellt Meier den *mythologischen* Kriegerinnen in seinem Werk zwar nicht, doch hebt er mehr als etwa La Calprenède die brutalen Sitten der Amazonen hervor, die ihnen u. a. von Diodorus und Herodot zugeschrieben werden. Demzufolge beschreibt Meier die Kriegerinnen als Männer mordende Frauen, die die im Kampf überlebenden Gegner sogar verkrüppeln, um sie als Sklaven zu nutzen.[800] Viel wichtiger erscheint an dieser Stelle jedoch die Ausführlichkeit, mit der Meier die Konstituierung des Amazonenreiches beschreibt.[801] Eng an den mythologischen Überlieferungen orientiert, führt er die Kriege-

---

796 Meier SMY 1705a, Erstes Buch, S. 8.
797 Meier SMY 1705a, Zweites Buch, S. 300.
798 Meier SMY 1705a, Zweites Buch, S. 329.
799 Elisabeth Frenzel zufolge hat die Autorin mit ihrem Roman *Talestris* die Nachahmung der Amazonen durch junge Mädchen kritisiert. So beschreibt dieser Roman zwei Freundinnen, von denen eine nach der Rezeption von La Calprenèdes *Cassandre* Amazone spielt und „[sich] in den seiner Schwester sehr ähnlichen Bruder der Freundin [verliebt], [...] über den Verlust des Geliebten wahnsinnig [wird] und [...] in Amazonenkleidung durch das Land [reitet], um ihn zu suchen." Frenzel 2005b, S. 888.
800 Vgl. Meier SMY 1705a, Drittes Buch, S. 345. Meiers Variation der Amazonen-Beschreibungen des Diodorus sind dabei unverkennbar: Diesem zufolge würden die Amazonen neugeborene Jungen verkrüppeln, um sie für den Kriegsdienst untauglich zu machen, Mädchen hingegen die rechte Brust wegbrennen, damit diese sie nicht im Kampf (vermutlich beim Bogenschießen) behindere. Vgl. Diodorus 1993a, Erster Teil, II, 45.
801 Vgl. Meier SMY 1705a, Drittes Buch, S. 342–349.

rinnengemeinschaft auf eine Initiatorin zurück, die hier – wie in Hagdorns *Æyquan* – die Witwe eines im Krieg gefallenen Königs ist, dessen Tod sie rächen will. So konzipiert Meier die Figur der verwitweten Amazo als Gründerin und Namensgeberin des Amazonenstaates, die gemeinsam mit ihrer Tochter Myrina und anderen „Weibern und Jungfrauen"[802] der dauerhaften Ehe abschwört und ein Heer bildet. Dass sich die Misogamie der Amazonen im Hinblick auf dynastische Interessen jedoch als ambivalent erweist und ihre Grenzen hat, zeigt sich insbesondere an Amazos forcierter Heiratspolitik. So verheiratet sie Myrina mit Pygmalion, dem Prinzen von Cypern, aber „nicht anders als auf Amazonische Art / daß nemlich dieser Prinz nur zu gewissen Zeiten bey seiner Gemahlinn bleiben durfte."[803] Allerdings interveniert Myrina gegen dieses Gesetz der Kriegerinnen und setzt „bey der Koeniginn ihrer Mutter [durch] / daß sie sich zuweilen in Cypern bey ihrem Gemahl aufhalten duerfte [...] [/] weil sie [...] kuenftig sowohl eine Koeniginn in Cypern als der Amazonen werden sollte."[804]

Auffällig nuancierter als es in *Cassandre* oder *Æyquan* zu finden ist, wird in *Smyrna* nicht nur die Tradition der amazonischen Verpartnerung, sondern auch die der weiblichen Regentschaft über die Mutter-Tochter-Linie betont. Sicherlich impliziert eine Kriegerinnengemeinschaft, die keine Männer bei sich duldet, gynäkokratische Herrschaftsverhältnisse per se, doch wird durch Meiers Bild eines Königspaares, bei dem Myrina als Ehefrau des zypriotischen Königs Pygmalion trotz ihrer Rolle als Herrschergemahlin zusätzlich noch einem eigenen Reich *ohne* ihren Mann vorsteht, die Brisanz der weiblichen Autarkie stärker hervorgehoben. Wie es der rechtlichen Pflicht einer Ehefrau in der Frühen Neuzeit entspricht, folgt Myrina Pygmalion zwar einerseits in sein Königreich, um „ihre Zugehörigkeit zu seinem Einfluß- und Herrschaftsbereich"[805] zu demonstrieren. Andererseits konterkariert sie als Nachfolgerin und vor allem als selbständige Herrscherin über das Amazonenreich mit diesem ‚utopisch' anmutenden Entwurf weiblicher Regentschaft realpolitische Hausgesetze regierender Herrscherhäuser. Das in der *Lex Salica* vorgegebene männliche Erbrecht wird zugunsten der weiblichen Thronfolge umgekehrt, welche als konstitutives Gesetz des Amazonenstaates gilt. Darüber hinaus entzieht sich Myrina als Regentin eines ausschließlich für Frauen bestimmten Staates der Geschlechtsvormundschaft[806] ihres Mannes, zumal

---

802 Meier SMY 1705a, Drittes Buch, S. 342.
803 Meier SMY 1705a, Drittes Buch, S. 349.
804 Meier SMY 1705a, Drittes Buch, S. 349.
805 Koch 1997, S. 79–80.
806 Zur „Unterordnung von Töchtern und Ehefrauen unter die väterliche/ eheherrliche Gewalt" (Wunder 1997, S. 30), die als Rechtsinstitut auch unter den Begriffen „Geschlechtsvormundschaft [...], Bevogtung, Geschlechtscuratel, *cura*

auch ihre Töchter Smyrna, Marpesia und Lampedo ausschließlich ihrer Autorität und Herrschaft unterstehen, während Pygmalion die „Soehne [insbes. Hippolytus] in seiner Gewalt hatte."[807] Diese sehr speziellen Familienverhältnisse spielen hierbei auf die zeitlich begrenzte, promiskuitive und nur auf den Fortbestand der Amazonen bedachte Vereinigung zwischen dem Volk der Kriegerinnen mit dem der männlichen Skythen an.[808] Die Söhne der Amazonen werden bei Meier zwar nicht getötet, im kampffähigen Alter aber ihren Vätern übergeben, während die Mädchen „bey ihren Muettern bleiben / zu denen Waffen erzogen werden / und ihr Geschlecht fortsezen."[809] Obwohl diese Ehe „auf Amazonische Art"[810], bei der der Mann nur zeitweise bei seiner Frau bleiben darf und gerade die gemeinsamen Töchter nicht der väterlichen Gewalt (*patria potestas*) unterstehen,[811] dem ersten Anschein nach keinen Realitätsbezug hat, wird die hier dargestellte mütterliche Herrschaft der Amazonen durchaus auch in staatstheoretischen Schriften der Frühen Neuzeit thematisiert, wie u.a. der *Leviathan*[812] (1651) des Rechtsphilosophen Thomas Hobbes (1588–1679) belegt. Dieser merkt im 20. Kapitel seiner Ausführungen über väterliche und despotische Herrschaft zunächst mögliche Einschränkungen männlicher Macht an:

„Und es ist nicht so sehr von der Zeugung abgeleitet, als ob der Vater deshalb die Herrschaft über das Kind besitzt, weil er es gezeugt hat, sondern von der Zustimmung des Kindes, entweder ausdrücklich oder durch andere hinreichende Zeichen. Denn was die Zeugung betrifft, so hat Gott dem Mann eine Helferin bestimmt, und es sind immer zwei, die gleichermaßen Eltern sind [...]. Und wenn manche die Herrschaft allein dem Mann zugeschrieben haben als dem vortrefflicheren Geschlecht, so verrechnen sie sich dabei. Denn es besteht nicht immer solch ein Unterschied an Kraft oder Klugheit zwischen Mann und Frau, daß das Recht ohne Krieg festgelegt werden kann."[813]

---

sexus oder Kriegsvogtei" (Weber-Will 1997, S. 453) bekannt ist, siehe neben den Ausführungen von Heide Wunder auch folgende Aufsätze in dem von Ute Gerhard herausgegebenen Sammelwerk *Frauen in der Geschichte des Rechts* (1997): Holthöfer 1997 und Sabean 1997.

807 Meier SMY 1705a, Viertes Buch, S. 581.
808 Vgl. Herodot 1983, IV, 114–117.
809 Meier SMY 1705a, Drittes Buch, S. 348.
810 Meier SMY 1705a, Drittes Buch, S. 349.
811 Siehe dazu Koch 1997, S. 81. Hier heißt es: „Gemeinsame eheliche Kinder standen zu Lebzeiten ihres Vaters allein unter seiner Gewalt, die ‚patria' potestas, ‚väterliche' Gewalt, hieß, weil sie eben nur den Vätern und nicht den Müttern zukam [...] Ihrer Mutter gegenüber waren die Kinder nur auf moralisch-ethischer Ebene zu Gehorsam und Ehrerbietung verpflichtet."
812 Hobbes 1996, S. 169.
813 Hobbes 1996, S. 169.

Im Hinblick auf das Herrschaftsrecht über die eigenen Kinder bezieht sich Hobbes schließlich auf „das Naturgesetz und die natürliche Neigung der Geschlechter zueinander und zu ihren Kindern." In diesem „bloßen Naturzustand [...] richte [...] sich das Recht nach dem Vertrag", in welchem „die Eltern unter sich [...] die Herrschaft über das Kind fest[legen]."[814] Am Beispiel der mythologischen Amazonen erläutert der Rechtsphilosoph daher:

> „Wir finden in der Geschichte, daß die *Amazonen* mit den Männern der Nachbarländer, an die sie sich wegen der Nachkommenschaft wandten, einen Vertrag schlossen, daß die männliche Nachkommenschaft zurückgeschickt werden, die weibliche aber bei ihnen bleiben sollte, so daß die Herrschaft über die Mädchen bei der Mutter lag."[815]

Diese Ehe nach Amazonenart beschäftigt auch naturrechtliche Arbeiten. Samuel von Pufendorf (1632–1694) beispielsweise behandelt in seiner Abhandlung *De iure naturae et gentium libri octo* (1672), die 1711 unter dem deutschen Titel *Acht Bücher von Natur- und Völkerrecht*[816] erschien, im Kapitel *Von dem Ehe=Stande* unter § 9 *Die außerordentliche Ehe der Amazonen*. Ausgehend davon, dass „Ehen aus geneigtem Willen erwachsen" und „Menschen in ihrer natuerlichen Gleichheit und Freyheit betrachte[t]" werden, indem das „Weib sowohl als der Mann / Kinder zu haben begehre / die unter ihrer Botmaessigkeit [Herrschaft] stehen sollen",[817] schreibt der Naturrechtler unter Rückgriff auf den amazonischen T(h)alestris-Mythos:

> „Wo dieses Verbindnueß / nur schlechthin auf die Erhaltung einiger Nachkoemmlinge siehet / und die bestaendige Beysammenbleibung nicht mit abgeredet ist / wird keines ueber das andere / einige Herrschafft oder das geringste Recht erlangen / ausser daß eines dem andern mit seinem Leibe / so weit es die Erzielung der Kinder erfordern mag / verbunden ist / und es wird die Leibes Frucht hernach unter der Mutter Gewalt seyn / wo in dem Buendnueß ausgedrucket worden / daß sie selbige vor sich / und nit fuer den Mann zu haben begehre. Eine solche Ehe / koennte man eine Amazonische Ehe nennen [...] wo es anderst ueberhaupt wahr ist / was von denen Amazonen gemeldet wird / woran viele zweifeln / ob sie gleich ziemlich irregulair und einfaeltig ist. [...]. Also hat Thalestris [...] vom Alexandro, und die Koenigin von Saba von Koenig Salomon [...] nicht eine unaechte Frucht / sondern ein rechtmaessiges Kind zu haben begehret."[818]

Obwohl für Pufendorf diese Amazonen-Ehen „etwas Barbarisches und fast Thierisches an sich haben", merkt er auf den Ehevertrag zwischen Maria I.

---

814 Hobbes 1996, S. 170.
815 Hobbes 1996, S. 170.
816 Es wird aus der folgenden Ausgabe zitiert: Pufendorf NVR 1711.
817 Pufendorf NVR 1711, S. 280.
818 Pufendorf NVR 1711, S. 280.

von England (1516–1558) und Philipp II. von Spanien (1527–1598) bezogen an,

> „daß auch unter denen moratesten wohlgesitteten Voelckern Ehen gefunden werden / da keinem ueber den andern eine Herrschaft zukommet / oder da auch selbst der Mann seiner Frauen / als hoechster Buergerlicher Obrigkeit unterworffen ist: nemlich / wo Weiber / welche ein Koenigreich geerbet / Maenner nehmen / und sich die hoechste Buergerliche Herrschaft vorbehalten."[819]

Die bei Pufendorf im Grundsatz zwar als ‚unzivilisiert' abgelehnte, im Hinblick auf dynastische Interessen jedoch ‚geduldete' Amazonen-Ehe hatte daher durchaus gesellschaftliche und politische Relevanz, die ihre Thematisierung in *Smyrna* erklären kann. Wie kritisch diese Form der Ehe und die damit einhergehende Frauenherrschaft von Meier dargestellt wird, soll im Folgenden an einem Mutter-Tochter-Konflikt gezeigt werden, dessen Ausgangspunkt gerade die Tradition der amazonischen Verpartnerung ist.

3.4.4 Wider die „Liebe nach Amazonischer Art": Smyrna, die ungehorsame Tochter

Die poetologische Forderung Pierre Daniel Huets, die Liebe zum Herzstück einer Romanhandlung zu versehen,[820] setzt auch Joachim Meier um. Auf den Plot um die mythischen Amazonen bezogen, bedeutet dies in erster Linie die Darstellung der Liebesgeschichte zwischen Prinzessin Smyrna und Prinz Cinyras, dessen Vater ein erklärter Feind der Kriegerinnen ist. Trotz dieses Umstands findet die Amazone, die zwar als kampferprobt und tapfer darstellt wird,[821] aber dennoch mehrmals auf den Helden als Lebensretter angewiesen ist,[822] Gefallen an Cinyras. Wie zu erwarten, begibt sich Meiers androgyner Held, der „jung und schoen [war]/ und […] noch nicht die geringsten Zeichen eines Barts [hatte]"[823], heimlich unter das Amazonenvolk, jedoch mit

---

819 Pufendorf NVR 1711, S. 281. Als Prinzgemahl hatte Philipp II. von Spanien keine königliche Gewalt in England. Zudem wurde Elisabeth, die Schwester Marias I. von England, als Nachfolgerin bestimmt, falls aus der Ehe mit Philipp keine Kinder hervorgehen sollten. Da Maria bis zu ihrem Tod 1558 tatsächlich keine Nachkommen hinterließ, trat Elisabeth die Regentschaft an. Vgl. Maurer 2002, S. 124–126.

820 Vgl. dazu die bereits erwähnte Übersetzung des *Traité de l'origine des romans* (1670). Huet 1966b, S. 104.

821 Vgl. Meier SMY 1705a, Drittes Buch, S. 382–388.

822 Den üblichen Abenteuern und Fährnissen gemäß, welche die Helden und Heldinnen in hohen Romanen zu erleben haben, rettet Cinyras Smyrna sowohl vor einem Wildschwein als auch vor Seeräubern. Vgl. Meier SMY 1705a, Drittes Buch, S. 384–385 und S. 389–392.

823 Meier SMY 1705a, Drittes Buch, S. 393.

einem gravierenden Unterschied zu La Calprenèdes *Cassandre* und Hagdorns *Æyquan*: Obwohl Smyrna von Beginn an nicht von Cinyras getäuscht wird und sie um sein ‚wahres' Geschlecht weiß, schlägt ausgerechnet sie als Amazone ihm vor, sich als „Weibesperson[...]"[824] zu verkleiden, um unerkannt unter den Kriegerinnen zu leben. Ihre Mutter Myrina täuschend, stellt Smyrna den Prinzen schließlich als ihre Retterin ‚Cyme' vor, so das diese von der Königin aus Dankbarkeit in den Kreis der Amazonen aufgenommen wird.[825]

Vor diesem Hintergrund entwickelt Meier nun einen Generationskonflikt, der durch das von Smyrna initiierte Cross-Dressing begründet ist. Er unterscheidet sich aber durch einen wesentlichen Aspekt von Familienkonflikten, die in der Literatur des 18. und 19. Jahrhunderts zu finden sind, wie man den Arbeiten Helmut Scheuers entnehmen kann: Während es in den bürgerlichen Trauerspielen dieser Zeit autoritäre Väter sind, deren ausgeübte *patria potestas* das schwierige Verhältnis zu den Söhnen, insbesondere aber jenes zu den Töchtern prägt,[826] ist es in Meiers barockem Roman die mütterliche Gewalt, an der sich der Konflikt zwischen Myrina und Smyrna entzündet. Meiers Akzentuierung der Amazonenkönigin als einer Autoritätsperson verdeutlicht dabei einmal mehr die betonte ‚Verkehrung' der hegemonialen Geschlechterverhältnisse: Myrina als Mutterfigur kommt keineswegs eine Nebenrolle zu, wie es in den bürgerlichen Trauerspielen der Fall ist,[827] zugleich rückt Pygmalion als Gatte und Vater in den Hintergrund.

Grund für den Streit unter den Amazonen ist die heimliche Liebe zwischen Smyrna und Cinyras, dessen Aufenthalt unter den Kriegerinnen die Prinzessin

---

824 Meier SMY 1705a, Drittes Buch, S. 393.

825 Vgl. Meier SMY 1705a, Drittes Buch, S. 397.

826 Vgl. dazu die Aufsätze von Helmut Scheuer, in denen er u. a. am Beispiel des 1844 erschienenen Dramas *Maria Magdalena* von Friedrich Hebbel (1813–1863) nicht nur die problematische Vater-Sohn-Beziehung behandelt, sondern gerade das konfliktträchtige Vater-Tochter-Verhältnis analysiert (Scheuer 1994; Scheuer 2000), wie es z. B. auch in Gotthold Ephraim Lessings (1729–1781) *Emilia Galotti* (1772) oder Friedrich Schillers *Kabale und Liebe* (1784) thematisiert wird.

827 So meint Martha Kaarsberg Wallach über die Rolle der Mutter in Familiendramen des 18. Jahrhunderts: „Während gewöhnlich ein Vater das Haus mit strenger Hand regiert [...], spielt die Mutter eine nebensächliche Rolle. Manchmal ist sie schon vor Einsatz der Handlung gestorben, oder sie verschwindet vor dem Ende des Dramas." (Kaarsberg Wallach 1993, S. 53–54). Siehe dazu auch Scheuer 2000, S. 28. Hier heißt es: „Wie in allen anderen ‚bürgerlichen Trauerspielen' vorher und auch in den späteren Familiendramen des 19. und 20. Jahrhunderts stehen der Vater und seine Autorität im Zentrum [...]. Die Mutter spielt im wahrsten Sinne des Wortes eine ‚Nebenrolle' und wird in dem Moment dramaturgisch überflüssig, wenn sich der Konflikt auf die Beziehung zwischen Vater und Tochter konzentriert."

ihrer Mutter verschweigt. Obwohl die Amazonenkönigin sich einst selbst gegen ihre Mutter Amazo aufgelehnt und sich für eine dauerhafte Ehe mit einem festen Partner entschieden hatte, hat sich unter Myrinas Herrschaft nichts an den Traditionen der Amazonen geändert, die prinzipiell keine Männer im Staat dulden und sich nur aus Fortpflanzungsgründen temporär mit ihnen einlassen. Gerade die weiter praktizierte „Liebe nach Amazonischer Art" mit wechselnden Paarkonstellationen wird von Smyrna jedoch als eine „unbestaendige[…] Liebe / worinnen sie ihn [Cinyras] mit einer anderen Gemahlinn theilen mueste" strikt abgelehnt, „weil man noch kein Exempel als wie des Pygmalions gehabt / der sich mit seiner Amazonischen Gemahlinn allein beholfen."[828] Ähnlich wie La Calprenèdes Talestris distanziert sich auch Meiers Thronfolgerin somit von den Gesetzen des Kriegerinnenstaates. Ihr Anspruch auf Treue und Monogamie[829] weist dabei auf eine weitere Facette der ,Zivilisierung' der Amazonen im barocken Roman hin, die im Hinblick auf das 6. und 10. Gebot[830] der biblischen *Zehn Gebote* zudem christlich konnotiert ist.

Wenngleich Smyrnas Forderung der monogamen Ehe nicht nur die konsequente Fortführung der von ihren Eltern vorgelebten Partnerschaft, sondern ebenso die der töchterlichen Emanzipation von der jeweiligen Muttergeneration ist, führt ihre Gattenwahl zur Disharmonie unter den Amazonen: Um Myrinas Zorn über die Täuschung der Kriegerinnen und somit den Verrat an den amazonischen Gesetzen zu umgehen, bittet Smyrna ihren Vater Pygmalion,[831] der als Gegenpol zu seiner temperamentvollen Gattin konzipiert ist, um Hilfe.

---

828 Meier SMY 1705a, Drittes Buch, S. 399.

829 Diesbezüglich fordert Smyrna Cinyras zur treuen Liebe auf: „Ich bekenne / seine ehrerbietige Beständigkeit hat mein Herz ueberwunden / sage ihm aber dabey daß solches keiner Amazonischen Buhlerey faehig / sondern das ganze Herz des Cinyras zur Vergeltung seiner Gewogenheit fordert." Meier SMY 1705a, Drittes Buch, S. 416.

830 So fordert das 6. Gebot Mose „Du sollst nicht ehebrechen" und das 10. Gebot „Du sollst nicht begehren deines Nächsten Weib, Knecht, Magd, Rind, Esel noch alles, was dein Nächster hat." Vgl. 2. Mose 20,14 und 2. Mose 20,17. In: Die Bibel 1985, S. 80–81.

831 Smyrna, ebenso unter den Namen *Myrrha* oder *Metharme* in der antiken Mythologie bekannt, soll einerseits eine Amazone, andererseits aber auch die Tochter des zypriotischen Königs Pygmalion sowie Ehefrau des Königs Cinyras gewesen sein, der im Trojanischen Krieg auf Seiten der Griechen gestanden haben soll. Auch wenn die Überlieferungen in den Inhalten variieren (Cinyras als Sohn des Pygmalion, Myrrha als Verführerin ihres Vaters Cinyras), werden die Figuren Pygmalion – Smyrna/ Myrrha – Cinyras offensichtlich nicht nur in Meiers Roman in Verbindung gebracht. Für den Bekanntheitsgrad der drei mythologischen Gestalten in der Frühen Neuzeit siehe folgende Lexikonartikel: Zedler 1739g; Zedler 1739h; Zedler 1741b; Zedler 1743a.

Als Vermittler fungierend, soll er seiner Frau den Heiratswunsch der Tochter unterbreiten, die nur „mit der Myrina Bewilligung" ihre „Vermaehlung volziehen"[832] kann, da ihm die Zustimmung zur Ehe der Töchter durch die getrennten Macht- und Herrschaftsbereiche nicht – wie es üblich wäre – zusteht.[833] In diplomatischer Absicht versucht der zypriotische König dennoch, Smyrna in ihrem Vorhaben zu unterstützen, wobei es ihm nicht gelingt, Cinyras' Cross-Dressing im Sinne einer *simulatio* zu verschweigen, denn

„Pygmalion / welcher ihr [Myrinas] Gemueth voellig kannte / entdekkte ihr mit großer Vorsichtigkeit die Liebe des Cinyras gegen die Smyrna. Er verschwig zwar die Umstaende / welche diesen Prinzen zur Cyme haette machen koennen / weil er aber dennoch sagen muste / welchergestalt sich diese Liebe angefangen / konnte er sich sowohl nicht vorsehen / daß Myrina nicht gemerket / es mueste eben die Cyme gewesen seyn."[834]

Trotz des offensichtlichen Betrugs an den mythischen Kriegerinnen kommt es wider Erwarten zu keinem Wutausbruch der ansonsten zum Furor neigenden Anführerin der Amazonen. Denn wie es einer Figur der höfischen Gesellschaft entspricht, stattet Meier seine Amazonenkönigin – ebenso wie La Calprenède seine Talestris – mit der Fähigkeit der situativen Affektregulierung aus. Demgemäß täuscht Myrina ihrem Mann das Einverständnis zur Ehe von Smyrna und Cinyras nur vor und versichert ihm, keinen Groll mehr gegen die Tochter zu hegen. Meiers Entwurf einer strategischen Herrscherin, die ihre eigenen Pläne verheimlicht, erinnert dabei deutlich an das von Niccolò Machiavelli empfohlene Verhalten eines Fürsten, der zu Verstellungskunst fähig sein müsse:

„Ein kluger Machthaber kann und darf daher sein Wort nicht halten, wenn ihm dies zu Schaden gereichen würde und wenn die Gründe weggefallen sind, die ihn zu seinem Versprechen veranlaßt haben. [...] Auch hat es einem Herrscher

---

832 Meier SMY 1705a, Viertes Buch, S. 580.
833 In Bezug auf Ehe-Regeln in königlichen Ordonnanzen des 16. und 17. Jahrhunderts merkt Yvonne Knibiehler an, dass selbst mündige Kinder die Einwilligung des Vaters für den Abschluss eines Ehevertrages benötigten – „taten sie das nicht, konnten sie enterbt werden." Knibiehler 1996, S. 150. Die nötige Zustimmung des (Haus-)Vaters für die Ehe der Kinder beschreibt auch Bengt Algot Sørensen, der auf die beliebte Thematisierung der konfliktbehafteten Ehestiftung ohne das Einverständnis der Eltern auch in literarischen Werken des 18. Jahrhunderts hinweist: „Als besonders konfliktträchtig hatte sich über Jahrhunderte der prekäre Moment erwiesen, in dem die geschlechtsreifen Kinder dem Zug ihres Herzens folgten und außerhalb des Hauses ohne/ gegen den Willen des Vaters einen Partner fanden. [...] Immer strenger wurde dann die Heiratskontrolle durch die Eltern, so daß im 17. Jahrhundert schließlich nicht nur jede Ehestiftung ohne elterlichen Konsens als ungültig erklärt, sondern als kriminelle Tat schlimmsten Falls mit der Todesstrafe geahndet werden konnte." Sørensen 1984, S. 19.
834 Meier SMY 1705a, Viertes Buch, S. 620.

noch nie an rechtmäßigen Gründen gefehlt, seinen Wortbruch zu bemänteln. [...] Wer am besten Fuchs zu sein verstanden hat, ist am besten gefahren! Doch muß man sich darauf verstehen, die Fuchsnatur gut zu verbergen und Meister der Heuchelei und Verstellung sein."[835]

Der Amazone gelingt die Täuschung ihres Gatten ohne Zweifel, denn als Pygmalion erleichtert über Myrinas vermeintliche Zustimmung abreist, „sahe man / daß sich die Koeniginn nur verstellet / und sie in der That sehr wieder die Smyrna entruestet waere."[836]

Dem Groll ihrer Mutter über ihr illoyales Verhalten und den Verrat an den Amazonen-Gesetzen entkommt die Titelheldin somit keineswegs, wobei Myrina für ihre Rache nicht den amazonengemäßen Weg des physischen Kampfes, sondern den der mütterlichen Autorität und Herrscherinnengewalt wählt. Um die Allianzen mit einem befreundeten Herrscherhaus zu festigen, wählt die Amazonenkönigin heimlich einen Heiratskandidaten für Smyrna aus.[837] Realhistorischen Regentinnen oder Herrschergemahlinnen wie Herzogin Sophie von der Pfalz oder Kaiserin Maria Theresia gleich, nimmt auch Myrina die Ehestiftung[838] ihrer Kinder als weiblichen Handlungsspielraum am Hof in Anspruch und bestimmt Prinz Alaun von Meotien zu Smyrnas künftigem Ehemann. Wenig überraschend führt dieser Schachzug der machtorientierten Amazone zum großen Widerstand ihrer Tochter und zu jenen Verstrickungen, die der Struktur höfisch-historischer Romane zu eigen sind. Da Smyrna sich dem „Majest. Befehl" der „zornige[n] Koeniginn" trotz deren Androhung „euserste[r] Zwangsmittel"[839] widersetzt und auf einer Liebesehe mit Cinyras besteht, endet der amazonische Mutter-Tochter-Konflikt für das auf Traditionen bedachte und stolze Kriegerinnenvolk in einem Desaster. So kommt es bei der Hochzeit zu einem Tumult unter den Anwesenden, wobei Meier die eskalierende Feier im Amazonenstaat in brutalen und aufrührerischen Bildern beschreibt: Alaun wird vom eifersüchtigen Cinyras getötet,[840]

---

835 Macchiavelli 1978, S. 72.
836 Meier SMY 1705a, Viertes Buch, S. 625.
837 Vgl. Meier SMY 1705a, Viertes Buch, S. 625 und S. 630–631.
838 Kaiserin Maria Theresia gilt als bekanntes Beispiel für eine geschickt forcierte Heiratspolitik des Hauses Habsburg mit anderen europäischen Herrscherhäusern zum Zwecke des Machtzuwachses. Im Falle des Herrscherhauses Braunschweig-Lüneburg, dem der Romanautor Joachim Meier diente, kann auch Sophie von der Pfalz (Herzogin von Braunschweig und Lüneburg und Gattin des Kurfürsten von Hannover) als Ehestifterin angeführt werden, die als „ansonsten von Staatsgeschäften ausgeschlossene Herrschergemahlin am ehesten noch bei der Verheiratung ihrer Kinder [politischen Einfluß] geltend machen [konnte]." Van den Heuvel 2000, S. 83.
839 Meier SMY 1705a, Viertes Buch, S. 630.
840 Vgl. Meier SMY 1705a, Viertes Buch, S. 632.

woraufhin die kompromittierten Meotier und Amazonen das Todesurteil über Cinyras und Smyrna verhängen und darüber hinaus – ohne Myrinas Erlaubnis – eine Schlacht gegen die in friedlicher Absicht eingreifenden Trojaner Bellerophontes und Assarach einläuten. Allerdings verweigern alle Töchter der Myrina die Teilnahme am Kampf,[841] aus dem die restlichen Amazonen als Verliererinnen hervorgehen. Es ist nur dem Friedensangebot der siegreichen Trojaner zu verdanken, dass die Amazonenkönigin einlenkt und einen Bund mit ihren Gegnern eingeht, denn „Myrina hatte keine so stolze und wilde Art an sich / daß sie ihren so tapferen Feinden nicht auf das hoeflichste hinwieder begegnet haette / weil sie sich von denselben so großmuetig gehalten sahe."[842]

Nur durch die Beilegung der Rivalitäten zwischen dem Volk der Kriegerinnen und ihren ehemaligen Widersachern wird die Heirat zwischen Smyrna und Cinyras möglich, da Myrina dieser Ehe am Ende zustimmt.[843]

Von Meiers Amazonen-Handlung bleibt demnach die Erkenntnis, dass die gynäkokratische Herrschaft der Amazonenkönigin gescheitert ist, da sowohl Smyrna als designierte Thronfolgerin als auch die anderen Töchter die ‚Weiberherrschaft' nach Amazonen-Art konterkarieren. Mit seiner Konzeption der friedfertigen und diplomatischen Helden – von König Pygmalion bis zu den trojanischen Prinzen Bellerophontes und Assarach – lässt Meier wiederum keinen Zweifel an der erstrebenswerten Tugend der Großmut, die in diesem Fall nur ein männliches Attribut ist. Es wird unmissverständlich hervorgehoben, dass ein von Männern regiertes Land zukunftsträchtiger ist als das der streitbaren Kriegerinnen.

3.4.5 Amazonen auf den Thron? Weibliche Herrschaft in Meiers Roman *Smyrna*

Selbst wenn es seitens frühneuzeitlicher Juristen, Theologen oder Staatstheoretiker große Einwände gab: Gynäkokratische Herrschaftsverhältnisse waren zwar umstritten, aber auch im Heiligen Römischen Reich Deutscher Nation keineswegs selten. Demzufolge regierten hochadelige Ehefrauen und Witwen hier durchaus als Statthalterinnen oder Vormünderinnen, wenngleich sie als Interimsregentinnen nicht mit Monarchinnen wie Elisabeth I. von England und Christina von Schweden verglichen werden konnten, die aufgrund eigener Hausgesetze zeitlebens als legitime Thronfolgerinnen regieren durften.

Als literarischer Beitrag zu den frühneuzeitlichen Debatten um die Eignung von Frauen als Herrscherinnen ist auch Joachim Meiers Roman *Smyrna* zu

---

841 Siehe Meier SMY 1705a, Viertes Buch, S. 641. In diesem Zusammenhang heißt es: „Smyrna hingegen [...] wollte [...] nebst der Marpesia und Lampedo keiner Parthey beystehen."

842 Meier SMY 1705a, Viertes Buch, S. 650.

843 Vgl. Meier SMY 1705a, Viertes Buch, S. 661.

betrachten, in welchem er die Regentschaft der Amazonenkönigin Myrina beschreibt. Meiers Entwurf dieser Frauenherrschaft zielt allerdings auf die Desavouierung der Gynäkokratie im Kriegerinnen-Staat ab: Zwar werden die Amazonen hier – entgegen der Mythen – nicht per se als ehefeindlich beschrieben, und im Hinblick auf die verheiratete Anführerin erscheinen sie wie in Hagdorns *Æyquan* sogar als ‚zivilisiert'. Allerdings stellen sie keine homogene Gruppe dar. Die monogam geführte Ehe zwischen der Amazonenkönigin Myrina und König Pygmalion von Cypern (Zypern) stellt Meier als singuläres Beispiel dar, die keine Konsequenzen für die traditionelle Verpartnerung nach ‚Amazonen-Art' nach sich zieht. Folglich wird der aus den antiken Mythen bekannte Zusammenschluss von Amazonen mit wechselnden Partnern auch unter Myrinas Herrschaft fortgeführt. Dieses promiskuitive Verhalten wird jedoch von Meiers Titelfigur, der Amazonenprinzessin Smyrna, kritisiert, die sich den Gesetzen der Kriegerinnen verweigert und mit ihrer eigenmächtigen Gattenwahl einen Konflikt mit ihrer Mutter heraufbeschwört. Da die Amazonenkönigin mit Strenge den töchterlichen Ungehorsam zu bezwingen versucht, eskaliert die Disharmonie im Frauenstaat bis hin zu Myrinas Autoritätsverlust. Die Unterminierung ihrer Herrschaft führt sogar so weit, dass ungehorsame Amazonen eine Schlacht gegen die Trojaner anführen, in der die Kriegerinnen am Ende unterliegen und sich dem Friedensangebot der männlichen Sieger fügen müssen.

Insgesamt spiegelt Meiers Konzeption eines von einer Frau geführten Staates die Vorurteile der weiblichen Regierungsunfähigkeit in eindringlichen Bildern wider, die die Gegner im Diskurs über die Gynäkokratie anführten. Meier verdeutlicht, dass die Herrschaft des großmütigen Regenten Pygmalion aussichtsreicher ist als die seiner führungsschwachen Gattin, zumal gegen die in der *Querelle des Femmes* oft kritisierte ‚Weiberherrschaft' selbst die designierte Thronfolgerin Smyrna interveniert. Mit dem Titel seines Romans verweist Meier somit auf einen Weiblichkeitsentwurf, der kaum noch Gemeinsamkeiten mit den mythischen Kriegerinnen aufzeigt: Während er Myrina das Reich der Amazonen vor dem Sieg der Trojaner ohne männliche Machtteilhabe und Weisungsbefugnis führen lässt und sie mit dieser „Verkehrung sowohl tradierter Rollen als des gesamten politisch-sozialen Gefüges"[844] eindeutig gegen die androzentristische Vorstellung von der Frau als dem schwachen Geschlecht verstößt, führt er mit seiner Smyrna-Figur eine Amazonenprinzessin vor Augen, die trotz aller Kampffähigkeiten des männlichen Schutzes bedarf.[845] Mit ihrer Befürwortung der Monogamie als einzig wahrem Ideal einer

---

844 Brinker-von der Heyde 1999, S. 47.
845 Neben Cinyras und Pygmalion gilt auch Smyrnas Bruder Hippolytus als ihr Beschützer und Vertrauter. Vgl. Meier SMY 1705a, Viertes Buch, S. 629.

Partnerschaft und durch ihren eindeutigen Verzicht[846] auf den Thron zugunsten der Ehe mit Cinyras entspricht sie – wie bereits La Calprenèdes Talestris – exakt dem (männlichen) Wunschbild der gefügigen Amazone. Somit zeigt der 1705 erschienene Roman mit seiner Titelheldin Smyrna bereits Anzeichen bürgerlicher Tugendvorstellungen, die die „Tatkraft [...], Handlungs- und Kampfbereitschaft" der *femme forte* aus dem hochadeligen Kontext domestizierten und „Werten wie Treue, Keuschheit, Bescheidenheit [und] Gefügigkeit [...] dienstbar"[847] machten. Betrachtet man in diesem Zusammenhang auch die Kampfesverweigerung der Amazonenschwestern Smyrna, Marpesia und Lampedo gegen die Trojaner als ‚reflektiert-rationales' Verhalten, verweist allein diese Szene auf den Schlüsselbegriff der Vernunft,[848] dem nicht nur in Meiers Roman bereits eine wichtige Rolle zukommt, sondern vielmehr die gesamte Epoche der Aufklärung prägen wird.

Im Hinblick auf die Funktionalisierung der Meierschen Amazonen lassen sich demnach folgende Ergebnisse resümieren: Während die Titelheldin Smyrna als friedfertige, durch den bereitwilligen Verzicht auf die Amazonenregentschaft, auch opferbereite und gefügige Amazone von vornherein als Weiblichkeitsideal des aus dem Bürgertum stammenden Autors konzipiert ist, wird die Wiederherstellung der patriarchalen Verhältnisse an anderen Amazonen-Figuren auf rigorose Weise vor Augen geführt. Demgemäß wird die gynäkokratische Herrschaft der Myrina zum einen durch männlich vorgegebene Handlungsspielräume eingeschränkt und reglementiert, was die Aufrechterhaltung[849] des Kriegerinnenvolkes letztlich nur unter der Bedingung eines Friedensschlusses mit den Trojanern bedeutet. Vor diesem Hintergrund kann das kriegerische Frauenvolk, das sich der männlichen Geschlechtsvormundschaft entzieht, auch kein zu imitierendes Vorbild sein. Obgleich diese Schlussfolgerung schon bei La Calprenèdes Entwurf des Amazonentums erläutert wurde, gewinnt die Warnung vor den Männer verachtenden und läuterungsbedürftigen Kriegerinnen bei Meier eine neue Qualität: Neben den ‚echten', den Mythen entlehnten Amazonen-Figuren konzipiert er die argivi-

---

846 Vgl. dazu Meier SMY 1705a, Sechstes Buch, S. 1027–1028. Während sich Smyrna nach der Hochzeit mit Cinyras in sein Heimatland Phoenicien begibt, überlässt Myrina den beiden anderen Töchtern Marpesia und Lampedo als neu gekrönten Königinnen das Reich der Amazonen. Nach der Thronübergabe entscheidet sie sich wie Smyrna, fortan bei ihrem Mann „in Ruhe" zu leben. Meier SMY 1705a, Sechstes Buch, S. 1028.

847 Kroll 1995, S. 62.

848 Zur Vernunft als „Lebenskorrektiv" und „aufklärerische[r] Denkweise" im Roman *Smyrna* siehe Herrenbrück 1974, S. 149.

849 Da das Amazonenreich am Ende des Romans von Marpesia und Lampedo weiterregiert wird, kann nicht von einer Auflösung dessen ausgegangen werden, wie es Georg Herrenbrück betont. Vgl. dazu Herrenbrück 1974, S. 141.

schen Schwestern Iphinoe, Iphianassa und Lysippe als ‚Wahnsinnige', die mit gleich gesinnten Frauen aus enttäuschter Liebe beginnen, ihre (ehemaligen) Verehrer zu bekämpfen. Derweil sich Lysippe und ihre Mitstreiterinnen am Ende jedoch wieder mit ihren Liebhabern versöhnen, muss Iphinoe – als besessene Anführerin und Mörderin ihrer Schwester Iphianassa – im Kampf sterben.[850] Um es mit Renate Kroll zu sagen:

> „Temporäre Anarchie, ungezügelte Energie, unkontrollierte weibliche Natur und Sexualität, allesamt bedrohliche Kräfte, die das Chaos bedeuten, müssen am Schluß der Restauration einer Ordnung weichen. Der literarisch ausgetragene Geschlechterkonflikt dient dazu, die (maskuline) Kontrolle über die entfesselte Weiblichkeit wiederherzustellen."[851]

Inwiefern der Geschlechterkampf und die unterschiedliche Funktionalisierung der Amazone auch in frühneuzeitlichen Operntexten zu finden sind, die im Hinblick auf die Liebeshandlung starke Parallelen zu barocken Romanen aufweisen, ist Gegenstand des nächsten Kapitels.

---

850 Zur Denkfigur von Weiblichkeit als Sterblichkeit, aber vor allem dem Tod des Weiblichen als „Triumph der Kultur über die Natur" siehe Bronfen 2004, S. IV-V.
851 Kroll 2001, S. 529.

4 Amazonen in der Oper

4.1 Amazonen-Figuren in der Oper der Frühen Neuzeit

Die Beliebtheit des Amazonen-Themas im Barock spiegelt sich nicht nur im Roman, sondern auch in der frühneuzeitlichen Oper wider. War nicht auch die Bühne ein idealer Ort, um das Potential der mythischen Kriegerinnen als Herausforderung der Männerwelt einem Publikum vor Augen zu führen, das beispielsweise nur bedingt auf Amazonen-Romane zurückgreifen konnte? Wo sonst, wenn nicht in der Oper, die durch die miteinander verbundenen Zeichensysteme wie Dichtung, Musik und mimetisches Figurenspiel[852] das Publikum mit einer affektreichen Handlung unterhalten und rühren wollte, konnten Geschlechterverhältnisse und Geschlechterkampf anschaulicher dargestellt werden? Ebenso wie die bereits erwähnte Medea-Figur, deren *Furor* in den Opern des 17. und 18. Jahrhunderts als Merkmal gerne herausgestellt wurde, waren die streitbaren Amazonen als Garantinnen für opernintendierte Affektentladungen prädestiniert.

Als erster Operntext, in dem der Amazonen-Stoff zum wesentlichen Handlungselement gewählt wurde, gilt Giovanni Faustinis (1615–1651) *L'Euripo*, der 1649 in Venedig zur Aufführung kam.[853] Bei Faustinis Titelhelden handelt es sich um den Sohn der Amazonenkönigin Penthesilea, den sie in Amazonenkleidung als Mädchen tarnt, um ihn vor ihren männerfeindlichen und somit auch Knaben mordenden Mitstreiterinnen zu schützen. Unbemerkt lebt der Prinz unter den mythischen Kriegerinnen, bis Penthesilea im Kampf von Achilles getötet wird und Euripo als vermeintliche Amazone in Gefangenschaft gerät. Wie in den Romanen wird sein Geheimnis aus Liebe zu einer Prinzessin gelüftet, so dass das Cross-Dressing hier ebenfalls sein Ende findet, um die ‚Unordnung‘, die Euripo mit seiner Maskerade als kriegerische ‚Frau‘ und effeminierter Mann ins Spiel gebracht hatte, zu Gunsten der ‚rechten‘ Geschlechterordnung aufzulösen.[854]

Dabei ist das Vorkommen von Amazonen in Opernlibretti kein Zufall: So beschränken sich mythologische Stoffe nicht nur auf den Roman, sondern sind gleichfalls im Musikdrama wie dem Operntextbuch oder im Sprechtheater zu finden. Die Beziehung zwischen den verschiedenen Gattungen ist demnach von wechselseitigen Einflüssen geprägt,[855] wie der gattungsübergreifende, intertextuelle Verweis von Christian Heinrich Postel verdeutlicht. Als Librettist

---

852 Vgl. Fischer 1982, S. 18.
853 Vgl. Freeman 1996, S. 443.
854 Vgl. Freeman 1996, S. 443–444.
855 Vgl. Gier 2000, S. 38.

der Oper *Die Groß=Muethige Thalestris* aus dem Jahr 1690 gibt er in seinem Vorwort an den „[g]uenstige[n] Leser" an, sich bei der Wahl der Titelheldin und der Handlung an La Calprenèdes *Cassandre* orientiert zu haben:

> „Gegenwaertiges Singespiel betreffend / so hat man zu dessen Grund die Liebes=Geschichte der Thalestris aus / dem recht schoenen Roman der Cassandra […] genommen / und dieselbe / so viel mueglich gewest mit den Regeln der Schauspiel vereiniget / und zwar auff solche Arth daß man sich nicht Schlavisch an die erwehnte Geschichte gebunden / sondern vielmehr nach dem Wolstande einer Opera sich gerichtet."[856]

Aufgrund der übernommenen Liebesgeschichte verwundert es nicht, dass Postel – den Romanautoren und ihren *imitationes* des Amazonen-Plots aus der *Cassandre* gleich – das Cross-Dressing des Prinzen Orontes ebenso in seinen Operntext integriert. Das Aufführungsjahr der venezianischen Oper *L'Euripo* zeigt allerdings, dass die Verkleidung und Maskierung als Amazone in der Oper nicht allein den Rekursen auf La Calprenède zu verdanken ist,[857] da dessen mehrbändiger Roman erst einige Jahre vor Faustinis Libretto erschienen war.[858]

Christian Friedrich Hunolds (1681–1721) Roman *Die verliebte und galante Welt* aus dem Jahr 1707 belegt indes, dass der Amazonen-Stoff aus Opern umgekehrt auch im Roman wieder auftaucht.[859] Hunold, ebenso unter dem Pseudonym *Menantes* bekannt, spielt in seinem Roman auf die Oper *Die Lybische Talestris* von Heinrich Anshelm von Zigler und Kliphausen an,[860] die 1696 und 1698 in Weißenfels, 1709 dann in einer bearbeiteten Version in Leipzig aufgeführt wurde. Obwohl Ziglers Oper später noch analysiert wird, sei an dieser Stelle schon der Handlungskonflikt verraten, auf den Hunold in seinem Roman hinweist. So lässt *Menantes* seine galanten Protagonisten eine Opernaufführung besuchen, während der – durch ein Gespräch mit einer ebenfalls gegenwärtigen Zuschauerin – „ein angenehmer Disput von der Liebe und Kaltsinnigkeit"[861] entfacht wird. Auslöserin dafür ist Talestris, Titelheldin der Oper, „die durch ihre Grausamkeit gegen die Manns=Personen / einen Printzen / der sich in sie verliebt / von den Felsen hinunter stuertzet"[862] und Hunolds Helden Heraldo scherzend dazu veranlasst, die Auswirkungen dieses männerfeindlichen Verhaltens auszumalen:

856 Postel TKA 1690, S. b4ʳ-c.
857 Vgl. Kapitel 3.2.5.
858 Vgl. Kapitel 3.2.1., S. 103.
859 Zum Einfluss der Oper des 17. Jahrhunderts auf die nicht-dramatischen Gattungen Lyrik und Roman siehe Jahn 1996, S. 143.
860 Vgl. dazu Simons 2001, S. 288–289.
861 Hunold [1707] VGW 1988, S. 41.
862 Hunold [1707] VGW 1988, S. 41.

„[...] wenn alle Damen so kaltsinnig gegen ihre Amanten waeren / als diese Printzeßin / so duerfften ihrer wenig gluecklich werden / und das allzu strenge Verfahren wuerde in kurtzen das meiste Theil der Welt hinweg nehmen / dadurch ja dem menschlichen Geschlechte die suesseste Vergnuegung entzogen wuerde."[863]

Männerfeindlichkeit und weibliche Grausamkeit, die „wider die natuerliche Ordnung"[864] seien, kennzeichnen demnach auch die Amazonen im Musikdrama, welche – wie im Roman – in eine Liebesgeschichte eingebunden werden.

Inwiefern gerade die Moralkritik an der Liebeshandlung, Regelungen für Sprache und Stil, aber auch das Personal in der Oper Gemeinsamkeiten mit dem barocken Roman aufweisen, sollen die nächsten Kapitel verdeutlichen. Primäres Ziel bleibt jedoch, die vielschichtigen Darstellungs- und Funktionalisierungsmöglichkeiten der Amazonen-Figur in (musik-)dramatischen Texten aufzudecken und sie in den Kontext der frühen Oper im deutschsprachigen Raum einzubinden.

4.1.1 Die frühe ‚deutsche' Oper

Die Oper des 17. Jahrhunderts, aufgrund uneinheitlicher Begriffsverwendungen ebenso unter den Termini Singspiel,[865] Opera, Dramma per musica, „Favola, Musiche, Rappresentatione [...] [oder] Tragedia"[866] bekannt, fand den Weg von ihrem Ursprungsland Italien[867] aus auch in das Heilige Römische

---

863 Hunold [1707] VGW 1988, S. 41.

864 Hunold [1707] VGW 1988, S. 42.

865 Vgl. Reiber 1998, Sp. 1470. Zum synonymen Gebrauch von Singspiel und Oper siehe auch Wade 1990, S. 15 und S. 85 sowie Alexander 1984, S. 159. Jörg Krämer beschreibt das Singspiel als ursprüngliches „Musiktheater mit deutschem Text", das später als „komische Oper mit gesprochenen Dialogen" aufgefasst wurde. Im Gegensatz zur italienischen Oper des 17. und 18. Jahrhunderts habe der Begriff als deutsche Bezeichnung „für Opern mit deutschsprachigem Libretto (d.h. auch für ins Deutsche übersetzte, ursprünglich fremdsprachige Opern)" gedient. Während man das Singspiel im 17. Jahrhundert als Synonym für *Opera* oder *Dramma per musica* verwendet habe, sei der Begriff des *deutschen Singspiels* im 19. Jahrhundert verengt worden, indem man ihn auf gesprochene Dialoge, das Sprechtheater und „auf komische Sujets" eingegrenzt habe (siehe dazu Krämer 2003). Eine in diesem Sinne eingeschränkte Definition des Singspiels findet sich beispielsweise bei Gero von Wilpert, der es als „kleines heiteres Bühnenstück des Musiktheaters mit gesprochenem Dialog, Gesang und Musikeinlagen, bewegte Zwischenform von Oper und Lustspiel und Vorform der heutigen Operette" beschreibt. Vgl. von Wilpert 1989c, S. 855.

866 Leopold 2006, S. IX.

867 Das vom Komponisten Claudio Monteverdi (1567–1643) mit dem Librettisten Alessandro Striggio (ca. 1573–1630) konzipierte musikdramatische Werk *Orfeo*, das 1607 in Mantua uraufgeführt wurde, gilt als erste Oper schlechthin.

Reich Deutscher Nation. Anders als bei der Opernentwicklung in Frankreich etwa, wo diese vom Herrscher als Instrument nationaler und zentralistischer Herrschaftsausübung genutzt wurde,[868] entwickelte sich in dem konfessionell und territorial geteilten Reich eine heterogene Opernlandschaft, die auf die individuellen Vorstellungen von HerrscherInnen an ihren jeweiligen Höfen zurückging. Daher gab es im Deutschland des 17. Jahrhunderts in sprachlicher Hinsicht sowohl italienische als auch deutsche Opernlibretti, wobei sich im katholischen Süden des Reiches wie am Wiener und Münchner Hof die italienische Oper und im vorwiegend protestantischen Mittel- und Norddeutschland die deutschsprachige Oper an Höfen und (halb-)kommerziellen Spielstätten wie Hamburg, Leipzig und Braunschweig etablierte.[869] Der Dresdener Hof hatte eine Sonderstellung, da er „zwischen katholischer und protestantischer Orientierung, zwischen italienischer und deutscher Oper"[870] changierte. Insbesondere die Erkenntnisse über die sächsische Residenzstadt Weißenfels als vielseitig kulturschaffender und -stiftender Ort im Barock,[871] in dem zwischen 1683 und 1735 (mit Ausnahme des Singspiels *Almira* aus dem Jahr 1704) ausschließlich Opern in deutscher Sprache aufgeführt wurden,[872] hat dazu geführt, diese mitteldeutsche Stadt als wesentliches Zentrum der deutschsprachigen Operntradition anzuerkennen.[873]

Obwohl nationalsprachliche Bemühungen in den protestantischen Ländern seit Luthers Bibelübersetzung forciert wurden, sind zu einfache Schlüsse vom Aufkommen deutschsprachiger Libretti auf ein Bestreben nach einer Nationaloper nicht unproblematisch. Es ist keineswegs abzustreiten, dass der Einsatz für die deutsche Sprache zu einer protestantischen Kultur, gar „zu den kulturpolitischen Strategien der protestantischen Länder" zählte, um „eine unverwechselbare, von der katholischen Übermacht im Süden unabhängige

---

Die Inszenierung des *Orfeo* 1612 in Prag dürfte Silke Leopold zufolge auch die erste Oper gewesen sein, „die nördlich der Alpen aufgeführt wurde." Leopold 2006, S. 269. Siehe dazu auch Niefanger 2000, S. 164–165.

868   Vgl. Leopold 2006, S. 268.

869   Vgl. Meid 2009, S. 485 sowie Lindberg 1972, S. 97 und S. 100.

870   Leopold 2006, S. 293.

871   Vgl. dazu insbesondere die Sammelbände Jacobsen 1994; Sent 1996; Landesheimatverbund 1999; Riepe 2003.

872   Zur Einzigartigkeit dieser fast ausnahmslos deutschsprachigen Opernaufführungen innerhalb von 50 Jahren siehe grundlegend Brockpähler 1964, S. 375. Im Gegensatz zu Brockpählers Datierung der ersten Weißenfelser Oper *Oramachus und Arybene* auf das Jahr 1684, findet sich bei Hermann Kretzschmar das Singspiel *Das entsetzte Wien*, das bereits 1683 zu den Weißenfelser Libretti zählte. Vgl. Kretzschmar 1902, S. 276.

873   Vgl. Fuchs 2003.

Idee zu entwickeln."[874] Deutschsprachige Spielstätten wie die frühe Hamburger Oper als „deutsches National=Theater"[875] zu bezeichnen, ist jedoch kritisch zu sehen. So waren zwar Libretti in deutscher Sprache sowohl in Weißenfels als auch an der Hamburger Oper obligatorisch, doch konnte es sich bei ihnen um Übersetzungen aus dem Italienischen und Französischen handeln,[876] zumal die Hamburger Operndichter dazu neigten, italienische oder französische Arien in ihre Libretti zu integrieren.[877]

Wie schwierig eine eindeutige Bestimmung der ersten Oper mit deutschem Text ist, zeigt das Beispiel der 1627 auf Schloss Hartenfels bei Torgau aufgeführten *Dafne* (*Daphne*), die – als Bearbeitung des ursprünglich italienischen Werkes von Ottavio Rinuccini (1562–1621) und Jacopo Peri (1561–1633) – nicht nur als gemeinsames Werk von Heinrich Schütz (1585–1672) und Martin Opitz, sondern vor allem als Auftakt der deutschsprachigen Oper gilt.[878] Diesbezüglich gibt Silke Leopold jedoch zu bedenken, dass von diesem musikdramatischen Stück zwar Opitz' Libretto erhalten, von Schütz allerdings keine „einzige Note"[879] überliefert ist. Aufgrund der fehlenden Quellen plädiert Leopold daher dafür, die Torgauer *Dafne* nicht als Begründung der deutschsprachigen Oper anzusehen, denn

> „[d]as Getöse, das die Musikwissenschaft bis in allerjüngste Zeit um die durchaus müßige Frage veranstaltete, ob die Torgauer *Dafne* eine Oper gewesen sei, ist nicht frei von einem eher absonderlichen Interesse an einem dingfest zu machenden Ausgangspunkt der ‚deutschen' Oper. Angesichts der Unerfahrenheit Schützens in der rezitativischen Schreibart, und angesichts einer womöglich noch größeren Unerfahrenheit der verfügbaren Sänger im dramatischen Gesang sollten wir es aber womöglich zufrieden sein, daß die Torgauer *Dafne* nicht als Gründungsakte, sondern als Gründungsmythos zur Verfügung steht."[880]

Anders verhält es sich mit dem *Geistlichen Waldgedicht Seelewig*[881] aus dem Jahr 1644, dessen Text auf Georg Philipp Harsdörffer (1607–1658) zurückgeht, während die dazugehörige Musik von Sigmund Theophil Staden (1607–1655) stammt. Diese Pastorale, die auf das italienische Lesedrama

---

874 Leopold 2006, S. 271–272.
875 Wolff 1957, S. 9–10. Auch Horst Steinmetz spricht von der Hamburger Oper als „einer Art erstem deutschen Nationaltheater." Steinmetz 1987, S. 21.
876 Vgl. Leopold 2006, S. 314.
877 Vgl. Leopold 2006, S. 314 und Kretzschmar/ Hermann 1902, S. 276.
878 Vgl. Niefanger 2000, S. 165 und von Wilpert 1989b, S. 638.
879 Leopold 2006, S. 272.
880 Leopold 2006.
881 Der vollständige Titel lautet: DAS GEISTLICHE WALDGEDICHT / oder Freudenspiel / genat Seelewig / Gesangweis auf Italianische Art gesetztet.

Anima felice mit dem Untertitel *Favola boscarrecia*[882] *et spirituale* (1609) zurückzuführen ist, dessen 1637 veröffentlichte Übertragung ins Deutsche Harsdörffer wiederum als Vorlage diente,[883] integrierte der Nürnberger Dichter in den vierten Teil seiner *Frauenzimmer Gesprächspiele*.[884] Von den einen zaghaft als frühestes opernähnliches Singspiel beschrieben,[885] von anderen durchaus als „erste gedruckte und (vollständig) erhaltene deutsche Oper" mit einer „erste[n] Operntheorie in deutscher Sprache"[886]

---

882   Silke Leopold zufolge bezeichnet die *Favola boscareccia* „das Urbild aller Hirtendramen" und verweist gleichzeitig auf den Untertitel zweier italienischer Opern, „die Harsdörffer während seines Romaufenthaltes kennen gelernt haben dürfte: Domenico Mazzocchis *La catena d'adone* (1626) [...] [und] Giacinto Cornacchiolis *Diana schernita* (1629)." Leopold 2006, S. 281.

883   Der unbekannte Autor der deutschsprachigen Version veröffentlichte seine Bearbeitung des italienischen Werks unter dem Titel *Ein gar Schön Geistliches Waldgetichte / genant Die Glückseelige Seele / Auß Zihrlichen Welnsch in gemeines Deutsch gebracht.* Vgl. Leopold 2006, S. 281.

884   Siehe hierzu insbesondere Böttcher 1968, S. 3–22. Harsdörffers *Frauenzimmer Gesprächspiele* erschienen von 1641–1649 in acht Bänden. Vorbild für dieses als Dialogliteratur konzipierte Werk waren einerseits Spiel- und Gesprächssammlungen italienischer Akademien des 16. Jahrhunderts, die Harsdörffer übersetzte, andererseits regten ihn aber auch französische Nachahmer der italienischen Autoren zu Spielen und Stoffen an. Ziel war es, anhand sechs fiktiver Figuren (drei Damen und drei Herren unterschiedlichen Alters aus Adel und Bürgertum, die sich bei ihren Treffen beispielsweise über Sprichwörter, Lehrgedichte, Rechtschreibung, Fremdwörter und Musik unterhielten, aber auch Liebesfragen und Höflichkeit thematisierten) „Tugend- und Lasterkataloge [...] neben vielerlei Alltäglichkeiten und praktischen Erfahrungen [zu] diskutier[en]." In den Gesprächspielen, die „geübte [...] und erstrebte [...] Formen geselligen Umgangs und gesellschaftlichen Lebens" widerspiegelten, konnten folglich „Normen der Sittlichkeit ab[ge]lesen [werden], wie sie die bürgerliche, an der höfischen orientierte Gesellschaft als allgemein verbindlich aufstellte." (Böttcher 1968, S. 8). Der Adressatenkreis beschränkte sich – wie der Titel zunächst vermuten lässt – jedoch keineswegs auf das weibliche Geschlecht, sondern zielte auf die ganze Gesellschaft, die „zu wolständiger Höflichkeit" geführt werden sollte (Böttcher 1968, S. 13).

885   Vgl. Frenzel/ Frenzel 1999, S. 135.

886   Bauer-Roesch 2000, S. 645. Zur *Seelewig*, deren Text und Partitur noch erhalten ist, siehe ebenso Böttcher 1968, S. 7. An dieser Stelle sei noch einmal auf die Schwierigkeit verwiesen, eine eindeutige Aussage über die ‚erste' vollständig erhaltene deutsche Oper wie auch zur ‚Opernhaftigkeit' früher musikdramatischer Werke generell zu treffen. Während Dirk Niefanger Martin Opitz' Oper *Judith* (1635) „als erste vollständig erhaltene deutschsprachige Oper" (Niefanger 2000, S. 165) beschreibt, weist Susanne Bauer-Roesch mit Verweis auf Werner Brauns Studie *Die Musik im 17. Jahrhundert* (1981) Harsdörffers und Stadens *Seelewig* diesen Status zu. Allerdings relativiert sie diese Aussage im Hinblick auf die Einordnung des Harsdörfferschen Dramentextes als Oper,

betrachtet,[887] gilt *Seelewig* mit der moralischen Botschaft[888] zudem nicht nur als erstes überkonfessionelles, sondern auch als ständeübergreifendes „musikalisches Theaterstück", da es Sprachbarrieren überwand, „eine für alle Christen annehmbare Moral [...] formulier[te]" und damit „die gesellschaftlichen Schranken zwischen Hof und Stadt, zwischen Adel und Bürgertum"[889] aufzuheben vermochte. So war der Operntext Harsdörffers, der neben Martin Opitz, Andreas Gryphius (1616–1664) und Philipp von Zesen (1619–1689) zu den bedeutenden Mitgliedern der *Fruchtbringenden Gesellschaft* zählte, den bürgerlichen *und* adligen Mitgliedern dieser Sprachgesellschaft ein Begriff. Beispielhaft zeigt sich dies an der Inszenierung der *Seelewig* von 1654. Obwohl das Werk ursprünglich nicht zur Aufführung gedacht war, ließ die musikalisch hochbegabte Herzogin Sophie Elisabeth von Braunschweig-Lüneburg[890] (1613–1676), ebenfalls ein Mitglied der *Fruchtbringenden Gesellschaft*,[891] das Werk anlässlich des 75. Geburtstags ihres Gatten August des Jüngeren von Braunschweig-Lüneburg (1579–1666) am Wolfenbütteler Hof darbieten und zeigte auch mit dieser Opernaufführung, dass sich Wolfenbüttel zu einem wichtigen Zentrum der Opernpflege in Norddeutschland entwickelt hatte.[892]

---

indem sie feststellt: „Als Maximalergebnis kann formuliert werden, daß der in Frage stehende dramatische Text mit hoher Wahrscheinlichkeit ein Operntext sein kann, dies aber gleichwohl nicht mit letzter Sicherheit sein muß. Im günstigsten Falle von *Seelewig* kann für diesen Merkmalkatalog auch die Vertonung herangezogen werden, deren Existenz und Art bei vielen anderen Werken im Dunkeln liegt." Bauer-Roesch 2000, S. 652.

887 Der Einschätzung der *Seelewig* als erster deutscher Oper schließt sich auch Silke Leopold an, die resümiert: „Es mutet wie eine Ironie der Geschichte an, daß Heinrich Schütz' musikdramatische Versuche infolge des ephemeren Charakters höfischer Festkultur der Nachwelt vorenthalten blieben, während ein zunächst eher akademisch konzipiertes Singspiel [*Seelewig*] durch eine Veröffentlichung in literarischem Umfeld erhalten blieb und auf diese Weise in den Rang der ersten bekannten deutschsprachigen Oper aufstieg." Leopold 2006, S. 278.

888 „Die ewige Seele (Seelewig) wird von der sinnlichen Liebe bedroht, aber durch Gewissen und Vernunft gerettet." Szyrocki 1997, S. 315.

889 Leopold 2006, S. 288.

890 Als Töchter des Herzogs Johann Albrecht II. von Mecklenburg-Güstrow (1590–1636) erhielten Sophie Elisabeth (1635–1666) und ihre Schwester Christine Margarete (1615–1666) vom englischen Lautenisten John Stanley Unterricht, der eigens von ihrer hochmusikalischen Stiefmutter Elisabeth von Hessen-Kassel (1596–1625) dazu beordert wurde. Die Affinität zur englischen Musik und zum englischen Theater prägte später auch den Wolfenbütteler Hof, an dem Sophie Elisabeth als Mäzenin und Komponistin musikdramatischer Werke wirkte. Vgl. dazu Koldau 2005, S. 189–190.

891 Vgl. Koldau 2005, S. 193.

892 Vgl. Leopold 2006, S. 286–287.

Doch welchen poetologischen Vorstellungen musste das Singspiel, das mit dem Sprechtheater im Barock „noch zu einer Gattungsfamilie"[893] zählte, entsprechen? Setzt man bei Harsdörffers *Seelewig* mit der von Susanne Bauer-Roesch betonten ersten Operntheorie im Deutschen an, wird bereits hier die *Liebe* als Sujet thematisiert, die in späteren Singspielen ebenso eine wesentliche Rolle spielen wird. Obwohl sich die Harsdörffersche Oper in allegorischer Weise als Kampf zwischen Liebe und Seele, folglich als Kampf zwischen Körper und Seele erweist,[894] in dem die Vernunft die ewige Seele jedoch zu retten vermag, ändert dies nichts an der Tatsache, dass Singspiele bis ins 18. Jahrhundert hinein immer wieder Anlass zu Auseinandersetzungen boten. Auf *Seelewig* bezogen meint dies zunächst, nicht gegen die vernünftigen Regeln der Musik zu verstoßen, die vor allem in der „kirchlich geprägten Tradition [...] in erster Linie Vokalmusik"[895] bedeutete. Um möglicher Kritik im Voraus entgegenzuwirken, lässt Harsdöffer seinen dramatischen Text von der Allegorie der ‚Singkunst' als „Geistliches Gedicht ohn eitlen Ruhm und Ehr"[896] bezeichnen; ferner argumentiert er mit der besänftigenden Wirkung der Musik, „die intentional von der Harmonie ihrer Proportionen herrührt", wie Susanne Bauer-Roesch erläutert:

> „Musik affiziert alle psychischen Kräfte, zu denen auch ‚der Verstand/ der Wille/ die Gedächtnüß/ die Bildung' gerechnet werden. Deshalb ist sie nur zu rechtfertigen, wenn sie als irdisches ‚Echo oder Wiederhall der himmlischen Freuden' erscheint und so der religiös-moralischen Ordnung konform bleibt."[897]

Die ‚Singkunst' ist es letztlich auch, die „eine genuine Verwandtschaft von Musik und Dichtung"[898] betont, den beiden Künsten eine enge, gar liebes- und eheähnlich konnotierte Beziehung zuschreibt,[899] indem sie von der „Reimenkunst / die so verliebt"[900] in sie sei, sogar von ihr als das „ander ich" spricht.

Jedoch von einem ‚gleichberechtigten' Miteinander von Text und Musik in der Oper zu sprechen, wie es die *Allgemeine Encyclopädie der Wissenschaften und Künste* aus dem 19. Jahrhundert betont,[901] ist weder für das 17. noch

---

893 Niefanger 2000, S. 164.
894 Niefanger 2000, S. 165.
895 Bauer-Roesch 2000, S. 648, Anm. 12.
896 Harsdörffer 1968, Teil 4, S. 44.
897 Bauer-Roesch 2000, S. 648.
898 Bauer-Roesch 2000, S. 648.
899 Vgl. Bauer-Roesch 2000, S. 649.
900 Harsdörffer 1968, Teil 4, S. 47.
901 So heißt es hier im Artikel zur *Oper*: „Die beiden Hauptkuenste sind hier offenbar ‚Dichtkunst' und ‚Musik'. Die erste liefert die Handlung, die andre stattet sie aus mit dem Reiz der Toene. Die Wichtigkeit beider Kuenste leuchtet in die Augen. Sollen wir wol noch immer fragen, welche von beiden die erste Rolle

für das 18. Jahrhundert möglich. Auch wenn man seit Wolfgang Amadeus Mozarts (1756–1791) viel zitierten Worten „bey einer opera muß schlechterdings die Poesie der Musick gehorsame Tochter seyn. [...] um so mehr muß Ja eine opera gefallen wo der Plan des Stücks gut ausgearbeitet, die Wörter aber nur blos[s] für die Musick geschrieben sind, und nicht hier und dort einem Elenden Reime zu gefallen [...]"[902] gemeinhin von der Dominanz der Musik über die Operndichtung ausgeht, sollte nicht in Vergessenheit geraten, dass der Rang eines Librettisten im Barock höher angesehen wurde als der eines Komponisten.[903] Bis zu Mozarts Selbstverständnis eines Komponisten hat es demnach operntheoretische Entwicklungen gegeben, wie man den Ausführungen des bereits erwähnten Operndichters Barthold Feind[904] entnehmen kann, der wiederum der Musik eine untergeordnete Rolle zuschreibt:

> „Denn eine Opera ist ein aus vielen Unterredungen bestehendes Gedicht / so in die Music gesetzet / als welche der Verse wegen allhier gebraucht wird / nicht aber uemgekehret / weil der Poet den Musicum zu allerhand Inventionen veranlasset / und der Musicus dem Poeten folgen muß."[905]

Als „Kenner des Theatri",[906] der mit der Bühnenausstattung und -technik vertraut sein musste, war ein Librettist resp. eine Librettistin[907] primär dazu angehalten, das Publikum mit der Opernhandlung zu unterhalten.[908] Folgt man in dieser Hinsicht Christian Friedrich Hunold, der unter dem Pseudonym *Menantes* galante Romane, Briefsteller, Abhandlungen zur Poetik, Übersetzungen

---

spielt? Es waere besser, man haette das nie gefragt. [...] Es wird vielmehr eine Kunst die Rechte der andern nicht blos anerkennen, sondern sie gegenseitig lieben muessen; jede muß freudig gewilligt sein, das Eigenste und Schoenste der andern Kunst in das hellste Licht zu setzen, durch welchen liebenden Verein das gluckliche Ziel zum Ergoetzen aller einzig und allein erreicht werden kann." Fink 1833, S. 46. Vgl. dazu auch Gier 2003, S. 21.

902 Wolfgang Amadeus Mozart in einem Brief an seinen Vater (13. Oktober 1781). Zitiert nach Hanjo Kesting 2005, S. 31.

903 Silke Leopold gibt zu bedenken, dass „die Musik in der Hierarchie der an der Oper beteiligten Künste in der Barockzeit zu allerletzt kam. Man kann das sehr deutlich sehen an den Programmzetteln: da wird – nach den Sängern – zuerst der Librettist genannt, dann der Bühnenbildner und als letzter der Komponist, wenn überhaupt." Leopold 1992, S. 75.

904 Vgl. S. 56.

905 Feind [1708] 1989, S. 80.

906 Hunold TGG 1706, S. 88.

907 Neben Maria Antonia Walpurgis von Sachsen war beispielsweise auch Wilhelmine von Bayreuth (1709–1758) als Librettistin tätig. 1754 verfasste sie den Text der Oper *L'huomu: festa theatrale* für das Bayreuther Opernhaus. Vgl. Niedermüller 2002.

908 Vgl. Smart 1992, S. 186.

und Singspiellibretti für die Hamburger Oper am Gänsemarkt verfasste,[909] musste der Librettist „[e]in geschickter Intriguen=Macher"[910] sein, denn „zur Schoenheit einer Opera [gehoeren]: Gute Intriguen oder Verwirrungen."[911] Zudem musste ein Operndichter zu verstehen wissen, die Liebe als wichtigstes Thema zu bearbeiten, wie Hunold ferner betont: „Was die Invention betrifft / so muß sie wohl / weil es einmahl so eingefuehret ist / nach der vornehmsten Materie, etwas Verliebtes seyn."[912] Gerade die Liebesthematik ist es, in der er Parallelen zwischen Oper und Roman sieht, gehöre diese doch schließlich zum Inhalt des Romans *und* der Oper.[913] Um die Notwendigkeit, die Liebe neben der Intrige als wichtigste Ingredienz einer spannenden Handlung zu verdeutlichen, merkt Hunold daher in seiner Vorrede zu die *Allerneueste Art* (1707) an:

> „Eine Opera ohne Liebes=Begebenheiten vorzustellen / ist so hoeltzern / so wenig profitabel, als wenig erhoert. Liebes=Begebenheiten ohne reitzende Liebes=Complimenten und wolluestige Actionen auffzufuehren / ist so rar / als denen meisten Zuhoerern wenig vergnueglich."[914]

Aus der Prämisse, die Liebe zum Dreh- und Angelpunkt eines Singspiels zu versehen, resultierte schließlich die „Ausbeutung der ganzen Affektskala"[915] von Leidenschaft und Eifersucht, über Zorn und Hass bis hin zu Hoffen und Bangen, um das Publikum sprachlich wie auch musikalisch zu rühren. Denn – so konstatiert Barthold Feind schließlich – „[w]o keine Affecten sind / da sind auch keine Actiones, und wo keine Actiones sind / da wird es auf dem Theatro sehr frieren."[916]

4.1.2 Die Parallelisierung von Oper und Roman: Debatten über die Oper in der Frühen Neuzeit

Im Hinblick auf die Liebesthematik weist das Singspiel demnach starke Gemeinsamkeiten mit dem Roman auf: So findet sich die Forderung Huets, die Liebe als Sujet im Roman zu verankern, als konstitutives Handlungselement in Opernlibretti wieder, wobei Romane und Opern „gleichermaßen unter dem Gesichtspunkt der *galanten conduite* gelesen wurden."[917] Für Libretti und

---

909 Vgl. dazu Dünnhaupt 1991a.
910 Hunold TGG 1706, S. 88.
911 Hunold TGG 1706, S. 126.
912 Hunold RGP 1707, S. 396.
913 Vgl. Voßkamp 1973, S. 139.
914 *Vorrede*. In: Hunold RGP 1707, n. p.
915 Smart 1992, S. 192.
916 Feind [1708] 1989.
917 Jahn 1996, S. 161.

Romane war daher die gleiche Rezeptionsanweisung vorgesehen, wie man Johann Christian Wächtlers *Pensum der praktischen Galanterie* von 1709 entnehmen kann.[918] Er rät dem Lesepublikum:

> „§ 44. Diese [Romane] muessen aber nicht zu dem Ende bloß gelesen werden, damit man nur die Historien und Intriques d'amour samt deren Verlauff an und vor sich selbst begreiffe, sondern ueber dieses wird hauptsaechlich erfordert, daß der Leser wohl Acht habe auf die darinne vorkommende Discourse und Unterredungen, absonderlich aber auf die eingemischte galante und verstaendige Redens-Arten. [...]
>
> § 47. Ferner contribuiret auch hierzu nicht wenig die Lesung der Opern, insonderheit bey den Liebhabern der teutschen Poesie, wiewohl auch sonst dieselben und à part die Arien der Eloquence ein grosses Licht geben, woferne man nur beym Durchlesen dasjenige gleichfalls beobachtet, was § 44. 45. und 46.[919] erwehnet worden [...]."

Dies hatte allerdings zur Folge, dass auch das Singspiel einer Moralkritik unterzogen wurde. Der bekannte ,Hamburger Opernstreit' zeigt dies beispielhaft. Obwohl Opern und Romane durchaus moralische Werte zu vermitteln versuchten,[920] indem etwa die durch Intrigen getrennten Liebenden aufgrund ihrer Tugend und Beständigkeit am Ende wieder zueinander finden, die lasterhaften GegenspielerInnen jedoch das Nachsehen haben und bestraft werden, wurde die Liebesthematik in Hamburger Opern gerade von pietistischer Seite stark kritisiert.[921] Insbesondere die zweifellos auch sexuell konnotierten und Erotik evozierenden Elemente der Liebeshandlung lehnten die theaterfeindlich gesinnten Pietisten aus moraltheologischen Gründen ab, federführend allen voran die Pastoren Anton Reiser (1628–1686) und Johann Winckler (1642–1705).[922] Im Rekurs auf die scharfe Ablehnung des Theaters durch die Kirchenväter sahen die Theaterkritiker im Liebessujet „sowie in der sinnlichen Kunstform der Oper überhaupt die Gefahr sittlicher und moralischer Verderbnis. Die Oper wurde als Ort der Wollust und Sünde verunglimpft."[923]

---

918 Vgl. Jahn 1996, S. 161.
919 Dabei gibt Wächtler gerade in den §§ 44–46 die gleiche Leseanweisung für Opern und Romane. So bezieht sich § 47 zu Opern in folgender Weise auf die Rezeption von Romanen: „Selbige [Romane sind] mit Attention zu lesen (§ 44), Die Redens-Arten daraus zu appliciren (§ 45), Zu dem Ende sich Locos Communes zu machen." (§ 46). Wächtler [1709] PPG 1969, S. 14–15.
920 So betont Robert J. Alexander neben der unterhaltenden auch die moralisch-belehrende Funktion der Oper. Vgl. Alexander 1984, S. 160. Siehe dazu auch Jahn 2002, S. 189.
921 Vgl. Guse 1997, S. 24. Siehe dazu auch Flemming 1933, S. 15.
922 Vgl. Haufe 1994, S. 133.
923 Guse 1997, S. 24.

Im Jahre 1678 wurden jedoch theologische und juristische Gutachten der Universitäten Rostock und Wittenberg erstellt, die wohlwollend für die Oper ausfielen und dem Magistrat Hamburgs „das Recht zur Aufführung von Opern zusicherten und sie sogar für nützlich erklärten, da sie die wollüstigen Gemüter von unziemlichen Zeitvertreibungen ablenkten."[924] Folgt man den Untersuchungen Willi Flemmings und Eberhard Haufes, fand der ‚Hamburger Opernstreit' seinen endgültigen Abschluss durch Hinrich Elmenhorst (1632–1704), der als Theologe und Librettist die „Opern-Spiele" in seinem Werk *Dramatologia Antiquo-Hodierna* (1688) verteidigte,[925] seien diese doch

> „nicht zur Unerbarkeit / und suendlicher Augen=Lust / sondern zur geziemenden Ergetzung / und Erbauung im Tugend=Wandel vorgestellet / Dannenhero von Christlicher Obrigkeit / als Mittel=Dinge[926] / wohl koennen erlaubet / und von Christen ohn Verletzung des Gewissens geschauet und angehoeret werden [...]."[927]

Um den Gegnern der Oper deren moralisch unbedenkliche Merkmale und Intentionen zu erläutern, bringt Elmenhorst in seiner kenntnisreichen Verteidigungsschrift eine seiner wesentlichsten Argumentationen schließlich auf die kurze Formel:

> „Eine Opere ist ein Sing=Spiel / auf dem Schau=Platz vorgestellet / mit erbaren Zuruestungen / und anstaendigen Sitten / zu geziemender Ergoetzlichkeit der Gemuether / Ausuebung der Poesie und Fortsetzung der Music."[928]

Selbst wenn diese Aussage eines Theologen und Operndichters die pietistischen Opernkritiker um 1700 beschwichtigt haben mag, gab es im Laufe der Zeit durchaus noch andere Bedenken gegen das Singspiel, die – neben moralischen Einwänden – vor allem die Struktur des Opernlibrettos und dessen Wahrheits- und Dichtungsbegriff betraf. So zeichnete sich das frühneuzeitliche Singspiellibretto zunächst durch die Vernachlässigung der klassischen Einheiten aus, wobei den dreiaktigen (in manchen Opern auch fünf-

---

924 Haufe 1994, S. 134.
925 Vgl. Haufe 1994, S. 134 und Flemming 1933, S. 15. Bei aller sachlichen Gründlichkeit, die Flemming Hinrich Elmenhorst konstatiert, ist sicherlich zu bedenken, dass der opernaffine Theologe mit seiner Schrift auch seine Legitimation als Librettist der Hamburger Gänsemarktoper stärken wollte.
926 Diesbezüglich merkt Elmenhorst an: „Adiaphora aber / oder Mittel=Dinge heissen die jenige Dinge / worvon die H. Schrifft keinen deutlichen Befehl giebet / welche sie nicht gebeut / auch nicht verbeut; daher all solche unter Christlicher Freyheit bleiben / jedoch / daß nicht jedem privato zustehet / oeffentlich Wandel und Enderung darinn vorzunehmen / sondern die Kirche und jedes Ortes Obrigkeit haben darueber Versehung zu thun." Elmenhorst DAH [1688], S. a 2^v.
927 Elmenhorst DAH [1688], S. a 2^v. Auszug aus dem Untertitel des Titelblatts.
928 Elmenhorst DAH [1688], S. 101–102.

aktigen) Haupthandlungen die vielfach geforderten „Liebeshandlungen mit den entsprechenden Intrigen und Verwicklungen"[929] hinzugefügt wurden, die sich erst im *lieto fine*, dem glücklichen Ausgang einer italienisch geprägten Oper,[930] auflösen und somit deutlich „an die Struktur des höfischen Romans erinnern."[931] Dabei zogen Opernpoetiker wie Christian Friedrich Hunold[932] und Erdmann Neumeister (1671–1756) das Postulat nach Wahrscheinlichkeit und Naturwahrheit keinesfalls in Zweifel, ging es ihnen doch um eine offenere Auslegung. Sofern „‚alle Theatralische Sachen in der Opinion' beruhten, müsse man ‚dem Theatro, der Materie, der Zeit, und andern Circumstantien, eine Freyheit lassen.'"[933] In der Vorrede zu seinem Singspieltext *La costanza sforzata* (1706) verweist der Librettist Barthold Feind zudem auf nationale Eigenheiten und historische Veränderungen, die es erlauben, die Forderung nach dem klassizistischen Wahrscheinlichkeitspostulat aufzuheben oder zu relativieren,[934] denn

> „[s]o lange die Poësie eine Dicht-Kunst heisset / und kein Comicus ein Historicus ist / sondert sich dieselbe von der Warheit etwas / doch aber nicht von der Warscheinlichkeit ab / die allemahl in den Schau-Spielen muß beybehalten werden / deren Eigenschafften nach der Gewonheit der Zeiten bey einer jeden Nation variieren."[935]

Wie im Hinblick auf seine literaturtheoretischen Maßstäbe zu vermuten ist, zählt Johann Christoph Gottsched (1700–1766) dagegen zu einem der bekanntesten Opernkritiker, dessen Ausführungen gegen solche Kriterien bis Mitte des 18. Jahrhunderts zu Diskussionen über die Beschaffenheit, den Wert und die Funktion der Oper und der Operntexte animierten.[936] In Anlehnung an Christian Wolffs (1679–1754) metaphysische Ausführungen über die Gesetze

---

929   Alexander 1984, S. 160.

930   Vgl. Jahn 2007, S. 235.

931   Alexander 1984, S. 160. Zur „Zielform des Librettos" siehe ebenso Albert Gier, der betont, dass es sich dabei um „das epische, also nichtaristotelische (offene) Drama" handelt. Demzufolge sei „nicht zwischen Libretto und Sprechdrama zu unterscheiden [...], sondern zwischen Libretto und Drama der geschlossenen Form, die sich historisch in der Gattung der klassischen (aristotelischen) Tragödie ausprägt." Gier 2000, S. 33.

932   Vgl. S. 170 dieser Studie.

933   Zitiert nach Meid 2009, S. 495.

934   Vgl. Meid 2009, S. 495.

935   Zitiert nach Meid 2009, S. 495.

936   Vgl. Plachta 1996, S. 175. Zu Gottscheds Argumenten gegen die Oper siehe generell auch Birke 1960. Als wichtige Untersuchungen zu Gottscheds Kritik an der Oper gelten zudem Lindberg 1967, Rieck 1978 und Jahn 2005, hier vor allem S. 170–198.

der Natur[937] und den Zusammenhang von Vollkommenheit und Regeln in der Kunst[938] richtete sich Gottscheds Kritik dabei auf die Nichteinhaltung der konstitutiven Kriterien der dramatischen Gattung, wie er sie 1730 in seiner *Critischen Dichtkunst* als unumstößlich verankerte: Regelhaftigkeit, Naturnachahmung und moralischer Lehrsatz.[939] In Bezug auf die Liebesthematik stellte auch er Parallelen zwischen Singspiel und Roman her, sei der Inhalt einer Oper schießlich „allezeit, eine seltsame Liebes=Geschichte, darin allerhand fantastische Roman=Streiche, bloß zu dem Ende erdichtet werden, damit das zarte Gifft desto begieriger moege eingesogen werden."[940] Im Hinblick auf die Naturnachahmung sei es darüber hinaus „gewiß, daß die Handlungen und dazu gehoerigen Fabeln, mit den alten Ritterbuechern und schlechten Romanen mehr Aehnlichkeit haben; als mit der Natur, so, wie wir sie vor Augen haben."[941]

Hält man sich ferner Gottscheds eigens proklamierte Regelpoetik von der Einheit der Handlung,[942] der Zeit[943] und des Ortes[944] vor Augen, kann man seine Kritik an der Oper nur als konsequent bezeichnen. Er hielt sie für „das ungereimteste Werk, das der menschliche Verstand jemals erfunden hat", denn „[w]ir muessen uns einbilden, wir waeren in einer andern Welt, wenn wir eine Oper in ihrem Zusammenhange ansehen: so gar unnatuerlich ist

---

937 Vgl. Wolff 1930. Den großen Einfluss Wolffs auf Gottsched beschreibt Fritz Brüggemann in der Einführung des von ihm herausgegebenen Werkes: Brüggemann 1930, S. 17–20. Zu Gottscheds Rekursen auf Wolffs Philosophie siehe auch Birke 1966, S. 21–48 und Rieck 1972, S. 70–74.

938 Vgl. Birke 1966, S. 10.

939 Vgl. Birke 1960, S. 196; Lindberg 1967, S. 679; Rieck 1978, S. 54; Plachta 1996, S. 174.

940 Gottsched DB 1728, S. 138.

941 Gottsched VCD 1973b, S. 366.

942 So heißt es in Gottscheds *Critischer Dichtkunst*: „Die ganze Fabel hat nur eine Hauptabsicht; naemlich einen moralischen Satz: also muß sie auch nur eine Haupthandlung haben, um derentwegen alles uebrige vorgeht. [...] Alle Stuecke sind also tadelhaft und verwerflich, die aus zwoen Handlungen bestehen, davon keinste die vornehmste ist." Gottsched VCD 1973b, S. 319.

943 In Anlehnung an Aristoteles meint Gottsched ferner: „Die Einheit der Zeit ist das andre, das in der Tragoedie unentbehrlich ist. Die Fabel eines Heldengedichtes kann viele Monathe dauern [...]: aber die Fabel eines Schauspieles, die mit lebendigen Personen in etlichen Stunden wirklich vorgestellet wird, kann nur einen Umlauf der Sonnen, [...] das ist einen Tag, dauern." Gottsched VCD 1973b, S. 320.

944 „Zum dritten gehoert zur Tragoedie die Einigkeit des Ortes. Die Zuschauer bleiben auf einer Stelle sitzen: folglich muessen auch die spielenden Personen alle auf einem Platze bleiben, den jene uebersehen koennen, ohne ihren Ort zu aendern." Gottsched VCD 1973b, S. 321.

alles."[945] Gottscheds Abneigung galt den effektvollen Szenen sowie den übertriebenen Gebärden der meisten Singspiele. Echauffiert merkt er daher an:

> „Wo sieht man im gemeinen Leben Leute, die sich einander als Goetter anbethen; Liebhaber, die auf Knieen vor ihren Gebietherinnen liegen, und sich das Leben nehmen wollen; [...] Koenige, die ihre Kronen, um eines schoenen Weibes halber, verlassen, und was dergleichen Phantasien mehr? Wo hoert man die gewoehnliche Opernsprache, von Sternen und Sonnen, von Felsenbruesten und aetnagleichen Herzen, von verfluchten Geburtsstunden, um eines scheelen Blikkes wegen, und von grausamen Donnerkeilen des unerbittlichen Verhaengnisses, welches eine verliebte Seele nur zu lauter Marter erkohren hat?"[946]

Was dem vernunftorientierten Literaturtheoretiker zudem missfiel, war der naturwidrige Gesang in der Oper. So würden die Darsteller

> „nicht mehr [sprechen], wie es die Natur ihrer Kehle [...] erfordert: sondern sie dehnen, erheben, und vertiefen ihre Toene nach den Phantasien eines andern. Sie lachen und weinen, husten und schnupfen nach Noten. Sie schelten und klagen nach dem Tacte; und wenn sie sich aus Verzweiflung das Leben nehmen, so verschieben sie ihre heldenmaeßige That so lange, bis sie ihre Triller ausgeschlagen haben."[947]

Bei seiner polemischen Opernkritik rekurrierte Gottsched auf Charles de Saint-Évremond (1615–1703), der sich mit seiner Komödie *Les opéras* (1677) gegen Dramen aussprach, in denen durchgehend gesungen wurde. Seiner Ansicht nach sollte „der Gesang auf die Szenen gefühlsbetonter Höhepunkte beschränkt [bleiben], wo er nicht unnatürlich wirk[e]."[948] Daran anknüpfend hatte sich auch Gottsched gegen das durchkomponierte Musikdrama ausgesprochen, dessen ununterbrochener Gesang naturwidrig sei.[949] Eng an Saint-Évremonds Lustspiel orientiert, übersetzten er und seine Frau Luise Adelgunde Victorie (1713–1762) dieses ins Deutsche,[950] so dass es unter dem Titel *Die Opern* 1741 seinen Platz in Gottscheds *Deutscher Schaubühne* fand.

Saint-Évremond folgend, der sich am Beispiel zweier singspielbegeisterter Figuren gegen die französische Oper aussprach, sind es bei Gottsched die Jungfer Charlottchen Hartmann, „die vom Lesen der Opern naerrisch geworden" ist, und Herr Liebmann, „ein junger Luebecker, den die hamburgischen Opern gleichfalls ein wenig irre gemacht haben."[951] Ihre Vorliebe,

---

945 Gottsched VCD 1973b, S. 366.
946 Gottsched VCD 1973b, S. 367.
947 Gottsched VCD 1973b, S. 367.
948 Lindberg 1967, S. 675.
949 Vgl. Lindberg 1967, S. 674–675.
950 Gottsched selbst soll die ersten vier Akte übersetzt haben, seine Ehefrau jedoch den fünften. Vgl. Steinmetz 1972, S. 24.
951 Gottsched [1741–1745] 1972, S. 78 (Personen des Lustspiels).

singend zu kommunizieren, wird als lächerlich vorgeführt.[952] Obwohl Saint-Évremond durchaus musikalische Kenntnisse zugesprochen werden,[953] gibt Helen Watanabe-O'Kelly zu bedenken, dass dessen Wissen über die Oper nicht so umfangreich war. So stützten sich dessen Ausführungen lediglich auf etwa dreizehn französische Opernwerke, die er zwischen 1645–1661 in Paris und 1673–74 in London rezipiert haben soll.[954] Gottscheds starker Rekurs auf Saint-Évremond ist vor diesem Hintergrund zu betrachten, zumal sich seine eigenen Singspiel-Kenntnisse vornehmlich auf Opern in protestantischen Städten Norddeutschlands so wie auf die der Hamburger Oper beschränkten.[955] Darüber hinaus war er musikalisch wenig versiert und konnte dies – mit einer gewissen Koketterie – freimütig zugeben: „Es ist wahr, ich kann weder spielen noch componiren; und wenn einen dieser Mangel unfaehig macht, von der Musik ueberhaupt zu urtheilen: So bin ich gewiß der Allerunfaehigste."[956]

Dabei ging es Gottsched in seiner Opernkritik auch weniger um die Musik als um die Oper als Dramengattung, die zu seiner Zeit nicht nur florierte, sondern von ihren Verfechtern sogar als „der Spiele Königin"[957] betrachtet wurde und als „Höhepunkt des Dramas"[958] auch Einfluss auf andere literarische Bereiche und Gattungen nahm.[959] Seine Opernpolemik richtete sich – neben der fehlenden Regelhaftigkeit und Wahrscheinlichkeit – auf die dem Singspiel oft vorgeworfene Unmoral, die nicht mit dem Endzweck in Tragödien oder Komödien vergleichbar sei, da selbst im Lustspiel „die Tugend [...] niemahls veraechtlich gemacht oder sonst angegriffen"[960] werde. Die Oper betrachtete Gottsched daher als „oeffentliche[n] Tempel der Laster"[961] zur

---

952 Vgl. Gottsched [1741–1745] 1972, I, 4, S. 84 und III, 1, S. 116–119.
953 Vgl. Lindberg 1967, S. 674.
954 Vgl. Watanabe-O'Kelly 1986, S. 112–113.
955 Vgl. Jahn 2005, S. 172. Siehe dazu ebenfalls Watanabe-O'Kelly 1986, S. 114. Gottsched zeigt zudem, dass neben den in Hamburg aufgeführten Opern auch Singspiele aus Weißenfels, Leipzig, Dresden und Braunschweig von ihm berücksichtigt wurden. Vgl. Gottsched [1757–1765] NV 1970.
956 Gottsched BCH 1735, Zwoelftes Stück, S. 608.
957 Beise/ Mücke 2003, S. 24.
958 Beise/ Mücke 2003, S. 24. Zur Ansicht der Oper um 1700 als „höchste dramatische Form" siehe auch Alexander 1984, S. 159. Siehe dazu ferner Volker Meid, der die Oper dieser Zeit ebenfalls als „Gipfel der dramatischen Gattungen bzw. der Poesie überhaupt" beschreibt. Meid 2009, S. 494.
959 Vgl. Lindberg 1972, S. 92; Watanabe-O'Kelly 1986, S. 115. Bei Lindberg heißt es unter anderem: „opera was the most widely practiced dramatic form at that time, its influence in all areas of literature was great." Zum Einfluss der Oper auf nicht-dramatische Gattungen wie Lyrik und Roman siehe auch Jahn 1996, S. 143.
960 Gottsched DB 1728, S. 139.
961 Gottsched DB 1728, S. 139.

„Befoerderung der Wollust, und Verderberinn guter Sitten." Doch nicht nur das: Durch die Mischung von deutschsprachigen Rezitativen und italienischen Arien im Libretto sah er in der Oper zudem die Gefahr, dass die Zuschauer „den weibischen Italienern aehnlich [werden könnten], ehe wir es inne geworden, daß wir maennliche Deutsche seyn sollten."[962] Selbst in der Opernfrage zeigte sich der Verfechter der deutschen Sprache und eines deutschen Dramenrepertoires demnach als Patriot, der sich bei seinen Vorbehalten „gegen alles Vermischende"[963] an seinen Vernunftprinzipien orientierte und die für ihn offensichtlich ‚weiblich‘[964] konnotierte Oper gar mit androzentrischen Verlustängsten in Zusammenhang brachte. Denn „[d]ie Entmachtung des *deutschen* Dichters bedeutet nun gleichzeitig die Entmachtung des Mannes. Logos, Deutschtum und Männlichkeit bilden eine Einheit, deren Existenz durch die Oper gefährdet wird."[965]

Insgesamt konnte Gottsched, der auch das Singspiel als musikdramatisches Werk ausschließlich an seiner eigenen Regelpoetik maß und darüber hinaus das Theater als aufklärerischen Ort ansah, nur zu diesem Fazit kommen:

> „So ist denn die Oper ein bloßes Sinnenwerk: der Verstand und das Herz bekommen nichts davon. Nur die Augen werden geblendet; nur das Gehoer wird gekuetzelt und betaeubet: die Vernunft aber muß man zu Hause lassen, wenn man in die Oper geht, damit sie nicht gar durch ein kuetzliches Urtheil, die ganze Lust unterbreche."[966]

Obgleich Gottsched den Musiktheoretiker und -kritiker Johann Adolph Scheibe (1708–1776) auf seiner Seite hatte, der die Singspielkunst ebenfalls als unnatürlich und unmoralisch betrachtete,[967] waren die Befürworter der Oper – ähnlich wie im ‚Hamburger Opernstreit‘ – nicht aufzuhalten. Eine Gegenposition zu der von Gottsched geprägten Opernkritik bezog bekanntermaßen Johann Friedrich Armand von Uffenbach (1687–1769), der in der

---

962 Gottsched VCD 1973b, S. 368.
963 Jahn 2005, S. 184.
964 Zur „Charakterisierung der Oper als unmännlich und logosfeindlich" und somit „[w]eibisch" vgl. Jahn 2005, S. 188–189.
965 Jahn 2005, S. 184.
966 Gottsched VCD 1973b, S. 369.
967 Im 23. Stück des von ihm herausgegebenen *Critischen Musicus* (1745) merkt Scheibe daher an: „Ein Dichter soll ein Sittenlehrer seyn. Wo finden wir aber in unsern meisten Opern die Spuren einer vernünftigen Sittenlehre? Wo treffen wir die Tugend in ihrer Größe an? Wo erwecket die Abscheulichkeit der Laster bey den Zuschauern ein Entsetzen? Wo werden endlich die Zuschauer erbauet, und zu den Vorzügen der Tugend angereizet? Die Liebe in ihrem Misbrauche herrschet überall; die Boshaften werden glücklich, und die Tugend bleibt unterdrückt und elend." Zitiert nach Voßkamp 1973, S. 140.

Vorrede seines 1733 erschienenen Werks *Gesammelte Neben-Arbeit* die Oper als Gesamtkunstwerk ansieht, von dessen Einschätzung als reines „Gedichte" die RezipientInnen sehr wohl wüssten.[968] Schließlich solle sich

„[...] alles [...] darinnen ergoetzen, und das Gemueth zur Lust reitzen, keiner aber unter denen Zuschauern wird mit einer so hartnaeckigen Liebe zur Aehnlichkeit in den Schau-Platz kommen, der nicht zuvor wisse, man fingire und spiele, und wolle durch allerley Kuenste und Vortheile die Sinne vergnuegen."[969]

Im Hinblick auf den „Haupt=Zweck, nehmlich vor Lastern zu warnen und Tugenden beliebt zu machen",[970] spricht Uffenbach der Oper – und dies ist gerade in Bezug auf Gottsched nicht ohne Bedeutung – sowohl der Tragödie als auch der Komödie gegenüber eine höhere moralische Aussage zu,[971] wenn er konstatiert:

„Hiernechst muß ein tuechtiger Opern=Schreiber aus der Sitten=Lehre und denen Regeln der Klugheit zu leben das Erbauliche und Lehrende als den Haupt=Endzweck nicht vergessen, so hat der Verstand bey der Augen und Ohren Lust das seine vollkommlich auch. Alles dieses findet man also in Opern beysammen, aber in keinen tragischen und comischen Spielen."[972]

Obwohl es reizvoll wäre, weiter auf Ludewig Friedrich Hudemanns (1703–1770) Argumente über die „Vorzuege[...] der Oper vor den Tragischen und Comischen Spielen"[973] und Gottscheds Replik[974] auf Uffenbachs Metakritik einzugehen, sollen die bisherigen Ausführungen über die frühneuzeitliche Operndebatte genügen, um die Parallelen in der Opern- und Romankritik zu

---

968 So heißt es bei Uffenbach: „Jedoch da er [der Opern-Dichter] dichtet, das ist, wahre Begebenheiten mit Fabeln untermischet und auszieret, da jeder, der in eine Opera gehet, zum voraus weiß, daß ein Gedichte sehen werde, so kan ihm auf seinem Platze sitzen=bleibende nicht so ungereimt oder abentheuerlich fuerkommen, wenn er in Gedancken aus einer Zeit in die folgende, von einem Lande in ein anderes derselben Nachbarschafft ohne sorgliche Gefahr versetzet wird." Uffenbach VOR 1733, S. b 4ᵛ.
969 Uffenbach VOR 1733, S. c 2ᵛ. Vgl. dazu auch Voßkamp 1973, S. 137.
970 Uffenbach VOR 1733, S. b 2ᵛ.
971 Diesbezüglich meint Uffenbach: „Wollte man aber es mit dem Mantel einer Warnung vor Lastern, Aufmunterung zur Tugend, eines Spiegels loeblicher Thaten, einer erlaubten Gemueths=Ergoetzung durch unschuldige Kuenste [...] zudecken, so haben allezeit Opern das Vorrecht vor Comoedien, weil sie mit mehrerem Bedacht verfasset [...], auch aeusserlichem Scheine der Ehrbarkeit, aufgefuehret, und mit mehrerer Ehrerbietigkeit angeschauet werden." Uffenbach VOR 1733, S. [b 8ʳ-8ᵛ].
972 Uffenbach VOR 1733, S. c 3ʳ.
973 Hudemann 1732.
974 Gottsched BCH 1735.

veranschaulichen.[975] Die Schilderung des Operndiskurses bietet jedoch den kontextuellen Rahmen für die nun folgende Analyse von Opernlibretti und Sprechdramen, in denen zu unterschiedlichen Zwecken auf die Amazonen-Thematik rekurriert wurde.

Dabei handelt es sich um Stefano Pallavicinis *Antiope* (1689), das Opernlibretto *Hercules* eines Anonymus resp. einer Anonyma, Friedrich Christian Bressands Libretto *Hercules unter denen Amazonen* (1693), den Operntext *Die Lybische Talestris* (1696) von Heinrich Anshelm von Zigler und Kliphausen mit seinen Adaptionen und Johann Christoph Gottscheds Trauerspiel *Thalestris, Koeniginn der Amazonen* (1766). Gerade am Trauerspiel Gottscheds, das auf dem italienischen Singspiel *Talestri, Regina delle amazzoni* (1763) der Kurfürstin Maria Antonia Walpurgis von Sachsen basiert, wird deutlich, dass selbst der vehementeste Operngegner Gründe fand, sich einmal wohlwollend mit einem Singspiel auseinanderzusetzen.

4.2 Die manipulative und intrigante Amazone in Stefano Pallavicinis *Antiope* (1689), *Hercules* (1714) und Friedrich Christian Bressands *Hercules unter denen Amazonen* (1693, 1694)

4.2.1 Antiope, die manipulative Amazonenkönigin in den Opernlibretti *Antiope* und *Hercules*

Die höfischen Inszenierungsmöglichkeiten der Amazone als Figur der Selbststilisierung sowie die ambivalente Darstellung der mythischen Kriegerin in den Romanen *Cassandre*, *Æyquan* und *Symrna* haben bereits heterogene Funktionalisierungen der Amazonen-Figur verdeutlicht.

Betrachtet man vor diesem Hintergrund deutschsprachige Singspiellibretti wie Stefano Pallavicinis (1672–1742) *Antiope* von 1689[976] für den sächsischen Kurfürstenhof und den eindeutig auf ihm basierenden Bayreuther Operntext

---

975   Weitere Details zur Operndebatte im 18. Jahrhundert bieten exemplarisch Voßkamp 1973, S. 133–14; Plachta 1996; Plachta 2003 und Jahn 2005, hier besonders S. 170–232.

976   Dieser Operntext in italienischer Sprache war der erste, den der Librettist Stefano Pallavicini für den Hof des sächsischen Kurfürsten Johann Georg III. verfasste: Pallavicini AN 1689a. In meinen Ausführungen beziehe ich mich jedoch auf die deutsche Übersetzung, die der italienisch-sprachigen *L'Antiope*-Oper im Textbuch beigefügt ist: Pallavicini AN 1689b. Wie bereits in Anm. 159 erläutert wurde, gilt Stefano Pallavicini mangels einer eindeutigen Bestimmung eines Übersetzers oder einer Übersetzerin hier ebenso als Verfasser des

Hercules[977] (1714) eines anonymen Librettisten resp. einer anonymen Librettistin, in denen die aus den antiken Überlieferungen bekannte Amazonenkönigin Antiope als zentrale Figur in den Mittelpunkt rückt, werden mehrere Parallelen zum Roman deutlich:

---

deutschsprachigen Operntextes. Aussagen zur Musik der Oper sind allerdings leichter zu treffen. Carlo Pallavicini (ca. 1630–1688), Stefano Pallavicinis Vater, war als Kapellmeister für den musikalischen Teil verantwortlich. Nach dessen plötzlichem Tod wurde die Komposition jedoch vom Vize-Kapellmeister Nicolaus Adam Strungk (ca. 1640–1700) zu Ende geführt. Nach dem Ableben Johann Georgs III. wurde Stefano Pallavicini schließlich Hofdichter und Sekretär des Kurfürsten Johann Wilhelm von der Pfalz (1658–1716), war nach dessen Tod aber in der gleichen Funktion um 1718 wieder am Dresdener Hof tätig. Vgl. dazu auch Fürstenau 1887, S. 99, Fürstenau [1861–1862] 1971a, S. 305–306 und den Libretto-Verweis *Der Dichter [|] Dem Leser*. In: Pallavicini AN 1689b, S. A2ʳ.

977 Anonymus HB [1714]. Als Belege dafür, dass das deutschsprachige Dresdener *Antiope*-Libretto als literarische Vorlage für den Bayreuther *Hercules* diente, können folgende Parallelen aufgezeigt werden: Inhalt und Figuren sind in beiden Werken identisch, wobei *Hercules* mit (leichten) Veränderungen aufwarten kann und so dem Werk als stark am Prätext orientierter *interpretatio* mit wenigen Mitteln dennoch eine eigene Akzentuierung gelingt. Sichtbar wird dies gleich bei der Gegenüberstellung beider Inhaltsangaben. So heißt es im *Antiope*-Textbuch: „Antiope, Koenigin der Amazonen / nach bezwungenen vielen Provincien / lenckete die Waffen gegen das Euxinische Meer. Hercules gereizet von Euristheo Koenige von Athen / und andern schiffete in Asiam, und **besiegete dieses Ungeheur des weiblichen Geschlechts**; So viel hat man aus der Historia / das uebrige wird getichtet." (Hervorh. J. V.). In *Hercules* wird dem Lese- und Opernpublikum der Inhalt nun wie folgt geschildert: „Antiope, Koenigin der Amazonen / nach bezwungenen vielen Provintzien / lenckete die Waffen gegen das Euxinische Meer. Hercules von Euristheo Koenige von Athen / und andern gereizet / schiffete in Asiam, und **besiegete diese hochmuethige Koenigin**; So viel hat man aus der Historia/ das uebrige wird gedichtet." (Hervorh. J. V.). Demnach wird die Amazone, die im italienischen Original als „Ungeheur des weiblichen Geschlechts" (mostro del sesso feminice) bezeichnet wird, in Bayreuth lediglich als hochmütige Regentin beschrieben. Antiopes „Monströsität" wird somit relativiert. Leichte Abweichungen des *Hercules*-Librettos von der *Antiope* zeigen sich ferner in der vereinzelt veränderten Orthographie oder einem abweichenden Reimschema. Auffälliger sind jedoch Szenen, die im Vergleich zur Textvorlage im *Hercules* gekürzt oder gestrichen wurden. Vgl. exemplarisch I, 14 in beiden Libretti oder die Nichtberücksichtigung von II, 11–13 aus *Antiope* in *Hercules*. Durch die (sprachliche) Straffung der Szenen umfasst *Hercules* drei Akte und endet mit der 15. Szene (III, 15), während *Antiope* die Handlung erst mit der 20. Szene im dritten Akt (III, 20) schließt.

1. Den <u>Zuschriften</u> an DedikationsadressatInnen von Romanen ähnlich, wurden auch Opern Personen des hohen Adels und des Bürgertums[978] gewidmet. So wurde die von Markgräfin Sophie von Brandenburg-Bayreuth (1684–1752) in Auftrag gegebene Oper *Hercules* beispielsweise ihrem Gatten Georg Wilhelm (1678–1726) zugesprochen und anlässlich seines Geburtstags aufgeführt. Während Sophie dem Prolog zufolge als Venus, die Göttin der Liebe, zu identifizieren ist, ist mit dem Titelhelden eindeutig Georg Wilhelm gemeint.[979] Semiotisch gesehen ist die mythologische Figur des Hercules ein Zeichen für den Bayreuther Markgrafen.[980] Im Hinblick auf die Exemplum[981]-Funktion einer Oper, bei der – wie im hohen Roman – am Ende die Tugend siegen muss,[982] ist die Person des Widmungsempfängers bzw. der Widmungsempfängerin daher nicht nur von zentraler politischer Bedeutung, sondern auch im Hinblick auf geschlechterspezifische Aussagen relevant.

2. Das <u>Personal</u> in der frühen Oper entspricht dem in höfisch-historischen Romanen. Demgemäß finden sich hier ebenso Figuren hohen Standes wie Helden, Fürsten, Prinzessinnen und Regentinnen.[983]

3. Da die Oper nicht nur hinsichtlich der Figuren, sondern vor allem in der geforderten <u>Liebesthematik</u> Parallelen zum Roman aufweist, beherrschen

---

978 Vgl. „Zuschrifft an das Hamburgische Frauen=Zimmer" in Postels Opernlibretto *Thalestris*: Postel TKA 1690, S. [c1ᵛ]. Siehe dazu auch die Leipziger Kaufleute Albrecht und Köhler als Widmungsempfänger des Romans *Die Lybische Talestris*. Colombini LT 1715, S. [2ʳ].

979 Vgl. *Prologus, Vorstellend die Aurora, nebst zwey Morgen=Stunden und Venus.* In: Anonymus HB [1714], S. [1ᵛ]-2ᵛ, insbesondere S. 2ʳ. Hier fordert Aurora (die Morgenröte) Venus als „[s]choenste Fuerstin" auf, ihren „Durchlauchtigste[n] Gemahl/ De[n] teutsche[n] Hercules" anlässlich des „Freuden=Fest[s]" mit „einem Morgen=Gruß Und suessen Liebes=Kuß" zu wecken.

980 Erika Fischer-Lichte weist darauf hin, dass mythologische Figuren „als Zeichen für verschiedene Angehörige der europäischen Herrscherhäuser" fungierten. Fischer-Lichte 1983, S. 33.

981 Vgl. Plachta 2003, S. 32 und Engelhardt 1999, S. 342.

982 Vgl. Niefanger 2000, S. 130.

983 Vgl. Gier 2000, S. 38. In der Oper präferierte man dabei insbesondere mythologische Stoffe, da sich diese durch zweckmäßige Veränderungen dazu eigneten, „bestimmte aktuelle Anspielungen in angemessener Form anbringen zu können." (Fischer-Lichte 1983, S. 33). Volker Meid betont jedoch, dass es in der Wahl des Opernstoffs eine Verschiebung von mythologisch geprägten Stoffen hin zu historischen gegeben habe. Aus seiner Aufzählung zahlreicher Opern sei hier exemplarisch auf Lukas von Bostels Opernlibretto *Cara Mustapha* (1686) verwiesen, in dem die Belagerung Wiens thematisiert wird oder auf die beiden Singspieltexte Barthold Feinds *Die Roemische Unruhe. Oder Die Edelmuethige Octavia* (1705) und *Die Kleinmuethige Selbst-Moerderin Lucretia. Oder: Die Staats-Thorheit des Brutus* (1705). Vgl. Meid 2009, S. 491–492.

auch in den Opern *Antiope* und deren *interpretatio Hercules* Liebesverwicklungen das Geschehen. Obwohl es in Pallavicinis Libretto und dem Bayreuther Textbuch mehrere Paarkonstellationen gibt, sei an dieser Stelle nur die hier relevante Dreierkonstellation Hercules – Antiope – Theseus genannt: Der griechische Halbgott Hercules verliebt sich in die Amazonenkönigin Antiope, die wiederum seinen Gefährten Theseus liebt. Dieser, mit Prinzessin Doris von Epheso verlobt, begehrt allerdings den als ,Amazone' Celinda verkleideten Fürsten Hidaspes.[984] Abgesehen von dem bereits bekannten Element des Cross-Dressing, das schier untrennbar mit den androgynen Kriegerinnen verbunden ist, bot sich der Amazonen-Stoff für die Oper insofern an, als die Liebe die männerfeindlichen Kriegerinnen wie im Roman in Loyalitätskonflikte mit den Amazonengesetzen bringen konnte; ein Umstand, der durch die damit verknüpften Intrigen ebenso spannende Handlungselemente versprach. Andererseits wurde der Geschlechterkonflikt zwischen Amazonen und ihren männlichen Antagonisten auch in den Opern als Handlungsrahmen gewählt, um dem Publikum mit einem populären Beispiel der ,Kampf um die Hose'-Thematik aufzuwarten, das aus den frühneuzeitlichen Medien bekannt war.

Im Falle der Libretti *Antiope* und *Hercules* äußert sich die viel kritisierte ,Weiberherrschaft' über den Mann und das von Operntheoretikern geforderte Liebessujet im Singspiel folgendermaßen: In Anlehnung an die antiken Mythen, in denen die Kriegerinnen zwar als brutal, aber dennoch attraktiv beschrieben werden, fungiert die zugesprochene Schönheit der Amazonen hier als Mittel weiblicher Instrumentalisierung. Folglich erweist sich Antiope als eine Amazonenkönigin, die ihre Attraktivität gezielt einsetzt, um ihren Herausforderer Hercules für sich einzunehmen, wie die beiden gegenübergestellten Textpassagen verdeutlichen. In beiden Fällen steht Antiope die Begegnung mit Hercules kurz bevor:

---

984 Herrmann Kretzschmar zitierend, der 1892 einen Artikel zur Venezianischen Oper geschrieben hat, fasst John D. Lindberg das Personal und die daraus resultierenden Intrigen eines Singspiels wie folgt zusammen: „Der ganze Aufwand an Geist … lässt sich auf die Formel ziehen: 2, 4 oder 6 Liebhaber gegen 1, 3 oder 5 Prinzessinnen, einer geht leer aus. Verwicklungen in dieser einfachen mathematischen Aufgabe entstehen dadurch, dass Dame B, welche vom Prinzen A geliebt wird, ihre Neigung dem General C schenkt, der wieder sein Auge auf die Fürstin D geworfen hat." Lindberg 1972, S. 112.

Antiope (1689)	*Hercules* (1714)
II, 14	II, 10:
„[…]	„[…]
Aber Alcides[985] soll kommen: Ins	Alcides [Hercules] kommt;
Gewehr ihr Verschlagenheiten:	verdoppelt euch
Er ist weibisch /	Ihr meine Augen Blitze.
Er entzuendet sich von aller	Es soll der kleine Schuetze [Amor]
Schoenheit:	Dadurch den Herculem
Auf den grimmen Anfall	entzuenden;
Eines blitzenden Anlockens	Offt ist auch wohl ein Helden
Soll er durch mich den Pfeil des	Hertz zu binden /
blinden Gottes [Amor] empfinden.	Wenn Majestaet und Anmuth
[…]	gleich."
Macht euch fertig zum Streit /	
Ihr meine Augen / ihr	
Werckmeister der Brunst.	
Ich nicht minder schoen als	
andere /	
Werde die grausamesten Pfeile	
Auf ein Hertz zu schiessen wissen."	

Diese Form der indirekten Kampfstrategie, nämlich der bewusste Einsatz der körperlichen Attraktivität, erweist sich als singuläres Beispiel in dem Quellenkorpus dieser Arbeit. In allen anderen Texten ist es kein primäres Anliegen der Amazonen, durch Schönheit Aufmerksamkeit zu erregen, sondern vielmehr, die männlichen Gegner mit ihrer Waffenfertigkeit zu konfrontieren und zu beeindrucken. Indem Antiope ihre Reize – also die so genannten ‚Waffen der Frau' – in berechnender Weise einsetzt, tauscht sie die mit den Amazonen verbundene physische Kampfkunst gegen die Kunst der Manipulation und Täuschung ein.

Ganz im Banne der Amazonenkönigin, verliebt sich Hercules tatsächlich in Antiope und lässt sich von ihr sogar dazu bringen, Spinnarbeiten zu verrichten.[986] Um die groteske Situation noch zu unterstreichen, begleitet die Amazone den Halbgott dabei am Klavier, besingt die Liebe als „suesse

---

985 Hercules ist in der griechischen Mythologie auch als Alcides, Alkide oder Alkaeos bekannt. Der Name geht auf König Alkaeus, König von Tiryns, den Vater von Hercules' Ziehvater Amphitrion, zurück.

986 Vgl. Pallavicini AN 1689b, III, 3 und Anonymus HB [1714], III, 3. Diese Szene spielt dabei auf den ‚Hercules-Omphale-Mythos' an, in dem der griechische Held als Liebesbeweis eine typische Frauenarbeit, nämlich das Wollespinnen, übernehmen soll. Diesem Mythos gleich ist Hercules somit auch im Singspiel einer Frau verfallen.

Zauberey",[987] ohne dass diese Anspielung dem ‚verblendeten' Hercules auf-
fiele. Antiopes ‚Ungeheuerlichkeit', so Pallavicini über seine Titelheldin in
der Inhaltsangabe seiner Oper, liegt demnach darin, sich nicht tatenlos dem
griechischen Halbgott zu ergeben, sondern ihn als ihr hörig und – indem er
mit dem Wollespinnen eine weiblich konnotierte Arbeit ausführt – zudem als
lächerlichen Helden vorzuführen.

Allerdings kann Hercules den immer wieder betonten Stolz der hochmüti-
gen Amazone durch ein Duell brechen, in dem sich – stellvertretend für Hercules und Antiope – nun Theseus und der als Amazone ‚Celinda' verkleidete
Hidaspes unerkannt gegenüber stehen. Den Sieg erringt Theseus, infolgedessen muss sich Antiope mit ihren Amazonen den Griechen unterwerfen.[988]
Seine Herrscherqualitäten stellt Hercules zudem unter Beweis, indem er als
Schlichter wirkt. Dem Idealbild eines tugendhaften Monarchen entsprechend,
bestimmt er am Ende großmütig über das Schicksal aller Beteiligten. Demnach muss die Amazonenkönigin zwar ihr Reich und andere Eroberungen
aufgeben,[989] doch verzichtet Hercules auf seine Liebe zu Antiope und führt die
Besiegte stattdessen dem sie liebenden Prinzen Hidaspes zu. Hercules' Mah-
nungen folgend, bekennt sich schließlich auch Theseus zu seiner Verlobten
und schwört Doris die Treue. Durch die Güte des griechischen Halbgottes
wird dessen Großmut noch stärker betont: Nicht nur die fehlbare Amazonenkönigin, die ihn zu manipulieren und demütigen wusste, sondern auch der
unbeständige Theseus werden am Ende mit der Liebe belohnt.

4.2.2 Antiope als eifersüchtige und intrigante Amazonenkönigin in *Hercules unter denen Amazonen*

Mit der Oper *Hercules unter denen Amazonen*, deren Libretto von Friedrich
Christian Bressand[990] (1670–1699) verfasst wurde und deren musikalischer

---

987   Anonymus HB [1714], III, 3.

988   Vgl. *Der letzte Aufftritt*. In: Pallavicini AN 1689b sowie Anonymus HB [1714],
       III, 15.

989   Siehe dazu *Der letzte Aufftritt*. In: Pallavicini AN 1689b. Hier heißt es: „Herc.
       So dir [Antiope] ein Koenigreich nimmet [|] Das Glueck an diesem Tage / so
       empfaengestu ein anders [|] Indem Printzen Hidaspe. So viel die Gebraeuche
       zu lassen / Solstu ihn in den Armen haben: [|] Seine lange Treue [|] Machet
       ihn sehr wuerdig." Im Bayreuther Libretto findet sich die sprachlich flüssigere
       Entsprechung in Reimform: „Herc. Dir wird Antiope zwar heut [|] Ein Koenig-
       reich entrissen [|] Doch kanst du auch ein anders wissen / Wenn sich dein
       Hertz Hydaspi heut ergiebt [|] Der dich mit solcher Treue liebt." Anonymus
       HB [1714], III, 15. In beiden Libretti erhält am Schluss Prinz Aristo sein einst
       von den Amazonen vereinnahmtes Reich zurück.

990   Der aus der Markgrafschaft Baden-Durlach stammende Bressand kam 1691
       an den Wolfenbütteler Hof, wo er als Kammerschreiber Anton Ulrichs eher

Teil von Johann Philipp Krieger (1649–1725) stammt, liegt ein weiteres Singspiel vor, das sich explizit auf den Antiope-Mythos bezieht, jedoch – ebenso wie Pallavicinis Oper – „zu mehrer auszierung und angenehmerer vorstellung des Schau Spieles veraendert"[991] dargestellt wird.[992] Dieses opulente Singspiel mit elf Hauptrollen, zwölf Bühnenbildern und drei integrierten Balletten[993] wurde in Braunschweig 1693 anlässlich von Verwandtschaftsbesuchen zu Ehren Graf Albrecht Antons von Schwarzburg-Rudolstadt (1641–1710) und seiner Ehefrau Æmilie Juliane (1637–1706) wie auch 1694 für Graf Christian Wilhelm von Schwarzburg-Sondershausen (1645–1721) aufgeführt.[994] Ein weiteres Textbuch von 1694 belegt ferner, dass *Hercules unter denen Ama-*

Aufgaben eines Intendanten übernahm. So wurde er mit der Aufsicht über sämtliche theatralische und musikalische Inszenierungen betraut, die zu höfischen Feierlichkeiten aufgeführt wurden. Neben seiner Tätigkeit als Librettist übersetzte Bressand italienische Opern, aber auch französische Dramen von Corneille, Racine und Molière ins Deutsche, wie Johann Christoph Gottsched in der Vorrede seines Trauerspiels *Der sterbende Cato* (1731) später voller Anerkennung hervorhebt. Vgl. Degen 1935, S. 10–12. Bressands Wirken in Wolfenbüttel beschreibt auch Smart 1989, S. 200–203.

991 *Vorbericht.* In: Bressand HUA 1693 und Bressand HUA 1694b. Hier verweist Bressand zudem auf die Aufgabe des Hercules, in diesem Falle nicht den Gürtel, sondern die Waffen der Amazonenkönigin Antiope zu beschaffen, wie es ihm im Rahmen der zwölf Taten von Eurystheus aufgetragen wurde. Mit dem üblichen Gestus eines gebildeten Dichters weist er des Weiteren auf diverse antike Autoren (wie Diodorus und Justinus) hin, die sich mit Hercules und den Amazonen beschäftigt haben.

992 Vgl. Villarama 2009, S. 157–177. Für die vorliegende Dissertation sind die Ausführungen zu Bressands Oper inhaltlich überarbeitet und ergänzt worden, unter anderem durch die Einbindung der Dresdener Oper *Antiope* und des Bayreuther Singspiels *Hercules*.

993 Vgl. dazu Watanabe-O'Kelly 2009, S. 140.

994 Vgl. Titelblätter und Dedikationsschriften in Bressand HUA 1693 und Bressand HUA 1694b. Die Verwandtschaftsverbindungen zwischen den Häusern Schwarzburg und Braunschweig-Wolfenbüttel lassen sich durch folgende Familienkonstellationen nachvollziehen: Rudolf August von Braunschweig-Wolfenbüttel (1627–1704), der Bruder Anton Ulrichs, war mit Christiane Elisabeth (1634–1681), geb. Barby-Mühlingen, der Schwester von Æmilie Juliane von Schwarzburg-Rudolstadt, verheiratet. Christian Wilhelms Bruder Anton Günther II. von Schwarzburg-Arnstadt (1653–1716) war hingegen der Ehemann Auguste Dorotheas (1666–1751), einer Tochter Anton Ulrichs von Braunschweig-Wolfenbüttel. Als Graf von Schwarzburg und Hohnstein (Honstein) war Christian Wilhelm zudem Herr zu Lohra und Klettenberg (Clettenberg); die Grafschaft Honstein mit den Ämtern Lohra, Clettenberg und Honstein gehörte um 1616 noch zum Territorium der Wolfenbütteler Herzöge. Vgl. Casemir/Ohainski 1996, S. 79–81.

zonen auch in der Hamburger Oper[995] zur Aufführung kam und demnach als Beispiel für den sowohl repräsentativen als auch ökonomischen Aspekt der ‚Wiederverwendung‘ von Opern[996] sowie den Kulturtransfer[997] zwischen den verschiedenen Opernspielstätten gelten kann.

Obwohl Bressand ebenfalls Hercules, Antiope und Theseus als Hauptfiguren seines Librettos wählt, variiert er – im Vergleich mit den Dresdener und Bayreuther Textbüchern – die Begehrensstrukturen, die sich bereits in der Exposition des Librettos andeuten. So wird die Handlung unmittelbar mit einer Seeschlacht zwischen Amazonen und Griechen eingeführt, deren Resultat die Niederlage der Kriegerinnen, die Gefangennahme der Amazonenprinzessin Menalippe[998] durch Hercules, die Rettung der Amazone Hippolyta[999] durch

---

995 Bressand HUA 1694a. Inhalt und *Vorbericht* sind mit den Braunschweiger Hercules-Libretti identisch, weisen jedoch – neben kleinen orthographischen Abweichungen – weitere formale Veränderungen auf: Während Bressands *Hercules*-Textbücher von 1693 und 1694b die Akte und Szenen I, 1 – V, 15 mit dem abschließenden *letzten Auftritt* umfassen, ist das Hamburger Libretto in zwei Teile geteilt. Teil I umfasst dort I, 1 – III, 13, während Teil II die Handlung mit einer zweiten und dritten Handlung fortsetzt, die jedoch Akt IV und V der Braunschweiger Libretti entsprechen. Die Aufteilung in zwei separate Textbücher entspricht allerdings der realen Aufführung der Oper, die an zwei Tagen inszeniert wurde. Vgl. *Vor=Erinnerung*. In: Bressand HUA 1694b.

996 Vgl. dazu die Libretti Bressand HUA 1693 und Bressand HUA 1694b. Hier sind nicht nur Inhalt, sondern auch Druckbild und Szenenbeschreibungen identisch. Nur die Dedikationen und das Titelblatt wurden für die jeweiligen Widmungsadressaten geändert. Aufgrund der identischen Handlung aller *Hercules*-Libretti von Bressand werden Textstellen im Folgenden aus dem zuerst erschienenen Braunschweiger Textbuch (Bressand HUA 1693) zitiert. Dieselbe Oper für Verwandte des gleichen Fürstenhauses (Schwarzburg) zu wählen, ist sicherlich mit dem gebotenen Zeremoniell am Hofe des Gastgebers zu erklären, um die Gleichwertigkeit der Widmungsempfänger, vor allem die der beiden männlichen Adressaten, zu betonen. So gehörten sowohl Albrecht Anton als auch Christian Wilhelm durch den Grafentitel demselben Rang an, der auch in zeremonieller Hinsicht berücksichtigt werden musste. Siehe diesbezüglich Rohr [1733] CWGH 1990, S. 360. Hier heißt es: „Sind aber die Personen […] von gleichem Range, z. E. ein Koenig mit einem Koenig, ein Kuerfuerst mit einem Kuerfuerst […], so geniessen sie auch ein gleiches Ceremoniel.“

997 Ein Librettist wie Friedrich Christian Bressand kann durchaus als Kulturvermittler angesehen werden, da er als Operndichter für den Wolfenbütteler Hof, aber auch für die Hamburger Oper tätig war. Vgl. Hauze 2007, S. 448. Weitere Nachweise zu Bressand als Librettist in Hamburg finden sich exemplarisch in Brockpähler 1964, S. 199 und Meid 2009, S. 491–492.

998 Zur frühneuzeitlichen Bekanntheit der Amazone Menalippe als einer von Hercules entführten Schwester der Antiope siehe Zedler 1739f.

999 Zur frühneuzeitlichen Tradierung dieser Figur siehe Zedler 1739a.

Theseus und schließlich die Inhaftierung des Obersts Ismenus durch die amazonischen Obristinnen Marpesia[1000] und Termessa[1001] sind.

Sieht man einmal vom Bekanntheitsgrad der französischen *Cassandre* von La Calprenède und dessen deutschsprachiger Übertragung zwischen 1685–1688 durch Kormart ab, muss Bressand spätestens seit seiner Übersetzung der italienischen Oper *Basilio in Arcadia* (1691) ins Deutsche,[1002] in der sich König Basilius in den als Amazone ‚Zelmana' verkleideten Prinzen Pirocles verliebt, Kenntnis vom Amazonen-Stoff und dessen performativen Funktionalisierungsmöglichkeiten gehabt haben.

In *Hercules unter denen Amazonen* greift Bressand jedoch nicht auf Effekte des beliebten Cross-Dressings vom Mann als Amazone und somit auf denkbare homoerotische Anspielungen zurück, sondern nutzt das Amazonen-Sujet, um die Emotion der (unerfüllten) Liebe als destruktive Kraft vorzuführen. Die zugesprochene Männerfeindlichkeit der mythischen Kriegerinnen wird durch diese nicht nur konterkariert, sondern führt zu Konflikten im Frauenstaat, die die Solidarität unter den Amazonen schwinden lässt. Ohne Zweifel ist das Umschlagen von unerfüllter Liebe in Eifersucht ein bekanntes Motiv in der Literatur,[1003] das folglich auch in anderen Opern und Romanen um 1700 wieder zu finden ist, in denen Amazonen eine wesentliche Rolle spielen. In diesen Werken führen Missgunst und Neid aus Liebe allerdings nicht zu Zwietracht unter den Amazonen, da sich die Rivalität hier auf konkurrierende Männer beschränkt oder sich die Eifersucht einer Kriegerin auf eine weibliche Figur richtet, die nicht zum Kreis der Amazonen gehört. Und dennoch gelingt es Bressand mit Hilfe des Eifersuchtsmotivs, seinem Publikum eine – in Gegenüberstellung zu Pallavicinis Amazonenkönigin – verschärftere Akzentuierung in der Konzeption der Antiope-Figur vorzuführen: die intrigante Amazone.

1000 Als heldenhafte Amazone wird Marpesia auch im Zedler 1732c, Sp. 1668 und bei Hederich [1770] 1996a, Sp. 206 aufgeführt.

1001 Vermutlich rekurrierte Bressand bei der Namensgebung der Termessa-Figur auf die aus den antiken Mythen bekannte Amazone Tecmessa respektive Tekmessa. Vgl. dazu Zedler 1732c, Sp. 1668 und Hederich [1770] 1996a, Sp. 206.

1002 Vgl. Smart 1989, S. 240–241. Librettist dieser Oper war Flaminio Parisetti, der Komponist hingegen Giovanni Battista Alveri – zwei Künstler, deren Lebensdaten bislang nicht eindeutig ermittelbar sind. Der deutsche Titel ihres Singspiels in der Übersetzung durch Bressand lautet: Der | Koenigliche Schaefer / | oder | BASILIUS | in Arcadien / | in einer Italiaenischen | OPERA | auf dem Braunschweigischen | Schauplatze | vorgestellet / | im Jahr 1691 und daraus in das Teutsche uebersetzet. | Wolfenbuettel / gedruckt bey Caspar Johann Bismarck. Diese Version des Singspiels (Bressand BAS 1619) wurde 1694 ebenfalls in Hamburg aufgeführt. Vgl. Brockpähler 1964, S. 202.

1003 Vgl. exemplarisch Radmehr 1980, S. 53.

Um die Intrigen der Kriegerin nachvollziehen zu können, sei im Folgenden der Handlungskonflikt im Singspiel geschildert.

4.2.3 Gefährliche Liebschaften

„Love is all around" – so der Titel eines bekannten Liedes[1004] – beschreibt zwar den Inhalt jeder frühneuzeitlichen Oper in nuce, doch trifft dies für Bressands *Hercules unter denen Amazonen* im Besonderen zu, da sowohl die Liebe als Konfliktpotential als auch die Eifersucht aus unerwidertem Begehren oder Misstrauen von Beginn an mit den Amazonen verbunden werden. Dabei sind diese zunächst nicht das eifersuchtserfüllte Subjekt, sondern das Objekt, auf das sich der Neid richtet.

Damit Affektentladungen wie Eifersucht in ihrer Theatralität[1005] allerdings wahrgenommen werden können, müssen sie zunächst gezeigt und „in Szene gesetzt [...] werden, um überhaupt zu existieren."[1006] In dieser Hinsicht fungiert die Oper als prädestinierter Ort für die Konstruktion und Inszenierung von Affekten, da bei deren Darstellung Rezitative,[1007] aber vor allem Arien als „Vehikel zur Affektäußerung"[1008] dazu dienen, die „Ausbreitung des leidenschaftlichen Gemütszustandes einer Person"[1009] zu präsentieren. Sehr anschaulich wird dies durch den ersten Auftritt Megaras, der Verlobten des Hercules. Mit Hilfe dieser Figur spielt Bressand auf antike Mythologeme wie die Attraktivität der Amazonen an, die die griechischen Helden durch ihre Tapferkeit und Waffenfertigkeit anzuziehen vermochten. Entsprechend bekennt die Eifersüchtige:

1004 1967 durch die englische Band *The Troggs* entstanden, wurde das Lied 1994 von der schottischen Pop-Band *Wet Wet Wet* für den Soundtrack des Films *Vier Hochzeiten und ein Todesfall* gecovert.

1005 Siehe dazu Doris Kolesch, die erläuterte: „Unter Theatralität wird die gleichzeitige Verschränkung von Prozessen der Darstellung, Wahrnehmung, Inkorporation und Inszenierung verstanden. Dieses Modell eröffnet die Möglichkeit, Emotionen, Leidenschaften und Begehren als dynamisches Ineinander von Vorführung, Verkörperung, (bewußter oder unbewußter) Gestaltung, Wahrnehmung und Interpretation zu konzeptualisieren." (Kolesch 2006, S. 13). Die Theatralität der Affekte im Theater des Barock betonen auch Benthien/ Fleig/ Kasten 2000, S. 12.

1006 Kolesch 2006, S. 13.

1007 Siehe dazu Dammann 1995, S. 269. Hier heißt es: „Auch das Rezitativ ist affektuos. Es ist ein [...] von der Einzelperson getragener Sprechgesang mit meist dramatischem Grundzug."

1008 Smart 1992, S. 192.

1009 Flemming 1933, S. 58.

„Meg. [...]
    Der Amazonen ruhm von schoen= und dapferm wesen
    ist allzu sehr bekandt /
    wie leicht kann Herkules / durch Lieb' entbrandt /
    von ihnen eine sich an meiner stat erlesen;
    weil dapferkeit sich zu dapferkeit gesellt /
    und ein entferntes feur nicht lange funken haelt."[1010]

Als Kenner der ästhetischen Anforderungen und Erwartungen an eine Oper
führt Bressand die Handlung somit nicht nur mit einer affektgeladenen Darbietung ein, um das Publikum auf Liebe und Eifersucht im Singspiel einzu-
stimmen, sondern stellt gleichzeitig unter Beweis, die darzustellenden Affekte
einem bestimmten Menschentypus zuordnen zu können, wie es der bereits
erwähnte Librettist Barthold Feind forderte. Für Bressands Konzeption seiner
Amazonen-Figuren bedeutet dies, die Liebe als Konfliktpotential zu nutzen,
um die Loyalitätsproblematik im Kriegerinnenstaat in differenzierterer Weise
als in den bisher vorgestellten Romanen und Singspiellibretti darzustellen.
Denn während es dort überwiegend um den Konflikt *einer* verliebten Amazone mit den männerfeindlichen Amazonengesetzen geht, verlieben sich in
seinem Operntext gleich *mehrere* Kriegerinnen – allerdings in dieselben Männer. Das Resultat ist einfach, doch auf den zweiten Blick keineswegs banal:
Indem die Kriegerinnen aus Eifersucht zu Konkurrentinnen werden und sich
untereinander bekämpfen, verlagert sich der übliche Kampf der Amazonen
gegen ihre männlichen Antagonisten nun auf den eigenen Kreis der Kriegerinnen. Sicherlich ist Bressands Rückgriff auf die subversive Kraft der Eifersucht
keineswegs innovativ, doch gelingt ihm mit dieser selbstzerstörerischen Dynamik, die ‚Demontage' des Amazonenstaats vor Augen zu führen.

Um den Kontrast zwischen dem männerfeindlichen Kriegerinnen-Imago
und den mit „liebes=pein"[1011] geschlagenen Amazonen zu verdeutlichen, konzipiert Bressand Szenen von geglückten und gescheiterten Liebesbegegnungen,
in denen die amazonischen Heldinnen auf die griechischen Heroen treffen.
Denkt man an dieser Stelle an die eifersüchtige Megara-Figur zurück, die um
die Treue ihres Verlobten Hercules fürchtet, stellt Bressand dieses Misstrauen
durchaus als berechtigt dar. Demnach versucht der Halbgott tatsächlich, die
gefangene Amazonenprinzessin Menalippe für sich zu gewinnen, indem er
seine Verliebtheit in die für die barocke Liebesrhetorik typischen Topoi des
Liebeskriegs[1012] kleidet. So bezeichnet er sie als „Kriegs=Goettinn", die ihn

---

1010 Bressand HUA 1693, I, 2.
1011 Bressand HUA 1693, I, 3.
1012 Vgl. Rotermund 1968, S. 268.

mit „faesseln" binde, da ihr „schoenes prangen[1013]" ihn „gefangen"[1014] halte. Allerdings handelt es sich bei Menalippe um eine liebesfeindliche und somit Männer hassende Amazone, die der beharrlichen Liebeswerbung ihres Entführers Hercules zu widerstehen weiß:

> „Men.   Mein herze hasst der Liebe schnoeden trieb.
>
> mein feind [Hercules] auch / dem die brust ich wuensche zu durchstechen /
> muß nur von haß mit mir / und nicht von Liebe sprechen."[1015]

Während Menalippe ihre Morddrohungen aufrecht erhält und sich konsequent gegen den in sie verliebten Hercules wehrt,[1016] werden sowohl ihre Schwestern Hippolyta und Antiope als auch die Obristinnen Marpesia und Termessa als liebend-eifersüchtige Amazonen dargestellt, die durch das verbotene Begehren – ebenso wie die mythischen Kriegerinnen im Roman – in Loyalitätskonflikte geraten.[1017]

Richtet man das Augenmerk zunächst auf die Amazonenkönigin und ihre Schwester, lässt Bressand keinen Zweifel daran, dass er mit der Paarkonstellation Hippolyta und Theseus das höfische Liebesideal in seinem Singspieltext ebenso vorführt, wie es zuvor beispielsweise in den Romanen *Cassandre* und *Æyquan* mit den Liebespaaren Talestris und Orontes resp. Affelde und Carresse verdeutlicht wurde. Folglich illustriert er an Hippolyta und Theseus eine von Anbeginn an gegenseitige Liebesverbindung, die von anderen Versuchungen oder Täuschungen frei und daher von der erstrebenswerten *constantia*

1013   Folgt man dem *Deutschen Wörterbuch* der Brüder Grimm kann unter *prangen* in diesem Zusammenhang 1. „sich zieren" oder 2. sich „durch [...] [S]chönheit auszeichnen" bedeuten. Grimm/ Grimm 1984h, Sp. 2066.

1014   Bressand HUA 1693, I, 3.

1015   Bressand HUA 1693, I, 3.

1016   Um einer gewaltsamen Entführung nach Griechenland zu entgehen, droht die Amazonenprinzessin Hercules sogar mit Mord oder mit ihrer Selbsttötung. In einer *Furor*-Szene lässt Bressand Menalippe daher ausrufen: „Eh dir dein vorsatz gehet an / dafuer setz' ich mein blut zum buergen / wil ich entweder dich / entweder mich / erwuergen. Dich zu morden / dich zu toedten / wuenschet mein entbrandter sinn / herz und leben falle hin / kann ich erst mit deinem blut meine dapfre faust beroethen / ist der tod in meinen noethen mir der sueßeste gewinn." Bressand HUA 1693, III, 10.

1017   Zu den Zweifeln der Hippolyta vgl. Bressand HUA 1693, II, 10. Anschaulicher wird das Dilemma zwischen verbotener Liebe und Vernunft an Antiope, wie die folgende Passage verdeutlicht: „Meine schnelle Liebes=plage [l] nennt vernunfft nur raserey / doch wenn ich mein herze frage [l] stimmt es ihren flammen bey. [l] Die vernunfft verbeut zu lieben / Und das herz ist schon entzuendt / So bin ich von zweifels=trieben [l] Hoerend=taub und sehend=blind." Bressand HUA 1693, II, 13.

geprägt ist. Sowohl um die Bedeutsamkeit dieser Tugend hervorzuheben als auch um die Spannung des Publikums zu fokussieren, stellt Bressand das geglückte Werben schließlich in einer langen Wiedersehenszene dar. So erstreckt sich das Liebesgeständnis zwischen Theseus und Hippolyta über drei Seiten und ist von einer Stichomythie mit begonnenen Anreden, unausgeführten Fragen und Interjektionen zum Zweck der gesteigerten Affektdarstellung gekennzeichnet.[1018] Die erregte Stimmung zwischen den Liebenden erfährt ihren Höhepunkt schließlich in einem explosiv-affektreichen Duett, in dem die erwiderte Liebe durch wiederholende Verse in eine gegenseitige Huldigung erhöht wird:

„Beyde.	Ich liebe dich.
Hipp.	O sueßes wort!
Thes.	O anmuts=voller spruch!
Beyde.	Dis ist was ich begehr / und alles was ich such'.
Thes.	Euch/ ihr schoene wangen /
	die ihr mich bestrickt /
	gibt sich mein verlangen /
	das ihr habt entzueckt /
	gefangen:
	lieben ist nicht gnug gethan /
	ich bet' euch an.
Hipp.	Euch/ ihr sueßen blicke /
	die ihr mich entzuendt /
	folget mein geschikke /
	weil auf euch gegruendt
	mein gluekke /
	lieben ist nicht gnug gethan /
	ich bet' euch an."[1019]

Sieht man davon ab, dass Bressands Operntext sprachlich nicht durch originelle Virtuositäten hervorsticht, sondern sich an das gängige Repertoire der barocken Gefühlsumschreibung mit all seinen Feuer-, Kriegs-, Kampfes- und Gefangenschaftsmetaphern hält[1020] („ihr sueßen blicke / die ihr mich entzuendt"; „schoene wangen / die ihr mich bestrickt / gibt sich mein verlangen / [...] gefangen [...]"),

---

1018 Vgl. Bressand HUA 1693, III, 3.
1019 Bressand HUA 1693, III, 3.
1020 Vgl. Radmehr 1980, S. 76. Wie üblich diese Art von Liebesdarstellung im Barock ist, zeigt der exemplarische Vergleich mit dem *Sonnett. Beschreibung vollkommener schoenheit* von Christian Hofmann von Hoffmannswaldau (1616–1679). Hier umschreibt der Autor die Liebe ebenso in Metaphern wie Freiheitsverlust, Kampf, Feuer bzw. Blitz und Herz, so dass die Metaphorik sowohl in den Textpassagen des Singspiels als auch im lyrischen Beispiel eher

ist spätestens nach dieser Szene unverkennbar, dass die Liebe der Amazonenkönigin Antiope nicht nur einseitig, sondern vor allem zum Scheitern verurteilt
ist.

Diese Disharmonie in den Begehrensstrukturen in Kombination mit dem
Mythologem der amazonischen Streitbarkeit nutzt Bressand für seine Darstellung der Eifersuchtsszenen. Hierbei setzt er auf überaus konträre Kampf-
strategien der Rivalinnen, die im Falle der Obristinnen Marpesia und Termessa beinahe zu einer physischen Auseinandersetzung der Konkurrentinnen
führt,[1021] weil beide den Griechen Ismenus lieben. Die folgende Passage veranschaulicht die unverhohlene Eifersucht der beiden Amazonen, die mit einer
verbalen Kampftaktik versuchen, sich gegenseitig zu verunsichern:

„Term.	Vielleichte liebt er [Ismenus] mich.
Marp.	Vielleicht mich mehr als dich.
Term.	Nur meine blikke /
Marp.	meine Wangen
Term.	die halten ihn bestrickt /
Marp.	die halten ihn gefangen.
Beyde.	Betriege dich nicht /
Term.	sich selber zu schmeicheln /
Marp.	sich selber zu heucheln /
Beyde.	Ist eine verblendung die ploetzlich zubricht.
	betriege dich nicht. […]."[1022]

Für Antiope als Amazonenkönigin und ihre Schwester Hippolyta wählt Bressand zwar ebenfalls eine verbale Kampfstrategie, doch zeichnet sich diese
durch die Regulierung von Affekten aus. Sichtbar wird dies in einem Dialog
zwischen den beiden Amazonen, die ihre Liebe zu Theseus voreinander verbergen. Ausgangspunkt ist die Entdeckung des Griechen im „Koenigliche[n]
Pallast der Amazonen",[1023] wo er sich heimlich mit Hippolyta zu treffen versucht. Um ihn vor dem Zorn der männerfeindlichen Kriegerinnen zu schützen,
lässt ihn Antiope in einem Zimmer verstecken, das Hippolyta wiederum aus-

---

idealisierend, aber wenig individuell erscheinen: „Zwey wangen / wo die pracht
der Flora sich bewegt / Ein blick / der blitze fuehrt und maenner niederleget /
Zwey armen / derer krafft offt leuen hingericht / Ein hertz / aus welchem nichts
als mein verderben quillet / Ein wort / so himmlisch ist / und mich verdammen
kan / Zwey haende / derer grimm mich in den bann gethan / Und durch ein sue-
sses gifft die seele selbst umhuellet / Ein zierrath / wie es scheint / im paradieß
gemacht / Hat mich um meinen witz und meine freyheit bracht." Hofmann
von Hoffmannswaldau 1980, S. 276–277.

1021 Vgl. Bressand HUA 1693, V, 11.
1022 Bressand HUA 1693, III, 7.
1023 *Veraenderungen des Schauplatz.* In: Bressand HUA 1693, n. p.

findig machen kann. In der Dunkelheit stoßen die beiden Schwestern jedoch aufeinander:

> „Ant. Wer da?
> Hipp. Wer da?
> [...]
> Ant. Was sucht Hippolyta?
> Hipp. Was sucht die Koenigin?
> Ant. Wie? redstu nicht?
> Hipp. Wird nichts von dir gesprochen?
> Ant. Suchstu wol huelf? hier wird kein Schiffbruch dich bedreuen.
> Hipp. Hier ist kein Laerm / hier darfst du niemand nicht befreyen.
> Ant. Behaget dir kein Schlaf?
> Hipp. Ist deine Ruhe hin?
> Ant. u. Hipp. à 2 Ja / ja / ich kenne dich / ich merke deinen sinn."[1024]

Im Gegensatz zur offen zur Schau getragenen Eifersucht der beiden Obristinnen beschreibt die Szene mit den ausweichenden Gegenfragen indes das argwöhnische und verschwiegene Verhalten der beiden Schwestern. Dennoch sind die Andeutungen Antiopes und Hippolytas auf Theseus offensichtlich: So spielt die Amazonenkönigin eindeutig auf die einstige Seerettung ihrer Schwester durch den griechischen Prinzen an, während Hippolyta ihr den eigenmächtigen Schutz des Theseus entgegenhält.

Als Mitglied der Hofgesellschaft des Herrscherhauses Braunschweig-Wolfenbüttel bestens mit höfischen Umgangsformen – und das heißt auch Intrigen – vertraut, verwendet Bressand das Verhalten der *dissimulatio* als offensiv[1025] intendierte Taktik der beiden Amazonen. Niccolò Machiavelli ähnlich, der Herrschern zur Verstellungskunst zur Erreichung ihrer wahren Ziele rät, propagiert auch Baltasar Gracián die affektkontrollierte *dissimulatio* als legitime Handlungsoption. In seinem *Handorakel und Kunst der Weltklugheit* (*Oráculo manual* von 1647), einem aus „Sentenzen und Maximen"[1026] bestehenden „Handbuch höfischen [...] Lebens",[1027] heißt es unter „§ 3: [...] Mit offenen Karten spielen ist weder nützlich noch angenehm. [...] Behutsames Schweigen ist das Heiligtum der Klugheit."[1028] Dabei zeichne sich die Klugheit

---

1024 Bressand HUA 1693, IV, 15.
1025 Diesbezüglich weist Silke Leopold auf den Jesuiten Baltasar Gracián hin, der der *dissimulatio* „eine neue Richtung gab, indem er gleichsam den Spieß umdrehte und aus der Defensivwaffe des Verschweigens im Überlebenskampf gegen eine feindliche Umwelt voller Heuchelei und Arglist eine offensive, wohldosierte Taktik zur Beförderung der eigenen Karriere machte." Leopold 1999, S. 24.
1026 Voßler 1992, S. XI.
1027 Neumeister 1992, S. 127.
1028 Gracián 1992, S. 1.

laut § 52 dadurch aus, sich „nie [...] zu entrüsten", denn „[d]ie Affekte sind krankhafte Säfte der Seele; und an jedem Übermaß derselben erkrankt [...] die Klugheit [...]."[1029] Laut § 287 solle man schließlich nie „im leidenschaftlichen Zustande [handeln], sonst wird man alles verderben. Der kann nicht für sich handeln, der nicht bei sich ist; stets aber verbannt die Leidenschaft die Vernunft."[1030]

Der von Norbert Elias beschriebene Einsatz der Affektregulierung als Mittel zur Stärkung der eigenen Position fungiert somit auch im Opernlibretto als ein „Überlebenstraining [...] im Intrigendschungel eines absolutistischen Hofes."[1031]

4.2.4 Die Intrige der Amazonenkönigin

Trotz der Möglichkeit, weiterhin auf die *dissimulatio* zur Tarnung der eigenen Absichten zurückzugreifen, bleibt Antiopes wahres Ziel nicht im Verborgenen. Als verschmähte Liebende konzipiert, führt Bressand als Librettist und somit Schöpfer der Intrige insbesondere an der Figur der Amazonenkönigin die Rache der Eifersüchtigen vor. Obwohl auch Termessa versucht, Ismenus eher zu vergiften als ihn an Marpesia zu verlieren,[1032] fällt Antiopes mörderisches Vorhaben mehr ins Gewicht. Denn im Gegensatz zu ihrer Kriegsobristin, die sich besinnt und die Gefahr der „[v]erfluchte[n] raserey"[1033] erkennt, führt die Amazonenkönigin den Plan, einen Zweikampf zwischen Theseus und Hippolyta zu initiieren, bei dem einer von ihnen ums Leben kommen soll, aus. Dem hasserfüllten Gedanken „Ein herz bedenket nichts / das Lieb' und Eifers=voll"[1034] entsprechend, rast Antiope aus unerfüllter Liebe:

> „Ant.   Der Eifersucht ist nichts an wut zu gleichen:
> sie ist ein fressend hoellen=feur /
> ein nicht verschonend ungeheur /
> ein strom / der berg und felsen trennt /
> und ueber stock und steine rennt /
> doch alles muß ihr noch an staercke weichen:
> Der Eifersucht ist nichts an wut zu gleichen. [...]."[1035]

1029   Gracián 1992, S. 22.
1030   Gracián 1992, S. 121.
1031   Leopold 1999, S. 25.
1032   Vgl. Bressand HUA 1693, IV, 9.
1033   Bressand HUA 1693.
1034   Bressand HUA 1693, IV, 20.
1035   Bressand HUA 1693, IV, 20.

Wie diese Dacapo-Arie[1036] mit ihrer Affektentladung in leidenschaftlichen Bildern zeigt, verweist die unberechenbare Eifersucht, deren maßlose „wut" eines schonungslosen Ungeheuers die Kraft zu besitzen vermag, selbst unzerstörbare Naturphänomene wie „berg und felsen" zu trennen, auf Antiopes unheilsverkündende Intrige.

Den Amazonen-Mythen entsprechend, in denen Kämpfe zwischen den Kriegerinnen und ihren männlichen Gegnern geschildert werden, führt Bressand seine Oper nicht nur mit einer Schlacht ein, sondern spickt insbesondere den letzten Akt mit weiteren Kampfszenen.[1037] So fordert Menalippe ihren Entführer Hercules zu einem Zweikampf auf, den sie jedoch verliert.[1038] Höhepunkt ist das von Antiope eingeleitete Duell zwischen Theseus und Hippolyta, die beide unerkannt gegeneinander antreten. Obwohl die Amazone den Griechen schwer verletzt und ihm sogar „den kopf abzuschneiden"[1039] versucht, bleibt dem Publikum ein Todesszenario erspart. Ganz im Sinne des *lieto fine* hat Bressand einen Schluss konzipiert, der nicht nur die standesgemäßen Paare Hercules–Megara, Hippolyta–Theseus sowie Marpesia–Ismenus beständig zusammenführt. Das erhabene Ende hält vor allem die Läuterung Antiopes bereit, die die Verwundung Theseus' für seinen vermeintlichen Tod hält und ihre „boßheit"[1040] zugibt. Demnach muss die Intrige der Amazonenkönigin, ihr im Affekt geplanter Racheakt, zwar als „eigennützige und böse Verhaltensweise"[1041] vorgeführt werden, doch kann sie nicht gelingen, weil sie als verwerflich anzusehen ist. Letztlich gilt es, die Eifersucht als zu den ‚negativen' Affekten gehörend abzulehnen und zu überwinden.[1042] Die zu erfolgende ‚Bestrafung' für Antiopes Vergehen wird durch das tugendhafte Verhalten ihres griechischen Herausforderers überdeutlich: Indem Hercules die von ihm besiegte Menalippe wieder den Amazonen übergibt, läutet er die Friedensverhandlungen zwischen den Griechen und dem Kriegerinnenvolk ein. So ist es nur seiner Großmut zu verdanken, dass Antiope ihm schließlich die ersehnten Waffen aushändigt, die seine Tat erfolgreich besiegeln.

1036 In einer Dacapo-Arie wird der erste kurze Teil „*Der Eifersucht ist nichts an wut zu gleichen*" nach der Einfügung eines längeren Mittelteils wiederholt und ggf. variiert. Vgl. Flemming 1933, S. 58. Dabei dienen die wiederholten Worte oder Sentenzen der „Sinnbekräftigung [...] [,] sind hoch-rhetorisiert und haben eine affektuose Zielkraft." Dammann 1995, S. 267.

1037 Vgl. Bressand HUA 1693, V, 7–8.

1038 Vgl. Bressand HUA 1693, V, 2 und V, 7.

1039 Bressand HUA 1693, V, 8.

1040 Bressand HUA 1693, V, 12.

1041 Radmehr 1980, S. 44.

1042 Vgl. Radmehr 1980, S. 44–45.

Den didaktischen Intentionen eines Operntextes gemäß[1043] kulminiert die moralische Lehre in einer abschließenden Chorarie, in der die erstrebenswerten Tugenden als Quintessenz zusammengefasst werden:

> „Chor. Es veraendre seine blikke /
> wie es will / das leichte gluekke /
> endlich siegen jederzeit
> großmut / treu und dapferkeit [...].“[1044]

Indem Großmut, Treue und Tapferkeit über Rachsucht und Eifersucht siegen, verschafft diese „Moralarie"[1045] Bressands Operntext ein erhabenes Ende. In Bezug auf die barocke Katharsislehre zielt die Darstellung von affektgeleiteten Figuren demnach nicht nur im barocken Roman oder Trauerspiel,[1046] sondern gerade auch in der Oper auf die nachhaltige Wirkung beim Publikum.

4.2.5 Besiegt *und* gleichgestellt?

Wie am Beispiel von Stefano Pallavicinis *Antiope*, dessen Bayreuther Nachahmung *Hercules* und Friedrich Christian Bressands *Hercules unter denen Amazonen* deutlich wurde, konnten diese Librettisten die ästhetischen Prämissen an ein Singspiel, in dessen Zentrum Liebesbegebenheiten und Intrige stehen sollten, erfüllen.

Dem Anspruch, das Publikum mit einer spannungsgeladenen Handlung zu unterhalten, wurden sie gerecht, indem sie auf antike Amazonen-Mythen rekurrierten, die beispielhaft für den Kampf der Geschlechter stehen, da die Kriegerinnen als autark, unbeugsam und streitbar, sexuell attraktiv, aber zugleich als der Liebe abgeneigt dargestellt werden. Diese liebes- und (an heteronormativen Parametern gemessen) männerfeindliche Haltung nutzten die Librettisten zwar wie die hier vorgestellten Romanautoren ebenso als Mittel, den fundamentalen Konflikt einer Männer begehrenden Amazone darzustellen, aber noch stärker für eine neue Darstellung der mythologischen Antiope-Figur als Königin der Amazonen.

So wird diese in den Opern-Aufführungen am Dresdener und am Bayreuther Hof als manipulative Amazone vorgeführt, die ihre Schönheit als strategisches Mittel einsetzt, um ihren Herausforderer Hercules für sich einzunehmen. Indem sie den griechischen Halbgott durch vorgetäuschte Liebe sogar dazu bringt, Wolle zu spinnen, macht sie ihn lächerlich und führt ihn durch diese

---

1043 Diesbezüglich merkt Bernhard Jahn an: „Der Text aber steht im Zentrum der barocken Oper. Er soll verstanden werden, denn er enthält die Botschaft." Jahn 2002, S. 193–194.

1044 Bressand HUA 1693, V, Letzter Auftritt, n. p.

1045 Smart 1992, S. 204.

1046 Vgl. dazu Meyer-Kalkus 1986.

weiblich konnotierte Arbeit als verlachenswürdigen Helden vor. Bressand nutzt die geforderte Liebesthematik in der Oper zudem als Möglichkeit, das Motiv der Eifersucht als Folge von unerfüllter Liebe mit den mythischen Kriegerinnen zu verbinden. Da sich in *Hercules unter denen Amazonen* nicht nur eine Amazone verliebt, sondern gleich mehrere Kriegerinnen dieselben Männer begehren, verschieben sich die Feindbilder: Die Amazonen agieren nicht mehr in erster Linie gegen eine männliche Kriegerschaft von außen, sondern gegeneinander innerhalb der eigenen Gemeinschaft. Demzufolge fungiert die Eifersucht, die zum einen die Solidarität im Kriegerinnen-Staat untergräbt und zum anderen die Intrige der verschmähten Amazonenkönigin in Gang setzt, als Sprengsatz unter den Amazonen. Im Vergleich zu Pallavicinis Konzeption der manipulativen Herrscherin spitzt Bressand das Verschlagenheitspotential seiner Antiope-Figur zu, indem er sie aus unerfüllter Liebe Mordpläne gegen ihre Schwester und Konkurrentin ausführen lässt.[1047]

Da die Fähigkeiten zur Manipulation und Intrige in den hier vorgestellten Operntexten rein weiblich konnotierte Attribute sind, die insbesondere die Königin der Amazonen beschreiben, verweisen auch die Libretti auf misogyne Topoi und verdeutlichen ihrerseits die Ambivalenz der Amazonen-Figur zwischen Ideal- und Schreckensbild. Die Vorstellung von ihrem ambivalenten Wesen zeigt sich überdies in dem mit ihr verbundenen Kriegskontext, da „[d]ie Amazone als Sinnbild des Waffenstillstandes"[1048] zwei Seiten verkörpert: „Tugend und Laster."[1049] Diese zwiespältige Charakterisierung, mit der auch Minerva als Göttin des Krieges *und* des Friedens betrachtet wird,[1050] beschreibt Martina Dlugaiczyk am Beispiel des Holzschnitts *Pax Armata* (1552) von Barptolemaeus Anulus.

1047   In diesem Punkt unterscheiden sich die Opern trotz inhaltlicher Parallelen voneinander: Obwohl Antiope auch bei Pallavicini respektive seiner Bayreuther *interpretatio* einen Zweikampf zwischen Theseus und seiner geliebten Amazone anordnet (in beiden Libretti ist es allerdings der verkleidete Hidaspes als vermeintliche Amazone Celinda), ist diese Entscheidung nicht durch Eifersucht und Rache motiviert. Bei der Anordnung des Duells weiß die Amazonenkönigin bei Pallavicini nichts von einer möglichen Konkurrentin um Theseus' Liebe. Siehe dazu Pallavicini AN 1689b, I, 13 und Anonymus HB [1714], I, 13 im Vergleich zu Bressand HUA 1693, IV, 20.

1048   Dlugaicyk 2001, S. 555.
1049   Dlugaicyk 2001, S. 557.
1050   Vgl. Dlugaicyk 2001, S. 557.

Abb. 10: Pax Armata (1522)

Im Mittelpunkt dieser Darstellung steht eine Amazone, wie das Epigramm ausführt:

> „Was bedeutet diese Amazone im dunkelblauen Gewande, die – nur scheinbar lächelnd – mit hartem Gesicht grimmig dreinschaut? Der Ölzweig legt sich um das Schwert in ihren Händen. Weshalb fließt aus ihm, statt friedlichen Öls, Wasser herab? So tritt, um sich malen zu lassen, das Trugbild des irdischen Friedens auf, der unter dem Vorwand des Waffenstillstandes schon wieder den Krieg vorbereitet."[1051]

Der Waffenstillstand, den die Amazone hier repräsentiert, wurde demnach keineswegs als sicherer Zustand gewertet.[1052] Dlugaiczyk zufolge sah die Bevölkerung des 16. und 17. Jahrhunderts in ihm vielmehr Krieg und Frieden miteinander vereint, „als ‚Atempause für neue Kriege'" und daher „als moralisch verwerflich."[1053]

1051 Die deutsche Übersetzung des lateinischen Textes wird zitiert nach Dlugaicyk 2001, S. 558.
1052 Vgl. Dlugaiczyk 2001, S. 558.
1053 Dlugaiczyk 2001, S. 558.

Betrachten wir vor diesem Hintergrund noch einmal den Schluss der untersuchten Opern und die damit verbundenen Botschaften. Wie die abschließende Anmerkung in Bressands Libretto zum „danz von Amazonen und Griechen" verdeutlicht, sollen mit ihm der forcierte Friedensschluss der Geschlechter, die „bezeigungen ihrer neuen Freundschafft",[1054] verdeutlicht werden. Helen Watanabe-O'Kelly kommt in Bezug auf *Hercules unter denen Amazonen* zu folgendem Ergebnis:

> „Bressand reduziert die Amazonen nie auf schmückendes Beiwerk. Sie sind wirklich Kriegerinnen, die ihre Stadt Themisyra erfolgreich gegen die Griechen verteidigen. [...] Herakles löst seine Aufgabe nicht durch Gewalt, sondern durch Tugend, und es wird nirgends suggeriert, dass der Amazonenstaat dann aufgelöst wird oder dass die Amazonen, sei es im Krieg, sei es in der Liebe, unterjocht werden. Am Ende tanzen Amazonen und Griechen als Gleichgestellte zusammen. Der Konflikt zwischen Amazonen und Griechen, Männern und Frauen, ist dem Kompromiss gewichen. Das bedeutet natürlich, dass die Amazonen die Griechen auch nicht besiegen. Untertanen sind sie nicht, aber auch nicht Herrscherinnen."[1055]

Doch sind Griechen und Amazonen, vertreten durch Hercules und Antiope, wirklich gleichgestellt? Zweifellos ist der erste Schritt zum Frieden zwischen den Geschlechtern auf Hercules' Großmut, die im Kampf besiegte Menalippe an die Amazonen zu übergeben, zurückzuführen. Ein Waffenstillstand zwischen den Geschlechtern ist jedoch nur durch die geläuterte Antiope möglich, die mit der Übergabe der gewünschten Waffen den Geschlechterkampf symbolisch beendet. So ist der von Watanabe-O'Kelly bezeichnete Kompromiss eher eine Niederlage der Amazonen, da der Verzicht auf die wehrhaften Kriegsmittel zugleich die Aufgabe der patriarchatskritischen Lebensform der mythischen Kriegerinnen signalisiert. Im Vergleich zu Antiope bleibt Hercules am Ende nicht nur im Kampf, sondern auch in der Liebe Sieger. Hier zeigt sich unverkennbar, dass Antiope als eine zum heimtückischen Mord bereite Amazonenkönigin dem tugendhaften Halbgott keineswegs ebenbürtig ist, da sie den Ansprüchen an eine vernunftgeleitete Affektregulierung nicht in gleicher Weise genügen kann. Obwohl Hercules durch die Bereitschaft zur Untreue ebenfalls als lasterhaft dargestellt wird, zählt weniger die Fehlbarkeit, zu der Männer und Frauen gleichermaßen fähig sind, als deren Gewichtung. Das ungleiche Ausmaß der Fehlbarkeit spiegelt sich letztlich in den Paarformationen am Schluss der Oper wider: Während der zur Untreue neigende Hercules und

---

1054   Bressand HUA 1693, V, Letzter Auftritt, n. p.
1055   Watanabe-O'Kelly 2009, S. 141.

seine duldsame Verlobte doch noch zueinander finden, wird Antiope, deren Intrige mehr ins Gewicht fällt, kein Partner zur Seite gestellt.[1056]

Bezieht man in diese Überlegungen zudem noch Pallavicinis Operntext und dessen Bayreuther *imitatio* ein, zeigt sich auch in diesen Werken die herausragende Großmut und Stellung des Hercules.

Besonders in Bezug auf die Exemplum-Funktion der Opern wird daher deutlich, dass an der mythologischen Hercules-Figur nicht nur deren Fähigkeit zur Entsagung und Selbstüberwindung vorgeführt wird,[1057] sondern vor allem ihr Vermögen, die soziale Ordnung wieder herzustellen. Dabei ist der Rückgriff auf Hercules als Titelhelden und Protagonisten keineswegs zufällig, galt er (neben Mars, dem Gott des Krieges, dem makedonischen König Alexander dem Großen und dem griechischen Helden Odysseus[1058]) im 17. und frühen 18. Jahrhundert doch als Idealtypus hochadeliger Männer.[1059] Die Hervorhebung der Großmut und Tugend des Hercules, der selbst Amazonen als Inbegriff der *femmes fortes* zu besiegen weiß, verwundert nicht im Hinblick auf die männlichen Widmungsempfänger der Oper *Hercules unter denen Amazonen*, Graf Albrecht Anton von Schwarzburg-Rudolstadt und Graf Christian Wilhelm von Schwarzburg-Sondershausen, oder Georg Wilhelm von Bayreuth als Adressat der *Hercules*-Oper. Für Gräfin Æmilie Juliane von Schwarzburg-Rudolstadt als einzige Frau unter den WidmungsadressatInnen bleibt letztlich die Erkenntnis, dass die zunächst paradox erscheinende Liebe der männerfeindlichen Kriegerinnen lediglich als Vehikel fungiert, die Wiederherstellung der hegemonialen Geschlechterverhältnisse auf der Opernbühne zu inszenieren.

Da ursprünglich für den Hof verfasste Opern auch an kommerziellen Spielstätten aufgeführt wurden, schließt diese geschlechterspezifische Botschaft das gesamte Publikum des Singspiels *Hercules unter denen Amazonen* an der Hamburger Oper mit ein, zumal das dort erschienene Libretto keine spezifischen Widmungsempfänger verzeichnet.[1060] Eine antihöfische Opernkritik,

---

1056   Dies gilt auch für die ebenfalls eifersüchtige Amazone Termessa, die zwar den Giftmord an Ismenus nicht vollzieht, jedoch am Ende das Nachsehen hat, da dieser ihrer Konkurrentin Marpesia den Vorzug gibt. Auch Menalippe bleibt ohne männliches Pendant, doch ist dies ihrer Konzeption als männer- und somit auch liebesfeindlicher Amazone geschuldet.

1057   Diesbezüglich betont Markus Engelhart: „An den Helden und Handlungen der antiken Mythologie sowie der römischen und gelegentlich auch der biblischen Geschichte werden Herrschertugenden wie Affektbeherrschung, Selbstüberwindung, Entsagung exemplifiziert." Engelhardt 1999, S. 342.

1058   Vgl. Kiupel 2010, S. 68.

1059   Vgl. Schmale 2003a, S. 113 und 129.

1060   Vgl. Bressand HUA 1694a.

wie sie Johann Christoph Gottsched einmal formulieren sollte, lag um 1700 noch fern, so dass höfische Tugenden und ihre *conduite* (Lebensführung) dem gehobenen Bürgertum nicht nur anhand von Romanen,[1061] sondern auch durch Singspiele eine Orientierungshilfe bieten konnten.

4.3 Verhöhnung einer alten Amazone in Heinrich Anshelm von Zigler und Kliphausens *Die Lybische Talestris* (1696, 1698)[1062] und deren Adaptionen

4.3.1 Zigler als Librettist der *Lybischen Talestris*

ForschungsexpertInnen der barocken Epik werden es bestätigen: Der Name des Historikers und Dichters Heinrich Anshelm von Zigler und Kliphausen (1663–1697)[1063] ist in erster Linie mit seinem stark rezipierten Roman *Die Asiatische Banise*[1064] (1689) verbunden,[1065] wie mehrere Auflagen bis in das 18. Jahrhundert hinein, Überarbeitungen, Fortsetzungen und (musik-)dramatische Adaptionen verdeutlichen.[1066] Spätestens seit Elisabeth Frenzels 1968

1061 Vgl. Breuer 1999, S. 591.

1062 Dieses Kapitel greift in Teilen auf meine Publikation *Mich quält ein kalter Leib* zurück, in der Ziglers Librettotext von 1698 im Mittelpunkt steht. Weitere Forschungsergebnisse mit einem stark erweiterten Quellenkorpus werden erst in der vorliegenden Untersuchung berücksichtigt.

1063 Die Schreibweise des Namens variiert wie folgt: He(i)nrich Ans(h)elm Zi(e)gler von Klip(p)hausen. Die Wahl der Namensschreibung orientiert sich an Dünnhaupt 1993, S. 4332.

1064 Vgl. Zigler AB 1689. Zitate werden künftig aus folgender Ausgabe angegeben: Zigler [1689/1707] AB 1965.

1065 Zur Rezeption und Übersetzung des Romans vgl. exemplarisch Martin/ Vorderstemann 2013. Nicht nur Johann Wolfgang Goethe (1749–1832) beeindruckte Ziglers Roman, sondern zuvor schon Johann Christoph Gottsched, der „die asiatische Banise nicht ohne Werth" fand. Mehr noch, er lobte das Ziglersche Werk als „unter allen Deutschen Romanen […] fuer den besten." Gottsched BCH 1733, Sechstes Stueck, S. 292. Zu Goethe als Rezipient des Ziglerschen Romans siehe Dünnhaupt 1993, S. 4332.

1066 Bis 1764 gab es fünfzehn Ausgaben des Ziglerschen Romans. Eine Fortsetzung der *Asiatischen Banise* erfolgte 1724 durch Johann Georg Hamann, während sich Christian Ernst Fidelinus 1754 an einer in England angesiedelten Variante mit dem Titel *Die Engeländische Banise* versuchte. Die Auswirkungen des Romans zeigten sich aber auch im Drama: Wolfgang Pfeiffer-Belli zufolge muss 1742 in der Komödienhütte in Frankfurt am Main das Stück *Die in Xemindo untergehende und in Balacin wieder aufgehende Reichs-Sonne von Pegu, oder Die Asiatische Banise* aufgeführt worden sein. Friedrich Melchior Grimms Trauerspiel *Banise* (1743) erschien nur kurze Zeit später. Vgl. Meid 2009, S. 566 und Pfeiffer-Belli 1965, S. 474. Den Einfluss der *Asiatischen*

erschienenem Aufsatz über Zigler als Librettisten dürfte jedoch bekannt sein, dass dieser auch den Text der Amazonen-Oper *Die Lybische Talestris* verfasst hat,[1067] für den Johann Philipp Krieger – auf den ebenso der musikalische Part des Singspiels *Hercules unter denen Amazonen* zurückgeht – die Musik komponierte.[1068] Dieses Singspiel wurde 1696[1069] anlässlich des Geburtstags des Herzogs Johann Adolph von Sachsen-Weißenfels (1649–1697)[1070] und 1698 zu einem Fastnachtsfest,[1071] als Kurfürst Friedrich August I. von Sachsen

---

Banise auf Operntexte zeigt beispielsweise die erstmals 1712 zur Ostermesse in Leipzig aufgeführte Opern-Trilogie *BALACIN, oder Die Erste Abtheilung der Asiatischen Banise, CHAUMIGREM, oder Die Andere Abtheilung der Asiatischen Banise* und *BANISE, oder Die Dritte Abtheilung der Asiatischen Banise* eines unbekannten Librettisten bzw. einer unbekannten Librettistin. Vgl. Jahn 1996, S. 144 und Maul 2013, S. 9. Michael Maul dagegen hält es für möglich, dass Christine Dorothea Lachs, die „1704 drei Libretti für den jungen Georg Philipp Telemann nach italienischen Vorlagen erstellt" hatte, die Opern-Trilogie der *Asiatischen Banise* verfasst haben könnte. Vgl. Maul 2013, S. 20. Zu Lachs (geboren 1672, gestorben nach 1716), der Tochter des bereits erwähnten Komponisten Nicolaus Adam Strunkg, siehe auch Koldau 2005, S. 406.

1067 Vgl. Frenzel 1968. In diesem Zusammenhang sei darauf verwiesen, dass Zigler die Oper *Die listige Rache / oder Der Tapffere Heraclius* in die *Asiatische Banise* integrierte, die musikdramatische Gattung war ihm demnach nicht fremd.

1068 Vgl. *Johann Beer. Sein Leben, von ihm selbst erzählt.* Schmiedecke JB 1965. Mit Bezug auf Arno Werners Arbeit *Städtische und fürstliche Musikpflege in Weißenfels* von 1911 wird hier Krieger als Komponist der *Lybischen Talestris* genannt.

1069 So hält der in Weißenfels ansässige Romanverfasser, Konzertmeister der Weißenfelser Hofkapelle und spätere herzogliche Hofbibliothekar Johann Beer in seinem Tagebuch fest: „Den 6t. Novemb. 1696 wurde allhier die Opera von der Talestris, welche von dem Stiffts Rath aus Wurzen, Herren Zieglen von Kipphausen [Heinrich Anshelm von Zigler und Kliphausen] verfertiget worden, aufgeführt." (Schmiedecke JB 1965, S. 57). Siehe ebenso Frenzel 1968, S. 278.

1070 Vgl. Zigler LT 1696, Titelblatt.

1071 Vgl. Zigler LT 1698, Titelblatt. Die Oper muss unter der Regentschaft des Herzogs Johann Georg von Sachsen-Weißenfels (1677–1712) aufgeführt worden sein, die dieser nach dem Tod seines Vaters Johann Adolph übernahm. Dieses Textbuch ist inhaltlich identisch mit dem Libretto von 1696 und weicht auch im Hinblick auf Akte und Szenen nicht davon ab. Geringfügige Abweichungen finden sich in der Orthographie und – aufgrund der verschiedenen WidmungsadressatInnen – in Paratexten und Schlussszenen der Textbücher. So findet sich in der *Lybischen Talestris* von 1696 zu Ehren Johann Adolphs ein „Vor=Spiel", das dem Herzog anlässlich seines Geburtstags gewidmet und vor der Opernhandlung aufgeführt wurde. Im Libretto von 1698 verweist – neben dem Titelblatt – am Ende der Chor der Priester mit einem veränderten

(1670–1733), auch als ‚August der Starke' bekannt, in Weißenfels zu Besuch war,[1072]aufgeführt.

Spätere Bearbeitungen und Adaptionen des Librettos wie das Leipziger Textbuch aus dem Jahr 1709 von Georg Christian Lehms (1684–1717),[1073] Colombinis Roman *Die Lybische Talestris* (1715)[1074] und das Sprechdrama

---

Text auf den größeren Kreis der WidmungsempfängerInnen. In Zigler LT 1698 heißt es im letzten Auftritt des dritten Aktes (III, 15): „3. Nacht und Dunckel ist zerronnen / | Weil sich Licht und Glantz vermaehlt / | Daß es der Erlauchten Sonnen | Nie an vollem Purpur fehlt. | Ernst und Albrecht [Ernestinische und Albertinische Linie der Sachsen] mueße gruenen / | Und Ihm Glueck und HiⱢel [Himmel] dienen!" Im Vergleich dazu der Chor der Priester im Libretto von 1696: „3. Finsternis muß sich entfernen / | Und was sont die Grossen quaelt / | Daß es auch den Sieben Sternen | Nie an vollem Glantze fehlt. | Unser Fuerst [Johann Adolph] mueß' ewig gruenen / | Mit der holden Wilhelminen [Christina Wilhelmina von Bünau, die zweite Frau Johann Adolphs]." Zigler LT 1696, III, 15.

1072 Vgl. Jahn 2013, S. 36.

1073 Michael Maul hat in seiner Dissertation über die Barockoper in Leipzig durch eine Fülle von Belegen Lehms als den anonymen Verfasser des Leipziger Librettos identifiziert, während die Musik auf den Komponisten Johann David Heinichen zurückgeht. Vgl. Maul 2009, S. 81 und S. 396–414. Vgl. die durch Lehms bearbeitete Version des Ziglerschen Operntextes: Lehms LT 1709. Die Vorrede im Textbuch, hinter der sich als „Schuldigst Ergebenster Diener" nicht Georg Christian Lehms, sondern Samuel Ernst Döbricht als Impresario der Leipziger Oper verbirgt (vgl. Maul 2009, S. 390 und Döbricht VOR 1709), verweist bereits auf Ziglers Weißenfelser Textbuch von 1696 als Vorlage für die Leipziger Bearbeitung. Demnach heißt es hier: „Gegenwaertige Opera ist schon von 13. Jahren auff das Geburts=Fest Sr. Hoch=Fuerstl. Durchl. Herrn Adolphs, Herzogs zu Sachsen etc. Hochseligen Andenckens von dem weitberuehmtem Herrn von Zieglern mit hoechstem applausu auffgefuehret worden [...]. Zwar sind etliche kleine Passagen der Kuertze wegen ausgelassen / und statt Teutscher einige Italiaenische Arien eingeruecket / damit gewisser vornehmen Personen Goût in der Music submittirte; Ich glaube aber nichts ausgelassen oder zugesetzt zu haben / welches des Herrn von Zieglers galante Arbeit verringern koente." Lehms LT 1709, n. p.

1074 Colombini LT 1715. Dieser Roman, den der Autor den Kaufleuten Albrecht und Köhler als Gönnern und Freunden widmet, gibt in der Vorrede ebenso bekannt, auf Ziglers Operntext zu rekurrieren. Dabei wurde dessen Inhalt erweitert, um dem Geschmack der zeitgenössischen Roman-RezipientInnen zu entsprechen, wie Colombini erläutert: „Ich lege [...] einen Roman vor die Augen / welcher in wenig erdichteten Historien bestehet / sondern meistentheils die Wahrheit zum Grunde hat. Ob sie aber aus der alten oder neuen Zeit hergeholet seyn / mag man selbst errathen. Die Gelegenheit dazu hat uns eine ehemals in dem galanten Weissenfelß gespielte Opera gegeben / so eine der beruehmten Federn [Zigler] voriger Zeiten verfertigt hat. Warum ich aber einen

Triumph der beständigen Liebe (1720)[1075] eines Anonymus resp. einer Anonyma verdeutlichen allerdings, dass Ziglers Singspieltext ebenso zu Nachahmungen inspiriert hat.

Doch was hat den Reiz dieses musikdramatischen Stücks ausgemacht, das – sehen wir von der Bearbeitung in einen Roman ab – in den ursprünglichen oder adaptierten Fassungen zu höfischen Geburtstagen, Fastnachtsfesten, zur Michaelsmesse oder zu Hochzeiten aufgeführt wurde? War es abermals der klare Rekurs auf La Calprenèdes Amazonenkönigin Talestris und den um sie werbenden Orontes, der sich in Frauenkleidern unter die Kriegerinnen begibt, wie es Zigler ebenso für seinen Prinzen Philotas vorsieht? Es ist plausibel, dass das Spiel mit den Geschlechtergrenzen auch hier wieder ein verlockendes Handlungselement darstellte, doch verrät der Titel des Ziglerschen Librettos, dass dieser in seiner Opernhandlung zugleich um eine Distanzierung von La Calprenèdes Geschichte der Talestris bemüht war. So verlegte er den Schauplatz nicht nur nach Libyen (Lybien), wo das Amazonenvolk in der Antike durchaus verortet worden war,[1076] sondern orientierte sich mehr an einem Stoff, „der außerhalb der Antike Amazonisches wiederholt und Ziglers Zeitgenossen gleichfalls recht vertraut war":[1077] dem böhmischen Libussa-Mythos, der durch die Chronik des Dalimil (1308/14) und die des Hajek von Libotschan (1541) mit den Amazonen-Mythen verknüpft wurde.[1078] Diese

---

voelligen Roman daraus gemacht / ist aus solchen Ursachen geschehen / die zu nennen / ich denjenigen Respect verletzen wuerde/ so einer vornehmen Person schuldig. Der geneigte Leser lasse sich damit contentiren / wenn ich berichte: Solches sey nicht ohne Ursache geschehen. Ich habe darinnen die **Historie/** so in der Opera selbst mit allen Umstaenden nicht hat angefuehret werden koennen / **etwas weitlaeuffiger beschrieben** / und selbige nach dem Goût Roman-Lesenden hin und wieder mit **Briefen** und **Poëtischen Einfaellen** versehen. [...] Daß ich unter andern auch einige **Cantaten** angehencket / habe deswegen gethan / weil verspuehret: Daß sie heutiges Tages sehr Mode werden / und mir auch einige schon deswegen vorgegangen. [...]." Vorrede. In: Lehms LT 1709, n. p. Die von mir vorgenommenen Hervorhebungen entsprechen Colombinis Ergänzungen und Veränderungen.

1075 Anonymus TBL 1720. Im Vergleich zu den Ziglerschen Libretti von 1696 und 1698 birgt die Adaption des Singspieltextes in dieses Sprechdrama einige Veränderungen in sich. So hat das Stück vier statt drei Akte und ist sprachlich in Prosa gehalten. Anklänge an den ursprünglichen Operntext sind durch drei Arien in I, 3, II, 7 und IV, 8 aber dennoch vorhanden.

1076 Vgl. dazu Kapitel 3.3 dieser Studie zu Christian Wilhelm Hagdorns Amazonen und der Verortung der mythischen Kriegerinnen in der antiken Welt. Zu Diodors Ausführungen über die libyschen Amazonen siehe auch Vogel 2006, S. 89–108.

1077 Frenzel 1968, S. 288.

1078 Vgl. Frenzel 1968, S. 288–289. Siehe dazu auch Frenzel 2005a.

erstmals durch den Chronisten Cosmas (ca. 1125) erwähnte Überlieferung handelt von einem Krieg zwischen Frauen und Männern, die um die Herrschaft in Böhmen kämpften. Mit dem Tod der Fürstin Libussa kündigte sich dort mit dem neuen Regenten Primislav das Ende der weiblichen Herrschaft an. Um sich vor der männlichen Tyrannei zu schützen, sollen Libussas Anhängerinnen eine eigene Burg gebaut und unter ihrer neuen Anführerin Vlasta (Wlasta) gegen das andere Geschlecht gekämpft haben. Allerdings setzte Primislav diesem Widerstand durch den Raub der besten Kriegerinnen und den Kampfestod Vlastas ein Ende. Entsprechend heißt es in Ziglers Inhaltsangabe der Libretti von 1696 und 1698: „Das ganze Absehen ist auf Anno 736. in Böhmen / nach der Libussa Tode / von der Wlasta erregten Maegde=Krieg gerichtet / und die Anmuth der Geschichte / durch einige erdichtete Umstaende / zu einem erfreulichen Ausgange befoerdert und erhoehet worden."[1079]

In Bezug auf die Handlungselemente lehnt sich Ziglers Operntext somit zunächst an die bereits behandelten Romane und Singspiele an, in denen auf die mythischen Kriegerinnen rekurriert wird. Auch bei ihm ist die Vorstellung von Amazonen mit dem weiblichen Streben nach einer reinen Gynäkokratie verbunden, ruft Talestris doch nach dem Tod ihrer Pflegemutter Rhodope, der Ehefrau des libyschen Königs Pelopidas, die Jungfrauen des Landes zum Kampf gegen das männliche Geschlecht auf, um die Regentschaft zu übernehmen. Des Weiteren ist das Bild der Amazone vor allem mit Jugendlichkeit, Agilität und sexueller Anziehungskraft verknüpft, wie – neben Christian Wilhelm Hagdorns Affelde-Figur oder Joachim Meiers Prinzessin Smyrna – ebenso an Ziglers Titelheldin und ihren kriegerischen Mitstreiterinnen zu sehen ist, bei denen es sich überwiegend um junge, ledige und unberührte Jungfern handelt. Aus frühneuzeitlicher Perspektive sind diese keuschen, aber ‚geschlechtsreifen‘[1080] Amazonen dem Lebensabschnitt „xx Jar ein Jungfrau zart"[1081] (Abb. 11) zuzuordnen, so etwa die idealisierende Darstellung des Lebensalterzyklus *Die zehn Alter Frau. Die zehn Alter des Mannes* von Tobias Stimmer (1539–1584) resp. Johann Fischart (ca. 1546/47–1590).[1082]

1079 Zigler LT 1696, S. A 2ʳ und Zigler LT 1698, S. 2ʳ.
1080 Zur (unterschiedlichen) Geschlechtsreife von jungen Frauen in der Frühen Neuzeit vgl. Wunder 1992a, S. 42–47.
1081 Vgl. Bake 2005, S. 117.
1082 Den Angaben des Kunstmuseums Moritzburg Halle (Saale) zufolge geht die als Holzschnitt entworfene Lebensalter-Darstellung auf Graphiken von Tobias Stimmer zurück. Eine Datierung der Graphiken bzw. des Holzschnitts liegt vom Kunstmuseum Moritzburg nicht vor. Kristina Bake datiert den Holzschnitt auf etwa 1575 und weist darauf hin, dass die Beteiligung Stimmers nicht definitiv geklärt sei (vgl. Bake 2005, S. 113–114). Bake erläutert die Darstellung des Lebensalters folgendermaßen: Dieser „Zyklus präsentiert, auf je fünf Blättern für Frau und Mann getrennt, ein solches hundert Jahre

*Abb. 11: x. Jar Kindischer art, xx Jar ein Jungfrau zart
(o. J., Ausschnitt aus „Die Stufenleiter des Weibes")*

dauerndes Menschenleben, wobei jeweils zwei Dekaden auf einem Blatt dar-
gestellt sind. Der Sockel enthält die Altersangaben nebst einer kurzen Cha-
rakterisierung dieser Lebensphase." (Bake 2005, S. 116). Im Hinblick auf die
weiblichen Lebensphasen heißt es hier: „X Jar kindischer Art[,] XX Jar ein
Jungfrau zart[,] XXX Jar im Hauß die Frau[,] xl jar ein Matron genau[,] I
Jar eine Großmuter[,] Ix jar des Alters schuder[,] Ixx Jar alt Vngestalt[,] Ixxx
Jar, wuest vnd erkalt[,] xc Jar ein Marterbild[,] C Jar das Grab außgefuelt."
(Bake 2005, S. 117–126).

Ein näherer Blick auf Ziglers Libretto zeigt indes, dass es eine Besonderheit aufweist: das Vorkommen von Rixane, einer Amazone hohen Alters.[1083] Diese Figur fällt deshalb auf, da ältere Amazonen überhaupt nur Erwähnung finden, wenn sie – wie Königin Rhodope – kurz vor Einsatz der Handlung gestorben sind und für das weitere Geschehen keine Rolle mehr spielen oder erst das ‚mittlere' Alter erreicht haben.[1084] Zugegebenermaßen wird Rixane nicht explizit als Amazone, sondern als „altes Weib"[1085] bezeichnet. Der Grund liegt in der tradierten Vorstellung der mythischen Kriegerinnen: Da diese in der Regel gerade erst erwachsen geworden sind, es demnach keine Altersrollen für betagte Amazonen gibt, wird die alte Rixane auch nicht (mehr) als Amazone angesehen und benannt. Dennoch steht sie zweifellos in einem amazonischen Kontext. So lebt sie sowohl den antiken Amazonen-Mythen als auch dem Libussa-Mythos gemäß in einer reinen Frauengemeinschaft, wobei es sich hier um eine „Menge Gewaffnete[r] Frauen=Zimmer",[1086] jungen *und* alten,[1087] handelt. Demnach gehört Rixane eindeutig dem Kreis um die amazonische Anführerin Talestris an, die zur Männerfeindlichkeit und der damit verbundenen Keuschheit aufruft.

Der Umstand, dass es keine spezifischen Kategorisierungen und Modelle für alte Amazonen gibt und sie nicht ausdrücklich als solche bezeichnet werden, kann keineswegs über ihr Vorhandensein im Text hinwegtäuschen. Dies bietet

---

1083 Vom Mittelalter bis in die Frühe Neuzeit hinein betrachtete man Menschen ab 50 Jahren als alt. Allerdings fiel die Beurteilung darüber geschlechterdifferenziert aus: Während fünfzigjährige Frauen mit dem Status der Großmutter und dem Verlust der Fruchtbarkeit verbunden wurden, sah man Männer dieses Alters auf dem Höhepunkt ihres Lebens, zumal sie erst mit diesem Lebensalter den vollen sozialen Status erreicht hatten. Vgl. Wunder 1992a, S. 51; Münch 1998, S. 401; Bake 2005, S. 121. Ziglers Rixane gibt ihr Alter mit 60 Jahren an. Vgl. Zigler LT 1696 und Zigler LT 1698, II, 14; Lehms LT 1709, II, 12. In der Frühen Neuzeit galt dieses Lebensjahr als „häufig genannte Grenze" zum hohen Alter. Ehmer 2005, Sp. 608.

1084 Vgl. dazu auch die Inhaltsangabe sowie Akt I, 1 des Singspiels E. T. P. A. TAL 1763b der Maria Antonia Walpurgis von Sachsen. Darin soll die Amazonenprinzessin Talestris die Nachfolge ihrer verstorbenen Mutter antreten. In Joachim Meiers *Smyrna* wird Mitylene, eine Amazonen-Führerin, folgendermaßen beschrieben: Obwohl sie „die ersten Jahre der Jugend ueberschritten" hat, gilt sie als anmutig und majestätisch. Ihr Gesicht zeichnet sich durch eine „liebliche Frischheit" aus, womit sie selbst „viele der juengsten Schoenheiten beschaemete." Meier SMY 1705a, Fünftes Buch, S. 864.

1085 *Personenverzeichnis.* In: Zigler LT 1696 und Zigler LT 1698. So auch in der Libretto-Bearbeitung durch Lehms.

1086 Zigler LT 1696 und *Personenverzeichnis.* In: Zigler LT 1698.

1087 „Es kommen aus der Burg [der libyschen Amazonen] etliche alte Weiber." Zigler LT 1696, II, 14 sowie Zigler LT 1698, II, 14.

neue Perspektiven im Hinblick auf die Darstellung und Funktionalisierung von Amazonen, die vom üblichen, jugendlichen Bild abweichen. Im Fokus dieses Kapitels steht folglich die Figur der betagten Amazone, an der der Themenkomplex Alter(n), Körper und Geschlecht am Topos des *Altersspotts*[1088] resp. am Motiv des *ungleichen Paares*[1089] analysiert werden soll.

4.3.2 „Graue Liebe taug nicht viel"? Verliebte Alte in *Die Lybische Talestris* und ihren Bearbeitungen

Während das (Ver-)Lieben in den bisher vorgestellten Romanen und Opern primär den jungen Amazonen und ihren männlichen Antagonisten vorbehalten war, hat sich Zigler für seine Umsetzung der geforderten Liebesthematik im Singspiel liebende Figuren hohen Alters erdacht. Dabei handelt es sich nicht nur um die alte Rixane, sondern auch um den betagten König Pelopidus, der ebenfalls eine weitaus jüngere Person begehrt. Doch wozu benötigt man die Konzeption von liebenden Alten, insbesondere einer liebenden ‚alten' Amazone? In welcher Weise wird das Lieben dieser Figuren thematisiert? Welche frühneuzeitlichen Geschlechtervorstellungen für Männer und Frauen hohen Alters spielen dabei eine Rolle?

Ausgesuchte Passagen aus Ziglers Weißenfelser Textbuch von 1696 bzw. 1698 und den daraus entstandenen Adaptionen und Bearbeitungen sollen verdeutlichen, in welcher Weise das Lieben im hohen Alter kommentiert wird

---

1088   Miriam Haller fasst *Alterslob*, *Altersklage* und *Altersspott* als eine „spezifische Topologie des Alter(n)s in der Literaturgeschichte" zusammen. Während im *Alterslob* „das Alter positiv von der Jugend abgegrenzt und der Versuch einer Aufwertung unternommen [wird]", beschreibt die *Altersklage* die negative Angrenzung des Alters zum „idealisierten Bild der Jugend." In Texten des *Altersspotts*, in dem alt und jung als Gegenpole gelten, wird das Verhalten von Älteren schließlich karikiert. Vgl. Haller 2005, S. 46. (Hervorheb. J. V.).

1089   Als *ungleiches Paar* galt in der Frühen Neuzeit ein Ehepaar mit einem erheblichen Altersunterschied zwischen den Partnern. Obwohl Ehen zwischen jung und alt nicht unüblich waren, wurden diese kritisch von den Zeitgenossen kommentiert. Bilder wie *Die verliebte Alte und der Jüngling* (1520–22) von Lukas Cranach (ca. 1475–1553) oder Hans Baldung Griens (ca. 1484/85–1545) *Ungleiches Liebespaar* (1528) verdeutlichen dies. Vgl. Borscheid 1989, S. 115 und Wunder 1992a, S. 181. Heide Wunder weist darauf hin, dass ungleiche Paare in der bildenden Kunst ausschließlich auf den Aspekt der Sexualität hin thematisiert wurden, wie Darstellungen von der „geile[n] alte[n] Frau, die den jungen Liebhaber bezahlt und d[er] geldgierige[n] junge[n] Frau, die sich ihre Verfügbarkeit vom alten Mann in klingender Münze bezahlen läßt", zeigen. (Wunder 1992a, S. 49). Georg Rudolf Weckherlins Gedicht *An eine alte ueppige Fraw* (1616) thematisiert indes die Habgier junger Männer, die sich nur wegen des möglichen Reichtums mit älteren Frauen einlassen. Vgl. Borscheid 1989, S. 74–75.

und wie unterschiedlich das Sprechen über die alten Körper Rixanes und Pelopidus' konzipiert ist. Die Gegenüberstellung der unterschiedlichen Gattungen und Bearbeitungen soll die Aufmerksamkeit darüber hinaus nicht nur auf intertextuelle Bezüge und Veränderungen, sondern im Hinblick auf die (musik-)dramatischen Texte auch auf die Aufführungskontexte und Adressaten lenken, die für die Analyse nicht ohne Belang sind.

Begonnen wird mit der Gegenüberstellung der inhaltlich identischen Operntexte Ziglers (zum Geburtstag Johann Adolphs I. von Sachsen-Weißenfels 1696 und zu einem Weißenfelser Fastnachtsfest 1698) und mit der Bearbeitung durch Lehms anlässlich der Leipziger Michelsmesse im Jahr 1709. In beiden Stücken tritt zunächst Pelopidus auf, der – ebenso wie sein Sohn Philotas – in die aufrührerische Talestris verliebt ist. In einem Dialog mit dem als Bramarbas gezeichneten Scandor, der in einer weniger groben Konzeption bereits zum Personal des Ziglerschen *Banise*-Romans gehörte,[1090] offenbart der alte König seine Liebe zu der jungen Amazone: „Ich bin verjüngt [...]", spricht er, „[s]o offt ich an Talestris Auge dencke."[1091] Allerdings zeigt der nun folgende „Eigenkommentar"[1092] im dramatischen Text eine zwiespältige Selbstreflexion über die Liebe im Alter:

Zigler LT 1696/Zigler LT 1698, I, 6	Lehms LT 1709, I, 6
„So bin ich eine Thorheit noch Den Goettern schuldig blieben. Es sucht ganz Lybien bey mir den Weisen=Stein. Mich druekt des Alters Joch / Und dennoch heißt mich das Verhaengnis lieben. Der Schnee vermehrter Jahre Bedeckt die grauen Haare / Und dennoch / ach! muß ich entzuendet seyn. Doch ob gleich Schnee des Heclens[1093] Spitze decket /	„So bin ich eine Thorheit noch Den Goettern schuldig blieben. Es sucht ganz Lybien bey mir den **weissen** Stein. Mich druekt des Alters Joch / Und dennoch heißt mich das Verhaengnis lieben. Der Schnee vermehrter Jahre Bedeckt die grauen Haare / Und dennoch / ach! muß ich entzuendet seyn. Doch ob gleich Schnee des **Hecklens** Spitze decket /

1090 Vgl. dazu Zigler [1689/1707] AB 1965, vor allem S. 216–226.

1091 Zigler LT 1696/ Zigler LT 1698, I, 6 und Lehms LT 1709, I, 6. Da Ziglers Textbücher von 1696 und 1698 inhaltlich nicht voneinander abweichen, gelten Verweise in diesem Zusammenhang für beide Libretti.

1092 In einem *Eigenkommentar* als Mittel der „explizit-figuralen Charakterisierungstechnik", ist „eine Figur gleichzeitig Subjekt und Objekt der Informationsvergabe" und „formuliert explizit ihr Selbstverständnis." Pfister 2000, S. 251.

1093 Hiermit ist der isländische Vulkan Hecla gemeint. Vgl. Zedler 1735d.

So spuert man doch / wie er die Welt
mit Flammen schrecket.

[Arie]

Lieb' und Geitz waechst mit den Jahren/
Silber / und ein schoenes Kind /
Macht das Weise Alter blind.
Dieses hab' ich selbst erfahren.
Lieb' und Geitz waechst mit den Jah-
ren. "

So **spuehrt** man doch / wie er die
Welt mit Flammen schrecket.

Aria. [deutsche Prosaübersetzung aus
dem Italienischen[1094]]
**Unter dem Schnee der Haare blitzen
lebendige Feuerhauffen herfuer. Ich
habe die Flammen schoener Augen
stets gelibet / und werde sie ewig lieben.** "[1095]

Wie der erste Teil des Zitats sowohl bei Zigler als auch bei der fast wort-
gleichen Übernahme durch Lehms verdeutlicht, stellt Pelopidus eine mit sich
ringende Figur hohen Alters dar, die durch das Begehren zwar eine innere ‚Verjüngung' erfährt, die Liebe jedoch als auferlegte Bürde betrachtet. Dennoch
ist sich der alte König durchaus der alters- und standesgemäßen Rolle eines
Herrschers als Autoritätsperson bewusst, so dass ihm gerade die Gewissheit,
als betagter und erfahrener Landesvater dem (Vor-)Bild eines weisen Ratge-
bers entsprechen zu müssen, in Hinblick auf die Liebe zur jüngeren Talestris
einen inneren Konflikt bereitet. Als Unvernunft („Thorheit") beschreibt er sie
und verweist damit auf den Topos des *Altersspotts*, dem ältere Männer und
Frauen ausgesetzt waren, die mit ihrem Verhalten nicht den gesellschaftlichen
Vorstellungen entsprachen. Am hier gewählten Motiv des *verliebten Alten*, der
durch seine Leidenschaft die ihm zugeschriebene Weisheit und Würde verliert
und sich der Lächerlichkeit preisgibt,[1096] wird das ambivalente Bild vom älteren Menschen in der Frühen Neuzeit deutlich: Diesen wurden zwar „Wissen
und Narrentum, weiser Rat und Bauernschläue zugeschrieben",[1097] Sexualität
jedoch nur bedingt zugestanden, wenn nicht gar abgesprochen,[1098] zumal

---

1094   Der italienische Arientext, der neben der deutschen Übersetzung abgedruckt
       ist, lautet: „Frà il neve del chiome, [l] Vivi roghi splendono, [l] Il ardor de bei
       rai [l] Sempre amai, [l] Et amerò, [l] Fra il etc."
1095   Die Hervorhebungen im Text verweisen auf inhaltliche und orthographische
       Veränderungen im Vergleich zu Zigler.
1096   Vgl. Frenzel 1999b, S. 1.
1097   Botelho 2005, S. 133.
1098   Siehe dazu Schäfer 2005. Schäfer verweist hinsichtlich der Sexualität im Al-
       ter auf sehr unterschiedliche Sichtweisen in der frühneuzeitlichen Heilkunde.
       Demnach galt „der Koitus für alte Männer als lebensgefährlich, weil sie mit
       dem Samen zugleich auch Lebenswärme und -feuchtigkeit verlören" (Schäfer
       2005, S. 145). Um sich u. a. „vor hysterischen Leiden" zu schützen, empfahl
       man älteren Frauen hingegen „gelegentlich den Beischlaf." Durch diesen soll-
       ten sie „eine ‚Sameninfusion' (*infusio seminalis*)" empfangen, „die ein Lebens-
       sagens enthalte." Schäfer 2005, S. 145.

der christlich-theologische Altersdiskurs den „Rückgang sexueller Begierden und weltlicher Leidenschaften als positiv bewertet[e].“[1099] Berücksichtigt man schließlich noch Pelopidus' Arie, in der das Dacapo neben der Liebe auch den Geiz stark betont, wird mit dem alten König zudem auf das seit der Antike vorherrschende Bild des geldgierigen Alten rekurriert.[1100]

In Lehms' veränderter Arie ist von Habgier im Alter dagegen keine Rede mehr. Hier und ebenso in der Saalfelder Adaption von 1720 wird die Libido („lebendige Feuerhauffen“) des alten Königs herausgestellt, die mehr als im Ziglerschen Prätext mit dem sexuell konnotierten Imago des betagten Mannes als eruptivem Vulkan (Hecla/Heckla) korrespondiert,[1101] der „die Welt mit Flammen schrecket.“ So weist der grauhaarige Pelopidus zwar Kennzeichen des Alters auf, dennoch ist ihm die sinnliche Begierde auch im hohen Alter noch zu Eigen, da er „die Flammen schoener Augen [...] ewig“ zu lieben gedenkt.

Auf den möglichen Grund für den neu eingefügten Arientext verweist das Titelblatt des Leipziger Textbuchs. Demnach wurde die *Lybische Talestris* 1709 unter „Ihro Koenigl. Majest. In Pohlen [!] und [!] Churfl. Durchl. zu Sachsen“, sprich Friedrich August I. (‚August der Starke‘) aufgeführt, der von 1694 als sächsischer Kurfürst und ab 1697 als König von Polen regierte. Eingedenk dessen, dass es sich bei Friedrich August I. um einen Mäzen des Musik- und Theaterlebens handelte, unter dem sich die kurfürstliche Residenzstadt Dresden zu einer der wichtigsten Kulturmetropolen Europas entwickelte,[1102] waren Anspielungen auf einen ‚geizigen‘ Landesvater sicher nicht in Lehms' Interesse. Dass in der Arie allerdings die leidenschaftliche

---

1099 Ehmer 2005, Sp. 610.
1100 Vgl. z. B. Aristoteles RH 1980, S. 120–124. In seiner Differenzierung zwischen Jugendlichen und Älteren weist Aristoteles diesen spezielle Charaktere zu. So seien die Jungen jähzornig, übermütig, aber tapfer und würden in ihrem Hang zur Begierde vor allem zur Geschlechtslust neigen. Die Älteren seien hingegen geldgierig, feige, niederer Gesinnung und boshaft.
1101 Im Vergleich zu Zigler stellt die Liebe im Saalfelder Sprechdrama für Pelopidus keine Bürde mehr dar. Hier liegt der Akzent vielmehr auf dem erotischen Begehren des alten Königs, wenn er erklärt: „Pel. Wir sind zwar alt: glaubest du [Scandor] aber nicht, daß das Alter, durch die Zaertlichkeit eines schoenen Kindes verjuenget werden koenne. [...] Weißt du dann nicht, mein Scandor, daß auch unter grauen Asche feurige Kohlen liegen koennen, und der Berg Hecla dennoch die hefftigsten Flammen hege, ob schon sein Gipffel von weissen Schnee bedecket ist? Ach, glaube mir, so offt ich an Talestris, [...] diese irrdische Schoenheit gedencke, so offt wallet mir das erhitzte Blut in meinen Adern, und mein Hertz seufftzet nach den frohen Stunden, da ich meine auserwehlte Koenigin in meine Arme schliessen werde.“ Anonymus TBL 1720, I, 6.
1102 Vgl. Neuhaus 2007, S. 188.

Liebesfähigkeit des alten Regenten hervorgehoben wird, könnte vor allem als zukunftsweisendes Attribut gedeutet werden, da der zur Zeit der Opernaufführung erst 39 Jahre alte ‚August der Starke' durchaus dafür bekannt war, dass er von verschiedenen Mätressen außereheliche Kinder hatte.[1103] Fraglos verstieß er als sächsischer Kurfürst und polnischer König, der aus politischen Gründen zum Katholizismus konvertierte, mit seiner – nicht unüblichen – ‚Mätressenschaft' gegen die Moralvorstellungen und das Eheverständnis der römisch-katholischen, aber auch der lutherischen Kirche. Das 1716 in Halle erstellte Gutachten *odium in concubinas* der „Juristen Gundling, Ludewig und Thomasius"[1104] hob jedoch den besonderen Rechtsstatus eines Fürsten hervor, der auch seine Mätresse vor Rechtssanktionen schützte,[1105] denn

> „das odium in concubinas [muß] bey grossen Fuersten und Herren cessiren […], indeme diese den legibus privatorum poenalibus nicht unterworfen / sondern allein GOTT von ihren Handlungen Rechenschaft geben muessen, hiernechst eine concubina etwas von der Splendeur ihres Amanten zu ueberkommen scheinet."[1106]

Die promiskuitive Lebensart Friedrich Augusts I., dessen Mätressen als ‚Statussymbole' den Glanz seines Hofes unterstreichen konnten,[1107] verdeutlicht dessen Selbstverständnis als absolutistischer Herrscher, der sein Handeln allein vor Gott zu rechtfertigen hatte.[1108] Dies berücksichtigend, verwundert es

---

1103 Wilhelmine von Bayreuth (1709–1758), die Schwester des preußischen Königs Friedrich II. (,Friedrich des Großen', 1712–1786), hielt z. B. in ihren Memoiren fest, dass die „Liebeshändel" des sächsischen Kurfürsten „weltberühmt" seien, indem er „„eine Art Serail, das aus den schönsten Frauen seines Landes' bestünde" unterhielte. Zu den Geliebten Friedrich Augusts I., die aus unterschiedlichen Ständen, sozialen Schichten und Ländern stammten, zählten u. a. die Türkin Fatima, mit der er zwei Kinder zeugte, die polnische Tänzerin Henriette Renard, Anna Constantia von Brockdorff (die spätere Gräfin von Cosel), mit der er drei Kinder hatte und Gräfin Maria Aurora von Königsmarck, die ihm ein Kind gebar. Mit seiner Ehefrau Christiane Eberhardine von Brandenburg-Bayreuth (1671–1727) hatte ‚August der Starke' indes nur einen einzigen Sohn, seinen Thronfolger Friedrich August II. (1696–1763). Siehe dazu Neuhaus 2007, S. 178–179.
1104 Oßwald-Bargende 2000, S. 93.
1105 Vgl. Oßwald-Bargende 2000, S. 93.
1106 Thomasius, Christian: *Ernsthaffte/ aber doch Muntere und Vernuenfftige Thomasische Gedancken und Erinnerungen ueber allerhand außerlesene Juristische Haendel*, 3. Teil, Halle 1721, S. 217. Zitiert nach Oßwald-Bargende 2000, S. 93.
1107 Vgl. Oßwald-Bargende 2000, S. 95.
1108 Vgl. dazu auch Neuhaus 2007, S. 179.

nicht, dass die Kritik am Landesherrn in Georg Christian Lehms' Bearbeitung der *Lybischen Talestris* ausbleibt. Denn entgegen der Ziglerschen Vorlage, in der Scandor als komische Figur den alten Pelopidus für die Liebe zur jungen Talestris verspottet,[1109] ist diese Szene im Leipziger Libretto nicht vorhanden. Beachtet man zudem den Ehrverlust, den das Verlachtwerden am Hof mit sich bringen konnte,[1110] durfte der libysche Herrscher in der Oper – in Analogie zum sächsischen Landesvater – keinesfalls als lächerliche Figur dargestellt werden.

Der „lustige Capitain"[1111] Scandor fungiert im Ziglerschen Singspieltext als eine Art Hofnarr,[1112] der als Untergebener des alten Königs dessen Verhalten maßregelt. Entsprechend fällt sein Kommentar über Talestris' Zurückweisung ihres Verehrers aus:

„Alter hilfft vor Thorheit nicht.
Ich tadle nicht / Talestris, dein Beginnen /
Du hassest einen Kuß /
Der nach dem Grabe schmeckt. [...]
Denn graue Liebe bringt Verdruß /
Zumahl wenn man die Krafft aus Apothecken leckt.
Pfuy! soll der alte Kerl den balsamierten Bart /
An deine schoene Wange wischen.
Der Alte [Pelopidus] mag in Pfuetzen fischen /
Dein Venus-Brunn ist Goetter=Art /
Daraus die Jugend trinckt.
Riecht / wie der Alte doch nach Fontanellen[1113] stinckt. [...]
Der Berg traegt Eiß / das Thal hegt Glut.
Der Wachteln und der Eulen Blut
Vermischet sich niemals zusammen.
Und gleichwohl soll das arme Kind
Die kalten Armen druecken."[1114]

Dieser „Fremdkommentar"[1115] verdeutlicht nicht nur, dass Jugend und hohes Alter als unvereinbare Gegensätze gelten, sondern auch das in der Dichtung

---

1109   Vgl. Zigler LT 1696/ Zigler LT 1698, I, 10.
1110   Vgl. Breuer 2003, S. 80–83.
1111   Zigler LT 1696/ Zigler LT 1698, Personenverzeichnis.
1112   Vgl. Frenzel 1968, S. 292.
1113   Unter einem *Fontanell* ist in diesem Zusammenhang ein Geschwür zu verste-hen, das durch einen chirurgischen Einsatz „zur Gesundheit" künstlich erzeugt wird. Siehe Zedler 1735a.
1114   Zigler LT 1696/ Zigler LT 1698, I, 10.
1115   In einem *Fremdkommentar* „wird eine Figur explizit durch eine andere charak-terisiert", so dass „Subjekt und Objekt der Informationsvergabe nicht identisch sind." Pfister 2000, S. 251.

vorherrschende Verständnis für die junge Frau, die den „verliebte[n] Tor"[1116] ablehnt. Hier wird der körperliche Verfall des betagten Königs überwiegend metaphorisch hervorgehoben, indem die Wortwahl bekannte Alterstheorien der frühneuzeitlichen Medizin widerspiegelt, die dem hohen Alter Kälte und Trockenheit respektive „den Verlust von Wärme und Feuchtigkeit"[1117] zuwiesen.

Wie stereotyp die Verspottung des *verliebten Alten* in der Literatur behandelt wird, zeigt sich ebenso in Colombinis Roman *Talestris* von 1715, in dem Scandor sich gleichfalls über die Liebe alter Männer zu jungen Frauen auslässt. Vergleicht man den Kommentar jedoch mit dem Ziglerschen Prätext, wird deutlich, dass der Romanverfasser um eine Distanzierung zugunsten einer eigenen Akzentuierung bemüht war. Demnach wird die Missbilligung am liebenden Alten zwar gleichfalls in drastisch-übertriebenen Bildern geschildert, doch ist die Kritik im Roman weniger körperbezogen, allgemeiner gehalten und nicht ausschließlich mit Pelopidus' Liebe zu Talestris verknüpft, wenn Scandor betont:

> „Absonderlich stehet es feinen alten und gravitaetischen Herren nicht wohl an / ihre mit Schnee und Eiß gepouderte Haare / dem Frauenzimmer zu gefallen [...] [/] gantze Pfund Bisam=Kugeln zu essen / das Alterthum des uebelriechenden Mundes zu renovieren / und sich wie die Jugend in allerhand zaertlichen Complimenten und wunderlichen Auffuehrungen zu ueben [...]. Dieses stehet ihnen aber wohl an / sich vor das Braut=Bette um eine duestere Grab=Staette zu bekuemmern [...]."[1118]

1116 Frenzel 1999b, S. 1.

1117 Ehmer 2005, Sp. 609–610.

1118 Colombini LT 1715, S. 23. Im Hinblick auf das Lieben im Alter wird bei Colombini nicht nur der alte König, sondern auch die von Pelopidus begehrte Talestris von Scandor gerügt: „Talestris, ließ sich Scandor vernehmen / ist noch die hochmuethige [...] und meynet: Daß niemand klueger / als sie. Sie weiß allen Sachen einen Tadel zu geben [...] und begeht dadurch oeffters solche naerrische Thorheiten / davon auch die kleinsten Kinder artig genug raisonniren wuerden. Daneben ist sie voller Neyd [...]. Wird ein Fraeulein schoen genennet / so haelt sie die Ohren zu / damit sie es nur nicht hoeren darff; Wird eine Princeßin mit mehrer Klugheit / als sie beschrieben / laufft sie an ein Fenster / damit ihr nicht die auffsteigende Galle Schaden thun moege." (Colombini LT 1715, S. 149.) Im Vergleich zu Ziglers Libretto eint Jung *und* Alt hier ein unvernünftiges Benehmen. Denn während Pelopidus mit seiner offenkundigen Libido als lächerlich hingestellt wird, wird Talestris für ihre Selbstgefälligkeit kritisiert. Die Kritik am alten König und der jungen Amazonenprinzessin korrespondiert dabei durchaus mit den seit der

Abb. 12: l Jar eine Großmutter, lx, Jar
deß Alters schuder (o.J., Ausschnitt aus
„Die Stufenleiter des Weibes")

Abb. 13: L. Jar still stahn. -lx Jar gehts
alter ahn (o.J., Ausschnitt aus „Die
Stufenleiter des Mannes")

Das Urteil über den verliebten Alten vor Augen richtet sich die Aufmerksamkeit nun auf die Beschreibung der alten Amazone, die ebenfalls als be-
gehrende Figur konzipiert ist. Mit Ausnahme des Romans *Talestris*, in dem
die Figur der Rixane nicht aus der Operntextvorlage übernommen wurde,
lässt sich – anknüpfend an Ziglers metaphorische Beschreibung des alten
Pelopidus – das negative Altersbild auch am Beispiel der betagten Amazone
feststellen. Sie, die aufgrund ihres Alters nicht mehr an den kriegerischen
Auseinandersetzungen gegen Pelopidus' Truppen teilnimmt, leitet ihren Auftritt folgendermaßen ein:

Antike bekannten Lebensaltermodellen, in denen die Altersstufen als „Aufstieg und Abstieg [...] parallel [zueinander] aufgebaut" sind, wie Claudia
Brinker-von der Heyde betont. „Defizitär" seien dabei „die ganz Jungen
und die ganz Alten, der allmählichen Reifung auf der einen entspricht die
zunehmende Gebrechlichkeit auf der anderen Seite." Brinker-von der Heyde
2008, S. 142.

Zigler LT 1696/ Zigler LT, II, 14 und Lehms LT 1709, II, 12	Anonymus TBL 1720, III, 5

„So bin ich uebrig blieben /
Da Schwerdt und Fessel[1119] doch der
Jugend nicht verschont.
Und ob es sich mit mir gleich nicht der
Muehe lohnt /
Doch strafft der Himmel mich mit
dem verda⊥ten [verdammten] Lieben.
[...]
Vor Liebe bin ich Sterbens=kranck /
Und weiß nicht / wie ich bin in den
Habit gekommen.
[Arie]   Graue Liebe taug [sic!]
nicht viel.
Denn es ist kein Kinder=Spiel /
Wenn ein sechzig=jaehrig Weib
Sich auf ihre Tausend Falten /
Und auf den verschrumpfften Leib /
Einen Courtisan will halten.
Traun! das ist kein Kinder=Spiel.
Alte Liebe taug nicht viel! [...]
Mich quaelt ein kalter Leib / mich
plagt ein heißer Geist /
Ich aber will mich deswegen nicht
hermen.
Ein junger Kerl kan schon das alte
Leder waermen."[1120]

„Die Wuth des grimmigen Feindes scheinet mich allein darum uebrig gelassen zu haben, damit ich meiner alten Haut noch ein Divertissement machen koenne, denn was sind mir die **Ducaten nuetze, welche ich in Ueberflusse habe,** lieber will ich selbige denen Musicanten auf den Hochzeiten spendiren, und mich **darbey meines Hochzeit=Tages erinnern,** als das ich selbige [...] in die Erde verscharren will, sollte mir aber ohngefehr noch ein junges Puerschgen in den Wurff kommen, der sich durch mein Geld mich zu lieben verblenden liesse, [...] so nehm ich [...] Zeit und Gelegenheit so lange biß meine Abfahrt [Tod] herbey nahet, mit groesten Freuden an. [...]."[1121]

Wie Pelopidus wird auch die alte Amazone bei Zigler und Lehms mit Liebesgefühlen konfrontiert, die sie ebenfalls als Leid wahrnimmt. Dem libyschen Herrscher gleich, dominiert dabei die sinnliche Begierde, spürt sie trotz des „kalte[n] Leib[es]" den „heiße[n] Geist" in sich. Allerdings unterscheidet sich

---

1119   Der Verweis auf Schwert und Fesseln als Insignien des Krieges ist ein weiterer Beleg dafür, dass Rixane zum Gefolge der amazonischen Talestris gehört, zumal sie in dieser Szene im Begriff ist, aus der Burg der Frauen herauszutreten. Vgl. Zigler LT 1696/ Zigler LT 1698, II, 14 sowie Lehms LT 1709, II, 12.

1120   Der Text dieser Szene ist in allen drei Textbüchern inhaltlich identisch und von Lehms nur in orthographischer Hinsicht punktuell verändert worden: „verdammten Lieben, [...] sechzig=**Jaehrig** Weib [...], **es** ist kein Kinder=Spiel." (Hervorh. J. V.).

1121   Die Hervorhebungen verweisen auf die inhaltlichen Veränderungen zu Ziglers *Lybischer Talestris*.

Rixane in ihrer Altersklage[1122] in einem wesentlichen Aspekt vom alten König: Obwohl sich Pelopidus seines hohen Alters bewusst ist, fühlt er sich durch die Liebe verjüngt. Rixane spürt diese Verjüngung hingegen nicht, zumal sie ihren Körper unbeschönigt als faltig und schrumpfend hervorhebt. Mit diesem Eigenkommentar lässt Zigler sie sich demnach selbst mit Merkmalen beschreiben, die man dem alten weiblichen Körper im medizinischen[1123] und literarischen[1124] Altersdiskurs von der Antike bis in die Frühe Neuzeit zuwies.

Bei der Betrachtung der Szene in *Triumph der bestaendigen Liebe* fällt dagegen die starke Akzentverschiebung auf, die bei der Konzeption der Rixane-Figur[1125] von Ziglers Prätext bis zu seiner letzten *imitatio*, dem Saalfelder Drama, vollzogen wurde. Während in den Operntexten vor allem die Körperbeschreibung der alten Amazone hervorsticht, die ihre nachlassende Attraktivität betont, konzentriert sich ihre Darstellung im Sprechdrama weniger auf die Veranschaulichung des alten Leibes, sondern mehr auf das Bild der reichen Witwe,[1126] die sich die Liebe eines jungen Geliebten zu erkaufen gedenkt. Obwohl bei Zigler Rixane von Scandor eher als alt und mittellos bezeichnet wird,[1127] nähert sich die Saalfelder *imitatio* mit dieser inhaltlichen Veränderung der Weißenfelser Vorlage an, wird hier schließlich ein weibliches Pendant zum geizigen alten König und Witwer im Singspiel entworfen. Allen vier Texten gemeinsam ist hingegen der Auftritt der alten Amazone

---

1122 In der Abgrenzung zur Jugend wird in der *Altersklage,* die mit der „Vanitas-Metaphorik der Vergänglichkeit und Vergeblichkeit, des Winters und der Kälte [korrespondiert]" (Haller 2005, S. 46), der körperliche und geistige Verfall im Alter beschrieben.

1123 Vgl. Schäfer 2005, S. 141.

1124 Vgl. dazu exemplarisch Haller 2005 und Czarnecka 2008. Siehe diesbezüglich auch Menninghaus 1999, S. 132–143.

1125 Im Sprechdrama heißt sie Rixana. Vgl. *Personenverzeichnis.* In Anonymus TBL 1720.

1126 Im Vergleich zu Ehen zwischen alten Witwern mit Jungfern, die aufgrund ihrer Aussteuer, aber auch als Arbeitskraft im Haushalt und als Betreuerin der Kinder ‚attraktive' Heiratskandidatinnen waren, wurden in der Frühen Neuzeit nur selten Ehen zwischen Witwen und jungen Männern geschlossen. Bei Handwerkerwitwen kam es allerdings eher vor, dass sie einen jungen Gesellen zum Mann nahmen, da die Zünfte ihnen die Führung des Betriebs nicht dauerhaft erlaubten. (Wunder 1992a, S. 180–182). Peter Borscheid merkt diesbezüglich an, dass man den jungen Gatten durchaus unverhohlen den sozialen Aufstieg als Motivation für die Heirat mit einer Handwerkerwitwe vorhielt. Zudem wurde ihnen die Hoffnung auf das baldige Ableben der alten Ehefrau zugunsten einer jüngeren unterstellt. Vgl. Borscheid 1989, S. 119.

1127 Vgl. Scandor über Rixane in Zigler LT 1696/ Zigler LT 1698, III, 7.

als „vermasquiret",[1128] im Sinne von *verstellt*[1129] und geschminkt, um durch das bewusste Verbergen äußerer Alterszeichen einen jungen Liebhaber für sich zu gewinnen. Rixanes Strategie der *dissimulatio* resp. *simulatio*[1130] findet sich in vergleichbarer Weise auch in Konzepten der sozialwissenschaftlichen Gerontologie der Gegenwart wieder, wo mit dem Begriff der *Altersmaskerade* Veränderungen des Äußeren bezeichnet werden, durch die ein jüngeres Erscheinungsbild erreicht werden soll.[1131]

Dass der bereits aus der antiken Literatur bekannte Weiblichkeitsentwurf der *Vettel* als Vorbild für die geschminkte Rixane diente, ist offensichtlich, wird die *vetula* zum einen als reiche Witwe, zum anderen aber auch als altes, hässliches, liederliches, unzüchtiges,[1132] – in Anlehnung an medizinische Standpunkte – sogar als hypersexualisiertes[1133] Weib beschrieben.[1134] Dabei

---

1128 Vgl. Zigler LT 1696/ Zigler LT 1698, III, 14 sowie „masquirt" in Lehms LT 1709, III, 12 und „masquiret" in Anonymus TBL 1720, III, 5.

1129 Vgl. hierzu den Artikel *Masche* im Zedler-Lexikon, in dem es heißt: „Die andere Gattung sind die Fastnachts=Maschen oder Larven, so zu Kurtzweil von Maennern und Weibern vorgebunden werden, meistentheils in dem sogenannten Carneval, und offt scheußliche, ja schaendliche und aergerliche Gesichter vorbilden. Im weitlaeufrigen Verstande wird auch eine gantze Kleidung die fremd und ungewoehnlich ist, und zur Zeit des Carnevalls angezogen wird, darunter verstanden. Gleichnisweise bedeutet dieses Wort List, Betrug und *Verstellung*." Zedler 1739d (Hervorh. J. V.).

1130 In Rixanes Fall dissimuliert sie ihr wahres Alter und simuliert durch das Schminken Jugendlichkeit. Zu dieser barocken Verstellungkunst heißt es im Zedler-Lexikon: „Dissimulatio, wenn man sich stellet, als ob das, was ist, oder was man weiß, nicht waere; Simulatio, wenn man sich stellet, als ob das, so nicht ist, waere, z. E. wenn ein Graf sich fuer einen Studenten ausgiebt, so dissimuliert er, daß er ein Graf ist, und simuliert, als ob er ein Student waere." Zedler 1734.

1131 Vgl. Woodward 1991, S. 148. Dabei ist die *Altersmaskerade* bzw. *Maskerade des Alters* nicht mit der *Altersmaske* (*mask of ageing*) zu verwechseln, die Unterschiede in der Wahrnehmung bezeichnet, wobei das körperliche Äußere als „alt" und das Innere als „jung" imaginiert wird. Siehe dazu Featherstone/ Hepworth 1991 (Hervorh. J. V.).

1132 Vgl. Grimm/ Grimm 1984j.

1133 Zur unersättlichen Sexualgier der alten Vettel siehe z. B. Menninghaus 1999, S. 136. Daniel Schäfer zufolge sei die Frau im Allgemeinen seit der Antike „in Medizin, Philosophie und Literatur als ,hysterisches', koitusbedürftiges (und dabei womöglich männermordendes) Wesen hypersexualisiert" worden, wobei diese Vorstellung selbst die frühneuzeitliche Matrone (Ehefrau und Mutter) mit einschloss, die als begehrlich und hässlich zugleich stilisiert wurde. Schäfer 2005, S. 151.

1134 Siehe dazu auch das Kapitel *Die häßliche Frau von der Antike bis zum Barock* in Eco 2007.

gilt die geschminkte Alte aufgrund der vorgetäuschten Jugendlichkeit und ihrer Absicht, Männer zu verführen, nicht nur als unehrenhaft, sondern vor allem als verlachenswürdig.[1135] Hintergrund hierfür ist der seit der Antike herrschende Schminkdiskurs, im Zuge dessen die männliche Furcht vor der weiblichen Täuschung gerade theologisch argumentierende Kosmetikgegner dazu brachte,[1136] die Schminke von Beginn an mit Topoi der weiblichen Laster wie der „Neigung zur Sünde, [...] Hoffahrt, Maßlosigkeit, Zügellosigkeit und Verschwendung"[1137] in Verbindung zu bringen.

Besonders deutlich wird die Funktion der alten Amazone als zu verhöhnende Figur in Kombination mit Scandor, der als Lustspielfigur auf dem Niveau des niederen Sprachstils per se für komödiantische Einlagen zu sorgen hat. So ist er es, der – ähnlich wie in Ziglers *Asiatischer Banise* – mit einer liebestollen Frau zusammengeführt wird.[1138] Während es sich im Roman um die „lüsterne Seele"[1139] Lorangy handelt, umwirbt Scandor in der *Lybischen Talestris* die von ihm gefangen genommene Rixane, der er in seiner Verliebtheit ewige

---

1135 Über die *Lächerliche Eitelkeit alter Frauen* (1765) schreibt der Jurist und Kameralist Johann Heinrich Gottlob von Justi (1720–1771) daher: „Das betagte Frauenzimmer begehet in diesem Stücke ohne Zweifel mehr lächerliche Ausschweifungen, als man an bejahrten Mannspersonen wahrnimmt. Das schöne Geschlecht scheinet ihre größten Vorzüge auf die Jugend zu setzen [...]. Man darf nur nicht alles dasjenige nachäffen, was die eitle Jugend zur Befriedigung ihrer Modensucht ersinnet ... Einen gelben Hals voller Runzeln, und ein paar verwelkte Brüste zur Schau auszulegen, und sich vielleicht gar die Hoffnung zu machen, daß diese Ware Liebhaber anreizen werde, das ist eine auslachenswürdige Thorheit, die ihres gleichen unmöglich in der Welt haben kann." (vgl. Justi 1992, S. 366.) Siehe dazu auch Andreas Gryphius (1616–1664) Gedicht *An Iolinden*, in dem er die geschminkte Alte durch den Einsatz von Kosmetik als „Figur von geliehener Schönheit" bloßstellt. Demnach verweist er auf das leicht zu erkennende „frembde[...] Haar" (Perücke), „deß Halses falsche Pracht", „die polirte Stirn", „die Salben [...] umb die Runtzeln" als „List" und Betrug, so dass „unter einem Haupt, das sich so falsch gezieret, Auch ein falsch Hertze steh, voll schnöder heucheley." Zitiert nach Czarnecka 2008, S. 367.

1136 Sich schminkenden Frauen wurde nicht nur unterstellt einen von Krankheit gezeichneten Körper zu tarnen, sondern zudem eine Magierin oder Hexe zu sein, weil sie sich auf die Zubereitung von Kosmetika verstanden. Darüber hinaus wurden sie beschuldigt, „das Gesicht Gottes' zu verändern", galt doch die Vorstellung, dass „die Menschheit [...] nach dem Bilde Gottes geschaffen" war. (Matthews Grieco 1997, S. 76.) Neben den Moraltheologen kritisierten auch Ärzte den Gebrauch von (Alters-)Kosmetik und warnten insbesondere vor schädlichen quecksilberhaltigen Tinkturen. Vgl. Schäfer 2005, S. 149.

1137 Czarnecka 2008, S. 368.

1138 Vgl. Frenzel 1968, S. 292.

1139 Zigler [1689/1707] AB 1965, S. 220.

Treue schwört.[1140] Zu beachten ist allerdings, dass Scandor sich zwar von Rixanes Maskerade hintergehen lässt, diese Täuschung aber nur gelingt, weil auch er das tradierte Bild der jungen und attraktiven Kriegerin vor Augen hat. Demnach ist sein Handeln von seinen eigenen Weiblichkeitsphantasien bestimmt. Denn nachdem Rixane sich „entlarvt in alten Lumpen"[1141] zu erkennen gibt, will er sein Versprechen zurücknehmen. Doch die alte Amazone weigert sich und wird darin von König Pelopidus unterstützt, der dem Capitain mit der Todesstrafe droht, falls dieser sich nicht an seinen Liebesschwur hält.[1142] Zwangsläufig fügt sich der Gemaßregelte in sein Schicksal, aber nicht ohne sich an seiner betagten Braut zu rächen. Maßlos erzürnt über die (Selbst-)Täuschung verspottet er schließlich ihren Körper:

Zigler LT 1696/ Zigler LT 1698, III, 7	Lehms LT 1709, III, 7
„Das Weib hat den Verstand verlohren.	„Das Weib hat den Verstand verlohren.
Denn sie ist weder jung noch reich / Und wolt' ich gleich Die Miß=Gestalt anatomiren / So moecht' ich das Gehirn' erfrieren.	Denn sie ist weder jung noch reich / Und wolt' ich gleich Die Miß=Gestalt anatomiren / So moecht' ich das Gehirn' erfrieren.
Die Schminck' ist uebel zugericht / Weil ihre Hand ist uebers Ocker=gelbe kommen / Dazu sie kohlen hat genommen: Und ihr gantz Angesicht Laeßt sich mit solchen Runtzeln decken / Darinnen sich ein Schweitzer kan verstecken.	Die Schminck' ist uebel zugericht / Weil ihre Hand ist uebers **Acker**=gelbe kommen / **Darzu** sie Kohlen hat genommen: Und **Ihr** gantz Angesicht **Laest** sich mit solchen Runtzeln decken / Darinnen sich ein Schweitzer kan verstecken.
Der Augen rothes Paar Droht aeußerste Gefahr / Die Scheunen zu entzuenden / Und in den Haaren laeßt sich Laus und Muelbe finden.	Die rothen Augen drohen die Scheunen anzuzuenden / Und in den Haaren laeßt sich Laus und Muelbe finden.
Die Lippen sind wie Heydelbeeren roth / Das Maul so klein / als wie ein Groschen=Brodt /	Die Lippen sind wie Heydelbeeren roth / Das Maul so klein / als wie ein Groschen=Brodt.

1140   Vgl. Zigler LT 1696/ Zigler LT 1698, II, 14; Lehms LT 1709, II, 12 sowie Anonymus TBL 1720, III, 5.

1141   Zigler LT 1696/ Zigler LT 1698, III, 6. Bei Lehms heißt es: „Sie koemmt entlarvt hervor." Lehms LT 1709, III, 6.

1142   Vgl. Zigler LT 1696/ Zigler LT 1698, III, 6 und Lehms LT 1709, III, 6.

Und ihre Jahre kan man nicht an
Zaehnen zehlen /
Weil deren vier und zwanzig
fehlen.
O wunderschoenes Kind!
Die Nase kruemmet sich wie ein
Hacke /
Und traeufft gleich einem
Laugen=Sacke.
Ich bin nicht mehr vor Liebe blind.
Denn ja dein gantzer Leib ist wie
ein Sack voll Knochen /
Den man stat Luder[1143] vor die
Hunde koennte kochen."

Und ihre Jahre kan man nicht an
Zaehnen zehlen /
Weil deren vier und zwantzig
fehlen.
O wunderschoenes Kind!
Die Nase kruemmet sich wie ein
Hacke /
Und treufft gleich einem
Laugen=Sacke.
Ich bin nicht mehr vor Liebe blind. /
Denn ja dein gantzer Leib ist wie
ein Sack voll Knochen /
Den man stat Luder vor die Hunde
koennte kochen."[1144]

In der Tradition von Dichtern wie Horaz (65 v. Chr.–8 v. Chr.), Christian Weise (1642–1708) oder Barthold Heinrich Brockes (1680–1747), die den alten weiblichen Körper von der Antike bis in das 18. Jahrhundert hinein in Ekel evozierenden, misogynen Vanitas-Bildern schilderten,[1145] lässt Zigler den Körper seiner alten Rixane ebenso als eine Art „Ekel-Topographie"[1146] von Falten, Furchen, einer leeren Mundhöhle bis zum verlausten Haupt hin beschreiben.

1143 Mit *Luder* ist das Aas von Tieren gemeint, wobei es im Kontext der Jagd auch das Lockmittel für wilde Tiere bezeichnet. Vgl. Zedler 1738.

1144 Die hervorgehobenen Wörter verweisen auf die Veränderungen zur Ziglerschen Vorlage.

1145 Bei der Verhöhnung alter Frauen bestehen seit der Antike stereotype Beschreibungsmuster. Folglich schreibt Horaz in seinen *Oden und Epoden* der alten Frau faulige Zähne, einen mageren Hintern und welke Brüste zu (vgl. Menninghaus 1999, S. 136). Mit seinem Gedicht *Ein Abriß der Schönheit selber* parodiert Weise hingegen die Schönheitspreisung im Barock. Demzufolge hat die hässliche „Schönheit" strohige Haare und eine birnenförmige Stirn mit Flecken, zudem Ungeziefer und Schmutz am Körper. Ihrer Hässlichkeit wegen ist sie daher des Todes würdig: „Bestecket sie mit Raute / Spickt sie mit Sauerkraute / Und schicket sie mit Haut und Haar / Dem Hencker zu dem neuen Jahr." (Weise 1995, S. 238). Auch für Brockes ist das Alter abstoßend wie der Tod, wenn er ihn mit einem alten weiblichen Körper vergleicht: „Sprich selbst: wie hässlich ist doch ein verjahrter Leib? Beschau nur einst mit Ernst ein altes Weib, Die grindig=gelbe Haut voll runzelichter Tieffen, Der schielen Augen Roth, die unaufhörlich trieffen, Ihr kahl und zitternd Haupt, den Zähne=leeren Mund, Gefüllt mit zähem Schleim, die blau=geschwollne Lippen, Die schlaffe blatte Brust, die magren dürren Rippen, Den krumm=gebeugten Hals [...] Sollt solch ein lebend Aas der ew'ge Klarheit Schein Der Seeligkeit wol wehrt, des Himmels würdig, seyn?" Zitiert nach Menninghaus 1999, S. 139.

1146 Menninghaus 1999, S. 136.

Auffälligerweise behält auch Lehms, der auf Scandors Verhöhnung des alten Königs verzichtet, den Kommentar über die alte Amazone bei, der selbst in der Saalfelder Adaption noch Bestandteil der Handlung ist. Das komödiantische Potential der komischen Figur und der liebenden Alten nutzend, hebt das zu einer Hochzeit aufgeführte Sprechdrama die Verlachenswürdigkeit Rixanes *und* Scandors stärker hervor, wenn der geldgierige Capitain dem libyschen Herrscher Pelopidus das Aussehen seiner betagten, aber reichen Gefangenen beschreibt:

> „[...] Doch [...] stellete ich vor dem Burg=Thore der Thalestris [...] ein Netz auf, um einen Vogel zu fangen, so war mir dieser Specht oder Zeimer [hier Rixana] [...] auf einmahl bescheret. Kaum hatte ich die super-feine Schoenheit erblicket, ach! da brandte mein Hertz schon aerger als das zerstoerte Troja. [...] Das liebe Kind hat so ein zartes Fellgen, als wie ein Ygel, ihre Stirn gleichet den Kraepp=Flohr[1147] [...]. Ihre Nasenloecher sind wie ein verrost Schluessel=Loch an einer alten Keller=Thuer, die Augen funckeln wie die Leipziger Laternen wenn sie kein Oehl mehr haben, und ihr Violet-blauer Mund siehet innenwendig natuerlich aus wie die grosse Orgel zu Ulm, welche alle Pfeiffen verlohren hat. In Summa sie ist die Pastoete aus welcher ich den Hunger meines Verlangens mit der Menge ihrer Ducaten stillen werde [...]."[1148]

Ob in Ziglers *Lybischer Talestris* oder den späteren Adaptionen: Als unansehnliche „Miß=Gestalt" und Aas („Luder") tituliert, ist der auf Rixane gerichtete Altersspott im Vergleich zur Verhöhnung des alten Königs viel unverhohlener, entwürdigender und in seiner Metaphorik deutlich marginalisierender. Wenngleich der alte Pelopidus im Ziglerschen Operntext, in Colombinis Roman und im Saalfelder Sprechdrama für sein sexuelles Begehren kritisiert wird, manifestiert sich seine Verhöhnung weniger am körperlichen (Verfalls-)Zustand. Dies trifft für Rixane sehr wohl zu, deren Devianz zum einen in dem viel kritisierten Einsatz von Kosmetika, zum anderen in der – ebenso wie von Pelopidus – offen bekundeten Libido liegt. Als eitle und lüsterne Amazone, aus der noch im hohen Alter die aus den Mythen tradierte sexuelle Potenz der jungen Kriegerinnen hervorsticht, fordert sie daher den ehelichen Beischlaf ein:

> „Scand. [...] Drum werd' ich meiner Pflicht auch ueberhoben /
> Und will dir stete Keuschheit angeloben.
> Rixan. Ich werde dir davor sehr schlecht verbunden seyn.

1147 Unter Krepp (m. *flor*) hat man „lockeres zeug, [...] mit krausen fäden" verstanden. Grimm/ Grimm 1984d.
1148 Anonymus TBL 1720, IV, 2.

Scand.   Ich will mein Korn nicht gern in Mist verstreun.

Genung [Genug] / daß ich die muß als Frau vermaehlet wissen /
Nur schencke mir die Gunst / daß ich dich nicht darff kuessen [...]."[1149]

Scandors ablehnende Haltung verweist dabei abermals auf die mit Abscheu verknüpfte Vorstellung des alten weiblichen Körpers, wobei sich der *Alterspott* hier insbesondere auf die nicht mehr vorhandene Gebärfähigkeit der alten Amazone richtet. Gerade dieser Aspekt war ein wesentliches Element der medizinischen und moraltheologischen Diskurse, die zu *ungleichen Paaren* in der Frühen Neuzeit geführt wurden, da bei der Frage der Altenehe vor allem „die Verbindung zwischen alter Frau und jungem Mann traditionell als sehr negativ [bewertet wurde], weil dabei Nachkommen nicht mehr möglich waren."[1150]

4.3.3 Vom Idealbild zur alten Vettel: Rixane, die betagte Amazone

Denkt man an das Imago der streitbaren, mutigen, sexuell attraktiven Amazone zurück, zeigt das Beispiel der Rixane sehr eindrücklich, dass die mythische Kriegerin und *femme forte* im hohen Alter nicht mehr als dieser Bezeichnung würdig gesehen wurde. Denn obwohl Rixane eindeutig zum Kreis der amazonischen Talestris gehört, gilt sie vom Ziglerschen Operntext bis hin zum Saalfelder Sprechdrama lediglich als „altes Weib." Demzufolge passt sich das exklusive, höfische Idealbild der Amazone, das dezidiert mit Agilität und Jugendlichkeit[1151] verbunden ist, im Alter dem tradierten, misogynen Weiblichkeitsentwurf der betagten Frau als *Vettel (vetula)* an.

Ersichtlich wird dies in der Konzeption der Rixane als libidinöse, eitle, unehrenhafte, in der Saalfelder Adaption zudem reiche Alte, die mit Hilfe von Kosmetik ein jüngeres Erscheinungsbild vortäuscht und infolgedessen die Lustspielfigur Scandor als künftigen Gatten für sich gewinnt. Obwohl der alte Pelopidus durch die begehrliche Liebe zur jungen Talestris ebenfalls nicht den gesellschaftlichen Vorstellungen eines weisen Königs entspricht und verhöhnt wird, fällt die Verspottung der liebenden Alten sehr unterschiedlich aus: Während sich die Kritik an der alten Amazone primär an ihrem Körper manifestiert, den der getäuschte Scandor der „*vetula*-Skoptik"[1152] gemäß in Ekel

---

1149   Zigler LT 1696/ Zigler LT 1698, III, 7. Genauso Lehms LT 1709, III, 7.

1150   Schäfer 2005, S. 146.

1151   Dies wird gerade auch in den Romanen *Æyquan* und *Smyrna* deutlich. So stehen nicht die Amazonenköniginnen und Mütter Myrina und Pentalisea, sondern ihre Töchter Smyrna und Affelde im Mittelpunkt der Amazonen-Handlung.

1152   Menninghaus beschreibt diese als „beißende Geißelung physischer und moralischer Übel der alten Frau." Menninghaus 1999, S. 135.

erregenden Bildern und somit als Karikatur weiblicher Schönheit schildert,[1153] ist dessen Kommentar über die Devianz des libyschen Herrschers weniger körperbezogen, metaphorisch umhüllter und in Georg Christian Lehms' Bearbeitung der *Lybischen Talestris* überdies gar nicht vorhanden.

Obgleich es in dem androzentristisch geprägten Diskurs über die alte Frau durchaus auch Stimmen wie die der Humanistin Lucrezia Marinelli (1571–1653) gab, die mit ihrer 1600 erschienenen Streitschrift *La nobiltà et l'eccelenza delle donne, co' diffetti e mancamenti de gli Homini* (*Der Adel und die Vortrefflichkeit der Frauen, mit den Fehlern und Verfehlungen der Männer*[1154]) den misogynen Weiblichkeitsentwürfen mit einer diametralen Antwort über die Hässlichkeit von Männern entgegentrat,[1155] zeigt sich die ungleiche Beurteilung von Pelopidus und Rixane in der weitaus deutlicheren Marginalisierung der betagten Amazone bis in das Ordnung stiftende *lieto fine* hinein. Auch wenn die Opern „gesellschaftlich nicht erwünschte oder sogar tabuisierte Verbindungen zwischen den Geschlechtern"[1156] (inzestuöse und gleichgeschlechtliche Hochzeiten oder Verbindungen aus verschiedenen Ständen) als genealogisches Experimentierfeld vorführen, werden diese im glücklichen Ausgang jedoch aufgelöst und eine Ordnung nach dem dynas-

---

1153   Das ästhetische Leitbild weiblicher Schönheit blieb im Laufe der Frühen Neuzeit unverändert: Das (blonde) Haar, Hände und Beine mussten lang sein, Zähne, Ohren und Brüste klein, Stirn, Brustkorb und Hüften breit, Taille und Knie schmal, Körpergröße, Arme und Oberschenkel groß, aber in guten Proportionen zueinander, Augenbrauen, Finger und Lippen schmal, Hals und Arme rund, Mund, Kinn und Füße klein, Zähne, Hals und Hände weiß, Wangen, Lippen und Brustwarzen rot, Augenbrauen und Augen schwarz bzw. braun (als italienische Präferenz) oder grün (als französisches Ideal). Vgl. Matthews Grieco 1997, S. 73–74.

1154   Vgl. Zimmermann 1995, S. 27.

1155   Demgemäß betont Marinelli: „Wenn Frauen also schöner sind als Männer, die zumeist grobschlächtig und von plumper Gestalt sind, wer will noch abstreiten, daß Frauen einzigartiger sind als Männer? Meiner Ansicht nach niemand. [...] [W]as aber schmückt die Welt mehr als die Schönheit der Frauen? Nichts, wahrhaft gar nichts, wie sogar unsere Gegner zugeben, wenn sie behaupten, daß in den reizenden Gesichtern der Frauen die Gnade und der Glanz des Paradieses aufleuchten und daß sie ihrerseits durch diese Schönheit gezwungen sind, die Frauen zu lieben. [...] Da jedoch Männer im Vergleich zu den Frauen durchweg häßlich sind, sind sie der Gegenliebe nicht würdig, es sei denn, die Frauen lieben sie aus Höflichkeit oder Gutmütigkeit. [...] Es sollte also Schluß sein mit dem ewigen Wehklagen, Jammern und Stöhnen der Männer, die der Welt zum Trotz wiedergeliebt werden wollen und die Frauen als grausam, undankbar und schändlich bezeichnen: ein solches Lamento, dem man in allen Dichtungen zuhauf begegnet, ist doch geradezu lächerlich." Zitiert nach Eco 2007, S. 167.

1156   Jahn 2007, S. 240.

tischen Allianzprinzip etabliert.[1157] Folglich verzichtet Pelopidus zugunsten seines Sohnes Philotas auf Talestris und entspricht durch dieses standes- und altersgemäße Verhalten am Ende doch noch den gesellschaftlichen Erwartungen. Während der alte König seine Würde zurückgewinnt, repräsentiert Rixanes Begehren, das sich auf den jüngeren Scandor richtet, bis zum Schluss eine als altersunwürdig betrachtete und mit Spott sanktionierte Verhaltensweise. Dass am Ende die Verbindung der komischen und der verlachenswürdigen Figur als einzig *ungleiches Paar* bestehen bleibt, ist jedoch nicht allein mit der Aufführung zur Weißenfelser Fastnachtsfeier zu begründen.

Ohne Zweifel lädt der Karneval zur täuschenden und verhüllenden Maskerade ein,[1158] in der auch das vermeintlich Hässliche und Lächerliche seinen Platz findet, doch bietet sich die ‚fünfte Jahreszeit' vor allem dazu an, soziale Hierarchien aufzulösen, um sich von statusgebundenen Verhaltensregeln zu distanzieren und gesellschaftliche Rollen zu vertauschen.[1159] Dennoch verwundert es keineswegs, dass sich die Aufführung der *Lybischen Talestris* nicht auf die Karnevalsfeier oder den fürstlichen Geburtstag am Weißenfelser Hof beschränkte, sondern darüber hinaus zur Leipziger Michaelsmesse oder in adaptierter Form zur Saalfelder Hochzeit aufgeführt wurde, symbolisiert die Amazonen-Thematik mit ihren Männer herausfordernden Kriegerinnen, die zudem von verkleideten Männern dargestellt werden konnten, doch selbst die ‚verkehrte Welt' par exellence. Sehr anschaulich wird das Spiel mit den sozialen Hierarchien und den Geschlechtergrenzen in *Triumph der bestaendigen Liebe*, das zu Ehren der Brautleute Sophie Wilhelmine von Sachsen-Saalfeld (1692–1727)[1160] und Friedrich Ant(h)on von Schwarzburg-Rudolstadt (1692–1744) aufgeführt wurde. Wie das Personenverzeichnis des „Schau=Spiels" zu erkennen gibt, handelte es sich bei den Darstellern um (Stief-) Geschwister der

---

1157 Vgl. Jahn 2007, S. 240.

1158 „So stehen Maske und Maskerade im Kontext der volkstümlich rituellen, ludisch expressiven Praxis des Karnevals." *Vorwort*. In: Bettinger/ Funk 1995, S. 9.

1159 Siehe hierzu Michael Bachtin: „Die Gesetze, Verbote und Beschränkungen, die die gewöhnliche Lebensordnung bestimmen, werden für die Dauer des Karnevals außer Kraft gesetzt. Das betrifft vor allem die hierarchische Ordnung und alle aus ihr erwachsenden Formen der Furcht, Ehrfurcht und Etikette, das heißt: alles was durch die sozialhierarchische und jede andere Ungleichheit der Menschen, einschließlich der altersmäßigen geprägt wird." Bachtin 1985, S. 48.

1160 Sophie Wilhelmine war eine Tochter des Herzogs Johann Ernst von Sachsen-Saalfeld (1658–1729) und dessen zweiter Ehefrau Charlotte Johanna von Waldeck-Wildungen (1644–1699). Vgl. Wülker 1881, S. 374.

Braut und weitere Mitglieder der Saalfelder Hofgesellschaft.[1161] So übernahm Sophies Bruder Wilhelm Friedrich (1691–1720) den Part des alten Königs Pelopidus, während die Rolle des Sohnes und Prinzen Philotas vom älteren Stiefbruder und Thronfolger Christian Ernst (1683–1745)[1162] gespielt wurde. Als aufständische Talestris war Sophies Schwester Henrietta Albertina [Henriette Albertine] (1698–1728) zu sehen, derweil ein gewisser „Mons. Jean", dessen Funktion am Hof nicht weiter angegeben ist, in die Rolle der Rixana schlüpfte. Es liegt nahe, dass die Konterkarierung des sozialen Status, indem der jüngere Bruder den betagten und verliebten Herrscher spielte, aber auch das männliche Cross-Dressing als liebende und aufgrund ihres hohen Alters als hässlich geltende Amazone komödiantischen Zwecken diente. Ausgelacht wurde in diesem Fall jedoch ein Mann als amazonische Vettel, was sich als mehrdeutig erweist. Zunächst lässt es darauf schließen, dass selbst Amazonen-Figuren hohen Alters noch über theatralisches Potential für männliche Darsteller verfügten, auch wenn es sich um verlachenswürdige Figuren handelt. Allerdings mit einer bemerkenswerten Komponente: Männer sind hierbei nicht nur Subjekte, die misogyne Weiblichkeitskonstruktionen entwerfen und propagieren, sondern selbst die als abstoßend bezeichneten Objekte, indem sie sich als alte Frauen darstellen. Dennoch ist dieser ‚männliche Mut' zur ‚hässlichen Weiblichkeit' im Fall der höfischen Inszenierung in Relationen und als Mittel zum Zweck zu sehen. Wenngleich das Bild der alten Vettel auch in höfischen Kreisen bekannt war, spricht allein die *bienséance* am Hof dafür, dass die Rolle der Rixana in der Saalfelder Aufführung nicht mit einer Dame des Hofstaats besetzt werden konnte, ohne diese persönlich zu kompromittieren. Die Besetzung eines Mannes als „altes Weib" konnte daher den Anstandsregeln geschuldet sein, jedoch gleichzeitig als Vehikel dienen, das misogyne Altersbild von Frauen zu stützen.

Worin liegt demnach der Mehrwert in Ziglers Singspieltext und seinen *imitationes*, in denen auf den Amazonen- bzw. böhmischen Vlasta-Stoff rekurriert wurde? In mancher Hinsicht entsprechen sowohl die Weißenfelser *Talestris*-Libretti als auch deren spätere Bearbeitungen anderen Opern und

---

1161 Zu den weiteren Darstellern zählen Hofrat von Eisenberg, der die Rolle des Prologus übernahm, Kammerjunker von Hirschfeld als libyscher Feldherr Marton, (Kammer-)Fräulein von Stockhorn, von Beust und von Roß als Talestris' Getreue Syringa, Latona und Tarpea, „Reise=Marschallin" von Beust als Göttin Diana, Prinz Carl Ernst von Sachsen-Saalfeld (1692–1720) als Priester Bogudes, „Tanz=Meister" Conta als Scandor, die Junker von Lengefeld und von Dippach als Satyrus sowie als Corporal. Vgl. *Personen dieses Schau=Spiels*. In: Anonymus TBL 1720, n. p.

1162 Aus der Ehe mit Johann Ernsts verstorbener Gattin Sophia Hedwig von Sachsen-Merseburg (1666–1686) ging der Thronfolger Christian Ernst hervor. Vgl. Wülker 1881, S. 374.

Romanen, in denen anhand der mythischen Kriegerinnen und ihrer männlichen Antagonisten eine Liebeshandlung entwickelt wird. Da es sich dort jedoch fortwährend um junge ProtagonistInnen handelt, erweist sich die Konzeption von liebenden Figuren hohen Alters als Möglichkeit, das Publikum sowohl mit dem spannungsgeladenen Kampf der Geschlechter als auch mit komödiantischen Elementen wie dem *Altersspott* zu unterhalten. Mit dem Einsatz von *ungleichen Paaren* gelingt somit eine moralische Aussage, da dem höfischen Publikum, für dessen Mitglieder das Verlachtwerden die soziale Deklassierung bedeutete,[1163] das Lieben im Alter als unwürdiges und lächerliches Verhalten vorgeführt wird. Für ein junges Ehepaar wie Sophie Wilhelmine von Sachsen-Saalfeld und Friedrich Ant(h)on von Schwarzburg-Rudolstadt, für dessen Großeltern Albrecht Anton und Æmilie Juliane bereits das Singspiel *Hercules unter denen Amazonen* aufgeführt wurde, konnte die Darstellung von *ungleichen Paaren* im für sie aufgeführten Drama durchaus eine zukunftsweisende Mahnung bedeuten. Vergegenwärtigt man sich dabei die weniger marginalisierenden Kommentare über König Pelopidus und vor allem das Fehlen der verhöhnenden Szene in der Leipziger *Talestris* zu Ehren ,Augusts des Starken', gestaltet sich die moralische Komponente als geschlechterspezifischer Fingerzeig. So dürfte die Botschaft doch mehr an die Braut gerichtet gewesen sein, da die Ehe zwischen einem betagten, verwitweten Herrscher mit einer gebärfähigen jungen Frau sicher nicht über jeden Makel erhaben, aber keinesfalls unüblich war. Berücksichtigt man diesbezüglich noch Pelopidus' Thronübergabe an seinen Sohn Philotas, bleibt am Ende die Erkenntnis, dass sowohl über das anmaßende Verhalten der Männer anlockenden Rixane (Rixana) als auch über die nach der libyschen Herrschaft strebende Talestris gerichtet wird. Dementsprechend wird die zunächst ehefeindliche Amazone zwar geläutert und zur künftigen Königin erklärt, indem sie sich zu ihrer Liebe zu Philotas bekennt, doch wird sie – den Kritikern der Gynäkokratie gemäß – ,lediglich' zur Herrschergemahlin und keineswegs zur Regentin bestimmt.

Dass die Funktionalisierung der Amazonen-Figur jedoch nicht nur zur Marginalisierung taugt, sondern durchaus einer beeindruckenden (Selbst-)Stilisierung als regierungsfähige Herrscherin gedient hat, wird das nächste und zugleich letzte Kapitel dieser Studie zeigen.

1163 Vgl. Breuer 2003, S. 82.

4.4 Von der Selbststilisierung zum Herrscherinnenlob: Die Oper *Talestri* (1763) der Maria Antonia Walpurgis von Sachsen und das Trauerspiel *Thalestris, Koeniginn der Amazonen* (1766) von Johann Christoph Gottsched

4.4.1 Die „vernünftige Tugend des Menschen" – das Leitmotiv in Gottscheds Trauerspielkonzeption

Johann Christoph Gottsched (1700–1766) gilt als einer der bekanntesten und streitbarsten Literatur- und Sprachwissenschaftler seiner Zeit.[1164] Zu seinen bedeutendsten Leistungen gehört die Reform des deutschen Theaters.[1165] Sie umfasst seinen Einsatz für ein deutschsprachiges Dramenrepertoire, die Vertreibung der pöbelhaft-zotigen Harlekin-Figur[1166] von der Bühne und seine nach französischem Vorbild gestaltete, regelhafte und im Alexandriner gereimte Tragödie *Sterbender Cato* (1732) ebenso wie die Poetik *Versuch einer Critischen Dichtunkst vor die Deutschen* (1729) oder die *Deutsche Sprachkunst* (1748), die zu den einflussreichsten[1167] Grammatiken des 18. Jahrhunderts zählt. Als Herausgeber der moralischen Wochenschriften *Die vernünftigen Tadlerinnen* (1725–1726) und *Der Biedermann* (1727–1729) oder als Übersetzer des *Dictionnaire historique et critique* von Pierre Bayle (1647–1706) ins Deutsche,[1168] das von 1741 bis 1744 in vier Folianten erschien, ist er überdies nicht nur GermanistInnen bekannt.

Denkt man ferner an Gottscheds Einstellung zur Oper, tritt die Kritik an ihr unmittelbar in den Blick. Aber das Verhältnis des vehementen Operngegners zum Singspiel war durchaus ambivalent: So verfasste Gottsched trotz aller Vorbehalte das Libretto *Die verliebte Diana* (1735) für den Weißenfelser Hof. Obwohl es Fragment blieb,[1169] bot es seinen Gegnern die Gelegenheit, ihn für

---

1164 Neben seinen polarisierenden Äußerungen zur Oper siehe z. B. auch Gottscheds Streit mit den Schweizern Johann Jakob Bodmer (1698–1783) und Johann Jakob Breitinger (1701–1776) über die Darstellung des ‚Wunderbaren' in der Literatur. Vgl. dazu exemplarisch Meid 2009, S. 902–909 und Siegrist 1984, S. 293–300.

1165 Vgl. Rieck 1972, S. 131. Als „eigentlichen Erneuerer des deutschen Dramas" bezeichnet ihn auch Alt 1994, S. 66.

1166 Vgl. u. a. Rieck 1972, S. 131 und Meid 2009, S. 897.

1167 Vgl. Gardt 1999, S. 159.

1168 Bei der Übersetzung des Baylischen Wörterbuches sowie weiterer Übersetzungen aus dem Englischen und Französischen war allerdings auch Gottscheds Ehefrau Luise Adelgunde Victorie maßgeblich beteiligt. Als Beiträgerin der *Vernünftigen Tadlerinnen* (2. Auflage von 1738) und der *Critischen Beyträge* ab 1736 gilt sie zudem als erste Journalistin Deutschlands. Vgl. Heuser 2000, S. 174. Siehe dazu ebenso Mitchell 1987, S. 453 und Ball 2000, S. 171.

1169 Vgl. Rieck 1978, S. 64.

seine widersprüchliche Haltung in der Opernfrage zu kritisieren.[1170] Wenngleich er im Vorwort des Textbuches beteuert, alle „üblichen Fehler vermieden zu haben", kommt er zu der Schlussfolgerung, dass „[a]uch die allerbeste, und von allen außerwesentlichen Fehlern gesäuberte Oper, [...] dennoch eine Oper bleiben [wird]", da „das innere Wesen und der ganze Grund solcher Vorstellungen aus lauter widersinnigen Dingen besteht [...]."[1171] Das Motiv für Gottscheds Tätigkeit als Librettist klingt am Ende nachvollziehbar und naheliegend zugleich, wenn er erklärt: „Ich war eben in solchen Umständen, daß mir an der Gnade eines durchlauchtigsten Herzogs sehr viel gelegen war."[1172]

Obwohl dieses Eingeständnis auf die Abhängigkeit eines Protegés vom fürstlichen Mäzenatentum verweist, war dieser Umstand zwar misslich,[1173] aber für Gottsched keineswegs von Nachteil: Sieht man davon ab, dass er als Leipziger Universitätsprofessor in einem Beamtenverhältnis zum sächsischen Landesherrn stand und ihm dieses hohe Amt sowohl Renommee als auch ökonomische Vorteile versprach, konnte Gottsched sein politisch-ideologisches Anliegen durch die Nähe zum Hof forcieren. Demnach erstreckte sich sein Verständnis von „Literatur und Dichtung als Teil eines umfassenden Erziehungs- und Bildungsprogramms"[1174] nicht allein auf die Kultivierung des bürgerlichen Lesepublikums, sondern richtete sich bereits 1729 in seiner Rede über die *Schauspiele und besonders die Tragödien* ebenso auf den Hof, wenn er erklärt:

„Ein Trauerspiel [...] ist ein lehrreiches moralisches Gedichte, darin eine wichtige Handlung vornehmer Personen auf der Schaubühne nachgeahmet und vorgestellet wird. Es ist eine allegorische Fabel, die eine Hauptlehre zur Absicht hat und die stärksten Leidenschaften ihrer Zuhörer, als Verwunderung, Mitleiden und Schrecken, zu dem Ende erreget, damit sie dieselben in ihre gehörige Schranken bringen möge. Die Tragödie ist also ein Bild der Unglücksfälle, die den Gro-

---

1170 Siehe dazu Neumann 1953, S. 303. So merkt Neumann an: „Gottsched himself once wrote a Singspiel, *Die verliebte Diana*, a deed for which his adversaries castigated him severely and chided him for inconsistency."
1171 Zitiert nach Treichel 1996, S. 93.
1172 Zitiert nach Danzel 1848, S. 121.
1173 Werner Rieck beschreibt das Dilemma des Leipziger Bürgertums, dem Gottsched als bekannter Gelehrter angehörte, folgendermaßen: „In Leipzig war das Bewusstsein gesamtnationaler Verantwortung im Bürgertum nie erloschen, allerdings krankte der Bürger dort an seiner zwiespältigen Stellung, die er als Einwohner einer ausgeprägt bürgerlichen Messestadt und der zeitweiligen Residenzstadt eines Partikularfürsten innehatte. Dadurch wurde im Bürgertum auch der verhängnisvolle Geist des Kompromisses genährt, besonders in jenen Schichten, die in einem Beamtenverhältnis zum sächsischen Hof standen, und das war bei den Gelehrten durchweg der Fall." Rieck 1978, S. 34.
1174 Steinmetz 1998, S. 378.

ßen dieser Welt begegnen und von ihnen entweder heldenmütig und standhaft ertragen oder großmütig überwunden werden. Sie ist eine Schule der Geduld und Weisheit, eine Vorbereitung zu Trübsalen, eine Aufmunterung zur Tugend, eine Züchtigung der Laster. Die Tragödie belustiget, indem sie erschrecket und betrübet. Sie lehret und warnet in fremden Exempeln; sie erbauet, indem sie vergnüget, und schicket ihre Zuschauer allezeit klüger, vorsichtiger und standhafter nach Hause. [...] Ich bin indessen zufrieden, daß man mir schon soviel eingeräumet hat, daß die Trauerspiele Königen und Fürsten nützlich und erbaulich sein können. Mit dem übrigen wird sich's schon von sich selbst geben."[1175]

Gottscheds literarisches Bemühen, den Hof moralisch und politisch zu beeinflussen, wird in seiner ein Jahr später erschienenen *Critischen Dichtkunst* noch deutlicher.[1176] Hier teilt Gottsched die Fabeln als „höchste Form der poetischen Nachahmung"[1177] u. a. „theils im Absehen auf ihren Inhalt, theils im Absehen auf die Schreibart, in hohe und niedrige"[1178] ein:

„Unter die hohen gehoeren die Heldengedichte, Tragoedien, und Staatsromane: darinnen fast lauter Goetter und Helden, oder koenigliche und fuerstliche Personen vorkommen, deren Begebenheiten in einer edlen Schreibart entweder erzaehlet oder gespielet werden. [...]."[1179]

Dabei ist die Demonstration einer vorbildlichen Handlungsweise von größter Bedeutung, sollten es doch „die Adligen sein, durch deren Verhalten die Dichter die gewünschten moralischen Lehren vermittelten."[1180] Gottsched zufolge wähle man sich daher

„einen lehrreichen moralischen Satz, der in dem ganzen Gedichte zum Grunde liegen soll, nach Beschaffenheit der Absichten, die man sich zu erlangen vorgenommen. Hierzu ersinne man sich eine ganz allgemeine Begebenheit, worinn eine Handlung vorkoemmt, daran dieser erwaehlte Lehrsatz sehr augenscheinlich in die Sinne faellt. Z. E. Gesetzt, ich wollte einem jungen Prinzen die Wahrheit beybringen: Ungerechtigkeit und Gewalthaetigkeit waeren ein Laster. Diesen Satz auf eine angenehme Art recht sinnlich und fast handgreiflich zu machen, erdenke ich folgende allgemeine Begebenheit, die sich dazu schicket; indem man daraus die Abscheulichkeit des gedachten Lasters sonnenklar sehen kann. Es war jemand, wird es heißen, der schwach und unvermoegend war, der Gewalt eines Maechtigen zu widerstehen. Dieser lebte still und friedlich; that niemandem zu viel und war mit dem wenigen vergnuegt, was er hatte. Ein Gewaltiger, dessen unersaettliche Begierden ihn verwegen und grausam machten, ward dieses kaum

---

1175   Gottsched [1729] SBT 1998, S. 5–8.
1176   Vgl. Weber 1976, S. 64. Vgl. ebenso Mattenklott/ Scherpe 1974, S. 130.
1177   Hofmann 1999, S. 72.
1178   Gottsched VCD 1973a, S. 208.
1179   Gottsched VCD 1973a, S. 208.
1180   Hofmann 1999, S. 73.

gewahr, so griff er den Schwaechern an, that mit ihm, was er wollte, und erfuellete mit dem Schaden und Untergange desselben seine gottlosen Begierden. [...] Die Handlung, die darinn steckt, hat die folgenden vier Eigenschaften. 1) Ist sie allgemein, 2) nachgeahmt, 3) erdichtet, 4) allegorisch, weil eine moralische Wahrheit darinn verborgen liegt. Und so muß eben der Grund aller guten Fabeln beschaffen seyn, sie moegen Namen haben, wie sie wollen."[1181]

Was Gottsched im Rekurs auf Gottfried Wilhelm Leibniz (1646–1716) und Christian Wolff (1679–1754) intendierte, deren Philosophie auf eine Versöhnung von wirtschaftlichen, politischen und wissenschaftlichen Ansprüchen des Bürgertums mit dem Ständestaat ausgerichtet war und sich explizit vom reinen theozentrischen und heilsgeschichtlichen Weltbild des 17. Jahrhundert abwendete,[1182] war ein „Arrangement höfischer und großbürgerlicher Interessen, um so den Feudalabsolutismus zu einem ‚aufgeklärten‘, die sozialen Interessen des Großbürgertums berücksichtigenden Absolutismus zu modifizieren."[1183]

Im Sinne des ‚aufgeklärten‘ Moralismus, der sich – geprägt durch die Leibniz-Wolffsche Philosophie – als zentraler Aspekt eines „in der Nachfolge der theonomen Weltsicht des Barock"[1184] entwickelnden Wertesystems konstituieren sollte, wurde die „vernünftige Tugend des Menschen"[1185] zum Leitmotiv des Gottschedschen Trauerspieltypus. In Anlehnung an ‚Fürstenspiegel‘ des 17. Jahrhunderts sollten in Gottscheds Tragödien die „Mächtigen dieser Welt [...] durch die Konfrontation mit lasterhaften Tyrannen [sowohl] an das Gebot der Menschlichkeit erinnert"[1186] als auch auf ihre sittlichen Pflichten hingewiesen werden.

Diesem literarischen Aufklärungsprogramm zufolge verwundert es nicht, dass das Trauerspiel mit seinen moralischen und pädagogischen Wirkungsabsichten die aus Gottscheds Sicht ‚sittenlose‘ Oper am Hofe ersetzen sollte.[1187] Dabei übte er keinesfalls nur Kritik am ‚amoralischen‘ Liebessujet in der Oper, sondern zudem an den hohen Kosten, die die aufwändigen Singspiel-Inszenierungen verursachten.[1188] In der Intention der Fürstenaufklärung rügte Gottsched die höfischen Gepflogenheiten, schrieb er doch 1734 über die Oper am Hofe des französischen Königs Ludwig XIV.:

1181   Gottsched VCD 1973a, S. 215.
1182   Vgl. Weber 1976, S. 73 und Alt 1994, S. 61.
1183   Mattenklott/ Scherpe 1974, S. 129.
1184   Alt 1994, S. 65.
1185   Alt 1994, S. 65.
1186   Alt 1994, S. 74.
1187   Vgl. Mattenklott/ Scherpe 1974, S. 85.
1188   Vgl. Mattenklott/ Scherpe 1974, S. 82.

„Man weis, daß der Koenig nur etlichen Damen zu gefallen, die Opern unterhalten: Und was fuer Kosten werden zu solchen Faellen nicht verschwendet? Alle Schmeichler bey Hofe richten sich freylich nach dem Geschmacke des Koeniges: Daraus folgt aber nicht, daß alles, was grosse Herren lieben, schoen und untadelich sey. Ein einziger Criticus, der das herz hat, einer Menge solcher Schmeichler zu wiedersprechen, hat mehr Glauben bey mir, als alle jene miteinander."[1189]

In der Forschung scheint man sich darüber einig zu sein, dass Gottscheds ambivalentes Verhältnis zum Hof und der dortigen Affinität zu opulenten und repräsentativen Opern eng mit seiner Stellung als Leipziger Universitätsprofessor zusammenhing, der als sächsischer Beamter auf das Wohlwollen seines Landesherrn angewiesen war.[1190] Dieser Umstand mag das geringe Interesse an Gottscheds auf einer Oper basierenden Tragödie *Thalestris, Koeniginn der Amazonen*[1191] aus dem Jahr 1766 erklären, die zwar von einigen LiteraturwissenschaftlerInnen registriert wurde,[1192] jedoch lediglich als Gelegenheitsarbeit angesehen wird, mit der Gottsched seiner fürstlichen Mäzenin Maria Antonia Walpurgis von Sachsen (1724–1780) habe huldigen wollen.[1193] Es handelt sich dabei, wie der Titel schon signalisiert, um ein Amazonen-Drama – ein Umstand, der bislang zu keiner intensiven Untersuchung herausgefordert hat.

Zweifellos handelt es sich bei Gottscheds Trauerspiel nicht um eine Arbeit, die in ihrer Konzeption, Stoffwahl und Handlung originär auf ihn als Dramatiker zurückzuführen ist, sondern um die deutschsprachige Adaption des Singspiellibrettos *Talestri, Regina delle Amazzoni* (*Talestris, Koenigin der Amazonen*, 1763[1194]) der sächsischen Kurfürstin Maria Antonia und dessen Umwandlung in eine Tragödie. Noch zu ihren Zeiten als Kurprinzessin hatte

1189   Gottsched BCH 1734, Neuntes Stueck, S. 635.
1190   Vgl. Fischer 2007, S. 69.
1191   Gottsched TKA [1766]. Zitiert wird jedoch aus der edierten Fassung des Dramas mit dem Titel *Thalestris, Königin der Amazonen. Ein Trauerspiel.* In: Gottsched [1766] TKA 1970, S. 131–195.
1192   Vgl. etwa Fleig 1998, S. 46–50 und Birke 1970a.
1193   Vgl. Birke 1970b, S. 379.
1194   In der vorliegenden Studie wird ausschließlich aus dem italienisch-deutschen Librettodruck von 1763 zitiert, da die im selben Jahr erfolgte Darbietung in Dresden als erste theatralische Aufführung des musikdramatischen Werkes gilt. (Fischer 2003, S. 111). Mit der Dresdener Aufführung kann zudem der „erste mit Sicherheit zu belegende" Beweis für die Musik in der *Talestri*-Oper vorgelegt werden. (Fischer 2007, S. 267). Aufgrund fehlender Überlieferungen ist der Entstehungsprozess der Oper *Talestri* nicht genau zu rekonstruieren. Als „[e]inziger gesicherter zeitlicher Anhaltspunkt für die Entstehung des Textes" kann der Nymphenburger Librettodruck aus dem Jahr 1760 angegeben werden. Zu weiteren *Talestri*-Textbüchern zählen der Druck von 1764 anlässlich einer Aufführung in Braunschweig, ein in Paris publiziertes Libretto aus dem Jahr 1765, ein Dresdener Textbuch von 1770, ein Münchener Libretto von

die Fürstin die Oper komponiert, das Libretto verfasst und die Hauptrolle der Amazonenkönigin übernommen.[1195] Germanistische, historische oder musikwissenschaftliche Untersuchungen haben sich bisher in erster Linie auf die hochadelige Komponistin und Librettistin Maria Antonia konzentriert,[1196] deren Selbstinszenierung als Amazonenkönigin und Titelheldin ihres Singspiels *Talestri* als „Sonderfall"[1197] anzusehen sei, da

> „Einwirkungen von ‚fremden' künstlerischen oder politischen Händen weitgehend ausgeschlossen werden können: Die Oper wurde konkret auf diese Selbstdarstellungskonzeption hin von Maria Antonia entwickelt und in allen Stufen realisiert."[1198]

Die Außergewöhnlichkeit der musikalisch-künstlerischen Betätigung Maria Antonias, die

> „ihre Werke nicht nur selbst verfasste, sondern auch selbst bei Hofe aufführte, bleibt im Bereich der Gattung *dramma per musica* einerseits etwas vorher nicht Dagewesenes und andererseits macht es die Opern zu einer späten, ausgeweiteten Form der traditionsreichen künstlerischen Selbstbetätigung von Adligen an absolutistischen Höfen."[1199]

Doch selbst wenn Gottsched sein Trauerspiel *Thalestris* lediglich aus Reputationsgründen verfasst haben mag, wird dieses Kapitel zeigen, dass er sein Amazonen-Drama durchaus mit eigenen Akzenten und Variationen versehen hat. Dabei lohnt sich ein näherer Blick auf Gottscheds opernbasierte Tragödie nicht nur im Hinblick auf seine kritische Haltung dem Singspiel gegenüber, sondern vor allem in Bezug auf die Amazonen-Thematik.

4.4.2 Gottscheds Amazonen-Republik in *Die vernünftigen Tadlerinnen*

Gottscheds Auffassung von Amazonen ist eindrücklich: So stellt er sich im Rahmen der *Vernünftigen Tadlerinnen* mitnichten als genereller Befürworter einer Frauenherrschaft heraus. Wie das VII. Stück seiner moralischen Wochenschrift

---

1772 sowie ein 1773 erschienenes Salzburger Textbuch. Siehe Fischer 2007, S. 267 und S. 437.

1195 Vgl. Fischer 2007, vor allem S. 267–323.

1196 Siehe exemplarisch dazu die Arbeiten von Fleig 1998; Watanabe-O'Kelly 2009, S. 141–143; Watanabe-O'Kelly 2010, S. 239–242. Die bislang intensivste Auseinandersetzung mit Maria Antonia als Amazonenkönigin Talestri (Talestris) bieten die musikwissenschaftlichen Arbeiten von Christine Fischer. Allen voran sei ihre Dissertation *Instrumentierte Visionen* (Fischer 2007) hervorgehoben.

1197 Fischer 2007, S. 22.

1198 Fischer 2003, S. 123.

1199 Fischer 2007, S. 22.

aus dem Jahr 1748[1200] erkennen lässt, sinniert Gottsched hier im Hinblick auf die weibliche Zielgruppe seiner bürgerlichen Leserschaft unter dem fiktiven Verfasserin-Pseudonym ‚Calliste',[1201] die „von den alten Amazonen" inspiriert ist, über eine Republik, welche „aus lauter Frauenzimmer aufgerichtet werden koennte."[1202] Dieser ‚verkehrten Welt' entsprechend besetzt ‚Calliste' „alle Ämter und Bedienungen mit lauter Weibsbildern",[1203] so dass es neben Soldatinnen ebenso eine Bürgermeisterin und eine Henkerin gibt, aber auch – hier kommt Gottscheds Einsatz für die intellektuelle Bildung der Frau zweifellos zum Vorschein – „Professorstellen mit Weibespersonen besetzt"[1204] werden. Gottsched konzipiert sogar eine „Spitzfuendige" unter den Frauen, die die Frage aufwirft, „[o]b es denn eine so ganz ausgemachte Sache waere, daß die Mannspersonen Menschen waeren?"[1205] Im Kontext der *Querelle des Femmes*, in der über die intellektuellen Fähigkeiten der Frau gestritten wurde, könnte man Gottsched durch diese Vision eines Staates mit gelehrten Frauen sogar zu den ‚Frauenfreunden' zählen, zumal sich die provokative Frage, ob Männer tatsächlich Menschen seien, als diametral entgegengesetzte Anspielung auf die misogyne Schrift *Gruend= und probierliche Beschreibung [...] Belangend die Frag, Ob die Weiber Menschen seyn, oder nicht?* (1618) eines anonymen Autors aufgefasst werden kann,[1206] dessen Werk im Kontext der frauenfeindlichen Stimmung an deutschen Universitäten gesehen werden muss.[1207]

Obgleich Gottsched das Bild der antiken Amazonen vermeintlich dazu nutzt, eine durchaus zukunftsweisende Imagination einer Frauenrepublik zu entwerfen, „die weder auf den erotisch sensationellen noch auf den paro-

---

1200 Hierbei handelt es sich um die dritte Auflage der *Vernünftigen Tadlerinnen*. Der Inhalt des VII. Stücks weicht nicht von der Erstausgabe aus dem Jahr 1725 ab. Ein Vergleich der beiden Ausgaben zeigt lediglich leichte (orthographische) Unterschiede. So heißt es in in der Erstausgabe beispielsweise „Schnuer=Leiber", „Brust=Harnische" und „Jeßmin" (Gottsched VT [1725] 1993, S. 50 und S. 55), in der dritten Auflage hingegen „Schnuerleiber", „Brustharnische" und „Jeßminoel". Gottsched VT 1748, S. 52 und S. 57.

1201 Vgl. Habermann 1994, S. 259–260. Hinter den Pseudonymen ‚Phyllis', ‚Iris' und ‚Clio' verbargen sich wiederum Johann Friedrich May (1697–1762) als ‚Phyllis', Johann Georg Hamann (1697–1733) als ‚Iris' und Lucas Geiger (1683–1750) als ‚Clio'. Vgl. Goodman 1999, S. 66.

1202 Gottsched VT 1748, S. 51.

1203 Gottsched VT 1748, S. 51.

1204 Gottsched VT 1748, S. 52.

1205 Gottsched VT 1748, S. 53.

1206 Vgl. Anonymus [o. J.] OWMS 1988, S. 97–123.

1207 Vgl. Elisabeth Gössmann, die in der Einleitung des Sammelbandes *Ob die Weiber Menschen seyn, oder nicht?* diesbezüglich auf Georg Christian Lehms hinweist, der „deutsche Universitäten als einen besonderen Ort der Frauenverachtung entlarvt" hatte. Gössmann 1988, S. 22.

distischen Effekt spekuliert",[1208] lässt er seine zunächst positiv konnotierte Vorstellung eines Frauenstaates in ein „Horrorszenarium"[1209] umkippen. Demnach wandeln sich ‚Callistes' Phantasien am Tag in der Nacht zu einem (Alb-)Traum:

> „Ich sah zwar allenthalben Frauenzimmer, aber ich konnte sie kaum mehr dafuer halten, was sie doch waren. Das machte ihre Gestalt, ihr Putz und ihre Kleidung waren veraendert. Man hielt unter ihnen nichts mehr auf die Schoenheit des Angesichts, nichts auf die weiße Haut des Halses und der Brust, nichts auf die geschickte Stellung des Leibes. Artigkeit und Hoeflichkeit waren Woerter, die mit denen dadurch bedeutenden Sachen ganz aus der Mode gekommen waren. [...] Man las keine Romane, um eine geschickte Art in Gespraechen daraus zu lernen. Auf allen Straßen sahe man unzaehlige Stuecke von zerbrochenen Spiegeln liegen: denn man bediente sich derselben nicht mehr. [...] Man ließ sich keine Moden mehr aus Frankreich bringen: eine iede machte ihre Kleidung nach ihrer eigenen Phantasie. Der Zwang der steifen Schnuerleiber war ganz verbannet: die Brust entbloeßete man nicht mehr, und die meisten Personen waren ziemlich stark von Leibe, und fast allenthalben gleich dick. Ich entsetzte mich ueber diesen Anblick. Ich konnte es mir fast nicht einbilden, daß diese unartige Creaturen, die ich ueberall vor mir sahe, Frauenzimmer seyn sollten. Wo sind, dachte ich bey mir selbst, alle Annehmlichkeiten unsers Geschlechts?"[1210]

Bezieht man diese erschütternd anmutende Beschreibung weiblicher Vernachlässigung auf die mythischen Amazonen, wird auch hier wieder deutlich, dass die ihnen zugesprochene Autarkie vom männlichen Geschlecht als warnendes Beispiel verwendet wurde. Demnach führt die imaginierte Anarchie der Frauenrepublik zum Chaos, weil sich die Geschlechterrelationen innerhalb des Frauenstaates ändern, wenn sich die dortigen Bewohnerinnen nicht mehr „auf den Putz des Leibes und den Schmuck in Kleidungen" konzentrieren, was – laut ‚Calliste' – „bloß der Mannspersonen halber geschieht."[1211] Sichtbar wird dies an den zerbrochenen Spiegeln, wie Silvia Bovenschen diesen Part der Traumszene erklärt:

> „Wird das Weibliche verselbständigt, zerspringen die Spiegel. Anders gesagt: Im Zusammenhang mit der Programmatik der weiblichen Gelehrsamkeit ist die Inversion der radikalste Ausdruck der geschlechtsspezifischen Egalitätsvorstellungen. An diesem Punkt wird es bedrohlich, die Spiegel zerbrechen, das so projizierte Weibliche gibt kein Bild mehr zurück, es verliert seine attraktiven

---

1208 Bovenschen 1979, S. 103.
1209 Bovenschen 1979, S. 103.
1210 Gottsched VT 1748, S. 54.
1211 Gottsched VT 1748, S. 55. Dazu merkt ‚Calliste' ferner an: „Alle [Frauen] miteinander werden es nicht gewahr, [...] daß ihre Eitelkeiten aus der uebermaeßigen Begierde, den Mannspersonen zu gefallen, herruehre." Gottsched VT 1748, S. 59.

erotischen Ingredienzien, es wird zur ‚unartigen Creatur' und chaotisiert die Bildwelten. Es kleidet sich nicht nur ‚nach der eigenen Phantasie', es verhält sich auch nach dem eigenen Wunsch; es nähert sich weder der Gebrauchstypologie noch den Sehnsuchtsmotiven an."[1212]

Obwohl man nach ‚Callistes' anfänglichem Rekurs auf die antiken Amazonen sicherlich nicht vermutet hätte, dass die moralische Botschaft letztlich auf zweierlei Warnungen hinauslaufen soll, nämlich zum einen vor übertriebener Eitelkeit, zum anderen aber *ebenso* vor dem ungepflegten Äußeren, ist genau dies Gottscheds Hauptanliegen. In programmatischer Absicht ging es ihm in seiner Moralischen Wochenschrift *Die Vernünftigen Tadlerinnen* um die Erziehung der bürgerlichen Frau und die Vermittlung von tugendhaftem und vernünftigem Verhalten.[1213] Dieser moralischen Belehrung entsprechend zogen Frühaufklärer wie Gottsched einen Mittelweg vor, der das Bürgertum „von der ‚Hochmütigkeit' des Adels ebenso ab[grenzte] wie von der ‚Niederträchtigkeit' des Pöbels."[1214] Daher betont Gottsched als ‚Calliste' im Hinblick auf ein angemessenes Verhalten der Frauen dem männlichen Geschlecht gegenüber: „Ich mache einen groeßren Unterscheid einer maeßigen Bemuehung, wohlgearteten Leuten zu gefallen, und einer unermuedeten Begierde, eitle Mannspersonen zu reitzen, zu entzuecken, zu bezaubern."[1215]

Während Gottscheds sehr spezieller Entwurf von autarken, aber in Bezug auf ihr Äußeres pflichtvergessenen Amazonen kein Vorbild für das weibliche Bürgertum sein durfte, schien für ihn der höfische Rekurs auf die mythischen Kriegerinnen mit seiner repräsentativen Funktion paradoxerweise weniger problematisch. Dies gilt zumindest im Falle der sächsischen Kurfürstin Maria Antonia, die sich an den Amazonen als *femmes fortes* orientierte, um ihr Selbstbild als kämpferische und den männlichen Monarchen ebenbürtige Regentin zu demonstrieren.

1212 Bovenschen 1979, S. 104.
1213 Vgl. dazu Habermann 1994, S. 259. Habermann betont, dass eine Wochenschrift „beinahe [das] einzige Forum [gewesen sei], die Frau des Bürgertums zu erreichen."
1214 Habermann 1994, S. 261.
1215 Gottsched VT 1748, S. 56. Veranschaulicht wird dies durch ‚Callistes' Beschreibung der eitlen Corinna, deren übertriebene Achtsamkeit auf ihr Äußeres getadelt wird, während die gebildete Modesta als Vorbild einer jeden Bürgerin gelten kann. Schließlich verschwende diese „ihre Zeit nicht mit unnuetzem Aus= und Ankleiden, Schmuecken und Balsamieren, Waschen und Pudern; sondern kann sie zu Hausgeschaeften und Lesung nuetzlicher Buecher anwenden. Daher haelt sie nun iedermann nicht nur fuer ein angenehmes, sondern auch fuer ein wohlgezogenes und tugendhaftes Frauenzimmer." Gottsched VT 1748, S. 57.

Inwiefern Gottsched diese Selbststilisierung mit seinem Trauerspiel *Thalestris* stützte, soll nun mit Blick auf die Rahmenbedingungen, unter denen Maria Antonias Oper *Talestri* entstand, das Verhältnis Gottscheds zu Maria Antonia, den Inhalt des Singspiels und eine Gegenüberstellung des Opern- und Tragödientextes analysiert werden.

4.4.3 Maria Antonia Walpurgis von Sachsen als *femme savante* und Politikerin

Keine Frage: Maria Antonia Walpurgis von Sachsen war eine vielseitig interessierte, gebildete und musikalische Fürstin, deren künstlerische Talente und politische Interessen in ihrer Amazonen-Oper *Talestri* kulminierten. Als älteste Tochter des bayerischen Kurfürsten Karl Albert (1697–1745), dem späteren Kaiser Karl VII., und seiner Frau Maria Amalia von Österreich (1701–1756), erhielt sie am Münchener Hof, der neben Dresden „zu den Zentren der italienischen Oper im deutschsprachigen Raum"[1216] zählte, eine vielseitige Erziehung. Musikalisch wurde sie von dem bekannten Komponisten Giovanni Ferrandini (ca. 1710–1791) unterrichtet und sprach neben Latein fließend Französisch und Italienisch, später sogar Englisch und Polnisch. Unterweisungen in Poesie, Malerei und diversen Wissenschaften wurden ihr ebenso zuteil.[1217]

1747 heiratete Maria Antonia den sächsischen Kurprinzen Friedrich Christian (1722–1763) durch Prokuration und zog als Kurprinzessin von Sachsen nach Dresden.[1218] Wenngleich Moritz Fürstenaus Äußerung, die Ehe zwischen Maria Antonia und ihrem Gatten sei „eine Zeit ruhigen und ungetrübten Glückes" gewesen, da „Friedrich Christian, wenn auch körperlich gebrechlich und an den Füßen gelähmt, [...] ein Mann von wohlwollendstem Gemüth und dem edelsten Charakter [war]",[1219] überaus pathetisch klingt, kann man anhand der Tagebuchaufzeichnungen des Kurprinzen tatsächlich von einer harmonischen Ehe ausgehen. Er nannte seine Ehefrau sein ‚zweites Ich', dem er selbst in politischen Angelegenheiten volles Vertrauen entgegenbrachte.[1220]

1216 Fleig 1997, S. 42. Siehe dazu auch Kapitel 4.1.1 zur frühen ‚deutschen' Oper.
1217 Vgl. Fleig 1997, S. 43 und Fürstenau [1861–1862] 1971b, S. 184.
1218 Bei der Hochzeit handelte es sich genau genommen um eine sächsisch-bayerische Doppelhochzeit: Während ein Stellvertreter Friedrich Christians Maria Antonia ehelichte, vermählte sich ihr Bruder, Kurfürst Maximilian III. Joseph von Bayern (1727–1777) mit der sächsischen Prinzessin Maria Anna (1728–1797). Vgl. Fürstenau 1884, S. 371.
1219 Fürstenau 1884, S. 371.
1220 Siehe dazu Schlechte 1992, S. 31. Hier heißt es: „Schon 1751 nahm sich der Kurprinz [Friedrich Christian] [...] vor, niemals ‚einem einzelnen Staatsdiener

Da das Interesse an den schönen Künsten[1221] und Wissenschaften sowohl Friedrich Christian als auch Maria Antonia seit ihrer Kindheit prägte, war dies die größte Gemeinsamkeit der Eheleute. Musik und Theater waren – denkt man allein an die Amazonen-Oper (*L')Antiope* für Kurfürst Johann Georg III. von Sachsen (1647–1691) aus dem Jahr 1698 zurück – wichtige Bestandteile des kulturellen Lebens am Dresdner Hof, so dass sich die kunstsinnige Kurprinzessin hier produktiv einbringen konnte. Maria Antonia war dabei nicht nur Mäzenin einiger KünstlerInnen[1222] sowie Förderin der Wissenschaften, sondern wurde 1747 auch Mitglied der Accademia dell'Arcadia, einer gelehrten Gesellschaft in Rom.[1223] Seitdem verwendete sie das Pseudonym E. T. P. A. für Ermelinda Talea Pastorella Arcada[1224] [Arcade[1225]], das auf den Titelblättern ihrer beiden Opern *Il trionfo della fedeltà* (*Der Sieg der Treue*, 1754) und *Talestri, Regina delle amazzoni* zu finden ist.[1226] Außer ihrer Tätigkeit als Librettistin und Komponistin war Maria Antonia auch Übersetzerin. Sie

---

allein sein gesamtes Vertrauen zu schenken, außer etwa einem zweiten Ich.' Mit dieser Ausnahme war Maria Antonia gemeint."

1221 Maria Antonia hatte neben ihrem Interesse für Musik und Sprachen auch von 1746 bis 1752 Unterricht bei den Malern Anton Raphael Mengs (1728–1779) und Georg de Marée (1697–1776). Von der Hand der Kurprinzessin entstanden Selbst- und Familienporträts, ein Bild der Heiligen Magdalena und ein Bildnis de Marées. Vgl. dazu Fischer 2000, S. 202–203.

1222 Zu den Protegés zählten sowohl Johann Christoph Gottsched als auch seine Ehefrau Louise Adelgunde. Dafür spricht, dass ihr Lustspiel *Die ungleiche Heyrath* auf den Wunsch des Kurprinzenpaares hin 1754 in Dresden aufgeführt wurde. Vgl. Schlechte 1992, S. 51–52.

1223 Vgl. Fürstenau 1884, S. 374. Maria Antonias Gatte Friedrich Christian war schon seit 1738 Mitglied der Arkadier und nannte sich ‚Lusazius Argireus'. Siehe Fürstenau [1861–1862] 1971b, S. 193.

1224 Vgl. Fürstenau 1884, S. 374.

1225 Vgl. diese Auflösung der Initialen in Fischer 2007, S. 52. Siehe dazu auch Kord 1996, S. 90. Anders als im 19. Jahrhundert zeigten adelige Autorinnen des 18. Jahrhunderts noch keine Tendenzen, anonym zu veröffentlichen. Dennoch verwendete Katharina II. , Kaiserin von Russland (1729–1796), das Pseudonym „I. K. M. d. K. a. R." (= Ihre Kaiserliche Majestät die Kaiserin aller Reussen) für ihre russischen, französischen und deutschen Komödien oder dramatischen Sprichwörter. Dieses Beispiel zeigt jedoch, dass der Deckname bewusst gewählt wurde, um die weibliche Autorschaft transparent zu machen, was – laut Susanne Kord – für kein Bescheidenheitsgebot spricht. Als Gegenbeispiel macht sie auf Maria Antonia aufmerksam, deren Pseudonym „E. T. P. A." keine unmittelbaren Rückschlüsse auf die Kurprinzessin zulassen würde.

1226 Die Singspiele gehen auf den Musikunterricht bei Nicola Porpora (1686–1768) und Johann Adolph Hasse (1699–1783) zurück und wurden 1756 bzw. 1765 bei Breitkopf in Leipzig verlegt. Siehe Fischer 2000, S. 201.

übersetzte das italienische Libretto *Demetrio* (1749) von Pietro Metastasio[1227] (1698–1782) ins Französische und übertrug das Schauspiel *Der Nothleidende* von Louis Sebastian Mercier (1773) aus dem Französischen ins Deutsche.[1228] Metastasio spielte als Lehrer der Kurprinzessin insofern eine große Rolle, als sie durch ihn, den einflussreichsten Operndichter des 18. Jahrhunderts, der sich am französischen Klassizismus orientierte, angestoßen nicht nur die

---

1227 Der Dichter Metastasio war der berühmteste Librettist seiner Zeit. Bis zu seinem Tod 1782 hatte er die Stelle als kaiserlicher Hofdichter (poeta cesareo) in Wien inne. Metastasios Schaffen, in dem die Musik für ihn als ‚Sklavin der Poesie' galt, fällt dabei in den literarischen und musikalischen Reformprozess der Oper, der seit ungefähr dreißig Jahren im Gang war. Im Hinblick auf die Libretti wollte man sich nun mit dem Rekurs auf die aristotelischen Einheiten von Zeit, Ort und Handlung von den Operntexten des ausgehenden 17. Jahrhunderts abgrenzen, in denen Personen hohen und niederen Standes, heroische und komische Szenenelemente sowie Haupt- und Nebenhandlungen sich mischten. Zu den Vorbildern Metastasios zählten die französischen Klassizisten Pierre (1606–1684) und Thomas Corneille (1625–1709) sowie Jean Racine (1639–1699), deren vorgeführte Intrigen und Affektdarstellungen großen Einfluss auf seine eigenen Operntexte hatten. Kennzeichnend für die Libretti Metastasios sind demnach Handlungen, in denen sich die Intrige eher im Dialog als in der Bühnenaktion entwickelt. Indem Herrschertugenden im Mittelpunkt der Operntexte stehen, spiegelt die Personenkonstellation die gesellschaftliche Hierarchie wider, in der ein Herrscher an der Spitze steht, dem wiederum zwei Paare unterstehen, von denen eine oder mehrere Figuren als Vertraute fungieren können. Vgl. dazu Leopold 1998, Sp. 93–94; Buttini-Menchelli 2001; Calella 2001, S. 42.

1228 Vgl. dazu Kord 1992, S. 404–405; Fleig 1999; Fischer 2007, S. 87. Im Gegensatz zu Kord wird Maria Antonias Übersetzung des *Demetrio* von Fleig nicht erwähnt. Dafür ergänzt sie die Angaben zur deutschen Übersetzung des *Nothleidenden* aus dem Französischen. Demzufolge hat die einstige Kurfürstin von Sachsen das Drama nicht alleine übersetzt, sondern mit ihrer Schwester Maria Anna Josepha Augusta (1734–1776), Markgräfin von Baden, und ihrer Schwägerin Maria Anna, Kurfürstin von Bayern. Nach Fleigs Angaben lässt sich daraus schließen, dass ein kultureller Austausch nach der sächsisch-bayerischen Doppelhochzeit von 1747 nicht nur zwischen München und Dresden stattfand, sondern auch zum badischen Hof. (Fleig 1999, S. 316). Gerade diese weibliche Übersetzungstätigkeit zeigt, dass hier ein Netzwerk hochgebildeter Frauen bestanden hat, die sich zu einer (verwandtschaftlichen) ‚Arbeitsgemeinschaft' zusammenschließen konnten. Moritz Fürstenau gibt an, dass der *Demetrio* bzw. *Demetrius* 1751 am Dresdner Hof und *Der Nothleidende* am 4. März 1773 in München aufgeführt wurden. Vgl. Fürstenau [1861–1862] 1971b, S. 191.

Libretti zu *Talestri* und *Il trionfo* verfasste, sondern auch Kantaten[1229]- und Arientexte schrieb, die von anderen Komponisten vertont wurden.[1230]

Maria Antonia entsprach damit dem Ideal der *femme savante*, der „klugen, verständigen, gebildeten und weltgewandten Dame."[1231] Als solche galten auch Schriftstellerinnen der Pariser Salonkultur wie Madeleine de Scudéry im 17. Jahrhundert und im 18. Jahrhundert die ebenfalls schriftstellerisch tätige, intellektuelle, als Musikerin, Schauspielerin, Sängerin und bildende Künstlerin bekannte Marquise de Pompadour (1721–1764), Mätresse Ludwigs XV.[1232] Als gelehrte Fürstin wurde sie – wie Marie de Médicis[1233] und Anna von Österreich[1234] vor ihr oder ihre Zeitgenossin Katharina II. von Russland[1235] (1729–1796) – ohnehin mit Minerva (Pallas Athene), Göttin der Wissenschaften und Künste, verglichen.[1236] Auf die Göttin der Gelehrsamkeit, die „den Typus der männergleichen, mit physischer Kraft und geistiger Energie begabten kämpferischen Jungfrau verkörpert" und daher zugleich „als Schutzherrin der [ihr] ‚wesensverwandt[en]' Amazonen gilt",[1237] bezieht sich auch Johann Christoph Gottsched in seiner 1747 gehaltenen „Bewillkommnungsrede" für Maria Antonia:

> „Das einzige hat uns [sächsische Untertanen, speziell die Gelehrten der Universität Leipzig], bisher noch gefehlt, daß wir diejenige Schutzgoettin der Musen [Maria Antonia], die uns bisher durch die Stimme des Geruechtes, schon hoechstens angepriesen worden; die wir auch schon in der Entfernung, als unsre kuenftige Minerva verehrt haben, auch in Gegenwart unterthaenigst begrueßen; [...]. Dero große Geschicklichkeit in den gelehrten und neuern Sprachen; Dero tiefe Einsicht in so viele Theile der Gelehrsamkeit; und Dero allgemeine Liebe zu allen schoenen Wissenschaften, nebst aus allen Dero Blicken und Geberden

---

1229 Unter anderem handelt es sich hierbei um die Kantaten *Didone abandonnata* und *Lavinia a turno*. Vgl. Fleig 1998, S. 43.

1230 Musikalisch wurde *La Conversione* u. a. von Johann Adolph Hasse umgesetzt. Von *Talestri* gab es sogar zwei Parallelvertonungen: Demzufolge setzte Giovanni Battista Ferrandini (1710–1791) den Operntext musikalisch um, wobei diese Fassung des Singspiels wohl nie aufgeführt wurde. Eine andere musikalische Verarbeitung des Librettos fand 1764 in Braunschweig durch Johann Gottfried Schwanberger (1737–1804) statt, dessen Vertonung jedoch nicht erhalten ist. Vgl. Fischer 2000, S. 201–202.

1231 Fischer 2007, S. 36.

1232 Vgl. Fischer 2007, S. 36

1233 Vgl. Schlumbohm 1981, S. 118–119.

1234 Vgl. Neysters 1995, S. 111.

1235 Vgl. Tipton 1997, S. 73–80.

1236 Vgl. dazu auch Fischer 2007, S. 38.

1237 Schlumbohm 1978, S. 91. Siehe ebenso Fischer 2007, S. 71.

hervor leuchten, versprechen allen unsern kuenftigen Beschaefftigungen einen neuen Fortgang, und den freyen Kuensten selbst den schoensten Flor von der Welt."[1238]

Auch im Widmungstext des 1761 erschienenen *Allgemeinen historischen Verzeichnis gelehrter Frauen* von Peter Paul Finauer (1732–1788) bezeichnet der Autor Maria Antonia „als vollkommenes Muster einer außerordentlichen Gelehrsamkeit" und daher als „grossmüthige Minerva".[1239] In einer Ode von Gioacchino Pizzi (1716–1790) wird der gebildeten und kultivierten Kurprinzessin letztlich sowohl ein Heldinnenkanon zur Seite gestellt, wie man ihn beispielsweise aus der *Galerie des Femmes Fortes* kennt, als auch die Amazonenkönigin Talestris mit ihr verbunden, um für ihre Herrschaftsfähigkeit zu plädieren.[1240]

Im Siebenjährigen Krieg (1756–1763) konnte Maria Antonia ihre Regierungsfähigkeit tatsächlich unter Beweis stellen: In den Auseinandersetzungen um Schlesien stand Preußen (später mit England) den Verbündeten Österreich, Frankreich und Russland gegenüber. Um Österreich aufzuhalten, besetzte Friedrich II. von Preußen mit seinen Truppen Sachsen, das mit Österreich und Russland verbündet war.[1241] Die Kapitulation der sächsischen Armee im Oktober 1756 führte zur Flucht des Kurfürsten Friedrich August II., der als polnischer König nach Warschau floh, während seine Gattin Maria Josepha, sein Sohn Friedrich Christian und Maria Antonia zunächst in Dresden blieben.[1242] Durch die Abwesenheit Friedrich Augusts II. war das Prinzenpaar nun für Hof- und Staatsangelegenheiten verantwortlich und bekam 1759 gemeinsam den Befehl, die Finanzverwaltung respektive das Kammerdepartement zu leiten, was die Kurprinzessin letztlich allein übernahm.[1243] Ferner kümmerte sich Maria Antonia um das Finanzwesen, führte Verhandlungen mit auswärtigen Staaten und zum Teil auch diplomatische Korrespondenz.[1244]

1238   Gottsched [1747] BEW 1976, S. 393–394. Siehe ebenso Fischer 2007, S. 38.
1239   Fischer 2000, S. 214 und Fischer 2007, S. 38.
1240   Vgl. Fischer 2000, S. 213.
1241   Horst Schlechte merkt explizit an, dass Sachsen keineswegs an Verträge mit Petersburg gebunden war, dies jedoch nichts an der antipreußischen Kabinettspolitik des Kurfürstentums änderte. Vgl. Schlechte 1992, S. 19.
1242   Vgl. Fleig 1998, S. 44. Christine Fischer weist darauf hin, dass das Kurprinzenpaar den Dresdener Hof erst 1759 verließ, um zunächst in Prag und danach von 1760 bis 1762 bei Maria Antonias Familie in München zu leben. Vgl. auch Fischer 2007, S. 274–275.
1243   Vgl. Fürstenau 1884, S. 372. Vgl. ebenso Fleig 1998, S. 44.
1244   Dass Maria Antonia sich schon vor dem Einmarsch preußischer Truppen um politische Angelegenheiten Sachsens kümmerte, zeigen Aufzeichnungen aus dem Tagebuch ihres Gatten. Hier erwähnt Friedrich Christian den Briefwechsel seiner Ehefrau mit ihrer Verwandten Maria Theresia aus dem Jahr 1752,

Selbst ein Kriegszugsplan geht auf sie zurück,[1245] was im Zusammenhang mit der von Maria Antonia entworfenen Opern- und Amazonen-Figur *Talestri* auf ihr Selbstbild einer wehrhaften Regentin verweist.

Das politische Engagement der Kurprinzessin zeigte sich auch 1762, als auf Schloss Hubertusberg in Sachsen Friedensverhandlungen geführt wurden, bei denen sie mitwirkte. Am 15. Februar 1763 kam es schließlich zum ersehnten Frieden, der das Kurprinzenpaar einige Monate später mit Friedrich II. von Preußen zusammenführen sollte. Augenscheinlich verhalf diese Annäherung beiden Seiten, politische Differenzen und menschliche Vorbehalte abzubauen,[1246] wie der daraufhin einsetzende Briefwechsel zwischen Maria Antonia und Friedrich II. zeigt. Gerade hier wird deutlich, dass die spätere Kurfürstin dem ebenfalls musikalischen König ihre Opern *Il trionfo della fedeltà* und *Talestri, Regina delle Amazzoni* nicht allein aus kulturellem Interesse zukommen ließ. Vielmehr lässt es sich als diplomatischen Zug deuten, Friedrich II. mit Freundschaftsgesten wie diesen zum Mitstreiter zu gewinnen. Maria Antonia lag sehr viel an der Erhaltung der polnischen Krone für Sachsen, wie sie schon vor Ausbruch des Siebenjährigen Krieges Kaiserin Maria Theresia signalisiert hatte. Als diese 1772 der Teilung Polens zustimmte, brach der Briefverkehr der beiden insbesondere aus politischen Gründen allerdings ab.

Von dem Kontakt zu Friedrich dem Großen versprach sich Maria Antonia mehr und kam daher schon in ihrem zweiten Brief an ihn auf die polnische Thronkandidatur zu sprechen. Doch während sie den preußischen König auf politischer Ebene ansprach, schien dieser „– in der Position des Mächtigeren – von vornherein mehr an einem schöngeistigen Austausch interessiert"[1247] gewesen zu sein. Darüber hinaus konnte es auch nicht im Interesse Friedrichs sein, Katharina II. zu übergehen, die ebenfalls ihren Anspruch auf die polnische Krone geltend machte. Da Russland gegen Ende des Siebenjährigen

---

in dem Maria Antonias Anfrage um die polnische Thronkandidatur ihres Mannes transparent wird. Die Kaiserin machte in ihrer Antwort deutlich, dass Österreich keinen Anspruch auf die polnische Krone erheben würde, der sächsisch-polnischen Personalunion also nicht im Weg stünde, falls Sachsen seine Interessen ohne einen Krieg durchsetze. Siehe dazu Schlechte 1992, S. 22.

1245   Vgl. Fischer 2000, S. 214.

1246   So kritisiert Friedrich Christian den Preußenkönig 1751 folgendermaßen: „Er stützt sich ausschließlich auf die Gewalt und schert sich nicht um die übrige Welt. Durch despotische Herrschaft über seine Untertanen glaubt er sich unsterblich zu machen. Er spottet über alles, auch über die Reichsverfassung, zumal er ein erklärter Feind des jetzigen Kaiserhauses [das der österreichischen Kaiserin Maria Theresia] ist, wenn auch mit diesem zur Zeit nicht im Kriegszustand." Schlechte 1992, S. 29.

1247   Fleig 1998, S. 57.

Krieges einen Friedensvertrag mit Preußen geschlossen hatte, zeigte sich der Preußenkönig loyal der russischen Kaiserin gegenüber. So musste er Maria Antonia, die nach dem Tode ihres Schwiegervaters Friedrich August II. im Oktober 1763 schließlich zur Kurfürstin Sachsens wurde, in der Polen-Frage eine Absage erteilen.[1248]

Doch die Lage sollte sich für Maria Antonia ohnehin ändern. Bereits im Dezember 1763 verstarb Kurfürst Friedrich Christian nach nur zweimonatiger Regentschaft, was vor allem zu dynastischen Veränderungen am Dresdner Hof führte: Prinz Xaver (1730–1806), der Bruder Friedrich Christians, übernahm für seinen minderjährigen Neffen und Erbprinzen Friedrich August III. (1750–1827) „die Administration von Sachsen".[1249] Bis 1768 regierte Xaver, der „für Außenpolitik und Militär"[1250] zuständig war, gemeinsam mit Maria Antonia,[1251] die als Kurfürstinwitwe die Verantwortung über das Finanzwesen[1252] und das Mitspracherecht in Regierungsfragen behielt, wie sie es seit ihrer Regentschaft mit dem verstorbenen Gatten gewohnt war. Auch die politischen Reformkonzepte mit aufklärerischen Tendenzen, die sie gemeinsam mit Friedrich Christian entwickelt hatte,[1253] erwiesen sich nach dessen Tod noch als tragfähig.[1254] Die polnische Krone konnte Maria Antonia jedoch nicht mehr erlangen.[1255] Als ihr ältester Sohn Friedrich August 1768 Kurfürst wurde, durfte sie sich auch nicht mehr an den Staatsgeschäften beteiligen. Im Gegensatz zu seinem Vater Friedrich Christian war er nicht der Ansicht, seiner Mutter oder seiner Ehefrau landesherrschaftliche Entscheidungsbefugnisse einräumen zu müssen. Auch andere Familienmitglieder wurden in Regierungsfragen nicht gehört.[1256]

1248   Vgl. Fleig 1998, S. 59.
1249   Vgl. Bischoff 2013, S. 205.
1250   Bischoff 2013, S. 205.
1251   Vgl. dazu auch Woldemar Lippert, der hervorhebt, dass Maria Antonia bei der vormundschaftlichen Regierung für ihren erst dreizehnjährigen Sohn und Thronfolger Friedrich August miteinbezogen wurde. Lippert 1908, S. LXXV.
1252   Vgl. Bischoff 2013, S. 205.
1253   Diese sind schon 1752 in der Regierungskonzeption des Kurprinzen zu erkennen. Demgemäß notiert Friedrich Christian in seinem Tagebuch: „Die Fürsten sind für ihre Untertanen da, nicht die Untertanen für die Fürsten. [...] Der Wohlstand der Untertanen, der öffentliche Kredit des Staates und eine gute stehende Armee sind das wahre Glück des Landesherren. [...] Er muss in erster Linie auf die Erhaltung und die Verteidigung seines Landes bedacht sein." (Schlechte 1992, S. 30). Siehe dazu ebenso Fischer 2000, S. 221.
1254   Vgl. Fischer 2000, S. 221.
1255   Vgl. Fleig 1998, hier Anm. 68.
1256   Vgl. Fürstenau 1884, S. 372–373.

Maria Antonias politische Handlungsspielräume waren daher keineswegs als selbstverständlich zu betrachten. Sie verdankte ihren Einfluss und ihre Macht „auch der politischen Zurückhaltung ihres Mannes."[1257] Noch im Nachhinein stellte sich ihre Vorstellung von der Gleichberechtigung unter Regenten als Irrtum heraus, schrieb sie Friedrich II. von Preußen 1765 doch: „Entre souverains, ce n'est pas le sexe qui décide."[1258] („Zwischen Herrschern ist es nicht das Geschlecht, das entscheidet.") De facto überhöhte Maria Antonia nicht nur ihre eher fragile Position innerhalb Sachsens, sondern auch ihre Stellung mächtigeren Herrscherhäusern gegenüber. Obgleich sie sich selbst als ebenbürtige Herrscherin betrachtete, wird deutlich, dass ihre politischen Handlungsmöglichkeiten sehr wohl von den Männern abhingen, von denen sie umgeben war.[1259]

4.4.4 Maria Antonia als Amazonenkönigin Talestri im Kontext ihrer Zeit

Zwei Jahre zuvor, am 24. August 1763, hatten sich die Mitglieder des Dresdener Hofes jedoch noch vom selbstbewussten Herrschaftsanspruch Maria Antonias überzeugen können, die ihre Regierungsfähigkeit in der Rolle der Amazonenkönigin Talestri (Talestris[1260]) zum Ausdruck brachte. Anlass für die Aufführung der Oper *Talestri* war die Rückkehr ihres Schwiegervaters Friedrich August II. nach Sachsen, der zu Beginn des Siebenjährigen Krieges aus politischen Gründen nach Polen geflohen war.

Die Wahl ihrer Titelfigur, aber auch der Rückgriff auf Antiope und Tomiri (Tomiris[1261]) als weitere mythologische Figuren machen deutlich, dass sich die

---

1257 Fleig 1998, S. 45.
1258 Fleig 1998, S. 62.
1259 Vgl. Fleig 1998, S. 62–63.
1260 Bei den in Klammern gesetzten Namen handelt es sich um deren Schreibweise in der deutschen Übersetzung des italienischen Textes. Vgl. *Personenverzeichnis*. In: E. T. P. A. TAL 1763b, S. B 3ʳ.
1261 Herodot zufolge war Tomyris (Tomiris) die verwitwete Königin der Massageten, um die der Perserkönig Kyros vergeblich warb. Da sie ihn verschmähte, erklärte er ihr den Krieg und fiel mit seinen Truppen in ihr Land ein. Unter der Führung ihres Sohnes Spargapises sandte sie dem Angreifer daraufhin ihr eigenes Heer entgegen. Als Kyros den Massagetenprinzen mit einer Kriegslist besiegte und gefangen nahm, brachte dieser sich um. Um ihren Sohn zu rächen, zog Tomyris selbst in die Schlacht und ließ das abgeschlagene Haupt des besiegten Perserkönigs in einen mit Menschenblut getränkten Beutel tauchen. „Und den Leichnam schändete sie und sprach dazu: ‚Du hast mich, ob ich auch lebe und dich im Kampf besiegt habe, zugrunde gerichtet, da du mir meinen Sohn mit List nahmst. Dich aber werde ich, wie gesagt, mit Blut sättigen.'" (Herodot 1983, I, 204–215). Trotz der Brutalität gilt Tomyris neben anderen weiblichen Figuren wie „Esther, Judith und Jael als Präfiguration der Maria."

hochadelige Librettistin für ihr Singspiel intensiv mit antiken Mythologemen aus Amazonen-Mythen und hier vor allem mit dem Talestris-Stoff auseinandergesetzt hat. Wie der Mythos um diese Königin der Amazonen und ihre Begegnung mit Alexander dem Großen zeigt, sind es Talestris' Selbstbewusstsein, ihre Eigeninitiative und die friedlichen Absichten, die den makedonischen Herrscher beeindrucken. In dieser aktiven, aber keineswegs aggressiven Amazonen-Figur konnte die selbstsichere Maria Antonia ein ihr zusagendes, repräsentationswürdiges Leitbild finden. Die Darstellung einer Penthesilea wäre für die Aussage der Oper hingegen kontraproduktiv gewesen, da diese Amazone sich zwar durch ihre Schönheit auszeichnet, aber weit mehr für ihren erbitterten Kampf gegen Achilles, den Feind der Trojaner, bekannt ist. Darüber hinaus wird die Tochter des Kriegsgottes Ares von dem griechischen Helden tödlich verwundet, so dass von einer Versöhnung und einem friedlichen Ausgang keine Rede sein kann.[1262] Und dies war keinesfalls die Botschaft, die Maria Antonia mit ihrem Singspiel vermitteln wollte.

Der späteren Kurfürstin lag vielmehr daran, sich im Sinne der Amazonen zwar als wehrfähige, aber großmütige und friedliebende Regentin zu stilisieren. Dabei lässt die Handlung der *Talestri* erkennen, dass sich Maria Antonia – ebenso wie andere Librettisten und Romanautoren vor ihr – von La Calprenèdes Liebesgeschichte zwischen der Amazonenkönigin Talestris und dem Prinzen Orontes inspirieren ließ.[1263] Des Weiteren muss sie auf Amazonen-Libretti wie Postels *Die Groß=Muethige Thalestris* oder Ziglers *Die Lybische Talestris* zurückgegriffen haben, da die Handlung ihrer Oper einen deutlichen Bezug zu den beiden Operntexten erkennen lässt.[1264] So erwies sich Maria Antonia allein durch diese literarische Verarbeitung ihrer Lektürekenntnisse einmal mehr als *femme savante*.

Wie bereits erörtert wurde, ist in allen drei Werken von einem als Amazone verkleideten Prinzen und seiner verbotenen Liebe zur Amazone Talestris, der Verzweiflung der Liebenden und den sich daraus ergebenden Verwicklungen die Rede. Maria Antonias *dramma per musica* setzt allerdings erst zu

---

Ebenso wie Maria den Satan bezwungen hat, siegte Tomyris über Kyros. Bettina Baumgärtel merkt an, dass die Massagetenkönigin immer dann angeführt werde, „wenn es darum geht, Ausnahmefrauen zu legitimieren." Begründet habe man dies u. a. mit ihrer keuschen und vorbildlichen Witwenschaft, da sie einer Ehe mit Kyros widerstanden habe. Siehe dazu Baumgärtel 1995b, S. 347.

1262 Vgl. dazu beispielsweise den Eintrag *Penthesíleia* in Hunger 1985c. Den Bekanntheitsgrad dieser Amazonen-Figur im 18. Jahrhundert belegen auch das Zedler-Lexikon und Hederichs mythologisches Lexikon. Siehe dazu die Artikel *Penthesilea* in Zedler 1741a sowie *Penthesiléa* in Hederich [1770].

1263 Die *Cassandre* La Calprenèdes gehörte eindeutig zum Buchbestand in Maria Antonias Bibliothek. Vgl. Fischer 2007, S. 271.

1264 Vgl. Fischer 2007, S. 272–273. Siehe hierzu auch Fischer 2000, S. 211–212.

einem späteren Zeitpunkt ein: Oronte (Orontes), der als Amazone getarnte Prinz der Skythen, hat sich Talestri (Talestris) längst offenbart. Trotz ihrer Liebe zu ihm schickt sie ihn fort, doch kehrt er – diesmal unverkleidet – zu ihr zurück und wird von den Amazonen gefangen genommen. Der Konflikt spitzt sich zu, als Tomiri (Tomiris), die oberste Priesterin der Amazonen, auf die Ermordung des männlichen Feindes drängt. Als sich Talestris Schwester Antiope in Orontes Freund Learco (Learch) verliebt, der ebenfalls inhaftiert wird, versuchen die Schwestern, ihre Geliebten zu befreien. Trotz aller dramatischen Zwischenfälle und dem drohenden Kampf zwischen dem Befreiungsheer der Skythen und den wehrhaften Kriegerinnen endet das Singspiel mit der Versöhnung der verfeindeten Völker resp. Geschlechter. Es konnte nicht das Anliegen Maria Antonias sein, sich in der Rolle der Talestri als männerhassende und unreflektierte Herrscherin darzustellen. Gerade indem sich die Amazonenkönigin in ihrem Gewissenskonflikt zwischen männerfeindlichen Dogmen und ihrer Zuneigung zu Orontes als liebes- und leidensfähig zeigt, erweist sich ihre Größe in Rechtsbewusstsein und Humanität. Folglich appelliert Talestri an die Vernunft der Oberpriesterin Tomiri, um das Todesurteil über ihren Geliebten aufheben zu lassen. Dabei setzt sie auf deren Mutterliebe, als sich herausstellt, dass die Priesterin die leibliche Mutter des skythischen Kronprinzen ist. Trotz aller Verwicklungen zeigt sich im Hinblick auf das erwartungsgemäße *lieto fine*, dass Tomiri sich besinnt und die Vernunft über die Unmenschlichkeit siegt. Die inhaltliche Konzeption der Oper verdeutlicht dabei einmal mehr, wie geschickt Maria Antonia ihr – durch die Ideen der Aufklärung beeinflusstes – Herrschaftsverständnis zu vermitteln versuchte.

Dass sich die Kurprinzessin Sachsens in einer Zeit als Amazone stilisierte, in der das Amazonen-Motiv in der Literatur nach seiner Blütezeit im Barock an Attraktivität verlor, weil das 18. Jahrhundert „kein Verständnis für eine so unreale und unbürgerliche Erscheinung hatte",[1265] ist nicht verwunderlich. Denn obgleich der Weiblichkeitsentwurf der mythischen Kriegerin als *femme forte* literarisch nicht mehr en vogue war und statt dieser höfischen (Selbst-)Stilisierung nun vornehmlich der Typus der tugendhaft-unschuldigen, duldenden, passiven, gehorsamen und vor allem unter der väterlichen Herrschaft stehenden Tochter in den bürgerlichen Trauerspielen idealisiert wurde,[1266] war das Wissen um die mythischen Kriegerinnen auch im Zeitalter

---

1265 Frenzel 1999a, S. 25.
1266 Zu den Grundlagen und der Entstehungsgeschichte des bürgerlichen Trauerspiels in Deutschland siehe grundsätzlich Guthke 1976. Zum Tugendbegriff und dem Vater-Tochter-Verhältnis in den bürgerlichen Trauerspielen vgl. exemplarisch die Aufsätze Scheuer 1994; Kaarsberg Wallach 1993; Scheuer 2000; Stephan 2004a.

des erstarkenden Bildungsbürgertums nach wie vor präsent und wurde in unterschiedlicher Weise genutzt. Abgesehen von den bereits erwähnten Artikeln zu den antiken Amazonen in Johann Heinrich Zedlers *Universallexikon* und in dem *Mythologischen Lexikon* von Benjamin Hederich finden sich in dem von Johann Christoph Gottsched 1760 herausgegebenen *Handlexikon* Ausführungen über die „streitbare[n] Weiber"[1267] Orythia, Penthesilea und Talestris. Zudem erschien die 1740 in Paris publizierte *Histoire des Amazones anciennes et modernes* von Claude-Marie Guyon (1699–1771) im Jahr 1763 auch in deutscher Sprache; sogar Maria Antonia war im Besitz dieser *Geschichte derer Amazonen*,[1268] die – neben Schilderungen von Amazonen am Schwarzen Meer, in Böhmen, Afrika und Amerika – u. a. vom tödlichen Kampf zwischen Penthesilea und Achilles und der friedlichen Begegnung zwischen Talestris und Alexander dem Großen berichtet.[1269]

Im Kontext des Siebenjährigen Krieges verfasste der Librettist und Kinderbuchautor Christian Felix Weiße (1726–1804) sogar *Amazonen-Lieder* (1762),[1270] die Karl-Christian Reckert[1271] (1739–1800) einige Jahre später zur Dichtung seiner *Amazonen-Lieder* (1770)[1272] angeregt haben müssen.[1273] Doch im Gegensatz zu Weißes Liedern, in denen ausschließlich Amazonen ihre

---

1267 Vgl. in Gottsched [1760] 1970a den Artikel *Amazonen*.

1268 Vgl. Fischer 2007, S. 271.

1269 Vgl. Guyon [1763] GDA 1999. Zu Penthesilea siehe Guyon [1763] GDA 1999, S. 119–123, zu Thalestris Guyon [1763] GDA 1999, S. 188–190.

1270 Die Erstausgabe von 1762 enthält sieben Lieder, die im selben Jahr jedoch in einer zweiten, vermehrten Ausgabe um sieben weitere Lieder ergänzt wurden. (Vgl. Sauder 2007). Diese Ausgabe enthält allerdings nur 13 Lieder. Das „Klagelied der Amazone nach dem Abzug ihres Geliebten", welches nach Sauder in der zweiten Auflage an fünfter Stelle steht, fehlt. (Vgl. Sauder 2007, S. 197). Die Paginierung der hier verwendeten Ausgabe ist jedoch durchgängig, so dass fehlende Seiten auszuschließen sind und es sich möglicherweise um eine weitere Variante der Zweitausgabe aus dem Jahr 1762 handelt.

1271 Helen Watanabe-O'Kelly merkt an, dass Reckert allerdings weit weniger begabt war – „vastly less talented" – als Christian Felix Weiße. Vgl. Watanabe-O'Kelly 2010, S. 67.

1272 Reckert 1770a. Zu welchem Anlass Reckerts Lieder entstanden sind, kann nicht mit Sicherheit angegeben werden, da das Ende des Siebenjährigen Krieges bereits einige Jahre zurücklag.

1273 Dieser Eindruck ergibt sich nicht nur durch dieselbe Titelwahl, sondern insbesondere durch den Aufbau des Liederbuches mit den entsprechenden Liedüberschriften. Ein Vorwort des Autors mit eindeutigen intertextuellen Verweisen auf Weiße existiert allerdings nicht. Vgl. Reckerts *Amazonen-Lieder* (Reckert 1770a) mit Weißes Amazonen-Liedern (Weiße AL 1762).

in den Krieg gezogenen Geliebten besingen, kommen in Reckerts Werk ebenso die zu Helden stilisierten Krieger zu Wort.[1274] Während bei Reckert keine einleitenden Worte zu finden sind, die den Rückgriff auf die Amazonen-Thematik erklären, führt Weiße seine *Amazonen-Lieder* mit der Beschreibung von den ‚Amazonen' seiner Tage (‚‚zu unsern Zeiten"[1275]) ein. Bei diesen würde es sich um eine „Menge gehoseter Maedchen mit fuerchterlichen Federhueten"[1276] handeln, die die Heere begleiteten. Das Unbehagen an den Männerkleidung tragenden Frauen kommt in Weißes Vorwort schließlich noch stärker zum Ausdruck, wenn er betont,

> „daß die neue Amazone bey wenig ihrer Schwestern Beyfall finden wird, und es ist auch eine seltsame Zumuthung, daß ein junges rasches Maedchen lieber vom Donner des Geschuetzes und dem Todte des Vaterlandes als von den sueßen Kriegen der Liebe singen soll, [...] aber wir koennen dem Leser doch weiter nichts zur Entschuldigung sagen, als daß unsere Amazone ein so seltsames Maedchen ist, und sich verantworten mag, wenn sie ihre Heldenschwestern darueber zur Rede setzen."[1277]

Weiße mochte die behosten jungen Damen, die er als Amazonen bezeichnet, ‚seltsam' finden, doch nutzte er durchaus die sexuellen Konnotationen,[1278] die mit den Amazonen aus den antiken Mythen verbunden werden. Auf dem Titelblatt seiner *Amazonen-Lieder* bringt er daher das Zitat „The Sex is ever to a Soldier kind"[1279] aus Alexander Popes (1688–1744) *Homer*-Übersetzung

---

1274 Vgl. Reckert 1770a. Von den dreiundzwanzig Amazonen-Liedern werden sieben von Helden „gesungen". Neben den (Abschieds-)Liedern an die geliebte Amazone (Lied 17 und 20) betrachtet ein Held beispielsweise das Schlachtfeld (Lied 12), während ein anderer den Tod eines Freundes betrauert (Lied 14). Im selben Jahr wie Reckerts *Amazonen-Lieder* erschienen – möglicherweise als Pendant – auch dessen ‚*Heldenlieder*' (Reckert 1770b).

1275 Weiße AL 1762, S. *2ʳ.

1276 Weiße AL 1762, S. *2ʳ.

1277 Weiße AL 1762, S. *2ᵛ.

1278 In *Willkommen einer neuen Amazone* heißt es beispielsweise: „O Wollust! Wollust! Druecke mich / An deinem Busen kuehn! / Laß meine Seel in Kuessen sich / In deine Seele ziehn!" Weiße AL 1762, S. 35. Siehe dazu auch Sauder 2007, S. 203. Zur Verknüpfung von Amazonen und Sexualität siehe beispielsweise die Beschreibung der Amazonenkönigin Talestris auf S. 72 dieser Studie.

1279 Da das Pope-Zitat auf eine Witwe anspielt, kann man es sinngemäß mit „Das weibliche Geschlecht ist dem Soldaten stets gewogen" übersetzen. Siehe dazu auch Helen Watanabe-O'Kelly, für die der Spruch das Versprechen enthält, dass es sich um eine Liedersammlung von erotischen Begegnungen handelt, in denen Soldaten Eroberungen auf dem Feld der Liebe machen statt auf dem Schlachtfeld. Vgl. Watanabe-O'Kelly 2010, S. 63.

wirkmächtig mit dem darunter befindlichen Frontispiz in Verbindung, auf dem sich ein römischer Soldat küssend von einer spärlich bekleideten Dame verabschiedet, um zu seinen wartenden Kameraden zu stoßen. Dieses Bild der zurückgelassenen Frau, die selbst nicht mit in den Krieg zieht,[1280] sondern ihren Geliebten auf dem Schlachtfeld ausschließlich mit Liedgesängen zu Kampf, Patriotismus,[1281] Ruhm und Ehre motiviert,[1282] ist letztlich der Weiblichkeitsentwurf, den sowohl Weiße als auch Reckert für *ihre* Amazonen vorsehen. Der streitbar-aktiven Kriegerin wird nun die Rolle der zwar verbal kämpferischen, aber letztlich passiv-wartenden Geliebten zugewiesen.[1283] Nur die Männer sind hier die wahren Krieger.[1284]

Diese Aussage ist in Maria Antonias Oper *Talestri* nicht zu finden. Hier sind die Amazonen mit ihren männerfeindlichen Gesetzen noch bereit, sich selbst gegen ihren Feind, das Volk der Skythen, zu verteidigen. Die im Singspiel präsentierte weibliche Autarkie geht sogar so weit, die Dominanz des weiblichen Geschlechts über das männliche durch die Besetzung der Akteure vor Augen zu führen. Das Dresdener *Talestri*-Ensemble setzte sich überwiegend aus weiblichen Hofmitgliedern zusammen: Neben Maria Antonia als Talestri wirkten ihre Schwägerinnen, Prinzessin Elisabeth (1736–1818) in der Rolle der Tomiri und Prinzessin Kunigunde (1740–1826) als Antiope, mit. Oronte wurde von Gräfin Mniszeck, der Tochter des sächsischen Premierministers, gespielt, während als einziger männlicher Darsteller Kammerjunker Baron Rechenberg die Rolle des Learco übernahm.[1285] Die Brisanz der Singspiel-Inszenierung lag nicht nur darin, dass Maria Antonia männliche Rollen mit Akteurinnen besetzte, sondern mit der Figur des Oronte, dessen Verkleidung als Amazone Auslöser für den Handlungskonflikt ist, dem höfischen Publikum ein Cross-Dressing im umgekehrten Sinne vor Augen führte: In dieser Rolle übernahm eine Sängerin den männlichen Part und spielte als

---

1280 Im Hinblick auf den Kriegsabschied ist bereits in der Antike das Verhaltensideal von der Frau als der Zurückbleibenden propagiert worden. Vgl. Fornasier 2007, S. 26.

1281 Zu Weißes *Amazonen-Liedern* als literarischer Beitrag zum Patriotismus-Diskurs im Siebenjährigen Krieg vgl. Bohnen 1993, S. 124.

1282 „Liebe, Vaterland, Ruhm, Wunden und Tränen, Mitleid" – mit diesen miteinander verknüpften „topische[n] Diskurslinien" beschreibt Gerhard Sauder Weißes *Amazonen-Lieder*. Sauder 2007, S. 202.

1283 Lediglich das Lied mit dem Titel *Die Amazone entschließt sich ihrem Geliebten auf dem Feldzuge zu folgen* bildet eine Ausnahme. Vgl. Weiße AL 1762, S. 39–50.

1284 Vgl. Watanabe-O'Kelly 2010, S. 64.

1285 Vgl. Fischer 2003, S. 126.

Frau daher einen Mann, der vorgegeben hatte, eine Frau zu sein. Das Spiel mit den Geschlechterrollen war dem Publikum somit stets präsent, wobei die Übernahme einer Männerfigur durch eine Darstellerin verdeutlichte, dass Frauen sich nicht nur in das andere Geschlecht hineinversetzen, sondern auch wie Männer agieren konnten – möglicherweise sogar besser.

Die auffallende Dominanz der weiblichen Akteure hob dabei einmal mehr die geschlechterspezifische Konzeption des Werkes hervor. Wesentlich ist die Personenhierarchie, die Maria Antonia eigens für diese Aufführung am Hofe arrangierte und die sich von den hierarchischen Strukturen in der *opera seria*,[1286] der ernsten italienischen Oper, unterschied. So standen in der Personenhierarchie der *opera seria* die ‚prima donna' und der ‚primo uomo', meist Königin und König, an der Spitze, „gefolgt vom Paar der Sekondarier und verschiedenen Beratern und Vertrauten, die eine untergeordnete Rolle spielten."[1287] Diese Rangordnung entschied über die Häufigkeit der Auftritte, die Aufwändigkeit der Kostüme und die musikalischen Mittel der DarstellerInnen. Indem die SängerInnen „als abstrakte und nicht sozial hierarchisierbare Wesen Träger von bestimmten, im Libretto festgelegten hierarchischen Strukturen waren",[1288] konnten sie die jeweils zugeordneten Rollen unabhängig vom realen sozialen Status übernehmen. Anders verhielt es sich hingegen in der Oper *Talestri*, da hier der Sozialstatus und nicht die traditionelle Gattungshierarchie entscheidend war, denn

> „[j]e ‚tiefer' die Interpretin / der Interpret sozial gestellt war, um so weniger wurde in die Kostüme investiert […], um so musikalisch unbedeutender wurden seine / ihre Auftritte und […] um so ‚männlicher' wurde er oder sie in der Opernrolle."[1289]

Die folgende Tabelle, die auf zwei Entwürfe von Christine Fischer zurückgeht,[1290] veranschaulicht die Differenzen zwischen der Sozial- und Gattungshierarchie in Maria Antonias Amazonen-Oper:

1286   In der italienischen Oper erfolgte im 18. Jahrhundert eine Differenzierung zwischen ernster (*opera seria*) und komischer Oper (*opera buffa*). Dazu Näheres bei Dubowy/ Strohm 1998, Sp. 1479. Siehe auch Wiesend 2006, hier besonders S. 2.

1287   Fischer 2003, S. 125.

1288   Fischer 2003, S. 125.

1289   Fischer 2003, S. 125.

1290   Vgl. die Tabelle in Fischer 2003, S. 126 und die Tabelle in Fischer 2007, S. 394.

Sozialhierarchie	Darstellerinnen und Darsteller	Ge-schlecht	Gattungs-hierarchie	Rolle	Ge-schlecht
(1) Kurprinzessin	Maria Antonia Walpurgis	♀	(1) prima donna	Talestri	♀
(2) königliche Prinzessin	Elisabeth	♀	(5) Beraterin prima donna	Tomiri	♀
(3) königliche Prinzessin	Kunigunde	♀	(3) seconda donna	Antiope	♀
(4) Tochter des Premierministers, Cronhofmarschallin	Gräfin Mniszeck	♀	(2) primo uomo	Oronte	♂
(5) Kammerjunker	Baron Rechenberg	♂	(4) secondo uomo	Learco	♂

Die von Maria Antonia entworfene Rangordnung zeigt eindeutig, dass sie „die konventionelle Struktur der Gattung"[1291] nicht berücksichtigte, wie an der Rolle des Oronte sichtbar wird. Als ‚primo uomo' steht er (mit der ‚prima donna') laut Gattungshierarchie an erster Stelle, doch wird ihm diese Priorität „durch eine Darstellerin, die nur Nummer 4 in der Sozialhierarchie belegt, in keiner Weise gerecht."[1292] Darüber hinaus hätte Maria Antonia, weil sich alle Stimmen als Sopranpartien auszeichnen, jede Rolle geschlechtsunabhängig besetzen können. Auch in der *opera seria* gab es keine zwingende Verknüpfung zwischen dem Geschlecht des Darstellers bzw. der Darstellerin und der zu spielenden Rolle, da Frauenparts dort von Kastraten übernommen wurden, während Sängerinnen (nur in seltenen Fällen) in Männerrollen schlüpften.[1293]

Fasst man all diese Aspekte zusammen, bleibt festzuhalten, dass Maria Antonias Singspiel vom Inhalt der Librettodichtung bis hin zur Aufführung eine geschlechterspezifische Aussage hat und bewusst so konzipiert wurde. Allein die Gattungs- und Sozialhierarchie veranschaulicht, in welcher Weise Männer den Frauen hier unterliegen.

4.4.5 Gottscheds Trauerspiel *Thalestris*: Die Adaption des Operntextes

Doch wie werden die Geschlechterverhältnisse in Gottscheds *imitatio* des Operntextes repräsentiert? Wie wird die männliche Maskerade als Amazone thematisiert? Und vor allem: Wie stellt Gottsched die Amazonenkönigin dar?

1291 Fischer 2003, S. 125–126.
1292 Fischer 2003, S. 126.
1293 Vgl. Fischer 2003, S. 126.

Bevor Gottscheds Dramentext näher mit Maria Antonias Opernlibretto verglichen wird, ist es wichtig, sich zunächst mit der Frage nach der Autorschaft des Trauerspiels und der deutschen Übersetzung des italienischen Operntextes zu befassen.

Anne Fleig geht in ihrer Arbeit *Handlungs-Spiel-Räume* (1999) davon aus, dass das Trauerspiel *Thalestris* nicht von Gottsched, sondern von der sächsischen Kurfürstin Maria Antonia verfasst wurde.[1294] Weniger Zweifel an der Autorschaft als an der Fertigstellung des Trauerspiels durch Gottsched äußert dagegen Werner Rieck. Seiner Ansicht nach habe Gottscheds Nichte, Victoria Eleonora Grohman, das Werk vollendet. Insofern sei es „zu den Pseudogottschediana"[1295] zu zählen. Grohman habe die Vorrede des Dramas auf den 12. Dezember 1766, den Todestag ihres Onkels, datiert, was Rieck an Gottscheds eigenhändiger Vollendung der Tragödie zweifeln lässt. Daher habe sich die Nichte des Dichters nur „eines zugkräftigen Namens bedienen [wollen], um ihrer Familie die Gunst der Fürstin [Maria Antonia] zu sichern."[1296] Befasst man sich jedoch mit der Gottsched-Biographie Gustav Wanieks, kommt eine andere Sichtweise zum Tragen. Dieser Abhandlung zufolge bat Gottsched seine Nichte selbst darum, die Tragödie *Thalestris* für ihn herauszugeben.[1297]

Trotz der oben genannten Vermutungen, Gottsched habe das Werk nicht selbst verfasst oder zu Ende geführt, wird in der vorliegenden Studie kein Zweifel an seiner Autorschaft gehegt, hatte Gottsched doch bereits Maria Antonias Oratorien- und Operntexte *La conversione di San Agostino* (*Des Heiligen Augustins Bekehrung*, 1751) und *Il trionfo delle fedeltà* (Der Triumph der Treue, 1754) ins Deutsche übersetzt.[1298] Ob er allerdings auch für die *deutsche Übersetzung* des italienischen *Talestri*-Librettos verantwortlich war, ist nicht mit Bestimmtheit zu sagen. Tatsächlich wird sein Trauerspiel *Thalestris*

1294 Dieser Eindruck ergab sich aus der bibliographischen Angabe Fleigs, die am Ende ihrer Untersuchung ein Dichterinnen-Verzeichnis samt deren Werke erstellt hat. Hier führt sie explizit Maria Antonia als Autorin des Trauerspiels an, das jedoch als Werk Gottscheds gilt, wie ihre Literaturangabe verdeutlicht: „Maria Antonia Walpurga [Walpurgis], Kurfürstin von Sachsen: Thalestris, Königin der Amazonen. Ein Trauerspiel, in: Johann Christoph Gottsched. Ausgewählte Werke, 3. Bd.: Sämtliche Dramenübertragungen, hg. v. Joachim Birke, Berlin 1970, S. 135–195." (Hervorh. J. V.) Siehe dazu Fleig 1999, S. 316.

1295 Rieck 1978, S. 74.

1296 Rieck 1978, S. 74.

1297 Siehe dazu Waniek 1897, S. 676. Demnach heißt es hier: Eine langwierige Krankheit [...] machte ihn [Gottsched] arbeitsunfähig; er gab seiner Nichte Victoria [...] den Auftrag, das Stück zu veröffentlichen."

1298 Vgl. Schlechte 1992, S. 52 und S. 228. Siehe dazu ebenso Fischer 2007, S. 432 und S. 434.

spätestens seit Joachim Birkes Herausgabe des Dramas als Übertragung[1299] im Sinne einer Übersetzung angesehen. Bereits 1862 hatte Moritz Fürstenau die Tragödie *Thalestris* als Beleg für Gottscheds Übersetzung des italienischen Operntextbuches angeführt.[1300] Im Vergleich zu ihrer späteren Zuordnung des Dramas galt Gottscheds *Thalestris* auch für Anne Fleig noch in ihrem 1998 erschienenen Aufsatz über Maria Antonia als dessen deutschsprachige Übersetzung des italienischen Operntextes *Talestri*.[1301] Für diese Einschätzung spricht insbesondere die Vorrede des Dramas, die von Gottscheds Nichte verfasst wurde und der Kurfürstin Maria Antonia gewidmet war. Hier heißt es:

„Durchlauchtigste Churfuerstinn! Gnaedigste Frau! [...] Die von Ew. Koenigl. Hoheit dem Professor Gottsched in Leipzig, so viele Jahre her ertheilten Gnadenbezeigungen, haben ihn veranlasset, auch dieses unvergleichliche Werk, so Dero erhabene Feder zur Mutter hat, in ein deutsches Trauerspiel zu uebersetzen, [...]."[1302]

Gottsched als den Übersetzer des italienischen Operntextes zu sehen, erweist sich jedoch als nicht unproblematisch. So sieht man in der Umarbeitung des Librettos in ein Trauerspiel den Beweis für Gottscheds Übersetzungstätigkeit, zumal seine Nichte selbst von „uebersetzen" spricht. Ferner gibt das Titelblatt der posthum erschienenen Werkausgabe an, dass er die italienische Oper Maria Antonias in ein „Deutsches Trauerspiel *verwandelt*"[1303] hat. Allerdings muss eine ‚Verwandlung' keineswegs eine synonyme Verwendung des Begriffs ‚Übersetzung' als eine (schriftliche) Wiedergabe eines Textes aus einer Sprache in eine andere Sprache bedeuten.[1304] Gemeint ist eher, dass Gottsched im Zuge der Adaption eines singend vorzutragenden Operntextes als Sprechdrama Veränderungen[1305] vorgenommen hat. Dies lässt sich an einer deutschen Übersetzung des italienischsprachigen Librettos zeigen, die bereits vor der Herausgabe des Trauerspiels *Thalestris* erschienen war. Dabei handelt es sich um die deutsche Operntextfassung aus dem Jahr 1763, die in einer gemeinsamen Ausgabe mit dem italienischsprachigen Libretto *Talestri* von der Königlichen Hofbuchdruckerei in Dresden verlegt wurde.[1306] Es ist keineswegs

---

1299 Vgl. Birke 1970b, S. 379.
1300 Vgl. Fürstenau [1861–1862] 1971b, S. 370.
1301 Vgl. Fleig 1998, S. 46.
1302 Vorrede. In: Gottsched [1766] TKA 1970, S. 133.
1303 Siehe Titelblatt: Gottsched TKA [1766]. (Hervorh. J. V.).
1304 Vgl. dazu die Ausführungen zur frühneuzeitlichen Übersetzungstheorie in Kapitel 1.5.2, S. 47–53 der vorliegenden Studie.
1305 Vgl. dazu Grimm/ Grimm 1984i. Hier wird erklärt, dass das Adjektiv verwandeln „gewöhnlich in ähnlicher bedeutung wie verändern, aber nur selten von geringfügiger veränderung" benutzt werden kann.
1306 Siehe Titelblatt: E. T. P. A. TAL 1763a und E. T. P. A. TAL 1763b.

ausgeschlossen, dass Maria Antonia nicht nur den italienischen, sondern auch den deutschen Text ihrer Oper verfasst hat, zumal sie als Übersetzerin der italienischen Tragödie *Demetrio* von Pietro Metastasio ins Französische bereits 1749 ihre fremdsprachlichen und literarischen Fertigkeiten unter Beweis gestellt hatte.[1307] Darüber hinaus wird sowohl auf dem Titelblatt der italienischen als auch der deutschen Libretto-Fassung nur Maria Antonias Pseudonym E. T. P. A. als Autorin vermerkt. Kritische Stimmen könnten einräumen, Gottsched sei als Übersetzer des italienischen Librettos bewusst nicht auf dem Titelblatt des deutschsprachigen Operntextbuches festgehalten worden, um Maria Antonias Singularität als Dichterin ihres musikdramatischen Werkes zu wahren. Die Gegenüberstellung von Textpassagen wird im nächsten Unterkapitel jedoch veranschaulichen, dass man bei Gottscheds Werk weniger von einer Übersetzung des italienischen Textbuches sprechen kann als von einer Bearbeitung des *deutschen* Singspieltextes zu einem Trauerspiel. So ist bei der Betrachtung der Passagen nur schwer vorstellbar, dass Gottsched den deutschsprachigen Opern- *und* den Trauerspieltext verfasst haben könnte. Die Werke weisen zwar Gemeinsamkeiten, allerdings auch entscheidende Differenzen auf. Gerade die auffälligen Unterschiede in wesentlichen Punkten lassen daran zweifeln, dass Gottsched *beide* Texte verfasst hat.

4.4.6 Die Tragödie *Thalestris*: Differenzen und Gemeinsamkeiten zum Librettotext

Ein flüchtiger Blick auf Johann Christoph Gottscheds *Thalestris, Koeniginn der Amazonen* könnte zu der irrigen Annahme führen, dass seine Tragödie keine nennenswerte Eigenleistung darstellt. Für diese vorschnelle Einschätzung würde Gottscheds sehr enge Orientierung an der musikdramatischen Vorlage sprechen, da er sowohl die Handlung als auch den formalen Aufbau des deutschsprachigen und italienischen Librettos übernommen hat. Die Anzahl der Akte und Auftritte der Personen[1308] sowie Szenen- bzw. Ortbeschreibungen[1309] sind in allen drei Texten identisch. Ausgewählte Textpassagen aus den Libretti und der Tragödie werden allerdings darlegen, welche Parallelen, aber vor allem welche Unterschiede zwischen den *drammi per musica* und Gottscheds Trauerspiel bestehen. Hier zunächst eine Gegenüberstellung von vier Textbeispielen:

1307 Vgl. Fleig 1998, S. 43.
1308 Sowohl das italienische Libretto und dessen deutsche Übersetzung als auch Gottscheds Trauerspiel weisen folgende Akt- und Szenenzahl auf: I, 1–11, II, 1–8 und III, 1–10. Vgl. dazu E. T. P. A. TAL 1763a und E. T. P. A. TAL 1763b mit Gottsched TKA [1766] 1970.
1309 Vgl. insbesondere I, 1; I, 4; I, 8; II, 7 und III, 10 in Gottscheds Drama mit dem deutschsprachigen Librettotext.

Textbeispiel 1

E. T. P. A.:
Talestri 1763, I, 1, S. 3

„Tom[iri].
Vieni al trono, ascendi
al regno:
Che di mille imperti è
degno
Il magnimo tuo cor.
Render noi saprai
felici,
Come vincere i nemici
Col consiglio, e col
valor. "

E. T. P. A.:
**Talestris 1763, I, 1,
S. 3**

„Tom[iris].
Komm **zum Thron,** laß
zum regieren
Dich dein **großes Herze**
fuehren,
Es ist **tausend Reiche**
werth.
Du weist unser Glueck
zu gruenden
Und **den Feind** zu
ueberwinden,
Durch die Klugheit,
durch das Schwerdt. "

Gottsched:
**Thalestris 1766, I, 1,
S. 138**

„Tomyris.
So komm zur Kroe-
nung dann! Besteige
nur **die Thronen!**
Dein **großmuthsvolles**
Herz nach Wuerden zu
belohnen,
Sind **tausend Reiche**
noch nicht groß und
schoen genug.
Dein **tapfrer Arm** ist
stark, und dein **Ver-
stand** sehr klug:
Drum wird von dir das
Volk, das du im Busen
traegest,
So leicht beglueckt
gemacht, als du die
Feinde schlaegest. "

Textbeispiel 2

E. T. P. A.:
**Talestri 1763, I, 1,
S. 11.**

„Or[onte] .
Un infelice io son. L'ire
del Cielo,
Tutte a mio danno
armate,
Di tollerar son stanco.
In questo giorno,
Che del real diadema
L'**auree** chiome ti cinge,
a morir vengo,

E. T. P. A.:
**Talestris 1763, I, 1,
S. 11.**

„Or[ontes]
Ein Unglueckseliger
bin ich.
Des Himmels Zorn, der
sich zu meinem
Untergang gewaffnet,
Bin ich zu tragen ueber-
drueßig.
Ich komm, auf diesen
Tag zu sterben,

Gottsched:
**Thalestris 1766, I, 1,
S. 145.**

„Orontes.
Ich bin des Todes werth!
Des Himmels Zorn
verfolgt mich **Armen**
auf der Erden.
Ich bin es mued' und
satt noch mehr geplagt
zu werden.
An diesem Tage, da dein
[Thalestris']

Se una vittima vuoi,
Vittima volontaria[1310] a
piedi tuoi."

An welchem Koenigli-
che Binden
Dein [Talestris'] **goldnes
Haar** umwinden.
Hast du ein Opfer nun
von noethen,
So laß ich mich mit
Lust zu deinen Fuessen
toedten."

koeniglicher Schmuck
Dein **goldnes Haar**
umgiebt, das noch nicht
Kronen trug,
Komm ich zum Sterben
her. **Willst du ein Opfer
haben?**
Hier bin ich! toedte
mich; und laß den Rest
begraben."

Textbeispiel 3

E. T. P. A.: Talestri 1763, I, 1, S. 1–2	E. T. P. A.: Talestris 1763, I, 1, S. 1–2	Gottsched: Thalestris 1766, I, 1, S. 137
„Tom[iri]. Che più tardi, o Tale- stri? Già son nel tempio unite Le Amazzoni tue fide: ogn' altra cura Per te ciascuna obblìa: Sol la Regina sua veder desìa. Il comun voto appaga, Le glorie mie compisci. A me, del tempio Mag- gior Ministra, è dal Ciel dato in **sorte** Di coronarti il crin. Mai più ridente Non spuntò per me **l'alba.**	„Tom[iris]. Talestris, was verziehst du noch? Die dir getreuen Ama- zonen Sind dort im Tempel schon beysammen. Die eignen Sorgen stehn bey ieglicher zuruecke, Damit man dich nur bald als Koenigin erblicke. Befriedige den allgemei- nen Wunsch, Und mache meinen Ruhm vollkommen: Denn mir, die ich die erste Priesterin Von diesem Tempel bin, Mir koemmt es zu dein Haupt zu kroenen.	„Tomyris. Was saeumest du noch viel, Thalestris, Koeniginn! Dein Amazonenvolk eilt schon zum Tempel hin: Fuer dich vergißt sein Herz der uebrigen Beschwerden, Und wuenscht nur, dich zu sehn; dir unterthan zu werden. Der allgemeine Wunsch strebt meiner Ehre nach; Weil mir mein hohes Amt das seltne **Glueck** versprach, Als Oberpriesterinn dein **Haar mit Gold zu kraenzen,**

1310 Die weibliche Form, in der Oronte hier spricht, ist vor dem Hintergrund seines Cross-Dressings als Amazone zu sehen. In dieser Szene spielt er auf diese Weise auf seine einstige Maskerade als Amazone Orizia an.

Ah vieni al trono,
Dell' ave tue retaggio,
Premio di tue virtù!
T'affretta ormai:
L'illustre Madre tua
piangesti assai."

Nie sah ich einen sol-
chen schoenen
Und freudenvollen **Tag**,
Komm und besteig den
Thron,
Dein muetterliches Gut
und deiner Tugend
Lohn.
Komm, komm, die Zeit
ist bald verflossen,
Und um der Mutter Tod
sind Thraenen gnug
vergossen."

Nie sah ich lachender
die **Morgenroethe**
glaenzen!
Besteige denn den
Thron, der Ahnen
Eigenthum,
Und deiner Tugend
Preis. Der Mutter Tod
und Ruhm
Ist nun genug beweint.
Du kannst der Thraenen
schonen!"

Textbeispiel 4

E. T. P. A.:
Talestri 1763, I, 1

„Attori.
Talestri
Regina delle Amaz-
zoni.
Antiope
di lei Sorella.
Oronte
Principe degli Sciti,
amante di Talestri.
Tomiri
Gran Sacerdotessa.
Learco
Principe do Massageti,
amico d'Oronte.
Coro.
Di Amazonni.
Di Sciti.
Comparse.
Amazzoni.
Sacerdotesse.
Ministre minori
del Tempio.
Instromenti militari
delle Amazzoni, e degli
Sciti."

E. T. P. A.:
Talestris 1763, I, 1

„Personen.
Talestris,
Koenigin der Amazo-
nen.
Antiope, ihre Schwe-
ster
Orontes, Prinz der
Scythen, der Talestris
Liebhaber.
Tomiris, oberste Prie-
sterin.
Learch, Prinz der Mas-
sageten, Freund des
Orontes.
Chor.
Der Amazonen.
Der Scythen.
Stumme Personen.
Amazonen.
Priesterinnen.
Kleinere Dienerinnen
des Tempels.
Kriegerische Musik
der Amazonen und
Scythen."

Gottsched:
Thalestris 1766, I, 1

„Personen des Trauer-
spiels.
Thalestris,
Koeniginn der Ama-
zonen.
Antiope,
Oberfeldherrin der
Amazonen.
Tomyris,
Oberpriesterin der
Amazonen.
Orontes, Kronprinz
der Scythen.
Learchus,
ein anderer Scythischer
Prinz."

Die Gegenüberstellung der Textbeispiele 1 und 2 lassen sowohl wörtliche Übernahmen („tausend Reiche", „Des Himmels Zorn", „goldnes Haar", „Opfer"), leichte Veränderungen („großmuthsvolles Herz" im Trauerspiel im Vergleich zu „großes Herze" im deutschen Libretto) als auch Akzentverschiebungen erkennen, die durch entsprechende Hervorhebungen gekennzeichnet sind. Bei der Übersetzung vom Italienischen ins Deutsche fällt in Textbeispiel 1 jedoch auf, dass die deutsche Fassung des Singspiels beispielsweise „consiglio" (Rat) und „valor" (valore = Tapferkeit) recht frei mit „Klugheit" und „Schwerdt" ins Deutsche übersetzt, während im Trauerspiel vom „tapfre[m] Arm" und von „Verstand" gesprochen wird. Textbeispiel 2, in dem sich Prinz Orontes äußert, der am Tag von Talestris' Krönung von den Amazonen gefangen genommen wird, führt wiederum vor Augen, wie sehr sich das deutschsprachige Opernlibretto am italienischen Original anlehnt. Dies wird besonders im ersten Satz des Orontes deutlich, dessen beklagende Feststellung „Ein Unglueckseliger bin ich" eine nahezu wörtliche Übersetzung des „Un infelice io son" ist. Gottsched wiederum verdoppelt die trostlose Erkenntnis des Skythenprinzen, indem er sein Leid zum einen durch den Ausruf „Ich bin des Todes werth!", zum anderen durch die veränderte Selbstbeschreibung als „Armen" in seinem Tragödientext hervorhebt. Auch Orontes' Schlusszeilen unterscheiden sich im Trauerspiel erheblich von denen der deutschen Singspielfassung. Während Orontes sich im Operntext als Opfer „mit Lust" zu Talestris' Füßen töten lassen möchte und damit an die italienische Vorlage anknüpft, in der er als Opfer freiwillig („volontaria") „a piedi" der zu krönenden Amazonenkönigin sterben möchte, fällt dieses Pathos bei Gottsched weg. Stoisch und zugleich herausfordernd ruft Orontes bei ihm stattdessen aus: „Hier bin ich! toedte mich; und laß den Rest begraben."

Textbeispiel 3 veranschaulicht weitere Unterschiede zwischen Gottscheds Trauerspieltext und dem der deutschen Singspielübersetzung. Bereits der erste Satz verweist auf eine auffällige Differenz: Während er sowohl im italienischen Original als auch im deutschsprachigen Libretto als Interrogativsatz formuliert ist, lässt Gottsched die Oberpriesterin der Amazonen das Drama sogleich mit einem Ausruf beginnen, der wiederum mit ihrer abschließenden Aufforderung an Thalestris, sich nach der Trauer um die Mutter endlich krönen zu lassen, in Form eines Imperativsatzes korrespondiert. Allerdings verdeutlicht diese Passage, dass nicht nur im deutschen Operntext, sondern auch bei Gottsched eine möglichst wortgetreue Nähe zum italienischen Libretto zu finden ist.[1311] Obwohl der Satz „Nie sah ich lachender die Morgenroethe

---

1311 Beispielsweise wird die Textpassage „Le Amazzoni tue fide" [Die Amazonen vertrauen dir] im deutschen Librettotext mit „Die dir getreuen Amazonen" und „altra cura" [andere oder übrige Sorge] hingegen mit „eignen Sorgen" übersetzt. Bei Gottsched heißt es indes „uebrige [...] Beschwerden." Auch das

glaenzen!" im Trauerspiel mehr dem italienischen Operntext („Mai più ridente [/] Non spunto per me l'alba") entspricht als dessen Übersetzung im deutschen Libretto („Nie sah ich einen solchen schoenen [/] Und freudenvollen Tag"), bedeutet dies keineswegs, dass sich die Tragödie Gottscheds mehr als der deutsche Operntext am italienischen Original orientiert. Gottsched hat sich im Hinblick auf den szenischen Kontext der Krönungsfeierlichkeiten vielmehr um eine festlichere Metaphorik und daher sprachliche Veränderungen bemüht, wie die Gegenüberstellung mit dem Singspieltext zeigt. So spricht die Oberpriesterin in der Tragödie:

> „Dein [Thalestris'] Amazonenvolk eilt schon zum Tempel hin:
> Fuer dich vergißt sein Herz der uebrigen Beschwerden,
> Und wuenscht nur, dich zu sehn; dir unterthan zu werden."

In der entsprechenden Passage des deutschen Singspiels ist in Analogie zum italienischen Original jedoch keine Rede von „Herz" (ital. cuore) oder Untertänigkeit. Hier heißt es:

> „Die dir [Talestris'] getreuen Amazonen
> Sind dort im Tempel schon beysammen.
> Die eignen Sorgen stehn bey ieglicher zuruecke,
> Damit man dich nur bald als Koenigin erblicke."

Durchaus huldvoll, aber weniger pathetisch als bei Gottsched, möchte Tomiris das „Haupt" der künftigen Amazonenkönigin im Operntext daher „kroenen", während sie im Trauerspiel deren „Haar mit Gold kraenzen" will.

Sieht man von diesen sprachlichen und inhaltlichen Differenzen ab, führt der Passagenvergleich zudem eine erhebliche Differenz im Vers- und Reimschema der Werke vor Augen. Demnach wird in Textbeispiel 1, in dem Tomiris die angehende Amazonenkönigin Talestris im deutschen Libretto zur Thronbesteigung auffordert, ein Schweifreim (aabccb) und der vierhebige Trochäus als Metrum verwendet. Der nicht ganz reine Endreim ist offensichtlich der starken Orientierung am italienischen Originaltext geschuldet, in dem die Vers- und Reimgestaltung wesentlich klarer zum Ausdruck kommt. Gottsched wählte für sein Trauerspiel hingegen den Paarreim (aabbcc) und für die Versgestaltung den von ihm bevorzugten Alexandriner, bei dem es sich um einen sechshebigen Jambus mit 12-silbigem ‚männlichen' resp. 13-silbigem ‚weiblichen' Versausgang handelt. Während Gottsched seinem Versmaß und Reimschema treu bleibt, hat das deutsche Libretto im Vergleich zum Tragödientext in Textbeispiel 3 ein unregelmäßiges Reimschema und

---

„Glueck" („sorte" bedeutet im Italienischen auch Schicksal) findet sich – im Gegensatz zur deutschen Singspielübersetzung – im Trauerspiel wieder. Die „Morgenroethe" („l'alba") berücksichtigt Gottsched ebenso wortgetreu, während sie im deutschen Operntext neutral mit „Tag" übersetzt wird.

Metrum (einmal vierhebiger, dann sechshebiger Jambus); in Textbeispiel 2 haben im deutschen Singspieltext sogar nur die letzten vier Zeilen reimende Versenden, nämlich den ebenso von Gottsched verwendeten Paarreim. Diese Uneinheitlichkeit ist jedoch der Korrespondenz zwischen Text und Musik in der Oper geschuldet, bei der Tempo und Rhythmus sprachlich und musikalisch variieren.

Die Gegenüberstellung der Textstellen zeigt demnach, dass Gottscheds *Thalestris* von 1766 nicht als unmittelbare Übersetzung des italienischen Opernlibrettos gelten kann. So hält sich die bereits 1763 mit dem italienischen Singspieltext gemeinsam erschienene Librettoübersetzung ins Deutsche – im Gegensatz zu Gottsched – enger an das Original. Der partielle Vergleich zwischen dem deutschen Operntext und Gottscheds Tragödie verdeutlicht hingegen sowohl Parallelen als auch eine eigene Akzentuierung Gottscheds, die auf eine Bearbeitung des deutschsprachigen Librettos *Talestris* hindeuten.

Nicht zuletzt zeigt das Personenverzeichnis des Trauerspiels in Textbeispiel 4, dass Gottsched offenbar selbst im Detail um eine Differenzierung zwischen der deutschen Singspielfassung und seinem Trauerspiel bemüht war. Abgesehen davon, dass die Hinweise zum Chor, den Komparsen und der Musik in der Tragödie *Thalestris* wegfallen, obgleich sie auch in diesem Stück vorkommen,[1312] hat er eine geringfügige und doch auffällig veränderte Schreibweise der Figuren-Namen vorgenommen: ‚Talestris' wird zu ‚Thalestris', die amazonische Oberpriesterin ‚Tomiris' zu ‚Tomyris' und Prinz ‚Learch' zu ‚Learchus'.[1313] Darüber hinaus führt Gottsched eine andere Reihenfolge

---

1312 Besinnt man sich auf Gottscheds Kritik an der Oper, ist man zunächst nicht nur über den Auftritt des Amazonenchors, sondern ebenso über die Musikeinlange in seinem Trauerspiel verwundert. Vgl. Gottsched [1766] TKA 1970, I, 4, S. 143–144, II, 7, S. 171 und III, 10, S. 192. Die Übernahme von Chor und Musik ist dennoch nicht als Verstoß gegen seine Einstellungen zum Singspiel zu betrachten. Denn während der Gesang der Akteure ein zentrales Element in der Oper ist, lebt das Trauerspiel als Sprechdrama durch die Rede der Personen. Der Gruppengesang und die musikalischen Einlagen sind im Trauerspiel *Thalestris* daher nur als Beiwerk zu verstehen, weshalb Gottsched den Chor und die Musiker auch nicht explizit im Personenverzeichnis aufführt. Gottsched war zwar durchaus ein Gegner des durchkomponierten Dramas, da er „das Singen prosaischer Szenen" für unnatürlich hielt, doch war er nicht gegen einen generellen Gebrauch der Musik. In Anlehnung an Saint-Évremond forderte er eher deren ‚vernünftige' Verwendung. Demgemäß sollte sie im Drama nur eingesetzt werden, um „der Dichtkunst mehr Stärke, mehr Rührendes und Bewegliches zu erteilen, als sie sonst haben würde." Siehe diesbezüglich auch Lindberg 1967, S. 678.

1313 Zu einer weiteren Änderung zählt der Name ‚Orizia' (Orontes Namen als vermeintliche Amazone sowohl im italienischen als auch deutschsprachigen Libretto) in ‚Orithya'. Dieser Name ist jedoch weder im Personenverzeichnis

der Figuren nebst verkürzten Personenbeschreibungen ein. Denn während Oronte(s) in den Libretti zwischen den Amazonen Antiope und Tomiri(s) steht, teilt Gottsched sein Verzeichnis ‚ordnungsgemäß' in Amazonen und Skythen ein. Dies ändert die Hierarchie im Trauerspiel insofern, als zunächst die Amazonen mit ihrer Königin Thalestris an der Spitze und erst anschließend die männlichen Figuren Orontes mit Learchus genannt werden. Diese Einteilung zeigt wiederum Auswirkungen auf die Personennennung, die sich durch die Gottschedsche Kategorisierung nur noch auf rudimentäre Erläuterungen beschränkt und auf Hinweise zu Figurenkonstellationen verzichtet. Im Gegensatz zu den Operntexten erfährt das Lesepublikum bei Gottsched lediglich, dass es sich bei Antiope um die „Oberfeldherrin der Amazonen" und nicht primär um die Schwester der Titelheldin handelt, während Orontes schlicht als „Kronprinz der Scythen" eingeführt wird, ohne ihn als „der Talestris Liebhaber" zu bezeichnen, wie es – in Bezug auf den italienischen Originaltext – im deutschsprachigen Libretto vermerkt ist. Zu guter Letzt trifft die Gottschedsche Modifizierung auch auf die Figur des Learchus zu, die im Trauerspiel nicht mehr als „Prinz der Massageten und Freund des Orontes", sondern knapp, aber inhaltlich präzise als „anderer Scythischer[1314] Prinz" aufgeführt wird.

4.4.7 Gottscheds aussagekräftige Akzentverschiebungen

Im Hinblick auf die Bühnendarstellung der Orontes-Figur werden stärkere Unterschiede zwischen dem Trauerspiel *Thalestris* und seiner Opernvorlage deutlich. Bevor diese Differenzen aufgezeigt werden, sollte man sich folgendes noch einmal vergegenwärtigen: Orontes Verkleidung als Amazone ‚Orizia' (‚Orythia ') ist zwar Auslöser für den Handlungskonflikt, da er durch sein Cross-Dressing das Vertrauen und schließlich die Liebe der Talestris gewinnen konnte, doch fand der Kleidertausch vor dem Einsatz der Handlung statt. Von Orontes' Cross-Dressing wird sowohl im Libretto als auch im Trauerspiel nur berichtet. Daher tritt der Skythenprinz zu Beginn der Handlung unverkleidet und somit als Mann auf. Bei der Singspielaufführung am Dresdener Hof wurde diese Rolle jedoch von einer Frau gespielt, der Gräfin Mniszeck.

Vergleicht man Maria Antonias Cross-Dressing, in dem eine Darstellerin den Part des Prinzen übernahm, der einst vorgegeben hatte, eine Frau zu sein, mit dem Trauerspiel *Thalestris*, stellt man fest, dass es in Johann Christoph Gottscheds Adaption des Opernlibrettos keinen expliziten Hinweis darauf

---

der Operntexte noch bei Gottsched aufgeführt, sondern wird erstmals in I, 4 in allen drei Texten erwähnt.

1314   Wie bereits in Anm. 557 beschrieben wurde, handelt es sich bei den Massageten um ein skythisches Steppenvolk.

gibt, den Part des Skythenprinzen mit einer Schauspielerin zu besetzen. Hierfür spricht die gängige Theaterpraxis des 18. Jahrhunderts, die zwar Frauen auf der Bühne zuließ, ihnen aber vornehmlich bestimmte Rollen wie die der jungen, schönen Liebhaberin oder der intriganten Mätresse zuwies. ‚Hosenrollen', also Frauen in männlichen Bühnenrollen, waren hingegen selten.[1315] Auch männliche Darsteller in Frauengestalt verloren ihre Berechtigung, als diese mit der Akzeptanz von Schauspielerinnen und Damen des Hofes in Verkleidungsdivertissements immer mehr als anstößig betrachtet wurden. Galt die männliche Repräsentation als Amazone, Göttin oder Tugend aufgrund der kirchlichen Theaterfeindschaft[1316] im 17. Jahrhundert noch als sittlich legitime „Schutzmaßnahme für die höfische Frau",[1317] die aufgrund von Anstands- und Schicklichkeitsregeln für das weibliche Geschlecht selbst nicht an Maskeraden und ähnlichen Inszenierungen in der Öffentlichkeit teilnehmen konnte,[1318] musste die verloren gegangene „Notwendigkeit einer Frauenverkleidung infolge der *natürlichen* weiblichen Rollenbesetzung fortan anrüchig und unsittlich erscheinen."[1319] In diesem Sinne ist schließlich der Artikel *Verkleidung* im *Zedler* zu verstehen, der das unmoralische Ansehen des geschlechtlichen Kleidertauschs im 18. Jahrhundert belegt, denn

> „[d]ie gemeinste Meynung [...] ist diese, daß ueberhaupt hier verboten werde, daß man sein Geschlecht niemals verstellen oder verleugnen, mithin ein Mann keine Weiber=Kleider, und ein Weib keine Manns=Kleider anziehen solte, indem solches wider Zucht und Ehrbarkeit lauffe, und zu ungeziemter Geilheit Gelegenheit gebe."[1320]

Wenn Frauen demnach immer noch „durch Männer dargestellt wurden, dann konnte das den gefährlichen Umkehrschluß nahe legen, daß Männer eigentlich wie Frauen, also im Grunde keinen ‚richtigen' Männer waren, während umgekehrt Frauen *auch* Männer waren",[1321] wie Klaus Lärmann betont.

Es ist daher anzunehmen, dass Gottsched als strikter Verfechter von Regelpoetik und Moral männliche Parts nur mit Männern und weibliche

---

1315   Vgl. Becker-Cantarino 1989, S. 306.
1316   Kirchliche Theatergegner haben sich dabei gerne auf die folgende Bibelstelle berufen: „Eine Frau soll nicht Männersachen tragen und ein Mann soll nicht Frauenkleider anziehen; denn wer das tut, der ist dem HERRN, deinem Gott ein Greuel." 5. Mose 22, 5. In: Die Bibel 1985, S. 210. Vgl. Lärmann 2000, S. 152.
1317   Schnitzer 1997, S. 240.
1318   Vgl. Schnitzer 1997, S. 234.
1319   Schnitzer 1997, S. 240.
1320   Zedler 1746c, Sp. 1019.
1321   Lärmann 2000, S. 153.

nur mit Frauen besetzt hätte, wie es der Norm der Theaterrollenbesetzung im 18. Jahrhundert entsprach. Zudem wurde das Motiv der Verkleidung gegen Ende des 17. Jahrhunderts vor allem in Komödien zur Inszenierung humoristischer Verwechslungen eingesetzt.[1322] Der Rollentausch sollte hier eher den Spott und das Gelächter des Publikums provozieren und weniger zum Nachdenken über mögliche Unterschiede und Gemeinsamkeiten zwischen den Geschlechtern anregen, wie dies in der Oper *Talestri* der Fall ist. Während Maria Antonia bei der Aufführung ihres Singspiels mit den Geschlechterrollen experimentierte und damit deutliche Geschlechterzuweisungen aufhob, verweist Gottscheds Bearbeitung des Operntextes auf eindeutige Geschlechterverhältnisse, die kein Changieren mehr erlauben. Somit betont er – im Unterschied zu Maria Antonia – die Differenz zwischen den Geschlechtern.

Auch im Hinblick auf die Verwendung und Bearbeitung bestimmter Mythologeme aus den antiken Amazonen-Mythen werden Unterschiede zwischen Libretto und Trauerspiel sichtbar, die Folgen für die Aussage mit sich bringen. Demnach zeichnen sich die „unbesiegten Amazonen"[1323] resp. „die unbesiegte[...] Schaar der tapfren Amazonen"[1324] durch „Klugheit"[1325] und „Verstand",[1326] aber vor allem durch ihre Kriegskunst aus. Doch während Maria Antonia ihre Amazonen nur mit dem „Schwerdt"[1327] ausstattet, schreibt Gottsched ihnen zugleich den Umgang mit dem „Pfeil"[1328] zu. Mit dieser zusätzlichen Waffenfertigkeit spielt er auf die überlieferte Vorstellung von den (einbrüstigen) Bogen schießenden Amazonen an, die in der Singspielvorlage hingegen nicht präsent ist. Obwohl im Operntext sehr wohl an das tradierte Bild der Amazonen angeknüpft wird, bedient Gottsched dieses jedoch noch stärker, wie der Dialog zwischen der Amazonenprinzessin Antiope und Learch(us), dem Prinz der Massageten, beispielhaft vor Augen führt.

Als Freund des Orontes hatte dieser versucht, den Kronprinzen der Skythen aus der Gefangenschaft der Amazonen zu befreien. Allerdings scheiterte der Rettungsversuch, da die männlichen Kriegstruppen der amazonischen Ab-

1322 Vgl. Lunin 1954, S. 23. Claudia Schnitzer betont diesbezüglich, dass auf Männer in Frauenkleidern seit Ende des 17. Jahrhunderts lediglich „im grotesk-komischen Zusammenhang" zurückgegriffen wurde. Schnitzer 1999, S. 240.
1323 E. T. P. A. TAL 1763b, I, 1, S. 2.
1324 Gottsched [1766] TKA 1970, I, 1, S. 137.
1325 E. T. P. A. TAL 1763b, I, 1, S. 3.
1326 Gottsched [1766] TKA 1970, I, 1, S. 138.
1327 E. T. P. A. TAL 1763b, I, 1, S. 3.
1328 Gottsched [1766] TKA 1970, I, 1, S. 137.

wehr nicht gewachsen waren.[1329] Von Antiope im Kampf besiegt, wird auch Learch(us) gefangen genommen. Dieser bittet die Amazone nun um Gnade:

E. T. P. A.: Talestris 1763, I, 9, S. 19	Gottsched: Thalestris 1766, I, 9, S. 151
„Le[arch].	„Learch[us].
Nur um ihn [Orontes] wiederum zu sehn,	Nur einzig ihn [Orontes] zu sehn, so unternahm ich was,
Gab ich mich dir gefangen,	Warf dir mein Schwert zu Fuß, und
Und legte meinen Stahl zu deinen Fuessen hin.	gab mich dir gefangen:
Ich schloß aus deiner Schoenheit Gaben,	Du warest schoen, drum hofft ich Gnade zu erlangen.
Du muesstest auch ein Herz voll Mitleid haben.	Antiope.
	Suchst du **Barmherzigkeit**: so ists umsonst allhier.
Ant[iope]	In dieser Gegend wohnt nur strenge
Wenn du auf **Mitleid** hoff[s]t, so hoff[s]t du wohl umsonst.	**Rachbegier:**
In diesen kriegerischen Gruenden Wirst du nur Stolz, kein Mitleid, finden." [1330]	Hier herrschet Stolz und Krieg, kein Mitleid, kein Erbarmen." [1331]

Obgleich Learch(us) Antiopes Schönheit in beiden Texten noch so rühmt: Die männerfeindliche Gesinnung der Amazonen impliziert, dass sie kein Mitgefühl für das andere Geschlecht haben. Daher wird das Wort „Mitleid" im Libretto auch dreimal verwendet, das in der Negierung, „kein Mitleid" zu haben, auf das Beharren der amazonischen Tugenden hinweisen soll. In der entsprechenden Passage im Trauerspiel wird die (vermeintliche) Ungnade der Kriegerinnen ebenso in den Vordergrund gestellt. Indem Gottsched dem Wort „Mitleid" aber die Begriffe „Barmherzigkeit" und „Erbarmen" hinzufügt, verstärkt er die Aussagewirkung. Besonders die aufeinander folgende Reihung „kein Mitleid, kein Erbarmen" unterstreicht das in den antiken Quellen evozierte Bild der männermordenden und somit kaltblütigen und grausamen Amazonen mehr als in der Vorlage, zumal ihnen Gottsched auch noch „Rachbegier" zuschreibt.

Im Laufe des Geschehens beginnt Antiope an den männerfeindlichen Gesetzen ihres Volkes zu zweifeln, was nicht zuletzt auf das Verhalten ihrer

---

1329   Vgl. E. T. P. A. TAL 1763b, I, 10, S. 21–23 und Gottsched [1766] TKA 1970, I, 10, S. 153–156.
1330   Hervorh. J. V.
1331   Hervorh. J. V.

Schwester Talestris zurückgeht. Wenn die in den Prinzen Orontes verliebte Amazonenkönigin gleich zu Beginn der Handlung versucht, Antiope von den positiven Eigenschaften der Männer zu überzeugen, bei denen es sich keineswegs um „Ungeheuer"[1332] handele, wird der spätere Läuterungsprozess der Amazonen bereits angedeutet. Im Hinblick auf das angestrebte *lieto fine* verwundert es nicht, dass Antiope ihre Vorurteile dem männlichen Geschlecht gegenüber abzulegen gedenkt. Grund hierfür ist die Begegnung mit dem Gefangenen Learch(us), über den sie sich eingesteht:

E. T. P. A.: Talestris 1763 , I, 9, S. 18	Gottsched: Thalestris 1766, I, 9, S. 151
„An[tiope]. (Talestris hat mich nicht betrogen: Nicht alle Maenner sind doch **Ungeheuer.** Selbst der Gefangne [Learch] sieht mir nicht so fuerchterlich.)"	„Antiope, (beyseit.) (Thalestris truegt mich nicht, in dem, was sie geschlossen. Wahrhaftig! alle [Maenner] sind nicht **Ungeheuern** gleich; Auch nicht an **Barbarey,** gleich **wilden Thieren,** reich. Zum mindsten zeiget der [Learchus] kein so ergrimmt Gesichte.)"

Obwohl Antiope auch im Trauerspiel zur gleichen Erkenntnis kommt, stellt Gottsched im Vergleich zum Libretto die negativen Attribute der Männer, die ihnen seitens der Kriegerinnen zugesprochen werden, hier stärker heraus. Auffälligerweise knüpft er mit der Verwendung des Begriffs „Barbarey" an das Fremdenbild der Griechen an, wobei die griechische Bezeichnung des Fremden als ‚Barbar' in diesem Fall eindeutig negativ konnotiert ist, was im Altertum jedoch keineswegs der Fall sein musste.[1333] Die Vorurteile der Amazonen, die Antiope wiedergibt, entsprechen daher denen der Hellenen gegenüber den ‚wilden' und ‚unzivilisierten' Anderen. Aus Sicht der Amazonen sind daher die Männer die ‚Anderen', die ‚Barbaren', den „wilden Thieren" sogar „gleich." Indem Gottsched die Voreingenommenheit der Kriegerinnen mehr betont als Maria Antonia, wirkt die Läuterung der Amazonen in seiner Tragödie stärker als im Operntext.

Eine Versöhnung der Geschlechter ist allerdings nur möglich, weil Männer wie Learch(us) nicht an einem negativen Frauenbild festhalten wollen, das ihnen am Beispiel der Antiope suggeriert wird. Zweifelnd fragt er daher:

1332 Vgl. E. T. P. A. TAL 1763b, I, 2, S. 4 und Gottsched [1766] TKA 1970, I, 2, S. 139.
1333 Vgl. Wagner-Hasel 2002, S. 268.

E. T. P. A.: Talestris 1763, I, 10, S. 21	Gottsched: Thalestris 1766, I, 10, S. 153
„Le[arch]. Ihr Goetter, also ist die Grausam-keit Die groeßte Tugend dieser **Kriege-rinnen?** Die Liebe kleidet selbst in dies [An-tiopes] Gesicht sich ein, Und soll das Herz ein Feind der Liebe seyn? Das glaub ich nicht. [...]."	„Learch[us]. Ihr Goetter! so ist denn die Tugend und das Leben Der **wilden Weiber** hier, sonst nichts als Grausamkeit? Welch schoenes Augenlicht voll sueßer Lieblichkeit Hat Amor hier gebildt? Und dieß [Antiopes] so sanfte Wesen, Dieß Herze, waere nicht zur Liebes-glut erlesen? Das glaub ich nicht! [...]."

Antiopes Schwanken zwischen „Grausamkeit" und „Liebe", das Learch(us) wahrnimmt, wird zwar bereits im Libretto hervorgehoben, im Trauerspiel aber stärker herausgestellt. Allein dass der skythische Prinz die Amazonen als „wilde[...] Weiber" bezeichnet, während sie im Singspiel lediglich als „Kriegerinnen" gelten, ist ein Indiz für Gottscheds Akzentuierung des wechselseitigen Spannungsverhältnisses zwischen dem ‚Eigenen' und dem ‚Fremden'. Er rekurriert stärker auf diejenigen Amazonen-Mythen, in denen die wehrhaften Frauen als grausame Barbarinnen beschrieben werden.[1334] Diese negative Vorstellung von den Kriegerinnen wird durch die positiven Attribute, die der verliebte Learchus der Amazone Antiope zuschreibt, je-doch wieder aufgehoben. Folglich steht die von ihr suggerierte Brutalität in Opposition zu ihrer Ausstrahlung, da Learchus der Oberfeldherrin der Amazonen nicht nur Schönheit („schoenes Augenlicht voll sueßer Lieblich-keit"), sondern zugleich Sanftmut („sanfte[s] Wesen") und Liebesfähigkeit („Herze", „Liebesglut") zuspricht. Gottsched verbindet in seiner Tragödie daher die Liebesmetaphorik im Kriegs- und Kampfeskontext, die in ba-rocken Operntexten zu finden ist,[1335] mit der den mythischen Amazonen zugesprochenen erotischen Wirkung.

Wie in den anderen Singspieltexten, die im Rahmen dieser Studie vorge-stellt und analysiert wurden, hat das Liebessujet auch in Maria Antonias Amazonen-Oper ein versöhnliches und glückliches Ende, von dem Gottscheds Trauerspiel nicht abweicht. Da sich die männerfeindlichen Kriegerinnen vor allem durch die Läuterung ihrer Oberpriesterin Tomiris (Tomyris) besinnen,

---

1334 Vgl. Wenskus 2000, S. 64.
1335 Vgl. beispielsweise Villarama 2009, S. 163–164.

müssen weder Orontes noch Learch(us) sterben.[1336] Tomiris, die als junge
Amazone einst vom skythischen König entführt, „geliebt, und zur Gemahlin
genommen, hernach aber von dem Unbeständigen verstossen, und ins Elend
gejagt wurde",[1337] erkennt in Orontes ihren Sohn wieder, den sie schließlich
vor der drohenden Todesstrafe rettet.[1338] Indem die Mutterliebe[1339] über den
Männerhass der Amazonen siegt, kommt letztlich auch Tomiris (Tomyris) zu
der bereits von Talestris geforderten Einsicht, die männerfeindliche Haltung
der Kriegerinnen aufzugeben. Nicht zuletzt setzt das Motiv der Liebe am
Beispiel von Orontes und Talestris sowie Antiope und Learch(us) aufseiten
beider Geschlechter den Prozess des Nachdenkens in Gang; der Gebrauch der
Vernunft führt zur Aufgabe von gegenseitigen Vorurteilen.

Orontes' Bitte an die „schoenen Kriegerinnen, [d]ie alte Feindschaft"[1340]
endlich einzustellen, bekräftigt die Amazonenkönigin darin, ihr Volk aufzu-
fordern, den lang gehegten Männerhass zugunsten eines Friedensschlusses
mit den Skythen zu beenden. Daher spricht sie:

1336 Dass die männlichen Figuren in Maria Antonias *Talestri*-Oper am Leben bleiben, hängt mit dem Mordverbot in den von Metastasio geprägten Opern
zusammen: „Das Verbot einer unmittelbaren Darstellung eines Mordes auf
der Bühne, das die Metastasianische Oper charakterisierte, gehörte zu den
‚bienséances' der klassischen Dramentheorie, die jedoch den Selbstmord unter
Umständen als ‚heroisch' tolerieren konnte." Calella 2001, S. 48.

1337 Vgl. Inhalt. In: E. T. P. A. TAL 1763b, S. A 3ʳ.

1338 Vgl. E. T. P. A. TAL 1763b, III, 10, S. 69–70 und Gottsched [1766] TKA
1970, III, 10, S. 194.

1339 Im Singspiel spricht die Oberpriesterin von der „muetterliche[n] List" (E. T.
P. A. TAL 1763b, S. 69), die sie dazu veranlasst habe, den Tod des Orontes vor-
zutäuschen, den sie aus Mitgefühl nicht habe töten lassen können. Die „Ehre"
der Amazonen sei letztlich „vom Mitleid [...] besiegt" worden (E. T. P. A. TAL
1763b, S. 70). Bei Gottsched hat Tomyris zwar ebenso zur „List" gegriffen und
Orontes Tod vorgegeben, doch sei hier ihr „muetterliche[s] Herz" (Gottsched
[1766] TKA 1970, S. 194) schließlich bezwungen worden. Am Ende hat aber
auch im Trauerspiel „[d]as Mitleid [...] zuletzt die Ehre [der Amazonen] [...]
besiegt." Gottsched [1766] TKA 1970, S. 194.

1340 E. T. P. A. TAL 1763b, III, 10, S. 70. In der Tragödie heißt es: „Laßt endlich
allesamt, ihr schoenen Kriegerinnen, [/] Der Feindschaft Ende sehn." Gottsched
[1766] TKA 1970, I, 10, S. 194.

E. T. P. A.: Talestris 1763, III, 10, S. 71	Gottsched: Thalestris 1766, III, 10, S. 195
„Tal[estris].	„Thalestris.

„Tal[estris].
Folgt, ihr Getreuen [Amazonen],
folgt doch meinem Beyspiel nach,
Jetzt ist die rechte Zeit. Wenn, von
untreuen Maennern,[1341]
Der Haß entstund, so sey, von treu-
en Ehegatten [Orontes und Learch],
Die Freundschaft wieder hergestellt.
Wir wollen kuenftighinn, nicht
Unterthanen, nein,
Freundinnen unserer Nachbarn
seyn.
Jetzt knuepfen wir, auf ewge Zeit,
Das Band der Einigkeit,
Durch die wird sich
Des Reiches Sicherheit vermehren,
Und aller Haß in Liebe sich verkeh-
ren.
Chor der Scythen.
Rauhe Herzen, duestre Blicke
Bringen euch nicht Ruhm, noch
Gluecke:
Euer Ruhm soll ganz allein
Mitleid, Liebe, Treue seyn.
Chor der Amazonen.
Stolz hat nicht viel zu bedeuten,
Haß wird wenig Ruhm bereiten:
Artigkeit und Schoenheit sey
Unser Ruhm und Zauberey.
Alle:
Friede knuepf uns stets zusammen,
Strenge sey von uns verbannt;
Und allein der Liebe Flammen
Setzen unser Herz in Brand!"

„Thalestris.
Folgt, ihr Getreuen [Amazonen],
folgt doch meinem Beyspiel nach.
Dieß ist die rechte Zeit, davon die
Ahndung sprach.
Entstund vorhin der Haß von unge-
treuen Gatten:[1342]
Die gegen euch die Pflicht oft ueber-
treten hatten:
So sey von einer Zahl getreuer
Maenner [Orontes und Learchus]
auch Die Freundschaft hergestellt:
Dies sey der neue Brauch!
Wir wollen kuenftig nicht der
Nachbarn Unterthanen;
Nein, Freundinnen zu seyn, uns
neue Wege bahnen.
Und knuepfen von nun an, auf
unbegraenzte Zeit,
Das theure Liebesband, die Schnur
der Einigkeit.
Durch diese wird sich bald des
Reiches Heil vermehren;
Und jener alte Haß in Liebe sich
verkehren."

Die Gegenüberstellung der analogen Textpassagen verdeutlicht, dass die Versöhnung der beiden verfeindeten Völker, der Wunsch nach Frieden und Ein-

---

1341 Damit ist vor allem der König der Skythen (Scythen) gemeint, der die Amazone Tomyris einst entführte, ehelichte und dann verjagte.

1342 Hier wird ebenso auf den oben genannten König der Skythen (Scythen) angespielt.

tracht, im Libretto durch den gemeinsamen Schlussgesang des Scythen- und des Amazonen-Chors zukunftsweisend gestützt wird. Auffälligerweise will hier der Scythen-Chor, sprich die Männer, die neuen Verhaltensweisen der Amazonen bestimmen, indem er sie zu den Tugenden „Mitleid, Liebe [und] Treue" ermahnt, wie es etwa die warnende Funktion des Chors in der griechischen Tragödie vorsieht.[1343] Demzufolge gründete der gegenseitige Krieg nur in der Streitbarkeit und Härte der Amazonen. Da die Kriegerinnen in Zukunft ihren „Stolz" und „Haß" ablegen wollen, um durch „Artigkeit" (im Sinne von Manierlichkeit[1344]) und „Schoenheit" den Weiblichkeitsidealen der Männer zu entsprechen, erinnert die gewünschte Wandlung der Amazonen an die geglückte Zähmung widerspenstiger und grausamer Frauen.

Dieser Schluss – der gemeinsame Chor der Scythen und Amazonen – ist sicherlich dem Aufführungskontext der Oper geschuldet, der Rückkehr des Kurfürsten Friedrich August II. an den Dresdener Hof. In der dem Libretto beigefügten *licenza* (im deutschen Operntext wird dieser Epilog mit „Beurlaubung"[1345] übersetzt) entschuldigt sich Maria Antonia mit Hilfe einer „Captatio Benevolentiae"[1346] bei ihrem Schwiegervater als Adressaten des Singspiels für ihre „Verwegenheit",[1347] „dass sich die Darstellerinnen, unerfahren wie sie sind den Blicken des Königs gestellt haben."[1348] Sie nimmt sich sogar soweit zurück, sich selbst und die Prinzessinnen Kunigunde und Elisabeth als „Kinder" zu bezeichnen, die sich dem „Vater" unterzuordnen haben.[1349] Diese devote Haltung erinnert an die geforderte „Artigkeit" der Kriegerinnen, wie sie dem Amazonen-Chor am Ende der Oper in den Mund gelegt wird – dies könnte die Ambivalenz zwischen dem stolzen Schlusswort der Amazonenkönigin und dem eher unterwürfigen Auftreten des Kriegerinnen-Chors erklären.

Vergleicht man das Ende des Trauerspiels mit dem des Librettos, fällt auf, dass Gottsched auf den Gesang beider Chöre verzichtet und die Handlung mit den versöhnenden Worten der Amazonenkönigin schließt. Dabei orientiert er sich an antiken Trauerspielen, in denen nicht der Chor, sondern die handelnden Personen das Stück beschließen: „Denn im Anfange und Ende der Tragoedie sang er [Chor] nicht; sondern es traten sogleich die spielenden Personen [Thalestris] hervor, machten auch mit ihrer Handlung den Beschluß [...]."[1350] Mit

---

1343   Vgl. Seeck 2000, S. 41.
1344   Vgl. Grimm/ Grimm 1984a.
1345   Vgl. die zweiseitige *Beurlaubung* im Anschluss an den Librettotext. In: E. T. P. A. TAL 1763b, n. p.
1346   Vgl. Fischer 2007, S. 383.
1347   Beurlaubung. In: E. T. P. A. TAL 1763b, n. p.
1348   Fischer 2007, S. 383.
1349   Vgl. Beurlaubung. In: E. T. P. A. TAL 1763b, n. p. und Fischer 2007, S. 384.
1350   Gottsched VCD 1973b, S. 315.

dieser deutlichen Abweichung vom Operntext hebt er die Rolle Maria Antonias stärker hervor, die im Singspiel den Part der Amazonenkönigin übernommen hatte. Der Amazone resp. Kurfürstin gebührt das letzte Wort als Friedensstifterin, weil es im Trauerspiel nicht mehr des Rates der Männer bedarf, die Amazonen an ihr zukünftiges Verhalten zu erinnern. Weibliche Autonomie und die gewünschte Gleichberechtigung der Kriegerinnen (so wollen die Amazonen nicht die „Unterthanen" der Skythen sein, sondern deren gleichberechtigte „Freundinnen") werden bei Gottsched somit konsequenter betont als im Libretto. Aus diesem Grund bleibt die Stärke der Amazonenkönigin in seiner Tragödie ungebrochen.

4.4.8 Nur aus „unverbruechliche[r] Bewunderung"? Mögliche Gründe für Gottscheds Bearbeitung des Operntextes

Obwohl es sich bei Gottscheds Bearbeitung des deutschen Singspieltextes um eine *imitatio* handelt, die hinsichtlich der Handlung, der Personen und des formalen Aufbaus nicht vom Prätext abweicht, bleibt sein Verdienst als Autor der Tragödie nicht allein auf ein verändertes Vers- und Reimschema beschränkt. Fraglos erreichte er damit eine bessere Rezitierbarkeit für die Bühne und das Lesepublikum, doch erweisen sich die von ihm zusätzlich vorgenommenen kleinen Modifikationen als weitaus interessanter. Dass Gottsched den Operntext Maria Antonias aus Ehrerbietung nicht kritisieren wollte, indem er sich thematisch und inhaltlich zu sehr von der Libretto-Vorlage distanzierte, ist nachzuvollziehen. Dafür nahm er sogar in Kauf, gegen die von ihm geforderte Einheit des Ortes[1351] zu verstoßen.[1352] Dies hätte die Kurfürstin als anmaßenden Affront empfinden können, was nicht im Sinne des Dichters gewesen sein dürfte, dem sie seit seiner Lobrede anlässlich ihrer Vermählung mit dem sächsischen Kurprinzen Friedrich Christian im Jahre 1747 sehr verbunden

---

1351   Zu Gottscheds Regelpoetik mit der Einhaltung der drei Einheiten von Handlung, Zeit und Ort siehe die Ausführungen in Kapitel 4.1.2. Zur Einheit des Ortes schreibt Gottsched in seiner *Critischen Dichtkunst* ferner: „Es ist also in einer regelmäßigen Tragoedie nicht erlaubt, den Schauplatz zu ändern. Wo man ist, da muß man bleiben; und daher auch nicht in dem ersten Aufzuge im Walde, in dem andern in der Stadt, in dem dritten im Kriege, und in dem vierten in einem Garten, oder auf der See seyn. Das sind lauter Fehler wider die Wahrscheinlichkeit: eine Fabel aber, die nicht wahrscheinlich ist, taugt nichts, weil diese ihre vornehmste Eigenschaft ist." Gottsched VCD 1973b, S. 322.

1352   In Anlehnung an das Opernlibretto spielen einige Szenen in Gottscheds Trauerspiel (Gottsched [1766] TKA 1970) nicht an einem Ort, sondern wechseln vom „Koenigl[ichen] Cabinet" (I, 1, S. 137) zum „Tempel der Diana" (I, 4, S. 143), spielen im „Vorhof des Koeniglichen Schlosses" (I, 8, S. 150), im „Koenigliche[n] Rathssaal" (II, 7, S. 167) und außerhalb der Gemäuer (III, 1, S. 178).

war.[1353] Zweifellos auch in der Rolle ihres Protegés widmete er Maria Antonia nicht nur Rezensionen[1354] und einen Artikel in seinem *Handlexikon*,[1355] in denen er ihre musikdramatischen Werke lobte, sondern hob sogar in einem Preisgedicht die Verknüpfung ihrer intellektuellen Fähigkeiten mit ihren Regierungsqualitäten hervor. Im Partiturdruck der Oper *Talestri* von 1765 schreibt Gottsched:

> „Mein Leser.
> Siehst du hier Geschmack und Kunst vereint,
> So schön als dieses Paar sonst irgendwo erscheint:
> So wünsch: ANTONIA, *DAS GÖTTERKIND*, soll leben!
> Die an Verstand und Witz Europens Wunder bleibt.
> Wird nur des Himmels Hand Ihr Glück so hoch erheben,
> Als Sie des Geistes Gaben treibt;
> Darinn Gelehrsamkeit und ächte Staatskunst glänzen;
> Wie glücklich seyd ihr dann, ihr edlen Meissner-Gränzen! [...]."[1356]

Im Hinblick auf das 1766 erschienene Trauerspiel *Thalestris* gibt es jedoch keinen konkreten Hinweis darauf, aus welchen Gründen Gottsched das Amazonen-Singspiel der Kurfürstin als Tragödie adaptierte. Eine persönliche Korrespondenz der beiden mit einem expliziten Auftrag an Gottsched liegt nicht vor.[1357] Aufgrund früherer Auftragsarbeiten für die Kurfürstin ist es aber durchaus denkbar, dass die Tragödie von Gottsched nicht allein als „letzte Probe seiner unverbruechlichen Bewunderung"[1358] verfasst wurde, sondern er durchaus von Maria Antonia dazu animiert wurde. Die Gründe, weshalb das Drama *Thalestris* erst drei Jahre nach der *Talestri*-Inszenierung am Dresdner Hof erschienen ist, liegen daher im Dunkel. Wesentlich klarer erscheint die Tatsache, dass es sowohl für Maria Antonia als ehemaliger Kurfürstin als auch für Gottsched gute Argumente gab, die Amazonen-Oper als Tragödie zu publizieren. Im Falle Gottscheds kann das Trauerspiel *Thalestris* „als letztes Zeugnis für [seinen] Kampf gegen die Oper"[1359] angesehen werden, sollte

---

1353 Vgl. Fürstenau [1861–1862] 1971b, S. 355.
1354 Vgl. Fischer 2007, S. 67–69.
1355 Vgl. den Artikel *Ermelinda Thalea* in Gottsched [1760] 1970b.
1356 Siehe dazu *Vorblatt der Partitur* in Gottsched PG 1765 sowie Fischer 2007, S. 276.
1357 Nach einer ergebnislosen Recherche hat eine Anfrage an die Sächsische Akademie der Wissenschaften zu Leipzig, die den Gottsched-Briefwechsel ediert, bestätigt, dass es keine Korrespondenz zwischen Maria Antonia und Gottsched gab. Andere Dokumente, die einen Auftrag an Gottsched belegen könnten, wurden im Rahmen dieser Untersuchung nicht gefunden.
1358 Dies gibt zumindest Gottscheds Nichte an. Siehe dazu ihre Widmung an Maria Antonia in Gottsched [1766] TKA 1970, S. 133.
1359 Rieck 1978, S. 74.

doch die Tragödie in seinem Sinne die höfische Oper ersetzen. Allerdings erkennt man bereits 1746 relativierende Äußerungen Gottscheds im Hinblick auf die Opernfrage.[1360] So schrieb er: „Gegen alle itzlebende Dichter und Componisten [...] hat man billich alle Hochachtung", denn „die damaligen Opern [sind vielleicht] so gut nicht gewesen, als die heutigen sind. Und endlich ist es vielleicht [...] noch möglich, dasjenige, was in den Singspielen fehlerhaft ist, abzustellen, und diese Art theatralischer Gedichte zu größrer Vollkommenheit zu bringen."[1361] Gottscheds früher geäußerten „Argumente gegen die Oper" sind dabei insbesondere auf die „französische Debatte vom Ende des 17. Jahrhunderts"[1362] und seinen Gewährsmann Saint-Évremond zurückzuführen.[1363] Bernhard Strohm zufolge hat Gottsched Maria Antonias Opern *Talestri* und *Il trionfo delle fedeltà* nicht nur aus diplomatischen Gründen gelobt. Dies sei vielmehr der Tatsache zuzuschreiben, dass ihre Libretti den *opera seria*-Stil Metastasios erkennen ließen, der sich – im Zuge von Reformen in der Accademia dell'Arcadia – am klassischen französischen Sprechtheater orientierte, das auch Gottsched verehrte.[1364]

Für Maria Antonia konnte es allein aus diesem Grund keinen geeigneteren Literaten als den ihr wohl gesonnenen Gottsched für die Bearbeitung ihres Singspiels geben. Zudem fand sie gemeinsam mit ihrem Mann Friedrich Christian noch zu ihren Zeiten als Kurprinzenpaar ihrerseits Gefallen an Gottscheds Aufklärungsphilosophie und zeigte großes Interesse an seinen

---

1360   In Gottscheds *Handlexicon* findet man 1760 sogar noch eine wohlwollendere Sicht auf die Oper. Vgl. [W. 1760] GHL 1979. Ein Autor mit dem Kürzel „W." schreibt hier im Artikel *Opern*: „Opern, oder Singspiele, sind eine besondere Gattung der Schauspiele, darinnen vornehme und geringe Personen nach Belieben, aber alle singend aufgefuehret werden. [...] Die Verse der Opern werden nach Art der Cantaten gemachet, und bestehen also aus Recitativen und Arien. Der Tonkuenstler setzet dieselben nach seiner Phantasie; die Saenger lernen Text und Musik auswendig; die Schaubuehne wird praechtig ausgezieret; und die ganze Vorstellung mit vielen Veraenderungen und Maschinen abgewechselt. Der Vorhang oeffnet sich mit einem Concerte der allerschoensten Instrumenten, die von den groeßten Meistern gespielet worden; und das ganze Singspiel wird mit einer bestaendigen Begleitung einiger schwaechern Instrumenten erfuellet." (Sp. 1203–1204). Indem ein anderer Autor den Opernartikel schrieb, brauchte Gottsched selbst sich nicht zur Oper zu äußern. Dies stellt sich insofern als ein kluger Schachzug heraus, als dass man ihm selbst als Herausgeber des Wörterbuchs keine völlige Wendung in der Opernfrage vorwerfen konnte, da er nicht der Verfasser des Opernartikels war.
1361   Zitiert nach Birke 1960, S. 195. Vgl. dazu ebenso Strohm 1986, S. 157 und Fischer 2007, S. 68.
1362   Fischer 2007, S. 68.
1363   Vgl. Strohm 1986, S. 157.
1364   Vgl. Strohm 1986, S. 157 und Fischer 2007, S. 68.

Bemühungen um eine ordentliche, ,vernünftige' Gestaltung der deutschen Sprache und Literatur. Darüber hinaus unterstützten beide dessen „Vorstellung von der Notwendigkeit eines erzieherischen Einflusses der Kunst auf das Leben der Nation"[1365] und ließen dem Leipziger Literaturprofessor über ihren Kammerherrn Otto Christian von Schönberg daher mitteilen:

> „Sie wissen, mein Herr [Gottsched] wie sehr leider der Geschmack unsrer deutschen Mutter=Sprache verderbet, und wie viele von unsern Landsleuthen sich nicht finden, doch selbige so zu verstümmeln suchen, daß es scheinet, als ob sie sich schämeten Deutsche gebohren zu seyn. Es ist dannenhero sehr preiß und lobenswürdig, wenn große Herren dem Unrecht, [...] vorkommen, und selbige gegen den größten Theil unserer lächerlichen Mitt=Bürger in Schutz nehmen und vertheidigen. Diese so gerechte als gnädige Gesinnung nun von unserer Gnädigsten Herrschaft [Maria Antonia und Friedrich Christian] muntert mich umso mehr auf mich des Vertrauens würdig zu machen, [...] so haben mir Ihre Königliche Hoheiten befohlen Ihnen zu schreiben; Ich gebe mir dannenhero die Ehre [...] hierdurch zu ersuchen, daß Sie die Gütigkeit haben und mir sowohl von Ihren Übersetzungen aus dem Französischen als auch andere Stücke, so dero Hoheiten vorgelegt zu werden verdienen, zuschicken möchten."[1366]

Während der Abwesenheit Friedrich Augusts II. im Siebenjährigen Krieg führte das Interesse des Kurprinzenpaares an Gottscheds Dramen-Übersetzungen ins Deutsche zu 20 Komödien- und vier Tragödienaufführungen am Dresdner Hof mit antifeudalen und sozialkritischen Tendenzen, für die Gottsched das Programm zusammenstellte.[1367] Seine Bestrebungen um ein deutsches Bühnenrepertoire und „eine einheitliche nationale deutsche Hochsprache"[1368] wurden somit von Friedrich Christian und Maria Antonia unterstützt.

All die genannten Aspekte lassen die Schlussfolgerung zu, dass für Maria Antonia nur Gottsched für die Adaption ihres Operntextes als Trauerspiel in Frage kommen konnte, zumal dessen Vorstellung, ausschließlich das Schicksal von ,hohen' Standespersonen in der Tragödie zu behandeln, für die intendierte Aussage ihres Werkes, sich als regierungsfähige und tolerante Herrscherin zu präsentieren, nur von Vorteil sein konnte. Den RezipientInnen das Schicksal einer Amazonenkönigin vorzuführen, die sich gegen inhumane Gesetze wehrt und Frieden zwischen dem eigenen Volk und den verfeindeten Nachbarn stif-

---

1365 Vgl. Schlechte 1992, S. 52.
1366 Zitiert nach Danzel 1848, S. 317.
1367 Zum Spielplan zählten u. a. Übersetzungen aus dem Französischen wie Molières *L'Avare* (1668), Voltaires Tragödien *Zaire* (1732) und *Alzire* (1736) sowie Gotthold Ephraim Lessings Stück *Die alte Jungfer* (1749) und *Die ungleiche Heyrath* (1743) von Luise Adelgunde Gottsched. Vgl. Schlechte 1992, S. 51–52.
1368 Vgl. Schlechte 1992, S. 51.

tet, zielte im Gottschedschen Sinne sowohl auf die menschlichen Affekte als auch auf die Demonstration einer moralisch vorbildlichen Handlungsweise. Indem er als einer der bekanntesten bürgerlichen Intellektuellen das Trauerspiel *Thalestris* verfasste, konnte Gottsched für Maria Antonia, die als Vertreterin des aufgeklärten Absolutismus galt, als Fürsprecher und ‚Mittelsmann‘ zwischen dem sächsischen Hof und der bürgerlichen Gesellschaft[1369] im Sinne der aufklärerischen „Funktionseliten"[1370] fungieren. Diese mögliche Intention kann man sich mit Maria Antonias Position als Witwe des Kurfürsten erklären: Nachdem sie sich jahrelang gemeinsam mit ihrem Gatten für politische Reformkonzepte eingesetzt hatte, konnte sie durch den plötzlichen Tod Friedrich Christians nur wenige Monate mit ihm gemeinsam regieren. Daher mochte es ihr ein Anliegen sein, ihre Herrschaftsvorstellungen auch im Nachhinein über den Hof hinaus publik zu machen. An dem 1772 von Maria Antonia bei Johann Elezear Zeissig (1737–1806) in Auftrag gegebenen Familienporträt,[1371] auf dem neben ihr im Zentrum auch die „Genien Dichtkunst, Malerey und Musik"[1372] im Hintergrund abgebildet sind, wird beispielhaft deutlich, dass es der Kurfürstinwitwe unter der alleinigen Regent-

---

1369 Zu diesem Begriff siehe Ludwig Stockinger, der ihn im Kontext der Aufklärung in Sachsen erläutert. Stockinger betont, dass die Strukturen für die Aufklärung im sächsischen Kurstaat noch auf die Konversion ‚Augusts des Starken‘ zum Katholizismus zum Erwerb der polnischen Krone im Jahr 1697 zurückzuführen sind. Diese Konversion habe seiner Beurteilung nach „zum einen zum Aufbau einer rational organisierten Verwaltungsstruktur im Sinne des modernen absolutistischen Staates, zum anderen aber dazu [geführt], daß die Stände und ihre Vertretung im sächsischen Landtag als vormodernes, systemfremdes Element erhalten geblieben sind." ‚August der Starke‘ habe aber keineswegs angestrebt, eine „konfessionelle Einheit im Zeichen des Katholizismus" zu forcieren, sondern habe eher versucht, die Philosophie der Aufklärung oder vielmehr „eine bestimmte Version dieser Philosophie, zu fördern." Aus diesem Grund sei die „Aufklärung in Sachsen [...] weniger eine Sache des Bürgertums, sondern eher eine Sache des Fürsten und seiner Verwaltung" gewesen, „die im Lauf des 18. Jahrhunderts ein für Kursachsen typisches Bündnis [...] mit den modernen Funktionseliten, mit Teilen der Professorschaft an der Universität Leipzig, reformbereiten adeligen Landbesitzern, Kaufleuten und Bankiers, Juristen und Medizinern, Beamten der lokalen Staatsverwaltung und der Kommunen" eingegangen sei. Bereits die Zeitgenossen hätten für diese Gruppierung „den Begriff ‚Bürgerliche Gesellschaft‘ gebraucht", die keineswegs „die Gesellschaft jener, die bürgerlichen Standes" gewesen sei meinte, „sondern eben diese Gesellschaft der Funktionseliten." Stockinger 2002, S. 37–38.
1370 Vgl. Stockinger 2002, S. 38.
1371 Zu diesem Gemälde mit dem Titel *Die kurfürstliche Familie* und den damit verbundenen Intentionen Maria Antonias siehe Bischoff 2013, hier vor allem S. 215–217.
1372 Bischoff 2013, S. 217.

schaft ihres Sohnes Friedrich August ganz offensichtlich darum ging, sich als Kunstmäzenin zu präsentieren und ihre Gelehrsamkeit sowie ihre „künstlerischen und politischen Fähigkeiten"[1373] zu demonstrieren.

Bereits während der gemeinsamen Regentschaft mit ihrem Schwager Xaver waren das Ballet sowie die italienische Oper und die Komödie aufgelöst worden. Aus finanziellen Gründen wurden Theater- und Hofmusiker entlassen und lediglich Sänger, die man für Kirchenmusik einsetzen konnte, behalten.[1374] Nur durch die Umarbeitung des *Talestri(s)*-Singspiels in eine Tragödie konnte unter diesen Umständen gewährleistet werden, das Werk einer breiteren Öffentlichkeit[1375] zugänglich zu machen, die über die Hofgesellschaft als Adressaten der Oper hinausging. Weil die Realisierung von Ehre und Reputation jedoch nicht im Geheimen, sondern lediglich in der Öffentlichkeit stattfinden konnte, benötigten absolutistische HerrscherInnen folglich einen RezipientInnenkreis, vor dem sie „die Rechtmäßigkeit ihrer Handlungen darlegen musste[n]."[1376] Inszenierungen des Trauerspiels *Thalestris* vor den Funktionseliten in Kursachsen wären durch die Bearbeitung des Operntextes als Sprechdrama daher prinzipiell möglich gewesen. Aufführungen des Gottschedschen Dramas scheint es dennoch nicht gegeben zu haben.[1377]

Zweifellos hängt dies mit dem Umstand zusammen, dass sich letztlich keiner der Texte, die Gottsched in seinem Bemühen um ein Standardrepertoire für das deutsche Theater zusammengestellt hatte, „einen Platz auf der deutschen Bühne erobern konnte."[1378] Gottsched hat die literarische Debatte zwischen 1730 und 1740 in Deutschland zwar maßgeblich bestimmt, doch sei er – wie P. M. Mitchell hervorhebt – schon in den vierziger Jahren „von der fortschrittlichen Entwicklung des deutschen Geisteslebens überholt und auf dem Gebiet der Kritik [...] zur Seite gefegt"[1379] worden. Vergegenwärtigt man sich den poetologischen Umbruch, der Mitte der 1750er-Jahre durch die Diskussionen um die dramatische Gattung des Tragischen sowie des Komischen eingeleitet wurde, erlaubt der Blick auf den Kontext, die Situation trotz der fehlenden Indizien näher zu umreißen.

1373 Bischoff 2013, S. 217.
1374 Vgl. Fürstenau [1861–1862] 1971b, S. 371.
1375 Zum frühneuzeitlichen Lesepublikum als Adressat und kleinste „öffentliche Schicht der Informationen-Öffentlichkeit" siehe Körber 1998, S. 301.
1376 Gestrich 1994, S. 79.
1377 Vgl. Fleig 1999, S. 316. In ihrer Untersuchung hat die Autorin Schauspiele aus dem 18. Jahrhundert mit deren Aufführungsdaten aufgelistet. Die *Thalestris*-Tragödie wie auch Maria Antonias Dramenübersetzung *Der Nothleidende* wurden diesen Angaben zufolge nicht aufgeführt.
1378 Stockinger 2002, S. 21.
1379 Mitchell 1987, S. 448.

Während in Gottscheds Tragödie noch an der Amazonenkönigin als Protagonistin und Person ‚hohen' Standes festgehalten wird, ließen Lessings Ausführungen über die aktuellen Diskussionen über die „Leistungen und Möglichkeiten der dramatischen Gattung"[1380] bereits in seiner *Theatralischen Bibliothek* von 1754 erkennen, dass die Ständeklausel in den theoretischen Debatten ihre Verbindlichkeit verloren hatte. Das aufkeimende „Interesse an Fragen des tragischen Gehalts sowie der Individualität der dramatischen Charaktere jenseits sozialer Fixierungen"[1381] führte zur Etablierung des bürgerlichen Trauerspiels „als Sonderform der Tragödie."[1382] In der Einleitung seiner *Theatralischen Bibliothek* beschreibt Lessing daher die „Neuerungen [...] in der Dramatischen Dichtkunst":[1383]

> „Weder das Lustspiel, noch das Trauerspiel, ist davon verschont geblieben. Das erstere hat man um einige Staffeln erhoehet, und das andre um einige herabgesetzt. Dort glaubte man, daß die Welt lange genug in dem Lustspiele gelacht und abgeschmackte Laster ausgezischt habe; man kam also auf den Einfall, die Welt endlich einmal auch darinne weinen und an stillen Tugenden ein edles Vergnuegen finden zu lassen. Hier hielt man es für unbillig, daß nur Regenten und hohe Standespersonen in uns Schrecken und Mitleiden erwecken sollten; man suchte sich also aus dem Mittelstande Helden, und schnallte ihnen den tragischen Stiefel an, in dem man sie sonst, nur ihn laecherlich zu machen, gesehen hatte. Die erste Veraenderung brachte dasjenige hervor, was seine Anhaenger das ruehrende Lustspiel; und seine Widersacher das weinerliche nennen. Aus der zweyten Veraenderung entstand das buergerliche Trauerspiel."[1384]

1380 Alt 1994, S. 149.
1381 Alt 2001, S. 210.
1382 Alt 2001, S. 210.
1383 Lessing TB 1754, S. 2.
1384 Lessing TB 1754, S. 2. Siehe dazu auch Alt 1994, S. 149. Im Hinblick auf Lessings Kritik an Gottsched, die er am 3. Mai 1755 in *der Berlinischen Privilegierten Zeitung* äußerte, wo er ihm vorwarf, das bürgerliche Trauerspiel in seiner *Critischen Dichtkunst* nicht erwähnt zu haben, betont Christian Erich Rochow sehr eindringlich, dass es sich dabei um eine „launig[e]" und „ungerecht[e]" Unterstellung handelt (Rochow 1999, S. 20). Diesbezüglich hat auch Peter-André Alt bereits in seiner 1994 erschienenen Studie über die *Tragödie der Aufklärung* darauf verwiesen, dass Gottsched den Begriff des ‚bürgerlichen Trauerspiels' sehr wohl schon vor Lessing thematisierte, wie die vierte Auflage der *Critischen Dichtkunst* zeigt (vgl. Alt 1994, S. 154–155). Allerdings sah Gottsched das bürgerliche Trauerspiel nicht als Tragödie an, sondern schrieb es als Tragikomödie der „mittleren Gattung" zu, denn „[n]och andere wollen aus der beweglichen und traurigen Komoedie, die von den Franzosen Comedie larmoyante gennnet wird, eine eigene neue Art machen. Allein wenn es ja eine solche Art von Schauspielen geben kann und soll: so muß man sie nur nicht Komoedien nennen. Sie koennten viel eher buergerliche, oder adeliche

Gottlob Benjamin Pfeil (1732–1800), dem die anonym erschienene Schrift *Vom bürgerlichen Trauerspiele* (1755) zugeschrieben wird, bestätigt Lessings Erläuterungen; seine Ausführungen lassen schließlich drei Abgrenzungskriterien des bürgerlichen Trauerspiels von der heroischen Tragödie hervortreten:

> „[D]er Stoff entstammt nicht mehr der Historie oder dem Reich der Mythologie, sondern bildet ein Produkt der poetischen Erfindung; das Personal ist mittleren Standes, bürgerlich oder von niedrigem Adel; die Verssprache der *tragédie classique* wird durch eine nüchternere, für psychologische Nuancen offene Prosadiktion ersetzt."[1385]

Gottscheds Trauerspiel *Thalestris* war zum Zeitpunkt seines Erscheinens auch außerhalb der höfischen Gesellschaft demnach nicht mehr auf der Höhe der Zeit. Allein Lessings bürgerliche Trauerspiele *Miss Sara Sampson* (1755) und *Emilia Galotti* (1772) veranschaulichen den Bruch mit Gottscheds Theorien zur Tragödie, indem die Handlung statt der „Großen dieser Welt"[1386] nun Figuren mittleren Standes ins Zentrum rückt. Diese Stücke, in denen die Tugend der Töchter und die Folgen ihres Fehltritts thematisiert werden, führen die neue Fokussierung auf moralische und soziale Normen des Bürgertums vor Augen, das sich nicht nur von der höfisch-feudalen Ordnung ablöst, sondern das Ideal einer intakten Familie als „Ort bürgerlicher Empfindsamkeit [...] gegen die öffentliche Sphäre des Hofes und die feudale Unmoral"[1387] setzt.

4.4.9 Die *femme forte* in der Aufklärung: Ein obsoletes Weiblichkeitsideal?

Blickt man auf den Anfang dieser Studie zurück, in dem zunächst der ab 1642 erschienene Roman *Cassandre* La Calprenèdes und dessen Rezeption durch nachfolgende Romanautoren und LibrettistInnen geschildert wurde, lässt sich mit dem letzten Analysekapitel über die Amazonen-Oper *Talestri* der Kurfürstin Maria Antonia Walpurgis von Sachsen und deren Adaption als Trauerspiel *Thalestris* durch Johann Christoph Gottsched ein Kreis schließen: Demnach griff auch Maria Antonia in ihrem 1763 aufgeführten Singspiel noch auf die von La Calprenède konzipierte Liebesgeschichte zwischen der Amazonenkönigin Talestris und dem Prinzen Orontes zurück, wobei in ihrem Singspieltext ebenso Einflüsse von deutschsprachigen Opernlibretti wie Postels *Die Groß=Muethige Thalestris* oder Ziglers *Die Lybische Talestris* zu

---

Trauerspiele heißen; oder gar Tragikomoedien, als ein Mittelding zwischen beyden, genennet werden." Gottsched VCD 1751, S. 643–644.

1385 Alt 2001, S. 210.
1386 Gottsched [1729] SBT 1998, S. 5.
1387 Stephan 2004a, S. 31.

finden sind.[1388] Während das Amazonenreich aber sowohl in La Calprenèdes *Cassandre* bzw. Kormarts *Statira* als auch in Postels und Ziglers Operntexten am Ende aufgelöst wird,[1389] bleibt das Reich der Kriegerinnen in Maria Antonias Singspiel bestehen. Das künftig auf Frieden bedachte Amazonenvolk soll hier gleichgestellt neben dem Volk der (männlichen) Skythen weiterexistieren.

In der Rolle der Amazonenkönigin und Titelheldin ihrer Oper stilisierte sich Maria Antonia daher bereits als Kurprinzessin als großmütige und vernunftorientierte Regentin, die männliche Monarchen als ebenbürtige Verhandlungs- und Bündnispartnerin zu betrachten hatten. Wie bereits geschildert, hatte sie ihre Regierungsfähigkeit während der Abwesenheit ihres Schwiegervaters Friedrich August II. im Siebenjährigen Krieg durchaus bewiesen, als sie mit ihrem Mann Friedrich Christian die Hof- und Staatsangelegenheiten übernommen hatte. Mit dieser selbstbewussten Repräsentation als Amazone knüpfte die spätere Kurfürstin Sachsens an den höfischen Idealtypus der *femme forte* des 17. Jahrhunderts an; bei ihrem Rekurs auf die Amazonen handelt es sich daher um „einen sehr späten Ausläufer dieser Stofftradition".[1390]

Zweifellos kamen in Maria Antonia als musikalisch begabter und literarisch versierter Fürstin sämtliche Bildungsideale zusammen, was Gottsched als Befürworter weiblicher Gelehrsamkeit nur gutheißen konnte. Nicht zuletzt als ihr Protegé lobte er daher auch die von seiner Mäzenin konzipierte Oper *Talestri*. Ihre Regierungsqualitäten hatte er bereits im Partiturdruck (1765) ihres Singspiels betont. Gottscheds Wertschätzung der Amazonen-Oper galt vor allem deren *opera seria*-Stil, der auf Maria Antonias Lehrer Pietro Metastasio, den bekanntesten Librettisten des 18. Jahrhunderts, zurückging. Ebenso wie Gottsched orientierte sich dieser am französischen Klassizismus und stellte einen Herrscher mit seinen Tugenden als zentrale Figur in den Mittelpunkt seiner Opern. Die Bearbeitung des Opernlibrettos als Tragödie *Thalestris* legten schon die Parallelen mit Gottscheds Trauerspieltheorie nahe, in der die vernünftige Tugend durch die vorbildliche Handlungsweise einer ‚hohen' Person (Adlige, Götter oder Helden) demonstriert werden sollte.

Die Gegenüberstellung von Gottscheds Trauerspiel und Maria Antonias Operntext, der in der Ausgabe von 1763 sowohl in italienischer als auch in deutscher Sprache vorliegt, hat zu mehreren Erkenntnissen geführt. Entgegen der einhelligen Meinung in der (Literatur-)Wissenschaft, Gottscheds posthum

---

1388 Vgl. Fischer 2007, S. 272–273.

1389 Vgl. dazu Kormart STA5 1688, Sechstes Buch, hier vor allem S. 759–764. Vgl. ebenso Postel TKA 1690, III, 18, n. p. und Zigler LT 1696, III, 15, H 3ʳ. Bei Zigler wird die Titelheldin Talestris zwar zur libyschen Königin ernannt, doch nur als Gemahlin des Thronfolgers Philotas. Eine gynäkokratische Alleinherrschaft, wie sie von ihr angestrebt wurde, gibt es am Ende nicht.

1390 Fischer 2007, S. 77.

erschienene Tragödie *Thalestris* sei eine Übersetzung des italienischen Librettos *Talestri* ins Deutsche, hat der Vergleich von Textpassagen an mehreren Beispielen belegen können, dass es sich bei dem Gottschedschen Trauerspiel eher um eine Bearbeitung des bereits vorhandenen Librettotextes in deutscher Sprache handelt. Die Gegenüberstellung von Textbeispielen hat des Weiteren erwiesen, wie sehr Gottsched selbst im Detail um eine Differenzierung zwischen dem deutschsprachigen Operntext und seiner Tragödie bemüht war. Obwohl er in seiner Adaption sowohl in der Handlung als auch der Personenkonstellation nicht von Maria Antonias Oper abwich, setzte er durch sprachliche Veränderungen eigene Akzente. Im Gegensatz zum unregelmäßigen Vers- und Reimschema im deutschsprachigen Librettotext verwendete Gottsched in seinem Trauerspiel den Paarreim und für die Versgestaltung den von ihm favorisierten ‚Alexandriner‘, womit er eine bessere Rezitierbarkeit erzielte. Im Hinblick auf die mythologischen Elemente bewirkten Gottscheds Veränderungen in der Wortwahl kleine, aber wirkmächtige Akzentverschiebungen. Indem er stärker als Maria Antonia an die tradierten Amazonen-Mythen und die den Kriegerinnen zugesprochenen Attribute anknüpfte, werden Mythologeme wie die Männerfeindlichkeit oder Grausamkeit der kriegerischen Frauen bei Gottsched nuancierter dargestellt. Ein wesentlicher Unterschied zwischen Trauerspiel und Librettotext betrifft das von Maria Antonia konzipierte Cross-Dressing. Obgleich von der Verkleidung des Prinzen Oronte (Orontes) als vermeintliche ‚Amazone‘ Orizia nur berichtet wird, ließ Maria Antonia dieses Cross-Dressing für ihr Publikum erfahrbar werden. Allerdings wurde der Kleidertausch im ‚umgekehrten‘ Sinne sichtbar, indem sie die männliche Rolle des Skythenprinzen mit einer Darstellerin besetzte. Dabei sollte dieser ‚Geschlechtertausch‘ einmal mehr verdeutlichen, dass Frauen sich nicht nur in Männer hineinversetzen, sondern ebenso wie diese agieren können.

In Gottscheds *Thalestris* gibt es hingegen keinen Hinweis darauf, dass die Rolle des Orontes mit einer Frau zu besetzen wäre. Dies wäre auch nicht mit der gängigen Theaterpraxis im 18. Jahrhundert konform gewesen, da Schauspielerinnen in dieser Zeit eher auf Rollen wie die Geliebte oder Mätresse festgelegt waren. ‚Hosenrollen‘, d. h. Frauen in männlichen Rollen, gab es nur selten. Darüber hinaus hatte Gottsched moralische Bedenken gegen den Kleidertausch, wie seine Kritik an der italienischen Oper, die weibliche Parts meist mit Kastraten besetzte, belegt. Indem er also nicht wie Maria Antonia mit den Geschlechterrollen spielte, sondern die Geschlechterverhältnisse eindeutig bestimmte, betonte er weniger die Gemeinsamkeit als die Differenz zwischen Männern und Frauen.

Wie die vergleichende Analyse des Singspiels mit der Tragödie Gottscheds zudem ergeben hat, musste Maria Antonia bei ihrer Inszenierung als Amazonenkönigin Zugeständnisse an männliche Herrschaftsinteressen am Hof machen. Demgemäß setzte sie am Schluss einen Amazonenchor ein, der den von Stolz und Hass geprägten Lebensentwurf der Kriegerinnen relativierte. Gottsched hingegen verzichtete auf den Abschlusschor und folgte damit der antiken Tragödientradition. Infolgedessen bleibt die Stärke der Amazonenkönigin, die bei ihm die abschließenden Worte spricht, ungebrochen. Dies muss der sächsischen Kurfürstin sehr entgegen gekommen sein, da Gottsched mit dieser Änderung eine Huldigung an sie gelang, die ihr selbst, als Autorin des Singspiels, aus Gründen der Schicklichkeit nicht möglich gewesen wäre.

Vergegenwärtigt man sich Gottscheds Kritik an der Oper, veranschaulicht das Trauerspiel *Thalestris* eindrücklich, wie es ihm mit dieser letzten Arbeit für Maria Antonia auf elegante Weise gelang, sowohl ihre Selbststilisierung als Amazonenkönigin zu bekräftigen als auch seine eigenen Interessen durchzusetzen. Demnach war mit der Adaption des Opernlibrettos als Trauerspiel gewährleistet, dass Maria Antonias Qualitäten als aufgeklärte Landesmutter auch einem außerhöfischen Lese- und Theaterpublikum vor Augen geführt werden konnten, obwohl sie diese durch den frühen Tod ihres Mannes nur wenige Monate hatte unter Beweis stellen können. Die Bearbeitung des Singspieltextes als Tragödie belegte wiederum Gottscheds konsequenten Kampf gegen die Oper und seinen Einsatz für ein deutsches Bühnenrepertoire. Gottscheds huldigende Bearbeitung des (deutschsprachigen) Opernlibrettos *Talestris* als Trauerspiel *Thalestris* lässt allerdings seine ambivalente Haltung zur Amazonen-Thematik und die damit verbundene Frage nach der Herrschaft von Frauen erkennen. Denn während er mit seiner Amazonen-Tragödie das Selbstbild Maria Antonias als regierungsfähige Monarchin stützte und sie am Ende sogar noch als alleinige Friedensstifterin hervorhebt, entwarf er in seiner moralischen Wochenschrift *Die Vernünftigen Tadlerinnen* zwar eine reine Frauenrepublik, die sich an dem mythischen Kriegerinnenvolk orientierte, doch indem er diese in Furcht erregenden Bildern skizzierte, fungierten die von Gottsched dargestellten gynäkokratischen Verhältnisse hier nicht als Vor-, sondern als abschreckendes Mahnbild für die bürgerlichen Leserinnen seiner Zeitschrift. In Anbetracht dessen, dass die Vorstellung von den selbstsicheren, kämpferischen und Männer herausfordernden Amazonen seit der Antike zwischen Faszination und Schreckensbild oszilliert, ist Gottscheds gegensätzliche Funktionalisierung der mythologischen Kriegerin allerdings nicht singulär. In seiner widersprüchlichen Haltung dem ‚Weiberregiment‘ gegenüber ähnelte er dem Philosophen und Staatstheoretiker Montesquieu (1689–1755), der anmerkte: „Es ist gegen die Vernunft und die Natur, wenn Frauen Herrinnen im Haus sind, wie man das bei den Ägyptern findet: aber es ist nicht widernatürlich, wenn sie ein Reich regieren."[1391]

Wie wenig konform der Weiblichkeitsentwurf der männlich-aktiven *femme forte* mit dem bürgerlichen Weiblichkeitsideal im 18. Jahrhundert war, zeigt

---

[1391] Zitiert nach Opitz 1997, S. 358.

sich beispielhaft an den weiblich-passiven, tugendhaft-unschuldigen Tochter-Figuren, die ab 1755 mit Lessings *Miß Sara Sampson* Einzug in die deutsche Literatur und auf der Bühne hielten. Der Typus der ‚starken Frau' lebte zwar in Figuren wie Gotthold Ephraim Lessings Lady Marwood, der Gegenspielerin von Sara Sampson und Gräfin Orsina, der Gegenspielerin von Lessings Titelheldin *Emilia Galotti* (1772) weiter,[1392] war aber bereits dem Untergang geweiht.

1392   Helen Adolf gemäß tragen Gotthold Ephraim Lessings Figuren Marwood und Orsina aufgrund ihres destruktiven Potentials durchaus ‚amazonische' Attribute. (Siehe dazu Adolf 1959, hier vor allem S. 258–260.) Inge Stephan zufolge seien die „autonomen, sexuell und gesellschaftlich aktiven" Frauenfiguren Marwood und Orsina dabei „nicht nur Verkörperungen einer negativ gefaßten Weiblichkeit, sondern [...] auch verzerrte Nachklänge eben jenes Typus der weltklugen, selbständigen, nach Autonomie strebenden Frau, der als Ideal in der Frühaufklärung ausgebildet wurde." Stephan 2004b, S. 18.

5 Zusammenfassung und Ausblick

Von den Fragen dieser Untersuchung ausgehend, aus welchen Gründen in der Frühen Neuzeit auf den antiken Weiblichkeitsentwurf der Amazone zurückgegriffen wurde, welche zeitgenössischen Debatten und Ideenkonstrukte die Konzeption der Amazonen-Figur von 1670 bis 1766 beeinflusst haben, aber vor allem, welchen Zwecken diese letztlich diente, lassen sich folgende Ergebnisse festhalten:

Die mythologische Figur der androgynen, männerfeindlichen, starken, unabhängigen, sexuell attraktiven Kriegerin hat eine zeiten- und epochenübergreifende Faszination auf Dichter und bildende Künstler ausgeübt. Ihr Vorkommen in der Literatur des Barock bis in das 18. Jahrhundert hinein ist daher nicht singulär, sondern schreibt die Rezeption antiker Mythen und der mittelalterlichen Literatur fort, in der bereits kontinuierlich auf den Amazonen-Stoff rekurriert worden war. Diese produktive ,Arbeit am Mythos' wird bis in die Frühe Neuzeit hinein insbesondere an den Amazonen-Figuren T(h)alestris, Antiope und Myrina deutlich, deren Mythen Romanautoren, LibrettistInnen und Dramatiker wie Gautier de Costes Sieur de La Calprenède (*Cassandre*), Joachim Meier (*Smyrna*), Friedrich Christian Bressand (*Hercules unter denen Amazonen*), Heinrich Anshelm von Zigler und Kliphausen (*Die Lybische Talestris*), Maria Antonia Walpurgis von Sachsen (*Talestri(s)*) und Johann Christoph Gottsched (*Thalestris*) aufgriffen. Penthesilea, die heute bekannteste Amazonenkönigin, spielt trotz ihres Vorkommens in höfischen Inszenierungen (z. B. Heidelberger Ringelrennen 1613, Krönungsfeier Christinas von Schweden 1650 und Altenburger Taufe von 1654) nur in zwei Werken – und das sogar unter leicht verändertem Namen – eine Rolle: Als Amazonenkönigin ,Pentalisea' in Christian Wilhelm Hagdorns Roman *Æyquan, oder der Große Mogol* und als „vornehme Amazonin"[1393] ,Penthesilla' in der eingangs zitierten Oper *Talestris* eines anonymen Librettisten bzw. einer Librettistin. Obwohl Penthesilea im Roman und in der Oper, aber auch bei den oben genannten Feierlichkeiten am Hof als heldenhafte Figur dargestellt wurde, scheinen die mit ihrer Person verbundenen Mythologeme (Ermordung der Amazone Hippolyte und ihr eigener Tod durch Achilles) mehr ins Gewicht zu fallen und ihrer Beliebtheit im Vergleich zu anderen Amazonen-Figuren abträglich gewesen zu sein. Die den Amazonen zugesprochene Aggressivität und Brutalität ist ganz offensichtlich stärker mit Penthesilea als mit Talestris, die eher für eine friedliche Begegnung mit Alexander dem Großen steht, Antiope, der Herkules den Gürtel raubt, oder Myrina, der bekannten Städtegründerin, verknüpft. Als Bezugsfigur, wie es etwa Talestris für die Kurfürstin Maria Antonia Walpurgis

---

1393   Vgl. *Personenverzeichnis*. In: Anonymus TAL 1717, n. p.

von Sachsen gewesen ist, taugte die explizit mit Gewalt, Mord und Tod verbundene Penthesilea weniger für Damen des Hochadels, die die Amazonen im Hinblick auf deren Mut, Willensstärke und geistigen Fähigkeiten in positiv gewendeter und konnotierter Weise für sich in Anspruch nahmen.

So wird die Figur der Amazone in den hier untersuchten Texten auch vornehmlich als *femme forte* dargestellt. Dieser Entwurf der ‚starken Frau‘ als Herrscherin wurde von den Befürwortern der Gynäkokratie im Kontext der frühneuzeitlichen Debatten über die Regierungs(un)fähigkeit adeliger Frauen im Frankreich des 17. Jahrhunderts als weibliches Gegenstück zum männlichen Herrscher, dem griechischen Halbgott Herkules, verteidigt. Der Kampf der Geschlechter um Macht und Herrschaft, die Zuweisung von Geschlechterrollen und -hierarchien, verknüpft mit der sowohl im Roman als auch in der Oper geforderten Liebesthematik, sind – gemeinsam mit dem Cross-Dressing zur Täuschung und Verwirrung – die wesentlichen Handlungselemente in den untersuchten Romanen und (musik-)dramatischen Werken. Die Frage nach der Gynäkokratie mit ihren (möglichen) Folgen und Konsequenzen ist letztlich der Dreh- und Angelpunkt aller hier untersuchten Texte und wird anhand der Amazonen-Figur als (zukünftiger) Regentin eines eigenen Reiches dargestellt. Denn die reale Herrschaft von Frauen war trotz rechtlicher Einschränkungen und Vorurteile auch im Heiligen Römischen Reich Deutscher Nation keinesfalls selten. Verwitwete Fürstinnen regierten als Vormünderinnen ihrer minderjährigen Söhne oder als Äbtissinnen eines Konvents, Ehefrauen als Statthalterinnen ihrer abwesenden Ehemänner. Allerdings handelte es sich bei den vormundschaftlichen Regentinnen und Statthalterinnen um Interimsregentinnen; sie waren keine legitimen Thronfolgerinnen, die bis zu ihrem Ableben herrschten.

Die hier analysierten Romane, Operntexte und Sprechdramen, in denen die Amazone als Thronfolgerin und Regentin dargestellt wird, spiegeln mit diesem gynäkokratischen Entwurf die *Lex Salica* und das damit verbundene männliche Erbrecht in diametraler Weise wider. Als reiner Frauenstaat, in dem keine Männer geduldet werden, entziehen sich die Amazonen zudem der Geschlechtsvormundschaft, der Autorität und Gewalt des Vaters oder Ehemannes. In den Romanen und (musik-)dramatischen Texten werden schließlich verschiedene Modelle der Frauenherrschaft im Amazonenstaat und deren zukunftsweisende Perspektiven durchgespielt:

1. In La Calprenèdes *Cassandre* und in der deutschen Übersetzung dieses Romans durch Christoph Kormart (*Statira*) heiratet die Amazonenkönigin Talestris am Ende den skythischen Prinzen Orontes. Die Herrschaft der Amazonen wird mit der Auflösung des Amazonenreiches durch Talestris selbst beendet. Gemeinsam mit Orontes geht sie nach Cappadocien, wo

der skythische Thronfolger „mit Talestris sehr friedsam [regierte]."[1394] In seiner sehr eng am Prätext orientierten Übersetzung, die als Nachahmung zwischen einer *imitatio* und *interpretatio* einzuordnen ist, lässt Kormart die Wirkungsabsichten La Calprenèdes unangetastet. Indem er das Ende der Amazonen in seine deutschsprachige *Statira* übernimmt, transportiert er mit seiner sprachlichen Übertragung auch diese inhaltliche Botschaft ins Deutsche. Eine Fürsprache für die Berechtigung und Beständigkeit einer Herrschaft von Frauen ist weder im französischen Original noch in der deutschen Übersetzung vorgesehen.

2. Christian Wilhelm Hagdorns Roman *Æyquan, oder der Große Mogol* rekurriert zwar inhaltlich auf La Calprenèdes *Cassandre*, jedoch bleibt in dieser *imitatio*, die zwischen einer Übersetzung und einem Originalroman einzuordnen ist, das Ende für das Amazonenreich unter Königin Pentalisea offen. Aufschlüsse darüber, ob sich der Staat der Amazonen auflöst oder unter anderen Bedingungen von Pentaliseas Tochter Affelde weitergeführt wird, sind nicht zu geben, da dieser in China spielende Roman ein Fragment geblieben ist.

3. In Joachim Meiers *Smyrna* gibt die Amazonenkönigin Myrina die Herrschaft an ihre Töchter Marpesia und Lampedo ab, die das Reich der Amazonen nach ihrer Niederlage im Kampf gegen die Trojaner nur unter der Bedingung des Friedensschlusses mit diesen weiterführen dürfen. Ihre Mutter Myrina und ihre Schwester Smyrna, die als designierte Thronfolgerin eigentlich die Nachfolge antreten soll, verlassen das Reich der Amazonen, um künftig bei ihren Ehemännern (!) zu leben.[1395] Mit Smyrna und Myrina verweist Meier letztlich auf das Modell der Herrschergemahlin, die zwar als Königin oder Fürstin eines Landes, jedoch nicht als dessen Regentin gilt.

4. Aus der deutschsprachigen Übersetzung des italienischen Librettos *L'Antiope* von Stefano Pallavicini und dessen in der vorliegenden Untersuchung eindeutig nachgewiesenen *imitatio*, der Bayreuther Oper *Hercules* eines Anonymus, geht hingegen hervor, dass die manipulative Amazonenkönigin Antiope ihr Reich am Ende aufzugeben hat. Entsprechendes lässt sich auch für Friedrich Christian Bressands Libretto *Hercules unter denen Amazonen* festhalten, in dem die zum heimtückischen Mord bereite und als intrigant konzipierte Antiope ihren Frauenstaat ebenfalls auflösen muss. In allen drei Operntexten wird diese Entscheidung von Hercules, dem Sieger über die starken und wehrhaften Amazonen, gefällt. Dessen Neigung zur Untreue, die ebenfalls als Fehlbarkeit anzusehen ist, fällt jedoch am Schluss weniger ins Gewicht als Antiopes Intrigen. Obgleich dem griechischen Halbgott ebenso ein moralischer Makel anhaftet, bleibt er

---

1394   Kormart STA5 1688, Sechstes Buch, S. 778.
1395   Vgl. Meier SMY 1705a, Sechstes Buch, S. 1027–1028.

am Ende der großmütige und tugendhafte Held. Eingedenk dessen, dass die Hercules-Figur als Idealtypus männlicher Regenten galt und diese als Widmungsempfänger von Opern dezidiert mit ihm in Verbindung gebracht wurden, verwundert diese positive Stilisierung keineswegs.

5. In Zigler und Kliphausens *Die Lybische Talestris* und ihren Adaptionen gilt die einst ehefeindliche und aufrührerische Talestris am Schluss als geläutert, lässt sie sich doch auf eine Ehe mit Philotas und den Frieden mit seinem Vater ein. Dass die Amazone ihre Kriegerinnengemeinschaft auflösen muss, ist aus den Texten nur zu vermuten, da sie dort zur Königin Lybiens erklärt wird. Ebenso wie Joachim Meiers Amazonenprinzessin Smyrna wird aber auch Talestris letztlich ‚nur‘ die Rolle der Herrschergemahlin und nicht die der Regentin zugewiesen.

6. Ein auf Gleichberechtigung zielendes Modell wird schließlich in den beiden letzten Textbeispielen dargeboten. Obwohl Maria Antonia Walpurgis von Sachsen mit ihrem Libretto *Talestri* auf La Calprenèdes *Cassandre* rekurriert, entwirft sie ein anderes Ende für ihre Amazonen-Oper. So muss die großmütige, den männerfeindlichen Traditionen gegenüber kritisch gesonnene und friedliebende Amazonenkönigin Talestri (Talestris) bei ihr das Reich der Kriegerinnen weder im italienischen Original noch in dessen deutscher Übersetzung aufgeben. Im Gegenteil: Das Reich der Amazonen soll künftig in Frieden neben dem Reich der männlichen Skythen bestehen bleiben.[1396] Jedoch wollen die Amazonen in dieser proklamierten Koexistenz keinesfalls „Unterthanen“ der Skythen, sondern gleichberechtigte „Freundinnen“ sein.[1397] Dieses feminozentrische Konzept, das männliche Herrschaftsdiskurse durch den Entwurf einer dauerhaft angelegten Autarkie von Frauen konterkariert,[1398] wird auch in Johann Christoph Gottscheds Trauerspiel *Thalestris, Koeniginn der Amazonen*, das auf dem Operntext der sächsischen Kurfürstin basiert, beibehalten. Entgegen der Vorlage verzichtet Gottsched jedoch am Schluss auf den Chor der Skythen und den der Amazonen, die mit ihrem Gesang die Versöhnung und Eintracht der Geschlechter zwar zukunftsweisend unterstützen, damit aber von der Hauptfigur, der Amazonenkönigin ablenken. In seiner Tragödie richtet sich der Fokus am Ende ganz auf sie, der als Friedensstifterin das

---

1396 Dieses Einzelbeispiel widerspricht Bernhard Jahn, der in Bezug auf die Oper *Die Groß=Muethige Thalestris* (1690) anmerkt: „Ein selbständiges, von den Männern unabhängiges Frauenreich kann nicht existieren, da den Amazonen schon das militärische Geschick fehlt. Trotz gelegentlicher Siege enden alle ihre Kriege mit Niederlagen." Jahn 2005, S. 329, Anm. 173.

1397 Vgl. E. T. P. A. TAL 1763b, III, 10, S. 71.

1398 Vgl. Kroll 2004, S. 67.

letzte Wort gebührt. Infolgedessen bleibt die Stärke der *femme forte* hier ungebrochen.[1399]

Wie dieses Resümee zu den untersuchten Werken verdeutlicht, reichen die oben aufgeführten Entwürfe von der kompletten Auflösung des Amazonenreiches über das Fortbestehen des gynäkokratischen Staates mit männlichen Auflagen bis hin zu einer gleichberechtigten Existenz eines Amazonen- *und* des von Männern regierten Skythen-Reiches. Dabei verweisen die Romane und Opern, in denen der Staat der Amazonen komplett aufgelöst wird oder nur unter männlicher Vorgabe weiter existieren kann, darauf, dass zu große Handlungsspielräume, wie sie etwa Elisabeth I. von England als rechtmäßige Thronfolgerin und ledige Königin hatte, fürstlichen Frauen im Heiligen Römischen Reich Deutscher Nation offenbar nicht eingeräumt werden sollten. Das auf Egalität abzielende Modell der Maria Antonia resp. Gottscheds stellt daher ein singuläres Beispiel dar.

Neben der *femme forte* hatten aber auch Berichte über die Entdeckung ferner Länder, der Topos des Altersspotts und der misogyne Weiblichkeitsentwurf der alten Vettel im Kontext des literarischen, philosophischen und medizinischen Altersdiskurses Einfluss auf die frühneuzeitliche Amazonen-Darstellung. Dies wurde an der jugendlich-schönen, chinesischen Amazonenprinzessin Affelde verdeutlicht, die in Christian Wilhelm Hagdorns Roman *Æyquan, oder der Große Mogol* als exotisch-erotische Figur konzipiert ist. Die Konstruktion des Fremden mit einer offenkundig eurozentristischen Perspektive auf China sowie der Rekurs auf Entdecker- und Reiseberichte, in denen Weiblichkeit und Nacktheit miteinander verknüpft werden, prägen Hagdorns Roman eindeutig.

Im starken Kontrast zur Vorstellung von Jugendlichkeit, Agilität und sexueller Attraktivität einer Amazonen-Figur steht dagegen das Beispiel der alten Amazone Rixane in Zigler und Kliphausens Libretto *Die Lybische Talestris* und dessen *imitationes*. Da keine Altersrolle für betagte Amazonen vorgesehen war, wird aus dem Idealtypus der amazonischen *femme forte* im hohen Alter die bekannte alte Vettel, deren Körper in tradierten, Ekel evozierenden Vanitas-Bildern beschrieben wird. Den Operntexten von Pallavicini oder Bressand ähnlich, fällt auch in der *Lybischen Talestris* und deren Adaptionen das ungleiche Maß in der Beurteilung männlichen und weiblichen Fehlverhaltens auf: Obwohl Rixane ebenso wie der betagte König Pelopidus eine weitaus jüngere Person liebt, fällt der Altersspott ihr gegenüber deutlich gröber aus als beim alten Regenten; im Fall der Leipziger *imitatio* durch Georg Christian Lehms entfällt dieser sogar ganz. Während Pelopidus am Schluss den gesellschaftlichen Vorstellungen eines weisen und würdevollen Herrschers doch noch entspricht, indem er die Liebe zur jungen Amazonenprinzessin Talestris

---

1399   Vgl. Gottsched [1766] TKA 1970, III, 10, S. 195.

aufgibt und sowohl diese als auch den Thron seinem Sohn Philotas zuspricht, repräsentiert Rixane durch ihre Liebe zum jungen Scandor bis zum Ende eine altersunwürdige und verlachenswerte Figur.

Die verschiedenen Konzeptionen der Amazonen-Figur verdeutlichen, dass diesem Weiblichkeitsentwurf verschiedene Funktionen zugesprochen werden konnten. Neben der Möglichkeit, mit ihr die seit der Antike verbundene Exotik und Erotik auch auf Kriegerinnen-Figuren in China zu übertragen oder mit Hilfe einer betagten Amazone den misogynen Weiblichkeitsentwurf der alten Vettel zu stützen, wurde die Figur der mythischen Kriegerin im Allgemeinen zur Repräsentation von Affekten genutzt. Demnach fungieren Amazonen beispielhaft zur Demonstration von Affektentladung (Zorn, Hass) und Affektkontrolle (höfisches, kalkuliertes Verhalten) gleichermaßen. Sowohl im Roman, aber gerade auch in der Oper mit ihrem Zusammenspiel von Musik, Gesangs- und Schauspielkunst dienen Amazonen-Figuren zur Darstellung und Erregung von Affekten, um zur Unterhaltung und Rührung des Publikums beizutragen.

Daneben wurden Amazonen noch zu anderen Zwecken genutzt: In der *Cassandre* und ihrer deutschsprachigen Übersetzung hat die Figur der mythischen Kriegerin zweierlei Funktionen. Zunächst nutzt La Calprenède die Androgynie der Amazone, um an der als Jüngling konzipierten Orontes-Figur, der sich aus Liebe zur Amazone Talestris als Frau verkleidet und sich unter dem Namen ,Orithie' unter das Volk der Kriegerinnen begibt, das homoerotische Potential des männlichen Cross-Dressings vorzuführen. So gesteht Orontes als ,Orithie' Talestris seine Liebe, ohne sich zunächst als Mann zu erkennen zu geben. Die Kriegerin erwidert diese Liebe zur vermeintlichen ,Orithie', wobei in dem Dialog zwischen einer Amazone mit einer anderen ,Amazone' auf sprachlicher Ebene kaum zwischen Liebescode und Freundschaftscode unterschieden werden kann. Aus diesem Grund behält dieser Dialog seine für den Barock typische Liebesmetaphorik bei, die – davon ausgehend, dass Talestris ihr Gegenüber nicht als Mann erkennt – eine homoerotische Spannung erzeugt, obwohl das Lesepublikum um Orontes' ,wahres' Geschlecht weiß und die Begegnung als einen konventionellen Liebesdialog zwischen Mann und Frau betrachtet. Die homoerotische Komponente wird von La Calprenède resp. Kormart jedoch auch nach Orontes' Offenbarung beibehalten, da Talestris ihm als Mann ebenso zugetan ist wie in seiner vorgetäuschten weiblichen Identität als ,Orithie'.

Des Weiteren wird die Figur der Amazone hier genutzt, um an der zu Jähzorn und unberechenbaren Affekten neigenden Talestris die Wandlung der männlich-aktiven *femme forte* in eine passive Hofdame vor Augen zu führen. Dirk Niefangers und Gerhard Spellerbergs Einschätzung, dass die Frau im höfisch-historischen Roman keineswegs als passive Hofdame, sondern als selbständige Figur agiert,[1400] kann daher nur eingeschränkt zugestimmt werden. Das Beispiel der aktiv-männlichen Amazone zeigt, dass die ‚starke Frau' hier nur zeitweise selbstbestimmt agieren kann. Am Ende wird auch Talestris die Rolle der passiven Hofdame zugewiesen.

In Joachim Meiers *Smyrna* fungieren die Amazonen Myrina und Smyrna sowie die argivische Prinzessin Iphinoe mit ihren Anhängerinnen, die sich an den Männer bekämpfenden Amazonen orientieren, als vorbildhafte bzw. abzulehnende Figuren. So gilt die Amazonenprinzessin Smyrna als erstrebenswerter Weiblichkeitsentwurf, da sie den promiskuitiven Traditionen des Kriegerinnenvolkes kritisch gegenübersteht und durch ihre Ehe mit Cinyras sogar auf ihre künftige Regentschaft als Amazonenkönigin verzichtet. An Myrina als Königin der Amazonen führt Meier – analog zu den Gegnern der Gynäkokratie – hingegen das Exempel einer regierungsunfähigen Herrscherin vor Augen, deren Autorität von der eigenen Tochter unterminiert wird. Die Herrschaftsfähigkeit von Frauen wird hier deutlich desavouiert. Mit Iphinoe und ihren Mitstreiterinnen, die Meier als ‚Wahnsinnige' hervorhebt, weil sie aus enttäuschter Liebe Rache an ihren (ehemaligen) Verehrern üben und zu Männerhasserinnen werden, verdeutlicht Meier darüber hinaus seine unübersehbare Ablehnung des Amazonentums. Als besessene, aufrührerische Anführerin und zudem Mörderin ihrer Schwester Iphianassa muss Iphinoe am Ende sogar im Zweikampf sterben. Unverkennbar ist hier weder die Parallele zum Penthesilea-Mythos noch der Rekurs auf misogyne Zuschreibungen von Hass und Rachsucht, die bereits seit der Antike von Dichtern und Rhetorikern wie Euripides und Quintilian als Eigenschaften der Frau betont wurden.[1401]

Auch in den Operntexten *Antiope* (Pallavicini), *Hercules* (Anonym) und *Hercules unter denen Amazonen* (Bressand) wird die Figur der Amazonenkönigin Antiope dazu genutzt, als manipulative und intrigante Herrscherin den negativen Gegenpol zum tugendhaften Hercules darzustellen. Eine Regentschaft von Frauen, die – Euripides zufolge – qua ihres weiblichen Charakters zur Intrige neigen,[1402] wird auch in diesen Libretti eine Absage erteilt.

Mit der von Maria Antonia Walpurgis von Sachsen verfassten und komponierten Oper *Talestri* wird den negativen Funktionalisierungen ein vollkommen konträres Beispiel gegenüber gestellt. Demnach ist die Amazone im Sinne eines Leitideals bewusst von der sächsischen Fürstin gewählt worden, um sich aus machtpolitischen Gründen als regierungsfähige Herrscherin zu stilisieren. So inszenierte sich Maria Antonia in der Rolle der Amazonenkönigin Talestri (Talestris) noch in ihrer Zeit als Kurprinzessin als großmütige und auf Frieden sinnende Regentin. In diesem Kontext ist schließlich auch

---

1400   Vgl. S. 102 dieser Untersuchung.
1401   Vgl. Plume 1996, S. 31.
1402   Vgl. Plume 1996, S. 31.

Johann Christoph Gottscheds Adaption des kurfürstlichen Operntextes für sein Trauerspiel *Thalestris* zu sehen. Er nutzt die Figur der Amazonenkönigin, um seiner Mäzenin Maria Antonia in ihrer selbst gewählten Rolle einer den männlichen Monarchen ebenbürtigen Herrscherin zu huldigen. Allerdings sollte dieses Herrscherinnenlob an eine kurfürstliche ‚Amazone' nicht darüber hinwegtäuschen, dass Gottsched keineswegs ein absoluter Befürworter der Herrschaft von Frauen war. Den bürgerlichen Leserinnen seiner *Vernünftigen Tadlerinnen* führt er unter dem Pseudonym ‚Calliste' jedenfalls eine an den Amazonen orientierte Frauenrepublik vor, die am Ende im Chaos und in völliger Anarchie versinkt. Gynäkokratische Verhältnisse, welche er als Gelehrter des Bürgertums (aus der Position des Protegés heraus) seiner Fürstin durchaus zusprechen konnte, sollten für Frauen seines eigenen, bürgerlichen Standes nicht gelten. Für diese ambivalente Funktionalisierung, die seit der Antike mit den Männer herausfordernden Frauen verbunden ist und die zwischen Bewunderung und Schrecken oszilliert, steht Gottsched nicht allein. Dies ist vielmehr als Ergebnis für all die hier untersuchten Texte festzuhalten.

Wie gezeigt wurde, dient die Figur der Amazone als Projektionsfläche überaus heterogenen Zwecken:

a) In Verbindung mit der Kategorie ‚Geschlecht' ist die Amazone als Androgyn eine Figur der Transgression und Integration zugleich. Die Amazone hat einen weiblichen Körper, handelt durch ihre kriegerischen und intellektuellen Fähigkeiten sowie ihre Fähigkeit zu herrschen aber wie ein Mann, dem diese Eigenschaften in antiken Naturlehren und der christlichen Anthropologie zugeschrieben wurden. Mit der Figur der Amazone konnte der anthropologisch begründete Entwurf der ‚schwachen Frau' jedoch konterkariert und argumentativ für die Propagierung weiblicher Herrscherqualitäten genutzt werden.
b) Als Idealtypus und Sinnbild für Stärke, Mut und Aktivität diente die Amazone sowohl Frauen des Hochadels als auch Frauen niederer Stände (bewaffnete Frauen in süddeutschen Aufständen des 17.-18. Jahrhunderts und in der Französischen Revolution) in der Frühen Neuzeit als Vorbild.
c) Als Geschlechtergrenzen überschreitende Figur übt die Amazone auch einen ästhetischen Reiz aus. Neben dem beschriebenen homoerotischen Moment, das mit dem männlichen Cross-Dressing erreicht werden konnte, wird die Möglichkeit des Kleidertauschs auch in der höfischen Festkultur von hochadeligen Männern zur Maskerade genutzt. So übernahmen männliche Darsteller bei höfischen Inszenierungen und Verkleidungsdivertissements bis ins 17. Jahrhundert hinein Frauenrollen wie die der Amazone. Mit dieser ‚männerähnlichen' Kriegerin konnten sich Männer als das zur Kriegsführung und zum Herrschen vorgesehene Geschlecht durchaus identifizieren. So war es ihnen selbst in der weiblichen Verkleidung möglich, ihre Männlichkeit und Heldenhaftigkeit als Krieger zu betonen.

d) Wie am Beispiel La Calprenèdes und Hagdorns ausführlich erläutert wurde, diente die Figur der jungen, sexuell attraktiven Amazone auch zur
literarischen Darstellung von Exotik und Erotik.

e) Als mahnendes Schreckensbild wurden Amazonen – neben Gottscheds
Entwurf in den *Vernünftigen Tadlerinnen* – im höfischen Kontext beispielsweise mit der mythologischen Medea-Figur (der Kindsmörderin und Zau-
berin), aber auch mit der todbringenden Medusa, ebenfalls eine monströs
gezeichnete Figur aus den antiken Mythen, verbunden.[1403]

f) Als Projektionsfläche für misogyne Weiblichkeitskonstruktionen fungiert
die Amazone ferner als intrigante, zu Heimtücke, Hass und Rachsucht
neigende Figur, die als alte Amazone zudem als sexuell unattraktive und
abstoßende Figur dargestellt wird.

g) Im Spannungsfeld einer sowohl positiv als auch negativ konnotierten Figur
wird mit der Amazone als Symbol für den Waffenstillstand schließlich auch
der Zustand von Krieg *und* Frieden in der Frühen Neuzeit repräsentiert.[1404]
Der Friede zwischen den Staaten und ihren HerrscherInnen, der im übertra-
genen Sinne ebenso jenen zwischen den Geschlechtern meint, muss daher
nicht von Dauer sein. Das Beispiel der Amazonen-Oper Maria Antonias
sowie Gottscheds daran angelehntes Trauerspiel zeigen indes, dass ein po-
tentieller Friede nur von Dauer sein kann, wenn eine Ebenbürtigkeit und
Gleichberechtigung im Verhältnis zwischen den Staaten resp. Geschlechtern
angestrebt wird. Hier wird gegenseitige Akzeptanz und wechselseitiger Res-
pekt gefordert; eine Erwartung, die durchaus nichts von ihrer Aktualität
verloren hat.

Vergleicht man diese Forschungsergebnisse mit Erkenntnissen aus der mittelalterlichen Literatur sowie der Romanistik und Anglistik, können einige
Parallelen, aber auch Unterschiede festgestellt werden: Ebenso wie in der französischen und englischen Literatur der Frühen Neuzeit wird die männer- und
ehefeindliche, aktive und schwer bezwingbare Amazone in den meisten Fällen
‚gezähmt‘ und somit ‚zivilisiert‘, den Attributen einer höfischen Dame angepasst und am Schluss verheiratet.[1405] An der verheirateten Amazone wird nun
das Ideal der Ehefrau dargestellt,[1406] galten in der Frühen Neuzeit schließlich
der „verheiratete Mann und die verheiratete Frau als Garanten der ‚rechten

---

1403 Vgl. dazu S. 81–82 dieser Studie.
1404 Vgl. Abb. 10 *Pax Armata* und deren Deutung, S. 206 der vorliegenden Untersuchung.
1405 Vgl. Kroll 2004, S. 61.
1406 Sarah Colvin bestätigt dies für Amazonen-Figuren in der frühen Oper: „On
the opera stage, [...] the Amazon can help to illuminate the ideal of women
in marriage.“ Colvin 1997, S. 691.

Ordnung'."[1407] Die Ehe als Ziel und Lohn eines tugendhaften Verhaltens wurde auch in der Literatur propagiert. Das Reich der Amazonen und die damit verbundene Gynäkokratie ist in der französischen und englischen Literatur daher ebenso nur temporär: Der Herrschaft der ‚starken Frauen' wird durch noch stärkere Männer ein Ende gesetzt, die weibliche Macht von der männlichen kontrolliert.[1408] Ausnahmen sind jedoch literarische Werke, die mit einer „Durchkreuzung männlicher Diskurse durch weibliche Perspektiven"[1409] aufwarten können. Am Beispiel Christine de Pizans *Le livre de la Cité des Dames* (*Buch von der Stadt der Frauen*) und des um 1578 verfassten Gedichts *Pour une Mascarade d'Amazones* (*Für eine Amazonen-Maskerade*) von Catherine des Roches (1542–1587) verdeutlicht Renate Kroll, in welcher Weise die Amazonen hier – ähnlich wie später in Maria Antonias Oper *Talestri* – als glorreiche Regentinnen dargestellt werden, deren Reich auf unbestimmte Zeit verlängert wird und somit bestehen bleibt.[1410]

Einen bemerkenswerten Unterschied zwischen den hier analysierten Texten und Beispielen aus der deutschsprachigen Literatur des Mittelalters sowie der französischen Literatur des 16. Jahrhunderts gibt es durchaus. Obwohl es in Joachim Meiers *Smyrna* am Ende eine ‚Amazone' (Iphinoe) gibt, die für ihren Männerhass und ihre Rachsucht mit dem Leben bezahlen muss, handelt es sich bei ihr um eine Nebenfigur, nicht aber um Smyrna, die Titelheldin seines Romans, oder gar die Amazonenkönigin Myrina selbst. „Der Tod der Königin",[1411] wie ihn Peter-André Alt in Trauerspielen des Barock untersucht hat, ist für die Herrscherin der Amazonen in den hier vorgestellten Romanen, Opernlibretti und Sprechdramen nicht vorgesehen. Dies unterscheidet den analysierten Textkorpus grundlegend vom mittelalterlichen Roman *Troja* des Konrad von Würzburg, in dem die tote Amazonenkönigin Penthesilea von Achilles an den Haaren von der Kampfstätte fortgezerrt wird,[1412] oder von Jean de Marconvilles Streitschrift *De la bonté et mauvaiseté des femmes* (*Über die Güte und Schlechtigkeit der Frauen*, 1564), in der die Ermordung der Amazonenkönigin Talestris und des größten Teils ihres Gefolges in blutigen Bildern geschildert wird und die überlebenden Kriegerinnen sich am Ende selbst erhängen.[1413] Solch brutale und blutige Kampfszenen, die mit dem Tod einer aus den antiken Mythen entlehnten Herrscherin der Amazonen enden,

---

1407 Wunder 1996, S. 125.
1408 Vgl. Schabert 1997, S. 75.
1409 Kroll 2004, S. 67.
1410 Vgl. Kroll 2004, S. 65–67 und Kroll 2001, S. 532–535.
1411 Alt 2004.
1412 Vgl. dazu noch einmal Konrad von Würzburg 1858, V. 42513–42520 und Brinker-von der Heyde 1997b, S. 422.
1413 Vgl. Kroll 2004, S. 65 und Kroll 2001, S. 533.

sind in der deutschsprachigen Literatur erst wieder in Heinrich von Kleists Trauerspiel *Penthesilea* aus dem Jahr 1808 zu finden.[1414] Zwar gibt es auch in den hier vorgestellten Werken tumultartige Kampfszenen zur Unterhaltung des Publikums, doch müssen vor allem in den am Hof aufgeführten Opern, die auf einen glücklichen Ausgang zielen, die Regeln der *bienséance* eingehalten werden. Opern und Sprechdramen, die zu Hochzeiten und Geburtstagen aufgeführt wurden und mit den handelnden Personen immer auch auf den Widmungsempfänger bzw. die Widmungsadressatin selbst oder auf ein anderes Familienmitglied hinwiesen, sollten niemanden kompromittieren. Weder Amazonen noch Krieger durften als heldenhafte Titelfiguren daher am Ende sterben.

Abschließend sei noch auf die Leistungen der KulturvermittlerInnen verwiesen, die als ÜbersetzerInnen aus dem Französischen und Italienischen, als LibrettistInnen oder KomponistInnen sowie als verheiratete Prinzessinnen zur Überlieferung des Amazonen-Stoffes in der deutschen Literatur des 17. und 18. Jahrhunderts beigetragen haben. Als Übersetzer der französischen *Cassandre* hatte Christoph Kormart seinen Anteil daran, die von La Calprenède konzipierte Amazonenkönigin Talestris als barocken Entwurf der *femme forte* auch in die deutsche Sprache einzuführen. Mit seiner Übersetzung konnte Kormart den bis ins 18. Jahrhundert stark rezipierten Roman für ein Lesepublikum „[h]ohen [und] [n]iedrigen Standes"[1415] zugänglich machen, das dieser weder im französischen Original noch in der niederländischen Übersetzung durch Felix van Sambix, deren erster Teil 1654 in Rotterdam erschienen war, erreichen konnte. Adlige und LeserInnen des gehobenen Bürgertums, denen es verwehrt blieb, den Roman im Original oder in einer früheren Übersetzung ins Deutsche, wie sie von Sybilla Ursula und Anton Ulrich von Braunschweig-Wolfenbüttel bereits 1656 verfasst worden sein soll,[1416] in höfischen Kreisen zu rezipieren, konnten ihn ab 1685 wenigstens in Kormarts Übersetzung lesen. Dies kam jedoch besonders denjenigen entgegen, die der französischen und holländischen Sprache nicht umfassend mächtig waren und sich dennoch die im Roman vermittelten Bildungsideale und Lebensführungskonzepte (Konversation, Höflichkeit) aneignen wollten. Entgegen dem Original hat Kormart auf diverse Bandunterteilungen verzichtet und mit der Einfügung von zusätzlichen Kapitelüberschriften zur besseren Strukturierung und Lesbarkeit des fünfbändigen Romans beigetragen.

Die deutschsprachigen Übersetzungen von italienischsprachigen Libretti sind vor dem Hintergrund der heterogenen Opernlandschaft im territorial und

---

1414   Vgl. exemplarisch Villarama 2010, S. 78–79.

1415   Kormart STA3 1686b, Zuschrifft, S. 6ᵛ.

1416   Zur Problematik des bislang unbekannten Fundorts dieser angeblichen Übersetzung vgl. Ausführungen in Anm. 563 dieser Studie.

konfessionell uneinheitlichen Heiligen Römischen Reich Deutscher Nation zu sehen. Je nach Präferenz und Konfession des regierenden Herrschers gab es im 17. bis in das 18. Jahrhundert hinein sowohl italienischsprachige (an katholischen Höfen im Süden) als auch deutschsprachige Opern, die vor allem im protestantischen mittel- und norddeutschen Raum aufgeführt wurden. Die Hofgesellschaft war zwar des Französischen (mehr oder weniger) mächtig, was aber nicht für das Italienische zutreffen musste. Die existierende deutsche Übersetzung des Librettos *L'Antiope* von Stefano Pallavicini oder die deutsche Version der *Talestri* der Kurfürstin und Librettistin Maria Antonia von Sachsen legt jedenfalls nahe, dass es im höfischen Publikum einen Bedarf an deutschsprachigen Übersetzungen aus dem Italienischen gab. Pallavicini und Maria Antonia konnte dies nur entgegenkommen, weil mit einer Übersetzung ins Deutsche sowohl der Inhalt ihrer Amazonen-Oper besser mitverfolgt als auch deren Botschaften den RezipientInnen vermittelt werden konnte. Da Maria Antonia Gottscheds Bemühen um eine einheitliche deutsche Sprache unterstützte, kann man die Übersetzung des Librettos *Talestri* ins Deutsche zudem als Einsatz für die Festigung des Deutschen als Literatur- und Standardsprache ansehen.

Der Amazonen-Stoff wurde aber auch auf anderen Wegen weiter überliefert. Am Beispiel der Oper *Hercules unter denen Amazonen* von Friedrich Christian Bressand wurde deutlich, dass dieses Singspiel nicht nur am Braunschweiger Hof, sondern ebenso in der Hamburger Oper aufgeführt wurde. Als Librettist, der an beiden Orten arbeitete, kann Bressand durch den Kulturtransfer seines Singspieltextes von einer Hofoper zu einer kommerziellen Oper durchaus als Kulturvermittler des Amazonen-Stoffes an ein auch bürgerliches Publikum betrachtet werden. Ähnliches gilt für den Komponisten Johann Philipp Krieger, der für den musikalischen Teil der Oper *Hercules unter denen Amazonen* verantwortlich war und später auch am Weißenfelser Hof an einer weiteren Amazonen-Oper, der *Lybischen Talestris*, mitwirkte.

Dass die Libretti von Amazonen-Opern ebenso über familiäre Netzwerke von Hof zu Hof verbreitet wurden, zeigt das Beispiel der Markgräfin Sophie von Brandenburg-Bayreuth und ihre Rolle als Kulturvermittlerin zwischen dem Dresdener und Bayreuther Hof sowie zwischen diesem und ihrem Heimathof Weißenfels. So ließ Sophie gleich zwei Singspiele mit dem Amazonen-Stoff jeweils zum Geburtstag ihres Mannes Georg Wilhelm in Bayreuth aufführen: *Hercules* (1714) und *Talestris* (1717), deren Librettisten bislang nicht zu ermitteln waren. Wie hier jedoch belegt werden konnte, ist *Hercules* eine *imitatio* der deutschsprachigen Übersetzung der Dresdener Oper *L'Antiope* (1689) von Stefano Pallavicini. Es ist durchaus denkbar, dass die Bayreuther Markgräfin Sophie die verwandtschaftlichen Beziehungen ihres Mannes zum Dresdener Hof nutzte (seine Tante Christiane Eberhardine (1671–1727) war die Gattin ‚Augusts des Starken‘), um auch an ihrem Hof, der keinen guten

Ruf hatte,[1417] auf die Außenwirkung einer Oper zu setzen, die auf ähnliche Art am größeren und repräsentativeren Hof in Sachsen aufgeführt wurde. Über den veränderten Titel der Bayreuther *imitatio* des originär Dresdener Operntextes kann nur gemutmaßt werden, da es keinen expliziten Verweis im Libretto des *Hercules* gibt, der einen intertextuellen Bezug zum Operntext Pallavicinis direkt belegen würde. Berücksichtigt man jedoch den Statusunterschied zwischen dem markgräflichen Bayreuther Hof im Vergleich zum kurfürstlichen Hof in Dresden, ist der Grund für den veränderten Operntitel sicherlich in diesem Rangunterschied zu sehen. Hätte Sophie von Bayreuth denselben Singspieltitel auch für das Bayreuther Stück in Anspruch genommen, hätte dies als Affront verstanden werden können.

Anders verhält es sich hingegen mit der Bayreuther Oper *Talestris* aus dem Jahr 1717. Als Tochter des Herzogs Johann Adolph I. von Sachsen-Weißenfels, zu dessen Ehren das Singspiel der *Lybischen Talestris* 1696 aufgeführt worden war, war Sophie von Bayreuth bereits mit dem Amazonen-Stoff vertraut. Dass jedoch La Calprenèdes *Cassandre* bzw. Kormarts deutsche Übersetzung mit dem Titel *Die Aller=Durchlauchtigste Kaeyserin Statira oder Cassandra* am Bayreuther Hof rezipiert wurde, wird nicht nur an der Oper *Talestris*, sondern ebenso an dem 1715 zu Karneval aufgeführten Singspiel *Die Durchlauchtigste Statira*[1418] deutlich. Hier liegt der Fokus jedoch auf der Liebesgeschichte zwischen dem Skythenprinzen Orondates und Statira, der Witwe Alexanders des Großen. Die Amazonenkönigin Talestris gehört nicht zum Personal.[1419] Ihre Liebesgeschichte mit Orontes wird separat behandelt und ist – wie am Anfang dieser Studie gezeigt wurde – Gegenstand des zwei Jahre später zu Ehren Georg Wilhelms aufgeführten *Talestris*-Singspiels.

Auf der Ebene der Kulturtransfer-Forschung und der Frage nach intertextuellen Bezügen von Texten sei am Ende ausblickend auf eine Forschungsperspektive verwiesen, die die literarische Bearbeitung des Amazonen-Stoffes sowie die Funktionalisierung der Amazonen-Figur im außereuropäischen Raum betrifft. Genauer: Den literarischen Kulturtransfer von Europa nach Südostasien am Beispiel der Talestris-Orontes-Episode auf den Philippinen. Denn während mit Christian Wilhelm Hagdorns *Æyquan, oder der Große Mogol* ein deutschsprachiger Roman vorliegt, der die exotische Erotik einer chinesischen Amazonen-Figur herausstellt, wird die Amazone Talestris in der philippinischen Literatur eine andere Funktion zugewiesen. So wird sie in dem „narrative poem [...]"[1420] *Corrido Buhay na Pinagdaanan nang Principe*

1417   Vgl. Hofmann-Randall 2002, S. 83.
1418   Anonymus STAT 1715.
1419   Vgl. die Textabschnitte *Innhalt* [sic!] und *Personen* in Anonymus STAT 1715, n. p.
1420   Lumbera/ Lumbera 1982, S. 33.

Orontis at nang Reina Talestris sa Caharian nang Temesita[1421] (etwa: *Corrido der Lebensgeschichte des Prinzen Orontes und der Königin Talestris im Königreich Temesita*) eines unbekannten philippinischen Autors dazu genutzt, die aus den barocken Romanen bekannte *constantia* zu vermitteln. In diesem Text, der im 18. Jahrhundert erschienen sein muss,[1422] fungiert die aus einer spanischen *Cassandre*-Übersetzung[1423] entlehnte Amazonenkönigin als Vorbild für Beständigkeit im Sinne christlicher Werte. Die erotische Funktionalisierung spielt hier keine Rolle, es geht vielmehr um die Reinheit und Treue der beiden Hauptfiguren Talestris und Orontes. Dass diese ‚erzählende Dichtung‘ über die philippinische Talestris ganz deutlich im christlichen Kontext steht, zeigen allein die einleitenden Verse, in denen vom „Dios na tatlong Persona", dem dreieinigen Gott (Gott Vater, Sohn und Heiliger Geist), von der „Inang Virgen" („Mutter Jungfrau", Jungfrau Maria) sowie von „Angeles", „Arcangeles" und „Querubines" (Engeln, Erzengeln und Cherubinen) die Rede ist.[1424]

Christliche Werte wie Beständigkeit und Treue waren es u. a., die spanische Missionare den Einheimischen auf den Philippinen im Rahmen der Evangelisierung nahe zu legen versuchten. Da biblische Figuren nicht christianisierten Filipinos unbekannt waren, griff man ganz offensichtlich auf Erzählungen mit mythologischen Figuren zurück, um die AdressatInnen, die z. T. noch an Naturgottheiten glaubten,[1425] besser zu erreichen. Amazonen waren den Filipinos jedenfalls auch aus ihrer eigenen Heimat bekannt, wie man dem mittelalterlichen Bericht des arabischen Kaufmanns und Gelehrten Ibn Battuta entnehmen kann. So sei er auf seiner Reise durch Asien auch nach Tawalisi, einer Region der philippinischen Provinz Pangasinan,[1426] gekommen, die von der ‚Amazonenprinzessin‘ Urduja regiert wurde.[1427]

1421 Anonymus CPOT [o. J.].

1422 Das Erscheinungsjahr des Textes ist nicht angegeben. Es muss sich aufgrund des antiquierten Tagalogs (Basis der Nationalsprache Filipino) aber um einen Text der Vormoderne handeln, zumal der Typus des *corrido* als „erzählende Dichtung" des 18. Jahrhunderts auf den Philippinen gilt. Vgl. Lumbera/ Lumbera 1982, S. 33.

1423 So verweist der philippinische Autor auf die Rezeption der „*Casandra.*" Vgl. Anonymus CPOT [o. J.], S. 1. Zum Rekurs auf La Calprenède siehe ebenso Eugenio 1987, S. 271.

1424 Vgl. Anonymus CPOT [o. J.], S. 1.

1425 Vgl. Wendt 1994, S. 148.

1426 Die geographische Verortung und Zuschreibung Tawalisis ist umstritten. Es gilt auch als Borneo, „die Gegend östlich der Khmer oder [als] die chinesische Provinz Tonkin." Vgl. Battuta 1999, S. 307. Für die Filipinos ist Tawalisi aber bis heute mit der philippinischen Region Pangasinan und ihrer Heldin Prinzessin Urduja verbunden. Vgl. Enriquez 1991 und Magno 1991.

1427 Vgl. Battuta 1999, S. 239–242.

Ladinos,[1428] also Filipinos, die wie der anonyme Autor des *corrido* eine romanische Sprache (Spanisch) lesen und schreiben konnten, waren für die Missionare als Vermittler christlicher Werte daher von Bedeutung. Dass *corridos* als Gedichtform nicht einfach (vor-)gelesen, sondern gesungen rezitiert wurden, um ein breites und zum größten Teil illiterates Publikum zu erreichen, musste den Strategien der Missionierung zuspielen. Diese waren darauf ausgerichtet, mit Liedern, Tänzen, Musik und Theaterstücken die christliche Lehre auf den Philippinen zu vermitteln.[1429]

Philippinische *corridos* sind für die Literaturwissenschaft jedoch noch in anderer Hinsicht von Interesse. Den *komedyas* (einer philippinischen Dramengattung) gleich, rekurrierten auch sie hinsichtlich der Handlung oft auf spanische Balladen (des Mittelalters), in denen von Kriegern und ihren Abenteuern um Liebe und Ruhm erzählt wird. Den Filipinos wurde mit diesen Werken zugleich ein idealisierter Entwurf von Europa, den Werten religiöser Frömmigkeit und die Forderung nach Loyalität dem Monarchen gegenüber vorgeführt.[1430] Dieses europäische ‚Zerrbild' spiegelt in Bezug auf Hagdorns China-Konstruktion das wechselseitige Spannungsverhältnis vom ‚Eigenen' und ‚Fremden' beispielhaft wider. Im Hinblick auf die Kulturtransfer-Forschung, die nicht allein KulturvermittlerInnen und Kulturgüter im Blick hat, sondern ebenso nach inter- und intrakulturellen Wechselbeziehungen fragt, wäre es spannend zu klären, ob es auch Einflüsse der philippinischen Literatur mit ihrer eigenen Aneignung und Funktionalisierung von europäischen Stoffen und Motiven auf die spanische Literatur gab. Durch intertexuelle Bezüge wäre auch der Einfluss auf andere europäische Literatur denkbar, von dem bislang noch nichts bekannt ist. Als interdisziplinäres Projekt mit Anregungen aus den verschiedenen Philologien, der Geschichte (Missionsgeschichte, Kolonialgeschichte), den Post-Colonial Studies, den Asian Studies und der Rezeptions- und Intertexualitäts-Forschung wäre der Spezifizierung, Modifizierung und Beantwortung dieser Frage sicherlich beizukommen. Doch dies sei einer anderen Studie vorbehalten.

1428   Ladinos im Sinne von „[l]atinized, i. e., able to read and write in one of the Latin languages." Lumbera/ Lumbera 1982, S. 32.
1429   Vgl. Wendt 1994, S. 148.
1430   Vgl. Lumbera/ Lumbera 1982, S. 33.

6 Literaturverzeichnis

Quellen und Forschungsliteratur werden in dieser Studie durch den Namen des Autors / der Autorin sowie das Jahr der Veröffentlichung referenziert. Bei historischen Quellen findet sich hinter dem Namen des Autors / der Autorin ein Kürzel des Titels und die Jahreszahl des verwendeten Drucks. Wurden editierte Ausgaben verwendet, ist hinter dem Namen des Autors / der Autorin das Jahr der Ersterscheinung im Original, das Jahr der Übersetzung ins Deutsche oder das recherchierte, aber in der Forschung noch nicht endgültig gesicherte Jahr des verwendeten Drucks in eckige Klammern gesetzt. Das Literaturverzeichnis ist alphabetisch nach dem Namen des Autors / der Autorin und aufsteigend nach dem Jahr der Veröffentlichung geordnet.

6.1 Quellen

Agrippa von Nettesheim [1529/1540] DNFS 1988 = Agrippa von Nettesheim: Declamatio de nobilitate et praecellentia Foeminei sexus 1529 (Vom Adel vnd Fuertreffen Weibliches geschlechts, 1540). Bearbeitet von Jörg Jungmayr. In: Gössmann, Elisabeth (Hg.): Ob die Weiber Menschen seyn, oder nicht? München: Iudicium 1988, S. 53–95.

Anonymus CPOT [o. J.] = Anonymus: Corrido Buhay na Pinagdaanan nang Principe Orontis at nang Reina Talestris sa Caharian nang Temesita. Manila: P. Sayo [o. J.].

Anonymus CHR [1650] = Anonymus: Nachricht durch was Gelegenheit die beruehmte | Koeniginnen der Amazonen | ANTIOPE, PENTHESILEA | Und | THALESTRIS | Mit etlichen Heldinnen ihres Geschlechtes auß den Eliseischen Feldern auff dem Creiß der Erden angelanget/ den Vorzug der Weiber fuer den Maennern zuerweisen; welcher gestalt vnterschiedliche Goettinnen/ die Musae, | und die Tugende sich bey ihnen verfuegt/ vnd auff was weise diese gantze | ansehnliche Gesellschaft | CHRISTINA | Der Durchleuchtigsten/ Groß= | maechtigsten vnd Hochgebornen Koenigin | in Schweden/ | Bey Ihrer Croenung eine Ewige Gedechtnueß Ihrer vnvergleichlichen | Volkommenheit auffgerichtet. Stockholm / | Gedruckt bey Ignatio Meurern.

Anonymus HB [1714] = Anonymus [1714]: HERCVLES, | Wurde | An dem Hoechsterfreulichen | Hohen Geburts-Fest / Des | Durchlauchtigsten Fuersten und Herrn / HERRN | Georg Wilhelms / Marggrafens zu Brandenburg / in Preussen [...] | Auf gnaedigstes Anbefehlen | Der Durchlauchtigsten Fuerstin und Frauen / Frauen Sophien / Marggraefin zu Brandenburg / in Preussen [...] gebohrner Princeßin von Weissenfels [...] | In einer Musicalischen OPERA | Auf dem grossen Theatro zu Bayreuth | unterthaenigst aufgefuehrt. | Gedruckt daselbst / bey Johann Lobern / Hoch=Fuerstl. Brandenburgisch. | Hof= und Cantzley=Buchdruckern.

Anonymus STAT 1715 = Anonymus: Die | Durchlauchtigste STATIRA | Wurde | bey Hoechst – erfreulicher Gegenwart | Des | Durchlauchtigsten Fuersten und Herrn/ | HERRN | Wilhelm Friedrich/ | Marggrafen zu Brandenburg – | Onoltzbach/ | [...] | Auf gnaedigsten Befehl | DES | Durchlauchtigsten Fuersten und Herrn/ HERRN | Georg Wilhelm/ | Marggrafen zu Brandenburg [...] | Unsers gnaedigsten Fuersten und Herrn/ | An dem | CARNEVAL | Welcher den 18. ten Febr. 1715. in Bayreuth seinen Anfang nahm/ | In einer Musicalischen OPERA | daselbst | unterthaenigst vorgestellet. | BAYREUTH/ | Gedruckt bey Johann Lobern/ Hoch=Fuerstl. Brandenburg. Hof= | und =Cantzley=Buchdruckern.

Anonymus TAL 1717 = Anonymus: TALESTRIS, | Wurde | An dem Hoechsterfreulichen | Hohen Geburts-Festein, | Des | Durchlauchtigsten Fuersten und Herrn/ | HERRN | Georg Wilhelms/ | Marggrafen zu Brandenburg / in Preussen [...] | [...] Welches den 16. Novemb. 1717. glueklich erschienen [...] | Auf gnaedigen Befehl | Der | Durchlauchtigsten Fuerstin und Frauen/ | Frauen Sophien/ | Marggraefin zu Brandenburg / [...] | In einer Musicalischen OPERA | Auf dem grossen Theatro zu Bayreuth | unterthaenigst vorgestellet. | Bayreuth/ gedruckt bey Johann Lobern / Hoch=Fuerstl. Brandenburgisch. | Hof= und Cantzley= Buchdruckern daselbst.

Anonymus TBL 1720 = Triumph der bestaendigen Liebe | ueber | die widrigen Zufaelle des Verhaengnisses, | Wurde | Als | Der Durchlauchtigste Fuerst und Herr, | HERR | Friedrich Anthon / | Fuerst zu Schwartzburg, | Der Vier Grafen des Reichs, auch Graf zu Hohnstein [...] | Mit | Der Durchlauchtigsten Fuerstin und Frauen, | FRAUEN | Sophien Wilhelminen / | Gebohrner Hertzogin zu Sachsen, Juelich, Cleve und Berg [...] | Dero erwuenscht=getroffene Vermaehlung | vollzogen hatten, | Den Februarii darauf | In einem Schau=Spiele | von Fuerstlichen und Adelichen Personen vorgestellet zu Saalfeld 1720. | Daselbst gedruckt bey Gottfried Boehmern, Fuerstl. Saechs. Hof=Buchdr.

Anonymus [o. J.] OWMS 1988 = Anonymus: Ob die Weiber Menschen seyn, oder nicht? In: Gössmann, Elisabeth (Hg.): Ob die Weiber Menschen seyn, oder nicht? München: Iudicium 1988, S. 97–123.

Aristoteles RH 1980 = Aristoteles: Rhetorik. Übersetzt, mit einer Bibliographie, Erläuterungen und einem Nachwort von Franz G. Sieveke. München: Fink 1980.

Aristoteles NE 2006 = Wolf, Ursula (Hg.): Aristoteles: Nikomachische Ethik. Reinbek bei Hamburg: Rowohlt 2006.

Battuta 1999 = Leicht, Hans D.: Battuta, Ibn: Reisen ans Ende der Welt 1325–1353. 5. Aufl., Stuttgart: Erdmann 1999.

Boccacio 1895 = Drescher, Karl (Hg.): Boccaccio, Giovanni: De claris mulieribus. Deutsch übersetzt von [Heinrich] Stainhöwel. Tübingen: Litterarischer Verein Stuttgart 1895.

Boccaccio 1995 = Boccaccio, Giovanni: De claris mulieribus. Die großen Frauen. Lateinisch / Deutsch. Ausgewählt, übersetzt und kommentiert von Irene Erfen und Peter Schmitt. Stuttgart: Reclam 1995.

Bohse AK 1698 = Bohse, August: Die | Amazoninnen | aus dem | Kloster/ | in einer | angenehmen | Liebes=Geschichte/ | Zu vergoennter Gemuethsergoetzung | auffgefuehret | von | Talandern. Koeln: Johann Ludwig Gleditschen und M G. Weidmanns Erben 1698.

Boym BAS 1726 = Boym, Michaelis: Brief aus Sina. Numeros 13. In: Welt-Bott. Allerhand So Lehr= als Geist=reiche Brief / Schrifften und Reis=Beschreibungen / Welche von denen MISSIONARIIS der Gesellschafft JEsu Aus Beyden Indien / und andern ueber Meer gelegenen Laendern / seit Anno 1642. biß 1726. in EUROPA angelanget seynd [...]. Erster Theil Von Anno 1642. biß 1687. Hg. von Joseph Stoecklein. Augsburg, Graetz: Erben 1726, S. 40–46.

Bressand BAS 1691 = Bressand, Friedrich Christian: Der | Koenigliche Schaefer / | oder | BASILIUS | in Arcadien / | in einer Italiaenischen | OPERA | auf dem Braunschweigischen | Schauplatze | vorgestellet / | im Jahr 1691 und daraus in das Teutsche uebersetzet. | Wolfenbuettel / gedruckt bey Caspar Johann Bismarck.

Bressand HUA 1693 = Bressand, Friedrich Christian: HERCULES | unter denen Amazonen / | Singe=Spiel / | auf dem Schauplatze zu Braunschweig vorgestellet; | Dem | Hochgebohrnen Grafen und Herrn | Hn. Albrecht Anthon / | Grafen zu Schwartzburg und Hohnstein / | [...] | Und | Der Hochgebohrnen Graefin und Frauen / | Fr. Emilia Juliana / [...]| von | F. C. Bressand. | [...] In Verlegung Caspar Grubers / Buchhaendl. in Braunschw. | Wolfenbuettel / gedruckt durch Caspar Johann Bismarck. 1693.

Bressand HUA 1694a = Bressand, Friedrich Christian: HERCULES | Unter denen | Amazonen / | In einer | OPERA | vorgestellt / | Im Jahr 1694. Hamburg: Conrad Neumann / | E. E. Rahts Buchdrucker, n. d.

Bressand HUA 1694b = Bressand, Friedrich Christian: HERCULES | Unter denen Amazonen / | Singe=Spiel / | Auf dem Schau=Platze zu Braunschweig vorgestellet. | Dem | Hochgebohrnen Grafen und Herrn / | Hn. Christian Wilhelm / | [...] Grafen zu Schwartzburg und Hohnstein [...] | Unterthaenigst zugeschrieben | Von | F. C. Bressand. s. l.: s. n. 1694.

Colombini LT 1715 = Colombini: Die | Lybische | TALESTRIS, | In einer anmuthigen | Staats= und Helden= | Geschichte | Der galanten Welt zu wohl=er= | laubter Gemuehts=Vergnuegung | communiciert | von COLOMBINI. | COPENHAGEN / | In Verlegung Hieronymus Christian | Paulli / | Anno 1715.

Curtius Rufus 2007 = Quintus Curtius Rufus: Geschichte Alexanders des Grossen. Bd. 1. Lateinisch und deutsch. Nach der Übersetzung von Johannes Siebelis überarbeitet und kommentiert von Holger Koch. Darmstadt: Wissenschaftliche Buchgesellschaft 2007.

de Pizan 1986 = Zimmermann, Margarete (Hg.): Christine de Pizan: Das Buch von der Stadt der Frauen. Aus dem Mittelfranzösischen übersetzt, mit einem Kommentar und einer Einleitung versehen von Margarete Zimmermann. Berlin: Orlanda 1986.

Descartes LS 1984 = Hammacher, Klaus (Hg.): Descartes, René: Die Leidenschaften der Seele. Französisch/ Deutsch. Hamburg: Meiner 1984.

Die Bibel 1985 = Die Bibel. Nach der Übersetzung Martin Luthers. Mit Apokryphen. Stuttgart: Deutsche Bibelgesellschaft 1985.

Döbricht VOR 1709 = [Döbricht, Samuel Ernst]: Vorrede. In: Georg Christian Lehms: Die | Lybische | TALESTRIS | Wurde | Mit | Ihro Koenigl. Majest. In Pohlen | und | Churfl. Durchl. zu Sachsen [...] | Allergnaedigster Verwilligung | In | Der Michael=Messe 1709. | Auff den Leipziger Schau=Platze | vorgestellet | in einer | OPERA. s. l. 1709, n. p.

Elmenhorst DAH [1688] = Elmenhorst, Heinrich: DRAMATOLOGIA | ANTIQVO-HODIERNA. | Das ist: | BERICHT | von denen OPER-Spielen / [...] | Ferner | Was die heutige Oper-Spiele seyn [...]. | Hamburg / Gedruckt bey Georg Rebenl. Wittwe.

E. T. P. A. TAL 1763a = Maria Antonia Walpurgis von Sachsen: TALESTRI | Regina | delle Amazzoni | Dramma per musica | Di | E. T. P. A. | Dresda | Per la Regia Stamperia | MDCCLXIII.

E. T. P. A TAL 1763b = Maria Antonia Walpurgis von Sachsen: Talestris | Koenigin der Amazonen. | Ein Singespiel | von | E. T. P. A. | Dreßden, | Gedruckt in der Koenigl. Hofbuchdruckerey. | 1763.

E. T. P. A. TAL 1765 = Maria Antonia Walpurgis von Sachsen: TALESTRI | Regina delle Amazzoni | Dramma per Musica. | Di | E. T. P. A. | In Lipsia | Dalla Stamperia di Giovan. Gottl. Jmman. Breitkopf. | 1765.

Feind [1708] 1989 = Marigold, W. Gordon (Hg.): Feind, Barthold: Deutsche Gedichte. Faksimiledruck der Ausgabe Stade von 1708. Frankfurt am Main: Lang 1989.

Friedrich Christian von Sachsen 1992 = Schlechte, Horst (Hg.): Friedrich Christian von Sachsen: Das geheime politische Tagebuch des Kurprinzen Friedrich Christian. 1751 bis 1757. Weimar: Böhlau 1992.

Fritz BBFM 1726 = Fritz, Samuelis: Brief Aus Sud=Americâ. Num. 111. Beschreibung des Fluß Maragnon und deren Missionen [...]. Gezogen aus dem Bericht R. P. Samuelis Fritz, der Gesellschaft Jesu Missionarii aus der Boehmischen Provinz, auf das Jahr 1707. In: Allerhand | So Lehr= als Geist=reiche | Brief / Schrifften | und | Reis=Beschreibungen / | welche von denen MISSIONARIIS | Der | Gesellschafft JESU | Aus | Beyden Indien, | und andern | Ueber Meer gelegenen Laendern / | Seit Anno 1642. bis 1726. in EUROPA angelanget sind. | Theils aus Handschrifftlichen Urkunden/ | theils aus denen Franzoesischen Lettres | Edifantes verdeutscht und zusammen | getragen | Von JOSEPHO STOECKLEIN, gedachter Gesellschafft | JESU Priestern. | Fuenffter Theil | Von Anno 1704. Bis 1711. [...] | Augspurg und Graetz, verlegts Philipp, Martin, und Johann Veit, | seel. Erben, Anno 1726, S. 59–61.

Fuhrmann ZUS 1705 = Fuhrmann, Michael Andreas: Zuschrifft. In: Joachim Meier: Die Amazonische SMYRNA Worinnen Unter Einfuehrung Trojanischer / Griechischer / Amazonischer und Asiatischer Geschichten / Die Begebenheiten jeziger Zeiten / und deren Veraenderungen und Kriegs=Laeuffte / auf eine sehr curioese Weise / in einem Annehmlichen Staats= und Liebes=Roman verwickkelt vorgestellt worden / Von Imperiali. Franckfurt und Leipzig: Michael Andreas Fuhrmann 1705, n. p.

Gleditsch ZUS 1685 = Gleditsch, Johann Friedrich: Zuschrifft. In: Kormart, Christoph: Die | ALLER=Durchlauchtigste Kaeyserin | STATIRA | oder CASSANDRA, | Mit | Persianisch = Griechisch = Scyth = | und Amazonischen | Staats = und Liebes= | Geschichten/ | Welche sich | unter des Darius und Grossen | Alexanders bestrittenen Regierung begeben/ | Nebenst vielen schoenen Kupffern | Aus dem Frantzoes = und Hollaendischen | ins Teutsche uebersetzt | [...].| Leipzig/ | In Verlegung Joh. Friedrich Gleditschens/ | druckts Christian Goetz/ M.DC.LXXXV, S. 2^r – 4^v.

Goethe [1795/96] WML 1988 = Goethe, Johann Wolfgang [1795/96]: Wilhelm Meisters Lehrjahre. Ein Roman. In: Schings, Hans-Jürgen (Hg.): Wolfgang Goethe: Sämtliche Werke nach Epochen seines Schaffens. München: Hanser 1988, S. 7–610.

Gottsched VT [1725] 1993 = Gottsched, Johann Christoph: Siebendes Stueck. In: Die Vernuenftigen Tadlerinnen. 1725–1726. Im Anhang einige Stücke aus der 2. und 3. Auflage 1738 und 1748. Neu herausgegeben und mit einem Nachwort, einer Themenübersicht und einem Inhaltsverzeichnis versehen von Helga Brandes. Erster Teil 1725. Hildesheim, Zürich: Olms 1993, S. 49–56.

Gottsched DB 1728 = Gottsched, Johann Christoph: Der Biedermann. 85. Blatt, 20.12.1728.

Gottsched [1729] SBT 1998 = Gottsched, Johann Christoph: Die Schauspiele und besonders die Tragödien sind aus einer wohlbestellten Republik nicht zu verbannen. In: Steinmetz, Horst (Hg.): Johann Christoph Gottsched: Schriften zur Literatur. Stuttgart: Reclam 1998, S. 3–11.

Gottsched BCH 1733 = Gottsched, Johann Christoph: Beytraege | Zur | Critischen Historie | Der Deutschen Sprache, Poesie und Beredsamkeit, | [...] | Sechstes Stueck. | Leipzig, | Bey Bernhard Christoph Breitkopf, 1733.

Gottsched BCH 1734 = Gottsched, Johann Christoph: Beytraege | Zur | Critischen Historie | Der Deutschen Sprache, Poesie und Beredsamkeit, | [...] | Neuntes Stueck. | Leipzig, | Bey Bernhard Christoph Breitkopf, 1734.

Gottsched BCH 1735 = Gottsched, Johann Christoph: Beytraege | Zur | Critischen Historie | Der Deutschen Sprache, Poesie und Beredsamkeit, | [...] | Zwoelftes Stueck. | Leipzig, | Bey Bernhard Christoph Breitkopf, 1735.

Gottsched [1741–1745] 1972 = Gottsched, Johann Christoph: Des Herrn von St. Evremond Lustspiel, die Opern genannt. In: Johann Christoph Gottsched: Die Deutsche Schaubühne. Zweiter Teil. Faksimiledruck nach der Ausgabe 1741–1745. Stuttgart: Metzler 1972, S. 77–162.

Gottsched [1747] BEW 1976 = Gottsched, Johann Christoph: Bewillkommnungsrede, an Ihro Koenigl. Hoheit die koenigliche Churprinzeßinn zu Sachsen Frau Maria, 1747. In: Mitchell, Phillip M. (Hg.): Johann Christoph Gottsched: Ausgewählte Werke. Bd. 9/2. Gesammelte Reden. Bearbeitet von Rosemary Scholl. Berlin, New York: de Gruyter 1976, S. 393–394.

Gottsched VT 1748 = Gottsched, Johann Christoph: Das siebente Stueck. In: Die | Vernuenftigen | Tadlerinnen. | Der erste Theil. | Dritte Auflage. | [...] | Hamburg, verlegts Conrad Koenig. 1748, S. 51–59.

Gottsched VCD 1751 = Gottsched, Johann Christoph: Versuch | einer | Critischen Dichtkunst | durchgehends | mit den Exempeln unserer besten Dichter erlaeutert. | Anstatt | einer Einleitung ist Horazens Dichtkunst | uebersetzt, und mit Anmerkungen erlaeutert. | Diese Ausgabe ist, sonderlich im II. Theile, | mit vielen neuen Hauptstuecken vermehrt [...].| Vierte sehr vermehrte Auflage, mit allergnaedigster Freyheit. | Leipzig, 1751. | Verlegts Bernhard Christoph Breitkopf.

Gottsched [1757–1765] NV 1970 = Gottsched, Johann Christoph: Nöthiger Vorrath zur Geschichte der deutschen dramatischen Dichtkunst, gesammlet und ans Licht gestellet von Johann Christoph Gottsched. Erster und zweiter Teil. Reprografischer Nachdruck der Ausgabe 1757–1765. Hildesheim, New York: Olms 1970.

Gottsched PG 1765 = Gottsched, Johann Christoph: Preisgedicht. In: Maria Antonia Walpurgis von Sachsen: TALESTRI I Regina delle Amazzoni I Dramma per Musica. I Di I E. T. P. A. I In Lipsia I Dalla Stamperia di Giovan. Gottl. Jmman. Breitkopf. I 1765, n. p.

Gottsched TKA [1766] = Gottsched, Johann Christoph: Thalestris I Koeniginn der Amazonen I aus dem I vortrefflichen italienischen I Singespiele I Ihrer Koeniglichen Hoheit I der unvergleichlichen I Ermelinde Thalea I in ein I Deutsches Trauerspiel I verwandelt I von Johann Christoph Gottscheden. Zwickau: Christian Lebrecht Stieler [1766].

Gottsched [1766] TKA 1970 = Gottsched, Johann Christoph [1766]: Thalestris, Königin der Amazonen. Ein Trauerspiel. In: Birke, Joachim (Hg.): Johann Christoph Gottsched: Ausgewählte Werke. Bd. 3. Sämtliche Dramenübertragungen. Berlin, New York: de Gruyter 1970, S. 131–195.

Gottsched VCD 1973a = Birke, Joachim/ Birke, Brigitte Birke (Hg.): Gottsched, Johann Christoph: Ausgewählte Werke. Bd. 6/1. Versuch einer Critischen Dichtkunst: Erster Allgemeiner Theil. Berlin, New York: de Gruyter 1973.

Gottsched VCD 1973b = Birke, Joachim/ Birke, Brigitte Birke (Hg.): Gottsched, Johann Christoph: Ausgewählte Werke. Bd. 6/2. Versuch einer Critischen Dichtkunst: Anderer Besonderer Theil. Berlin, New York: de Gruyter 1973.

Gottsched AR 1975 = Mitchell, Phillip M./ Scholl, Rosemary (Hg.): Gottsched, Johann Christoph: Ausgewählte Werke. Bd. 7/2. Ausführliche Redekunst. Besonderer Theil. Berlin, New York: de Gruyter 1975.

Grimmelshausen [o. J.] TS 1992 = Grimmelshausen, Hans Jacob Christoffel von: Trutz Simplex: [I] Oder [I] Ausfuehrliche und wunderseltzame [I] Lebensbeschreibung [I] Der Ertzbetruegerin und Landstoertzerin [I] COURASCHE [...]. In: Breuer, Dieter (Hg.): Hans Jacob Christoffel von Grimmelshausen: Werke. Bd. 1/2. Frankfurt am Main: Deutscher Klassiker-Verlag 1992, S. 9–153.

Guyon [1763] GDA 1999 = Guyon, Claude-Marie: Geschichte der Amazonen. Reprint der Originalausgabe Berlin, Stettin und Leipzig 1763. Holzminden: Reprint-Verlag Leipzig 1999.

Hagdorn ÆGM 1670 = Hagdorn, Christian Wilhelm: Æyquan, I oder der I Große Mogol. I Das ist/ I Chineische [sic!] und Indische I Stahts= Kriegs= und Liebes=geschichte. I In unterschiedliche Teile verfasset/ I Durch Christ. W. Hagdorn/ I Dero zu Denmarck/ Norwegen/ etc. Koen. Majest. I Obersten zu Roß. I Durchgehends mit viel schoenen Kupferstuecken verziert. I In Amsterdam/ Bey Jacob von Moers/ Buch= und Kunst=händlern/ I Anno 1670.

Hagdorn VOR 1670 = Hagdorn, Christian Wilhelm: Vorrede an den Leser. In: Hagdorn, Christian Wilhelm: Æyquan, I oder der I Große Mogol. I Das ist/ I Chineische [sic!] und Indische I Stahts= Kriegs= und Liebes=geschichte. I In unterschiedliche Teile verfasset/ I Durch Christ. W. Hagdorn/ I Dero zu Denmarck/ Norwegen/ etc. Koen. Majest. I Obersten zu Roß. I Durchgehends mit viel schoenen Kupferstuecken verziert. I In Amsterdam/ Bey Jacob von Moers/ Buch= und Kunst=händlern/ I Anno 1670, S. iiij^r – iiij^v.

Harsdörffer 1968 = Harsdörffer, Georg Philipp: Frauenzimmer Gesprächspiele. I. Teil. Tübingen: Niemeyer 1968.

Heidegger 1999 = Heidegger, Gotthard: Mythoscopia Romantica oder Discours Von den so benanten Romans (1698). In: Steinecke, Hartmut/Wahrenburg, Fritz (Hg.): Romantheorie. Texte vom Barock bis zur Gegenwart. Stuttgart: Reclam 1999, S. 86–92.

Heinrich von Veldeke ER 1992 = Fromm, Hans (Hg.): Heinrich von Veldeke: Eneas-roman. Frankfurt am Main: Deutscher Klassiker-Verlag 1992.

Herbort von Fritslâr LVT 1837 = Frommann, G. Karl (Hg.): Herbort von Fritslâr: [L]iet von Troye. Quedlinburg und Leipzig: Basse 1837.

Herodot 1983 = Herodot: Geschichten und Geschichte. Übersetzt von Walter Marg. Zürich, München: Artemis 1983.

Hobbes 1996 = Klenner, Herrmann (Hg.): Hobbes, Thomas: Leviathan. Aus dem Englischen übertragen von Jutta Schlösser. Hamburg: Meiner 1996.

Hofmann von Hoffmannswaldau 1980 = Hofmann von Hoffmannswaldau, Christian: Sonnett. Beschreibung vollkommener schoenheit. In: Maché, Ulrich/ Meid, Volker (Hg.): Gedichte des Barock. Stuttgart 1980, S. 276–277.

Homer IL 2004 = Homer: Ilias. Übertragen von Hans Rupé. Mit Urtext, Anhang und Registern. 9. Aufl., München, Zürich: Artemis 2004.

Homer IL 2008 = Mauritsch, Peter/Schrott, Raoul (Hg.): Homer: Ilias. Übertragen von Raoul Schrott. Kommentiert von Peter Maurisch. München: Hanser 2008.

Horaz AP 1997 = Schäfer, Eckhart (Hg.): Horaz: Ars poetica. Die Dichtkunst. Lateinisch/ Deutsch. Reclam 1997.

Hudemann 1732 = Hudemann, Ludwig Friedrich: Proben einiger Gedichte und Poetischen Uebersetzungen. Denen ein Bericht beygefuegt worden, welcher von den Vorzügen der Oper vor den Tragischen und Comischen Spielen handelt. Hamburg: Kißner 1732.

Hübner AUR 1615 = Hübner, Tobias: Abbildung vnd Repræsentation Der Fuerstlichen Inventionen, Auffzuege/ Ritter-Spiel/ auch Ballet, So in des Durchleuchtigen […] Herren Johann Georgen/ Fuersten zu Anhalt […]

Fuerstlichen Hofflager zu Dessa/ Bey [...] Herrn Georg Rudolph, Hertzogen in Schlesien [...] Mit [...] Fraw Sophia Elisabeth [...] Gebornen Fuerstin zu Anhalt [...] Hochzeitlichem Frewdenfest vnd Fuerstlichem Beylager den 27. vnd drauff folgende Tage Octobris Anno 1614. [...] seyn gebracht vnd gehalten worden: Sambt den dazu gehoerigen Cartellen/ Impresen/ versen/ vnd Kupfferstuecken vnd Repræsentation Der Fuerstlichen Inventionen, Auffzuege/ Ritter-Spiel/ auch Ballet, So in des Durchleuchtigen [...] Herren Johann Georgen/ Fuersten zu Anhalt [...] Fuerstlichen Hofflager zu Dessa/ Bey [...] Herrn Georg Rudolph, Hertzogen in Schlesien [...] Mit [...] Fraw Sophia Elisabeth [...] Gebornen Fuerstin zu Anhalt [...] Hochzeitlichem Frewdenfest vnd Fuerstlichem Beylager den 27. vnd drauff folgende Tage Octobris Anno 1614. [...] seyn gebracht vnd gehalten worden Sambt den dazu gehoerigen Cartellen/ Impresen/ versen/ vnd Kupfferstuecken. Zu Leipzig/ In Henning Grosen des aeltern Buchh. Druckerey / und auff seinen Vorlag vorgefertigt. M.DC.XV.

Huet 1966a = Huet, Pierre-Daniel: Traité de l'origine des romans. Faksimiledrucke nach der Erstausgabe von 1670 und der Happelschen Übersetzung von 1682. Mit einem Nachwort von Hans Hinterhäuser. Stuttgart: Metzler 1966.

Huet 1966b = Huet, Pierre-Daniel: Traité de l'origine des romans [deutsche Übertragung von E. G. Happel]. Faksimiledrucke nach der Erstausgabe von 1670 und der Happelschen Übersetzung von 1682. Mit einem Nachwort von Hans Hinterhäuser. Stuttgart: Metzler 1966.

Huet 1999 = Huet, Pierre-Daniel/ Happel, Eberhard Guerner: Mandorell hält einen schönen discours von dem Uhrsprunge der Romanen (1670/82). In: Steinecke, Hartmut/ Wahrenburg, Fritz (Hg.): Romantheorie. Texte vom Barock bis zur Gegenwart. Stuttgart: Reclam 1999, S. 76–80.

Hunold VGW 1700 = Hunold, Christian Friedrich [Menantes]: Die Verliebte und Galante Welt. | Jn vielen annehmlichen und wahrhafftigen Liebes-Geschichten / |Welche sich in etlichen Jahren her in Teutschland zugetragen. | Ans Licht gestellet von | Menantes. Hamburg: Liebernickel 1700.

Hunold TGG 1706 = Hunold, Christian Friedrich [Menantes]: Theatralische / | Galante | Und | Geistliche Gedichte / | Von | Menantes. | Hamburg / | Bey Gottfried Liebernickel im Dom. | 1706.

Hunold RGP 1707 = Hunold, Christian Friedrich [Menantes]: Die | Allerneueste Art / | Zur | Reinen und Galanten | Poesie | zu gelangen. | Allen Edlen und dieser | Wissenschafft geneigten | Gemuethern / | Zum | Vollkommenen Unterricht / | Mit ueberaus deutlichen Regeln / | und angenehmen Exempeln | ans Licht gestellet | Von | Menantes. | HAMBURG / | Bey Gottfried Liebernickel im Dom / 1707.

Hunold [1707] VGW 1988 = Wagener, Hans (Hg.): Hunold, Christian Friedrich [Menantes]: Die verliebte und galante Welt. Faksimiledruck der Ausgabe 1707. Bern, Frankfurt am Main: Lang 1988.

Isidor von Sevilla ENZ 2008 = Möller, Lenelotte (Hg.): Die Enzyklodädie des Isidor von Sevilla. Wiesbaden: Matrix 2008.

Justi AGDS 1769 = Justi, Johann Heinrich Gottlob von: Anweisung | zu einer guten | Deutschen Schreibart | und allen | in den Geschaefften und Rechtssachen | vorfallenden | schriftlichen Ausarbeitungen, | zu welchem Ende | allenthalben wohlausgearbeitete Proben und | Beyspiele beygefuegt werden. | Nach der zweyten verbesserten Auflage. | Mit Churfl. Saechs. gnaedigsten Privilegio. | Leipzig, 1769. | Verlegts Bernhard Christoph Breitkopf und Sohn.

Kaiserin Maria Theresia und Kurfürstin Maria Antonia von Sachsen [1747–1772] BW 1908 = Lippert, Woldemar (Hg.): Kaiserin Maria Theresia und Kurfürstin Maria Antonia von Sachsen. Briefwechsel 1747–1772 mit einem Anhang ergänzender Briefe. Leipzig: Teubner 1908.

Konrad von Würzburg 1858 = Keller, Adelbert von (Hg.): Konrad von Würzburg: Der trojanische Krieg. Nach den Vorarbeiten K. Frommanns und F. Roths. Stuttgart: Litterarischer Verein 1858.

Kormart STAT [1685–1688] = Kormart, Christoph: DIE | ALLER=Durchlauchtigste Kaeyserin | STATIRA oder CASSANDRA, | Mit Persianisch = Griechisch = Scyth = und Amazonischen | Staats= und Liebes= | Geschichten/ | Welche sich | unter des Darius und Grossen | Alexanders bestrittenen Regierung | begeben/ | Nebenst vielen schoenen Kupffern | Aus dem Frantzoes= und Hollaendischen ins Teutsche uebersetzet | von | Christoff Kormarten / J. U. D. | Leipzig/ | In Verlegung Joh. Friedrich Gleditschens/ | druckts Christian Goetz/ M. DC. LXXXV. [Bd. II–III M. DC. LXXXVI, Bd. IV M. DC. LXXXVII, Bd. V M. DC. LXXXVII].

Kormart STA1 1685a = Kormart, Christoph: Vorrede oder Vorbericht an den geneigten Leser. In: Kormart, Christoph: Die | ALLER=Durchlauchtigste Kaeyserin | STATIRA | oder CASSANDRA, | Mit | Persianisch = Griechisch = Scyth = | und Amazonischen | Staats = und Liebes= | Geschichten/ | Welche sich | unter des Darius und Grossen | Alexanders bestrittenen Regierung begeben/ | Nebenst vielen schoenen Kupffern | Aus dem Frantzoes = und Hollaendischen | ins Teutsche uebersetzet | […].| Leipzig/ | In Verlegung Joh. Friedrich Gleditschens/ | druckts Christian Goetz/ M.DC.LXXXV, S. 5^r– 6^v.

Kormart STA1 1685b = Kormart, Christoph: Die | ALLER=Durchlauchtigste Kaeyserin | STATIRA | oder CASSANDRA, | Mit | Persianisch = Griechisch = Scyth = | und Amazonischen | Staats = und Liebes= | Geschichten/ | Welche sich | unter des Darius und Grossen | Alexanders bestrittenen Regierung begeben/ | Nebenst vielen schoenen Kupffern | Aus dem Frantzoes = und Hollaendischen | ins Teutsche uebersetzet | [...].| Leipzig/ | In Verlegung Joh. Friedrich Gleditschens/ | druckts Christian Goetz/ M.DC.LXXXV.

Kormart STA2 1686 = Der | ALLER=Durchlauchtigste Kaeyserin | STATIRA | oder CASSANDRA, | Zweyter Theil/ | Mit | Persianisch = Griechisch = Scyth = | und Amazonischen | Staats = und Liebes= | Geschichten/ | Welche sich | unter des Darius und Grossen | Alexanders bestrittenen Regierung begeben/ | Nebenst vielen schoenen Kupffern | Aus dem Frantzoes = und Hollaendischen | ins Teutsche uebersetzet | [...].| Zu Leipzig/ | Verlegts Johann Friedrich Gleditsch/ | Anno M DC LXXXVI.

Kormart STA3 1686a = Aller=Durchlauchtigsten Kaeyserin | STATIRA | oder CASSANDRA, | Dritter Theil/ | Mit | Persianisch = Griechisch = Scyth = | und Amazonischen | Staats = und Liebes= | Geschichten/ | Welche sich | unter des Darius und Grossen | Alexanders bestrittenen Regierung begeben/ | Nebenst vielen schoenen Kupffern | Aus dem Frantzoes = und Hollaendischen | ins Teutsche uebersetzet | [...].| Zu Leipzig/ | Verlegts Johann Friedrich Gleditsch/ | Anno M DC LXXXVI.

Kormart STA3 1686b = Kormart, Christoph: Zuschrifft [für Magdalene Sybille von Ahlefeld]. In: Aller=Durchlauchtigsten Kaeyserin | STATIRA | oder CASSANDRA, | Dritter Theil/ | Mit | Persianisch = Griechisch = Scyth = | und Amazonischen | Staats = und Liebes= | Geschichten/ | Welche sich | unter des Darius und Grossen | Alexanders bestrittenen Regierung begeben/ | Nebenst vielen schoenen Kupffern | Aus dem Frantzoes = und Hollaendischen | ins Teutsche uebersetzet | [...].| Zu Leipzig/ | Verlegts Johann Friedrich Gleditsch/ | Anno M DC LXXXVI, S. 2^r-7^v.

Kormart STA4 1687a = Der | ALLER=Durchlauchtigsten Kaeyserin | STATIRA | oder CASSANDRA, | Vierdter Theil/ | Mit | Persianisch = Griechisch = Scyth = | und Amazonischen | Staats = und Liebes= | Geschichten/ | Welche sich | unter des Darius und Grossen | Alexanders bestrittenen Regie= | rung begeben/ | Nebenst vielen schoenen Kupffern | Aus dem Frantzoes = und Hollaendischen | ins Teutsche uebersetzet | [...].| Leipzig/ | Verlegts Johann Friedrich Gleditsch/ | M. DC. LXXXVII.

Kormart STA4 1687b = Kormart, Christoph: Zuschrifft [für Sophia Christine von Burckersroda u.a.]. In: Christoph Kormart: Der | ALLER=Durchlauchtigsten Kaeyserin | STATIRA | oder CASSANDRA, | Vierdter Theil/ | Mit | Persianisch = Griechisch = Scyth = | und Amazonischen | Staats = und Liebes= | Geschichten/ | Welche sich | unter des Darius und Grossen | Alexanders bestrittenen Regie= | rung begeben/ | Nebenst vielen schoenen Kupffern | Aus dem Frantzoes = und Hollaendischen | ins Teutsche uebersetzet | [...].| Leipzig/ | Verlegts Johann Friedrich Gleditsch/ | M. DC. LXXXVII, S. 2^r-5^v.

Kormart STA5 1688a = Der | Aller=Durchlauchtigsten Kaeyserin | STATIRA | oder CASSANDRA, Fuenffter und letzter Theil/ | Mit | Persianisch = Griechisch = Scyth = | und Amazonischen | Staats = und Liebes= | Geschichten/ | Welche sich | unter des Darius und Grossen | Alexanders bestrittenen Regierung begeben/ | Nebenst vielen schoenen Kupffern | Aus dem Frantzoes= und Hollaendischen | ins Teutsche uebersetzt | [...].| Zu Leipzig/ Verlegts Johann Friedrich Gleditsch/ | Anno M. DC. LXXXVIII.

Kormart STA5 1688b = Kormart, Christoph: Zuschrifft [für Magdalene Sybille von Taube]. In: Der | Aller=Durchlauchtigsten Kaeyserin | STATIRA | oder CASSANDRA, Fuenffter und letzter Theil/ | Mit | Persianisch = Griechisch = Scyth = | und Amazonischen | Staats = und Liebes= | Geschichten/ | Welche sich | unter des Darius und Grossen | Alexanders bestrittenen Regierung begeben/ | Nebenst vielen schoenen Kupffern | Aus dem Frantzoes= und Hollaendischen | ins Teutsche uebersetzt | [...].| Zu Leipzig/ Verlegts Johann Friedrich Gleditsch/ | Anno M. DC. LXXXVIII, S. 2^r-7^v.

La Calprenède FHC 1703 = La Calprenède, Gautier Coste de: The famous history of Cassandra: containing many admirable adventures of the most illustrious persons of either sex. In five parts. Written originally in French, and newly tranilated [sic!] into English, by several hands. London: printed for Isaac Cleave, John Pero, and Eben Tracy, 1703.

La Calprenède [1657] CAS 1978 = La Calprenède, Gautier Coste de: Cassandre. Première Partie-Cinquième Partie. Réimpression de l'édition de Paris, 1657. Genève: Slatkine Reprints 1978.

Lehms LT 1709 = Lehms, Georg Christian: Die | Lybische | TALESTRIS | Wurde | Mit | Ihro Koenigl. Majest. In Pohlen | und | Churfl. Durchl. zu Sachsen [...] | Allergnaedigster Verwilligung | In | Der Michael=Messe 1709. | Auff den Leipziger Schau=Platze | vorgestellet | in einer | OPERA.

Lessing TB 1754 = Lessing, Gotthold Ephraim: Gotth[old] Ephr[aim] Leßings | Theatralische | Bibliothek. | Erstes Stueck. |Berlin, | bey Christian Friederich Voß, 1754.

Macchiavelli 1978 = Zorn, Rudolf (Hg.): Machiavelli, Niccolò: Der Fürst. „Il principe." 6. Aufl., Stuttgart: Kröner 1978.

Mandeville, John RRM 2004 = Buggisch, Christian (Hg.): Reisen des Ritters John Mandeville vom Heiligen Land ins ferne Asien, 1322–1356. Darmstadt: Wissenschaftliche Buchgesellschaft 2004.

Matheson [1739] VK 1991 = Reimann, Margarete (Hg.): Mattheson, Johann: Der vollkommene Kapellmeister. Faksimile-Nachdruck der Ausgabe Hamburg von 1739. 5. Aufl., Kassel: Bärenreiter 1991.

Martini HBTK 1654 = Martini, Martinus: Historische Beschreibung / Deß Tartarischen Kriegs in Sina / In welcher / was massen zu unsern zeiten das Sinische Keyserthum von den Tartarn angefallen / und bey nahe gantz erobert worden / kuertzlich erzehlet; Wie auch dero Sitten gruendlich beschriben werden. [...]. München: Wagner 1654.

Meier SMY 1705a = Meier, Joachim [Imperialis]: Die Amazonische SMYRNA Worinnen Unter Einfuehrung Trojanischer / Griechischer / Amazonischer und Asiatischer Geschichten / Die Begebenheiten jeziger Zeiten / und deren Veraenderungen und Kriegs=Laeuffte / auf eine sehr curioese Weise / in einem Annehmlichen Staats= und Liebes=Roman verwickkelt vorgestellt worden / Von Imperiali. Franckfurt und Leipzig: Michael Andreas Fuhrmann 1705.

Meier VOR 1705b = Vorrede. In: Meier, Joachim [Imperialis]: Die Amazonische SMYRNA Worinnen Unter Einfuehrung Trojanischer / Griechischer / Amazonischer und Asiatischer Geschichten / Die Begebenheiten jeziger Zeiten / und deren Veraenderungen und Kriegs=Laeuffte / auf eine sehr curioese Weise / in einem Annehmlichen Staats= und Liebes=Roman verwickkelt vorgestellt worden / Von Imperiali. Franckfurt und Leipzig: Michael Andreas Fuhrmann 1705, n. p.

Neumeister [1708] RÜR 1999 = Neumeister, Erdmann: Raisonnement über die Romanen (1708). In: Steinecke, Hartmut/ Wahrenburg, Fritz (Hg.): Romantheorie. Texte vom Barock bis zur Gegenwart. Stuttgart: Reclam 1999.

Olearius AUR 1658 = Olearius, Adam: Auffzuege | und |Ritterspiele | So bey | Des [...] Fuersten und Herrn/ | Herrn Friederich Wilhelms Hertzogen zu Sachsen | [...]| Jungen Printzen/ Hertzog | CHRISTIAN, | Fuerstlichen Kindtauffs Feste/ in anwesenheit vieler HochFerrstlichen/ Graefflichen und RittersPersonen | gehalten worden | Auff S. F. Durchl. Residentz Vestung zu Altenburg im Monat Junio 1654 | Gedruckt zu Schleßwig in der Fuerstlichen Druckerey/ durch Johan Holwein/ | im Jahr M DC IIX.

Opitz [1624] BDP 1995 = Sommer, Cornelius (Hg.): Opitz, Martin: Buch von der deutschen Poeterey (1624). Stuttgart: Reclam 1995.

Ovid M 1994 = Ovidius Naso, Publius: Metamorphosen. Lateinisch-Deutsch. Übersetzt und herausgegeben von Michael von Albrecht. Stuttgart: Reclam 1994.

Pallavicini AN 1689a = Pallavicini, Stefano: L'ANTIOPE. | DRAMA PER MUSICA, | DA RAPPRENTARSI | NEL TEATRO | DEL | SERMO. ELLETOR. | DI SASSONIA, | L'ANNO | M. DC. LXXXIX. | DI | STEFANO PALLAVICINI, | POETA DELLA MEDESIMA | ALTEZZA.

Pallavicini AN 1689b = Pallavicini, Stefano: ANTIOPE. | DRAMA zur MUSICA, | Vorzustellen | Auf dem THEATRO | Des Durchl. Churfuersten |

zu Sachsen [...].| Im Jahr | 1689. | Durch | STEPHANUM PALLAVICINI, |
Sr. Churfuerstl. Durchl. Poëten. | DRESDEN | Mit Bergischer Witbe und
Erben Schrifften 1689.

Pompeius Trogus 1972 = Seel, Otto (Hg.): Pompeius Trogus: Weltgeschichte
von den Anfängen bis Augustus. Im Auszug des Justin. Zürich: Artemis
1972.

Postel TKA 1690 = Postel, Christian Heinrich: Die | Groß=Muethige |
THALESTRIS, | Oder | Letzte Koenign | der | AMAZONEN. | Jn einem |
Sing=Spiell vorgestellet. | Anno 1690.

Pufendorf NVR 1711 = Pufendorf, Samuel von: Natur= und Voelcker=Recht /
Anderer Theil. Mit vielen nuetzlichen Anmerckungen erlaeutert / und in die
Teutsche Sprach uebersetzt. [Frankfurt am Main]: Knoch 1711.

Quantz [1752] VAF 2004 = Augsbach, Horst (Hg.): Quantz, Johann Joachim:
Versuch einer Anweisung, die Flöte traversière zu spielen. Reprint der Ausgabe
Berlin 1752. Mit einem Vorwort von Hans-Peter Schmitz. 4. Aufl., Kassel:
Bärenreiter 2004.

Reckert 1770a = Reckert, Karl Christian: Amazonen-Lieder. Münster, Hamm:
Perrenon 1770.

Reckert 1770b = Reckert, Karl Christian: Der junge Held. In vier Gesängen.
Münster, Hamm: Perrenon 1770.

Rohr [1733] CWGH 1990 = Schlechte, Monika (Hg.): Rohr, Julius Bernhard
von: Einleitung zur Ceremoniel-Wissenschafft der grossen Herren. Neudruck der Ausgabe Berlin, Rüdiger 1733. Weinheim: VCH 1990.

Ronchi CASS 1651–1652 = Ronchi, Guiseppe/ Bisacconi Maiolino: La Cassandra. Venetia [Venedig]: Giunti e Hertz 1651–1652.

Rotth [1688] VDP 1988 = Rotth, Albrecht Christian: Vollständige Deutsche
Poesie [...]. Teil III, Cap. VIII: Von den Romainen oder Liebes=Gedichten.
Leipzig 1688. In: Lämmert, Eberhard (Hg.): Romantheorie 1620–1880.
Dokumentation ihrer Geschichte in Deutschland. Frankfurt am Main:
Athenäum 1988, S. 34–37.

Rudolf von Ems AL 1928/29 = Junk, Victor (Hg.): Rudolf von Ems: Alexander.
Ein höfischer Versroman des 13. Jahrhunderts. Leipzig: Hiersemann 1928/29.

Sambix CAS 1654 = Sambix, Felix von: Het eerste deel van Cassandre. Uyt
de Françoysche in onse Nederduytsche Tale over-gheset door F. V. S. Tot
Rotterdam. Gedruckt by Pieter van Waesberge, Boeck-verkoopter op't
Steyger, in de gekroonde Leew. Rotterdam 1654.

Schirmer CAR 1650 = Schirmer, David: CARTEL | Des Ballets/ | Vom Paride
und Helena/ etc. | Welches | [...] Herr Johann Georg/ Hertzog zu Sachsen

[...] | Dero [...] Bruedern | [...] Herrn Christian/ | Und Herrn Moritzen/ | Hertzogen zu Sachsen [...] Und Denen [...] Braeuten [...] Fraeulein Christianen/ | Und Fraeulein Sophien Hedewig/ | Geschwisterten Hertzoginnen zu Schleßwig/ Hollstein/ Stormarn/ | [...] Auff dero beyderseits Hochfürstliche Beylagere | [...] auff dem Churfuerstl. Schlosse im Riesen-Saale vorstellete/ den Decem. 1650. | Gedruckt zu Dreßden durch Churfuerstl. Durchl. zu Sachsen Hoff= | Buchdruckern/ Christian und Melchior Bergen.

[Schirmer] GVA 1650 = [Schirmer, David]: Wie groß der jenigen Vermessenheit ist/ welche/ das iemals Amazonen gewesen. In: David Schirmer: CARTEL | Des Ballets/ | Vom Paride und Helena/ etc. | Welches | [...] Herr Johann Georg/ Hertzog zu Sachsen [...] | Dero [...] Bruedern | [...] Herrn Christian/ | Und Herrn Moritzen/ | Hertzogen zu Sachsen [...] Und Denen [...] Braeuten [...] Fraeulein Christianen/ | Und Fraeulein Sophien Hedewig/ | Geschwisterten Hertzoginnen zu Schleßwig/ Hollstein/ Stormarn/ | [...] Auff dero beyderseits Hoch-fürstliche Beylagere | [...] auff dem Churfuerstl. Schlosse im Riesen-Saale vorstellete/ den Decem. 1650. | Gedruckt zu Dreßden durch Churfuerstl. Durchl. zu Sachsen Hoff= | Buchdruckern/ Christian und Melchior Bergen, n. p.

Schottelius ETH 1980 = Berns, Jörg Jochen (Hg.): Schottelius, Justus Georg: Ethica. Die Sittenkunst oder Wollebenskunst. Bern: Francke 1980.

Seckendorff [1737] DF 1972 = Seckendorff, Veit Ludwig von: Deutscher Fürstenstaat. Samt des Autors Zugabe sonderbarer und wichtiger Materien. Verbessert, mit Anmerkungen, Summarien und Register versehen von Andreas Simson von Biechling. Neudruck der Ausgabe Jena 1737. Aalen: Scientia 1972.

Schmiedecke JB 1965 = Schmiedecke, Adolf (Hg.): Johann Beer. Sein Leben, von ihm selbst erzählt. Mit einem Vorwort von Richard Alewyn. Göttingen: Vandenhoeck & Ruprecht 1965.

Uffenbach GNA 1733 = Uffenbach, Johann Friedrich Armand von: Des | Herrn Joh. Fried. von Uffenbach | Gesammelte | Neben=Arbeit | in gebundenen Reden, | Worinnen, | nebst einer Poetischen Auslegung [...] | verschiedene | Moralische Schrifften, | zu Ausbesserung menschlicher Sitten, | enthalten, | Und nebest einer Vorrede | von der Wuerde derer Singe=Gedichte [...] | Hamburg, bey Koenig und Richter. 1733.

Uffenbach VOR 1733 = Uffenbach, Johann Friedrich Armand von: Vorrede. In: Johann Friedrich Armand von Uffenbach: Des | Herrn Joh. Fried. von Uffenbach | Gesammelte | Neben=Arbeit | in gebundenen Reden, | Worinnen, | nebst einer Poetischen Auslegung [...] | verschiedene | Moralische Schrifften, | zu Ausbesserung menschlicher Sitten, | enthalten, | Und nebest einer Vorrede | von der Wuerde derer Singe=Gedichte [...] | Hamburg, bey Koenig und Richter. 1733, S. b 4^v.

Venzky GÜ 1734 = Venzky, Georg: Beytraege | Zur | Critischen Historie | Der | Deutschen Sprache, Poesie | und Beredsamkeit, | herausgegeben | von | Einigen Mitgliedern der Deut= | schen Gesellschaft in Leipzig. | Neuntes Stueck. | Leipzig, | Bey Bernhard Christoph Breitkopf. 1734, S. 59–114.

van Hulsen/ Merian [1616] RFAR 1979 = Krapf, Ludwig/ Wagenknecht, Christian (Hg.): Hulsen, Esaias van/ Merian, Matthaeus: Repraesentatio der fvrstlichen Avzug vnd Ritterspil. Die Kupferstichfolge von 1616. Neudruck der Ausgabe von 1616. Ergänzungsband. Stuttgarter Hoffeste. Texte und Materialien zur höfischen Repräsentation im frühen 17. Jahrhundert. Tübingen: Niemeyer 1979.

Vergil AEN 1952 = Vergils Aeneis. Deutsch von Alexander Schröder. Berlin, Frankfurt am Main: Suhrkamp 1952.

Vergil AEN 2007 = Vergil: Aeneis. Prosaübertragung, Nachwort und Namensverzeichnis von Volker Ebersbach. Reclam: Stuttgart 2007.

von Kleist [1808] PENT 1987 = Kleist, Heinrich von [1808]: Penthesilea. Ein Trauerspiel. In: Barth, Ilse-Marie (Hg.): Heinrich von Kleist: Sämtliche Werke und Briefe. Bd. 2: Dramen 1808–1811. Frankfurt am Main: Deutscher Klassiker Verlag 1987, S. 143–256.

Wächtler [1709] PPG 1969 = Wächtler, Johann Christian: Pensum der praktischen Galanterie [1709]. In: Wiedemann, Conrad (Hg.): Der galante Stil. 1680–1730. Tübingen: Niemeyer 1969, S. 13–16.

Weckherlin [1616] TZS 1979 = Weckherlin, Georg Rodolf: Triumf | Newlich bey der | F. kindtauf zu Stutgart | gehalten. | Beschriben | Durch | G. Rodolfen Weckherlin. | Stutgart/ | Gedruckt bey Johan-Weyrich Roeßlin/ | M.DC.XVI. In: Krapf, Ludwig/ Wagenknecht, Christian (Hg.): Stuttgarter Hoffeste. Texte und Materialien zur höfischen Repräsentation im frühen 17. Jahrhundert. Materialienband. Tübingen: Niemeyer 1979, S. 3–186.

Weise 1995 = Weise, Christian: Ein Abriß der Schönheit selber. In: Maché, Ulrich/ Meid, Volker (Hg.): Gedichte des Barock. Stuttgart: Reclam 1995, S. 236–238.

Weiße AL 1762 = Weiße, Christian Felix: Amazonen-Lieder. 2. Aufl., Leipzig: Weidmann 1762.

Zigler AB 1689 = Zigler und Kliphausen, Heinrich Anshelm von: Die | Asiatische Banise / | Oder | Das blutig=doch muthige Pegu / | Dessen hohe Reichs=Sonne bey geendigtem letztern Jahr=Hundert an dem Xemindo erbaermlich unter=an dem Balacin aber erfreulichst wieder auffgehet. [...] | Alles in Historischer / und mit dem Mantel einer annehmlichen Helden= und Liebes=Geschichte bedeckten Wahrheit beruhende. | [...] | Auffgesetzet | von | H. A. v. Z. U. K. |Leipzig/ Verlegts Johann Friedrich Gleditsch/ Anno M.DC.LXXXIX.

Zigler LT 1696 = Zigler und Kliphausen, Heinrich Anshelm von: Die | Lybische | TALESTRIS, | stellet sich | bey dem hoechst=erfreulichen | Geburts=Liechte | Des | Durchlauchtigsten Fuersten und Herrns / | Hn. Johann Adolphs | Herzogs zu Sachsen / Juelich / Cleve und Berg [...] | Unsers gnaedigsten Fuerstens und Herrns / den November des Jahres 1696. | in einem Singe=Spiele | Untertha-enigst | vor. Weißenfels 1696.

Zigler LT 1698 = Zigler und Kliphausen, Heinrich Anshelm von: Die Lybi-sche | TALESTRIS | stellete sich | bey | Freund=Vetterlicher Zusammen-kunfft | Durchlaucht. | Haeupter / | aus Beyderseits | Hoch=Fuerstl. Saechs. | Haupt= und Stamm= Linie / | an einem frohen Fastnachts=FESTIN | auf | Schloß Neu=Augustus=Burg | 1698. | in einem Singe-Spiele | abermahls unterthaenigst | vor. Weißenfels 1698.

Zigler [1689/1707] AB 1965 = Zigler und Kliphausen, Heinrich Anshelm von: Asiatische Banise. Vollständiger Text nach der Ausgabe von 1707 unter Berücksichtigung des Erstdrucks von 1689. Mit einem Nachwort von Wolfgang Pfeiffer-Belli. München: Winkler 1965.

6.2 Forschungsliteratur

Adolf 1959 = Adolf, Helen: Literary Characters and their subterraean sources: The Amazon Type in Literature. In: The University of North Carolina in comperative literature 23 (1959), S. 256–262.

Alewyn 1989 = Alewyn, Richard: Das große Welttheater. Die Epoche der höfischen Feste. 2. Aufl., München: Beck 1989.

Alexander 1984 = Alexander, Robert J.: Das deutsche Barockdrama. Stutt-gart: Metzler 1984.

Allweier 2001 = Allweier, Sabine: Canaillen, Weiber, Amazonen. Frauen-wirklichkeiten in Aufständen Südwestdeutschlands 1688–1777. Münster, New York: Waxmann 2001.

Alt 1994 = Alt, Peter-André: Tragödie der Aufklärung. Tübingen, Basel: Francke 1994.

Alt 2001 = Alt, Peter-André: Aufklärung. 2. Aufl., Stuttgart: Metzler 2001.

Alt 2004 = Alt, Peter-André: Der Tod der Königin. Frauenopfer und politische Souveränität im Trauerspiel des 17. Jahrhunderts. Berlin, New York: de Gruyter 2004.

Ammon 1984 = Ammon, Günter: Der androgyne Mensch. In: Dynamische Psychiatrie 3 (1984), S. 235–254.

Amrain 1985 = Amrain, Susanne: Der Androgyn. Das poetische Geschlecht und sein Aktus. In: Berger, Renate/ Hengsbach, Monika (Hg.): Frauen – Weiblichkeit – Schrift. Berlin: Argument 1985, S. 119–129.

Apel 1983 = Apel, Friedmar: Literarische Übersetzung. Stuttgart: Metzler 1983.

Assmann/ Assmann 1998 = Assmann, Aleida/ Assmann, Jan: Mythos. In: Cancik, Hubert/ Gladigow, Burkhard (Hg.): Handbuch religionswissen- schaftlicher Grundbegriffe. Bd. 4. Stuttgart, Berlin: Kohlhammer 1998, S. 179–200.

Augsbach 2004 = Augsbach, Horst: Nachwort. In: Augsbach, Horst (Hg.): Johann Joachim Quantz: Versuch einer Anweisung, die Flöte traversière zu spielen. Reprint der Ausgabe Berlin 1752. Mit einem Vorwort von Hans- Peter Schmitz. 4. Aufl., Kassel: Bärenreiter 2004, S. 395–413.

Aurnhammer 1986 = Aurnhammer, Achim: Androgynie. Studien zu einem Motiv in der europäischen Literatur. Köln, Wien: Böhlau 1986.

Aurnhammer 1994 = Aurnhammer, Achim: Die eins waren, eins sind oder eins sein möchten. In: Meesmann, Hartmut/ Sill, Bernhard (Hg.): Androgyn. „Jeder Mensch in sich ein Paar!?." Androgynie als Ideal geschlechtlicher Identität. Weinheim: Deutscher Studien Verlag 1994, S. 171–184.

Bachofen 1982 = Bachofen, Johann Jakob: Das Mutterrecht. Eine Untersu- chung über die Gynaikokratie der alten Welt nach ihrer religiösen und rechtlichen Natur. 4. Aufl., Frankfurt am Main: Suhrkamp 1982.

Bachtin 1979 = Grübel, Rainer (Hg.): Bachtin, Michail M.: Die Ästhetik des Wortes. Frankfurt am Main: Suhrkamp 1979.

Bachtin 1985 = Bachtin, Michael: Literatur und Karneval. Zur Romantheorie und Lachkultur. Übersetzt von Alexander Kämpfe. Frankfurt am Main: Ullstein 1985.

Bachtin 2006 = Emerson, Caryl (Hg.): Bachtin, Michail M.: Speech Genres and Other Late Essays. Austin: University of Texas Press 2006.

Bake 2005 = Bake, Kristina: Geschlechtsspezifisches Altern in einem Lebens- alter-Zyklus von Tobias Stimmer und Johann Fischart. In: Hartung, Heike (Hg.): Alter und Geschlecht. Repräsentationen, Geschichten und Theorien des Alter(n)s. Bielefeld: Transcript 2005, S. 113–133.

Ball 2000 = Ball, Gabriele: Moralische Küsse. Gottsched als Zeitschriftenheraus- geber und literarischer Vermittler. Göttingen: Wallstein 2000.

Barth 2011 = Barth, Nadine (Hg.): Amazonen. Das Brustkrebsprojekt von Uta Melle. Mit Fotos von Esther Haase und Jackie Hardt. Heidelberg: Kehrer 2011.

Battafarano 1998 = Battafarano, Italo Michele: Übersetzen und Vermitteln im Barock im Zeichen der kulturellen Angleichung und Irenik. Opitz, Harsdörffer, Hoffmannswaldau, Knorr von Rosenroth. In: Morgen-Glantz 8 (1998), S. 13–61.

Bauer-Roesch 2000 = Bauer-Roesch, Susanne: Gesangspiel und Gesprächspiel – Georg Philipp Harsdörffers *Seelewig* als erste Operntheorie in deutscher Sprache. In: Laufhütte, Hartmut (Hg.) unter Mitarbeit von Barbara Becker-Cantarino u. a.: Künste und Natur in Diskursen der Frühen Neuzeit. Wiesbaden: Harrassowitz 2000, S. 645–664.

Baumgärtel 1995a = Baumgärtel, Bettina: Die Tugendheldin als Symbol kirchlicher und staatlicher Macht. Über die Galerie der Starken Frauen in Ausstattungsprogrammen und als Buchillustrationen. In: Baumgärtel, Bettina/ Neysters, Silvia (Hg.): Die Galerie der starken Frauen. Regentinnen, Amazonen, Salondamen. München: Klinkhardt und Biermann 1995, S. 140–204.

Baumgärtel 1995b = Baumgärtel, Bettina: Tomyris. In: Baumgärtel, Bettina/ Neysters, Silvia (Hg.): Die Galerie der starken Frauen. Regentinnen, Amazonen, Salondamen. München: Klinkhardt und Biermann 1995, S. 347.

Baumgärtel 1997 = Baumgärtel, Bettina: Zum Bilderstreit der Frau im 17. Jahrhundert. Inszenierungen französischer Regentinnen. In: Bock, Gisela/ Zimmermann, Margarete (Hg.): Die europäische Querelle des Femmes. Geschlechterdebatten seit dem 15. Jahrhundert. Querelles, Bd. 2. Stuttgart, Weimar: Metzler 1997, S. 147–182.

Baumgärtner 2003 = Baumgärtner, Ingrid: Biblische, mythische und fremde Frauen. Zur Konstruktion von Weiblichkeit in Text und Bild in mittelalterlichen Weltkarten. In: Ertzdorff, Xenja von/ Giesemann, Gerhard (Hg.): Erkundung und Beschreibung der Welt. Zur Poetik der Reise- und Länderberichte. Vorträge eines interdisziplinären Symposiums vom 19. bis 24. Juni 2000 an der Justus-Liebig-Universität Gießen. Amsterdam: Rodopi 2003, S. 31–86.

Baumgärtner 2010 = Baumgärtner, Ingrid: Amazonen in mittelalterlichen Weltkarten. In: Historisches Museum der Pfalz, Speyer (Hg.): Amazonen. Geheimnisvolle Kriegerinnen. Ausstellung im Historischen Museum der Pfalz, Speyer vom 5. September 2010 bis 13. Februar 2011. München: Minerva 2010, S. 194–203.

Becker 1919 = Becker, Sophie Luise: Über die sentimentalen und künstlerischen Elemente in La Calprenèdes „Cassandre." Würzburg: Fränkische Gesellschaftsdruckerei 1919.

Becker-Cantarino 1989 = Becker-Cantarino, Barbara: Der lange Weg zur Mündigkeit. Frauen und Literatur in Deutschland von 1500 bis 1800. München: Deutscher Taschenbuch-Verlag 1989.

Becker-Cantarino 2010 = Becker-Cantarino, Barbara: Genderforschung und Germanistik. Perspektiven von der Frühen Neuzeit bis zur Moderne. Berlin: Weidler 2010.

Beise/ Mücke 2003 = Beise, Arnd/ Mücke, Panja: Böswillige Masse oder anarchische Menge, verblendet zumeist. Das Lachen des Chors in der Oper vom 17. Jahrhundert bis heute. In: Beise, Arnd/ Martin, Ariane (Hg.): LachArten. Zur ästhetischen Repräsentation des Lachens vom späten 17. Jahrhundert bis zur Gegenwart. Mit einer Auswahlbibliografie. Bielefeld: Aisthesis 2003, S. 23–60.

Benthien/ Fleig/ Kasten 2000 = Benthien, Claudia/ Fleig, Anne/ Kasten, Ingrid (Hg.): Emotionalität. Zur Geschichte der Gefühle. Köln, Weimar: Böhlau 2000.

Benthien 2003 = Benthien, Claudia: Das Maskerade-Konzept in der psychoanalytischen und kulturwissenschaftlichen Theoriebildung. In: Benthien, Claudia/ Stephan, Inge (Hg.): Männlichkeit als Maskerade. Kulturelle Inszenierungen vom Mittelalter bis zur Gegenwart. Köln: Böhlau 2003, S. 36–59.

Berns 1980 = Berns, Jörg Jochen: Nachwort. In: Berns, Jörg Jochen (Hg.): Justus Georg Schottelius: Ethica. Die Sittenkunst oder Wollebenskunst. Bern: Francke 1980, S. 3–68.

Berns 1984 = Berns, Jörg Jochen: Die Festkultur der deutschen Höfe zwischen 1580 und 1730. Eine Problemskizze in typologischer Absicht. In: Germanisch-Romanische Monatsschrift 34 (1984), S. 295–311.

Bettinger/ Funk 1995 = Bettinger, Elfi/ Funk, Julika: Vorwort. In: Bettinger, Elfi/ Funk, Julika (Hg.): Maskeraden. Geschlechterdifferenz in der literarischen Inszenierung. Berlin: Erich Schmidt 1995, S. 7–14.

Birke 1960 = Birke, Joachim: Gottsched's Opera Criticism and Its Literary Sources. In: Acta Musicologica 32 (1960), S. 194–200.

Birke 1966 = Birke, Joachim: Christian Wolffs Metaphysik und die zeitgenössische Literatur- und Musiktheorie: Gottsched, Scheibe, Mizler. Berlin: de Gruyter 1966.

Birke 1970a = Birke, Joachim (Hg.): Johann Christoph Gottsched: Ausgewählte Werke. Bd. 3. Sämtliche Dramenübertragungen. Berlin, New York: de Gruyter 1970

Birke 1970b = Birke, Joachim: Nachwort. In: Birke, Joachim (Hg.): Johann Christoph Gottsched: Ausgewählte Werke. Bd. 3. Sämtliche Dramenübertragungen. Berlin, New York: de Gruyter 1970, S. 379–381.

Bischoff 2013 = Bischoff, Cordula: Aufklärung in Sachsen? Das höfische Familienporträt zwischen Staatsrepräsentation und Empfindsamkeit. In: Das achtzehnte Jahrhundert 37 (2013), H. 2., S. 202–218.

Blanckenburg 1999 = Blanckenburg, Friedrich von: Versuch über den Roman (1774). In: Steinecke, Hartmut/ Wahrenburg, Fritz (Hg.): Romantheorie. Texte vom Barock bis zur Gegenwart. Stuttgart: Reclam 1999, S. 179–194.

Blok 1995 = Blok, Josine H.: The early Amazons. Modern and ancient perspectives on a persistent myth. Leiden, New York, Köln: Brill 1995.

Blumenberg 1971 = Blumenberg, Hans: Wirklichkeitsbegriff und Wirklichkeitspotential des Mythos. In: Fuhrmann, Hans (Hg.): Terror und Spiel. Probleme der Mythenrezeption. München: Fink 1971, S. 11–66.

Blumenberg 1979 = Blumenberg, Hans: Arbeit am Mythos. Frankfurt am Main: Suhrkamp 1979.

Bock 1988 = Bock, Ulla: Androgynie und Feminismus. Frauenbewegung zwischen Institution und Utopie. Ergebnisse der Frauenforschung. Weinheim, Basel: Beltz 1988.

Bock/ Zimmermann 1997 = Bock, Gisela/Zimmermann, Margarete: Die Querelle des Femmes in Europa. Eine begriffs- und forschungsgeschichtliche Einführung. In: Bock, Gisela/ Zimmermann, Margarete (Hg.): Die europäische Querelle des Femmes. Geschlechterdebatten seit dem 15. Jahrhundert. Querelles, Bd. 2. Stuttgart, Weimar: Metzler 1997, S. 1–38.

Bock/ Alfermann 1999 = Androgynie in der Diskussion. Auflösung der Geschlechterrollengrenzen oder Verschwinden der Geschlechter? Eine Einleitung. In: Bock, Ulla/Alfermann, Dorothee (Hg.): Androgynie. Vielfalt der Möglichkeiten. Querelles, Bd. 4. Stuttgart, Weimar: Metzler 1999, S. 11–34.

Bock 2004 = Bock, Ulla: Androgynie. Von Einheit und Vollkommenheit zu Vielfalt und Differenz. Becker, Ruth/ Kortendiek, Beate (Hg.) unter Mitarbeit von Barbara Budrich und Ilse Lenz: Handbuch Frauen- und Geschlechterforschung. Theorie, Methoden, Empirie. Wiesbaden: VS Verlag für Sozialwissenschaften 2004, S. 99–103.

Bock 2005 = Bock, Gisela: Frauen in der europäischen Geschichte. Vom Mittelalter bis zur Gegenwart. München: Beck 2005.

Bodin 1986 = Mayer-Tasch, Peter Cornelius (Hg.): Bodin, Jean: Sechs Bücher über den Staat. Bd. 2, Buch IV-VI. Übersetzt und mit Anmerkungen versehen von Bernd Wimmer. München: Beck 1986.

Bohnen 1993 = Bohnen, Klaus: Von den Anfängen des „Nationalsinns." Zur literarischen Patriotismus-Debatte im Umfeld des Siebenjährigen Krieges. In: Scheuer, Helmut (Hg.): Dichter und ihre Nation. Frankfurt am Main: Suhrkamp 1993, S. 121–137.

Bol 1998 = Bol, Renate: Amazones volneratae. Untersuchungen zu den Ephesischen Amazonenstatuen. Mainz: Zabern 1998.

Bösch 2001 = Bösch, Judith: Männer, Frauen, Schwert und Feder. Männliche Repräsentation und weibliche Selbstinszenierung von Amazonen und femmes fortes im französischen 17. Jahrhundert. In: Kimminich, Eva/ Krülls-Hepermann, Claudia (Hg.): Wort und Waffe. Welt, Körper, Sprache, Bd. 2. Frankfurt am Main, New York: Peter Lang 2001, S. 35–56.

Bösch 2004 = Bösch, Judith: Schwert und Feder. Autorin, Regentin und Amazone als Figuren hybrider Geschlechtsidentität im Frankreich des 17. Jahrhunderts. Wien: Turia + Kant 2004.

Borscheid 1989 = Borscheid, Peter: Geschichte des Alters. Vom Spätmittelalter zum 18. Jahrhundert. München: Deutscher Taschenbuch-Verlag 1989.

Botelho 2005 = Botelho, Lynn A.: Das 17. Jahrhundert. Erfüllter Lebensabend – Wege aus der Isolation. In: Thane, Pat (Hg.): Das Alter. Eine Kulturgeschichte. Aus dem Englischen von Dirk Oetzmann und Horst M. Langer. Darmstadt: Primus 2005, S. 113–174.

Böttcher 1968 = Zum Neudruck. In: Böttcher, Irmgard (Hg.): Georg Philipp Harsdörffer: Frauenzimmer Gesprächspiele. I. Teil. Tübingen: Niemeyer 1968, S. 3–22.

Bourdieu 2005 = Bourdieu, Pierre: Die männliche Herrschaft. Frankfurt am Main: Suhrkamp 2005.

Bovenschen 1979 = Bovenschen, Silvia: Die imaginierte Weiblichkeit. Exemplarische Untersuchungen zu kulturgeschichtlichen und literarischen Präsentationsformen des Weiblichen. Frankfurt am Main: Suhrkamp 1979.

Brandenberger 2007 = Brandenberger, Tobias: Spanisch-portugiesischer Kulturtransfer im 16. und 17. Jahrhundert. Mittlerinstanzen und politischer Konflikt. In: Stedman, Gesa/ Zimmermann, Margarete (Hg.): Höfe – Salons – Akademien. Kulturtransfer und Gender im Europa der Frühen Neuzeit. Hildesheim: Olms 2007, S. 105–123.

Braungart 1994 = Braungart, Georg: Intertextualität und Zeremoniell. Die höfische Rede. In: Kühlmann, Wilhelm/ Neuber, Wolfgang (Hg.): Intertextualität in der frühen Neuzeit. Studien zu ihren theoretischen und praktischen Perspektiven. Frankfurt am Main, Berlin: Lang 1994, S. 309–324.

Breuer 1999 = Breuer, Ingo: Formen des Romans. In: Meier, Albert (Hg.): Die Literatur des 17. Jahrhunderts. München: Deutscher Taschenbuch-Verlag 1999, S. 575–593.

Breuer 2003 = Breuer, Ingo: Die Höflichkeit des Narren. Über Moralistik, Ökonomie und Lachkultur in der Frühaufklärung. In: Beise, Arnd/ Martin, Ariane (Hg.): LachArten. Zur ästhetischen Repräsentation des Lachens vom späten 17. Jahrhundert bis zur Gegenwart. Mit einer Auswahlbibliografie. Bielefeld: Aisthesis 2003, S. 79–100.

Breyl 2006 = Geulen, Hans (Hg.): Breyl, Jutta: Pictura loquens – poesis tacens. Studien zu Titelbildern und Rahmenkompositionen der erzählenden Literatur des 17. Jahrhunderts von Sidneys „Arcadia“ bis Ziglers „Banise.“ Wiesbaden: Harrassowitz 2006.

Brinker-von der Heyde 1996 = Brinker-von der Heyde, Claudia: Geliebte Mütter, mütterliche Geliebte. Rolleninszenierung in höfischen Romanen. Bonn: Bouvier 1996.

Brinker-von der Heyde 1997a = Brinker-von der Heyde, Claudia: Der Frauenpreis des Agrippa von Nettesheim. Persönliche Strategie, politische Invektive, rhetorisches Spiel? In: Schwarz, Alexander/ Abplanalp, Laure (Hg.): Text im Kontext. Anleitung zur Lektüre deutscher Texte der frühen Neuzeit. Bern, Berlin: Lang 1997, S. 31–48.

Brinker-von der Heyde 1997b = Brinker-von der Heyde, Claudia: Ez ist ein rehtez wîphere. Amazonen in mittelalterlicher Dichtung. In: Beiträge zur Geschichte der deutschen Sprache und Literatur 119 (1997), S. 399–424.

Brinker-von der Heyde 1999 = Brinker-von der Heyde, Claudia: Weiber-Herrschaft oder: Wer reitet wen? Zur Konstruktion und Symbolik der Geschlechterbeziehung. In: Bennewitz, Ingrid/ Tervooren, Helmut (Hg.): Manlîchiu wîp, wîplîch man. Zur Konstruktion der Kategorien „Körper“ und „Geschlecht“ in der deutschen Literatur des Mittelalters. Berlin: Erich Schmidt 1999, S. 47–66.

Brinker-von der Heyde 2008 = Brinker-von der Heyde, Claudia: Junge Alte – alte Junge. Signale und paradoxe Verschränkungen des Alter(n)s in höfischer Epik. In: Vavra, Elisabeth (Hg.): Alterskulturen des Mittelalters und der frühen Neuzeit. Internationaler Kongress, Krems an der Donau, 16. bis 18. Oktober 2006. Wien: Österreichische Akademie der Wissenschaften 2008, S. 141–155.

Brockpähler 1964 = Brockpähler, Renate: Handbuch zur Geschichte der Barockoper in Deutschland. Emsdetten: Lechte 1964.

Bronfen 1995 = Bronfen, Elisabeth: Weiblichkeit und Repräsentation – aus der Perspektive von Semiotik, Ästhetik und Psychoanalyse. In: Bußmann, Hadumod/ Hof, Renate (Hg.): Genus. Zur Geschlechterdifferenz in den Kulturwissenschaften. Stuttgart: Kröner 1995, S. 408–445.

Bronfen 2004 = Bronfen, Elisabeth: Nur über ihre Leiche. Tod, Weiblichkeit und Ästhetik. Würzburg: Königshausen & Neumann 2004.

Brüggemann 1930 = Brüggemann, Fritz: Einführung. In: Brüggemann, Fritz (Hg.): Das Weltbild der Deutschen Aufklärung. Philosophische Grundlagen und literarische Auswirkung: Leibniz – Wolff – Gottsched – Brockes – Haller. Leipzig: Reclam 1930, S. 5–24.

Buchholz 1997 = Buchholz, Stephan: Ehe und Herrschaft. Geschlechterbeziehungen in den Rechtsquellen des 17. und 18. Jahrhunderts. In: Donnert, Erich (Hg.): Europa in der Frühen Neuzeit. Festschrift für Günter Mühlpfordt. Bd. 4: Deutsche Aufklärung. Weimar: Böhlau 1997, S. 1–19.

Buchner 1966 = Szyrocki, Marian (Hg.): Buchner, Augustus: Anleitung zur deutschen Poeterey. Tübingen: Niemeyer 1966.

Buggisch 2004 = Buggisch, Christian: Vorwort. In: Buggisch, Christian (Hg.): Reisen des Ritters John Mandeville vom Heiligen Land ins ferne Asien, 1322–1356. Darmstadt: Wissenschaftliche Buchgesellschaft 2004, S. 9–52.

Busse 2010 = Busse, Sabrina: Amazonen regieren in Frankreich? Die Selbstdarstellung adeliger Frauen als ‚Amazonen‘ im 17. und 18. Jahrhundert. In: Historisches Museum der Pfalz, Speyer (Hg.): Amazonen. Geheimnisvolle Kriegerinnen. Ausstellung im Historischen Museum der Pfalz, Speyer vom 5. September 2010 bis 13. Februar 2011. München: Minerva 2010, S. 228–233.

Butler 1991 = Butler, Judith: Das Unbehagen der Geschlechter. Aus dem Amerikanischen von Kathrina Menke. Frankfurt am Main: Suhrkamp 1991.

Butler 1995 = Butler, Judith: Körper von Gewicht. Die diskursiven Grenzen des Geschlechts. Aus dem Amerikanischen von Karin Wördemann. Berlin: Berlin-Verlag 1995.

Butler 2002 = Butler, Judith: Performative Akte und Geschlechterkonstitution. Phänomenologie und feministische Theorie. In: Wirth, Uwe (Hg.): Performanz. Zwischen Sprachphilosophie und Kulturwissenschaften. Frankfurt am Main: Suhrkamp 2002, S. 301–320.

Buttini-Menchelli 2001 = Buttini-Menchelli, Francesca: Die Opera seria Metastasios. In: Schneider, Herbert/ Wiesend, Reinhard (Hg.) unter Mitarbeit von Daniel Brandenburg und Michele Calella: Die Oper im 18. Jahrhundert. Laaber: Laaber 2001, S. 9–28.

Cadden 1993 = Cadden, Joan: Meanings of Sex Difference in the Middle Ages. Medicine, Science and Culture. Cambridge: Cambridge University Press 1993.

Calella 2001 = Calella, Michele: Die Opera seria im späten 18. Jahrhundert. In: Schneider, Herbert/ Wiesend, Reinhard (Hg.) unter Mitarbeit von Daniel Brandenburg und Michele Calella: Die Oper im 18. Jahrhundert. Laaber: Laaber 2001, S. 40–57.

Campe 2008 = Campe, Rüdiger (Hg.): Penthesileas Versprechen. Exemplarische Studien über die literarische Referenz. Freiburg im Breisgau, Berlin: Rombach 2008.

Casemir/ Ohainski 1996 = Braunschweigischer Geschichtsverein (Hg.): Das Territorium der Wolfenbüttler Herzöge um 1616. Verzeichnis der Orte und geistlichen Einrichtungen der Fürstentümer Wolfenbüttel, Calenberg, Grubenhagen sowie der Grafschaften Hoya, Honstein, Regenstein-Blankenburg nach ihrer Verwaltungszugehörigkeit. Bearbeitet von Kirstin Casemir und Uwe Ohainski. Wolfenbüttel 1996.

Colvin 1997 = Colvin, Sarah: A Pattern for Social Order. Women, Marriage and Music in Early German Opera. In: Adam, Wolfgang (Hg.) unter Mitarbeit von Knut Kiesant und Winfried Schulze: Geselligkeit und Gesellschaft im Barockzeitalter. Teil II. Wiesbaden: Harrassowitz 1997, S. 679–694.

Colvin 1999 = Colvin, Sarah: The Rhetorical Feminine. Gender and Orient on the German Stage, 1647–1742. Oxford, New York: Clarendon Press 1999.

Crawford 1995 = Crawford, Patricia: Friendship and Love between Women in Early Modern England. In: Lynch, Andrew/ Maddern, Philippa C. (Hg.): Venus & Mars. Engendering love and war in Medieval and Early Modern Europe. Nedlands: University of Western Australia Press 1995, S. 47–61.

Czarnecka 2008 = Czarnecka, Mirosława: Misogyne Lachgemeinschaft. Barocke Frauensatire im deutsch-polnischen Vergleich. In: Arend, Stefanie/ Borgstedt, Thomas (Hg.): Anthropologie und Medialität des Komischen im 17. Jahrhundert (1580–1730). Amsterdam, New York: Rodopi 2008, S. 357–370.

Dammann 1995 = Dammann, Rolf: Der Musikbegriff im deutschen Barock. 3. Aufl., Laaber: Laaber 1995.

Danzel 1848 = Danzel, Theodor Wilhelm: Gottsched und seine Zeit. Auszüge aus seinem Briefwechsel. Nebst einem Anhange: Daniel Wilhelm Trillers Anmerkungen zu Klopstocks Gelehrtenrepublik. Leipzig: Dyk'sche Buchhandlung 1848.

Degen 1935 = Degen, Heinz: Friedrich Christian Bressand. Ein Beitrag zur Braunschweig-Wolfenbütteler Theatergeschichte. Braunschweig: Oeding 1935.

DeJean 1989 = DeJean, Joan: Amazonen und literarische Frauen. Weibliche Kultur während der Regierungszeit des Sonnenkönigs. In: Held, Jutta/ Applewhite, Harriet Branson (Hg.): Frauen im Frankreich des 18. Jahrhunderts. Amazonen, Mütter, Revolutionärinnen. Hamburg: Argument 1989, S. 19–34.

DeJean 1991 = DeJean, Joan: Tender Geographies. Women and the Origins of the Novel in France. New York: Columbia University Press 1991.

DeJean 1999 = DeJean, Joan: Frauen und Gewalt. Repräsentationen mächtiger und machtloser Frauen im Frankreich der Frühen Neuzeit. In: Kroll, Renate/ Zimmermann, Margarete (Hg.): Gender Studies in den romanischen Literaturen. Revisionen, Subversionen. Bd. 1. Frankfurt am Main: Dipa-Verlag 1999, S. 95–115.

Dekker/ van de Pol 1990 = Dekker, Rudolf/ Pol, Lotte van de: Frauen in Männerkleidern. Weibliche Transvestiten und ihre Geschichte. Berlin: Wagenbach 1990.

Demel 1988 = Demel, Walter: Abudantia, Sapientia, Decadencia. Zum Wandel des Chinabildes vom 16. zum 18. Jahrhundert. In: Bitterli, Urs/ Schmitt, Eberhard (Hg.): Die Kenntnis beider Indien im frühneuzeitlichen Europa. Akten der Zweiten Sektion des 37. deutschen Historikertages in Bamberg 1988. München: Oldenbourg 1991, S. 129–153.

Deppe 2006 = Deppe, Uta: Die Festkultur am Dresdner Hofe Johann Georgs II. von Sachsen (1660–1679). Kiel: Ludwig 2006.

Dilcher 1997 = Dilcher, Gerhard: Die Ordnung der Ungleichheit. Haus, Stand und Geschlecht. In: Gerhard, Ute (Hg.): Frauen in der Geschichte des Rechts. Von der frühen Neuzeit bis zur Gegenwart. München: Beck 1997, S. 55–72.

Dilthey 1969 = Misch, Georg (Hg.): Dilthey, Wilhelm: Gesammelte Schriften. Bd. 2: Weltanschauung und Analyse des Menschen seit Renaissance und Reformation. 8. Aufl., Stuttgart: Teubner 1969.

DiMarco 1996 = DiMarco, Vincent: Travels in Medieval Femenye. Alexander the Great and the Amazon Queen. In: Literaturwissenschaftliches Jahrbuch 37 (1996), S. 47–66.

Dixon 2002a = Introduction. In: Dixon, Annette (Hg.): Women Who Ruled. Queens, Goddesses, Amazons in Renaissance and Baroque Art. London: Merrell 2002, S. 19–26.

Dixon 2002b = Women Who Ruled. Queens, Goddesses, Amazons 1500 – 1650. A Thematic Overview. In: Dixon, Annette (Hg.): Women Who Ruled. Queens, Goddesses, Amazons in Renaissance and Baroque Art. London: Merrell 2002, S. 119–180.

Dlugaicyk 2001 = Dlugaicyk, Martina: „Pax Armata." Amazonen als Sinnbilder für Tugend und Laster – Krieg und Frieden. Ein Blick in die Niederlande. In: Garber, Klaus/ Held, Jutta (Hg.): Erfahrung und Deutung von Krieg und Frieden. Religion – Geschlechter – Natur und Kultur. München: Fink 2001, S. 539–568.

Domanski 2004 = Domanski, Kristina: Verwirrung der Geschlechter. Zum Rollentausch als Bildthema im 15. Jahrhundert. In: Bonnet, Anne-Marie/ Schellewald, Barbara Maria (Hg.): Frauen in der Frühen Neuzeit. Lebensentwürfe in Kunst und Literatur. Köln: Böhlau 2004, S. 37–83.

Domanski 2009 = Domanski, Kristina: Das wechselvolle Schicksal der Amazonen in Augsburg: Die *Augsburger Chronik* Sigismund Meisterlins und die Bildtradition der Amazonen in Handschriften und frühen Drucken. In: Zeitschrift für Kunstgeschichte 72 (2009), S. 15–48.

Dostálová 1993 = Dostálová, Růžena: Das Amazonenmotiv in der mittelalterlichen Epik (Byzanz – Osten – Westen). In: Byzantinoslavica 54 (1993), S. 190–197.

Eco 2007 = Die häßliche Frau von der Antike bis zum Barock. In: Eco, Umberto (Hg.): Die Geschichte der Häßlichkeit. Aus dem Italienischen von Friederike Hausmann und Petra Kaiser. München 2007, S. 158–177

Eickenrodt/ Rapisarda 1998 = Freundschaft und Freundinnen – ein Überblick. In: Eickenrodt, Sabine/ Rapisarda, Cettina (Hg.): Freundschaft im Gespräch. Querelles, Bd. 3. Stuttgart, Weimar: Metzler 1998, S. 9–31.

Eisenberg 2003 = Eisenberg, Christiane: Kulturtransfer als historischer Prozess. Ein Beitrag zur Komparatistik. In: Kaelble, Hartmut/ Schriewer, Jürgen (Hg.): Vergleich und Transfer. Komparatistik in den Sozial-, Geschichts- und Kulturwissenschaften. Frankfurt, New York: Campus 2003, S. 399–417.

Elias 1997 = Elias, Norbert: Über den Prozeß der Zivilisation. Soziogenetische und psychogenetische Untersuchungen. Bd. 1: Wandlungen des Verhaltens in den weltlichen Oberschichten des Abendlandes. Frankfurt am Main: Suhrkamp 1997.

Elias 2002 = Elias, Norbert: Die höfische Gesellschaft. Untersuchungen zur Soziologie des Königtums und der höfischen Aristokratie. Frankfurt am Main: Suhrkamp 2002.

Elias 2003 = Elias, Norbert: Über den Prozeß der Zivilisation. Soziogeneti-sche und psychogenetische Untersuchungen. Bd. 2: Wandlungen der Ge-sellschaft. Entwurf zu einer Theorie der Zivilisation. Frankfurt am Main: Suhrkamp 2003.

Engel/ Wunder 2004 = Engel, Gisela/ Wunder, Heide: Einleitung. In: Engel, Gisela/ Hassauer, Friederike (Hg.): Geschlechterstreit am Beginn der euro-päischen Moderne. Die Querelle des Femmes. Königstein im Taunus: Helmer 2004, S. 9–10.

Engelhardt 1999 = Engelhardt, Markus: Oper, Festspiel, Ballett. In: Meier, Albert (Hg.): Die Literatur des 17. Jahrhunderts. München: Deutscher Taschenbuch-Verlag 1999, S. 333–346.

Enriquez 1991 = Enriquez, Mig Alvarez: Three Philippine ethnic-hero plays. Princess Urduja, Lapu-Lapu of Mactan, Cachil Kudarat. Quezon City: New Day 1991.

Espagne/ Werner 1985 = Espagne, Michel/ Werner, Michael: Deutsch-Fran-zösischer Kulturtransfer im 18. und 19. Jahrhundert. Zu einem neuen interdisziplinären Forschungsprogramm des C. N. R. S. In: Francia 13 (1985), S. 504–510.

Eugenio 1987 = Eugenio, Damiana L.: Awit and Corrido. Philippine Metrical Romances. Quezon City: University of the Philippines Press 1987.

Featherstone/ Hepworth 1991 = Featherstone, Mike/Hepworth, Mike: The Mask of Ageing and the Postmodern Life Course. In: Featherstone, Mike/ Hepworth, Mike (Hg.): The Body. Social Process and Cultural Theory. London: Sage 1991, S. 371–389.

Fietze 1991 = Fietze, Katharina: Spiegel der Vernunft. Theorien zum Mensch-sein der Frau in der Anthropologie des 15. Jahrhunderts. Paderborn, Mün-chen: Schöningh 1991.

Fietze 1996 = Fietze, Katharina: Frauenbildung in der „Querelle des Femmes." In: Kleinau, Elke/Opitz, Claudia (Hg.): Geschichte der Mädchen- und Frauen-bildung. Bd. 1. Vom Mittelalter bis zur Aufklärung. Frankfurt am Main, New York: Campus 1996, S. 237–251.

Fischer 2000 = Fischer, Christine: Selbststilisierungs- und Herrschaftskon-zepte in Maria Antonia Walpurgis' *Talestri, regina delle amazzoni*. In: Busch-Salmen, Gabriele/ Rieger, Eva (Hg.): Frauenstimmen, Frauenrollen in der Oper und Frauen-Selbstzeugnisse. Herbolzheim: Centaurus 2000, S. 198–225.

Fischer 2003 = Fischer, Christine: Musikalische Rollenporträts. Die Opern von Maria Antonia Walpurgis von Sachsen (1724–1780) im zeremoniel-len Kontext. In: Baumbach, Gabriele/ Bischoff, Cordula (Hg.): Frau und

Bildnis 1600–1750. Barocke Repräsentationskultur an europäischen Fürstenhöfen. Kassel: Kassel University Press 2003, S. 111–131.

Fischer 2007 = Fischer, Christine: Instrumentierte Visionen weiblicher Macht. Maria Antonia Walpurgis' Werke als Bühne politischer Selbstinszenierung. Kassel, Basel: Bärenreiter 2007.

Fischer 2010 = Fischer, Christine: „Talestri, regina delle amazzoni." Die Amazone als Bild für Gelehrsamkeit und Herrschaftsanspruch in Maria Antonia Walpurgis' Oper von 1763. In: Historisches Museum der Pfalz, Speyer (Hg.): Amazonen. Geheimnisvolle Kriegerinnen. Ausstellung im Historischen Museum der Pfalz, Speyer vom 5. September 2010 bis 13. Februar 2011. München: Minerva 2010, S. 234–237.

Fischer 1982 = Fischer, Erik: Zur Problematik der Opernstruktur. Das künstlerische System und seine Krisis im 20. Jahrhundert. Wiesbaden: Steiner 1982.

Fischer-Lichte 1983 = Fischer-Lichte, Erika: Semiotik des Theaters. Eine Einführung. Bd. 2: Vom „künstlichen" zum „natürlichen" Zeichen. Theater des Barock und der Aufklärung. Tübingen: Narr 1983.

Fischer-Lichte 1993 = Fischer-Lichte, Erika: Kurze Geschichte des deutschen Theaters. Tübingen, Basel: Francke 1993.

Fleig 1998 = Fleig, Anne: „Entre souverains ce n'est pas le sexe qui décide" – Höfische Selbstinszenierung und Geschlechterrollen. In: Weckel, Ulrike/ Opitz, Claudia (Hg.): Ordnung, Politik und Geselligkeit der Geschlechter im 18. Jahrhunderts. Göttingen: Wallstein 1998, S. 41–63.

Fleig 1999 = Fleig, Anne: Handlungs-Spiel-Räume. Dramen von Autorinnen im Theater des ausgehenden 18. Jahrhunderts. Würzburg: Königshausen & Neumann 1999.

Flemming 1933 = Flemming, Willi: Die Oper. Leipzig: Reclam 1933.

Florack/ Singer 2012 = Florack, Ruth/ Singer, Rüdiger: Einleitung. In: Florack, Ruth/ Singer, Rüdiger (Hg.): Die Kunst der Galanterie. Facetten eines Verhaltensmodells in der Literatur der Frühen Neuzeit. Berlin, Boston: de Gruyter 2012, S. 1–16.

Fluck 2005 = Fluck, Winfried: Funktionsgeschichte und ästhetische Erfahrung. In: Gymnich, Marion/ Nünning, Ansgar (Hg.): Funktionen von Literatur. Theoretische Grundlagen und Modellinterpretationen. Trier: Wissenschaftlicher Verlag Trier 2005, S. 29–53.

Fornasier 2007 = Fornasier, Jochen: Amazonen. Frauen, Kämpferinnen und Städtegründerinnen. Mainz: Zabern 2007.

Franke/ Welzel 2001 = Franke, Birgit/ Welzel Barbara: Judith. Modell für politische Machtteilhabe von Fürstinnen in den Niederlanden. In: Gaebel, Ulrike/ Kartschoke, Erika (Hg.): Böse Frauen – gute Frauen. Darstellungskonventionen in Texten und Bildern des Mittelalters und der Frühen Neuzeit. Trier: Wissenschaftlicher Verlag Trier 2001, S. 133–153.

Franke-Penski/ Preußer 2010a = Franke-Penski, Udo/ Preußer, Heinz-Peter (Hg.): Amazonen – Kriegerische Frauen. Würzburg: Königshausen & Neumann 2010.

Franke-Penski/ Preußer 2010b = Franke-Penski, Udo/ Preußer, Heinz-Peter: Das ambivalente Geschlecht der Amazonen. Eine Einleitung. In: Franke-Penski, Udo/ Preußer, Heinz-Peter (Hg.): Amazonen – Kriegerische Frauen. Würzburg: Königshausen & Neumann 2010, S. 7–16.

Franke-Penski 2010c = Franke-Penski, Udo: „Faster, Pussycat, Kill!". Amazonen im modernen Action-Film. In: Franke-Penski, Udo/ Preußer, Heinz-Peter (Hg.): Amazonen – Kriegerische Frauen. Würzburg: Königshausen & Neumann 2010, S. 103–123.

Freeman 1996 = Freeman, Daniel E.: La guerriera amante. Representations of Amazons and Warrior Queens in Venetian Baroque Opera. In: The musical quarterly 80 (1996), H. 3, S. 431–460.

Frick 1998 = Frick, Werner: „Die mythische Methode." Komparatistische Studien zur Transformation der griechischen Tragödie im Drama der klassischen Moderne. Tübingen: Niemeyer 1998.

Friese 1981 = Friese, Wilhelm: Christina, Königin von Schweden. In: Buck, August (Hg.): Europäische Hofkultur im 16. und 17. Jahrhundert. Vorträge und Referate, gehalten anläßlich des Kongresses des Wolfenbütteler Arbeitskreises für Renaissanceforschung und des Internationalen Arbeitskreises für Barockliteratur in der Herzog August Bibliothek vom 4.-8. September 1979. Bd. III. Hamburg: Hauswedell 1981, S. 475–481.

Frübis 2010 = Frübis, Hildegard: Die Amazonen in Amerika. In: Historisches Museum der Pfalz, Speyer (Hg.): Amazonen. Geheimnisvolle Kriegerinnen. Ausstellung im Historischen Museum der Pfalz, Speyer vom 5. September 2010 bis 13. Februar 2011. München: Minerva 2010, S. 204–211.

Fuchs 2003 = Fuchs, Torsten: Macht und Repräsentation am Hofe Augusts von Sachsen-Weißenfels und seiner Söhne. Überlegungen zur frühdeutschen Oper an ‚kleinen' Höfen. In: Riepe, Juliane (Hg.): Musik der Macht – Macht der Musik. Die Musik an den sächsisch-albertinischen Herzogshöfen Weißenfels, Zeitz und Merseburg. Bericht über das wissenschaftliche Symposion anlässlich der 4. Mitteldeutschen Heinrich-Schütz-Tage in Weißenfels 2001. Schneverdingen: Wagner 2003, S. 57–72.

Funk 1995 = Funk, Julika: Die schillernde Schönheit der Maskerade – Einleitende Überlegungen zu einer Debatte. In: Bettinger, Elfi/ Funk, Julika (Hg.): Maskeraden. Geschlechterdifferenz in der literarischen Inszenierung. Berlin: Erich Schmidt 1995, S. 15–28.

Gaebel/ Kartschoke 2001 = Gaebel, Ulrike/ Kartschoke, Erika: Einleitung. In: Gaebel, Ulrike/ Kartschoke, Erika: Böse Frauen – Gute Frauen. Darstellungskonventionen in Texten und Bildern des Mittelalters und der Frühen Neuzeit. Trier: Wissenschaftlicher Verlag Trier 2001, S. 9–14.

Garber 1993 = Garber, Marjorie B.: Verhüllte Interessen. Transvestismus und kulturelle Angst. Aus dem Amerikanischen von H. Jochen Bußmann. Frankfurt am Main: Fischer 1993.

Gardt 1999 = Gardt, Andreas: Geschichte der Sprachwissenschaft in Deutschland. Vom Mittelalter bis ins 20. Jahrhundert. Berlin, New York: de Gruyter 1999.

Geitner 1992 = Geitner, Ursula: Die Sprache der Verstellung. Studien zum rhetorischen und anthropologischen Wissen im 17. und 18. Jahrhundert. Tübingen: Niemeyer 1992.

Gelzer 2005 = Gelzer, Florian: Nachahmung, Plagiat und Stil. Zum Roman zwischen Barock und Aufklärung am Beispiel von Bohses *Amazoninnen aus dem Kloster* (1685/96). In: Daphnis 34 (2005), H. 1–2, S. 255–286.

Gelzer 2007 = Gelzer, Florian: Konversation, Galanterie und Abenteuer. Romaneskes Erzählen zwischen Thomasius und Wieland. Tübingen: Niemeyer 2007.

Gelzer 2012 = Gelzer, Florian: Thesen zum galanten Roman. In: Florack, Ruth/ Singer, Rüdiger (Hg.): Die Kunst der Galanterie. Facetten eines Verhaltensmodells in der Literatur der Frühen Neuzeit. Berlin, Boston: de Gruyter 2012, S. 377–392.

Genette 1989 = Genette, Gérard: Paratexte. Das Buch vom Beiwerk des Buches. Mit einem Vorwort von Harald Weinrich. Aus dem Französischen von Dieter Hornig. Frankfurt am Main, New York: Campus 1989.

Genette 1993 = Genette, Gérard: Palimpseste. Die Literatur auf zweiter Stufe. Frankfurt am Main: Suhrkamp 1993.

Gestrich 1994 = Gestrich, Andreas: Absolutismus und Öffentlichkeit. Politische Kommunikation in Deutschland zu Beginn des 18. Jahrhunderts. Göttingen: Vandenhoeck & Ruprecht 1994.

Gier 1999 = Gier, Albert: Schreibweise – Typus – Gattung. Zum gattungssystematischen Ort des Librettos (und der Oper). In: Bayerdörfer, Hans-Peter (Hg.): Musiktheater als Herausforderung. Interdisziplinäre Facetten von Theater- und Musikwissenschaft. Tübingen: Niemeyer 1999, S. 40–54.

Gier 2000 = Gier, Albert: Das Libretto. Theorie und Geschichte einer musiko-literarischen Gattung. Frankfurt am Main: Insel 2000.

Gier 2003 = Gier, Albert: Handwerk, Machwerk – oder doch Kunst? Kleine Apologie des Librettos. In: Prinzbach, Cécile (Hg.): „Gehorsame Tochter der Musik." Das Libretto: Dichter und Dichtung der Oper. München: Prinzbach 2003, S. 19–25.

Gobert 1997 = Gobert, Catherine: Die dämonische Amazone. Louise de Gachet und die Genese eines literarischen Frauentypus in der deutschen Romantik. Regensburg 1997.

Gonzales Alfonso 1994 = Gonzales Alfonso, Delia: Amazonen in der Neuen Welt. Der wiederentdeckte Mythos? In: Asien, Afrika, Lateinamerika 22 (1994), S. 447–460.

Goodman 1999 = Goodman, Katherine R.: Amazons and Apprentices. Women and the German Parnassus in the Early Enlightenment. Rochester, NY: Camden House 1999.

Gössmann 1984 = Gössmann, Elisabeth: Einleitung. In: Gössmann, Elisabeth (Hg.): Das wohlgelahrte Frauenzimmer. München: Iudicium 1984, S. 8–21.

Gössmann 1988 = Gössmann, Elisabeth: Einleitung. In: Gössmann, Elisabeth (Hg.): Ob die Weiber Menschen seyn, oder nicht? München: Iudicium 1988, S. 7–32.

Gracián 1992 = Gracián, Baltasar: Handorakel und Kunst der Weltklugheit. Deutsch von Arthur Schopenhauer. Mit einer Einleitung von Karl Voßler und einer Nachbemerkung von Sebastian Neumeister. 13. Aufl., Stuttgart: Kröner 1992.

Greenblatt 1990 = Greenblatt, Stephen: Verhandlungen mit Shakespeare. Innenansichten der englischen Renaissance. Berlin: Wagenbach 1990.

Greiner 2008 = Greiner, Bernhard: Penthesileia. In: Moog-Grünewald; Maria (Hg.): Mythenrezeption. Die antike Mythologie in Literatur, Musik und Kunst von den Anfängen bis zur Gegenwart. Stuttgart: Metzler 2008, S. 557–562.

Griesebner 1999 = Griesebner, Andrea: Geschlecht als mehrfach relationale Kategorie. Methodologische Anmerkungen aus der Perspektive der Frühen Neuzeit. In: Aegerter, Veronika/ Graf, Nicole (Hg.): Geschlecht hat Methode. Ansätze und Perspektiven in der Frauen- und Geschlechtergeschichte. Beiträge der 9. Schweizerischen Historikerinnentagung 1998. Zürich: Chronos 1999, S. 129–137.

Grubitzsch 2010 = Grubitzsch, Helga: Mit Piken, Säbeln und Pistolen ... ‚Amazonen' der Französischen Revolution. In: Historisches Museum der Pfalz, Speyer (Hg.): Amazonen. Geheimnisvolle Kriegerinnen. Ausstellung im Historischen Museum der Pfalz, Speyer vom 5. September 2010 bis 13. Februar 2011. München: Minerva 2010, S. 242–249.

Guse 1997 = Guse, Anette: Zu einer Poetologie der Liebe in Textbüchern der Hamburger Oper (1678–1738). Eine Fallstudie zu Heinrich Elmenhorst, Christian Friedrich Hunold und Barthold Feind. Diss. Queen's University. Kingston 1997.

Guthke 1976 = Guthke, Karl S.: Das deutsche bürgerliche Trauerspiel. 2. Aufl., Stuttgart: Metzler 1976.

Haag 1999 = Haag, Christine: Das Ideal der männlichen Frau in der Literatur des Mittelalters und seine theoretischen Grundlagen. In: Bennewitz, Ingrid/ Tervooren, Helmut (Hg.): Manlîchiu wîp, wîplîch man. Zur Konstruktion der Kategorien „Körper" und „Geschlecht" in der deutschen Literatur des Mittelalters. Berlin: Erich Schmidt 1999, S. 228–248.

Habermann 1994 = Habermann, Mechthild: Die Vernünftigen Tadlerinnen. Eine Moralische Wochenschrift als Stillehre für Frauen. In: Zeitschrift für germanistische Linguistik 22 (1994), S. 259–283.

Habermas 1990 = Habermas, Jürgen: Strukturwandel der Öffentlichkeit. Untersuchungen zu einer Kategorie der bürgerlichen Gesellschaft. Frankfurt am Main: Suhrkamp 1990.

Halberstam 1998 = Halberstam, Judith: Female Masculinity. Durham: Duke University Press 1998.

Haller 2005 = Haller, Miriam: ‚Unwürdige Greisinnen'. ‚Ageing trouble' im literarischen Text. In: Hartung, Heike (Hg.): Alter und Geschlecht. Repräsentationen, Geschichten und Theorien des Alter(n)s. Bielefeld: Transcript 2005, S. 45–63.

Hammacher 1984 = Hammacher, Klaus: Einleitung. In: Hammacher; Klaus (Hg.): René Descartes: Die Leidenschaften der Seele. Französisch/ Deutsch. Hamburg: Meiner 1984, S. XV–XCVIII.

Hardwick 1990 = Hardwick, Lorna: Ancient Amazons – Heroes, Outsiders or Women? In: Greece & Rome 27 (1990), S. 14–36.

Harris 2005 = Harris, Joseph: Hidden Agendas. Cross-dressing in 17th-Century France. Tübingen: Narr 2005.

Haufe 1994 = Birus, Henrik/ Harms, Wolfgang (Hg.): Haufe, Eberhard: Die Behandlung der antiken Mythologie in den Textbüchern der Hamburger Oper 1678–1738. Frankfurt am Main, New York: Lang 1994.

Hauze 2007 = Hauze, Emily S.: Who Can Write an Opera? F. C. Bressand and the Baroque Opera Libretto. In: German Studies Review 30 (2007), S. 441–453.

Hecker 2000 = Hecker, Christine: Die Frauen in den frühen Commedia dell'Arte-Truppen. In: Möhrmann, Renate (Hg.): Die Schauspielerin. Zur Kulturgeschichte der weiblichen Bühnenkunst. Frankfurt am Main, Leipzig: Insel 2000, S. 33–67.

Hennig 1940 = Hennig, Richard: Über die voraussichtlich völkerkundlichen Grundlagen der Amazonen-Sagen und deren Verbreitung. In: Zeitschrift für Ethnologie 72 (1940), S. 362–371.

Herr 2000 = Herr, Corinna: Medeas Zorn. Eine ‚starke Frau' in Opern des 17. und 18. Jahrhunderts. Herbolzheim: Centaurus 2000.

Herrenbrück 1974 = Herrenbrück, Georg: Joachim Meier und der höfisch-historische Roman um 1700. München: Fink 1974.

Hess 1992 = Hess, Peter: Imitatio-Begriff und Übersetzungstheorie bei Georg Philipp Harsdörffer. In: Daphnis 21 (1992), S. 9–26.

Heubeck 1950 = Heubeck, Alfred: Smyrna, Myrina und Verwandtes. In: Beiträge zur Namensforschung 3 (1950), S. 270–282.

Heuser 2000 = Heuser, Magdalene: Louise Adelgunde Victorie Gottsched (1713–1762). In: Merkel, Kerstin/ Wunder, Heide (Hg.): Deutsche Frauen der frühen Neuzeit. Dichterinnen, Malerinnnen, Mäzeninnen. Darmstadt: Wissenschaftliche Buchgesellschaft 2000, S. 169–181.

Hill 1911 = Hill, Herbert Wynford: La Calprenède's romances and the Restoration drama. Chicago: Chicago University Press 1911.

Hillebrandt 2011 = Hillebrandt, Claudia: Das emotionale Wirkunspotenzial von Erzähltexten. Mit Fallstudien zu Kafka, Perutz und Werfel. Berlin: Akademie Verlag 2011.

Hinterhäuser 1966 = Hinterhäuser, Hans: Nachwort. In: Pierre-Daniel Huet: Traité de l'origine des romans. Faksimiledrucke nach der Erstausgabe von 1670 und der Happelschen Übersetzung von 1682. Mit einem Nachwort von Hans Hinterhäuser. Stuttgart: Metzler 1966.

Historisches Museum der Pfalz, Speyer 2010 = Historisches Museum der Pfalz, Speyer (Hg.): Amazonen. Geheimnisvolle Kriegerinnen. Ausstellung im Historischen Museum der Pfalz, Speyer vom 5. September 2010 bis 13. Februar 2011. München: Minerva 2010.

Hofmann 1999 = Hofmann, Michael: Aufklärung. Tendenzen – Autoren – Texte. Stuttgart: Reclam 1999.

Hofmann-Randall 2002 = Markgräfin Sophia von Brandenburg-Bayreuth (1684–1752). In: Hofmann-Randall, Christina (Hg.): Das Erlanger Schloß als Witwensitz 1712–181. Eine Ausstellung der Universitätsbibliothek

15. November – 8. Dezember 2002. Katalog. Erlangen: Universitäts-bibliothek Erlangen-Nürnberg 2002, S. 81–99.

Holthöfer 1997 = Holthöfer, Ernst: Die Geschlechtsvormundschaft. Ein Überblick von der Antike bis ins 19. Jahrhundert. In: Gerhard, Ute (Hg.): Frauen in der Geschichte des Rechts. Von der frühen Neuzeit bis zur Gegenwart. München: Beck 1997, S. 390–451.

Holtmont 1925 = Holtmont, Alfred: Die Hosenrolle. Variationen über das Thema das Weib als Mann. München: Meyer & Jessen 1925.

Hotchkiss 1996 = Hotchkiss, Valerie R.: Clothes Make the Man. Female Cross Dressing in Medieval Europe. New York, London: Garland 1996.

Hsia 1998 = Hsia, Adrian: Chinesia. The European construction of China in the literature of the 17th and 18th centuries. Tübingen: Niemeyer 1998.

Huber 1968 = Huber, Thomas: Studien zur Theorie des Übersetzens im Zeitalter der deutschen Aufklärung, 1730–1770. Meisenheim am Glan: Hain 1968.

Hultsch 1936 = Hultsch, Paul: Der Orient in der deutschen Barockliteratur. Lengerich: Lengericher Handelsdruckerei 1936.

Jacobsen 1994 = Jacobsen, Roswitha (Hg.): Weißenfels als Ort literarischer und künstlerischer Kultur im Barockzeitalter. Vorträge eines interdisziplinären Kolloquiums vom 8. – 10. Oktober 1992 in Weißenfels, Sachsen/Anhalt. Amsterdam, Atlanta: Rodopi 1994.

Jahn 1994 = Jahn, Bernhard: Christian Heinrich Postels *Verstöhrung Jerusalem* (1692). Zur Konfrontation divergierender barocker Poetiken und ihrer Destruktion im Opernlibretto. In: Compar(a)ison (1994), H. 2, S. 127–152.

Jahn 1996 = Jahn, Bernhard: Das Libretto als literarische Leitgattung am Ende des 17. Jahrhunderts? Zu Zi(e)glers Roman *Die Asiatische Banise* und seinen Opernfassungen. In: Sent, Eleonore (Hg.): Die Oper am Weißenfelser Hof. Rudolstadt: Hain 1996, S. 143–169.

Jahn 2000 = Jahn, Bernhard: „Zum Singen und zur Action gebohren." Affekt und Decorum als Darstellungsprinzipien am Dresdner Hoftheater. In: Schnitzer, Claudia/Hölscher, Petra (Hg.): Eine gute Figur machen. Kostüm und Fest am Dresdner Hof. Dresden: Verlag der Kunst 2000, S. 46–55.

Jahn 2002 = Jahn, Bernhard: Gelingende und scheiternde Didaxe im Musiktheater oder: Ist die Oper ein didaktisches Medium? In: Morgen-Glantz 12 (2002), S. 189–205.

Jahn 2005 = Jahn, Bernhard: Die Sinne und die Oper. Sinnlichkeit und das Problem ihrer Versprachlichung im Musiktheater des nord- und mitteldeutschen Raumes (1680–1740). Tübingen: Niemeyer 2005, S. 329–332.

Jahn 2007 = Jahn, Bernhard: Lieto fine – Überlegungen zur Funktion der Hochzeit in barocken Opern. In: Morgen-Glantz 17 (2007), S. 235–252.

Jahn 2010 = Jahn, Bernhard: Die Bildlichkeit in den Hamburger Opernlibretti und ihre Kritiker. In: Lange, Carsten/ Reipsch, Brit (Hg.): Telemann, der musikalische Maler. Telemann-Kompositionen im Notenarchiv der Sing-Akademie zu Berlin. Bericht über die Internationale Wissenschaftliche Konferenz. Magdeburg, 10. bis 12. März, anlässlich der 17. Magdeburger Telemann-Festtage. Hildesheim, Zürich, u. a.: Olms 2010, S. 80–92.

Jahn 2013 = Jahn, Bernhard: Eine Poetik in Romanform. Colombinis *Die Lybische Talestris* (1715) nach Heinrich Anshelm von Ziglers gleichnamigem Libretto. In: Martin, Dieter/ Vorderstemann, Karin (Hg.): Die europäische Banise. Rezeption und Übersetzung eines barocken Bestsellers. Berlin, Boston: de Gruyter 2013, S. 35–49.

Jamme 1991 = Jamme, Christoph: „Gott an hat ein Gewand." Grenzen und Perspektiven philosophischer Mythos-Theorien der Gegenwart. Frankfurt am Main: Suhrkamp 1991.

Johannes 1892 = Johannes, Wilhelm: Christophorus Kormart als Übersetzer französischer und holländischer Dramen. Ein Beitrag zur Geschichte des Litteratur und des Schauspiels im XVII. Jahrhundert. Berlin: Driesner 1892.

Just 1975 = Just, Klaus Günther: Das deutsche Opernlibretto. In: Poetica 7 (1975), S. 203–220.

Just 1984 = Just, Klaus Günther: Das deutsche Opernlibretto. In: Scher, Steven Paul (Hg.): Literatur und Musik. Ein Handbuch zur Theorie und Praxis eines komparatisischen Grenzgebietes. Berlin: Erich Schmidt 1984, S. 100–116.

Justi 1992 = Justi, Johann Heinrich Gottlob von: Lächerliche Eitelkeit alter Frauen [1765]. In: Frauenleben im 18. Jahrhundert. Dülmen, Andrea von (Hg.): München: Beck 1992, S. 366.

Kaarsberg Wallach 1993 = Kaarsberg Wallach, Martha: Emilia und ihre Schwestern. Das seltsame Verschwinden der Mutter und die geopferte Tochter. Lessing, *Emilia Galotti*, Lenz, *Hofmeister, Soldaten*, Wagner, *Kindermörderin*, Schiller, *Kabale und Liebe*, Goethe, *Faust, Egmont*. In: Kraft, Helga/ Liebs, Elke (Hg.): Mütter – Töchter – Frauen. Weiblichkeitsbilder in der Literatur. Stuttgart, Weimar: Metzler 1993, S. 53–72.

Kästner/ Langner/ Rabe 2007 = Kästner, Ursula/ Langner, Martin/ Rabe, Britta (Hg.): Griechen, Skythen, Amazonen. Berlin: Heenemann 2007.

Keim 1998 = Keim, Katharina: Theatralität in den späten Dramen Heiner Müllers. Tübingen: Niemeyer 1998.

Kelping 2003 = Kelping, Karin: Frauenbilder im deutschen Barockdrama. Zur literarischen Anthropologie der Frau. Hamburg: Kovac 2003.

Kesting 2005 = Kesting, Hanjo: Der Musick gehorsame Tochter. Mozart und seine Librettisten. Göttingen: Wallstein 2005.

Kiupel 2010 = Kiupel, Birgit: Zwischen Krieg, Liebe und Ehe. Studien zur Konstruktion von Geschlecht und Liebe in den Libretti der Hamburger Gänsemarktoper (1687–1738). Freiburg: Centaurus 2010.

Klein 1919 = Klein, Hans: Die antiken Amazonensagen in der Deutschen Literatur. Leipzig: Radelli & Hille 1919.

Knibiehler 1996 = Knibiehler, Yvonne: Geschichte der Väter. Eine kultur- und sozialhistorische Spurensuche. Aus dem Französischen von Else Deike. Mit einem Nachwort von Claudia Opitz. Freiburg: Herder 1996.

Knecht 2004 = Knecht, Ronald J.: Court Festivals as Political Spectacle. The Example of Sixteenth-century France. In: Mulryne, James Ronald/ Watanabe-O'Kelly, Helen (Hg.): Europa Triumphans. Court and Civic Festivals in Early Modern Europe. Bd. 1. Aldershot: Ashgate 2004, S. 19–31.

Koch 1991 = Koch, Elisabeth: Maior dignitas est in sexu virili. Das weibliche Geschlecht im Normensystem des 16. Jahrhunderts. Frankfurt am Main: Klostermann 1991.

Koch 1997 = Koch, Elisabeth: Die Frau im Recht der Frühen Neuzeit. Juristische Lehren und Begründungen. In: Gerhard, Ute (Hg.): Frauen in der Geschichte des Rechts. Von der frühen Neuzeit bis zur Gegenwart. München: Beck 1997, S. 73–93.

Koebner/ Pickerodt 1987 = Koebner, Thomas/ Pickerodt, Gerhart: Der europäische Blick auf die andere Welt. Ein Vorwort. In: Koebner, Thomas/ Pickerodt, Gerhart (Hg.): Die andere Welt. Studien zum Exotismus. Frankfurt am Main: Athenäum 1987, S. 7–9.

Köhler 1983 = Köhler, Erich: Vorlesungen zur Geschichte der Französischen Literatur: Vorklassik. Stuttgart, Berlin: Kohlhammer 1983.

Körber 1998 = Körber, Esther-Beate: Öffentlichkeiten der frühen Neuzeit. Teilnehmer, Formen, Institutionen und Entscheidungen öffentlicher Kommunikation im Herzogtum Preußen von 1525 bis 1618. Berlin, New York: de Gruyter 1998.

Koldau 2005 = Koldau, Linda Maria: Frauen – Musik – Kultur. Ein Handbuch zum deutschen Sprachgebiet der Frühen Neuzeit. Köln, Weimar, Wien: Böhlau 2005.

Koldau 2008 = Koldau, Linda Maria: Familiennetzwerke, Machtkalkül und Kulturtransfer. Habsburgerfürstinnen als Musikmäzeninnen im 16. und 17. Jahrhundert. In: Nolde, Dorothea/ Opitz-Belakhal, Claudia (Hg.): Grenzüberschreitende Familienbeziehungen. Akteure und Medien des Kulturtransfers in der Frühen Neuzeit. Köln, Weimar: Böhlau 2008, S. 55–72.

Kolesch 2006 = Kolesch, Doris: Theater der Emotionen. Ästhetik und Politik zur Zeit Ludwigs XIV. Frankfurt am Main, New York: Campus 2006.

Kollbach 2009 = Kollbach, Claudia: Aufwachsen bei Hof. Aufklärung und fürstliche Erziehung in Hessen und Baden. Frankfurt, New York: Campus 2009.

Kollmann 2004 = Kollmann, Anett: Gepanzerte Empfindsamkeit. Helden in Frauengestalt um 1800. Heidelberg: Winter 2004.

Kord 1992 = Kord, Susanne: Ein Blick hinter die Kulissen. Deutschsprachige Dramatikerinnen im 18. und 19. Jahrhundert. Stuttgart: Metzler 1992.

Kord 1996 = Kord, Susanne: Sich einen Namen machen. Anonymität und weibliche Autorschaft 1700–1900. Stuttgart: Metzler 1996.

Krämer 2010 = Krämer, Melanie: Die „Macbeth"-Opern von Giuseppe Verdi und Ernest Bloch. Ein textueller und musikalischer Vergleich. Marburg: Tectum 2010.

Kraft 1993 = Kraft, Helga: Töchter, die keine Mütter werden. Nonnen, Amazonen, Mätressen. Hildegard von Bingen, Mechthild von Magdeburg, Grimmelshausens Courasche, Lessings Marwood in Miss Sara Sampson. In: Kraft, Helga/ Liebs, Elke (Hg.): Mütter – Töchter – Frauen. Weiblichkeitsbilder in der Literatur. Stuttgart, Weimar: Metzler 1993, S. 35–51.

Krapf/ Wagenknecht 1979 = Krapf, Ludwig/ Wagenknecht, Christian (Hg.): Stuttgarter Hoffeste. Texte und Materialien zur höfischen Repräsentation im frühen 17. Jahrhundert. Materialienband. Tübingen: Niemeyer 1979

Kraß 2003 = Kraß, Andreas (Hg.): Queer denken. Gegen die Ordnung der Sexualität (Queer Studies). Frankfurt am Main: Suhrkamp 2003.

Krauskopf 2010 = Krauskopf, Ingrid: Griechisch, skythisch, orientalisch. Das Amazonenbild in der antiken Kunst. In: Historisches Museum der Pfalz, Speyer (Hg.): Amazonen. Geheimnisvolle Kriegerinnen. Ausstellung im Historischen Museum der Pfalz, Speyer vom 5. September 2010 bis 13. Februar 2011. München: Minerva 2010, S. 39–51.

Kretzschmar/ Hermann 1902 = Kretzschmar/ Hermann: Das erste Jahrhundert der deutschen Oper. In: Sammelbände der Internationalen Musikgesellschaft 3 (1902), S. 270–293.

Kreuzer 1973 = Kreuzer, Helmut: Die Jungfrau in Waffen. Hebbels ‚Judith' und ihre Geschwister von Schiller bis Sartre. In: Günther, Vincent J./ Koopman, Helmut (Hg.): Untersuchungen zur Literatur als Geschichte. Festschrift für Benno von Wiese. Berlin: Erich Schmidt 1973, S. 363–384.

Kristeva 1967 = Kristeva, Julia: Bakthine, le mot, le dialogue et le roman. In: Critique 23 (1967), S. 438–465.

Kristeva 1971 = Kristeva, Julia: Probleme der Textstrukturation. In: Ihwe, Jens (Hg.): Literaturwissenschaft und Linguistik. Ergebnisse und Perspektiven. Bd. II/2: Zur linguistischen Basis der Literaturwissenschaft. Frankfurt am Main: Athenäum 1971, S. 484–507.

Kristeva 1972 = Kristeva, Julia: Bachtin, das Wort, der Dialog und der Roman. In: Ihwe, Jens (Hg.): Literaturwissenschaft und Linguistik. Ergebnisse und Perspektiven. Bd. III. Frankfurt am Main: Athenäum 1972, S. 345–375.

Kristeva 1996 = Kristeva, Julia: Bachtin, das Wort, der Dialog und der Roman. In: Kimmich, Dorothee/ Renner, Rolf Günter (Hg.): Texte zur Literaturtheorie der Gegenwart. Stuttgart: Reclam 1996, S. 334–348.

Kroll 1995 = Kroll, Renate: Von der Heerführerin zur Leidensheldin. Die Domestizierung der Femme forte. In: Baumgärtel, Bettina/ Neysters, Silvia (Hg.): Die Galerie der starken Frauen. Regentinnen, Amazonen, Salondamen. München: Klinkhardt und Biermann 1995, S. 51–63.

Kroll 2001 = Kroll, Renate: Die Amazone zwischen Wunsch- und Schreckbild. Amazonomanie in der Frühen Neuzeit. In: Garber, Klaus/ Held, Jutta (Hg.): Erfahrung und Deutung von Krieg und Frieden. Religion – Geschlechter – Natur und Kultur. München: Fink 2001, S. 521–537.

Kroll 2004 = Kroll, Renate: Mythos und Geschlechtsspezifik. Ein Beitrag zur literarischen und bildlichen Darstellung der Amazone (in der Frühen Neuzeit). In: Simonis, Annette/ Simonis, Linda (Hg.): Mythen in Kunst und Literatur. Tradition und kulturelle Repräsentation. Köln: Böhlau 2004, S. 55–69.

Kroll 2010 = Kroll, Renate: Gebeugte und wahre Amazonen. Die Amazone in der Literatur der Frühen Neuzeit. In: Historisches Museum der Pfalz, Speyer (Hg.): Amazonen. Geheimnisvolle Kriegerinnen. Ausstellung im Historischen Museum der Pfalz, Speyer vom 5. September 2010 bis 13. Februar 2011. München: Minerva 2010, S. 222–227.

Kunisch 1982 = Hausgesetzgebung und Mächtesystem. Zur Einbeziehung hausvertraglicher Erbfolgeregelungen in die Staatenpolitik des ancien régime. In: Kunisch, Johannes (Hg.) unter Mitarbeit von Helmut Neuhaus: Der dynastische Fürstenstaat. Zur Bedeutung von Sukzessionsordnungen für die Entstehung des frühmodernen Staates. Berlin: Duncker & Humblot 1982, S. 49–80.

Lämmert 1988 = Lämmert, Eberhard (Hg.): Romantheorie 1620–1880. Dokumentation ihrer Geschichte in Deutschland. Frankfurt am Main: Athenäum 1988.

Lärmann 2000 = Lärmann, Klaus: Die riskante Person in der moralischen Anstalt. Zur Darstellung der Schauspielerin in deutschen Theaterzeitschriften des späten 18. Jahrhunderts. In: Möhrmann, Renate (Hg.): Die Schauspielerin. Zur Kulturgeschichte der weiblichen Bühnenkunst. Frankfurt am Main, Leipzig: Insel 2000, S. 147–173.

Landesheimatverbund 1999 = Landesheimatverbund Sachsen-Anhalt (Hg.): Weltsicht und Selbstverständnis im Barock. Die Herzöge von Sachsen-Weißenfels – Hofhaltung und Residenzen. Protokoll des Wissenschaftlichen Kolloquiums am 24. und 25. April 1999 in Querfurt. Halle: druckzuck 1999.

Lang 1975 = Rudin, Alexander (Hg.): Lang, Franz: Abhandlung über die Schauspielkunst. Bern: Francke 1975.

Laqueur 1992 = Laqueur, Thomas: Auf den Leib geschrieben. Die Inszenierung der Geschlechter von der Antike bis Freud. Frankfurt am Main: Campus 1992.

Lehnert 1997 = Lehnert, Gertrud: Wenn Frauen Männerkleider tragen. Geschlecht und Maskerade in Literatur und Geschichte. München: Deutscher Taschenbuch-Verlag 1997.

Leopold 1992 = Leopold, Silke: Höfische Oper und feudale Gesellschaft. In: Bermbach, Udo/ Konold, Wulf (Hg.): Der schöne Abglanz. Stationen der Operngeschichte. Berlin: Reimer 1992, S. 65–82.

Leopold 1999 = Leopold, Silke: Über die Inszenierung durch Musik. Einige grundsätzliche Überlegungen zur Interaktion von Verhaltensnormen und Personendarstellung in der Barockoper. In: Basler Jahrbuch für historische Musikpraxis XXIII (1999), S. 9–40.

Leopold 2006 = Leopold, Silke: Die Oper im 17. Jahrhundert. Laaber: Laaber 2006.

Lévi-Strauss 1967 = Lévi-Strauss, Claude: Strukturale Anthropologie I. Übersetzt von Hans Naumann. Frankfurt am Main: Suhrkamp 1967.

Lindberg 1967 = Lindberg, John D.: Gottsched gegen die Oper. In: The German Quarterly 40 (1967), S. 673–683.

Lindberg 1972 = Lindberg, John D.: The German Baroque Opera Libretto. A Forgotten Genre. In: Schulz-Behrend, George (Hg.): The German Baroque. Literature, Music, Art. Austin: University of Texas Press 1972, S. 89–122.

Lindhorst 1955 = Lindhorst, Eberhard: Philipp von Zesen und der Roman der Spätantike. Ein Beitrag zu Theorie und Technik des barocken Romans. Diss. masch. Osnabrück 1955.

Lippert 1908 = Lippert, Woldemar: Einleitung. In: Lippert, Woldemar (Hg.): Kaiserin Maria Theresia und Kurfürstin Maria Antonia von Sachsen. Briefwechsel 1747–1772 mit einem Anhang ergänzender Briefe. Leipzig: Teubner 1908, S. XIV-XLIX.

Luhmann 1988 = Luhmann, Niklas: Liebe als Passion. Zur Codierung von Intimität. 4. Aufl., Frankfurt am Main: Suhrkamp 1988.

Lumbera/ Lumbera 1982 = Lumbera, Bienvenido/ Lumbera, Cynthia Nograles (Hg.): Philippine Literature: A History & Anthology. Manila: National Book Store 1982.

Lunin 1954 = Lunin, Vincent: Kleid und Verkleidung. Untersuchungen zum Verkleidungsmotiv unter besonderer Berücksichtigung der altfranzösischen Literatur. (Studiorum Romanicorum Collectio, Bd. VII). Bern: Francke 1954.

Maclean 1977 = Maclean, Ian: Woman Triumphant. Feminism in French Literature, 1610–1652. Oxford: Clarendon Press 1977.

Magno 1991 = Magno, Rosa Maria: Urduja Beleaguered and Other Essays on Pangasinan Language, Literature and Culture. Manila: Kalikasan 1991.

Martin 2004 = Martin, Ariane: Johannas „männlich Herz" im Zwiespalt. Geschlechterdifferenz als tragischer Konflikt in Schillers Jungfrau von Orleans. In: Der Deutschunterricht 6 (2004), S. 75–85.

Martin/ Vorderstemann 2013 = Martin, Dieter/ Vorderstemann, Karin (Hg.): Die europäische Banise. Rezeption und Übersetzung eines barocken Bestsellers. Berlin, Boston: de Gruyter 2013.

Mattenklott/ Scherpe 1974 = Mattenklott, Gert/ Scherpe, Klaus (Hg.): Westberliner Projekt: Grundkurs 18. Jahrhundert (Analysen). Die Funktion der Literatur bei der Formierung der bürgerlichen Klasse Deutschlands im 18. Jahrhundert. Kronberg im Taunus: Scriptor 1974.

Matthews Grieco 1997 = Matthews Grieco, Sara F.: Körper, äußere Erscheinung und Sexualität. In: Farge, Arlette/ Duby, Georges/ Perrot, Michelle (Hg.): Geschichte der Frauen. Bd. 3: Frühe Neuzeit. Frankfurt am Main: Fischer 1997, S. 61–101.

Maul 2009 = Maul, Michael: Barockoper in Leipzig (1693–1720). Textband. Freiburg im Breisgau, Berlin, Wien: Rombach 2009.

Maul 2013 = Maul, Michael: Banise auf der Opernbühne. Chronologie, Autorschaft und musikalische Einblicke. In: Martin; Dieter/ Vorderstemann, Karin (Hg.): Die europäische Banise. Rezeption und Übersetzung eines barocken Bestsellers. Berlin, Boston: de Gruyter 2013, S. 3–34.

Maurer 2002 = Maurer, Michael: Kleine Geschichte Englands. Stuttgart: Reclam 2002.

McEntee 1989 = McEntee, Ann Marie: Amazonian Dreams, Glorious Exceptions and Roaring Girls. Theatrical Images of the Mannish Woman in Early Modern England. Diss. University of California. Los Angeles 1989.

McKendrick 1974 = McKendrick, Melveena: Woman and Society in the Spanish Drama of the Golden Age. A Study of the Mujer Varonil. London: Cambridge University Press 1974.

Meid 1974 = Meid, Volker: Der deutsche Barockroman. Stuttgart: Metzler 1974.

Meid 2009 = Meid, Volker: Die deutsche Literatur im Zeitalter des Barock. Vom Späthumanismus zur Frühaufklärung, 1570–1740. München: Beck 2009.

Menninghaus 1999 = Menninghaus, Winfried: Ekel. Theorie und Geschichte einer starken Empfindung. Frankfurt am Main: Suhrkamp 1999.

Merkel 2004 = Merkel, Kerstin: Männerblicke auf Frauenliebe. Rubens „Callisto und Diana alias Jupiter." In: Flemming, Jens/ Puppel, Pauline (Hg.): Kassel: Lesarten der Geschichte. Ländliche Ordnungen und Geschlechterverhältnisse. Festschrift für Heide Wunder zum 65. Geburtstag. Kassel University Press 2004, S. 221–239.

Metken 1996 = Metken, Sigrid: Der Kampf um die Hose. Geschlechterstreit und die Macht im Haus. Die Geschichte eines Symbols. Frankfurt, New York: Campus 1996.

Meyer 1980 = Meyer, Reinhart (Hg.): Die Hamburger Oper. Eine Sammlung von Texten der Hamburger Oper aus der Zeit 1678–1730. München: Kraus Repr. 1980.

Meyer-Kalkus 1986 = Meyer-Kalkus, Reinhart: Wollust und Grausamkeit. Affektenlehre und Affektdarstellung in Lohensteins Dramatik am Beispiel von ‚Agrippina'. Göttingen: Vandenhoeck & Ruprecht 1986.

Mitchell 1987 = Mitchell, Phillip M.: Zum Leben Gottscheds. In: Mitchell, Phillip M./ Roloff, Hans-Gert (Hg.): Johann Christoph Gottsched: Ausgewählte Werke. Bd. 12. Gottsched-Bibliographie. Berlin, New York: de Gruyter 1987, S. 433–453.

Mitterbauer 1999 = Mitterbauer, Helga: Kulturtransfer – ein vielschichtiges Beziehungsgeflecht. In: Newsletter Moderne 2 (1999), H. 1, S. 23–25.

Möbius 1982 = Möbius, Helga: Die Frau im Barock. Stuttgart: Kohlhammer 1982.

Möhrmann 2000 = Möhrmann, Renate: Einleitung. In: Möhrmann, Renate (Hg.): Die Schauspielerin. Zur Kulturgeschichte der weiblichen Bühnenkunst. Frankfurt am Main, Leipzig: Insel 2000, S. 9–29.

Möller 2008 = Möller, Lenelotte: Einleitung. In: Möller, Lenelotte (Hg.): Die Enzyklodädie des Isidor von Sevilla. Wiesbaden: Matrix 2008, S. 16–17.

Moser 2008 = Moser, Christian: Amazonen. In: Moog-Grünewald, Maria (Hg.): Mythenrezeption. Die antike Mythologie in Literatur, Musik und Kunst von den Anfängen bis zur Gegenwart. Stuttgart: Metzler 2008, S. 62–67.

Mounsey 2001 = Mounsey, Chris (Hg.): Presenting Gender. Changing Sex in Early-modern Culture. Lewisburg: Bucknell University Press 2001.

Mücke 2005 = Mücke, Panja: „… man erzählt sich Wunderdinge von ihr." Oper und Representatio Maiestatis im 18. Jahrhundert. In: Marx, Barbara Marx (Hg.): Kunst und Repräsentation am Dresdner Hof. München, Berlin: Deutscher Kunstverlag 2005, S. 217–227.

Müller 1994 = Müller, Jan-Dirk: Texte aus Texten. Zu intertextuellen Verfahren in frühneuzeitlicher Literatur, am Beispiel von Fischarts Ehzuchtbüchlein und Geschichtklitterung. In: Kühlmann, Wilhelm/ Neuber, Wolfgang (Hg.): Intertextualität in der frühen Neuzeit. Studien zu ihren theoretischen und praktischen Perspektiven. Frankfurt am Main, Berlin: Lang 1994, S. 63–110.

Münch 1998 = Münch, Paul: Lebensformen in der frühen Neuzeit. 1500 – 1800. Berlin: Ullstein 1998.

Neumann 1953 = Neumann, Alfred R.: Gottsched versus the opera. In: Monatshefte für deutschen Unterricht, deutsche Sprache und Literatur 45 (1953) H. 3, S. 297–307.

Neumeister 1992 = Neumeister, Sebastian: Nachbemerkung. In: Gracián, Baltasar (Hg.): Handorakel und Kunst der Weltklugheit. Deutsch von Arthur Schopenhauer. Mit einer Einleitung von Karl Voßler und einer Nachbemerkung von Sebastian Neumeister. 13. Aufl., Stuttgart: Kröner 1992, S. 127–131.

Newmark 2008a = Newmark, Catherine: Passion – Affekt – Gefühl. Philosophische Theorien der Emotionen zwischen Aristoteles und Kant. Hamburg: Meiner 2008.

Newmark 2008b = Newmark, Catherine: Weibliches Leiden – männliche Leidenschaften. Zum Geschlecht in älteren Affektenlehren. In: Feministische Studien 1 (2008), S. 7–18.

Neysters 1995 = Neysters, Silvia: Regentinnen und Amazonen. In: Baumgärtel, Bettina/ Neysters, Silvia (Hg.): Die Galerie der starken Frauen. Regentinnen, Amazonen, Salondamen. München: Klinkhardt und Biermann 1995, S. 98–139.

Nicholson 1997 = Nicholson, Eric: Das Theater: Frauenbilder. In: Farge, Arlette/ Duby, Georges/Perrot, Michelle (Hg.): Geschichte der Frauen. Bd. 3: Frühe Neuzeit. Frankfurt am Main: Fischer 1997, S. 311–332.

Niedermüller 2002 = Niedermüller, Peter (Hg.): Musik und Theater am Hofe der Bayreuther Markgräfin Wilhelmine. Symposion zum 250-jährigen Jubiläum des Markgräflichen Opernhauses am 2. Juli 1998. Mainz: Are 2002.

Niefanger 2000 = Niefanger, Dirk: Barock. Stuttgart: Metzler 2000.

Nolde/ Opitz-Belakhal 2008 = Kulturtransfer über Familienbeziehungen – einige einführende Überlegungen. In: Nolde, Dorothea/ Opitz-Belakhal, Claudia (Hg): Grenzüberschreitende Familienbeziehungen. Akteure und Medien des Kulturtransfers in der Frühen Neuzeit. Köln, Weimar: Böhlau 2008, S. 1–14.

Nusser 2002 = Nusser, Peter: Deutsche Literatur von 1500 bis 1800. Lebensformen, Wertvorstellungen und literarische Entwicklungen. Stuttgart: Kröner 2002.

Oeftering 1901 = Oeftering, Michael: Heliodor und seine Bedeutung für die Litteratur. Berlin: Felber 1901.

Oexle 1998 = Oexle, Otto Gerhard: Soziale Gruppen in der Ständegesellschaft. Lebensformen des Mittelalters und ihre historischen Wirkungen. In: Oexle, Otto Gerhard/ Hülsen-Esch, Andrea von (Hg.): Die Repräsentation der Gruppen. Texte – Bilder – Objekte. Göttingen: Vandenhoeck & Ruprecht 1998, S. 9–44.

Oliveira Marques 2001 = Oliveira Marques, Antonio Henrique de: Geschichte Portugals und des portugiesischen Weltreichs. Stuttgart: Kröner 2001.

Opitz 1986 = Opitz, Claudia: Hunger nach Unberührbarkeit? Jungfräulichkeitsideal und weibliche Libido im späteren Mittelalter. In: Feministische Studien 5 (1986) H. 1, S. 59–75.

Opitz 1995 = Opitz, Claudia: Streit um die Frauen? Die frühneuzeitliche „Querelle des femmes" aus sozial- und frauengeschichtlicher Sicht. In: Historische Mitteilungen 8 (1995) H. 1, S. 15–27.

Opitz 1996a = Opitz, Claudia: Eine Heldin des weiblichen Geschlechts. Zum Bild der Jeanne d'Arc in der frühneuzeitlichen „querelle des femmes". In: Röckelein, Hedwig/ Schoell-Glass, Charlotte (Hg.): Jeanne d'Arc, oder, Wie Geschichte eine Figur konstruiert. Freiburg im Breisgau: Herder 1996, S. 111–136.

Opitz 1996b = Opitz, Claudia: Nachwort. In: Knibiehler, Yvonne: Geschichte der Väter. Eine kultur- und sozialhistorische Spurensuche. Aus dem Französischen von Else Deike. Mit einem Nachwort von Claudia Opitz. Freiburg, Wien: Herder 1996, S. 341–358.

Opitz 1997 = Opitz, Claudia: Hausmutter und Landesfürstin. In: Villari, Rosario (Hg.): Der Mensch des Barock. Frankfurt am Main, New York: Campus 1997, S. 344–370.

Opitz 2001 = Opitz, Claudia: Weibliche Herrschaft und Geschlechterkonflikte in der Politik des 16. und 17. Jahrhunderts. In: Garber, Klaus/ Held, Jutta (Hg.): Erfahrung und Deutung von Krieg und Frieden. Religion – Geschlechter – Natur und Kultur. München: Fink 2001, S. 507–519.

Ort 1999 = Ort, Claus-Michael: Affektenlehre. In: Meier, Albert (Hg.): Die Literatur des 17. Jahrhunderts. München: Deutscher Taschenbuch-Verlag 1999, S. 124–139.

Oßwald-Bargende 2000 = Oßwald-Bargende, Sybille: Die Mätresse, der Fürst und die Macht. Christina Wilhelmina von Grävenitz und die höfische Gesellschaft. Frankfurt, New York: Campus 2000.

Park/ Nye 1991 = Park, Katharine/ Nye, Robert A.: Destiny is Anatomy. Making Sex. Body and Gender from the Greeks to Freud by Thomas Laqueur. In: The New Republic (18.02.1991), S. 53–57.

Penkewitt/ Pusse 1999 = Penkwitt, Meike/ Pusse, Tina-Karen: Cross-dressing und Maskerade. In: Freiburger FrauenStudien 5 (1999) H. 1, S. 9–15.

Peters 1999 = Peters, Ursula: Gender trouble in der mittelalterlichen Literatur? Mediävistische Genderforschung und Cross-dressing-Geschichten. In: Bennewitz, Ingrid/ Tervooren, Helmut (Hg.): Manlîchiu wîp, wîplîch man. Zur Konstruktion der Kategorien „Körper" und „Geschlecht" in der deutschen Literatur des Mittelalters. Berlin: Erich Schmidt 1999, S. 284–304.

Pfeiffer-Belli 1965 = Pfeiffer-Belli, Wolfgang: Nachwort. In: Heinrich Anshelm von Zigler und Kliphausen: Asiatische Banise. Vollständiger Text nach der Ausgabe von 1707 unter Berücksichtigung des Erstdrucks von 1689. München: Winkler 1965, S. 473–484.

Pfister 1985 = Pfister, Manfred: Konzepte der Intertextualität. In: Broich, Ulrich/ Pfister, Manfred (Hg.): Intertextualität. Formen, Funktionen, anglistische Fallstudien. Tübingen: Niemeyer 1985, S. 1–30.

Pfister 2000 = Pfister, Manfred: Das Drama. Theorie und Analyse. 10. Aufl., München: Fink 2000.

Plachta 1996 = Plachta, Bodo: „Die Vernunft muß man zu Hause lassen, wenn man in die Oper geht." Die literaturkritische Debatte über Oper und Operntext in der Aufklärungsepoche. In: Sent, Eleonore (Hg.): Die Oper am Weißenfelser Hof. Rudolstadt: Hain 1996, S. 171–189.

Plachta 1998 = Plachta, Bodo: Zwischen Musiktheater und Sprechtheater. Zur literaturwissenschaftlichen Begründung einer Edition deutschsprachiger Operntexte des 17. und 18. Jahrhunderts. In: Dürr, Walther/ Lühning, Helga (Hg.): Der Text im musikalischen Werk. Editionsprobleme aus musikwissenschaftlicher und literaturwissenschaftlicher Sicht. Berlin: Erich Schmidt 1998, S. 147–156.

Plachta 2002 = Plachta, Bodo: ‚Gläubigerburleske‘, ‚Deutsches Singspiel‘ oder ‚Türkenoper‘? Bemerkungen zum Libretto des *Abu Hassan* von Carl Maria von Weber. In: Weberiana 12 (2002), S. 58–78.

Plachta 2003 = Plachta, Bodo: Ein „Tyrann der Schaubühne"? Stationen und Positionen einer literatur- und kulturkritischen Debatte über Oper und Operntext im 18. Jahrhundert. Berlin: Weidler 2003.

Plume 1996 = Plume, Cornelia: Heroinen in der Geschlechterordnung. Weiblichkeitsprojektionen bei Daniel Casper von Lohenstein und die „Querelle des femmes". Stuttgart, Weimar: Metzler 1996.

Pollmann 1952 = Pollmann, Othmar: Der Amazonenmythos in der nachantiken Kunst bis zum Ende des Barock. Wiedergeburt und Wandel eines antiken Mythos. Diss. Masch. Regensburg 1952.

Puff 2001 = Puff, Helmut: Von Freunden und Freundinnen. Freundschaftsdiskurs und -literatur im 16. Jahrhundert. In: Werkstatt Geschichte 10 (2001) H. 28, S. 5–22.

Puppel 2004a = Puppel, Pauline: Die Regentin. Vormundschaftliche Herrschaft in Hessen 1500–1700. Frankfurt am Main: Campus 2004.

Puppel 2004b = Puppel, Pauline: Gynaecocratie. Herrschaft hochadeliger Frauen in der Frühen Neuzeit. In: Engel, Gisela/ Hassauer, Friederike (Hg.): Geschlechterstreit am Beginn der europäischen Moderne. Die Querelle des Femmes. Königstein im Taunus: Helmer 2004, S. 152–165.

Radmehr 1980 = Radmehr, Ingeborg: Typik der Gefühlsdarstellung in der frühneuhochdeutschen Erzählprosa. Göttingen: Gratia 1980.

Reinle 2000 = Reinle, Christine: Exempla weiblicher Stärke? Zu den Ausprägungen des mittelalterlichen Amazonenbildes. In: Historische Zeitschrift 270 (2000), S. 1–38.

Rieck 1972 = Rieck, Werner: Johann Christoph Gottsched. Eine kritische Würdigung seines Werkes. Berlin: Akademie-Verlag 1972.

Rieck 1978 = Rieck, Werner: Oper und Musik im System Gottschedscher Weltanschauung und Dichtungstheorie. In: Germanica Wratislaviensia 32 (1978), S. 53–83.

Riedel 2000 = Riedel, Volker: Antikerezeption in der deutschen Literatur vom Renaissance-Humanismus bis zur Gegenwart. Stuttgart: Metzler 2000.

Riepe 2003 = Riepe, Juliane (Hg.): Musik der Macht – Macht der Musik. Die Musik an den sächsisch-albertinischen Herzogshöfen Weissenfels, Zeitz und Merseburg. Bericht über das Wissenschaftliche Symposion anlässlich der 4. Mitteldeutschen Heinrich-Schütz-Tage in Weißenfels 2001. Schneverdingen: Wagner 2003

Rochow 1999 = Rochow, Christian: Das bürgerliche Trauerspiel. Stuttgart: Reclam 1999.

Rolle 1986 = Rolle, Renate: Amazonen in der archäologischen Realität. In: Kreutzer, Hans Joachim (Hg.): Kleist-Jahrbuch 1986. Berlin: Erich Schmidt 1986, S. 8–62.

Roßbach 2009 = Roßbach, Nikola: Der böse Frau. Wissenspoetik und Geschlecht in der Frühen Neuzeit. Königstein im Taunus: Helmer 2009.

Rotermund 1968 = Rotermund, Erwin: Der Affekt als literarischer Gegenstand. Zur Theorie und Darstellung der Passiones im 17. Jahrhundert. In: Jauß, Hans Robert (Hg.): Die nicht mehr schönen Künste. Grenzphänomene des Ästhetischen. München: Fink 1968, S. 239–269.

Runte 2010 = Runte, Annette: Liebeskriege. Zum Amazonenmythos in Heinrich von Kleists Trauerspiel Penthesilea. In: Franke-Penski, Udo/ Preußer, Heinz-Peter (Hg.): Amazonen – Kriegerische Frauen. Würzburg: Königshausen & Neumann 2010, S. 49–72.

Sabean 1997 = Sabean, David Warren: Allianzen und Listen. Die Geschlechtsvormundschaft im 18. und 19. Jahrhundert. In: Gerhard, Ute (Hg.): Frauen in der Geschichte des Rechts. Von der frühen Neuzeit bis zur Gegenwart. München: Beck 1997, S. 460–479.

Sauder 2007 = Sauder, Gerhard: Christian Felix Weißes Amazonen-Lieder im Siebenjährigen Krieg. In: Adam, Wolfgang/ Dainat, Holger (Hg.): „Krieg ist mein Lied." Der Siebenjährige Krieg in den zeitgenössischen Medien. Göttingen: Wallstein 2007, S. 193–214.

Schabert 1994 = Schabert, Ina: Amazonen der Feder und verschleierte Ladies. Schreibende Frauen im England der Aufklärung und der nachaufklärerischen Zeit. In: Schabert, Ina/ Schaff, Barbara (Hg.): Autorschaft, Genus und Genie in der Zeit um 1800. Berlin: Erich Schmidt 1994, S. 105–123.

Schabert 1995 = Schabert, Ina: Gender als Kategorie einer neuen Literaturgeschichtsschreibung. In: Bußmann, Hadumod/ Hof, Renate (Hg.): Genus. Zur Geschlechterdifferenz in den Kulturwissenschaften. Stuttgart: Kröner 1995, S. 162–204.

Schabert 1997 = Schabert, Ina: Englische Literaturgeschichte. Eine neue Darstellung aus der Sicht der Geschlechterforschung. Stuttgart: Kröner 1997.

Schäfer 2005 = Schäfer, Daniel: Alte Frau = Alter Mann? Die Wahrnehmung von Matronen in der medizinischen Fachprosa des 18. Jahrhunderts. In: Hartung, Heike (Hg.): Alter und Geschlecht. Repräsentationen, Geschichten und Theorien des Alter(n)s. Bielefeld: Transcript 2005, S. 135–154.

Scheifele 1992 = Scheifele, Sigrid: Projektionen des Weiblichen. Lebensentwürfe in Kleists Penthesilea. Würzburg: Königshausen & Neumann 1992.

Scheifele 1999 = Scheifele, Sigrid: Heinrich von Kleists „Penthesilea" oder: Die Lust der Gewalt. In: Würker, Achim/ Scheifele, Sigrid (Hg.): Grenzgänge – Literatur und Unbewusstes. Zu H. v. Kleist, E. T. A. Hoffmann, A. Andersch, I. Bachmann und M. Frisch. Würzburg: Königshausen & Neumann 1999, S. 37–57.

Scheitler 2005 = Scheitler, Ingrid: Musik und Affekt im Schauspiel der Frühen Neuzeit. In: Steiger, Johann Anselm (Hg.): Passion, Affekt und Leidenschaft in der Frühen Neuzeit. Bd. 2. Wiesbaden: Harrassowitz 2005, S. 837–848.

Scheuer 1982a = Scheuer, Helmut: Ludwig Tiecks „Die schöne Magelone." Ein Vergleich mit dem Volksbuch. In: Kühnel, Jürgen/ Mück, Hans-Dieter (Hg.): Mittelalter-Rezeption II. Gesammelte Vorträge des 2. Salzburger Symposions „Die Rezeption des Mittelalters in Literatur, Bildender Kunst und Musik des 19. und 20. Jahrhunderts." Göppingen: Kümmerle 1982, S. 473–491.

Scheuer 1982b = Scheuer, Helmut: Trivialisierung und Reduktion? Individualität in der Erzählprosa des 16. Jahrhunderts als zeit- und wirkungsgeschichtliches Phänomen. In: Bürger, Christa/ Bürger, Peter (Hg.): Zur Dichotomisierung von hoher und niederer Literatur. Frankfurt am Main: Suhrkamp 1982, S. 145–157.

Scheuer 1994 = Scheuer, Helmut: Väter und Töchter. Konfliktmodelle im Familiendrama des 18. und 19. Jahrhunderts. In: Der Deutschunterricht 1 (1994), S. 18–31.

Scheuer 2000 = Scheuer, Helmut: „Dein Bruder ist der schlechteste Sohn, werde du die beste Tochter!" Generationskonflikte in Friedrich Hebbels ‚bürgerlichem Trauerspiel' ‚Maria Magdalena' (1844). In: Der Deutschunterricht 5 (2000), S. 27–35.

Schiebinger 2003 = Schiebinger, Londa: Skelettestreit. In: Isis 94 (2003), S. 307–313.

Schindler 2001 = Schindler, Stephan K.: Die blutende Brust der Amazone. Bedrohliche weibliche Sexualität in Kleists Penthesilea. In: Lützeler, Paul Michael/ Pan, David (Hg.): Kleists Erzählungen und Dramen. Neue Studien. Würzburg: Königshausen & Neumann 2001, S. 191–202.

Schings 2011 = Schings, Hans-Jürgen: Zustimmung zur Welt Goethe-Studien. Würzburg: Königshausen & Neumann 2011.

Schlechte 1992 = Schlechte, Horst: Einleitung. In: Schlechte, Horst (Hg.): Friedrich Christian von Sachsen: Das geheime politische Tagebuch des Kurprinzen Friedrich Christian. 1751 bis 1757. Weimar: Böhlau 1992, S. 31.

Schlechtweg-Jahn 1999 = Schlechtweg-Jahn, Ralf: Geschlechtsidentität und höfische Kultur. Zur Diskussion von Geschlechtermodellen in sog. priapeiischen Mären. In: Bennewitz, Ingrid/ Tervooren, Helmut (Hg.): Manlîchiu wîp, wîplîch man. Zur Konstruktion der Kategorien „Körper" und „Geschlecht" in der deutschen Literatur des Mittelalters. Berlin: Erich Schmidt 1999, S. 85–109.

Schlumbohm 1978 = Schlumbohm, Christa: Der Typus der Amazone und das Frauenideal im 17. Jahrhundert. Zur Selbstdarstellung der Grande Mademoiselle. In: Romanistisches Jahrbuch 29 (1978), S. 77–99.

Schlumbohm 1981 = Schlumbohm, Christa: Die Glorifizierung der Barockfürstin als „Femme Forte." In: Buck, August (Hg.): Europäische Hofkultur im 16. und 17. Jahrhundert. Vorträge und Referate, gehalten anläßlich des Kongresses des Wolfenbütteler Arbeitskreises für Renaissanceforschung und des Internationalen Arbeitskreises für Barockliteratur in der Herzog August Bibliothek vom 4.-8. September 1979. Bd. II. Hamburg: Hauswedell 1981, S. 113–122.

Schmale 2003a = Schmale, Wolfgang: Geschichte der Männlichkeit in Europa (1450–2000). Wien: Böhlau 2003.

Schmale 2003b = Schmale, Wolfgang: Einleitung: Das Konzept ‚Kulturtransfer' und das 16. Jahrhundert. Einige theoretische Grundlagen. In: Schmale, Wolfgang (Hg.): Kulturtransfer. Kulturelle Praxis im 16. Jahrhundert. Innsbruck, Wien: Studien-Verlag 2003, S. 41–61.

Schmidt-Linsenhoff 1989 = Frauenbilder der Französischen Revolution. In: Schmidt-Linsenhoff, Viktoria (Hg.): Sklavin oder Bürgerin? Französische Revolution und neue Weiblichkeit, 1760–1830. Marburg: Jonas 1989, S. 422–501.

Schmitt 1984 = Schmitt, Eberhard (Hg.): Die großen Entdeckungen. München: Deutscher Taschenbuch-Verlag 1984.

Schmitz-Emans 2004 = Schmitz-Emans, Monika: Zur Einleitung. Theoretische und literarische Arbeiten am Mythos. In: Lindemann, Uwe/ Schmitz-Emans, Monika (Hg.): Komparatistik als Arbeit am Mythos. Heidelberg: Synchron 2004, S. 9–35.

Schnitzer 1997 = Schnitzer, Claudia: Das ‚verkleidete‘ Geschlecht. Höfische Maskeraden in der Frühen Neuzeit. In: L'Homme 8 (1997) H. 2, S. 232–241.

Schnitzer 1999 = Schnitzer, Claudia: Höfische Maskeraden. Funktion und Ausstattung von Verkleidungsdivertissements an deutschen Höfen der Frühen Neuzeit. Frühe Neuzeit. Tübingen: Niemeyer 1999.

Schülting 1997 = Schülting, Sabine: Wilde Frauen, fremde Welten. Kolonisierungsgeschichten aus Amerika. Reinbek bei Hamburg: Rowohlt 1997.

Schulze 1995 = Schulze, Ursula: Sie ne tet niht alse ein wîb. Intertextuelle Variationen der amazonenhaften Camilla. In: Fiebig, Annegret: Deutsche Literatur und Sprache von 1050–1200. Festschrift für Ursula Hennig zum 65. Geburtstag. Berlin: Akademie-Verlag 1995, S. 235–260.

Schwarz 2000 = Schwarz, Kathryn: Tough Love. Amazon Encounters in the English Renaissance. Durham, London: Duke University Press 2000.

Sedlacek 1997 = Sedlacek, Ingrid: Die Neuf Preuses. Heldinnen des Spätmittelalters. Marburg: Jonas 1997.

Seeck 2000 = Seeck, Gustav Adolf: Die griechische Tragödie. Stuttgart: Reclam 2000.

Senger 1971 = Senger, Anneliese: Deutsche Übersetzungstheorie im 18. Jahrhundert (1734–1746). Bonn: Bouvier 1971.

Sent 1996 = Sent, Eleonore (Hg.): Die Oper am Weißenfelser Hof. Rudolstadt: Hain 1996.

Shapiro 1983 = Shapiro, Harvey A.: Amazons, Thracians, and Scythians. In: Greek, Roman and Byzantine Studies 24 (1983), S. 105–116.

Shepherd 1981 = Shepherd, Simon: Amazons and Warrior Women. Varieties of Feminism in Seventeenth-century Drama. New York: St. Martin's Press 1981.

Siegrist 1984 = Siegrist, Christoph: Poetik und Ästhetik von Gottsched bis Baumgarten. In: Grimminger, Rolf (Hg.): Deutsche Aufklärung bis zur Französischen Revolution. 1680–1789. 2. Aufl., München: Deutscher Taschenbuch-Verlag 1984, S. 280–303.

Simon-Muscheid 1996 = Simon-Muscheid, Katharina: „Gekleidet, beritten und bewaffnet wie ein Mann." Annäherungsversuche an die historische

Jeanne d'Arc. In: Röckelein, Hedwig/ Schoell-Glass, Charlotte (Hg.): Jeanne d'Arc oder Wie Geschichte eine Figur konstruiert. Freiburg im Breisgau: Herder 1996, S. 28–54.

Simons 2001 = Simons, Olaf: Marteaus Europa oder Der Roman, bevor er Literatur wurde. Eine Untersuchung des deutschen und englischen Buchangebots der Jahre 1710 bis 1720. Amsterdam, Atlanta: Rodopi 2001.

Skalweit 1957 = Skalweit, Stephan: Das Herrscherbild des 17. Jahrhunderts. In: Historische Zeitschrift 184 (1957), S. 65–80.

Smart 1989 = Smart, Sara: Doppelte Freuden der Musen. Court Festivities in Brunswick-Wolfenbüttel, 1642–1700. Wiesbaden: Harrassowitz 1989.

Smart 1992 = Smart, Sara: Die Oper und die Arie um 1700. Zu den Aufgaben eines Librettisten und zur Form und Rolle der Arie am Beispiel der Braunschweiger und Hamburger Oper. In: Busch, Gudrun/ Harper, Anthony J. (Hg.): Studien zum deutschen weltlichen Kunstlied des 17. und 18. Jahrhunderts. Amsterdam, Atlanta: Rodopi 1992, S. 183–212.

Sommer 2000 = Sommer, Roy: Funktionsgeschichten. Überlegungen zur Verwendung des Funktionsbegriffs in der Literaturwissenschaft und Anregungen zu seiner terminologischen Differenzierung. In: Literaturwissenschaftliches Jahrbuch 41 (2000), S. 319–341.

Sonnet 1997 = Sonnet, Martine: Mädchenerziehung. In: Geschichte der Frauen. In: Farge, Arlette/ Duby, Georges/ Perrot, Michelle (Hg.): Geschichte der Frauen. Bd. 3: Frühe Neuzeit. Frankfurt am Main: Fischer, 1997, S. 119–150.

Sørensen 1984 = Sørensen, Bengt Algot: Herrschaft und Zärtlichkeit. Der Patriarchalismus und das Drama im 18. Jahrhundert. München: Beck 1984.

Spahr 1966 = Spahr, Blake Lee: Anton Ulrich and Aramena. The Genesis and Development of a Baroque Novel. Berkeley: University of California Press 1966.

Spellerberg 1985 = Spellerberg, Gerhard: Höfischer Roman. In: Steinhagen, Harald (Hg.): Zwischen Gegenreformation und Frühaufklärung. Späthumanismus, Barock, 1572–1740. Reinbek bei Hamburg: Rowohlt 1985, S. 310–337.

Stauffer 2012 = Stauffer, Isabelle: Die Scudéry-Rezeption im *Pegnesischen Blumenorden*. Galanterietransfer aus genderkritischer Perspektive. In: Florack, Ruth/ Singer, Rüdiger (Hg.): Die Kunst der Galanterie. Facetten eines Verhaltensmodells in der Literatur der Frühen Neuzeit. Berlin, Boston: de Gruyter 2012, S. 251–273.

Stedman/Zimmermann 2007a = Stedman, Gesa/ Zimmermann, Margarete (Hg.): Höfe – Salons – Akademien. Kulturtransfer und Gender im Europa der Frühen Neuzeit. Hildesheim: Olms 2007.

Stedman/Zimmermann 2007b = Stedman, Gesa/Zimmermann, Margarete: Kulturtransfer der Frühen Neuzeit unter dem Zeichen von Raum und Gender. Eine Problemskizze. In: Stedman, Gesa/Zimmermann, Margarete (Hg.): Höfe – Salons – Akademien. Kulturtransfer und Gender im Europa der Frühen Neuzeit. Hildesheim: Olms 2007, S. 1–17.

Steinecke/ Wahrenburg 1999 = Steinecke, Hartmut/Wahrenburg, Fritz: Einleitung. In: Steinecke, Hartmut/ Wahrenburg, Fritz (Hg.): Romantheorie. Texte vom Barock bis zur Gegenwart. Stuttgart: Reclam 1999, S. 13–32.

Steinmetz 1972 = Steinmetz, Horst: Nachwort. In: Steinmetz, Horst (Hg.): Johann Christoph Gottsched: Die deutsche Schaubühne. Sechster Teil. Faksimiledruck nach der Ausgabe 1741–1745. Stuttgart: Metzler 1972, S. 3–31.

Steinmetz 1987 = Steinmetz, Horst: Das deutsche Drama von Gottsched bis Lessing. Ein historischer Überblick. Stuttgart: Metzler 1987.

Steinmetz 1998 = Steinmetz, Horst: Nachwort. In: Steinmetz, Horst (Hg.): Johann Christoph Gottsched: Schriften zur Literatur. Stuttgart: Reclam 1998, S. 378.

Stephan 2004a = „So ist die Tugend ein Gespenst." Frauenbild und Tugendbegriff bei Lessing und Schiller. In: Stephan, Inge: Inszenierte Weiblichkeit. Codierung der Geschlechter in der Literatur des 18. Jahrhunderts. Köln, Weimar: Böhlau 2004, S. 13–38.

Stephan 2004b = „Da werden Weiber zu Hyänen ...." Amazonen und Amazonenmythen bei Schiller und Kleist. In: Stephan, Inge: Inszenierte Weiblichkeit. Codierung der Geschlechter in der Literatur des 18. Jahrhunderts. Köln, Weimar: Böhlau 2004, 113–134.

Stephan 2004c = Mignon und Penthesilea. Androgynie und erotischer Diskurs bei Goethe und Kleist. In: Stephan, Inge: Inszenierte Weiblichkeit. Codierung der Geschlechter in der Literatur des 18. Jahrhunderts. Köln, Weimar: Böhlau 2004, S. 165–186.

Stiegler 1996 = Stiegler, Bernd: Einleitung zu Kapitel VIII: Intertextualität. In: Kimmich, Dorothee/ Renner, Rolf Günter (Hg.): Texte zur Literaturtheorie der Gegenwart. Stuttgart: Reclam 1996, S. 327–333.

Stierle 1996 = Stierle, Karlheinz: Werk und Intertextualität. In: Kimmich, Dorothee/ Renner, Rolf Günter (Hg.): Texte zur Literaturtheorie der Gegenwart. Stuttgart: Reclam 1996, S. 349–359.

Stockinger 2002 = Stockinger, Ludwig: Gottscheds Stellung in der deutschen Literaturgeschichte. In: Stockinger, Kurt/ Nowak, Ludwig (Hg.): Gottsched-Tag. Wissenschaftliche Veranstaltung zum 300. Geburtstag von Johann Christoph Gottsched am 17. Februar 2000 in der Alten Handelsbörse in Leipzig. Stuttgart, Leipzig: Hirzel 2002, S. 15–49.

Stolberg 2003 = Stolberg, Michael: A Woman Down to Her Bones. The Anatomy of Sexual Difference in the Sixteenth and Early Seventeenth Centuries. In: Isis 94 (2003), S. 274–299.

Stolleis 2001 = Stolleis, Michael: Die Prinzessin als Braut. In: Bohnert, Joachim (Hg.): Verfassung – Philosophie – Kirche. Festschrift für Alexander Hollerbach zum 70. Geburtstag. Berlin: Duncker & Humblot 2001, S. 45–57.

Strohm 1986 = Strohm, Reinhard: Die Epochenkrise der deutschen Opernpflege. In: Wolff, Christoff (Hg.): Johann Sebastian Bachs Spätwerk und dessen Umfeld. Perspektiven und Probleme. Bericht über das wissenschaftliche Symposion anlässlich des 61. Bachfestes der Neuen Bachgesellschaft Duisburg, 28.-30. Mai 1986. Kassel, New York: Bärenreiter, S. 155–166.

Szyrocki 1997 = Szyrocki, Marian: Die deutsche Literatur des Barock. Stuttgart: Reclam 1997.

Tan 2007 = Tan, Yuan: Der Chinese in der deutschen Literatur. Unter besonderer Berücksichtigung chinesischer Figuren in den Werken von Schiller, Döblin und Brecht. Göttingen: Cuvillier 2007.

Taube 2013 = Taube, Christine: Literarische Amazonenbilder in der Antike. In: Schubert, Charlotte/ Weiß, Alexander (Hg.): Amzonen zwischen Griechen und Skythen. Gegenbilder in Mythos und Geschichte. Berlin, Boston: de Gruyter 2013, S. 39–55.

Thieme 1984 = Thieme, Ulrich: Die Affektenlehre im philosophischen und musikalischen Denken des Barock. Vorgeschichte, Ästhetik, Physiologie. Celle: Moeck 1984.

Tipton 1997 = Tipton, Susan: Die Russische Minerva. Katharina die Große und die Ikonographie der Aufklärung. In: Staatliche Museen Kassel, Hans Ottomeyer (Hg.): Katharina die Große. Eine Ausstellung der Staatlichen Museen Kassel, der Wintershall AG, Kassel und der RAO Gazprom, Moskau. Museum Fridericianum Kassel, 13. Dezember 1997–8. März 1998. Staatliche Museen Kassel und Wintershall AG 1997, S. 73–80.

Trakulhun 2008 = Trakulhun, Sven: Das Ende der Ming-Dynastie in China (1644). Eine „große Revolution" und ihre mediale Gestaltung in Europa. In: Revolutionsmedien – Medienrevolutionen. Grampp, Sven/ Kirchmann, Kay (Hg.): Konstanz: UVK-Verlag 2008, S. 475–508.

Traub 2003 = Traub, Valerie: Die (In)Signifikanz von ‚lesbischem' Begehren im England der frühen Neuzeit. In: Kraß, Andreas (Hg.): Queer denken. Gegen die Ordnung der Sexualität (Queer Studies). Frankfurt am Main: Suhrkamp 2003, S. 298–323.

Treichel 1996 = Treichel, Hans-Ulrich: Johann Christoph Gottsched. „… daß eine gute Schreibart rein, regelmäßig, üblich und deutlich seyn müsse." In: Hauschild, Vera (Hg.): Die großen Leipziger. 26 Annäherungen. Frankfurt am Main: Insel 1996, S. 86–97.

Tscharner 1939 = Tscharner, Eduard Horst von: China in der deutschen Dichtung bis zur Klassik. München: Reinhardt 1939.

Valerius 2002 = Valerius, Robert: Weibliche Herrschaft im 16. Jahrhundert. Die Regentschaft Elisabeths I. zwischen Realpolitik, Querelle des Femmes und Kult der Virgin Queen. Herbolzheim: Centaurus 2002.

van den Heuvel 2000 = Heuvel, Christine van den: Sophie von der Pfalz (1630–1714) und ihre Tochter Sophie Charlotte (1668–1705). In: Merkel, Kerstin/ Wunder, Heide (Hg.): Deutsche Frauen der frühen Neuzeit. Dichterinnen, Malerinnnen, Mäzeninnen. Darmstadt: Wissenschaftliche Buchgesellschaft 2000, S. 77–92.

van Gemert 1996 = Gemert, Guillaume van: Schottelius' Affektenlehre und deren Vorlage bei Coornhert. In: Krebs, Jean-Daniel (Hg.): Die Affekte und ihre Repräsentation in der deutschen Literatur der Frühen Neuzeit. Bern, Berlin: Lang 1996, S. 73–92.

van Ingen 2002 = Ingen, Ferdinand van: Edition und Übersetzung. Eine Problemskizze anhand der deutschen Barockliteratur. In: Plachta, Bodo/ Woesler, Winfried (Hg.): Edition und Übersetzung. Zur wissenschaftlichen Dokumentation des interkulturellen Texttransfers. Tübingen: Niemeyer 2002, S. 71–79.

van Marwyck 2010 = Marwyck, Mareen van: Gewalt und Anmut. Weiblicher Heroismus in der Literatur und Ästhetik um 1800. Bielefeld: Transcript 2010.

Verrier 2003 = Verrier, Frédérique: Le miroir des amazones. Amazones, viragos et guerrières dans la littérature italienne des XVe et XVIe siècles. Des Idées et des Femmes. Paris: L'Harmattan 2003.

Vidal-Naquet 1992 = Vidal-Naquet, Pierre: Sklaverei und Frauenherrschaft in Überlieferung, Mythos und Utopie. In: Wagner-Hasel, Beate (Hg.): Matriarchatstheorien der Altertumswissenschaft. Darmstadt: Wissenschaftliche Buchgesellschaft 1992, S. 168–194.

Villarama 2008 = Villarama, Jennifer: „Mich quält ein kalter Leib / mich plagt ein heißer Geist." Repräsentationen von Alter und Liebe in einem Amazonen-Singspiel der Frühen Neuzeit. In: Camus, Celine/ Hornung, Annabelle (Hg.): Im Zeichen des Geschlechts. Repräsentationen, Konstruktionen, Interventionen. Königstein im Taunus: Helmer 2008, S. 330–345.

Villarama 2009 = Villarama, Jennifer: „Ein herz bedenket nichts / das Lieb' und Eifers voll." Liebe und Intrige in Friedrich Christian Bressands „Hercules unter denen Amazonen" (1693). In: Hornung, Sabine/ Flick, Annabelle (Hg.): Emotionen in Geschlechterverhältnissen. Affektregulierung und Gefühlsinszenierung im historischen Wandel. Bielefeld: Transcript 2009, S. 157–177.

Villarama 2010 = Villarama, Jennifer: „Ihr Goetter, also ist die Grausamkeit [/] Die groeßte Tugend dieser Kriegerinnen?" Amazonenfiguren in der deutschen Literatur um 1800. In: Der Deutschunterricht 5 (2010), S. 77–81.

Vogel 2006 = Vogel, Martin: Die libysche Kulturdrift. Bd. 2: Auskünfte des Mythos. Der Gott Amon. Bonn: Orpheus 2006.

Völker-Rasor 1998 = Völker-Rasor, Anette: Mythos. Vom neuen Arbeiten mit einem alten Begriff. In: Schmale, Wolfgang/ Völker-Rasor, Anette (Hg.): Mythenmächte – Mythen als Argument. Berlin: Spitz 1998, S. 9–32.

von Koppenfels 1985 = Koppenfels, Werner von: Intertextualität und Sprachwechsel. Die literarische Übersetzung. In: Broich, Ulrich/ Pfister, Manfred (Hg.): Intertextualität. Formen, Funktionen, anglistische Fallstudien. Tübingen: Niemeyer 1985, S. 137–158.

Voßkamp 1973 = Voßkamp, Wilhelm: Romantheorie in Deutschland. Von Martin Opitz bis Friedrich von Blanckenburg. Stuttgart: Metzler 1973.

Voßler 1992 = Voßler, Karl: Einleitung. In: Baltasar Gracián: Handorakel und Kunst der Weltklugheit. Deutsch von Arthur Schopenhauer. Mit einer Einleitung von Karl Voßler und einer Nachbemerkung von Sebastian Neumeister. 13. Aufl., Stuttgart: Kröner 1992, V-XVII.

Wade 1990 = Wade, Mara R.: The German baroque pastoral „Singspiel." Bern, Frankfurt am Main: Lang 1990.

Wagner-Hasel 1986 = Wagner-Hasel, Beate: Männerfeindliche Jungfrauen? Ein kritischer Blick. Amazonen in Mythos und Geschichte. In: Feministische Studien 5 (1986) H. 1, S. 86–105.

Wagner-Hasel 1988a = Wagner-Hasel, Beate: „Das Private wird politisch." Die Perspektive „Geschlecht" in der Altertumswissenschaft. In: Becher, Ursula A. J./ Rüsen, Jörn (Hg.): Weiblichkeit in geschichtlicher Perspektive. Fallstudien und Reflexionen zu Grundproblemen der historischen Frauenforschung. Frankfurt am Main: Suhrkamp 1988, S. 11–50.

Wagner-Hasel 1988b = Wagner-Hasel, Beate: Amazonenmythen. In: Journal Geschichte 2 (1988), S. 40–49.

Wagner-Hasel 1991 = Wagner-Hasel, Beate: Das Matriarchat und die Krise der Modernität. In: Feministische Studien 1 (1991), S. 80–95.

Wagner-Hasel 2000 = Wagner-Hasel, Beate: Das Diktum der Philosophen. Der Ausschluss der Frauen aus der Politik und die Furcht vor der Frauenherrschaft. In: Späth, Thomas/ Wagner-Hasel, Beate (Hg.): Frauenwelten in der Antike. Geschlechterordnung und weibliche Lebenspraxis mit 162 Quellentexten und Bildquellen. Stuttgart, Weimar: Metzler 2000, S. 198–217.

Wagner-Hasel 2002 = Wagner-Hasel, Beate: Amazonen zwischen Barbaren- und Heroentum. Zur Bedeutung eines politischen Mythos in der Antike. In: Fludernik, Monika/ Haslinger, Peter (Hg.): Der Alteritätsdiskurs des Edlen Wilden. Exotismus, Anthropologie und Zivilisationskritik am Beispiel eines europäischen Topos. Würzburg: Ergon 2002, S. 251–280.

Wagner-Hasel 2010 = Wagner-Hasel, Beate: Amazonen – Ursprünge eines antiken Mythos. In: Franke-Penski, Udo/ Preußer, Heinz-Peter (Hg.): Amazonen – Kriegerische Frauen. Würzburg: Königshausen & Neumann 2010, S. 19–34.

Waniek 1897 = Waniek, Gustav: Gottsched und die deutsche Litteratur seiner Zeit. Leipzig: Breitkopf und Härtel 1897.

Watanabe-O'Kelly 1986 = Watanabe-O'Kelly, Helen: Barthold Feind, Gottsched and Cato – or Opera Reviled. In: Publications of the English Goethe Society 55 (1986), S. 107–123.

Watanabe-O'Kelly 1990 = Watanabe-O'Kelly, Helen: Das Damenringrennen – eine sächsische Erfindung? In: Groß, Reiner (Hg.): Sachsen und die Wettiner. Chancen und Realitäten. Dresden: Kulturakademie 1990, S. 307–312.

Watanabe-O'Kelly 1992 = Watanabe-O'Kelly, Helen: Triumphall Shews. Tournaments at German-speaking Courts in their European Context, 1560–1730. Berlin: Gebr. Mann 1992.

Watanabe-O'Kelly 2001 = Watanabe-O'Kelly, Helen: „Damals wünschte ich ein Mann zu sein, umb dem Krieg meine Tage nachzuhängen." Frauen als Kriegerinnen im Europa der Frühen Neuzeit. In: Garber, Klaus/ Held, Jutta (Hg.): Erfahrung und Deutung von Krieg und Frieden. Religion – Geschlechter – Natur und Kultur. München: Fink 2001, S. 357–368.

Watanabe-O'Kelly 2009 = Watanabe-O'Kelly, Helen: Amazonen in der sozialen und ästhetischen Praxis der deutschen Festkultur der Frühen Neuzeit. In: Dickhaut, Kirsten/ Steigerwald, Jörn (Hg.): Soziale und ästhetische

Praxis der höfischen Fest-Kultur im 16. und 17. Jahrhundert. Wiesbaden: Harrassowitz 2009, S. 127–147.

Watanabe-O'Kelly 2010 = Watanabe-O'Kelly, Helen: Beauty or Beast? The Woman Warrior in the German Imagination from the Renaissance to the Present. Oxford, New York: Oxford University Press 2010.

Weber 1976 = Weber, Peter: Das Menschenbild des bürgerlichen Trauerspiels. Entstehung und Funktion von Lessings „Miß Sara Sampson." 2. Aufl., Berlin: Rütten & Loening 1976.

Weber-Will 1997 = Weber-Will, Susanne: Geschlechtsvormundschaft und weibliche Rechtswohltaten im Privatrecht des preußischen Allgemeinen Landrechts von 1794. In: Gerhard, Ute (Hg.): Frauen in der Geschichte des Rechts. Von der frühen Neuzeit bis zur Gegenwart. München: Beck 1997, S. 452–459.

Weise 1997 = Weise, Günter: Zur Spezifik der Intertextualität in literarischen Texten. In: Klein, Josef/ Fix, Ulla (Hg.): Textbeziehungen. Linguistische und literaturwissenschaftliche Beiträge zur Intertextualität. Tübingen: Stauffenburg 1997, S. 39–48.

Wendt 1994 = Wendt, Reinhard: Zwischen Unterwerfung und Befreiung. Spanische Evangelisation und einheimische Religiosität auf den Philippinen. In: Wagner, Wilfried (Hg.): Kolonien und Missionen. Referate des 3. Internationalen Kolonialgeschichtlichen Symposiums 1993 in Bremen. Münster, Hamburg: LIT-Verlag 1994, S. 147–164.

Wenskus 2000 = Wenskus, Otta: Amazonen zwischen Mythos und Ethnographie. In: Klettenhammer, Sieglinde (Hg.): Das Geschlecht, das sich (un) eins ist? Frauenforschung und Geschlechtergeschichte in den Kulturwissenschaften. Innsbruck: Studien-Verlag 2000.

Werner 2009 = Werner, Michael: Zum theoretischen Rahmen und historischen Ort der Kulturtransferforschung. In: North, Michael (Hg.): Kultureller Austausch. Bilanz und Perspektiven der Frühneuzeitforschung. Köln, Weimar: Böhlau 2009, S. 15–23.

Wesel 1980 = Wesel, Uwe: Der Mythos vom Matricharchat. Über Bachofens Mutterrecht und die Stellung von Frauen in frühen Gesellschaften. Frankfurt am Main: Suhrkamp 1980.

Wiegmann 1987 = Wiegmann, Hermann: Einleitung. In: Wiegmann, Hermann (Hg.): Die ästhetische Leidenschaft. Texte zur Affektenlehre im 17. und 18. Jahrhundert. Hildesheim: Olms 1987, S. 1–25.

Wiesend 2006 = Wiesend, Reinhard: Die italienische Oper im 18. Jahrhundert. Hinführung. In: Schneider, Herbert/ Wiesend, Reinhard (Hg.) unter Mitarbeit von Daniel Brandenburg und Michele Calella: Die Oper im 18. Jahrhundert. Laaber: Laaber 2006, S. 1–8.

Wiesner-Hanks 2002 = Wiesner-Hanks, Merry: Women's Authority in the State and Household in Early Modern Europe. In: Dixon, Annette (Hg.): Women Who Ruled. Queens, Goddesses, Amazons in Renaissance and Baroque Art. London: Merrell 2002, S. 27–60.

Williams-Duplantier 1992 = Williams-Duplantier, Rebecca: Amazon Figures in German Literature. The Theme and its Variations in the Nineteenth and Twentieth Centuries. Diss. Ohio State University 1992.

Winko 1999 = Winko, Simone: Einführung: Autor und Intention. In: Jannidis, Fotis/ Lauer, Gerhard (Hg.): Rückkehr des Autors. Zur Erneuerung eines umstrittenen Begriffs. Studien und Texte zur Sozialgeschichte der Literatur, Bd. 71. Tübingen: Niemeyer 1999, S. 39–46.

Wintzingerode 2012 = Wintzingerode, Heinrich Jobst: Die märkische Amazone. Kurfürstin Dorothea von Brandenburg. Göttingen: MatrixMedia 2012.

Wolff 1930 = Wolff, Christian: Von einer allgemeinen Regel der menschlichen Handlungen und der Gesetze der Natur. In: Brüggemann, Fritz (Hg.): Das Weltbild der Deutschen Aufklärung. Philosophische Grundlagen und literarische Auswirkung: Leibniz – Wolff – Gottsched – Brockes – Haller. Leipzig: Reclam 1930, S. 140–161.

Wolff 1957 = Wolff, Hellmuth Christian: Die Barockoper in Hamburg (1678 – 1738). Wolfenbüttel: Möseler 1957.

Wolff 1997 = Wolff, Kerstin: Öffentliche Erziehung für adelige Töchter? Stiftsideen in Sachsen-Gotha nach dem Dreißigjährigen Krieg. In: Keller, Katrin/ Matzerath, Josef (Hg.): Geschichte des sächsischen Adels. Köln: Böhlau 1997, S. 275–289.

Woodward 1991 = Woodward, Kathleen M.: Aging and its Discontents. Freud and other Fictions. Bloomington: Indiana University Press 1991.

Wülker 1881 = Wülker, Ernst: Johann Ernst von Sachsen-Saalfeld. In: Allgemeine Deutsche Biographie. Bd. 14. Leipzig: Duncker & Humblot 1881, S. 372–374.

Wunder 1992a = Wunder, Heide: „Er ist die Sonn', sie ist der Mond." Frauen in der Frühen Neuzeit. München: Beck 1992.

Wunder 1992b = Wunder, Heide: Geschlechtsidentitäten. Frauen und Männer im späten Mittelalter und am Beginn der Neuzeit. In: Hausen, Karin/ Wunder, Heide (Hg.): Frauengeschichte – Geschlechtergeschichte. Frankfurt am Main, New York: Campus 1992, S. 131–136.

Wunder 1996 = Wunder, Heide: Wie wird man ein Mann? Befunde am Beginn der Neuzeit (15.-17. Jahrhundert). In: Eifert, Christiane/ Epple, Angelika (Hg.): Was sind Frauen? Was sind Männer? Geschlechterkonstruktionen im historischen Wandel. Frankfurt am Main: Suhrkamp 1996, S. 122–155.

Wunder 1997 = Wunder, Heide: Herrschaft und öffentliches Handeln von Frauen in der Gesellschaft der Frühen Neuzeit. In: Gerhard, Ute (Hg.): Frauen in der Geschichte des Rechts. Von der frühen Neuzeit bis zur Gegenwart. München: Beck 1997, S. 27–54.

Zang 2006 = Zang, Wenxian: Liang Hongyu. In: Hope Ditmore, Melissa (Hg.): Encyclopedia of Prostitution and Sex Work. Westport: Greenwood Press 2006, S. 252.

Zeller 2005 = Zeller, Rosmarie: Tragödientheorie, Tragödienpraxis und Leidenschaften. In: Steiger, Johann Anselm (Hg.): Passion, Affekt und Leidenschaft in der Frühen Neuzeit. Bd. 2. Wiesbaden: Harrassowitz 2005, S. 691–704.

Zimmermann 1986 = Zimmermann, Margarete: Einleitung. In: Christine de Pizan: Das Buch von der Stadt der Frauen. Aus dem Mittelfranzösischen übersetzt, mit einem Kommentar und einer Einleitung versehen von Margarete Zimmermann. Berlin: Orlanda 1986, S. 9–33.

Zimmermann 1995 = Zimmermann, Margarete: Vom Streit der Geschlechter. Die französische und italienische Querelle des Femmes des 15. bis 17. Jahrhunderts. In: Baumgärtel, Bettina/ Neysters, Silvia (Hg.): Die Galerie der Starken Frauen: Regentinnen, Amazonen und Salondamen = La Galerie des Femmes Fortes. München 1995, S. 14–33.

Zorn 1978 = Zorn, Rudolf: Einleitung. In: Zorn, Rudolf (Hg.): Niccolò Machiavelli: Der Fürst. „Il principe." 6. Aufl., Stuttgart: Kröner 1978, IX-XXII.

6.3 Handbücher, Lexika, Bibliographien

Alexander 1990 = Alexander, Robert J.: Kormart. In: Killy, Walther (Hg.) unter Mitarbeit von Hans Fromm u. a.: Literatur Lexikon. Autoren und Werke deutscher Sprache. Bd. 6. München: Bertelsmann 1990, S. 498–499.

Böttger 1990 = Böttger, Burkhard: Massageten. In: Irmscher, Johannes (Hg.): Lexikon der Antike. 10. Aufl., Leipzig: Bibliographisches Institut 1990, S. 357.

Breve 1960 = Breve, Helmut: Thalestris. In: Kroll, Wilhelm/ Mittelhaus, Karl (Hg.): Paulys Realencyclopädie der classischen Altertumswissenschaften. Neunter Halbband. Stuttgart: Druckenmüller 1960, Sp. 1212–1213.

Diodorus 1993a = Diodorus: Griechische Weltgeschichte. Buch I-X. Erster Teil. Übersetzt von Gerhart Wirth und Otto Veh. Eingeleitet und kommentiert von Thomas Nothers. Stuttgart: Hiersemann 1993.

Diodorus 1993b = Diodorus: Griechische Weltgeschichte. Buch I-X. Zweiter Teil. Übersetzt von Gerhart Wirth und Otto Veh. Eingeleitet und kommentiert von Thomas Nothers. Stuttgart: Hiersemann 1993.

Diodorus 2009 = Veh, Otto (Hg.): Diodorus: Griechische Weltgeschichte. Buch XVII: Alexander der Große. Übersetzt von Moritz Böhme. Stuttgart: Hiersemann 2009.

Ditten 1990 = Ditten, Hans: Sarmatien. In: Irmscher, Johannes (Hg.): Lexikon der Antike. 10. Aufl., Leipzig: Bibliographisches Institut 1990, S. 515–516.

Dünnhaupt 1991a = Christian Friedrich Hunold. In: Dünnhaupt, Gerhard: Personalbibliographien zu den Drucken des Barock. Dritter Teil. Stuttgart: Hiersemann 1991, S. 2184–2213.

Dünnhaupt 1991b = Kormart, Christoph. In: Gerhard Dünnhaupt: Personalbibliographien zu den Drucken des Barock. Dritter Teil. Stuttgart: Hiersemann 1991, S. 2415–2425.

Dünnhaupt 1991c = Meier, Joachim. In: Dünnhaupt, Gerhard: Personalbibliographien zu den Drucken des Barock. Vierter Teil. 2. Aufl. Stuttgart: Hiersemann 1991, S. 2709–2720.

Dünnhaupt 1993 = Zigler und Kliphausen, Heinrich Anshelm von. In: Dünnhaupt, Gerhard: Personalbibliographien zu den Drucken des Barock. Sechster Teil. 2. Aufl., Stuttgart: Hiersemann 1993, S. 4332–4343.

Dubowy/ Strohm 1998 = Dubowy, Norbert/ Strohm, Reinhard: 18. Jahrhundert (Opera seria). In: Finscher, Ludwig (Hg.): Die Musik in Geschichte und Gegenwart. Allgemeine Enzyklopädie der Musik. Begründet von Friedrich Blume. 2. Aufl., Kassel, New York, Stuttgart: Bärenreiter 1998, Sp. 1479–1500.

Ehmer 2005 = Ehmer, Josef: Hohes Alter. In: Jaeger, Friedrich (Hg.): Enzyklopädie der Neuzeit. Bd. 5. Stuttgart, Weimar: Metzler 2005, Sp. 607–613.

Fink 1833 = Fink, G. W.: Oper. In: Ersch, Johann Samuel/ Gruber, Johann Gottfried (Hg.): Allgemeine Encyclopädie der Wissenschaften und Künste […]. Dritte Section, Vierter Teil. Leipzig: Brockhaus 1833, S. 41–59.

Frenzel 1968 = Frenzel, Elisabeth: H. A. von Zigler als Opernlibrettist. Die lybische Talestris – Stoff, Textgeschichte, literarische Varianten. In: Euphorion 62 (1968), S. 278–300.

Frenzel/ Frenzel 1999 = Frenzel, Herbert A./ Frenzel, Elisabeth: Daten deutscher Dichtung. Chronologischer Abriß der deutschen Literaturgeschichte.

Bd. 1. Von den Anfängen bis zum Jungen Deutschland. 32. Aufl., München: Deutscher Taschenbuch-Verlag. 1999.

Frenzel 1999a = Amazone. In: Frenzel, Elisabeth: Motive der Weltliteratur. Ein Lexikon dichtungsgeschichtlicher Längsschnitte. 5. Aufl., Stuttgart: Kröner 1999, S. 11–27.

Frenzel 1999b = Der verliebte Alte. In: Frenzel, Elisabeth: Motive der Weltliteratur. Ein Lexikon dichtungsgeschichtlicher Längsschnitte. 5. Aufl., Stuttgart: Kröner 1999, S. 1–11.

Frenzel 2005a = Libussa. In: Frenzel, Elisabeth: Stoffe der Weltliteratur. Ein Lexikon dichtungsgeschichtlicher Längsschnitte. 10. Aufl., Stuttgart: Kröner 2005, S. 537–540.

Frenzel 2005b = Talestris. In: Frenzel, Elisabeth: Stoffe der Weltliteratur. Ein Lexikon dichtungsgeschichtlicher Längsschnitte. 10. Aufl., Stuttgart: Kröner 2005, S. 885–889.

Fürstenau 1884 = Maria Antonia Walpurgis. In: Fürstenau, Moritz: Allgemeine Deutsche Biographie. Bd. 20. Leipzig: Duncker & Humblot 1884, S. 371–375.

Fürstenau 1887 = Pallavicini, Carlo. In: Fürstenau, Moritz: Allgemeine Deutsche Biographie. Bd. 25. Leipzig: Duncker & Humblot 1887, S. 98–99.

Fürstenau [1861–1862] 1971a = Fürstenau, Moritz: Zur Geschichte der Musik und des Theaters am Hofe zu Dresden. Teil 1. Reprografischer Nachdruck der Ausgabe Dresden 1861–1862. Hildesheim, New York: Olms 1971.

Fürstenau [1861–1862] 1971b = Fürstenau, Moritz: Zur Geschichte der Musik und des Theaters am Hofe zu Dresden. Teil 2. Reprografischer Nachdruck der Ausgabe Dresden 1861–1862. Hildesheim, New York: Olms 1971.

Gottsched [1760] 1970a = Amazonen. In: Gottsched, Johann Christoph (Hg.): Handlexicon oder kurzgefasstes Wörterbuch der schönen Wissenschaften und freyen Künste. Reprografischer Nachdruck der Ausgabe Leipzig 1760. Hildesheim, New York: Olms 1970, Sp. 79.

Gottsched [1760] 1970b = Ermelinda Thalea. In: Gottsched, Johann Christoph (Hg.): Handlexicon oder kurzgefasstes Wörterbuch der schönen Wissenschaften und freyen Künste. Reprografischer Nachdruck der Ausgabe Leipzig 1760. Hildesheim, New York: Olms 1970, Sp. 635–637.

Grimm/ Grimm 1984a = Artigkeit. In: Grimm, Jacob/Grimm, Wilhelm: Deutsches Wörterbuch. Bd. 1. München: Deutscher Taschenbuch-Verlag 1984, Sp. 574.

Grimm/ Grimm 1984b = Gerieren. In: Grimm, Jacob/Grimm, Wilhelm: Deutsches Wörterbuch. Bd. 5. München: Deutscher Taschenbuch-Verlag 1984, Sp. 3688.

Grimm/ Grimm 1984c = Jungfer. In: Grimm, Jacob/Grimm, Wilhelm: Deutsches Wörterbuch. Bd. 10. München: Deutscher Taschenbuch-Verlag 1984, Sp. 2381–2384.

Grimm/ Grimm 1984d = Krepp. In: Grimm, Jacob/Grimm, Wilhelm: Deutsches Wörterbuch. Bd. 11. München: Deutscher Taschenbuch-Verlag 1984, Sp. 2169.

Grimm/ Grimm 1984e = Lust. In: Grimm, Jacob/Grimm, Wilhelm: Deutsches Wörterbuch. Bd. 12. München: Deutscher Taschenbuch-Verlag 1984, Sp. 1314–1328.

Grimm/ Grimm 1984f = Patron. In: Grimm, Jacob/Grimm, Wilhelm: Deutsches Wörterbuch. Bd. 13. München: Deutscher Taschenbuch-Verlag 1984, Sp. 1505–1507.

Grimm/ Grimm 1984g = Periode. In: Grimm, Jacob/Grimm, Wilhelm: Deutsches Wörterbuch. Bd. 13. München: Deutscher Taschenbuch-Verlag 1984, Sp. 1546–1547.

Grimm/ Grimm 1984h = Prangen. In: Grimm, Jacob/Grimm, Wilhelm: Deutsches Wörterbuch. Bd. 13. München: Deutscher Taschenbuch-Verlag 1984, Sp. 2064–2067.

Grimm/ Grimm 1984i = Verwandeln. In: Grimm, Jacob/Grimm, Wilhelm: Deutsches Wörterbuch. Bd. 25. München: Deutscher Taschenbuch-Verlag 1984, Sp. 2111.

Grimm/ Grimm 1984j = Vettel. In: Grimm, Jacob/Grimm, Wilhelm: Deutsches Wörterbuch. Bd. 26. München: Deutscher Taschenbuch-Verlag 1984, Sp. 23–26.

Hederich [1770] 1996a = Amazŏnes. In: Hederich, Benjamin: Gründliches mythologisches Lexikon. Reprographischer Nachdruck der Ausgabe Leipzig, Gleditsch, 1770. Darmstadt: Wissenschaftliche Buchgesellschaft, Sp. 203–210.

Hederich [1770] 1996b = Antiŏpe. In: Hederich, Benjamin: Gründliches mythologisches Lexikon. Reprographischer Nachdruck der Ausgabe Leipzig, Gleditsch, 1770. Darmstadt: Wissenschaftliche Buchgesellschaft 1996, Sp. 292–293.

Hederich [1770] 1996c = Penthesiléa. In: Hederich, Benjamin: Gründliches mythologisches Lexikon. Reprographischer Nachdruck der Ausgabe Leipzig, Gleditsch, 1770. Darmstadt: Wissenschaftliche Buchgesellschaft 1996, Sp. 1939–1940.

Hunger 1985a = Athená. In: Hunger, Herbert: Lexikon der griechischen und römischen Mythologie. Reinbek bei Hamburg: Rowohlt 1985, S. 73–77.

Hunger 1985b = Médeia. In: Hunger, Herbert: Lexikon der griechischen und römischen Mythologie. Reinbek bei Hamburg: Rowohlt 1985, S. 244–247.

Hunger 1985c = Penthesíleia. In: Hunger, Herbert: Lexikon der griechischen und römischen Mythologie. Reinbek bei Hamburg: Rowohlt 1985, S. 316–317.

Hunger 1985d = Perséus. In: Hunger, Herbert: Lexikon der griechischen und römischen Mythologie. Reinbek bei Hamburg: Rowohlt 1985, S. 320–324.

Jünke 2004 = Jünke, Claudia: Penthesilea. In: Walther, Lutz (Hg.): Antike Mythen und ihre Rezeption. Ein Lexikon. 2. Aufl., Leipzig: Reclam 2004, S. 194–201.

Kanz 2006 = Kanz, Roland: Erotica (Kunst). In: Jaeger, Friedrich (Hg.): Enzyklopädie der Neuzeit. Bd. 3. Stuttgart, Weimar: Metzler 2006, Sp. 506–509.

Krämer 2003 = Krämer, Jörg: Singspiel. In: Müller, Jan-Dirk (Hg.): Reallexikon der deutschen Literaturwissenschaft. Bd. 3. Berlin, New York: de Gruyter 2003, S. 437–440.

Kreuder 2005 = Kreuder, Friedemann: Maske/ Maskerade. In: Fischer-Lichte, Erika/ Kolesch, Doris (Hg.): Metzler-Lexikon Theatertheorie. Stuttgart, Weimar: Metzler 2005, S. 192–194.

Leopold 1998 = Leopold, Silke: Metastasio. In: Finscher, Ludwig (Hg.): Die Musik in Geschichte und Gegenwart. Allgemeine Enzyklopädie der Musik. Begründet von Friedrich Blume. 2. Aufl., Kassel, New York, Stuttgart: Bärenreiter 1998, Sp. 85–97.

Ley 1996 = Ley, Anne: Amazones. In: Cancik, Hubert/ Schneider, Helmuth (Hg.): Der Neue Pauly. Enzyklopaedie der Antike. Bd. 1. Stuttgart, Weimar: Metzler 1996, Sp. 575–576.

Merzbacher 1978 = Merzbacher, Friedrich: Landesherr, Landesherrschaft. In: Erler, Adalbert/ Kaufmann, Ekkehard (Hg.): Handwörterbuch zur deutschen Rechtsgeschichte. Bd. II. Berlin: Erich Schmidt 1978, Sp. 1383–1387.

Neuhaus 2007 = Neuhaus, Helmut: Friedrich August I. In: Kroll, Frank-Lothar (Hg.): Die Herrscher Sachsens. Markgrafen, Kurfürsten, Könige. 1089–1918. München: Beck 2007, S. 173–191.

Nortmeyer 2004 = Nortmeyer, Isolde: Funktion. In: Deutsches Fremdwörterbuch. Begonnen von Hans Schulz, fortgeführt von Otto Basler. Bd. 5: Eau de Cologne – Futurismus. Bearbeitet von Gerhard Strauß und Heidrun Kämper. 2. Aufl., Berlin, New York: de Gruyter 2004, Sp. 1155–1166.

Pschyrembel 2010a = Androgynie. In: Pschyrembel Klinisches Wörterbuch 2011. 262. Aufl., Berlin: de Gruyter 2010, S. 91.

Pschyrembel 2010b = Hermaphroditismus. In: Pschyrembel Klinisches Wörterbuch 2011. 262. Aufl., Berlin: de Gruyter 2010, S. 849.

Pschyrembel 2010c = Transvestismus. In: Pschyrembel Klinisches Wörterbuch 2011. 262. Aufl., Berlin: de Gruyter 2010, S. 2098.

Reiber 1998 = Reiber, Joachim: Singspiel. In: Finscher, Ludwig (Hg.): Die Musik in Geschichte und Gegenwart. Allgemeine Enzyklopädie der Musik. Begründet von Friedrich Blume. 2. Aufl., Kassel, New York, Stuttgart: Bärenreiter 1998, Sp. 1470–1489.

Rinnert 2002 = Rinnert, Andrea: Transsexualität/ Transvestismus. In: Kroll, Renate (Hg.): Metzler-Lexikon Gender studies, Geschlechterforschung. Ansätze – Personen – Grundbegriffe. Stuttgart, Weimar: Metzler 2002, S. 391–392.

Roscher 1884–1896 = Amazonen. In: Roscher, Wilhelm Heinrich (Hg.): Ausführliches Lexikon der Griechischen und Römischen Mythologie. Bd. 1. Leipzig: Teubner 1884–1886, Sp. 575–576.

Schneider 1953a = Schneider, Georg: Die Schlüsselliteratur. Bd. II. Entschlüsselung deutscher Romane und Dramen. Stuttgart: Hiersemann 1953.

Schneider 1953b = Schneider, Georg: Die Schlüsselliteratur. Bd. III. Entschlüsselung ausländischer Romane und Dramen. Stuttgart: Hiersemann 1953.

Schwenn 1958 = Schwenn, Friedrich: Penthesileia. In: Kroll, Wilhelm/ Mittelhaus, Karl (Hg.): Paulys Realencyclopädie der classischen Altertumswissenschaften. Supplementband VII. Stuttgart: Druckenmüller 1958, Sp. 868–875.

Sellert 1978 = Sellert, Wolfgang: Landeshoheit. In: Erler, Adalbert/ Kaufmann, Ekkehard (Hg.): Handwörterbuch zur deutschen Rechtsgeschichte. Bd. II. Berlin: Erich Schmidt 1978, Sp. 1388–1394.

Serauky 1949 = Serauky, Walter: Affektenlehre. In: Blume, Friedrich (Hg.): Die Musik in Geschichte und Gegenwart. Allgemeine Enzyklopädie der Musik. Bd. 1. Kassel: Bärenreiter 1949, Sp. 113–121.

Treidler 1965 = Treidler, Hans: Myrina. In: Kroll, Wilhelm (Hg.): Paulys Realencyclopädie der classischen Altertumswissenschaften. Einunddreißigster Halbband. Stuttgart: Druckenmüller 1965, Sp. 1093–1097.

Umathum 2005 = Umathum, Sandra: Performance. In: Fischer-Lichte, Erika/ Kolesch, Doris (Hg.): Metzler-Lexikon Theatertheorie. Stuttgart, Weimar: Metzler 2005, S. 231–234.

von Wilpert 1989a = Libretto. In: Wilpert, Gero von (Hg.): Sachwörterbuch der Literatur. 7. Aufl., Stuttgart: Kröner 1989, S. 512.

von Wilpert 1989b = Oper. In: Wilpert, Gero von (Hg.): Sachwörterbuch der Literatur. 7. Aufl., Stuttgart: Kröner 1989, S. 637–640.

von Wilpert 1989c = Singspiel. In: Wilpert, Gero von (Hg.): Sachwörterbuch der Literatur. 7. Aufl., Stuttgart: Kröner 1989, S. 855–856.

[W. 1760] GHL 1979 = [W.]: Opern. In: Gottsched, Johann Christoph (Hg.): Handlexicon oder kurzgefasstes Wörterbuch der schönen Wissenschaften und freyen Künste. Reprografischer Nachdruck der Ausgabe Leipzig 1760. Hildesheim, New York: Olms 1970, Sp. 1203–1204.

[Wernicke] 1958 = [Wernicke]: Antiope. In: Wissow, Georg (Hg.): Paulys Realencyclopädie der classischen Altertumswissenschaften. Zweiter Halbband. Stuttgart: Druckenmüller 1958, Sp. 2496–2500.

Zimmermann 1990 = Zimmermann, Hans-Dieter: Skythen. In: Irmscher, Johannes (Hg.): Lexikon der Antike. 10. Aufl., Leipzig: Bibliographisches Institut 1990, S. 547.

Zedler 1732a = Affecten, Passiones. In: Zedler, Johann Heinrich (Hg.): Grosses vollstaendiges Universal Lexicon Aller Wissenschafften und Kuenste […]. Bd. 1. Halle, Leipzig: Zedler 1732, Sp. 717.

Zedler 1732b = Affectus. In: Zedler, Johann Heinrich (Hg.): Grosses vollstaendiges Universal Lexicon Aller Wissenschafften und Kuenste […]. Bd. 1. Halle, Leipzig: Zedler 1732, Sp. 718.

Zedler 1732c = Amazonen. In: Zedler, Johann Heinrich (Hg.): Grosses vollstaendiges Universal Lexicon Aller Wissenschafften und Kuenste […]. Bd. 1. Halle, Leipzig: Zedler 1732, 1667–1671.

Zedler 1732d = Amicus. In: Zedler, Johann Heinrich (Hg.): Grosses vollstaendiges Universal Lexicon Aller Wissenschafften und Kuenste […]. Bd. 1. Halle, Leipzig: Zedler 1732, Sp. 1732.

Zedler 1732e = Antiope. In: Zedler, Johann Heinrich (Hg.): Grosses vollstaendiges Universal Lexicon Aller Wissenschafften und Kuenste […]. Bd. 2. Halle, Leipzig: Zedler 1732, Sp. 622–632.

Zedler 1734 = Dissimulatio. In: Zedler, Johann Heinrich (Hg.): Grosses vollstaendiges Universal Lexicon Aller Wissenschafften und Kuenste […]. Bd. 7. Halle, Leipzig: Zedler 1734, Sp. 1072.

Zedler 1735a= Fontanell, Fontanella, Fonticulus. In: Zedler, Johann Heinrich (Hg.): Grosses vollstaendiges Universal Lexicon Aller Wissenschafften und Kuenste […]. Bd. 9. Halle, Leipzig: Zedler 1735, Sp. 1450–1455.

Zedler 1735b = Fraeulein. In: Zedler, Johann Heinrich (Hg.): Grosses voll-staendiges Universal Lexicon Aller Wissenschafften und Kuenste [...]. Bd. 9. Halle, Leipzig: Zedler 1735, Sp. 1598.

Zedler 1735c = Freundschafft. In: Zedler, Johann Heinrich (Hg.): Grosses vollstaendiges Universal Lexicon Aller Wissenschafften und Kuenste [...]. Bd. 9. Halle, Leipzig: Zedler 1735, Sp. 1837–1838.

Zedler 1735d = Hecla. In: Zedler, Johann Heinrich (Hg.): Grosses vollstaen-diges Universal Lexicon Aller Wissenschafften und Kuenste [...]. Bd. 12. Halle, Leipzig: Zedler 1735, Sp. 1050.

Zedler 1738 = Luder. In: Zedler, Johann Heinrich (Hg.): Grosses vollstaen-diges Universal Lexicon Aller Wissenschafften und Kuenste [...]. Bd. 18. Halle, Leipzig: Zedler 1738, Sp. 769.

Zedler 1739a = Hippolyta. In: Zedler, Johann Heinrich (Hg.): Grosses vollstaen-diges Universal Lexicon Aller Wissenschafften und Kuenste [...]. Bd. 13. Hal-le, Leipzig: Zedler 1739, Sp. 169–170.

Zedler 1739b = Hippolytus. In: Zedler, Johann Heinrich (Hg.): In: Johann Heinrich Zedler: Grosses vollstaendiges Universal Lexicon Aller Wissen-schafften und Kuenste [...]. Bd. 13. Halle, Leipzig: Zedler 1739, S. 170–171.

Zedler 1739c = Hoeflichkeit. In: Zedler, Johann Heinrich (Hg.): Grosses vollstaendiges Universal Lexicon Aller Wissenschafften und Kuenste [...]. Bd. 13. Halle, Leipzig: Zedler 1739, Sp. 353–355.

Zedler 1739d = Masche, Maschle, Larve, Larva, Persona, Frantzoesisch Masque. In: Zedler, Johann Heinrich (Hg.): Grosses vollstaendiges Universal Lexicon Aller Wissenschafften und Kuenste [...]. Bd. 19. Halle, Leipzig: Zedler 1739, Sp. 1906.

Zedler 1739e = Meier, Joachim. In: Zedler, Johann Heinrich (Hg.): Grosses vollstaendiges Universal Lexicon Aller Wissenschafften und Kuenste [...]. Bd. 20. Halle, Leipzig: Zedler 1739, Sp. 290–291.

Zedler 1739f = Menalippe. In: Zedler, Johann Heinrich (Hg.): Grosses vollstaen-diges Universal Lexicon Aller Wissenschafften und Kuenste [...]. Bd. 20. Hal-le, Leipzig: Zedler 1739, Sp. 608.

Zedler 1739g = Metharme. In: Zedler, Johann Heinrich (Hg.): Grosses vollstaen-diges Universal Lexicon Aller Wissenschafften und Kuenste [...]. Bd. 20. Halle, Leipzig: Zedler 1739, Sp.1290.

Zedler 1739h = Myrrha, des Cinyras. In: Zedler, Johann Heinrich (Hg.): Grosses vollstaendiges Universal Lexicon Aller Wissenschafften und Kuenste [...]. Bd. 22. Halle, Leipzig: Zedler 1739, Sp.1731–1732.

Zedler 1741a = Penthesilea. In: Zedler, Johann Heinrich (Hg.): Grosses vollstaendiges Universal Lexicon Aller Wissenschafften und Kuenste [...]. Bd. 27. Halle, Leipzig: Zedler 1741, Sp. 289–290.

Zedler 1741b = Pygmalion, ein Koenig in Cypern. In: Zedler, Johann Heinrich (Hg.): Grosses vollstaendiges Universal Lexicon Aller Wissenschafften und Kuenste [...]. Bd. 29. Halle, Leipzig: Zedler 1741, Sp.1790–1791.

Zedler 1742a = Romanen, Romainen, Romans. In: Zedler, Johann Heinrich (Hg.): Grosses vollstaendiges Universal Lexicon Aller Wissenschafften und Kuenste [...]. Bd. 32. Halle, Leipzig: Zedler 1742, Sp. 700–703.

Zedler 1742b = Saal=Recht, Salisch Recht, oder Salische Gesetze [...]. In: Zedler, Johann Heinrich (Hg.): Grosses vollstaendiges Universal Lexicon Aller Wissenschafften und Kuenste [...]. Bd. 33. Halle, Leipzig: Zedler 1742, Sp. 21–22.

Zedler 1742c = Salisches Gesetz, Salisches Recht. In: Zedler, Johann Heinrich (Hg.): Grosses vollstaendiges Universal Lexicon Aller Wissenschafften und Kuenste [...]. Bd. 33. Halle, Leipzig: Zedler 1742, Sp. 938–944.

Zedler 1743a = Smyrna, eine derer Amazonen. In: Zedler, Johann Heinrich (Hg.): Grosses vollstaendiges Universal Lexicon Aller Wissenschafften und Kuenste [...]. Bd. 38. Halle, Leipzig: Zedler 1743, Sp.122–123.

Zedler 1743b = Sodomie. In: Zedler, Johann Heinrich (Hg.): Grosses vollstaendiges Universal Lexicon Aller Wissenschafften und Kuenste [...]. Bd. 38. Halle, Leipzig: Zedler 1743, Sp. 328–335.

Zedler 1746a = Uibersetzung, Version, Transferierung aus einer Sprache in die andere, Translation aus einer Sprache in die andere, Verdollmetschung. In: Zedler, Johann Heinrich (Hg.): Grosses vollstaendiges Universal Lexicon Aller Wissenschafften und Kuenste [...]. Bd. 48. Halle, Leipzig: Zedler 1746, Sp. 749–753.

Zedler 1746b = Verdollmetschen. In: Zedler, Johann Heinrich (Hg.): Grosses vollstaendiges Universal Lexicon Aller Wissenschafften und Kuenste [...]. Bd. 47. Halle, Leipzig: Zedler 1746, Sp. 352.

Zedler 1746c = Verkleidung. In: Zedler, Johann Heinrich (Hg.): Grosses vollstaendiges Universal Lexicon Aller Wissenschafften und Kuenste [...]. Bd. 47. Halle, Leipzig: Zedler 1746, Sp. 1018–1019.

Zedler 1746d = Verstellung, Simulation, oder Simulirung. In: Zedler, Johann Heinrich (Hg.): Grosses vollstaendiges Universal Lexicon Aller Wissenschafften und Kuenste [...]. Bd. 47. Halle, Leipzig: Zedler 1746, Sp. 2058–2065.

Zedler 1747 = Weiber=Regiment. In: Zedler, Johann Heinrich (Hg.): Grosses vollstaendiges Universal Lexicon Aller Wissenschafften und Kuenste [...]. Bd. 54. Halle, Leipzig: Zedler 1747, Sp. 106–108.

6.4 Abbildungsverzeichnis

Abb. 1: Merian, Matthaeus: *Königin Myrina und die Amazonen*. In: Hulsen, Esaias van: Repræsentatio Der Fvrstlichen Avfzvg Vnd Ritterspil. So [...] Herr Johan Friderich Hertzog zu Wuerttemberg, vnd Teckh [...] bey Ihr. F.G. Neuewgebornen Sohn, Friderich Hertzog zu Wuerttemberg. etc. Fuerstlicher Kindtauffen, denn 10. biss auff denn 17 Martij, Anno. 1616. Inn [...] Stuetgarten, mit grosser solennitet gehalten [...]. Württembergische Landesbibliothek, Stuttgart, Signatur W.G.fol.98a.

Abb. 2: *Kurprinz Johann Georg II. von Sachsen als Amazonenkönigin Penthesilea*. In: Olearius, Adam: Auffzuege und Ritterspiele So bey Des [...] Fuersten und Herrn Friederich Wilhelms Hertzogen zu Sachsen [...] Jungen Printzen/ Hertzog Christian Fuerstlichen Kindtauffs Feste/ in anwesenheit vieler Hoch Fuerstlichen/ Graefflichen und RittersPersonen gehalten worden Auff S.F. Durchl. Residentz Vestung zu Altenburg im Monat Junio 1654. Herzog August Bibliothek Wolfenbüttel, Signatur 36.13.2. Geom. 2°.

Abb. 3: Cecill, Thomas: *Elizabetha Angliae et Hiberniae Reginae &c* (1625). Kupferstich, 27,2 x 29,6 cm. London, The British Museum, Department of Prints and Drawings, Inventarnummer 1849,0315.2. Foto: © The Trustees of the British Museum.

Abb. 4: Nason, Pieter: *Christina von Schweden als Minerva* (1663). Öl auf Leinwand, 89 x 69 cm. Muzeum Nieborów, Muzeum Narodowe w Warszawie, Inventarnummer NB 431. Foto: © Muzeum Narodowe w Warszawie – Piotr Ligier.

Abb. 5: Falck, Jeremias: *Christina von Schweden als Minerva* (1649). Kupferstich, 35 x 22,4 cm. Düsseldorf, Stiftung Museum Kunstpalast, Sammlung der Kunstakademie (NRW), Inventarnummer KA(FP)23728D. Foto: © Stiftung Museum Kunstpalast – Horst Kolberg – ARTOTHEK.

Abb. 6: [Ohne Titel]. In: Hagdorn, Christian Wilhelm: Æyquan, | oder der | Große Mogol. | Das ist/ | Chinesische [sic!] und Indische | Stahts= Kriegs= und Liebes=geschichte. | In unterschiedliche Teile verfasset/ | Durch Christ. W. Hagdorn/ | Dero zu Denmarck/ Norwegen/ etc. Koen. Majest. | Obersten zu Roß. | Durchgehends mit viel schoenen Kupferstuecken verziert. | In Amsterdam/ Bey Jacob von Moers/ Buch= und Kunst=händlern/ | Anno 1670, Fol. 126. Herzog August Bibliothek Wolfenbüttel, Signatur Lo 2470.

Abb. 7: [Ohne Titel]. In: Hagdorn, Christian Wilhelm: Æyquan, | oder der | Große Mogol. | Das ist/ | Chineische [sic!] und Indische | Stahts= Kriegs= und Liebes=geschichte. | In unterschiedliche Teile verfasset/ | Durch Christ. W. Hagdorn/ | Dero zu Denmarck/ Norwegen/ etc. Koen. Majest. | Obersten zu Roß. | Durchgehends mit viel schoenen Kupferstuecken verziert. | In Amsterdam/ Bey Jacob von Moers/ Buch= und Kunst=händlern/ | Anno 1670, Fol. 485. Herzog August Bibliothek Wolfenbüttel, Signatur Lo 2470.

Abb. 8: [Ohne Titel]. In: Hagdorn, Christian Wilhelm: Æyquan, | oder der | Große Mogol. | Das ist/ | Chineische [sic!] und Indische | Stahts= Kriegs= und Liebes=geschichte. | In unterschiedliche Teile verfasset/ | Durch Christ. W. Hagdorn/ | Dero zu Denmarck/ Norwegen/ etc. Koen. Majest. | Obersten zu Roß. | Durchgehends mit viel schoenen Kupferstuecken verziert. | In Amsterdam/ Bey Jacob von Moers/ Buch= und Kunst=händlern/ | Anno 1670, Fol. 490. Herzog August Bibliothek Wolfenbüttel, Signatur Lo 2470.

Abb. 9: Galle, Theodor (nach Jan van der Straet): *America* (1588–1612). Kupferstich, 20 x 26,9 cm. London, The British Museum, Department of Prints and Drawings, Inventarnummer 1957,0413.35. Foto: © The Trustees of the British Museum.

Abb. 10: Barptolemaeus Anulus: *Pax Armata* (1522). Holzschnitt, 9,5 x 15,5 cm. SUB Göttingen, Inventarnummer 8° P Lat Rec I, 5720 RARA, Blatt C 6 verso.

Abb. 11: Stimmer, Tobias: *x. Jar Kindischer art, xx Jar ein Jungfrau zart* (o. J.), Blatt 1 *aus Die Stufenleiter des Weibes*. Holzschnitt, koloriert, 36,8 x 27,2 cm. Kunstmuseum Moritzburg Halle (Saale), Inventarnummer MOIIG00046.

Abb. 12: Stimmer, Tobias: *l Jar eine Großmutter, lx, jar deß Alters schuder* (o. J.), Blatt 3 aus *Die Stufenleiter des Weibes*. Holzschnitt, koloriert, 36,2 x 26,5 cm. Kunstmuseum Moritzburg Halle (Saale), Inventarnummer MOIIG00048.

Abb. 13: Stimmer, Tobias: *L. Jar still stahn. -Ix Jar gehts alter ahn* (o. J.), Blatt 3 aus *Die Stufenleiter des Mannes*. Holzschnitt, koloriert, 36,5 x 26,8 cm. Kunstmuseum Moritzburg Halle (Saale), Inventarnummer MOIIG00053.

7 Anhang

7.1 Übersicht: Analysierte Werke mit Angaben zu Widmungs-empfängerInnen, zum Aufführungsort, zum Aufführungs-jahr, zu Anlässen und zu erwähnten Figuren

AutorIn	Anonym
Titel / verwendeter Kurztitel	Hercules Anonymus HB [1714]
Erscheinungsort / -jahr	s. l. [1714]
Gattung	Libretto[1431]
Widmungsempfänger	Georg Wilhelm von Brandenburg-Bayreuth
Aufführungsort / Festort	Bayreuth
Anlass	Geburtstag
Jahr der Aufführung	[1714]
Figuren	Antiope, Königin der Amazonen Hercules Hidaspes/,Celinda', skythischer Fürst Theseus, Gefährte des Hercules

AutorIn	Anonym
Titel / verwendeter Kurztitel	Triumph der bestaendigen Liebe Anonymus TBL 1720
Erscheinungsort / -jahr	Saalfeld 1720
Gattung	Drama
WidmungsempfängerIn	Sophie Wilhelmine von Sachsen-Saalfeld, Friedrich Ant(h)on von Schwarzburg-Rudolstadt
Aufführungsort / Festort	Saalfeld
Anlass	Hochzeit
Jahr der Aufführung	1720

1431   Zum Libretto als Gattung vgl. Gier 1999, S. 48 und Gier 2000.

Figuren	Pelopidus, König von Lybien (Libyen) Philotas, Sohn des Pelopidus Rixana, aus Talestris' Gefolge Scandor, „des Koenigs Diener"[1432] Talestris, Prinzessin von Barcan

Autor	Bressand, Friedrich Christian
Titel / verwendeter Kurztitel	Hercules unter denen Amazonen Bressand HUA 1693
Erscheinungsort / -jahr	Braunschweig 1693
Gattung	Libretto
WidmungsempfängerIn	Albrecht Anton von Schwarzburg-Rudolstadt, Æmilie Juliane von Schwarzburg-Rudolstadt
Aufführungsort / Festort	Braunschweig
Anlass	Verwandtschaftsbesuch
Jahr der Aufführung	1693
Figuren	Antiope, Königin der Amazonen Hercules Hippolyta, Antiopes Schwester Ismenus, Oberst des Hercules Marpesia, Obristin der Amazonen Megara, Verlobte des Hercules Menalippe, Antiopes Schwester Termessa, Obristin der Amazonen Theseus, Prinz von Athen

Autor	Bressand, Friedrich Christian
Titel / verwendeter Kurztitel	Hercules unter denen Amazonen Bressand HUA 1694b
Erscheinungsort / -jahr	s. l. 1694
Gattung	Libretto
WidmungsempfängerIn	Christian Wilhelm von Schwarzburg- Sondershausen
Aufführungsort / Festort	Braunschweig
Anlass	Verwandtschaftsbesuch
Jahr der Aufführung	1694

1432   Anonymus TBL 1720, Personenverzeichnis.

Figuren	Antiope, Königin der Amazonen Hercules Hippolyta, Antiopes Schwester Ismenus, Oberst des Hercules Marpesia, Obristin der Amazonen Megara, Verlobte des Hercules Menalippe, Antiopes Schwester Termessa, Obristin der Amazonen Theseus, Prinz von Athen

Autor	Bressand, Friedrich Christian
Titel / verwendeter Kurztitel	Hercules unter denen Amazonen Bressand HUA 1694a
Erscheinungsort / -jahr	Hamburg 1694
Gattung	Libretto
WidmungsempfängerIn	[keine Angabe]
Aufführungsort / Festort	Hamburg
Anlass	[keine Angabe]
Jahr der Aufführung	1694
Figuren	Antiope, Königin der Amazonen Hercules Hippolyta, Antiopes Schwester Ismenus, Oberst des Hercules Marpesia, Obristin der Amazonen Megara, Verlobte des Hercules Menalippe, Antiopes Schwester Termessa, Obristin der Amazonen Theseus, Prinz von Athen

Autor	Colombini
Titel / verwendeter Kurztitel	Die Lybische Talestris Colombini LT 1715
Erscheinungsort / -jahr	Copenhagen [Kopenhagen] 1715
Gattung	Roman
Widmungsempfänger	Kaufleute Albrecht und Köhler[1433]
Aufführungsort / Festort	-

1433   Vgl. Vorrede. In: Colombini LT 1715, n. p.

Anlass	-
Jahr der Aufführung	-
Figuren	Talestris, Prinzessin von Barcan
	Pelopidus, König von Lybien (Libyen)
	Scandor, ein ‚Getreuer'[1434] des Pelopidus

Autor	Gottsched, Johann Christoph
Titel / verwendeter Kurztitel	Thalestris, Koeniginn der Amazonen [...].
	Gottsched TKA [1766]
	Thalestris, Königin der Amazonen.
	Ein Trauerspiel.
	Gottsched [1766] TKA 1970
Erscheinungsort / -jahr	Zwickau 1766
	Berlin, New York 1970
Gattung	Drama
WidmungsempfängerIn	Maria Antonia Walpurgis von Sachsen
Aufführungsort / Festort	[keine Angabe]
Anlass	[keine Angabe]
Jahr der Aufführung	[keine Angabe]
Figuren	Antiope, Oberfeldherrin der Amazonen
	Learchus, ein anderer Scythischer Prinz
	Orontes, Kronprinz der Scythen
	Thalestris, Königin der Amazonen
	Tomyris, Oberpriesterin der Amazonen

Autor	Hagdorn, Christian Wilhelm
Titel / verwendeter Kurztitel	Æyquan, oder der Große Mogol
	Hagdorn ÆGM 1670
Erscheinungsort / -jahr	Amsterdam 1670
Gattung	Roman
WidmungsempfängerIn	[keine Angabe]
Aufführungsort / Festort	-
Anlass	-
Jahr der Aufführung	-

1434 Vgl. Colombini LT 1715, S. 22.

Figuren	Æyquan, Kriegsheld und engster Vertrauter des Kaisers von China[1435]
	Affelde, Pentaliseas Tochter
	Aledesig, Schwägerin Saphotisphes
	Carresse/‚Philene‘, ein Fürst
	Pentalisea, Königin von Suchuan
	Pharesse, Saphotisphes Schwester
	Philene, Carresses Zwillingsschwester
	Saphotisphe, Ehefrau des Königs Amavanga
	Usuange, Fürst von Mahu

Autor	Kormart, Christoph
Titel / verwendeter Kurztitel	Der Aller=Durchlauchtigsten Kaeyserin Statira oder Cassandra, Bd. 1–5
	Bd. 1 = Kormart STA1 1685b
	Bd. 2 = Kormart STA2 1686
	Bd. 3 = Kormart STA3 1686a
	Bd. 4 = Kormart STA4 1687a
	Bd. 5 = Kormart STA5 1688a
Erscheinungsort / -jahr	Leipzig 1685–1688
Gattung	Roman
WidmungsempfängerIn	Bd. 1: Johann Kuntzsch
	Bd. 2: -
	Bd. 3: Magdalene Sybille von Ahlefeld
	Bd. 4: Sophia Christine von Burckersroda; Christiane Sophie, Louise Dorothee und Eberhardine von Huenicke; Christiane Charlotte von Watzdorf(f)
	Bd. 5: Magdalene Sibylle von Taube
Aufführungsort / Festort	-
Anlass	-
Jahr der Aufführung	-

1435   Vgl. Hagdorn ÆGM 1670, Zweiter Teil, S. 277.

Figuren	Alexander der Große Amyntas, Arzt[1436] Barsine, persische Prinzessin Berenice, Orondates Schwester Deidamie, Nichte Alexanders des Großen[1437] Lysimachus, makedonischer Prinz Minote, Talestris' Mutter Orondates, skythischer Prinz Orontes/‚Orithie‘, Prinz der Massageten Parisatis, persische Prinzessin Roxane, Statiras Rivalin Statira, persische Prinzessin Talestris, Königin der Amazonen

Autor	La Calprenède, Gautier de Coste
Titel / verwendeter Kurztitel	Cassandre. Première Partie-Cinquième Partie. La Calprenède [1657] CAS 1978
Erscheinungsort / -jahr	Rèimpression de l'édition de Paris, 1657. Genève 1978
Gattung	Roman
WidmungsempfängerIn	Première Partie: Caliste [nicht aufgelöstes Pseudonym] Deuxième Partie: Caliste [nicht aufgelöstes Pseudonym] Troisième Partie: Cassandre [Titelheldin] Quatrième Partie: Caliste [nicht aufgelöstes Pseudonym] Cinquième Partie: Caliste [nicht aufgelöstes Pseudonym]
Aufführungsort / Festort	-
Anlass	-
Jahr der Aufführung	-
Figuren	Oronte, Prince des Massagetes Talestris, Reine des Amazones

---

1436 Vgl. S. 109 in dieser Studie.
1437 Vgl. Kormart STA4 1687a, Erstes Buch, S. 17.

Autor	Lehms, Georg Christian
Titel / verwendeter Kurztitel	Die Lybische Talestris Lehms LT 1709
Erscheinungsort / -jahr	s. l. 1709
Gattung	Libretto
Widmungsempfänger	[Friedrich August I. von Sachsen]
Aufführungsort / Festort	Leipzig
Anlass	Michaelsmesse
Jahr der Aufführung	1709
Figuren	Pelopidus, König von Lybien (Libyen) Philotas, Sohn des Pelopidus Rixane, aus Talestris' Gefolge Scandor, „ein lustiger Capitain"[1438] Talestris, Prinzessin von Barcan

Autorin	Maria Antonia Walpurgis von Sachsen (E. T. P. A.)
Titel / verwendeter Kurztitel	Talestri E. T. P. A. TAL 1763a
Erscheinungsort / -jahr	Dresden 1763
Gattung	Libretto
Widmungsempfänger	[Friedrich August II.]
Aufführungsort / Festort	Dresden
Anlass	Rückkehr Friedrich Augusts II.
Jahr der Aufführung	1763
Figuren	Antiope, Sorella di Talestri Learco, Principe do Massageti Oronte, Principe degli Sciti Talestri, Regina delle Amazzoni Tomiri, Gran Sacerdotessa

Autorin	Maria Antonia Walpurgis von Sachsen (E. T. P. A.)
Titel / verwendeter Kurztitel	Talestris E. T. P. A. TAL 1763b

---

1438   Vgl. Personenverzeichnis. In: Lehms 1709.

Erscheinungsort / -jahr	Dresden 1763
Gattung	Libretto
WidmungsempfängerIn	[keine Angabe]
Aufführungsort / Festort	[keine Angabe]
Anlass	[keine Angabe]
Jahr der Aufführung	[keine Angabe]
Figuren	Antiope, Talestris' Schwester Chor der Amazonen Chor der Scythen Learch, Prinz der Massageten Orontes, Prinz der Scythen Talestris, Königin der Amazonen Tomiris, oberste Priesterin

Autor	Meier, Joachim (Imperiali)
Titel / verwendeter Kurztitel	Die Amazonische Smyrna Meier SMY 1705a
Erscheinungsort / -jahr	Franckfurt [sic!], Leipzig 1705
Gattung	Roman
Widmungsempfänger	Landgraf Karl von Hessen-Kassel
Aufführungsort / Festort	-
Anlass	-
Jahr der Aufführung	-
Figuren	Alaun, Prinz von Meotien Amazo, Gründerin des Amazonenstaats und Myrinas Mutter Assarach, trojanischer Prinz Bellerophontes, trojanischer Prinz Cinyras/‚Cyme‘, ein Prinz Hippolytus, Sohn von Myrina und Pygmalion Iphianassa, Argiverin Iphinoe, Iphianassas Schwester Lampedo, Tochter von Myrina und Pygmalion Lysippe, Iphianassas Schwester Marpesia, Tochter von Myrina und Pygmalion Myrina, Königin der Amazonen und Königin von Cypern (Zypern) Pygmalion, König von Cypern (Zypern) Smyrna, Tochter von Myrina und Pygmalion

Autor	Pallavicini, Stefano
Titel / verwendeter Kurztitel	Antiope Pallavicini AN 1689b
Erscheinungsort / -jahr	Dresden 1689
Gattung	Libretto
Widmungsempfänger	[Johann Georg III. von Sachsen]
Aufführungsort / Festort	Dresden
Anlass	[keine Angabe]
Jahr der Aufführung	1689
Figuren	Antiope, Königin der Amazonen Doris von Epheso, Theseus' Verlobte Hercules Hidaspes/‚Celinda‘, skythischer Fürst Theseus, Gefährte des Hercules

Autor	Zigler und Kliphausen, Heinrich Anshelm von
Titel / verwendeter Kurztitel	Die Lybische Talestris Zigler LT 1696
Erscheinungsort / -jahr	Weißenfels 1696
Gattung	Libretto
Widmungsempfänger	Johann Adolph von Sachsen-Weißenfels
Aufführungsort / Festort	Weißenfels
Anlass	Geburtstag
Jahr der Aufführung	1696
Figuren	Pelopidus, König von Lybien (Libyen) Philotas, Sohn des Pelopidus Rixane, aus Talestris' Gefolge Scandor, „ein lustiger Capitain"[1439] Talestris, Prinzessin von Barcan

Autor	Zigler und Kliphausen, Heinrich Anshelm von
Titel / verwendeter Kurztitel	Die Lybische Talestris Zigler LT 1698
Erscheinungsort / -jahr	Weißenfels 1698

1439 Vgl. Personenverzeichnis. In: Zigler LT 1696.

Gattung	Libretto
WidmungsempfängerIn	Familienmitglieder der „Hoch= Fuerstl. Saechs. Haupt= und Stamm=Linie"[1440] (Ernestinische und Albertinische Linie) Johann Adolph von Sachsen-Weißenfels Christina Wilhelmina von Bünau (1666–1707) [Johann Georg von Sachsen-Weißenfels] [Friedrich August I. von Sachsen]
Aufführungsort / Festort	Weißenfels
Anlass	Fastnachtsfest
Jahr der Aufführung	1698
Figuren	Pelopidus, König von Lybien (Libyen) Philotas, Sohn des Pelopidus Rixane, aus Talestris' Gefolge Scandor, „ein lustiger Capitain"[1441] Talestris, Prinzessin von Barcan

7.2 Übersicht: Weitere Werke mit Angaben zu Widmungs-empfängerInnen, zum Aufführungsort, zum Aufführungs-jahr, zu Anlässen und zu erwähnten Figuren

AutorIn	Anonym
Titel	Le CHARME I DE I L'AMOUR, I BALET I Dansé I SUR LE GRAND THEATRE I D'HANNOVER I Le jour de Juin 1681. I EN PRESENCE I DE LA REYNE I MERE DU ROY I DE DANNEMARC. I POUR LE DIVERTISSEMENT I DE SA MAJESTÉ I A HANNOVRE. I Imprimé par Wolffgang SCHWENDIMANN cydnt. Impr. Duc., I M. DC. LXXXL
Erscheinungsort / -jahr	Hannover 1681
Gattung	Libretto
Widmungsempfängerin	Sophie Amalie von Dänemark (1628–1685)
Aufführungsort / Festort	Hannover
Anlass	[keine Angabe]

1440 Vgl. Titelblatt Zigler LT 1698.
1441 Vgl. Personenverzeichnis. In: Zigler LT 1698.

Jahr der Aufführung	1681
Figuren	Hypolite, Reine des Amazones
Szene / Seite	„V. Entree", S. 14.
besitzende Bibliothek / Signatur	Exemplar Herzog August Bibliothek Wolfenbüttel; Signatur Textb. 4° 3

AutorIn	Anonym
Titel	Die unueberwindlichste I TOMYRIS I In einem verkleideten Auffzug verschiedener I Amazonen und Sclaven I Den 8 ten Januarii 1683. I Auf dem Schloß zu Heydelberg vorgestellet.
Erscheinungsort / -jahr	s. l. 1683
Gattung	Libretto
WidmungsempfängerIn	[keine Angabe]
Aufführungsort / Festort	Heidelberg
Anlass	[keine Angabe]
Jahr der Aufführung	1683
Figuren	Tomyris, Königin der Skythen mit anderen unbenannten „Amazonen".[1442]
besitzende Bibliothek / Signatur	Exemplar Herzog August Bibliothek Wolfenbüttel; Signatur M: Lo 4° 264 (13)

AutorIn	Anonym
Titel	Ballett, I Von dem beglueckten I Rauten=Krantz / I So bey des I Durchlaeuchtigsten Fuersten und [...] / I Herrn Friedrichs / I Hertzog zu Sachsen / Juelich / Cleve und Berg / I [...] Gluecklichst erschienenen I Geburths=Tage / I Auf dem Friedensteinischen I Schau=Platz I Vorgestellet / I aufgefuehret und getantzet worden / I Den Julii des 1687sten Jahrs. I Gotha / gedruckt bey Christoph Reyhern.
Erscheinungsort / -jahr	Gotha 1687
Gattung	Libretto

1442 Dem Personenverzeichnis gemäß ist das Volk der Amazonen hier mit dem Volk der Skythen identisch.

Widmungsempfänger	Friedrich von Sachsen-Gotha-Altenburg (1641–1691)
Aufführungsort / Festort	Friedenstein
Anlass	Geburtstag
Jahr der Aufführung	1687
Figuren	„Vier Amazonen"[1443]
Szene / Seite	„Die Achtzehende Entrée", Aria der Amazonen, S. C 2^r-C 2^v
besitzende Bibliothek / Signatur	Exemplar Herzog August Bibliothek Wolfenbüttel; Signatur Textb. 4° 6

AutorIn	Anonym
Titel	TALESTRIS I Wurde I An dem Hoechst – erfreulichen I Hohen Geburts – Festein, I Des I Durchlauchtigsten Fuersten und Herrn I HERRN I Georg Wilhelms / Marggrafen zu Brandenburg / in Preussen / [...] I Welches den 16. Novemb. 1717. gluecklich erschienen / Auf gnaedigsten Befehl I Dero Hoch=geliebtesten Frauen Gemahlin / I Der I Durchlauchtigsten Fuerstin [...] / I Frauen Sophien / I Marggraefin zu Brandenburg / in Preussen / [...] I gebohrner Princeßin von Weissenfels / I In einer Musicalischen OPERA I Auf dem grossen Theatro zu Bayreuth I unterthaenigst vorgestellet. I Bayreuth / gedruckt bey Johann Lobern / Hoch=Fuerstl. Brandenburgisch. I Hof= und Cantzley=Buchdruckern daselbst.
Erscheinungsort / -jahr	Bayreuth 1717
Gattung	Libretto
WidmungsempfängerIn	Georg Wilhelm von Brandenburg-Bayreuth (1678–1726)
Aufführungsort / Festort	Bayreuth
Anlass	Geburtstag
Jahr der Aufführung	1717

1443 Die Rollen der vier Amazonen spielten die Prinzessinnen Anna Sophia (1670–1728) und Dorothea Maria von Sachsen-Gotha-Altenburg (1674–1713), eine „Frau von Zehmen" und ein „Frl. von Teufflin". Vgl. das Personenverzeichnis des neunzehnten Entrées.

Figuren	Arasbes, „ein vornehmer alter Herr aus Persien" [1444]
Szene / Seite	Vgl. I, 4, S. 4–5
besitzende Bibliothek / Signatur	Exemplar Universitätsbibliothek Bayreuth; Signatur 47/LR 53500 B361

Autor	[Anton Ulrich von Braunschweig-Wolfenbüttel]
Titel	BALLET I Des Tages / I Oder: I Aufbluehende Fruehlings=Freude / I In der Fuerstlichen Braunschweigischen Residenz I und Hofe entsprossen / I ueber dem Hochwerthen und angenehmen I Geburths=Tage I Des Durchlaeuchtigsten Hochgebohrnen Fuer= I sten und [...] / Herrn Augusti / I Hertzogen zu Braunschweig I und Lueneburg / I [...] I den 10. Aprilis des 1659. Jahres / [...] herrlich gefeyret und begangen. Wolfenbuettel / I Gedruckt bey deñ Sternen.
Erscheinungsort / -jahr	Wolfenbüttel 1659
Gattung	Libretto
Widmungsempfänger	August von Braunschweig-Lüneburg (1579–1666)
Aufführungsort / Festort	Braunschweig
Anlass	Geburtstag
Jahr der Aufführung	1659
Figuren	„Marthesia und noch zwey Amazonen"
Szene / Seite	„Vierter Theil", „III. Entree", n. p.
besitzende Bibliothek / Signatur	Exemplar Herzog August Bibliothek Wolfenbüttel; Signatur A: 45.2 Poet.

Autor	Bressand, Friedrich Christian
Titel	Der I Koenigliche Schaefer / I oder I BASILIUS I in Arcadien / I in einer Italiaenischen I OPERA I auf dem Braunschweigischen I Schauplatze I vorgestellet / I im Jahr 1691 und daraus in das Teutsche uebersetzet. I Wolfenbuettel / gedruckt bey Caspar Johann Bismarck.

1444   Anonymus TAL 1717, Personenverzeichnis.

Erscheinungsort / -jahr	Braunschweig 1691
Gattung	Libretto
Widmungsempfänger	Ernst August II. von Hannover (1674–1728) Anton Ulrich von Braunschweig-Wolfenbüttel (1633–1714)[1445]
Aufführungsort / Festort	Braunschweig
Anlass	[keine Angabe]
Jahr der Aufführung	1691
Figuren	Pirocles, Prinz von Macedonien als verkleidete Amazone ‚Zelmana‘[1446]
Szene / Seite	z. B. I, 1, A iij
besitzende Bibliothek / Signatur	Exemplar Herzog August Bibliothek Wolfenbüttel; Signatur Textb. 530

Autorin	E. T. P. A. [Maria Antonia Walpurgis von Sachsen]
Titel	Talestris I Koenigin der Amazonen, I ein musikalisches Schau-Spiel I aufzufuehren auf dem Fuerstl. großen Theater zu Braunschweig I in der Winter-Messe des 1764. Jahrs. / […] Die Musik ist von […] Giov. Schwanenberg, wuerklicher erster Hofcapellmeister.
Erscheinungsort / -jahr	s. l. 1764
Gattung	Libretto
WidmungsempfängerIn	[keine Angabe]
Aufführungsort / Festort	Braunschweig
Anlass	[keine Angabe]
Jahr der Aufführung	1764
Figuren	Vgl. E. T. P. A. TAL 1763a und E. T. P. A. TAL 1763b
Szene / Seite	Vgl. E. T. P. A. TAL 1763a und E. T. P. A. TAL 1763b
besitzende Bibliothek / Signatur	Exemplar Gottfried Leibniz Bibliothek Hannover; Signatur Op. 1,219

1445 Zu den Widmungsempfängern siehe das Titelblatt des italienischen Original-textes unter http://diglib.hab.de/drucke/textb-18/start.htm.
1446 Vgl. Personenvezeichnis der Oper.

Autor	Lauchery, Etienne
Titel	L'AMOUR VAINQUEUR I DES AMAZONES. BALLET HEROÏPANTOMIME. I Composé par Mr. Lauchery l'ainé, Maître de Danse de la Cour, pre- I mier Danseur & Maître des Ballets de S. A. S. Mgr. le LAND- I GRAVE Regnant de Hesse. &c. &c. I La Musique est des divers Auteurs. I Imprimé à Cassel chez DAVID ESTIENNE. I 1769
Erscheinungsort / -jahr	Cassel [Kassel] 1769
Gattung	Libretto
Widmungsempfänger	Friedrich II. von Hessen-Kassel (1720–1785)
Aufführungsort / Festort	Kassel
Anlass	[keine Angabe]
Jahr der Aufführung	[1769]
Figuren	Marthesié, premiere Reine des Amazones, Thalestris, parente de la Reine & fille du fleuve Thermodon Argabise, Roi des Scytes Tharmiphar, Prince allié du Roi[1447]
besitzende Bibliothek / Signatur	Exemplar Universitätsbibliothek Kassel – Landesbibliothek und Murhardsche Bibliothek der Stadt Kassel; Signatur 34 8° H.lit. 475

1447 Die Rolle der Amazonenkönigin Marthésie hatte eine „Mde. Saunier" übernommen, Thalestris wurde von Laucherys Frau gespielt, die Rolle des Arga-
bise spielte ein „Mr. Saunier", und Lauchery selbst übernahm die Rolle des
Tharmiphars. Vgl. *Personnages Du Ballet* im Textbuch.

Autor	Maran, Francisco [François]
Titel	CARTEL I zu dem I Frauen= Zimmer = und I Mohren = BALLETT, I welches I Die Durchleuchtigste Chur= Fuerstin I zu Sachsen [..] I Als der I Durchleuchtigste Chur= Fuerst zu Sachsen / und I [...] I Dero Durchleuchtigsten saemtlichen I HERREN Brueder I Nebenst Dero I Hoch= Fuerstlichen Gemahlinnen / und Herren I Soehnen / I und Fraeul. Toechtern I Dem 1. Febr. 1678. durch einen praechtigen Einzug / in Dresden I gluecklich eingeholet hatte / I Dem 5. darauf hoechst erfreulichst auf dem grossen Riesen= Saale / I Der anwesenden saemtlichen Herrschaft [...] vorstellig machen liesse / I von I Francisco Maran, Hoch= Fuerstl. Marggraefl. Bareutischen Tantz=Meister. I DRESDEN / I Gedruckt durch Melchior Bergens / Churfl. Saechs. Hof= Buchdr. I seel. nachgelassene Wittbe und Erben.
Erscheinungsort / -jahr	Dresden 1678
Gattung	Libretto
WidmungsempfängerIn	U. a. Kurfürst Johann Georg II. von Sachsen (1613–1680) Kurfürstin Magdalena Sibylle von Brandenburg-Bayreuth (1612–1687) August von Sachsen-Weißenfels (1614–1680) Christian von Sachsen Merseburg (1615–1691) Moritz von Sachsen-Zeitz (1619–1681)[1448]
Aufführungsort / Festort	Dresden
Anlass	Herrschertreffen
Jahr der Aufführung	1678
Figuren	Amazonen
Szene / Seite	„Die V. Entree. II. Amazonen", n. p.
besitzende Bibliothek / Signatur	Exemplar Herzog August Bibliothek Wolfenbüttel; Signatur Textb. 4° 28

1448 Die Hinweise zu den WidmungsempfängerInnen sind den Angaben der Herzog August Bibliothek Wolfenbüttel entnommen. Vgl. http://diglib.hab.de/drucke/textb-4f-28/start.htm.

Autor	Postel, Christian Heinrich
Titel	Die | Groß=Muethige | THALESTRIS, | Oder | Letzte Koenign | der | AMAZONEN. | Jn einem | Sing=Spiel| vorgestellet. | Anno 1690.
Erscheinungsort / -jahr	[Hamburg] 1690
Gattung	Libretto
WidmungsempfängerIn	„Zuschrifft an das Hamburgische Frauen=Zimmer"
Aufführungsort / Festort	Hamburg
Anlass	[keine Angabe]
Jahr der Aufführung	1690
Figuren	Thalestris, Koenigin der Amazonen Hyppolite, Thalestris' Vertraute Clitemnestra und Menalippe als „Amazonische Heerfuehrerinnen" Marthesia und Evandra als „Staats=Jungfern" Orontes/‚Orithyia‘, Prinz der Massageten
Szene / Seite	Vgl. exemplarisch I, 1 – I, 18.
besitzende Bibliothek / Signatur	Exemplar Staatsbibliothek zu Berlin; Signatur 4" Yp 5221-no.36

8 Index

MeLiS
Medien – Literaturen – Sprachen in Anglistik/Amerikanistik, Germanistik und Romanistik

Herausgegeben von Claudia Brinker-von der Heyde,
Daniel Göske, Peter Seibert und Franziska Sick

Band 1 Claudia Brinker-von der Heyde / Helmut Scheuer (Hrsg.): Familienmuster – Musterfamilien. Zur Konstruktion von Familie in der Literatur. 2004.

Band 2 Franziska Sick / Beate Ochsner (Hrsg.): Medium und Gedächtnis. Von der Überbietung der Grenze(n). 2004.

Band 3 Christoph Seifener: Schauspieler-Leben. Autobiographisches Schreiben und Exilerfahrung. 2005.

Band 4 Andrea Geffers: Stimmen im Fluss. Wasserfrau-Entwürfe von Autorinnen. Literarische Beiträge zum Geschlechterdiskurs von 1800–2000. 2007.

Band 5 Nicola Barfoot: Frauenkrimi / polar féminin. Generic Expectations and the Reception of Recent French and German Crime Novels by Women. 2007.

Band 6 Holger Ehrhardt: Mythologische Subtexte in Theodor Fontanes Effi Briest. 2008.

Band 7 Mark-Oliver Carl: (Un-)Stimmigkeiten bei Ulrich Plenzdorf. Analyse intertextueller Wiederaufnahmen in kein runter kein fern, Die Legende von Paul und Paula, Zeit der Wölfe, Karla und Die neuen Leiden des jungen W. 2008.

Band 8 Simone Malaguti: Wim Wenders' Filme und ihre intermediale Beziehung zur Literatur Peter Handkes. 2008.

Band 9 Günter Schäfer-Hartmann: Literaturgeschichte als wahre Geschichte. Mittelalterrezeption in der deutschen Literaturgeschichtsschreibung des 19. Jahrhunderts und politische Instrumentalisierung des Mittelalters durch Preußen. 2009.

Band 10 Simone Ott: „Schwarz hat so viele Farben". Afrikanisch-französischer Kulturtransfer im frühen 20. Jahrhundert. 2009.

Band 11 Christina Samstad: Der Totentanz. Transformation und Destruktion in Dramentexten des 20. Jahrhunderts. 2011.

Band 12 Karen Genschow: Deseo estar. Weibliche Subjekte und Begehren in Romanen von Schriftstellerinnen im Cono Sur (1933–1957). 2012.

Band 13 Bernd Maubach: Auskältung. Zur Hörspielästhetik Heiner Müllers. 2012.

Band 14 Susanne Schul: HeldenGeschlechtNarrationen. Gender, Intersektionalität und Transformation im Nibelungenlied und in Nibelungen-Adaptionen. 2014.

Band 15 Sainab Sandra Omar: Die Lebenslust zweier Pessimisten. Der Konflikt der modernen Kultur und Momente der Affirmation bei Luigi Pirandello und Eugene O'Neill. 2014.

Band 16 Alessandra Lombardi / Lucia Mor / Nikola Roßbach (Hrsg.): Reiseziel Italien. Moderne Konstruktionen kulturellen Wissens in Literatur – Sprache – Film. 2014.

Band 17 Miriam Langlotz / Nils Lehnert / Susanne Schul / Matthias Weßel (Hrsg.): SprachGefühl. Interdisziplinäre Perspektiven auf einen nur scheinbar altbekannten Begriff. 2014.

Band 18 Claudia Brinker-von der Heyde / Holger Ehrhardt / Hans-Heino Ewers / Annekatrin Inder (Hrsg.): Märchen, Mythen und Moderne. 200 Jahre Kinder- und Hausmärchen der Brüder Grimm. 2015.

Band   19 Jennifer Villarama: Die Amazone. Geschlecht und Herrschaft in deutschsprachigen Romanen,
Opernlibretti und Sprechdramen (1670–1766). 2015.

www.peterlang.com